임진우, 최재필 공저

바로바로 Series

바로바로 할 수 있는

Motion+Action

플래시
CS4

Jeu media 제우미디어

임진우
모션파트(파트1~4) 집필
현) 메가존 INEX(플래시팀) 팀장
현) 아카데미정글 실무모션 강의
MFD(Macromedia Flash Developer)
월간 웹 Technicbook 연재
Adobe 공식 홍보 대사 2기
저서 | 웹실무 모션 플래시 CS3(제우미디어)
Email : polraris@naver.com

최재필
액션파트(파트5~7) 집필
현) 메가존 INEX팀(플래시팀) Interactive director
현) 아카데미정글 액션스크립트 강의
저서 | 좌절금지 플래시8(컴퓨터와 생활)
Email : p2ri@iflash.kr

바로바로 할 수 있는 바로바로

플래시 Motion+Action CS4

초판 1쇄 | 2009년 8월 10일
초판 5쇄 | 2011년 4월 20일

글쓴이 | 임진우, 최재필
펴낸이 | 서인석
펴낸곳 | (주)제우미디어 출판등록 제 3-429호
등록일자 | 1992년 8월 17일
주소 | 서울시 마포구 상수동 324-1 한주빌딩 5층
전화 | 02-3142-6843
팩스 | 02-3142-0075
홈페이지 | www.jeumedia.com

가격 : 26,000원
ISBN 978-89-5952-172-2 13000

만든 사람들
출판사업부총괄 | 손대현
기획 | 한혜영, 신소연, 이은숙
영업 | 김한호, 김경훈, 정원용, 김소영, 이창배
제작 | 복대한
표지디자인 | 디자인 결
표지일러스트 | 강유진
내지디자인 | 디자인 결
인쇄 · 제본 | 신우D.P.K, 정민제본

플래시를 공부하는 사람들이라면 새로운 플래시 버전보다 새로운 액션스크립트 버전에 민감할 수 밖에 없습니다. 액션스크립트 2.0으로도 충분히 많은 것을 구현할 수 있지만, 액션스크립트 3.0으로만 가능한 새로운 기술은 이전 액션스크립트 버전에서 구현이 불가능합니다. 따라서 액션스크립트 3.0은 플래시 컨텐츠 개발에 있어서 선택이 아닌 필수적인 사항이라 할 수 있습니다.

CS3와 CS4의 차이는 단순히 UI의 변화에서 끝나지 않습니다. CS4는 CS3에서 구현할 수 없었던 다양한 기술이 새롭게 추가되었습니다. 이 책은 플래시 CS4에 새롭게 추가된 기능을 저자의 실무 경험과 다양한 예제를 통해 쉽게 이해할 수 있도록 구성되어 있습니다. 또한 플래시를 처음 시작하는 분들에게 최신 플래시 버전의 주요 메뉴와 사용 방법을 명쾌하게 소개하고 있으며, 액션스크립트 또한 상황에 따라 자주 사용되는 유형을 재미있는 설명과 함께 소개하고 있습니다.

이 책은 액션스크립트를 사용하지 않고 효과적인 애니메이션을 만드는 기술뿐 아니라 액션스크립트만으로 원하는 결과를 만들어내는 방법도 함께 제공합니다. 액션스크립트 버전을 민감하게 생각할 필요는 없습니다. 버전이 높아진다는 것은 그만큼 성능과 효과 면에서 업그레이드되었다는 의미입니다. 필자의 실무 경험을 통해 액션스크립트 3.0 학습에 있어서 가장 기본적이고 중요한 내용을 배울 수 있습니다. 두 명의 플래시 전문가들이 소개하는 모션과 액션스크립트, 플래시 고수로 가는 지름길을 이 책을 통해 확인하세요.

강성규 코발트식스티 실장

저자의 실무 노하우와 풍부한 강의 경험이 이 책에 잘 나타나 있습니다.

기본적인 개념부터 설명하여 플래시를 처음 접하는 독자는 물론이고 이전 버전의 플래시를 쓰던 사람에게도 많은 도움이 될 것입니다. 또한 실무에 바로 적용해도 부족함이 없는 감각적인 예제와 뛰어난 구성을 통해 독자들이 학습하면서 플래시 CS4의 매력을 흠뻑 느낄 수 있도록 했습니다. 무엇보다 플래시 CS4에서 새롭게 선보인 기능과 모션 제작에 대해 알기 쉽게 설명하고, 초보자들이 어려움을 느끼는 액션스크립트는 누구나 쉽게 따라 할 수 있도록 재미있는 예제를 통해 핵심을 잘 설명하고 있습니다. 처음 플래시와 액션스크립트를 접하는 분에게 입문서로써 훌륭한 길잡이가 되어 줄 것입니다.

유광열 디자이너를 위한 액션스크립트 3.0 저자

움직임의 매력에 빠지다.

플래시를 처음 접한 사람은 매우 쉽게 그리고 직관적으로 움직임을 만들 수 있다는 사실에 열광하고 즐거움을 느끼게 됩니다. 그리고 그 즐거움을 다른 사람들에게 전달하고 싶어합니다.이 책은 여러분에게 움직임의 즐거움을 강력한 인터랙티브 툴인 플래시를 통해서 표현할 수 있도록 도와줍니다. 플래시 툴에 대한 이해를 바탕으로 플래시로 표현할 수 있는 다양한 응용예제를 다뤄보고 인터렉티브를 위한 액션스크립트 3.0의 세계까지 여러분을 인도할 것입니다.

움직임을 통한 강력한 메시지 전달

단순히 움직이는 것은 기술의 구현 즉 테크닉입니다. 집필과 강의 활동을 하면서 필자는 100가지 기술의 표현보다 의미 있는 한가지 기술에 집중할 것을 강조합니다. 움직임은 분명 가장 최상의 메시지 전달 방식입니다. 또한 움직임은 보는 이로 하여금 메시지를 극대화해서 느낄 수 있도록 길을 만들어 줘야 합니다. 많은 사람들이 처음 플래시를 배울 때 모든 것에 움직임을 주려다가 정작 눈에 띄어야 할 움직임을 소홀히 하는 실수를 저지릅니다. 필자가 제시하는 응용예제에서 움직임의 선택과 집중에 대한 이해를 가져갔으면 합니다. 또한 이 책을 통해 움직임에 대한 기본기가 생긴다면 필자가 집필했던 '웹실무모션 CS3' 를 참고하면서 실무에서 사용하는 모션의 방향을 잡아보는 것도 좋을 듯 합니다.

움직임을 넘어서 인터랙티브로…

처음에는 움직임에서 시작하지만 발전하다보면 플래시의 액션스크립트라는 매력적인 세상을 알게 됩니다. 모션과 인터랙티브를 접목할 수 있는 툴 가운데 플래시가 최고이고 이런 장점 때문에 전세계 많은 유저가 플래시를 이용해 웹을 비롯한 다양한 매체를 통해 인터랙티브를 구현하고 있습니다. 이 책을 학습하면서 여러분이 향후 인터랙티브 디자이너나 플래셔가 될 초석을 마련할 수 있습니다.

마치며…

처음 집필했던 '웹실무모션 CS3' 를 출간하면서 책을 만드는 것이 매우 힘든 일임을 알게 되었습니다. 그리고 다시 책을 쓸 수 있을까?' 라는 생각도 했습니다. 하지만 이렇게 두 번째 책을 만들었고 머리말을 다시 한 번 쓰게 되었습니다. 두 번째 책의 집필은 책을 구입한 여러분의 격려 덕분에 가능했습니다. 실무에서 매우 도움이 된다는 글, 실력이 늘고 있다는 글 등 독자 여러분들의 격려와 좋은 반응이 다시 한 번 도전할 수 있는 큰 힘이 되지 않았나 생각합니다. 이 책을 통해서 독자 여러분에게 감사의 말을 전합니다. 또한 다시 한 번 집필의 기회를 준 제우미디어와 오타로 유명한 제 글을 즐거운 마음과 열정적인 마인드로 검토해준 한혜영 팀장님에게 감사드립니다. 책의 완성도를 위해 저보다 더 열정적으로 베타테스터에 참여한 정글 아카데미 웹스페셜리스트 17기 김효인, 이선아, 김민희, 남보라, 이동원 그리고 INEX 팀 이정현 모두에게 감사드립니다. 항상 힘든 업무 속에서도 즐겁게 회사 생활을 하는 메가존의 INEX 팀원에게도 무한한 감사를 드립니다. 마지막으로 제 삶의 이유가 되고 힘이 되어주는 사랑하는 나의 아내 이쁜이 선경과 대장 지민이 그리고 임금님 정민에게 사랑하고 감사하다는 말을 전합니다.

저자 임진우

플래시는 단순한 움직임 제작 툴이 아닙니다.

플래시는 웹 사이트 제작은 물론 미디어 아트, 전시 영상, 디바이스의 UI 등 활용 영역이 매우 넓습니다. 이런 추세에 발맞춰 플래시 버전도 빠르게 업데이트 되었고 플래시를 공부하는 이들도 증가하고 있습니다. 초창기 플래시가 움직이는 영상을 제작하기 위한 툴이었다면 지금의 플래시는 그와 더불어 사용자와 교감을 만들기 위한 툴로 자리잡았습니다. 플래시를 배울 때 액션스크립트를 꼭 공부해야 하는 이유가 바로 이것입니다.

어떻게 공부해야 할까요?

플래시를 처음 만나는 분들에게 가장 중요한 것은 '어떻게 공부하느냐.' 입니다. 특히 액션스크립트를 처음 공부할 때는 어렵다는 이유로 쉽게 플래시를 등져버리곤 합니다. 액션스크립트를 자기 것으로 만들려면 어떻게 공부해야 할까요? 완성도 있는 예제? 영어를 배울 때 문법 공부하듯 이론 먼저 공부하기? 둘 다 틀린 말은 아니지만 제일 중요한 것은 흥미를 붙이는 것 입니다. 어려운 예제로 또는 재미없는 이론으로 공부하면 쉽게 지치게 됩니다. 따라서 바로 작품을 만들 수 있는 예제보다는 쉽게 따라하고 자신이 만들었다는 뿌듯함을 느낄 수 있는 예제로 먼저 재미를 붙이는 게 중요합니다.

쉽고 꼭 필요한 예제를 담았습니다.

본 교재의 액션스크립트 예제는 단순하지만 꼭 필요하고 따라하기 쉬운 예제로 구성되어 있습니다. 예제들을 모두 자신의 것으로 만든 후에는 예제를 응용하여 발전된 작품을 제작할 수 있는 실력을 갖추게 될 것입니다. 물론 예제만 가지고 공부할 수는 없습니다. 기초 이론이 없으면 외우기 식의 학습으로 끝나게 되겠죠. 본 교재는 타 교재와 달리 기초 문법을 뒷 부분에 정리했습니다. 문법보다는 예제를 통해 공부할 수 있도록 예제마다 어떤 기초 문법이 필요한지 정리했으니 예제를 공부하기 앞서 필요한 기초 문법을 가벼운 마음으로 읽어 본 후 예제를 따라하시면, 자연스럽게 반복 학습을 하게 되어 플래시와 친해질 수 있을 것입니다. 본 교재로 공부한 내용이 액션스크립트 전문 서적으로 공부하기 위한 튼튼한 발판이 되길 바랍니다.

이 책을 쓰기까지 도움을 주신 한혜영 팀장님, 동현, 이슬, 경석님께 감사드립니다. 많은 프로젝트로 인해 바쁜 회사 일정에도 잘 마무리 지을 수 있게 해준 공저자 임진우 팀장과 INEX 팀원들에게도 작은 감사를 전합니다.
끝까지 응원해 준 짝꿍 은애와 모든 것을 계획하신 하나님 사랑합니다.

저자 최재필

김민희/학생/dondie@nate.com

책의 내용을 읽고, 예제를 하나하나 따라 하다 보니 자연스럽게 CS4의 숨어있는 기능까지 알 수 있었습니다. 이전에 플래시 작업을 하면서 알지 못했던 소소한 팁까지 챙겨주신 고마운 저자님 덕분에 좋은 경험을 했습니다. 모션에 대한 감은 많이 해봐야 늘겠지만, 원리를 아는 것이 최우선이라고 생각합니다. 생각 없이 순서만 따라가는 예제가 아니라, 기본 원리를 제대로 이해할 수 있는 예제들만 모아놓은 책입니다. 예제 디자인이 예뻐서 더욱 따라 하고 싶은 [바로바로 할 수 있는 플래시 CS4], 웹 디자이너라면 반드시 추천하고 싶네요.

김효인/학생/bong98@gmail.com

하나하나 따라 해보니 기본적인 툴 사용법부터 모션을 이용해 자연스러운 움직임을 만들어내는 방법까지 익힐 수 있었습니다. 설명도 어렵지 않고 그림에 세세한 부분까지 표시되어 있어 마치 1:1 강의를 듣는 것처럼 헤매지 않고 쉽게 이해할 수 있었습니다. 보통 초보자를 위한 책으로 공부하고 중급 레벨의 책을 다시 사서 공부하는데 이 책은 꼭 알아야 할 초급 내용부터 실무에 바로 적용 가능한 고급 테크닉까지 갖춰 시간과 비용 면에서 합리적인 책입니다.

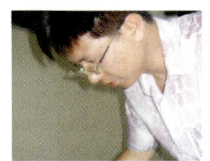

임대건/AD/oldboy1971@naver.com

플래시 CS4 초보자인 제가 많은 점이 바뀐 모션 부분과 액션스크립트 3.0를 어떻게 배워야 할지 당황하고 있을 때 우연히 이 책의 베타테스터로 참여하게 되었습니다. [바로바로 할 수 있는 플래시 CS4]는 플래시 CS4의 새로운 기능뿐 아니라 모션과 액션스크립트를 쉽게 설명함으로써 플래시를 사용하는 모든 분들을 멀티플레이어로 만들어주는 책입니다. 실습 예제들은 다른 책에서 볼 수 없는 수준 높은 퀄리티를 지녔으며, 실무에 바로 적용해도 좋을 만한 소스가 마련되어 있습니다.

남보라/학생/bestbora777@naver.com

이번 베타테스트를 통해 처음 CS4를 접했습니다. 기존 CS3와 다른 인터페이스에 살짝 겁을 먹었지만 처음 시작하는 여러분과 같이 설레는 마음으로 한 장, 한 장 넘기며 진행해나가는데 막힘 없이 진행되고 결과물이 나오는 걸 보니 뿌듯하고 신기할 따름입니다. 기존 플래시 책은 단순히 툴의 뜻과 사용법만 알려줬는데 이 책은 바로 응용할 수 있도록 실무예제로 알려주니 이해가 더 쉽고, 바로 응용할 수 있으니 더 재미있었습니다.

이선아/학생/sunabi3002@nate.com

플래시 CS4를 본 첫 느낌은 "깔끔하고 예쁘다."는 것이었습니다. 이렇게 새로운 버전의 플래시에 대한 기대감으로 이 책의 베타테스트를 신청하게 되었습니다. 우선 기존의 다른 책은 앞부분에서 너무 지쳐 집중력을 잃기 쉬운데 이 책은 CS4에 새롭게 제공되는 기능을 중심으로 재미있는 예제로 바로 들어가기 때문에 예제를 통해 개념을 이해할 수 있습니다. 이 책으로 공부하시는 분들은 책 속의 Tip같은 작은 내용도 절대 놓치지 말기를 당부드리고 싶어요. 중요한 게 많더라고요. 그럼~!! 화이팅!!

김규태/플래시 개발자/kyutae21c@naver.com

최재필님의 두 번째 책의 베타테스터가 되어 영광입니다. 실무에 바로 쓸 수 있는 예제들로 이루어져 액션스크립트 3.0을 처음 접하는 분도 어렵지 않게 따라 할 수 있으며, Section마다 액션스크립트에 익숙해질 수 있는 충분한 예제와 설명을 제공하고 있습니다. 저자의 오랜 강의 경험과 실무에서 쌓은 노하우를 담은 알찬 예제들은 하나 버릴 게 없습니다. 액션스크립트 개발자를 꿈꾸는 분들에게 이 책을 추천합니다.

이동원/학생/won7036@naver.com

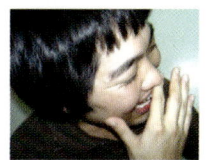

플래시 CS4를 처음 접했을 때 눈에 띄는 변화가 많아 두려움에 다시 닫아버렸는데 이번 베타테스트를 계기로 오히려 CS4 만 쓰고 있습니다. 앞 부분 모션파트에서는 플래시 CS4 의 새로운 특징과 임진우 선생님의 모션 강의가 자세히 설명되어 있어 플래시를 처음 접하는 분들에게 좋을 것 같습니다. 평소에 관심이 많았던 액션스크립트 3.0 부분은 예제가 많아서 시간이 오래 걸렸지만, 기존 액션스크립트 3.0 서적의 예제와 달리 디자이너들도 쉽게 따라 할 수 있는 예제들이 많아서 좋았습니다.

정건화/모션 그래퍼/parrapa@naver.com

플래시 모션을 하는 저는 액션스크립트란 저와 상관없는 툴이라고 생각했습니다.하지만 웹 디자인 분야에 종사하면서 실무를 맡아보니 직접으로 많은 것을 하진 않지만 플래시와 액션스크립트는 분리하여 생각할 수 없는 관계임을 알게 되었습니다. 기초부터 철저히 가르치고 실무 위주의 예제로 액션스크립트를 이해시키는 최재필 선생님의 노력이 이 책에도 녹아 있습니다. 이해하기 쉽고 기초 액션스크립트 예제는 실무에서 활용하기 좋았습니다. 플래시 CS4와 액션스크립트 3.0을 기초부터 알고 싶다면 이 책을 강력 추천합니다.

최보은/웹 디자이너/luna0920@naver.com

요즘 웹 사이트들은 화려한 모션 효과와 사용자와의 인터렉션이 필수입니다. 액션스크립트 역시 빼놓을 수 없는 필수 요소로 자리잡아가고 있습니다. 저도 액션스크립트 2.0으로 플래시 공부를 시작했지만 점차 액션스크립트 3.0를 공부해야 할 필요성을 느끼고 있습니다. 액션스크립트를 접하신 분들이나 '액션스크립트 3.0을 공부해볼까?' 생각하셨던 분이라면 망설이지 말고 이 책을 펴볼 것을 추천합니다. 활용도 높은 예제와 자세한 설명으로 액션스크립트 3.0의 원리를 이해하는 것이 어렵지 않았습니다.

허원근/플래시 개발자/pilssalgi@nate.com

액션스크립트 3.0은 흔히 어렵다는 생각을 하지만 이 책은 다양한 예제를 통해 액션스크립트 3.0의 어려운 용어와 개념을 설명하고 있어서 중급, 고급 액션스크립트 개발자로 발전하기 위한 토대를 마련해줍니다. 최재필님은 힘들다고 포기하지 말고 어려워도 꾸준히 하다 보면 된다고 했습니다. 저 역시 어려워서 포기하고 싶은 마음이 굴뚝같았지만 꾸준히 하다 보니 지금은 재미있다는 말이 나올 정도로 액션스크립트에 빠져있습니다. 여러분도 이 책을 통해 상상하는 대로 이루어지는 플래시의 세상에 흠뻑 빠져보세요.

조성천/플래시 개발자/forcesc@naver.com

액션스크립트 2.0을 먼저 접하고 최근 액션스크립트 3.0을 공부하던 중 베타테스터로 채택되어 이 책을 읽게 되었습니다. 책의 내용을 살펴보면 액션스크립트 3.0의 기초부터 단계적으로 정리되어 있어서 이해가 쉽고 재미있게 공부할 수 있었습니다. 예제는 플래시 CS4를 기반으로 하고 있어서 많은 도움이 되었습니다. 무슨 일이든 첫 단추가 중요하다고 합니다. 플래시 언어인 액션스크립트를 처음 공부하는 분이나 플래시에 관심을 가지고 있는데 어떻게 공부해야 할지 모르는 분에게 이 책은 많은 도움이 될 것입니다.

본책

7개의 PART 총 536페이지로 구성돼 있습니다.

본문 페이지

● **본문 페이지** : 해당 장에서 다루는 기능에 대한 설명과 따라 할
수 있는 예제를 제시합니다.

● **TIP** : 알아두면 좋은 정보를 제공합니다.

● **미리 알아두기** : 본문에 들어가기 전에 꼭 필요한 지식과 정보를
알려줍니다.

● **이번 장을 마치며** : 이번 장을 마치며 꼭 알고 있어야 할 내용을
다시 한번 정리합니다.

● **동영상 강의** : 본문과 관련된 저자의 동영상 강의를 들을 수 있는
부분은 동영상 아이콘으로 표시했습니다.

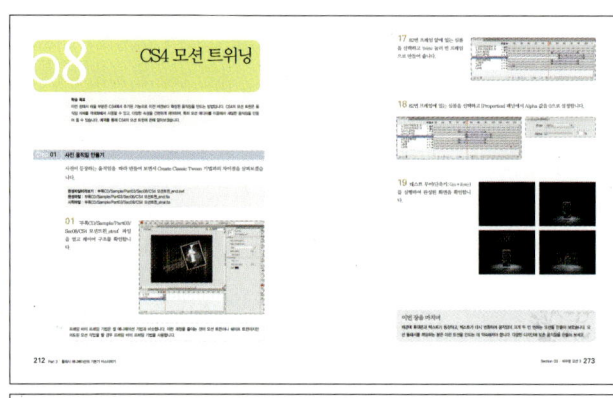

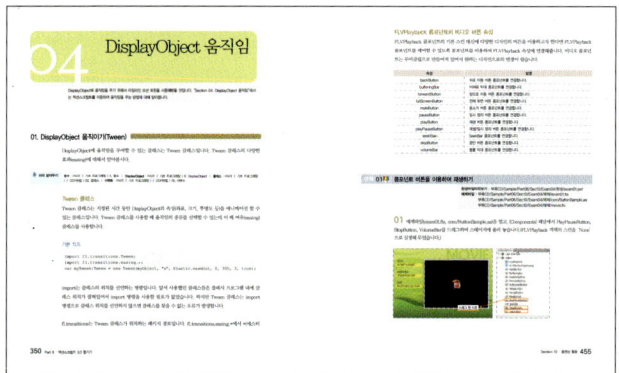

부록 CD-ROM(CD 2장으로 구성)

CD1

● **예제파일** : 본문에 있는 예제를 따라하는데 필요한 예제파일과
완성파일이 담겨 있습니다.

● **동영상 강의 ❶** : 모션 파트 동영상 강의 8개 동영상 강좌를 먼
저 보고 모션 파트를 보면 이해하는데 많은 도움이 됩니다.
  ① CS4 새로운 기능-모션 에디터 이해하기
  ② 감속 모션 만들기
  ③ 사운드 임포트하기
  ④ 심볼의 편집모드 이동 이해하기
  ⑤ 타임라인의 이해
  ⑥ 움직임 기법
  ⑦ 심볼의 중심점
  ⑧ 마스크의 이해

● **코덱** : 동영상 강좌를 보기 위해 필요한 Tscc.exe

CD2

● **동영상 강의 ❷** : 액션 파트 동영상 강의 9개 동영상 강좌를 먼
저 보고 액션 파트를 보면 이해하는데 많은 도움이 됩니다.
  ① 버튼을 클릭하여 Scene 이동하기
  ② 라운드 테두리 크기 변화하지 않고 무비클립 크기 변경하기
  ③ 라이브러리 클래스를 생성하여 화면에 넣거나 빼내기
  ④ 랜덤하게 나타나는 무비클립
  ⑤ Document Class 사용하기
  ⑥ 여러 가지 필터를 동시에 적용하기
  ⑦ 콤포넌트 버튼을 이용하여 동영상 플레이어 제어하기
  ⑧ 심볼을 이용하여 마우스로 그림 그리기
  ⑨ 외부파일(swf) 로드하기

A/S : 본문의 예제와 이 책에 대한 궁금증은 네이버 카페(http://cafe.naver.com/atomflashcs4)로 문의하기 바랍니다.

타임라인에서 움직임 확인하기 주어진 모션의 작업물은 타임라인의 플레이 헤드를 이용해서 움직임을 확인할 수 있습니다.

플래시 CS4 새로운 기능 [3D 툴] 새로운 기능인 3D 기능에 대해서 알아봅니다. Z 축이 새롭게 제공되어 공간감 있는 효과를 만들어줄 수 있습니다.

플래시 CS4 새로운 기능 [본 툴] 플래시 CS4의 새로운 기능인 본 툴에 대해서 알아봅니다. 뼈대 설정을 통해 다양한 효과를 만들어줄 수 있습니다.

플래시 CS4 새로운 기능 [스프레이브러시 툴] 새로운 기능인 스프레이브러시 툴에 대해서 알아봅니다. 다량의 패턴 효과를 만들 때 큰 도움이 됩니다.

스피커 만들기를 통해 그리기 툴 익히기

스피커와 음표 만들기를 통해 CS4의 그리기 툴에 대해서 이해해 봅니다.

텍스트 툴에 대한 이해

디자인에 맞춰 텍스트를 제작하고 텍스트 툴에 대해 이해해 봅시다

페인트 툴에 대한 이해

페인트 툴을 이용한 예제를 제작해 보고 페인트 툴에 대해 이해해 봅니다.

플래시 CS4 새로운 기능 [Deco 툴] 플래시 CS4 의 새로운 기능인 [Deco 툴]에 대해서 알아봅니다. 다량의 패턴 효과를 만들 때 큰 도움이 됩니다.

모션의 기초-모션 트윈 이해하기 움직임의 기초가 되는 모션 트윈에 대해서 알아보도록 합니다.

모션의 기초-쉐이프 트윈 이해하기 움직임의 기초가 되는 쉐이프 트윈에 대해서 알아보도록 합니다.

모션의 기초 – 프레임 바이 프레임 이해하기 또 다른 움직임의 방식인 프레임 바이 프레임 기법에 대해서 알아보겠습니다.

모션의 느낌 – Ease 가속 이해 조금 더 고급스러운 느낌을 만드는 가속과 감속을 학습하고 응용해 봅시다.

모션의 느낌 – Easing의 이해 부드러운 움직임을 위해서 등속과 가속 움직임에 대해서 학습하겠습니다.

마스크의 이해 마스크를 이용해 부드럽게 등장하는 텍스트를 만들어 봅시다.

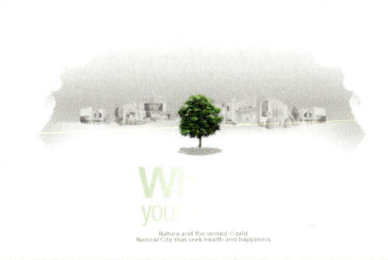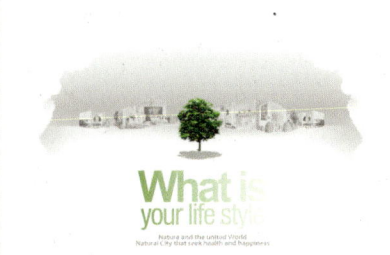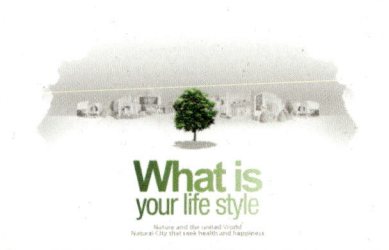

가이드 모션의 이해 가이드를 이용한 곡선의 모션을 만드는 방법에 대해서 알아보겠습니다,

플래시 CS4 새로운 기능 [모션 트윈] 플래시 CS4에서 새롭게 적용된 객체 방식의 모션 트윈에 대해서 알아봅시다.

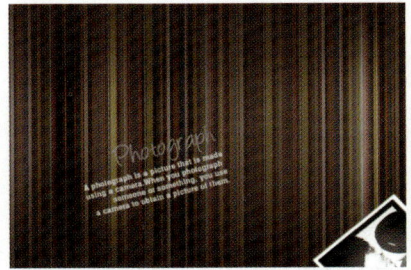  

응용예제 1 디자인이 적용된 모션을 만듭니다. 특히 3D 툴의 적용을 주의 깊게 확인해 주세요

응용예제 2 커튼이 열리면서 로고가 나오는 모션을 만들어 보겠습니다. 이미지를 어떤 식으로 활용하는지 확인할 수 있습니다.

 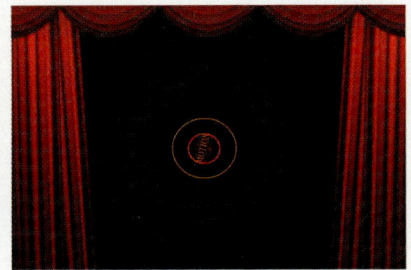 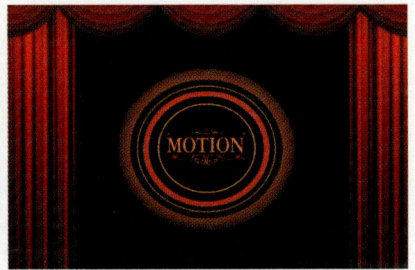

응용예제 3 핸드폰이 등장하는 모션을 공간감 있게 만들어 보겠습니다. 텍스트 모션과 두 번째 움직임을 예제와 함께 배워봅시다.

타임라인 컨트롤 스크립트 타임라인을 멈추거나 재생하는 예제를 통해 비선형 운동을 만들어냅니다.

타임라인 멈추기/진행하기   Scene 이동   타임라인 뒤로 돌리기

DisplayObject 활용 DisplayObject를 활용하기 위한 기초 예제와 액션 마스크 적용, 컬러 변경, 움직임 등의 활용 예제를 공부합니다.

DisplayObject 정렬   라이브러리 무비클립을 화면으로 가져오기   투명마스크 적용

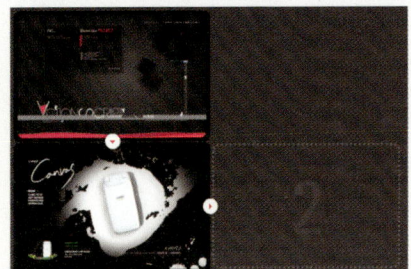

높낮이(Index) 변경   충돌 체크   DisplayObject 움직이기

마우스 활용 마우스 클릭부터 드래그까지 마우스를 활용한 다양한 예제를 공부합니다.

버튼에 링크 걸기

마우스커서 변경

마우스로 옮기기(드래그)

텍스트 활용 다이내믹 텍스트 필드의 내용을 액션스크립트를 이용하여 변경하고 폰트, 크기, 컬러 등을 변경해 봅니다.

텍스트 필드에 문자열 넣기

HTML 코드 넣기

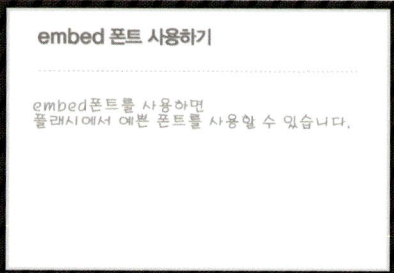

텍스트 폰트, 크기, 컬러 변경

동영상 활용 플래시 비디오 플레이어를 다양한 방법으로 만들고 PC 카메라 사용 방법을 공부합니다.

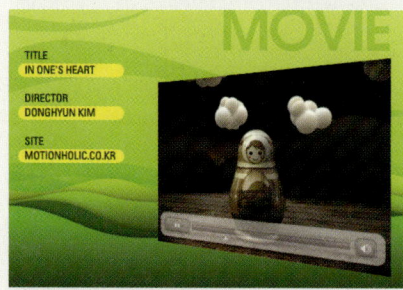

FLVPlayBack 콤포넌트 활용

카메라(PC캠) 활용

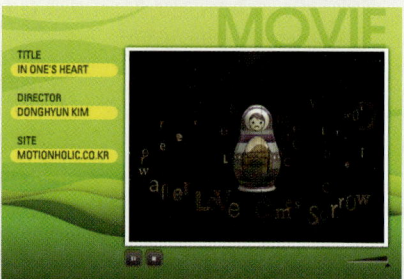

콤포넌트 버튼 활용

비트맵데이터 비트맵을 이용한 그림 그리기와 멀티비전을 제작합니다.

비트맵으로 그림 그리기

Color Picker

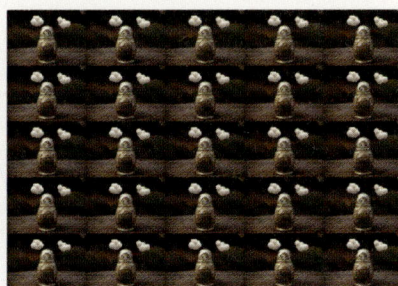

멀티비전

사운드 활용 라이브러리에 있는 음원을 재생하는 방법과 mp3파일을 로드하여 재생하는 방법을 공부합니다.

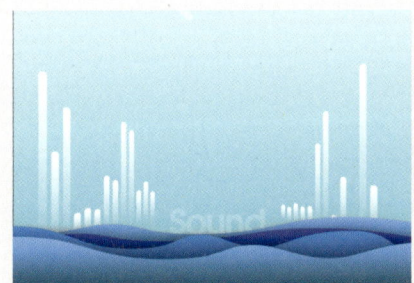

라이브러리 사운드 재생

mp3 파일 재생

이미지/SWF 파일 로드 올 플래시 사이트 제작을 위한 외부 파일 로드 방법을 공부합니다.

SWF 파일 로드

이미지 파일 로드

Part 1

플래시 CS4 둘러보기

플래시 CS4는 웹 애니메이션 저작 도구로 캐릭터, 웹 사이트, 게임, 어플리케이션, 미디어 아트까지 다양한 장르에서 응용되고 있습니다. 이번 장에서는 플래시의 소개와 변화된 CS4의 기본 툴에 대해서 알아보겠습니다. 자! 플래시의 매력에 빠질 준비가 되셨나요?

SECTION

01 플래시로 무얼 만들 수 있나?

학습 목표

플래시가 단순한 애니메이션 툴이라고 생각한다면 이 책을 통해 생각을 바꿔드리겠습니다. 플래시는 그래픽 툴로서 애니메이션 효과를 줄뿐 아니라 액션스크립트를 이용한 인터렉션을 제공합니다. 또한 그 영역이 웹에만 국한되는 것이 아니라 키오스크 / 모바일 / UI 등 많은 영역에서 이용돼 활용 범위가 넓다고 할 수 있습니다. 특히 플래시 플레이어는 전세계 데스크톱의 97%에 설치되어 어도비 플래시 플랫폼이 하나의 문화적 플랫폼으로 자리매김하는데 많은 영향을 주었습니다. 이번 장에서는 플래시의 기본 개념 정의와 플래시로 가능한 것들에 대해서 소개하겠습니다.

Step 01 | 플래시 그 무한한 영역에 대하여

웹 사이트에서 플래시는 꼭 필요한 기본 요소로 자리매김했습니다. 플래시를 볼 수 있는 플래시 플레이어는 전세계 97% 데스크톱에 설치되어 있고 이를 바탕으로 다양한 콘텐츠 제작이 가능하게 되었습니다. 플래시로 가능한 일이 어느 정도인지 함께 살펴보겠습니다. Welcome to flash world!!!

FWA(Favorite Website Awards) – http://www.thefwa.com

전세계의 멋진 사이트를 한 군데 다 모아놓은 사이트로 기획/ 디자인/ 기술력이 융합된 크리에이티브의 정점을 찍은 사이트들을 볼 수 있습니다. 특히 훌륭한 아이디어를 통해 콘셉트를 잘 드러낸 사이트를 접하면 "아, 어떻게 이런 생각을…" 이라는 감탄사가 절로 나옵니다. 필자도 팀원들과 함께 FWA에 등록될 수 있는 사이트를 만들기 위해 매일 매일 아이디어 회의를 하고 있습니다. 아이디어가 우선이고 기술은 그 다음이거든요. 여러분들도 FWA에 있는 사이트들을 둘러보시고 이 곳에 등록될 만한 멋진 사이트를 만들어보세요.

제품프로모션의 극대화 – http://www.canu701d.co.kr

이제 웹은 단순히 사이트를 보여주는 것에서 벗어나 제품 홍보의 장으로 자리매김했습니다. 온라인 광고 영역에서 제품 홍보를 극대화 하기 위해 다양한 시도가 진행되고 있습니다. 그리고 그 중심에 플래시가 있습니다. 지금 소개한 사이트는 이 책의 액션스크립트 부분을 담당한 최재필 저자가 제작한 사이트로 국제 비즈니스 어워드(Stevie awards)에서 대상을 받은 사이트입니다. 특히 플래시로 제작한 온라인용 CF가 TV CF까지 역으로 진행된 최초의 케이스가 된 사이트이기도 합니다.

웹 애니메이션 제작 – http://www.puccaclub.com

플래시가 처음 도입되었던 시기 플래시의 가장 큰 매력이 손쉽게 움직임을 만들 수 있다는 점이었습니다. 특히 엽기 토끼, 졸라맨, 뿌까뿌까 등 탄탄한 스토리와 잘 만들어진 캐릭터로 웹을 넘어서 오프라인 캐릭터 시장까지 영향을 주었고 뿌까뿌까 같은 경우 공중파 영상으로 제작되어 상영 중입니다. 누구나 손쉽게 움직임을 주고 사운드 삽입을 통해 효과를 극대화 시킬 수 있어서 플래시 애니메이션이라는 새로운 장르가 만들어졌고 그 중심에 플래시가 있었습니다.

동영상기법을 이용한 UCC – http://www.pandora.tv

요즘 플래시 스트리밍 방식을 이용해 FLV 포맷을 플레이하는 UCC(User Created Contents) 동영상 사이트를 흔히 볼 수 있습니다. 캠코더와 디지털 카메라의 보급으로 누구나 손쉽게 동영상 제작이 가능하고, 적극적으로 표현하고 싶어하는 요즘 세대의 요구가 어우러져 UCC 사이트는 하나의 트랜드로 자리잡았습니다.

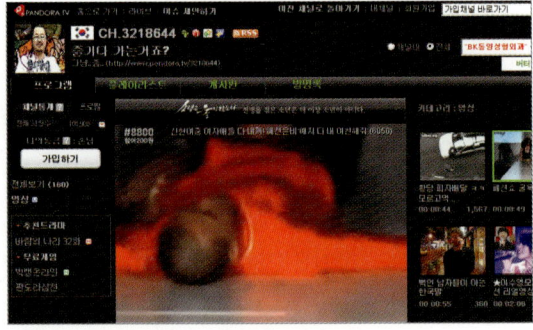

다양한 게임 제작 – http://www.onlinerealgames.com

플래시를 이용한 다양한 게임이 제작되고 있습니다. 플래시의 액션스크립트라는 언어를 통해 서버와의 통신이나 다양한 인터렉션이 가능하게 되어 일반적인 게임 제작 방식에 비해 비용과 인력 부분에 대한 부담이 줄었습니다. 플래시를 이용해 재미있고 다양한 효과를 가진 게임을 쉽게 제작할 수 있게 되어 플래시 게임만 제공하는 사이트가 만들어지기도 했습니다. 또한 연말연시나 명절처럼 특별한 이벤트를 위한 게임도 활발하게 제작되고 있습니다.

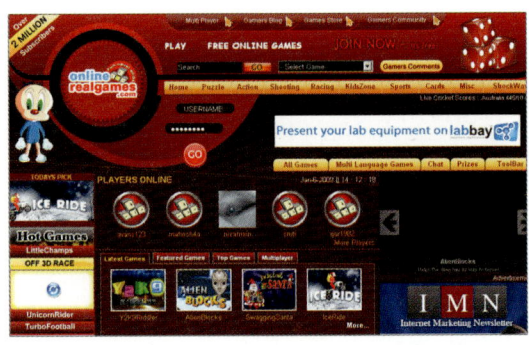

영상과의 조우 – http://www.pilotrussia.ru/flash

인터넷 환경의 개선과 더불어 웹에 찾아온 새로운 바람은 영상과 플래시의 만남입니다. 이제 웹 사이트에서 영상을 통해 콘셉트를 표현하는 것은 흔히 볼 수 있는 일입니다. 효과적인 표현을 위해 플래셔들에게 더 많은 것들을 요구하게 되었고, 플래셔들은 플래시에서 구현하기 힘든 효과를 영상에서 해법을 찾아 표현의 한계를 극복했습니다. 필자가 제시한 사이트 말고도 플래시를 이용해 만들어진 더 멋진 영상 사이트들이 있습니다.

과연 웹의 표현의 한계는 어디까지 일까요?

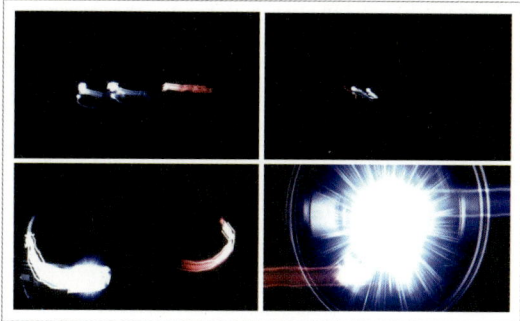

3D 엔진을 이용한 인터렉션 – http://www.indisouls.com

플래시 언어인 액션스크립트도 많은 발전이 있었습니다. 액션스크립트는 꾸준한 버전업을 거쳤고 현재 액션스크립트 3.0 버전에 이르러 유연한 코드와 체계화가 이루어졌습니다. 이를 계기로 3D 엔진이나 물리 엔진과 같은 코드 개발이 가능해졌고 이를 이용한 사이트가 제작되기 시작했습니다. 시계라는 콘셉트를 이용한 사이트로 마우스의 움직임에 따라 반응하도록 설계되었고, 클릭할 경우 선택된 화면이 나타나도록 만들었습니다.

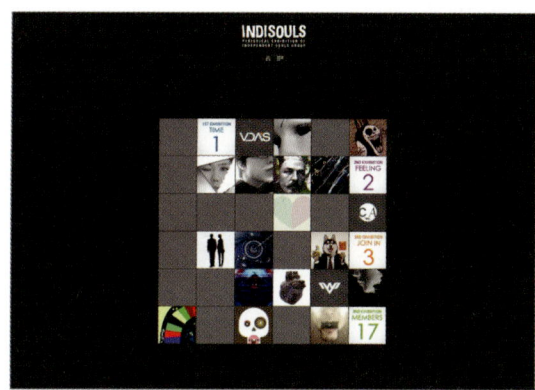
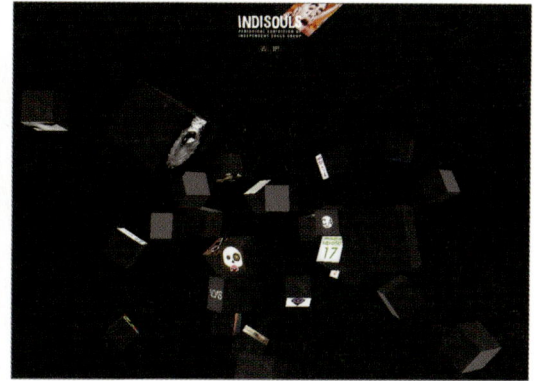

이번 장을 마치며

플래시를 이용한 다양한 사이트와 플래시로 할 수 있는 것들에 대해 살펴보았습니다. 물론 지면을 통해 다양한 사이트와 효과를 보여주기에는 한계가 있습니다. 하지만 플래시를 통해 여러분들이 상상한 모든 것을 표현할 수 있고 그 표현을 위한 첫걸음을 이 책과 함께하길 바랍니다. 자, 움직임의 전문가가 되기 위한 준비를 마쳤다면 이제부터 같이 그 세계로 가볼까요?

02

플래시 CS4
이것이 달라졌다

학습 목표

플래시는 최초 퓨처스 플래시 애니메이터라는 프로그램에서 시작되었습니다. 처음에는 GIF 애니메이션의 단점을 보완한 벡터 기반의 애니메이션을 위해 만들어졌고, 그 가능성을 본 매크로미디어에서 퓨처웨이브를 인수하여 플래시 2.0부터 MX 2004까지 버전업하게 됩니다. 이후 플래시 8 부터 어도비사에 인수되어 지금의 플래시 CS4까지 나오게 되었습니다. 어도비만의 장점이 플래시 CS4에 반영이 되었고, 특히 CS4 제품군과의 크로스 미디어 작업 환경은 최상의 크리에이티브를 실현하고 있습니다. 플래시 CS4의 새로운 기능에 대해서 알아보겠습니다.

Step 01 | **움직임 그 이상의 표현을 위한 첫걸음**

CS4는 이전 버전에 비해 막강한 새로운 기능들을 선보여 여러분의 상상력을 표현하는 창구로 활용 될 것입니다. 다른 어도비 제품군과 동일한 혁신적이고 간소화된 워크플로우, 다양한 그래픽 툴과의 유연한 상호 호환성 등은 이제 더 이상 새로운 기능이 아닌 필수라 할 수 있습니다. 여기에 Z 축이라는 주목할 만한 개념이 이번 버전을 통해 새롭게 추가돼 플래시는 더욱 강력한 인터렉티브 저작 툴로서 자리매김하게 되었습니다.

플래시 CS4 인터페이스

플래시 CS4는 다른 CS4 제품과 공용 인터페이스를 구성하고 있습니다. 어도비 인터페이스의 높은 유연성을 활용하여 여러 작업 영역을 같은 방식으로 사용자 정의하면 다양한 애플리케이션을 전환하면서 매끄럽고 신속하게 작업할 수 있습니다. CS4는 작업 처리 속도를 향상시키고 워크플로우를 개선함으로써, 업무 프로세스가 간소화되었고, 효율성을 획기적으로 높여 기업 총 생산성(Total Factor Productivity)면에서 CS3 대비 18%의 향상 효과가 있다고 합니다. 멋진 CS4 제품군으로 여러분의 상상력을 표현해 보세요.

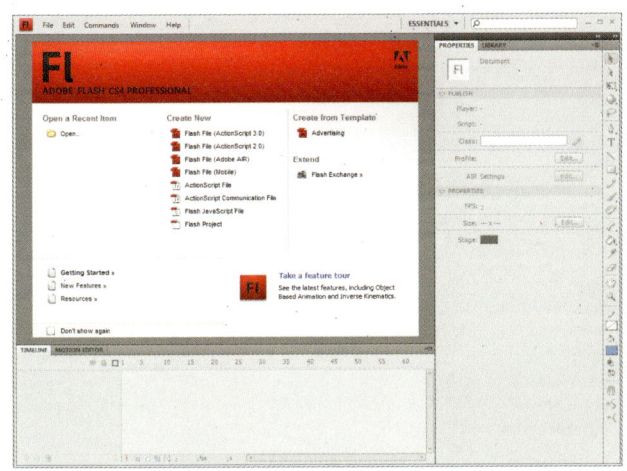

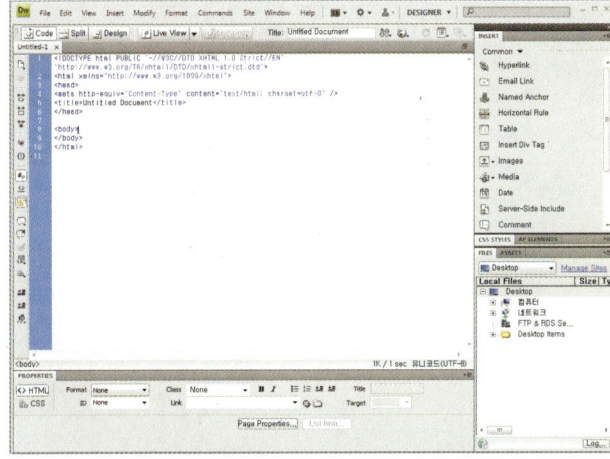

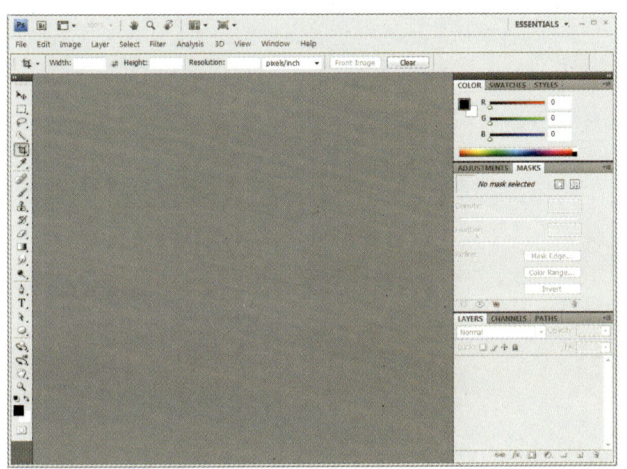

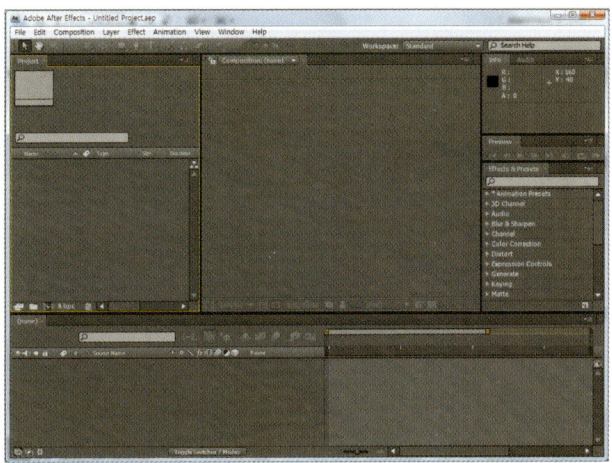

객체 기반의 애니메이션

CS4에서 추가된 기능 가운데 하나인 객체 기반 애니메이션 툴을 사용하면 키 프레임의 모션 트위닝을 조종하는 것이 아니라 객체 자체에 직접 모션 트위닝을 적용하여 애니메이션 속성을 제어할 수 있습니다. 특히 프레임 별로 패스가 생성돼 포인트를 조절하여 모션의 패스를 손쉽게 제어할 수 있습니다.

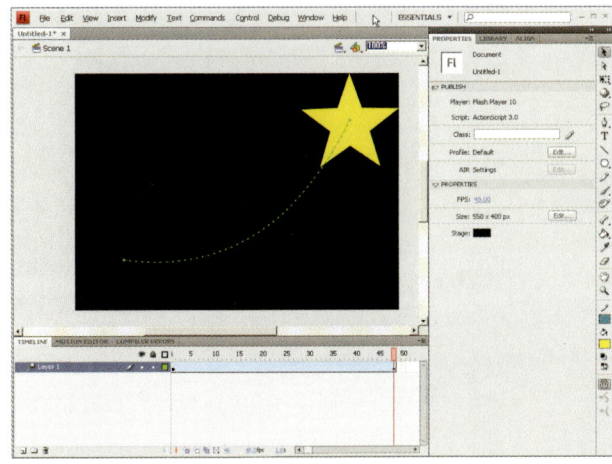

스프레이 브러시 기능

'브러시+심볼'과 같은 개념으로 심볼 자체의 애니메이션이 가능하기 때문에 동적인 심볼을 제작할 수 있습니다. 재미있고 다양한 배경 효과를 만드는데 유용한 CS4의 새로운 기능입니다.

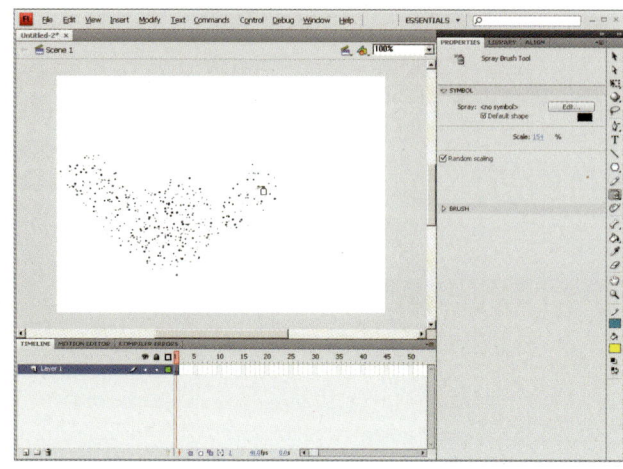

Deco 툴

배경에 손쉽게 패턴을 만들 수 있는 툴입니다. 기본으로 Leaf, Flower가 설정되어 있습니다. 여러 가지 설정을 통해서 변화를 줄 수 있고, 무비클립 심볼의 변화를 통해서 격자 형태로 오브젝트를 배치하는 것도 가능합니다.

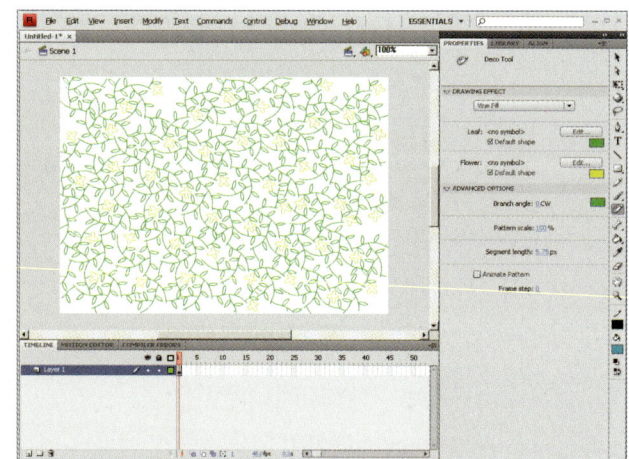

본 툴

여러 개의 연결된 객체로 체인과 같은 애니메이션 효과를 만들거나 새로운 본 툴을 사용하여 하나의 모양만 신속하게 왜곡시킬 수 있습니다. 또한 각각의 관절에 영향을 받는 모션을 만들 수 있어서 이전 버전에서 볼 수 없었던 새로운 스타일의 모션도 가능할 것으로 보입니다.

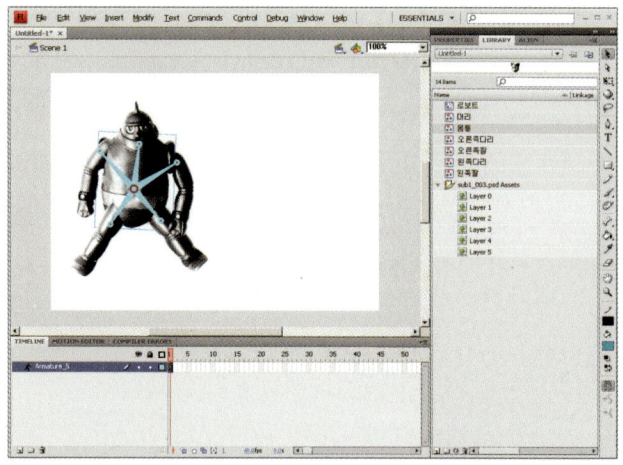

모션 편집기

모션 편집기 패널에서는 모든 트윈 속성과 해당 속성 키 프레임을 볼 수 있습니다. 또한 트윈에 정확성과 세밀함을 추가하는 도구들도 제공합니다. 모션 편집기는 현재 선택한 트윈의 속성을 표시합니다. 타임라인에서 트윈을 만든 후 모션 편집기에서 여러 가지 방식으로 트윈을 제어할 수 있습니다. 애프터이펙트에서 키마다 각각의 속성을 제어하는 것과 같은 방식입니다.

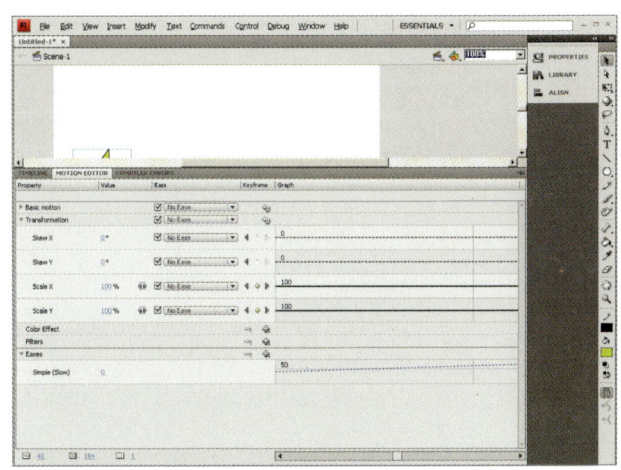

모션 프리셋

반복되는 모션 트윈이나 움직임 등을 미리 구성하여 스테이지에 있는 객체에 적용하는 기능을 가지고 있습니다. 특히 팀 작업이나 공동 작업의 경우 동일한 스타일의 모션 가이드를 잡아 진행할 수 있어서 편리한 작업이 가능합니다.

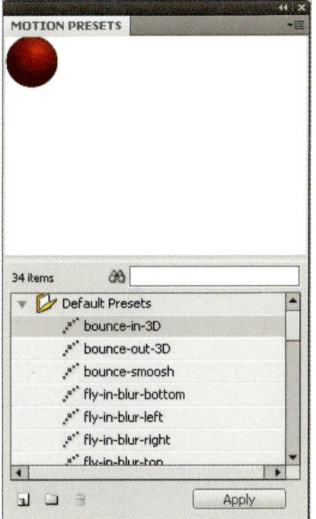

이번 장을 마치며

플래시 CS4는 새로운 기능을 추가해 이전 버전 보다 편리하고 효율적인 업무가 가능하게 되었습니다. 새롭게 추가된 기능들은 아직 그 활용법이나 응용 방법이 많지 않지만, 기본이 충실하다면 새로운 기능을 응용해서 멋진 작품을 만드는 것은 시간 문제입니다.
책의 내용 중에 CS4의 달라진 기능을 이용한 예제가 있습니다. 예제를 통해 각각 도구의 사용법과 응용에 대해서 알아보겠습니다.

CS4 기초부터 탄탄하게

학습 목표

플래시 CS4를 시작하기 전 준비 단계입니다. 이번 장에서는 플래시 화면의 전체적인 모습과 가장 기본이 되는 툴 중심으로 살펴보겠습니다. 작업영역에 대한 이해는 보다 나은 결과물을 만들기 위한 필수요건입니다. 플래시의 가장 중요한 개념인 타임 라인, 플래시 오브젝트의 특징과 활용법을 알아봅니다. "기본부터 충실히" 지금부터 시작입니다.

Step 01 | 플래시 CS4 둘러보기

기본 화면 구성 요소와 작업 화면을 살펴보겠습니다. 기존의 사용자라면 CS4의 달라진 화면에 당황할 수 있습니다. 하지만 달라진 부분은 작업을 편리하게 하기 위한 구성의 변화로 자세히 살펴보면 큰 차이는 없는 점을 확인할 수 있습니다. 여기서는 CS4의 작업 화면을 전체적으로 둘러보겠습니다.

플래시 CS4 작업 화면 구성하기

플래시가 버전업을 하면서 다양한 작업이 가능해졌습니다. 플래시 CS4에서는 작업자의 성향에 맞춘 작업 화면이 제공됩니다. 기본적으로 6개의 화면 구성이 제공되고, 초기 화면이나 나만의 작업 화면을 구성하는 메뉴가 제공됩니다.

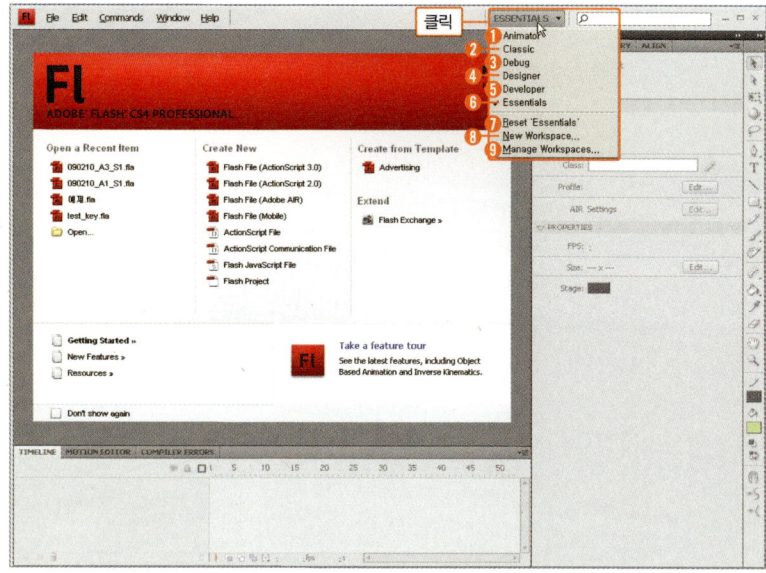

❶ Animator : 애니메이션 작업자에게 적합한 작업환경을 제공합니다.

❷ Classic : 플래시 CS3의 인터페이스와 비슷한 작업환경을 제공합니다.

❸ Debug : 작업시 발생되는 오류나 문제점을 찾아 해결할 수 있는 화면 구성을 제공합니다.

❹ Designer : 플래시 디자이너에게 작업하기 적합한 작업 환경을 제공합니다.

❺ Developer : 플래시 개발자에게 작업하기 적합한 작업 환경을 제공합니다.

❻ Essentials : 플래시 CS4의 기본 화면 구성입니다. 이 책에서는 이 화면을 기본으로 설명하겠습니다.

❼ Reset 'Essentials' : 현재 변경된 화면을 초기화합니다.

❽ New Workspace : 현재 화면 구성을 사용자정의에 따라 저장합니다. 저장된 화면 구성은 불러와서 사용 가능합니다.

❾ Manage Workspace : 저장된 화면구성 목록을 확인할 수 있습니다. 변경 및 제거가 가능합니다.

플래시 CS4 전체 화면 살펴보기

플래시 전체화면을 이루고 있는 구성요소를 살펴보겠습니다.

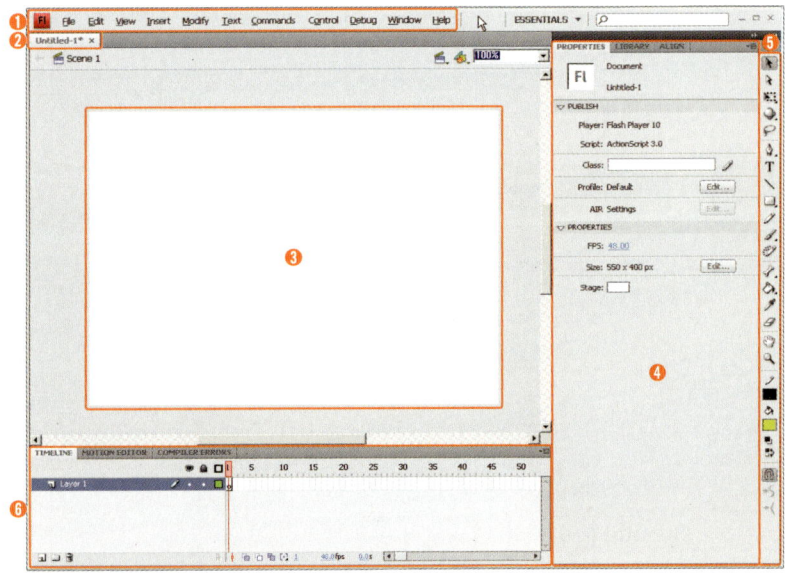

❶ 메뉴바 : 플래시 CS4에서 제공되는 명령어들을 풀다운 메뉴로 모두 모아 놓은 곳입니다. 플래시 작업을 수행할 경우 필요한 명령어는 여기에서 찾아 활용할 수 있습니다.

❷ 편집바 : 현재 열려 있는 파일 목록이 탭으로 표시가 됩니다. 여러 개의 플래시 업무를 동시에 진행 가능하고 다른 작업으로 전환이 편리합니다.

❸ 스테이지 : 플래시 오브젝트를 그리거나 움직임을 만드는 실질적인 작업이 이루어지는 곳입니다. 무비를 실행시키면 이 영역만 보여지게 됩니다.

❹ 속성창 : 도구상자의 툴과 오브젝트를 선택할 때 각각의 속성을 제어할 수 있도록 이 부분에서 속성의 설정을 바꾸어 줄 수 있습니다.

❺ 도구상자 : 플래시에서 오브젝트를 그리거나 색상을 변경하는 각종 툴을 모아 놓은 곳입니다.

❻ 타임라인 : 플래시에서 가장 중요한 개념으로 이곳을 통해서 움직임을 제어할 수 있습니다. 애니메이션을 만드는 곳으로 시간을 의미하는 숫자를 통해 타이밍을 제어하고 레이어 추가, 폴더 생성, 가이드 라인 및 마스크를 적용할 수 있는 곳입니다.

플래시에서는 다양한 기능을 가진 패널을 제공하고 있습니다. 각 패널의 특성을 잘 알아두면 보다 효율적이고 멋진 작업이 가능합니다. 플래시에서 숨겨진 패널에 대해서 알아보고 각각의 활용법에 대해서 익혀보겠습니다. 각각의 패널은 메뉴바의 [Window] 항목에서 찾을 수 있습니다.

Library 패널

스테이지에 있는 오브젝트를 심볼로 등록하면 이곳 [Library] 패널에 저장되어 언제든지 꺼내서 쓸 수 있습니다. [Library] 패널에 등록되는 것으로는 이미지, 심볼, 사운드, 비디오 파일 등이 있습니다.

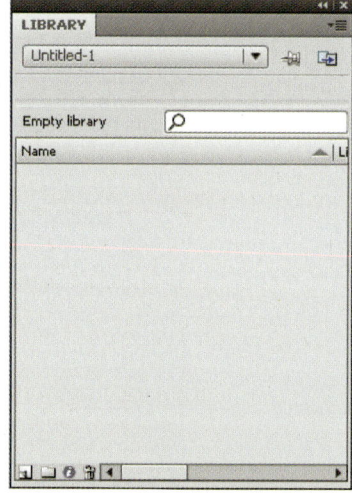

Motion Presets 패널

플래시 CS4에 새롭게 추가된 기능으로 플래시에서 제공하는 모션의 움직임을 미리 확인하고 스테이지에 선택된 심볼에 같은 움직임을 적용할 수 있는 패널입니다. 유저나 회사에서 공통으로 사용하는 모션을 모아 놓을 수 있습니다.

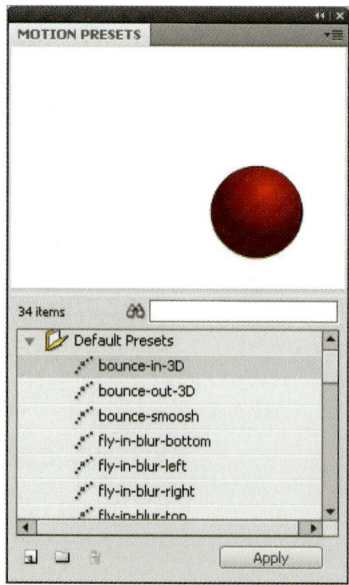

Actions 패널

FLA 파일에 포함되는 스크립트를 작성하려면 액션스크립트를 [Actions] 패널에 직접 입력합니다. [Actions] 패널은 액션스크립트 요소를 범주 별로 그룹화하는 [Actions] 도구상자, 플래시 문서의 스크립트를 탐색할 수 있는 [스크립트 내비게이터], 액션스크립트 코드를 입력하는 [스크립트] 창등 세 개의 창으로 구성됩니다.

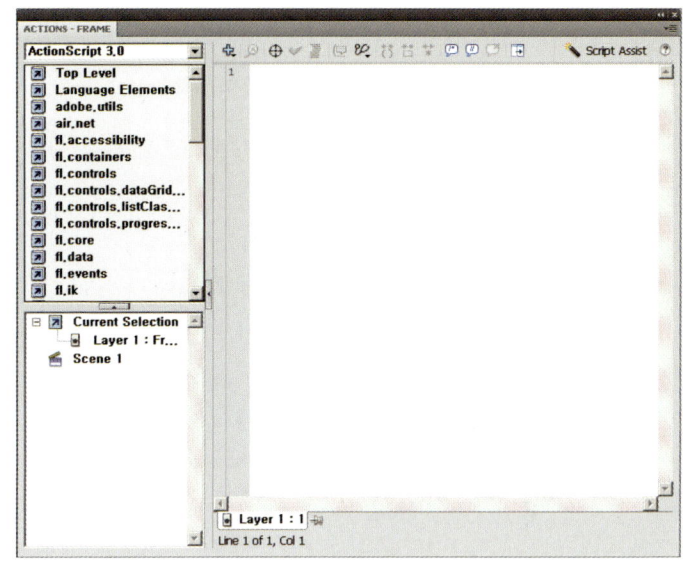

Align 패널

[Align] 패널은 스테이지에 있는 심볼을 비롯한 각종 오브젝트를 정렬할 때 쓰는 패널입니다. 정렬 패널을 잘 활용하면 작업의 속도를 높일 수 있습니다.

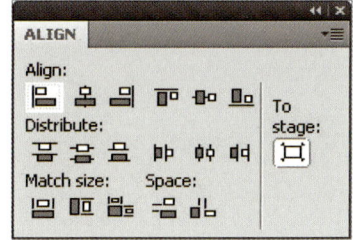

Color 패널

[Color] 패널은 색을 지정할 때 사용하는 패널로서, 선과 면의 색을 지정하고 그라디언트의 설정도 이곳에서 합니다. 쉐이프 오브젝트의 색상과 알파 값을 지정하는 패널입니다.

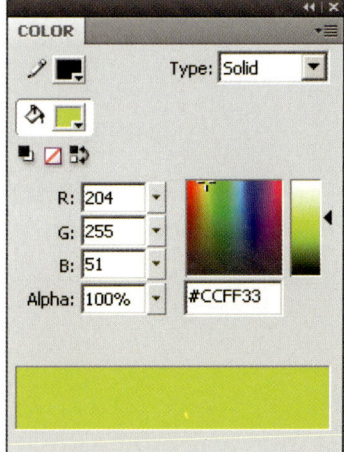

Swatches 패널

[Swatches] 패널은 색상 견본을 선택해서 바로 사용하는 패널입니다. 색상을 추가하거나 제거할 수 있습니다.

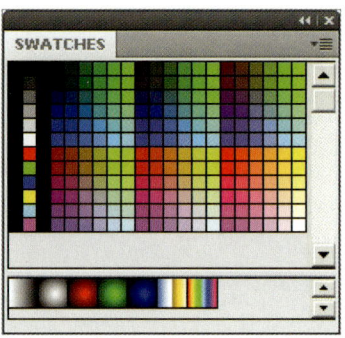

Transform 패널

[Transform] 패널은 스테이지에 있는 오브젝트의 크기나 회전 기울기를 변형할 때 쓰는 패널입니다. CS4에 추가된 3D 관련 속성을 제어할 수 있습니다.

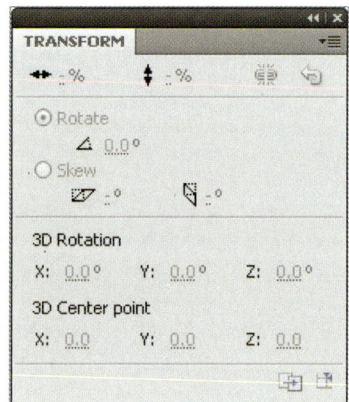

Properties 패널

도구상자의 툴과 오브젝트들을 선택할 때마다 내용이 조금씩 바뀌며, 심볼이나 오브젝트의 속성을 제어하는 곳입니다.

스테이지 속성 제어

스테이지의 크기나 배경색 변경 및 FPS 설정을 할 수 있습니다.

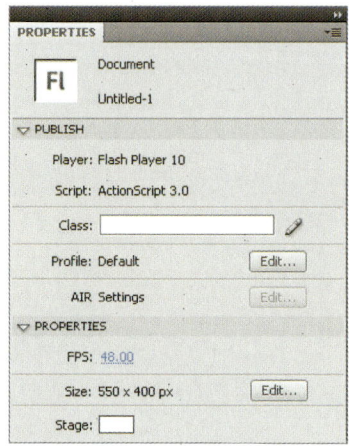

텍스트 툴 속성 제어

도구상자에서 텍스트 툴을 선택할 경우 나타나는 화면으로 텍스트
필드의 속성을 설정하거나 폰트의 종류, 크기, 자간, 색상, 등의 다
양한 속성을 설정할 수 있습니다.

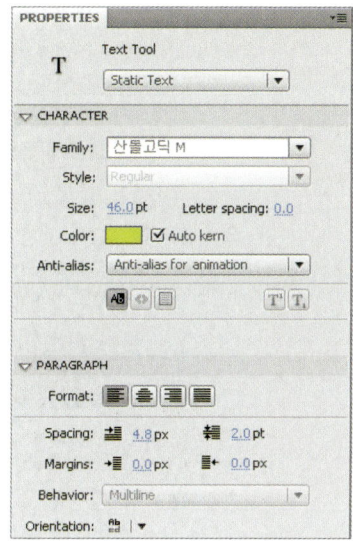

드로잉 툴 속성 제어

도구상자에서 드로잉 툴을 선택할 경우 나타나는 화면으로 선과
면의 색상 조절이 가능하고 선의 경우 굵기도 설정할 수 있습니다.
각각의 드로잉 툴마다 제어하는 옵션이 따로 있어서 각각의 드로
잉 툴에 맞게 설정할 수 있습니다.

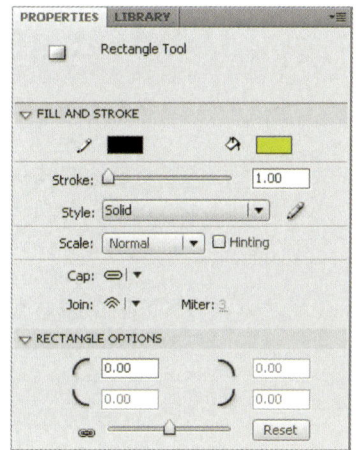

심볼 속성 제어

스테이지에 선택된 심볼 속성을 제어하는 화면으로 무비클립, 그
래픽, 버튼 심볼의 속성에 대한 변화를 줄 수 있도록 화면이 구성
이 됩니다. 이 부분은 중요한 개념으로 플래시 오브젝트를 다루는
부분에서 자세하게 설명하겠습니다.

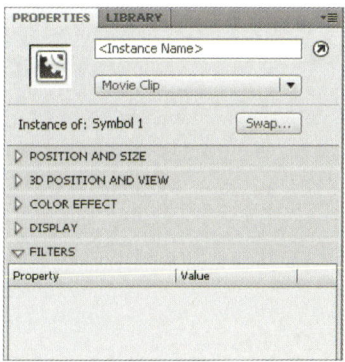

타임라인은 장면을 추가하거나 시간을 조절해 애니메이션을 만들고 제어하는 곳입니다. 타임라인은 프레임과 레이어로 구성되어 있습니다. 레이어에 프레임을 구성해 움직임을 만들고 그 움직임을 빠르게 보여줌으로써 애니메이션을 만들 수 있습니다. 플래시 애니메이션을 만드는데 가장 중요한 요소로 여러분과 함께 자세히 알아보겠습니다.

타임라인 구성 살펴보기

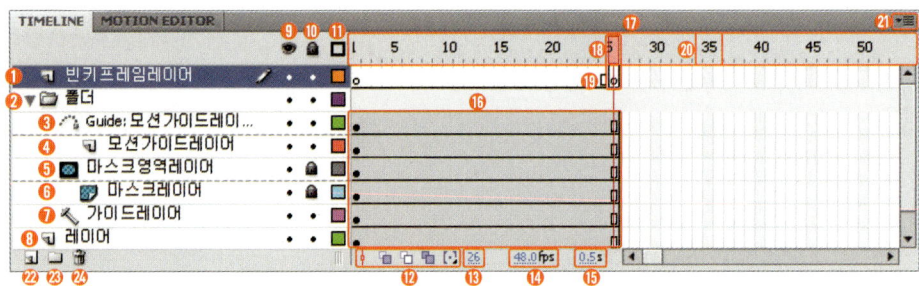

❶ 빈 키 프레임 레이어 : 레이어는 생성되었으나 프레임에 오브젝트가 없는 상태입니다.

❷ 폴더 : 많은 레이어가 생기는 경우 폴더에 담아서 작업공간을 효율적으로 관리할 수 있습니다.

❸ 모션 가이드 레이어 : 곡선의 심볼 움직임을 만들 경우 사용하는 레이어로 동선이 겹치지 않게 곡선을 만들어 사용합니다.

❹ 모션 가이드 레이어(심볼) : 심볼이 있는 상태의 모션 가이드 레이어로 모션 가이드 레이어의 동선에 따라 심볼을 움직이게 할 수 있습니다.

❺ 마스크 영역 레이어 : 마스크 영역 레이어에서 만든 크기만큼 바로 아래 레이어에 있는 대상을 보여줍니다.

❻ 마스크 레이어 : 심볼이나 이미지 등의 오브젝트가 배치되고 바로 위에 있는 마스크 영역 레이어의 영역 크기만큼 보여지게 됩니다. 움직임 작업도 가능합니다.

❼ 가이드 레이어 : 안내를 위한 레이어로 현 스테이지 상에서는 보이나 SWF로 파일 추출시 나타나지 않습니다. 디자인의 위치나 레이아웃을 등의 설정을 맞추기 위해 사용합니다.

❽ 레이어 : 일반적으로 프레임에 오브젝트가 있는 경우 생성되는 레이어입니다.

❾ Show/Hide All Layers : 레이어를 보여주거나 감춥니다.

❿ Lock/Unlock All Layers : 레이어를 잠그거나 풀어줍니다.

⓫ Show All Layers as Outline : 모든 레이어의 외곽선을 보여줍니다.

⓬ Center Frame Button : 프레임이 길 경우 현재 프레임을 타임라인의 가운데로 놓아줍니다.

　 Onion Skin : 선택한 프레임을 기준으로 애니메이션의 앞과 뒤 장면을 연하게 보여줍니다.

　 Onion Skin Outline : 선택한 프레임을 기준으로 애니메이션의 앞과 뒤 장면을 라인 형태로 보여줍니다.

　 Edit Multiple Frame : 선택한 프레임의 모든 오브젝트를 한꺼번에 편집합니다.

⓭ Current Frame : 현재 프레임의 숫자를 의미합니다.

⓮ Frame rate : 초당 프레임 수로 1초에 48 프레임을 보여주라는 의미입니다.

⓯ Elapsed Time : 재생 헤드가 위치한 프레임의 경과 시간을 의미합니다.

⓰ 프레임 : 프레임은 타임라인을 구성하는 기본 단위이며, 각 장면을 담는 공간입니다.

⓱ 타임라인 헤더 : 프레임의 번호를 표시합니다.

⓲ 플레이 헤드 : 현재 재생되는 위치 또는 작업 위치가 표시됩니다. 드래그하여 위치 이동도 가능합니다.

⓳ 빈 키 프레임 : 단축키 F7을 눌러서 만드는 빈 키 프레임으로 이곳에서 비선형적인 이벤트를 넣을 수 있습니다.

⓴ 프레임 번호 : 각 프레임을 번호로 표시합니다.

㉑ 타임라인 패널 옵션 메뉴 : 타임라인의 작업을 편리하게 하기 위해서 타임라인의 위치와 프레임의 크기를 변경할 수 있는 명령들을 제공합니다.

㉒ Insert Layer : 새로운 레이어를 추가합니다.

㉓ Insert Layer Folder : 폴더를 삽입합니다.

㉔ 휴지통 : 선택한 레이어를 삭제합니다.

타임라인에서 움직임 확인하기

01 메뉴바의 [File] – [Open]을 실행해서 '부록CD1/Sample/Part01/Sec03/타임라인에서 움직임 확인.fla' 파일을 불러옵니다.

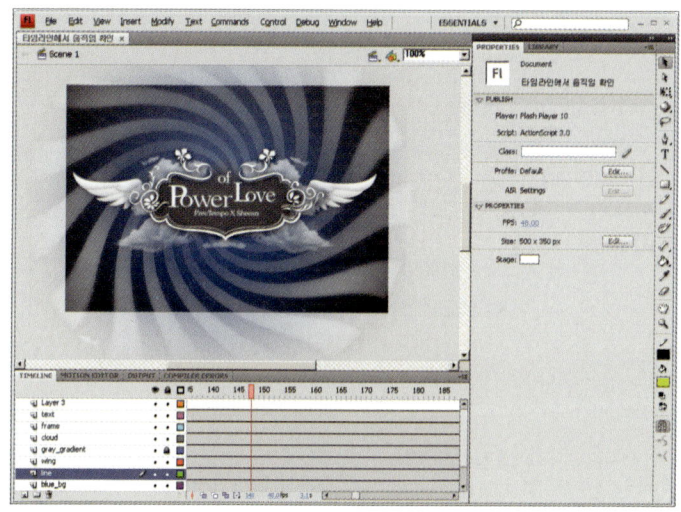

02 플레이 헤드를 선택해서 드래그하면 화면에서 만들어 놓은 애니메이션을 실시간으로 확인할 수 있습니다.

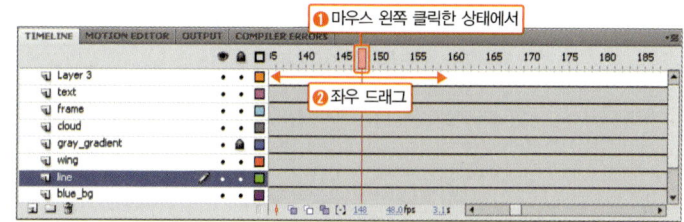

03 Enter 키를 누르면 플레이 헤드가 움직이면서 화면에서 변하는 모션을 확인할 수 있습니다.

Step 04	프레임과 키 프레임 이해하기

애니메이션 종류에 따른 프레임의 차이에 대해서 알아보겠습니다. 플래시 애니메이션을 만들기 위한 방법으로는 프레임 바이 프레임(Frame By Frame), 쉐이프 트윈(Shape Tween), 모션 트윈(Motion Tween) 등 크게 3가지가 있습니다. 3가지 형태 타임라인 구성을 알아보고 그 외의 프레임 종류에 대해 알아보겠습니다. 움직임을 만들기 위해 프레임을 다루는 여러 가지 Tip에 대해서도 알아보겠습니다.

프레임의 종류 살펴보기

공백 프레임

스테이지에 오브젝트가 없는 경우 타임라인의 레이어 프레임은 그림처럼 표시됩니다. 애니메이션 작업을 할 경우 공백 프레임을 임의로 생성하여 애니메이션 등장 순서의 변화를 줍니다.

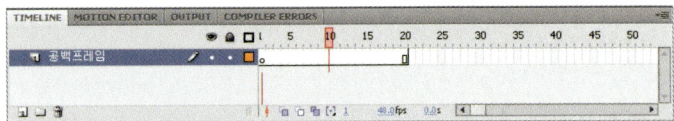

프레임

공백 프레임 상태에서 스테이지에 오브젝트를 배치할 경우 타임라인의 레이어 프레임은 그림처럼 표시됩니다. 움직임이나 키 프레임을 생성하기 위한 가장 기본적인 형태입니다.

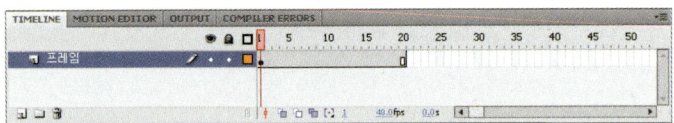

키 프레임

프레임 상태에서 오브젝트가 이전 프레임과 형태, 위치 등 구성이 달라질 경우 타임라인의 레이어 프레임은 그림처럼 표시됩니다. 마치 하나의 그림책에 서로 다른 그림이 수록된 형태로 생각하면 됩니다.

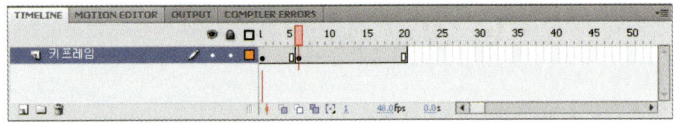

프레임 바이 프레임(Frame By Frame)

프레임 바이 프레임(Frame By Frame)할 경우 타임라인 형태입니다. 프레임 바이 프레임(Frame By Frame)은 보여주고자 하는 장면에 키 프레임을 추가하여 표현하는 방식으로 타임라인에서 매 프레임마다 키 프레임을 생성해서 작업을 합니다.

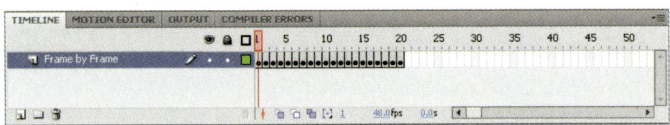

쉐이프 트윈

쉐이프 트윈을 할 경우 보여지는 타임라인입니다. 쉐이프 트윈은 첫 장면과 마지막 장면에 보여주고자 하는 오브젝트를 그려 장면에 변화를 주고 중간 단계는 쉐이프 트윈이라는 기법으로 처리하는 방식입니다. 타임라인 상태를 보면 1번 프레임과 20번 프레임은 키 프레임이고, 키 프레임 사이에는 실선과 함께 연두색으로 색상이 바뀐 것을 확인할 수 있습니다.

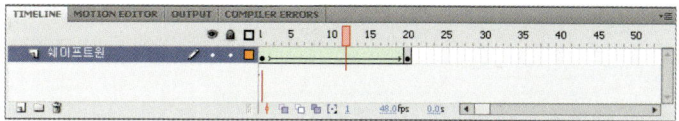

모션 트윈(Create Classic Tween)

모션 트윈도 쉐이프 트윈과 마찬가지로 첫 장면과 마지막 장면에 보여 주고자 하는 오브젝트를 그려 장면에 변화를 주고 중간 단계는 모션 트윈이라는 기법으로 처리하는 방식입니다. 타임라인 상태를 보면 1번 프레임과 20번 프레임은 키 프레임이고, 키 프레임 사이에는 실선이 그어진 보라색으로 색상이 바뀐 것을 확인할 수 있습니다.

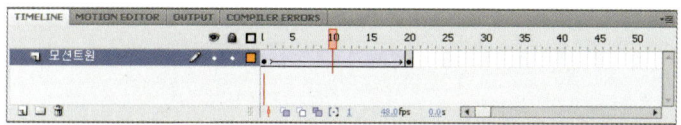

플래시 CS4 모션 트윈(Create Motion Tween)

플래시 CS4에서는 모션 트윈 자체를 객체로 인식하여 가이드 레이어와 프레임 구간까지 한번에 관리할 수 있도록 만들어졌습니다. 플래시 CS4 모션 트윈을 할 경우 타임라인은 다음과 같이 생성됩니다.

본 툴을 적용한 프레임

플래시 CS4에서 추가된 본 툴을 적용할 경우 생성되는 타임라인입니다.

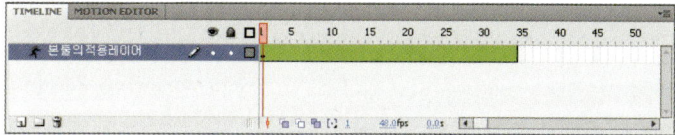

프레임과 키 프레임에 관하여

프레임(Frame) : ▯(단축키:F5) 오브젝트가 있으나 변화는 없는 상태로 한 장면을 변화없이 계속 보여줄 때 사용

키 프레임(KeyFrame) : ▮(단축키:F6) 오브젝트가 있고 애니메이션 장면에 변화를 주고자 할 때 사용

공백 프레임(BlankFrame) : ▯(단축키:없음) 오브젝트가 없고 비어 있는 프레임 상태

공백 키 프레임(BlankKeyFrame) : ○(단축키:F7) 오브젝트가 없고 비어 있는 키 프레임 상태

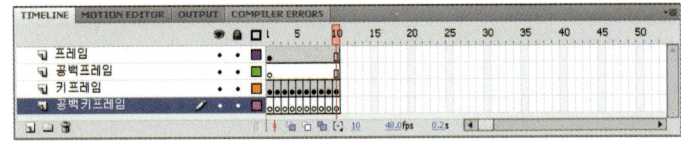

프레임을 내 맘대로 만져보자

프레임 간격 조절하기

타임라인 옵션 메뉴를 통해서 플래시의 타임라인 간격을 조절해서 작업할 수 있습니다.

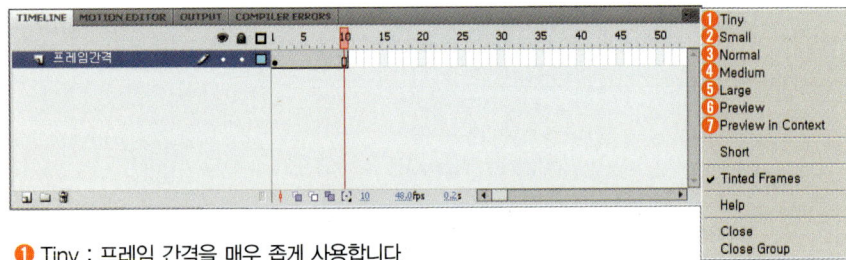

❶ Tiny : 프레임 간격을 매우 좁게 사용합니다.

❷ Small : 프레임 간격을 좁게 사용합니다.

❸ Normal : 프레임 간격을 보통 간격으로 사용합니다.

❹ Medium : 프레임 간격을 넓게 사용합니다.

❺ Large : 프레임 간격을 매우 넓게 사용합니다.

❻ Preview : 프레임에 있는 오브젝트를 볼 수 있습니다.

❼ Preview in Context : 프레임에 있는 작업 영역 전체를 볼 수 있습니다.

> 📺 **동영상 강의 [타임라인의 이해] 참고**
> **동영상 강의** : 부록CD1/동영상 강의①/⑤ 타임라인의 이해.avi

프레임을 선택하기

움직임이나 기타 작업을 하기 위해 프레임을 선택해야 하는 경우가 있습니다. 이 때 필요한 선택 방법에 대해서 알아보겠습니다.

1. 다른 레이어 프레임 선택하기

Ctrl+드래그 : 다른 레이어의 프레임을 한꺼번에 선택하는 방법입니다.

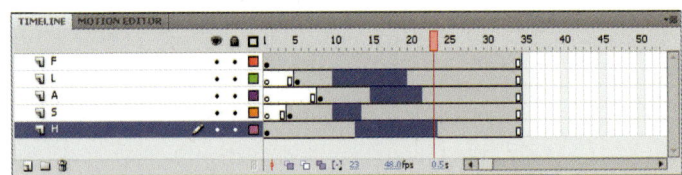

2. 레이어 프레임 전체 선택하기 1

Shift + 왼쪽 클릭 : 처음 클릭한 프레임과 다음 클릭한 프레임을 함께 선택하는 방법입니다. 하나의 레이어 혹은 여러 레이어에서도 동일한 방법으로 적용 가능합니다.

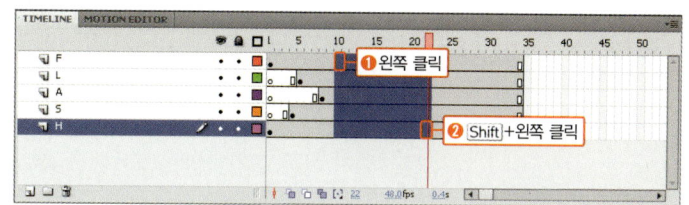

3. 레이어 프레임 전체 선택하기 2

왼쪽 클릭 + 드래그 : 클릭한 곳 기준으로 레이어의 프레임을 한꺼번에 선택하는 방법입니다. 하나의 레이어 혹은 여러 레이어에서도 동일한 방법으로 적용 가능합니다.

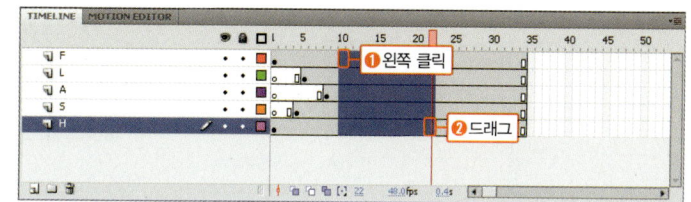

선택한 프레임 이동하기

편집이나 트윈의 길이 조정과 같은 작업을 하기 위해 선택된 프레임이나 키 프레임을 이동해야 합니다.

1. 키 프레임 이동

키 프레임의 간격 조정을 위해서 키 프레임 이동을 해야 합니다. 원하는 키 프레임을 선택한 상태에서 드래그하여 이동하면 됩니다.

01 키 프레임 선택

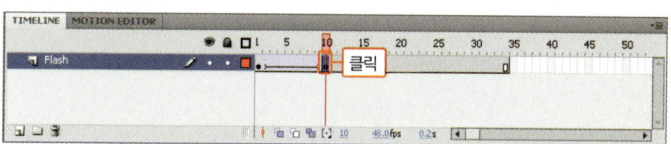

02 키 프레임 선택 후 드래그 이동

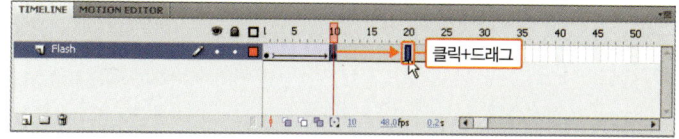

03 키 프레임 이동 완료

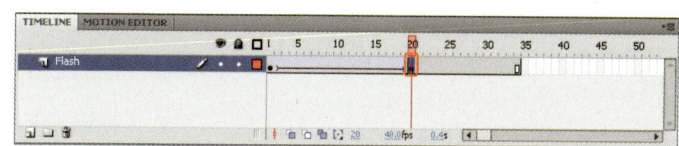

2. 전체 프레임 이동

키 프레임이 있는 전체 프레임을 이동하는 경우가 있습니다. 이때 프레임 모두를 선택하고 이동하면 됩니다.

01 드래그하여 이동 구간 선택

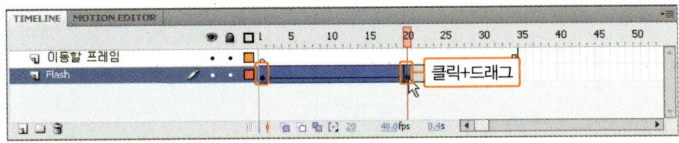

02 선택한 구간 클릭해서 전체 이동

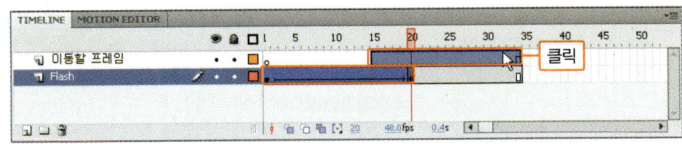

03 확인

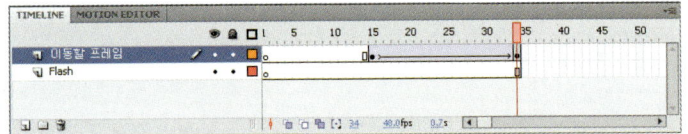

프레임 삭제하기

프레임 생성이나 이동만큼 중요한 부분이 프레임을 삭제하는 방법입니다. 프레임 삭제 방법도 키 프레임 삭제나 구간 삭제 등 여러 가지 방법이 있습니다.

1. 구간 삭제하기

구간을 선택하고 마우스 오른쪽 버튼을 클릭하여 메뉴를 활성화 시키고 [Remove Frames] 명령을 선택합니다.

2. 키 프레임 삭제하기

키 프레임을 삭제하는 방법에 대해서 알아보겠습니다. 키 프레임을 선택하고 마우스 오른쪽 버튼을 클릭하여 메뉴를 활성화 시키고 [Clear Keyframe] 명령을 선택합니다.

Tip

프레임에서 마우스 오른쪽 버튼을 클릭하면 다양한 명령어를 확인할 수 있습니다. 이 명령어에 대해서 알아보겠습니다.

프레임에서 마우스 오른쪽 버튼을 클릭

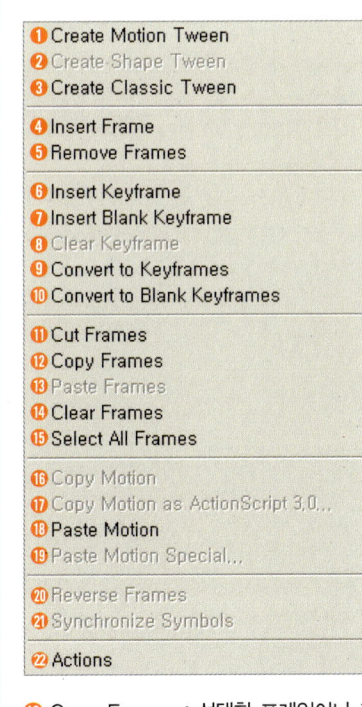

❶ Create Motion Tween : 플래시 CS4에서 추가된 기능으로 3D 기능 등의 속성이 추가되어 있습니다.

❷ Create Shape Tween : 형태 변화의 모션을 줄 경우 쉐이프 트윈을 적용합니다.

❸ Create Classic Tween : 플래시 CS4 이전 버전에서 주로 사용하는 모션 트윈을 적용할 경우 사용합니다.

❹ Insert Frame : 프레임을 추가해서 트윈 구간을 늘려주거나 프레임 길이를 늘려줍니다.

❺ Remove Frame : 선택된 프레임이나 프레임 구간을 삭제합니다.

❻ Insert Keyframe : 선택한 프레임 기준으로 다음 프레임에 동일한 형태의 프레임을 생성합니다.

❼ Insert Blank Keyframe : 선택한 프레임 기준으로 다음 프레임에 빈 키 프레임을 생성합니다.

❽ Clear Keyframe : 선택한 키 프레임을 삭제하면서 프레임으로 바꾸어 줍니다.

❾ Convert to Keyframes : 선택한 프레임이나 프레임 구간을 키 프레임으로 바꾸어줍니다.

❿ Convert to Blank Keyframes : 선택한 프레임이나 프레임 구간을 빈 키 프레임으로 바꾸어줍니다.

⓫ Cut Frames : 선택한 프레임이나 프레임 구간을 잘라내기합니다.

⓬ Copy Frames : 선택한 프레임이나 프레임 구간을 복제합니다.

⓭ Paste Frames : 잘라내기하거나 복제한 프레임을 선택한 프레임에 붙여넣기합니다.

⓮ Clear Frames : 현재 선택된 프레임의 내용을 지워줍니다.

⓯ Select All Frames : 타임라인의 모든 프레임을 선택합니다.

⓰ Copy Motion: 선택한 모션 트윈의 속성값을 모두 복제합니다.

ⓘ Copy Motion as ActionScript 3.0 : 선택한 모션 트윈의 속성값을 액션스크립트 3.0 방식으로 저장합니다

ⓘ Paste Motion : Copy Motion해서 복제된 모션 스타일을 적용합니다.

ⓘ Paste Motion Special: 복제된 모션 스타일을 적용할 때 x, y 좌표, 크기, 회전, 기울기, 색상, 필터, 브랜드 모드 등의 적용을 선택할 수 있습니다.

ⓘ Reverse Frames : 선택된 프레임의 첫 부분과 끝 부분을 바꾸어줍니다.

ⓘ Synchronize Symbols : 심볼 애니메이션의 프레임 수와 메인 무비의 프레임 수를 알맞게 조절합니다.

ⓘ Actions : [Actions] 패널을 활성화합니다.

트윈 구간에서 마우스 오른쪽 버튼을 클릭

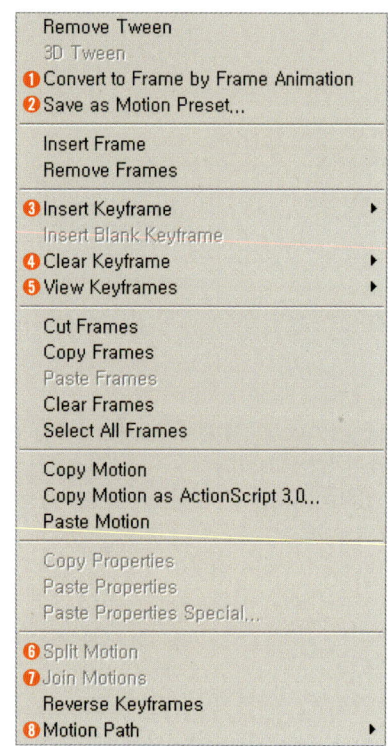

❶ Convert to Frame by Frame Animation : 선택한 프레임 구간의 모션 트윈을 키 프레임으로 바꾸어줍니다.

❷ Save as Motion Preset : 모션 움직임의 스타일을 Motion Preset 패널에 등록합니다.

❸ Insert Keyframe : 위치, 크기, 기울기, 방향, 색상, 필터 등의 속성을 삽입합니다. 모션 편집기에서 변화를 줄 수 있습니다.

❹ Clear Keyframe : 위치, 크기, 기울기, 방향, 색상, 필터 등의 속성을 삽입한 것을 삭제합니다.

❺ View Keyframes : 위치, 크기, 기울기, 방향, 색상, 필터 등의 속성을 모션 편집기에서 나타내는 기능을 합니다. 다양한 속성을 준 경우 유용하게 사용 가능합니다.

❻ Split Motion : 모션 트윈을 여러 개로 나누어줍니다.

❼ Join Motion : 여러 개로 나눈 모션 트윈을 하나로 연결합니다.

❽ Motion Path : 모션 패스의 다양한 옵션을 설정할 수 있습니다.

[Switch keyframes to roving] : 모션 트윈에 적용된 키 프레임을 제거하고 처음 프레임과 마지막 프레임만 남겨놓습니다.

[Switch keyframes to non-roving] : Switch keyframes to roving으로 제거한 키 프레임을 다시 복원합니다.

[Reverse Path] : 모션 트윈에 적용된 패스를 반전시킵니다.

Step 05 | 플래시 오브젝트와 심볼 이해하기

플래시 오브젝트의 종류와 특징에 대해서 살펴보겠습니다. 벡터로 구성되는 오브젝트에는 Shape(기본 도형), Object Drawing(오브젝트 드로잉), Group(그룹) 등 세가지로 구분되고 벡터와 이미지로 구성 가능한 심볼은 종류와 특성에 따라 무비클립, 그래픽, 버튼으로 구분됩니다.

지금 배울 부분은 플래시 작업을 위한 기본적인 개념이기 때문에 확실히 짚고 넘어가야 합니다.

3가지 오브젝트 알아보기

Shape(쉐이프)

쉐이프 오브젝트는 플래시의 기본 오브젝트로서 드로잉 툴 등을 이용해 드로잉을 할 때 생기는 최초의 오브젝트 상태를 말합니다. 쉐이프 오브젝트 애니메이션을 만들 경우 쉐이프 트윈을 사용하게 됩니다. 쉐이프 오브젝트의 특징에 대해서 알아보겠습니다.

1. 선과 면이 분리되어 있습니다.

2. 모서리 부분은 클릭하여 드래그하면 변형이 가능합니다.

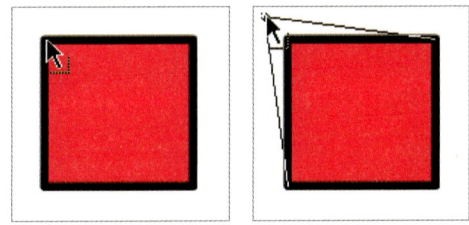

3. 테두리 부분은 클릭하여 드래그하면 변형이 가능합니다.

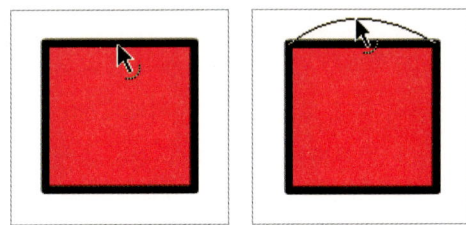

4. 드래그해서 선택할 경우 드래그된 영역만 선택됩니다.

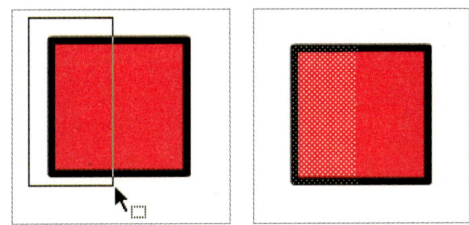

5. 오브젝트에 선이 있는 경우 선만 선택 가능합니다.

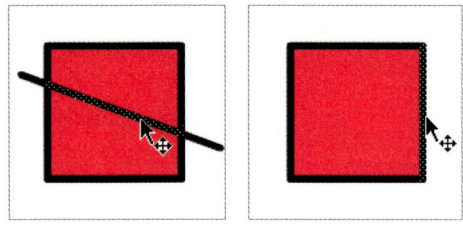

6. 같은 색상의 오브젝트가 겹칠 경우 합쳐지게 됩니다.

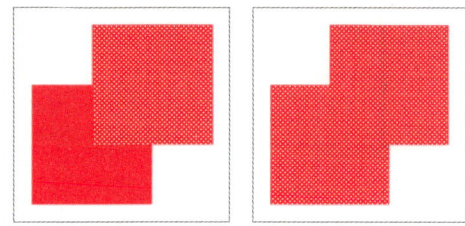

7. 다른 색상의 오브젝트가 겹칠 경우 밑에 있는 색상은 잘리게 됩니다.

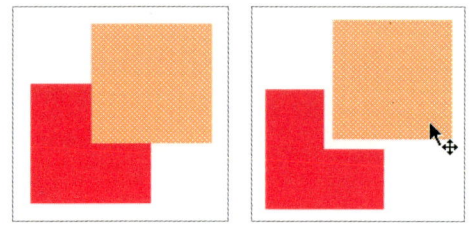

Object Drawing(오브젝트 드로잉)

쉐이프 특성에서 보신 것과 같이 2개 이상의 오브젝트가 겹치면 아래 부분의 오브젝트가 겹친 영역만
큼 잘리게 됩니다. 이런 현상을 방지하고 편하게 드로잉을 하기 위해 그리기 옵션 중 Object
Drawing(오브젝트 드로잉)을 선택할 수 있습니다. 기본적으로 그룹과 비슷한 속성이지만 그룹화 상태
에서 변형도 가능합니다.

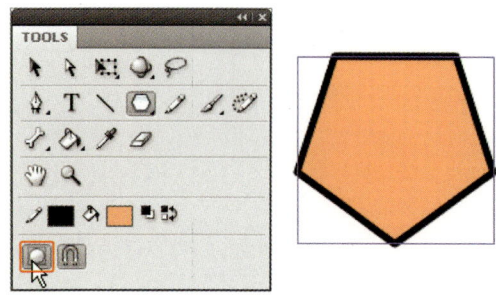

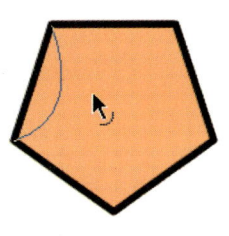
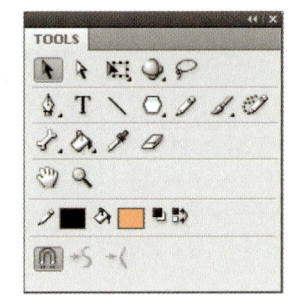
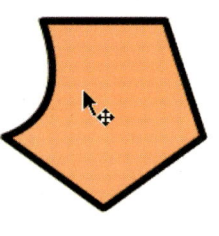

Group(그룹)

쉐이프 오브젝트를 그룹으로 전환한 상태의 오브젝트를 말합니다. 그룹으로 전환할 오브젝트를 선택한 다음 [Modify] – [Group](단축키: Ctrl + G)를 실행하면 그룹으로 변환됩니다. 그룹 해제시에는 [Modify] – [Ungroup] (단축키: Ctrl + Shift + G)를 선택하면 됩니다.

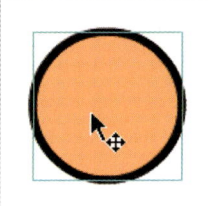

3가지 심볼 알아보기

심볼 등록하기

심볼은 플래시 애니메이션을 만들기 위해 가장 많이 사용되는 오브젝트입니다. 플래시 애니메이션의 핵심 오브젝트인 심볼은 목적과 특성에 따라 그래픽 심볼(Graphic Symbol), 버튼 심볼(Button Symbol), 무비클립 심볼(MovieClip Symbol) 이렇게 세 가지 유형으로 나뉩니다. 심볼을 만들면 라이브러리에 등록됩니다. 그리고 심볼의 유형에 따라 다른 아이콘이 표시됩니다.

1. 라이브러리 등록시 화면

2. 심볼 등록 방법

스테이지에서 심볼로 등록할 오
브젝트를 선택 후 [Modify] -
[Convert to Symbol] 명령을 실
행합니다. 단축키 F8을 눌러도 됩
니다.

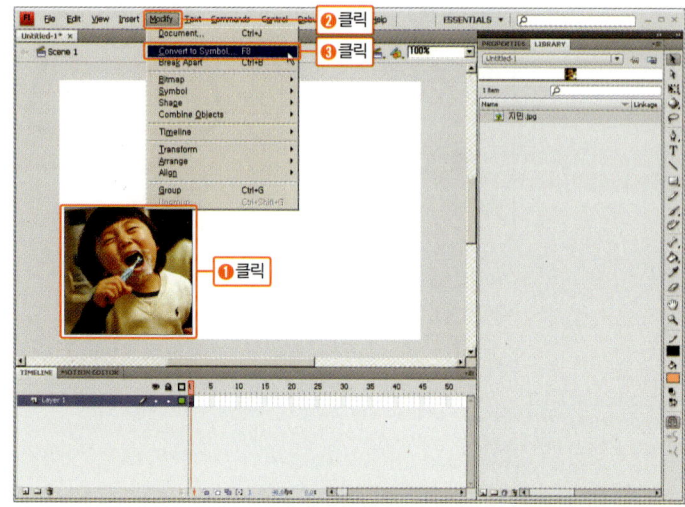

Convert to Symbol 창이 나오면 Type에서 등록할 심
볼 유형을 선택합니다.

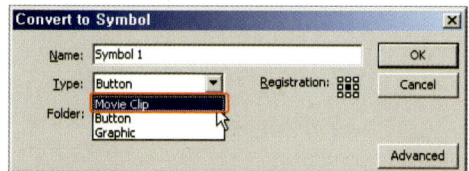

Name에서 등록할 심볼의 이름을 정해줍니다.

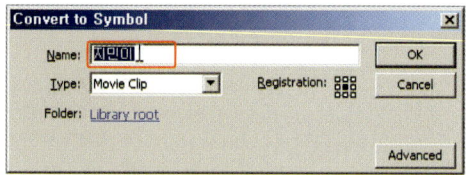

[OK] 버튼을 눌러서 심볼을 등록합니다.

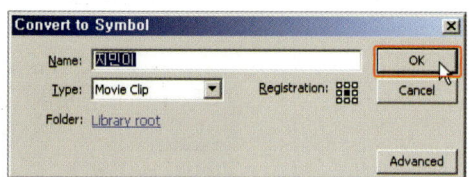

Tip

Convert to Symbol 대화상자에 대해서

❶ Name : 라이브러리에 등록되는 심볼의 이름을 설정합니다.
수정이나 재작업을 위해 이름을 이해하기 쉽고 간결하게 등
록하는 게 좋습니다.

❷ Type : 등록할 심볼의 타입을 결정합니다.

❸ Registration : 심볼을 등록할 때 애니메이션이나 변화를 위
한 중심점을 설정합니다.

❹ Folder : 심볼을 등록할 때 새로운 폴더 안에 등록하거나 기존 폴더에 추가합니다.

❺ Advanced : 액션스크립트를 사용해서 심볼을 불러올 수 있도록 설정합니다.

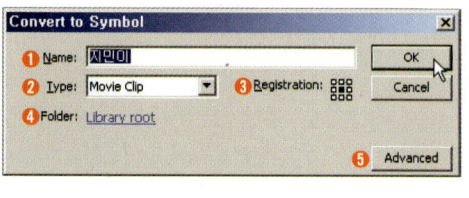

심볼 종류와 특성

앞에서 살펴본 것과 같이 심볼은 3가지 형태로 나누어져 있습니다. 각각 심볼의 특성과 차이점을 살펴
봅시다.

1. 그래픽 심볼

모션 트윈 애니메이션을 할 때 사용되는 기본적인 심볼로 정지된 이미지의 재사용이나 다른 심볼의 부
분으로 사용됩니다.

2. 버튼 심볼

마우스 이벤트가 있는 심볼로 버튼 심볼은 프레임 구성 자체가 다르고 마우스에 반응하는 인터렉티브
한 상황에 효과적입니다.

3. 무비클립 심볼

메인 타임라인과 별개의 타임라인을 가지고 있어 독립적인 재생이 가능합니다. 같은 패턴의 반복 움직
임이나 액션스크립트를 적용시킬 수 있어서 활용도가 높은 심볼입니다.

4. 심볼의 특성 1

심볼을 등록 할 때 라이브러리에 등록이 가능합니다. 같은 심볼을 재사용할 경우 용량을 늘리지 않고
작업 가능합니다. 심볼을 써서 관리하면 SWF의 재생 속도가 훨씬 빨라지는 것을 확인할 수 있습니다.

심볼 복제 시

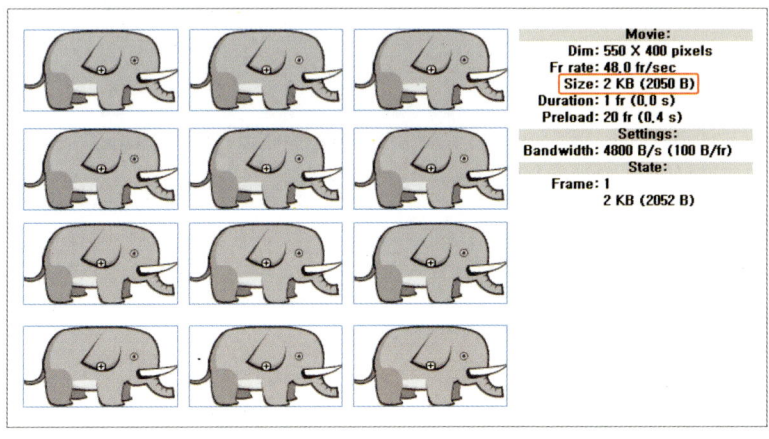

Shape 복제 시

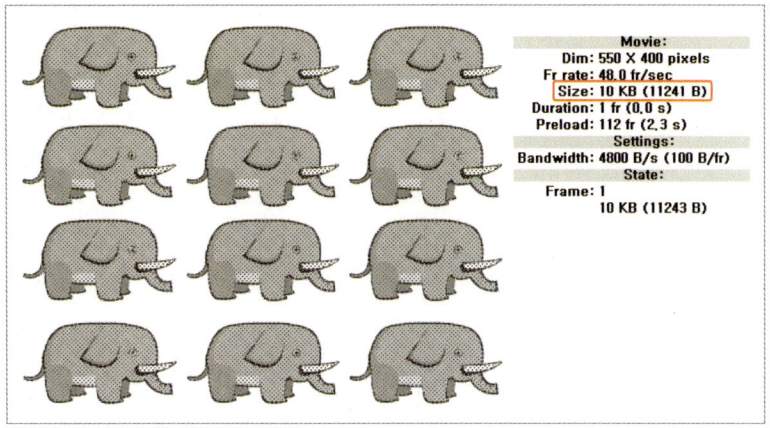

5. 심볼의 특성 2

라이브러리에서 꺼내 사용하는 심볼의 특성을 예제를 통해서 알아보겠습니다. 심볼을 스테이지에 등록할 경우 이 심볼을 인스턴스라고 부르게 됩니다. 인스턴스 자체에 어떤 변화를 주어도 원본 심볼에는 영향을 미치지 않습니다. 그러나 원본 심볼에 변화를 주면 스테이지에 있는 인스턴스 모두 변하게 됩니다. 심볼의 원본을 수정하거나 편집하면 인스턴스도 영향을 받는다는 사실! 꼭 기억하시기 바랍니다.

01 메뉴바의 [File] – [Open]을
실행해서 '부록CD1/Sample/
Part01/Sec03/심볼의특성2.fla'
파일을 불러옵니다.

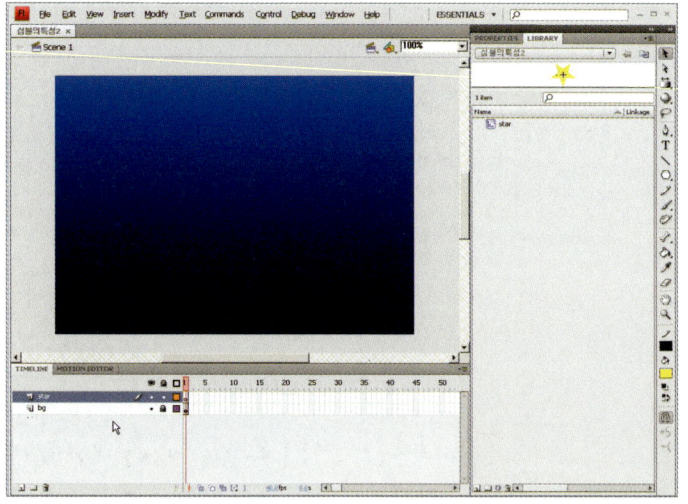

02 라이브러리에서 [무비클립:star]를 선택하고 드래그해서 스테이지에 옮겨 놓습니다.

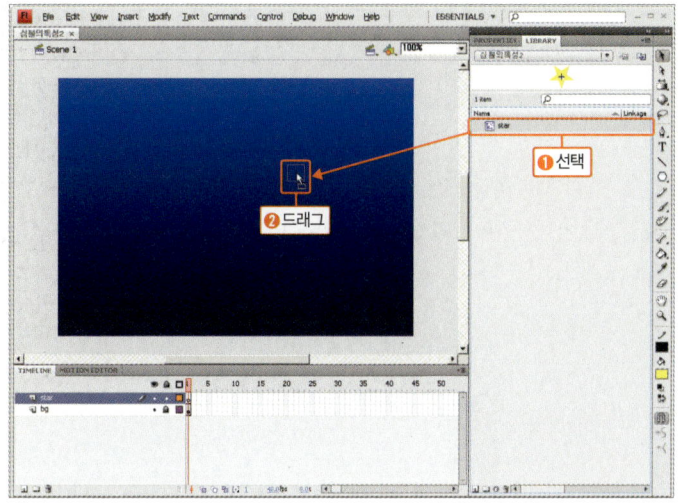

03 라이브러리에서 [무비클립:star]를 선택하고 드래그해서 스테이지에 옮겨 놓는 방법으로 10개 정도를 배치합니다.

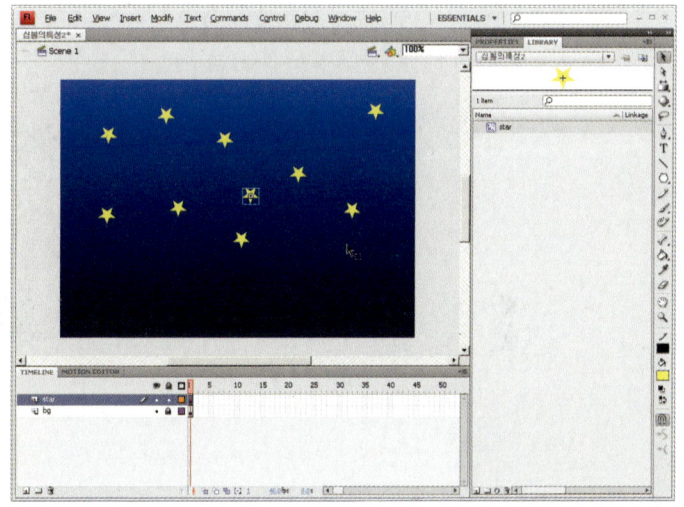

04 각각의 인스턴스들을 선택해서 사이즈를 변경해 보겠습니다. 스테이지에 있는 인스턴스 하나를 선택하고 [Properties] 패널을 클릭합니다.

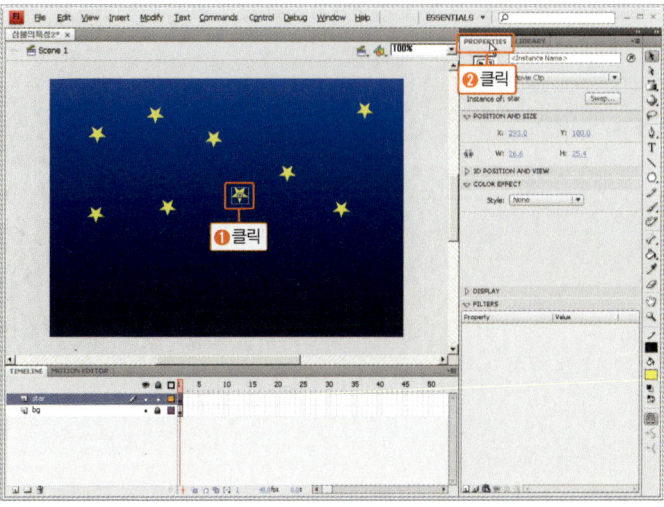

05 [Properties] 패널 중 [Position and Size] 메뉴의 W, H 값의 설정을 바꾸어서 크기 변화를 주어 보겠습니다. 크기를 둘 다 70으로 설정해 보겠습니다. 인스턴스의 크기가 변하는 것을 확인할 수 있습니다.

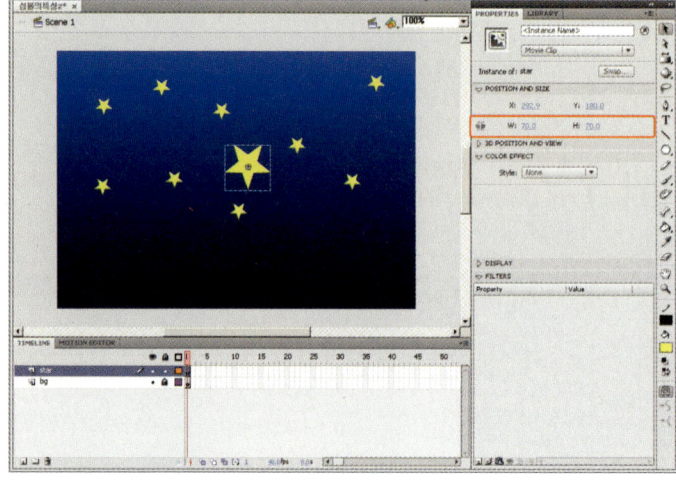

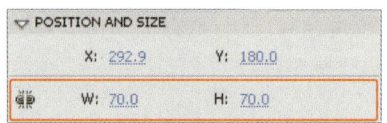

06 선택한 인스턴스의 색상을 변경 해 보겠습니다. [Properties] 패널 중 [Color Effect] 메뉴의 [Style]을 클릭하여 드롭 메뉴를 활성화한 뒤 Tint로 바꾸어줍니다.

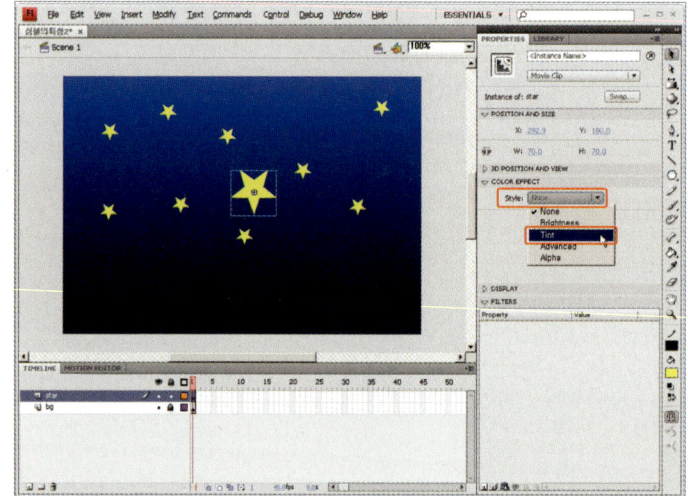

07 [Properties] 패널 중 [Color Effect] 메뉴의 Tint 옵션을 바꾸는 창으로 변화됩니다. 여기서 색상을 변경하면 됩니다. 필자는 Tint:100%, Green:255%, 나머지는 0%로 설정했습니다.

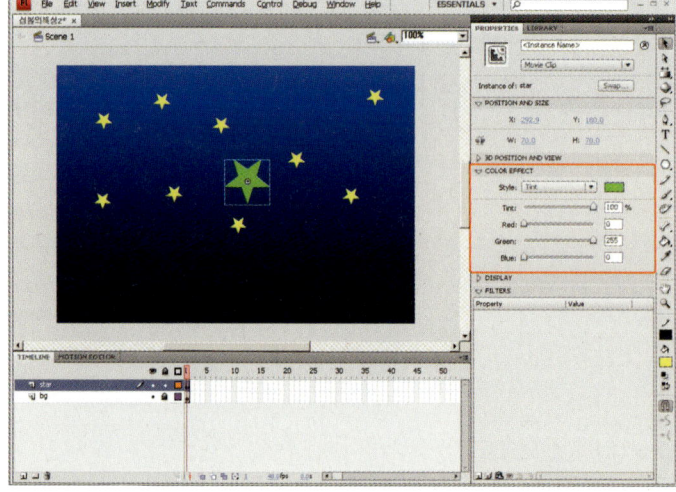

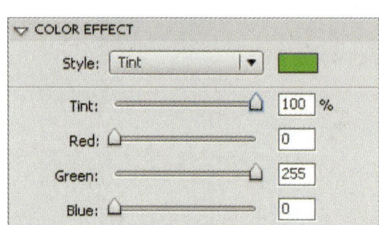

08 위와 같은 방법으로 스테이지에 있는 인스턴스의 여러 가지 옵션값을 변경해도 라이브러리에 있는 심볼에는 영향이 미치지 않습니다. 그럼 라이브러리에 있는 원본 심볼을 변형시켜 보겠습니다. [Window] - [Library] 메뉴를 선택합니다. Ctrl+L를 눌러도 됩니다.

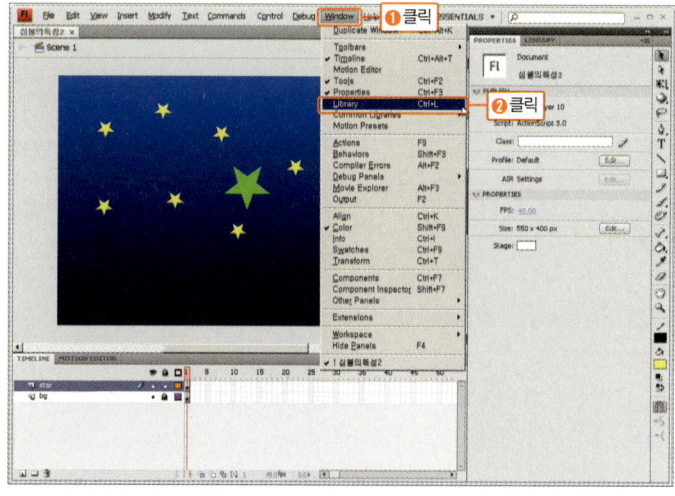

09 오른쪽 패널 창이 [Library] 패널로 바뀌는 것을 확인할 수 있습니다. [무비클립:star]를 선택해서 무비클립의 아이콘을 더블 클릭합니다.

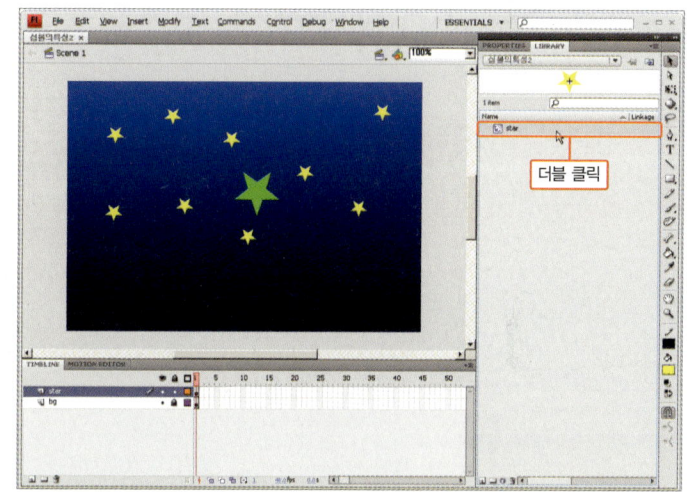

10 화면 전체가 [무비클립:star]의 편집창으로 전환된 것을 확인할 수 있습니다. 화면 중앙에 있는 노란색 별을 선택합니다.

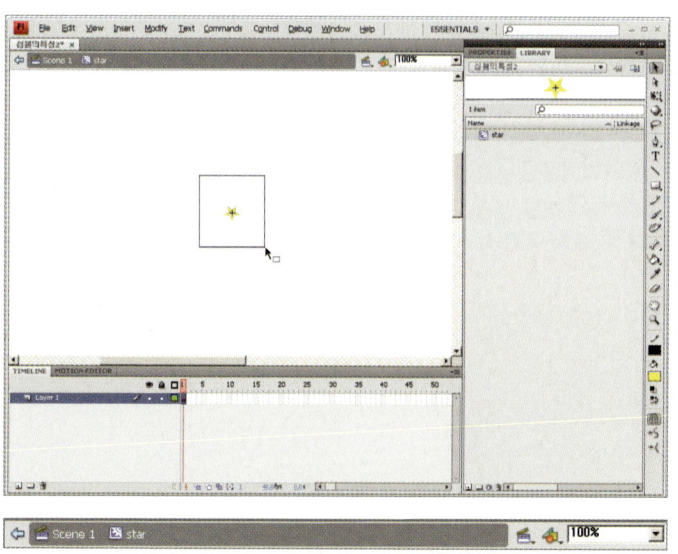

Tip

심볼의 위치 확인

심볼을 편집 화면에서 이동하거나 심볼 안에 심볼이 구성되는 경우가 있습니다. 이때 타임라인 바를 보면 현재 심볼의 위치를 확인할 수 있고, 해당 심볼을 클릭해서 전 단계 이동이 가능합니다. 플래시 작업을 하다 보면 심볼의 위치를 찾느라 당황하는 경우가 종종 있습니다. 그럴 때 타임라인 바에서 위치를 확인하면서 이동하세요!

동영상 강의 [심볼의 편집모드 이동 이해하기] 참고
동영상 강의 : 부록CD1/동영상 강의①/④ 심볼의 편집모드 이동 이해하기.avi

11 크기와 방향의 변화를 위해 [Window] – [Transform] 명령어를 선택합니다. Ctrl+T를 눌러도 됩니다.

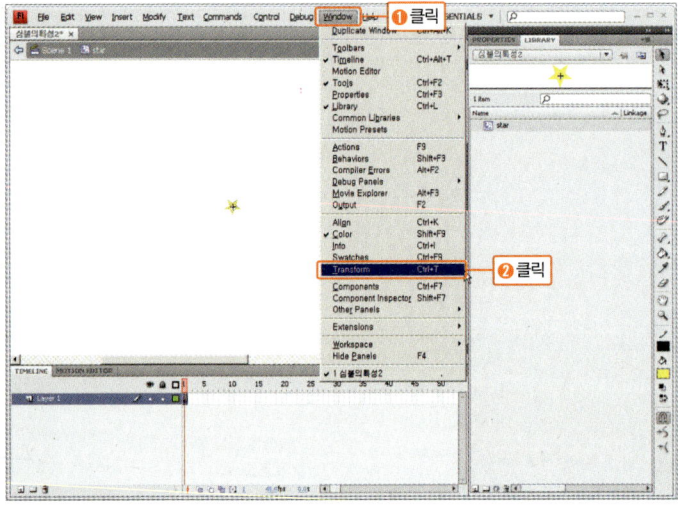

12 화면에 [Transform] 패널이 활성화된 것을 확인할 수 있습니다. 높이와 넓이는 각각 200으로 설정하고 Rotate 값을 50으로 설정하면 화면에 있는 별 오브젝트의 변화를 확인할 수 있습니다.

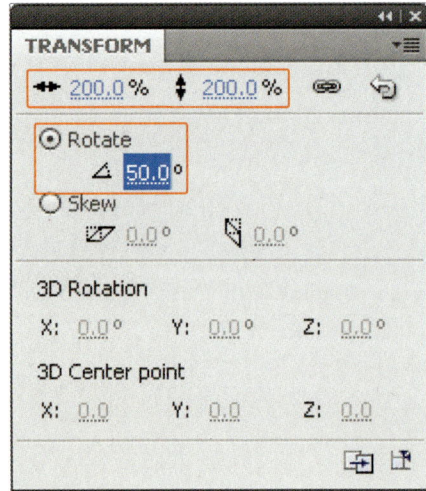

13 타임라인 툴 바에서 [Scene 1]을 선택해서 메인 타임라인으로 이동해 오브젝트 전체가 바뀐 것을 확인합니다.

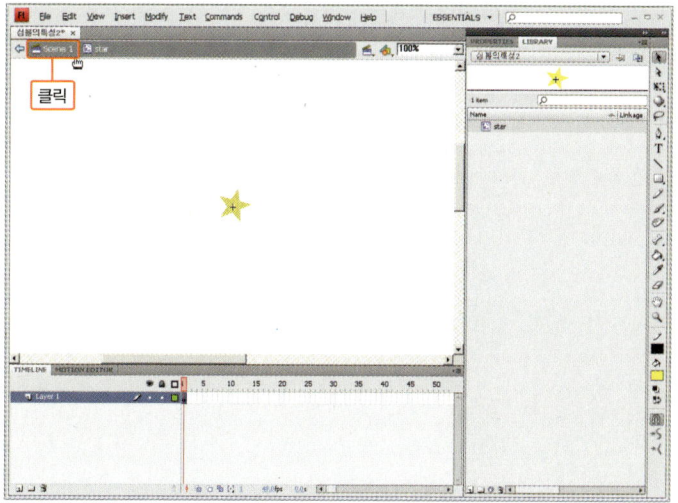

인스턴스 전체에 반영된 모습

별들이 전체적으로 커지고 방향도 돌아간 모습을 확인할 수 있습니다.

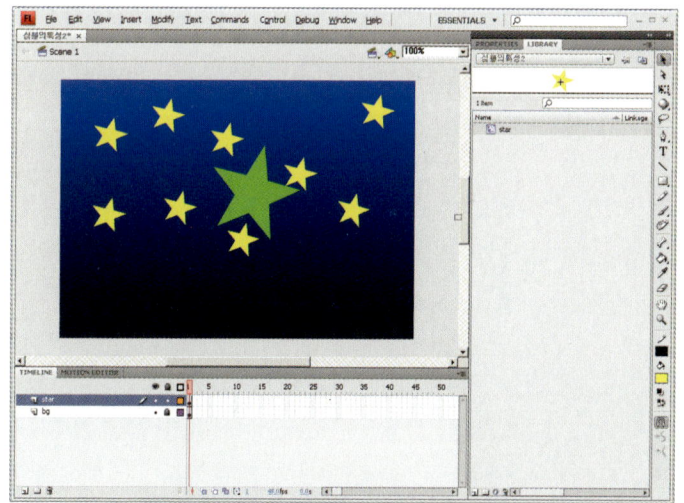

Tip

스테이지의 인스턴스

스테이지에 있는 인스턴스는 여러 가지 속성 변화를 주어도 원본 심볼에 직접적인 영향이 없습니다. 하지만 더블 클릭해서 심볼 편집모드로 들어가 속성이나 형태를 바꾸게 되면 스테이지에 있는 인스턴스 전체에 영향을 끼친다는 점을 꼭 기억해 주세요!

무비클립 심볼의 [Properties] 패널 옵션 살펴보기

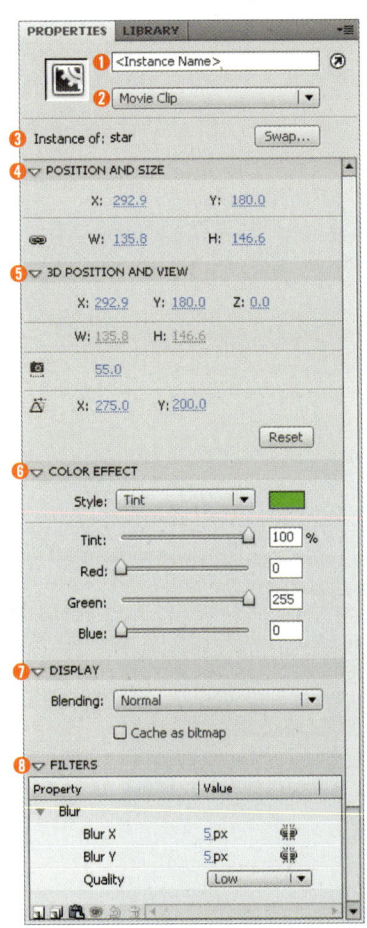

스테이지에 있는 무비클립 심볼을 선택할 경우 [Properties] 패널 옵션을 확인해 보겠습니다.

❶ 〈Instance Name〉: 심볼 이름을 설정할 수 있습니다. 액션스크립트에서 객체 인식을 위해 중요합니다.

❷ MovieClip : 심볼 속성을 변경할 수 있습니다. 원본에 영향을 미치지 않습니다.

❸ Swap : 스테이지에 있는 심볼을 라이브러리에 있는 다른 심볼로 교체할 수 있습니다.

❹ Position and Size : 선택한 심볼의 X, Y 좌표 정보를 확인하고 변경합니다. 또한 W, H 값으로 넓이와 높이의 정보를 확인하고 변경합니다.

❺ 3D Position and View : 플래시 CS4에서 생긴 새로운 기능입니다. 3D Translation 도구를 이용해서 X, Y 좌표를 변경하거나 Z 축을 이용해서 크기 변경이 가능합니다. 원근감을 조절하는 옵션도 있습니다.

❻ Color Effect : 선택한 심볼의 색상, 밝기, 투명도, 색상 변화 등을 설정할 수 있습니다.

❼ Display : 포토샵의 블랜드 모드로 두 개 이상 요소가 겹칠 경우 투명도나 색상 변화를 주어 합성 이미지를 만들어줍니다.

❽ Filters : 블러 효과, 글로우, 그림자 효과 등 필터 기능을 설정할 수 있습니다.

그래픽 심볼의 [Properties] 패널 옵션 살펴보기

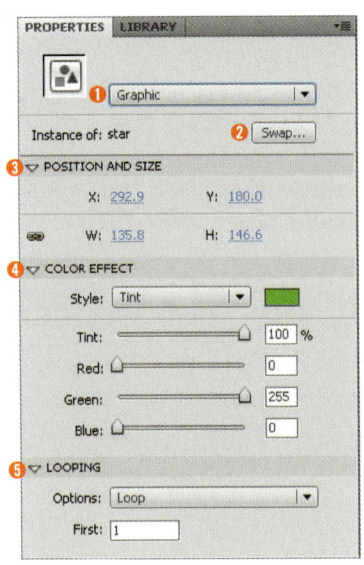

스테이지에 있는 그래픽 심볼을 선택할 경우 [Properties] 패널의 옵션을 확인해 보겠습니다.

❶ Graphic : 심볼의 속성을 변경할 수 있습니다. 원본에 영향을 미치지 않습니다.

❷ Swap : 스테이지에 있는 심볼을 라이브러리에 있는 다른 심볼로 교체할 수 있습니다.

❸ Position and Size : 선택한 심볼의 X, Y 좌표 정보를 확인하고 변경합니다. 또한 W, H 값으로 넓이와 높이의 정보를 확인하고 변경합니다.

❹ Color Effect : 선택한 심볼의 색상, 밝기, 투명도, 색상 변화 등을 설정할 수 있습니다.

❺ Looping : 그래픽 심볼에 사용되는 기능으로 그래픽 심볼이 가지는 움직임을 제어할 수 있습니다.

버튼 심볼의 [Properties] 패널 옵션 살펴보기

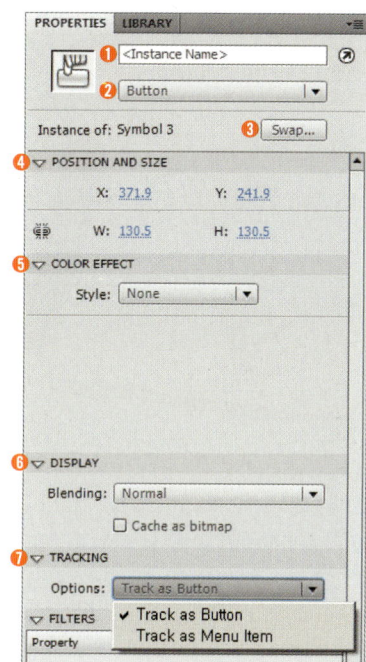

스테이지에 있는 버튼 심볼을 선택할 경우 [Properties] 패널에 옵션을 확인해 보겠습니다.

❶ 〈Instance Name〉 : 심볼의 이름을 설정 해 줄수가 있습니다. 액션 스크립트에서 객체 인식을 위해 중요합니다.

❷ Button : 심볼의 속성을 변경할 수 있습니다. 원본에 영향을 미치지 않습니다.

❸ Swap : 스테이지에 있는 심볼을 라이브러리에 있는 다른 심볼로 교체할 수가 있습니다.

❹ Position and Size : 선택한 심볼의 X, Y 좌표의 정보를 확인하고 변경이 가능합니다. 또한 W, H로 넓이와 높이의 정보를 확인하고 변경이 가능합니다.

❺ Color Effect : 선택한 심볼의 색상, 밝기, 투명도, 색상의 변화 등을 설정 해 줄수가 있습니다.

❻ Display : 포토샵의 브랜드 모드로 두개 이상의 요소가 겹칠 경우 투명도나 색상 변화를 주어 합서 이미지를 만들어줍니다.

❼ Tracking : Track as Button : 버튼을 클릭하고 다른 버튼으로 움직여도 해당 버튼이 계속 활성화 되어 있는 속성입니다.

　　　　　Track as Menu Item : 버튼을 클릭하고 다른 버튼으로 이동하면 이동된 마지막 버튼이 활성화되는 속성입니다.

이번 장을 마치며

이번 단원에서는 타임라인의 개념과 프레임의 개념에 대해서 다루었습니다. 이번 단원의 개념이 정리된 후에 모션이나 인터렉션을 위한 기초가 만들어집니다. 플래시는 움직임을 위한 툴입니다. 타임라인, 레이어, 프레임의 설명이 생소해서 처음에는 복잡하게 느껴질 수 있습니다. 레이어는 층층이 쌓고, 프레임은 시간을 흘러가는 것을 의미합니다. 보통 하나의 레이어에 하나의 오브젝트가 위치하고, 프레임 변화를 통해서 움직임을 만들어줍니다. 아직은 어색하겠지만 천천히 하나씩 살펴보면 쉽게 이해할 수 있습니다. 플래시에서 빠질 수 없는 오브젝트의 개념과 심볼에 대한 개념도 다루었습니다. 다음 장에서는 도구상자의 사용법에 대해 알아보겠습니다.

Part 2
플래시 CS4 드로잉 마스터하기

플래시 CS4의 다양한 툴에 대해서 알아보겠습니다. 특히 새롭게 변화하거나 추가된 기능에 대해서 집중적으로 알아보고 응용할 수 있는 기본기를 다져보겠습니다.

그리기 도구상자의 기능에 대한 이해와 드로잉을 위한 기법, 보다 편리하게 오브젝트를 다루는 방법을 배워봅시다.

도구상자 알아보기

학습 목표

플래시 도구상자의 기능을 알아보고 그에 따른 속성의 개념에 대해서 살펴보겠습니다. 플래시 도구상자는 포토샵과 일러스트의 도구상자와 비슷한 형태를 취하고 있습니다. 각각 아이콘이 하는 기능과 활용법에 대해서 알아보겠습니다. 툴 별 예제를 통해 디자인과 융화된 작업을 진행할 수 있는 기본기를 다져봅시다.

Step 01 | 그리기 도구상자

플래시 CS4에서 사용되는 도구상자를 살펴보고 그 용도에 대해 알아봅시다. 플래시 도구상자에 있는 각각의 툴을 선택하면 도구상자 하단에 옵션이 나타나고 [Properties] 패널도 각각 툴에 맞는 속성으로 변경됩니다. 이러한 툴과 옵션 그리고 속성에 대해서 알아보겠습니다.

그리기 도구상자

그리기 도구상자는 그 사용법에 따라서 툴 영역, View 영역, 컬러 영역, 옵션 영역으로 나누어집니다.

상자 살펴보기

❶ 툴 영역 : 드로잉이나 선택 등에 관련된 영역입니다.
❷ View 영역 : 화면 이동이나 화면 크기 등에 관련된 영역입니다.
❸ 컬러 영역 : 색상에 관련된 영역입니다.
❹ 옵션 영역 : 선택된 툴의 옵션을 설정하는 영역입니다.

기능 알아보기

1. ▶ 선택 툴(Selection Tool)

오브젝트를 선택할 때 쓰는 툴입니다. 전체 선택, 부분 선택이 가능하고 선과 면을 따로 선택할 수도 있습니다.

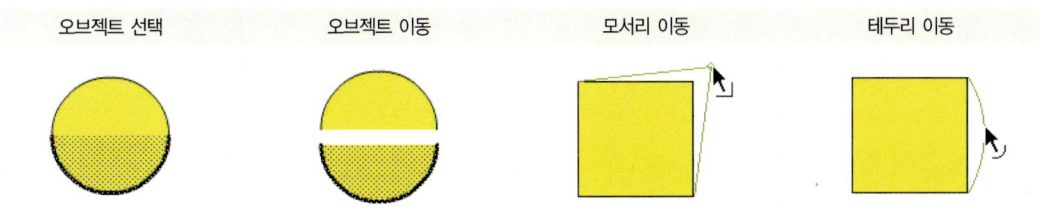

❶ Snap to object : 오브젝트 이동시 다른 오브젝트나 격자에 자석처럼 붙습니다.
❷ Smooth : 선택한 오브젝트의 외곽을 부드럽게 처리합니다.
❸ Straighten : 선택한 오브젝트의 외곽을 직선화합니다.

오브젝트 선택	오브젝트 이동	모서리 이동	테두리 이동

2. 🔺 부분선택 툴(Subselection Tool)

쉐이프 오브젝트 모서리의 한 점 혹을 여러 점을 선택하고, 앵커 포인트 또는 핸들을 선택하여 변형할 때 사용합니다. Ctrl+Alt를 눌러서 포인트를 이동하면 곡선화할 수 있습니다.

꼭지점 이동　　　　Ctrl+Alt키를 누른 후 꼭지점 제어 곡선화

3. ▦ 자유변형 툴(Free Transform Tool)

스테이지에 있는 오브젝트를 선택해서 모양을 자유롭게 변형할 수 있는 도구로 크기, 비틀기, 회전, 둘러싸기 등을 조절할 수 있습니다.

❶ Rotate and Skew : 오브젝트의 회전이나 기울기를 조절합니다.
❷ Scale : 오브젝트의 크기를 조절합니다.
❸ Distort : 오브젝트를 왜곡합니다. Shape 형태의 오브젝트만 가능합니다.
❹ Envelope : 오브젝트를 둘러싼 조절점으로 형태 변형합니다. Shape 형태의 오브젝트만 가능합니다.

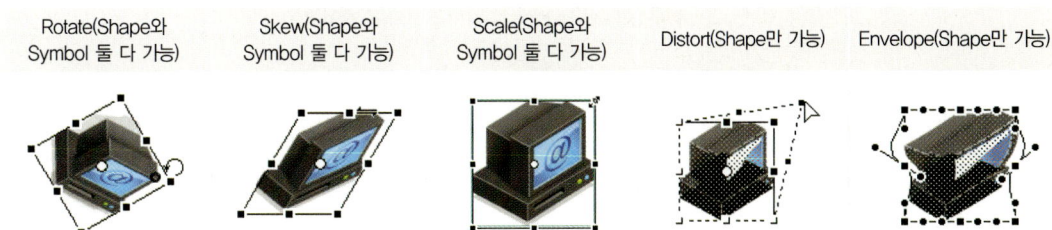

Rotate(Shape와 Symbol 둘 다 가능)	Skew(Shape와 Symbol 둘 다 가능)	Scale(Shape와 Symbol 둘 다 가능)	Distort(Shape만 가능)	Envelope(Shape만 가능)

4. 🔲 그라디언트 변형 툴(Gradient Transform Tool)

면으로 채워진 그라디언트의 방향과 스타일을
변형시킵니다.

변경 전   변경 후

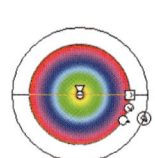 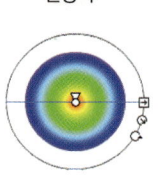

5. 🌐 3D Rotation 툴(3D Rotation Tool)

플래시 CS4에서 새롭게 추가된 툴입니다. 선택
된 오브젝트의 X, Y, Z 방향으로 회전시킬 수
있습니다. 이전과 다른 다이내믹한 동작 구현을
가능하게 합니다.

붉은 선은 X 축, 초록 선은 Y 축, 파란 선은 Z 축,
주황색 선은 X, Y, Z 축 전체를 변형합니다.

6. ⚙ 3D Translation 툴(3D Translation Tool)

플래시 CS4에서 새롭게 추가된 도구입니다. 선
택된 오브젝트의 X, Y, Z 방향으로 크기와 위치
를 조절할 수 있습니다. 스케일 기능을 한꺼번
에 구현할 수 있습니다.

붉은색 선은 X 축 이동, 초록 선은 Y 축 이동,
중앙의 검은색 원은 Z 축 이동입니다.

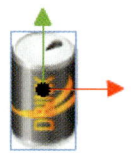

7. 🔗 올가미 툴(Lasso Tool)

마우스로 드래그해서 지정된 영역의 일부만 선택하는 툴입니다. 옵션을 통해서 다각형으로 선택하거나
범위를 지정해 선택할 수도 있습니다.

Option   
    ❶ Magic Wand : 선택한 영역 주변의 같은 색상을 자동 선택합니다.
    ❷ Magic Wand Setting : 마술봉의 속성을 설정합니다.
    ❸ Polygon Mode : 다각형의 형태를 선택할 수 있습니다.

8. 🖋 펜 툴(Pen Tool)

자세하고 세밀한 오브젝트를 그리고자할 때 사용하는 툴입니다. 이 툴을
이용하면 복잡한 오브젝트를 쉽게 그릴수 있습니다. 포토샵이나 일러스
트에서 펜툴을 다루어본 사람이라면 편하게 다룰 수 있습니다.

핸들/앵커 포인트

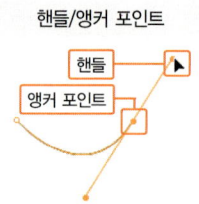

9. **T** 텍스트 툴(Text Tool)

텍스트를 입력하는 도구로, 텍스트는 자동으로 그룹 상태가 됩니다. 텍스트는 Static Text, Dynamic Text, Input Text 3가지 타입으로 구성되어 있습니다.

10. ＼ 선 툴(Line Tool)

직선을 그리는 툴입니다. 직선을 90도나 45도로 그리고 싶을 때는 Shift를 누르고 그리면 됩니다. 두께나 라인 등의 옵션 설정이 가능합니다.

11. ⬛ 사각형 툴(Rectangle Tool)

사각형을 그리는 툴로 패널에 나타난 속성 중 두께, 색상, 라인의 종류 등을 자유롭게 선택할 수 있습니다.

Option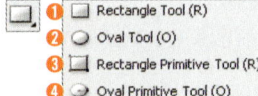

사각형 툴에 속해 있는 다른 도형 툴입니다.
❶ Rectangle Tool : 사각형을 그리는 툴입니다.
❷ Oval Tool : 원형을 그리는 툴입니다.
❸ Rectangle Primitive Tool : 모서리 수정이 용이한 사각형 툴입니다.
❹ Oval Primitive Tool : 원형이나 조절점을 통해 다른 모양의 원을 만들 수 있습니다.
❺ PolyStar Tool : 별이나 오각형 혹은 다각형 모양을 그릴 수 있습니다.

12. ✎ 연필 툴(Pencil Tool)

연필로 그림을 그리듯 자유롭게 선을 그리는 도구입니다.

Option

❶ Straighten : 선을 직선으로 그립니다
❷ Smooth : 선을 부드럽게 그립니다.
❸ Ink : 선을 자유롭게 그립니다.

13. ✐ 브러시 툴(Brush Tool)

붓으로 그림을 그리듯이 자유롭게 그리는 도구입니다. 브러시의 종류와 두께, 형태 등을 설정하는 옵션 창이 있습니다.

Option

❶ Lock Fill : 채우기 잠금, 그라디언트의 중심점을 보호합니다..
❷ Brush mode : 브러시 타입을 결정합니다.
❸ Brush Size : 브러시 크기를 설정합니다.
❹ Brush Shape : 브러시 모양을 설정합니다.

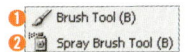

브러시 툴에 속한 다른 툴입니다.
❶ Brush Tool : 붓 느낌으로 그림을 그리는 툴입니다
❷ Spray Brush Tool : 특정 요소를 스프레이로 뿌리는 효과를 보여줍니다.

14. 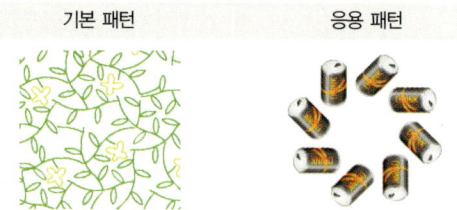 데코 툴(Deco Tool)

배경에 일정한 패턴을 만드는 툴입니다. 격자형
식 오브젝트 형태도 가능합니다.

기본 패턴　　　　　응용 패턴

15. 본 툴(Bone Tool)

오브젝트에 뼈와 관절을 만드는 도구입니다. 여러 개의 심볼을 연결해서 유기적인 움직임을 만들어 줄
수 있습니다.

본 툴에 속한 다른 툴입니다.
❶ Bone Tool : 관절 움직임을 만들어 줄 수 있습니다.
❷ Bind Tool : 관절과 특정 요소를 연결시켜 움직임을 만들어줍니다.

16. 페인트통 툴(Paint Bucket Tool)

오브젝트의 면에 색상을 추가하거나 변경하는 도구로서, 도형을 그린 후 면에 색을 채울 때 사용합니다.

Option

페인트통 툴에 속한 다른 툴입니다.
❶ Paint Bucket Tool : 오브젝트 면의 색상을 변경할 수 있습니다.
❷ Ink Bottle Tool : 오브젝트 선의 색상을 변경할 수 있습니다.

17. 스포이드 툴(Eyedropper Tool)

색상 정보를 추출하는 도구입니다. 선 색상 정보를 추출하면 잉크병 툴로 바뀌고, 면 색상 정보를 추출
하면 페인트통 툴로 바뀝니다.

선 선택 전　　　　　선 선택 후　　　　　면 선택 전　　　　　면 선택 후

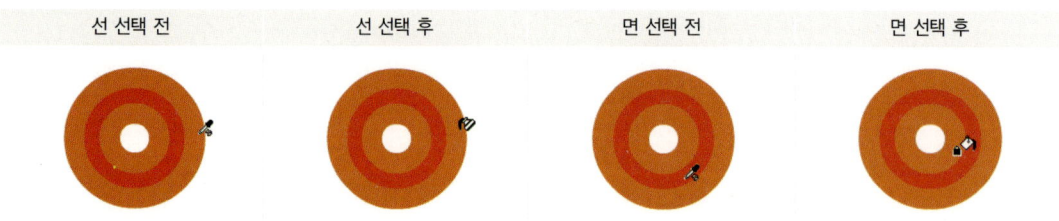

18. 지우개 툴(Eraser Tool)

오브젝트를 지우는 도구입니다. 지우개 툴을 더블 클릭하면 스테이지에 있는 모든 오브젝트가 지워집
니다.

 **1** Eraser Mode : 지우개의 타입을 설정할 수 있습니다.

2 Faucet : 지우고 싶은 영역에 수도꼭지를 가져다 대고 클릭하면 모두 지워집니다.

3 Eraser Shape : 지우개의 형태를 설정합니다.

19. 손바닥 툴(Hand Tool)

스테이지를 원하는 위치로 이동하는 도구입니다. Space Bar 를 누르면서 화면을 드래그하는 것과 같습니다.

20. 돋보기 툴(Zoom Tool)

스테이지를 확대하거나 축소합니다. 확대하려면 Ctrl + Space Bar 를 누른 상태에서 스테이지 클릭, 축소하려면 Ctrl + Alt + Space Bar 를 누른 상태에서 스테이지를 클릭하면 됩니다.

Step 02 │ 라인 툴(Line Tool) 이해하기

다양한 드로잉 툴 가운데 라인 툴에 대해서 집중적으로 알아보겠습니다. 이번 장에서는 라인 옵션과 라인 툴의 프로퍼티 패널을 이해하고 학습해봅시다.

라인 툴 [Properties] 옵션

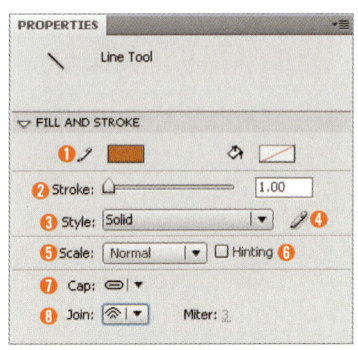

1 Stroke Color : 선 색상을 설정합니다.

2 Stroke : 선 두께를 설정합니다.

3 Style : 선의 형태를 선택합니다.

4 Edit stroke style : 선의 형태를 설정할 수 있습니다.

5 Scale : 애니메이션될 때 수직/수평의 선 변화를 설정합니다.

6 Hinting : 선명한 선이 생기도록 합니다.

7 Cap : 선의 끝 모양을 설정합니다.

None : 선 끝이 아무 변화없이 마무리 됩니다.

Round : 선 끝이 둥글게 마무리 됩니다.

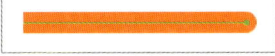

Square : 선 끝이 마지막 지점보다 확장되어 각지게 마무리 됩니다.

❽ Join : 두 선이 만나는 모양을 설정합니다.

Miter : 선이 만나는 지점의 모서리 부분을 설정합니다. 설정 값이 높을수록 날카로워집니다.

Round : 선이 만나는 지점의 모서리를 둥글게 표현합니다.

Bevel : 선이 만나는 지점의 모서리를 사선으로 표현합니다.

라인 툴 연습하기

01 새 파일을 열기 위해서 [File] – [New] 메뉴를 선택합니다. 대화 상자가 나오면 Flash File(Action Script3.0)을 선택한 후 [확인] 버튼을 클릭합니다.

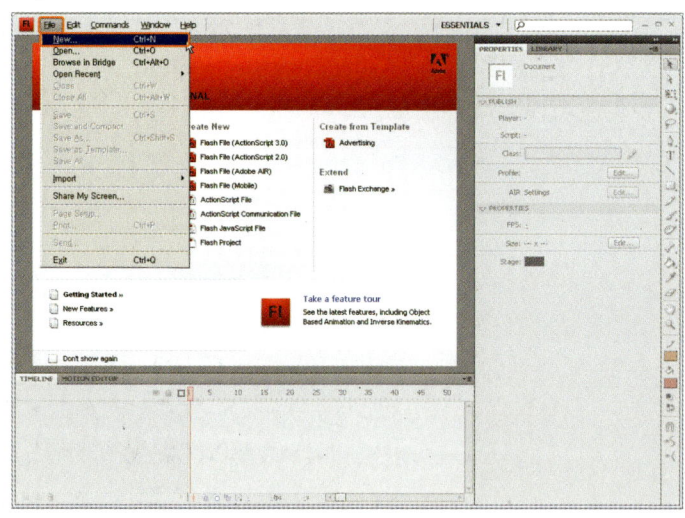

02 도구상자의 라인 툴을 클릭하면 [Properties] 패널이 라인 툴옵션으로 변경된 것을 확인할 수있습니다.

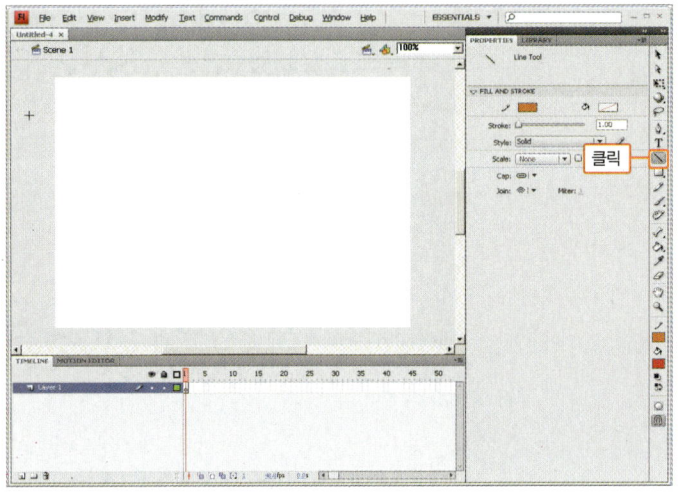

03 원하는 색상을 고르기 위해 [Properties] 패널의 Stroke Color 아이콘을 선택하고, 색상표에서 원하는 색상을 고릅니다.

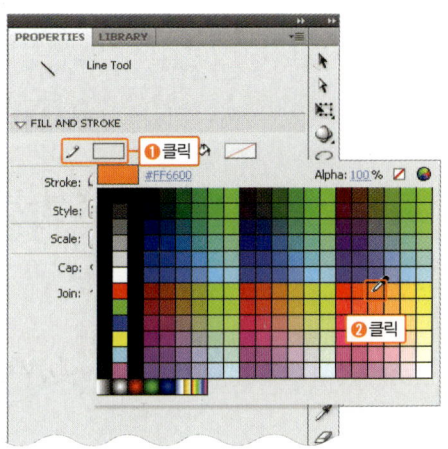

04 스테이지에 선을 그려 보겠습니다. 스테이지의 원하는 위치에서 마우스 왼쪽 버튼을 클릭한채 원하는 길이만큼 드래그해 봅니다.

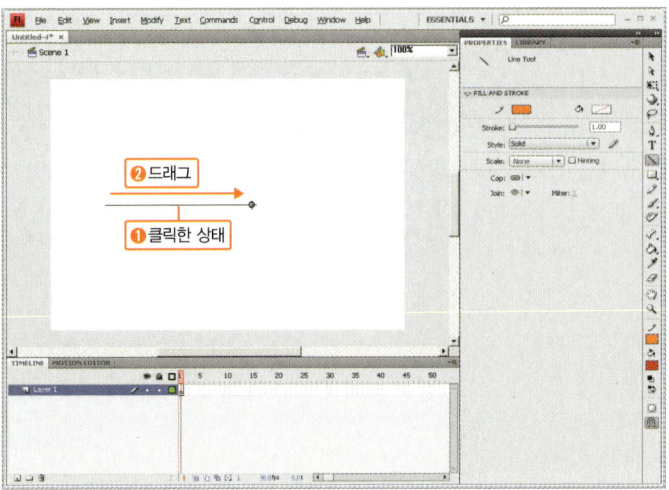

05 선의 굵기를 변경해 보겠습니다. 먼저 도구상자의 선택 툴을 클릭하고 스테이지의 라인을 선택하여 활성화합니다.

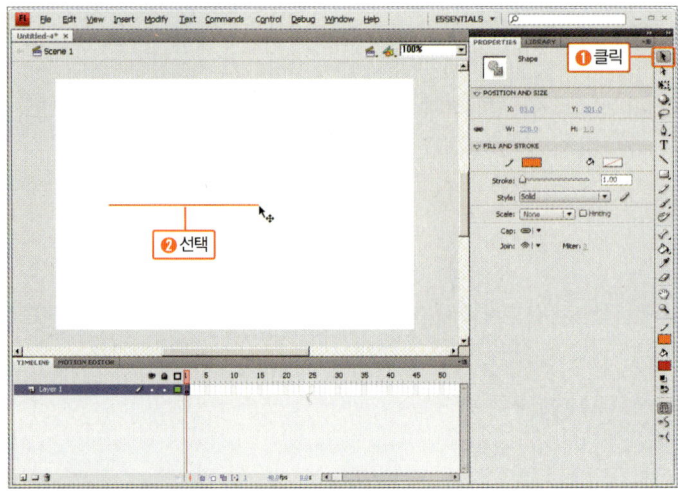

06 화면에 그려진 선을 선택했으면, Stroke의 설정값을 5로 바꾸어 보겠습니다.

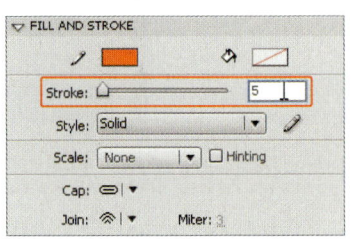

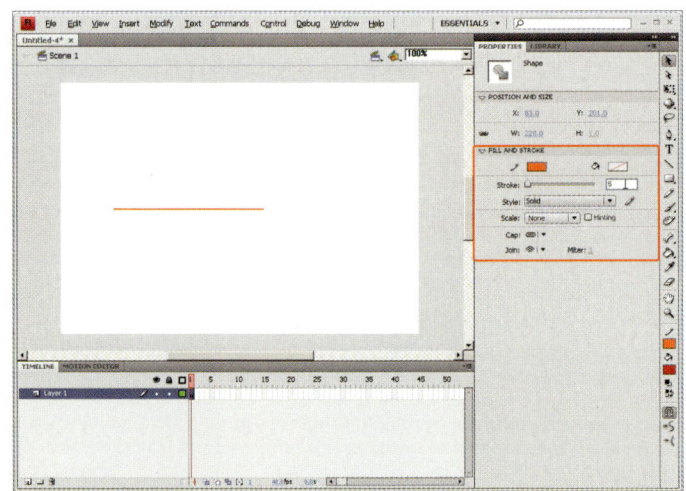

07 라인 선택을 유지한 채 Style 값을 Dashed로 바꾸어 보겠습니다.

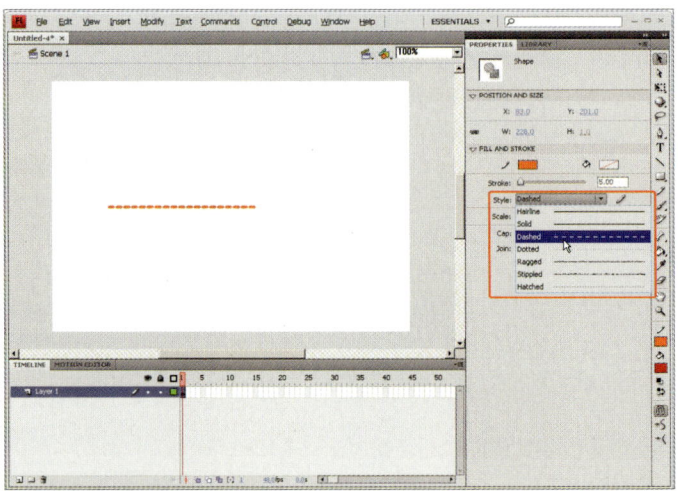

선을 면으로 변환하기

메뉴 가운데 선을 면으로 변환하는 기능이 있어 소개합니다. 선 속성은 마스크 처리에서 안 보이는 경우가 발생합니다. 혹은 필요에 의해서 선을 면으로 바꿀 때가 있습니다. 이럴 때 선을 선택하고, [Modify]-[Shape]-[Convert Lines to Fills]를 선택하면 선 속성이 면 속성으로 변환됩니다.

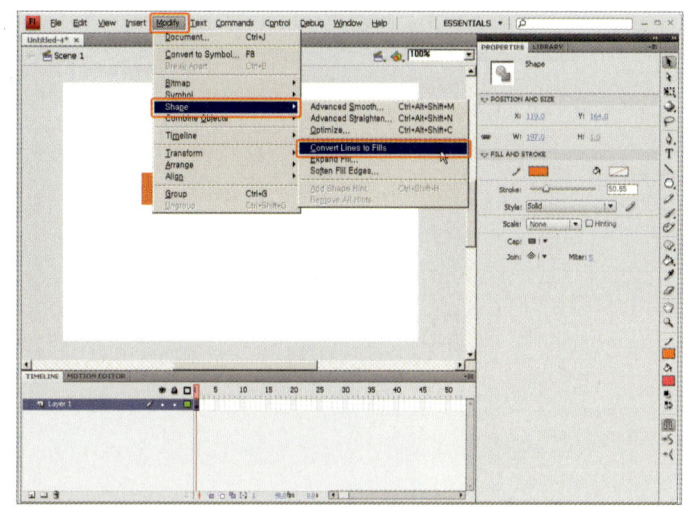

Step 03 | 도형 그리기 툴 이해하기

간단한 오브젝트는 플래시에서 그리는 편이 좋습니다.

사각형 툴, 원형 툴에 관련한 옵션과 속성에 대해서 자세히 알아보겠습니다.

각각의 도형 툴 옵션 살펴보기

Rectangle 툴(▣)

사각형 툴을 선택할 경우 그림과 같은 옵션 창이 [Properties] 패널에 나타납니다.

이 옵션은 사각형의 라운딩 처리에 대한 설정을 할 수 있습니다.

옵션 값이 0일 때   모서리가 각진 형태

옵션 값이 10일 때   모서리가 바깥쪽으로 라운딩

옵션 값이 -10일 때   모서리가 안쪽으로 라운딩

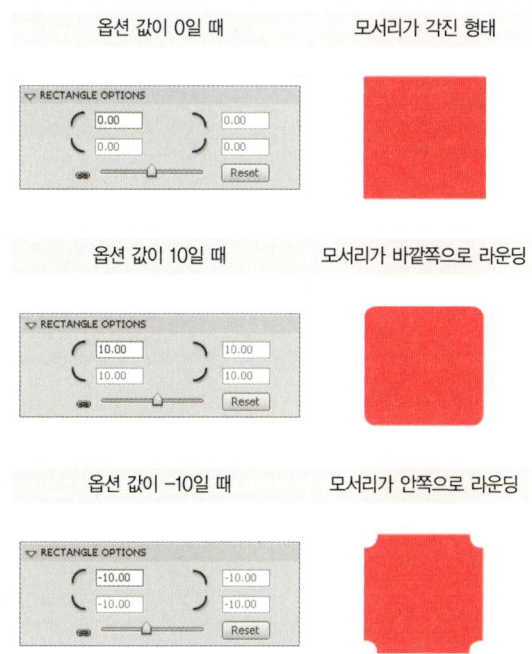

Shift + ↑ , Shift + ↓ 키

사각형 툴을 선택하고 스테이지에서 드래그하여 사각형을 그리고 있는 상태에서
화살표 위 아래 버튼을 누르면 라운딩이 실시간으로 조절됩니다.

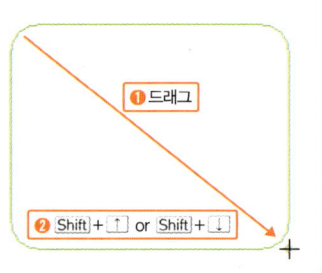

❶ 드래그

❷ Shift + ↑ or Shift + ↓

Oval 툴(단축키: Q)

시작 각도와 종료 각도, 내부 반경을 이용해서 다
양한 형태의 원 모양을 만들어 줄 수 있는 원형
툴입니다.

Start angle : 50
End angle : 0
Inner radius : 50

변형 형태

Primitive 옵션에 대해서…

사각형 툴과 원형 툴은 각각 Primitive 툴 옵션을 추가
로 가지고 있습니다.

각각 옵션은 기본 사각형 툴이나 원형 툴과 같은 형태
입니다. 단, 각각의 오브젝트를 그려주면 그룹 속성을
가지고 조절점을 이용해서 변경이 가능합니다. 또한
각각의 [Properties] 패널에서 속성값의 제어가 가능
합니다.

다시 말해서 일반적인 도형 툴은 한번 형태를 만들면
수정이 불가능하고 Primitive가 설정된 툴은 그린 뒤
형태 변경이 가능합니다.

Oval 툴의 Properties

오브젝트 선택 시

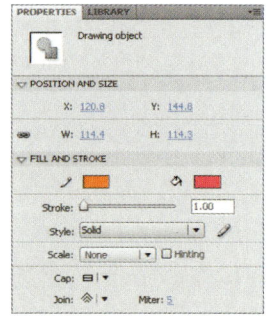

라인 툴 옵션만 제어 가능

Oval Primitive 툴의 Properties

오브젝트 선택 시

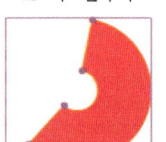

모든 옵션 제어 가능

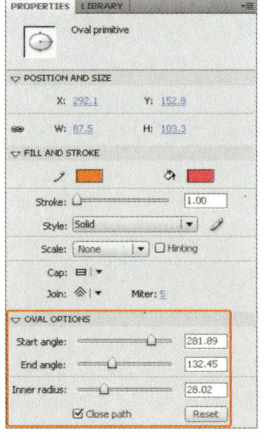

PolyStar Tool(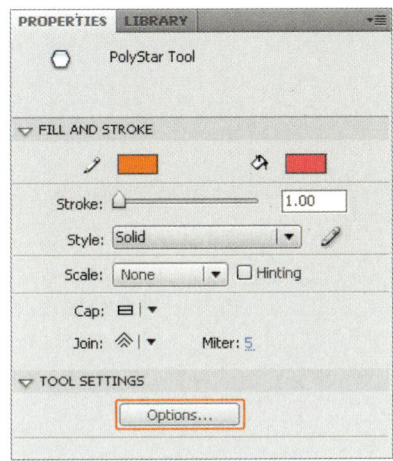)

다각형과 별을 그릴 수 있는 툴입니다. 다각형 툴을 선택한 다음 [Properties] 패널의 [Options] 버튼을 클릭하면 대화상자가 나타납니다. 여기서 각각의 옵션을 설정하면 됩니다.

1. Polygon 옵션 대화상자

대화상자　　　　　　　오브젝트 형태

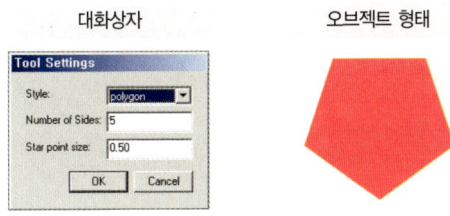

2. Star 옵션 대화상자

대화상자　　　　　　　오브젝트 형태

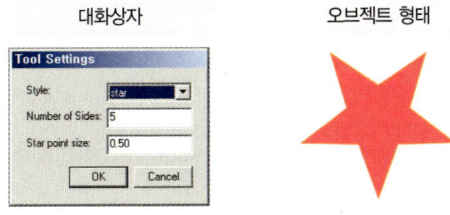

도형 툴 연습하기

완성파일미리보기 : 부록CD1/Sample/Part02/Sec01/스피커.swf
완성파일 : 부록CD1/Sample/Part02/Sec01/스피커.fla
예제파일 : 부록CD1/Sample/Part02/Sec01/스피커_start.fla

01 '부록CD1/Sample/Part02/ Sec01/스피커_start.fla' 파일을 열고 레이어 구조를 확인합니다.

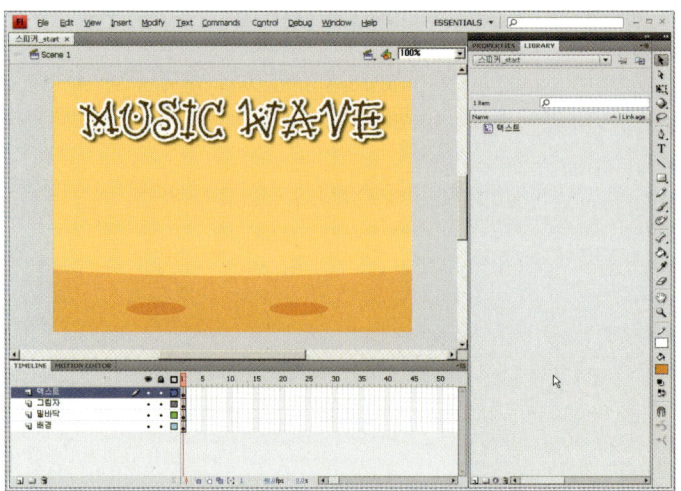

02 음표를 만들어보겠습니다. 도구상자에서 도형 툴을 선택하고 Oval 툴을 클릭합니다.

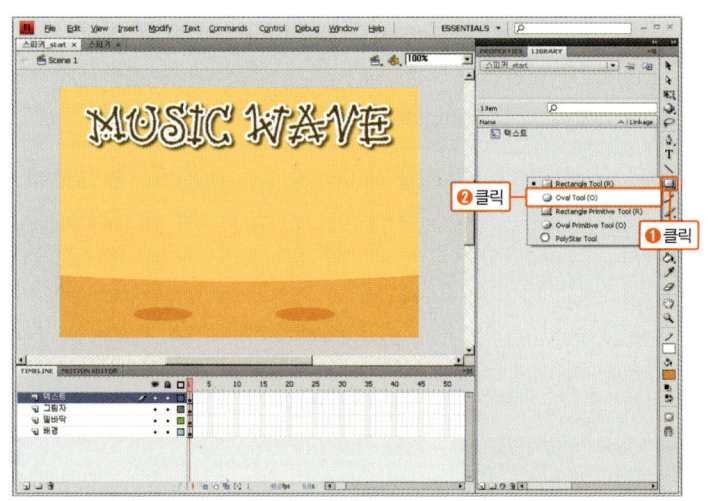

03 타임라인 툴 바에서 레이어 추가 버튼을 클릭해서 레이어를 텍스트 레이어 위에 추가한 다음 레이어 이름을 '음표1' 이라고 설정합니다.

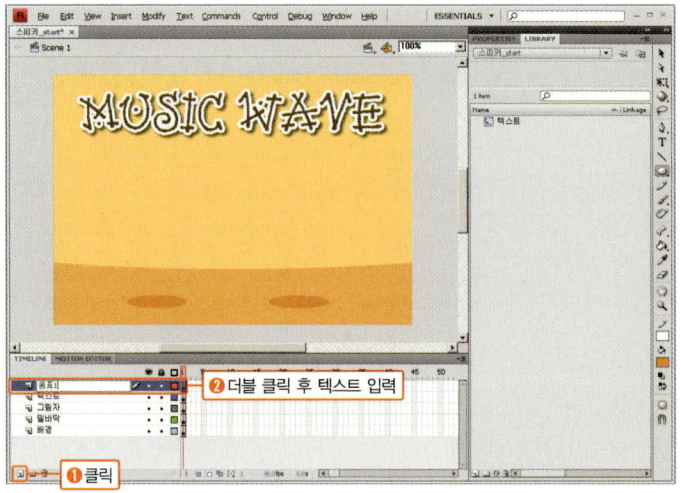

04 [Properties] 패널을 선택하고 Fill and Stroke의 Storke Color, Fill Color 설정을 오른쪽과 같이 합니다. [Properties] 탭을 선택하고 Fill and Stroke의 Storke Color, Fill Color 설정을 아래와 같이 합니다. 만약에 [Properties] 창에서 Oval 툴에 대한 옵션이 안 나올 경우 마우스로 스테이지를 한번 클릭 해 주세요.

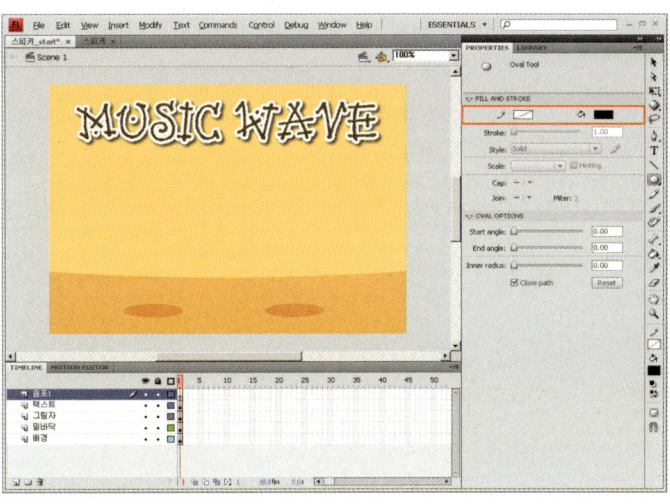

05 스테이지에서 드래그해서 타원 형태의 원을 그려줍니다.

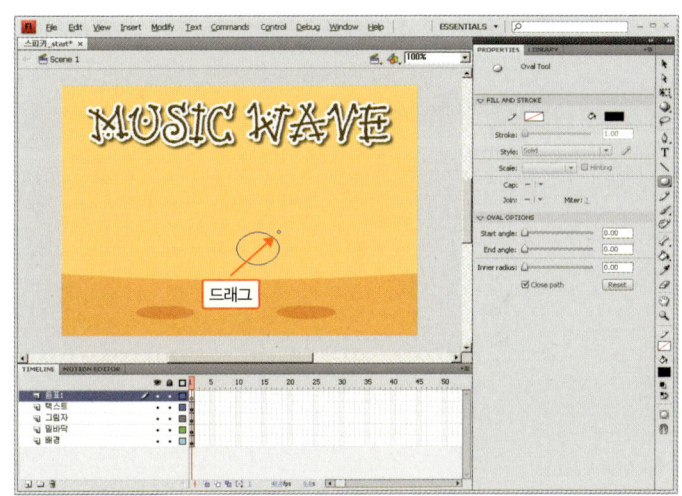

06 반짝이는 효과를 위해 검은색 타원 위에 흰색 타원을 그려 줍니다. 이때 Fill Color는 흰색으로 설정합니다.

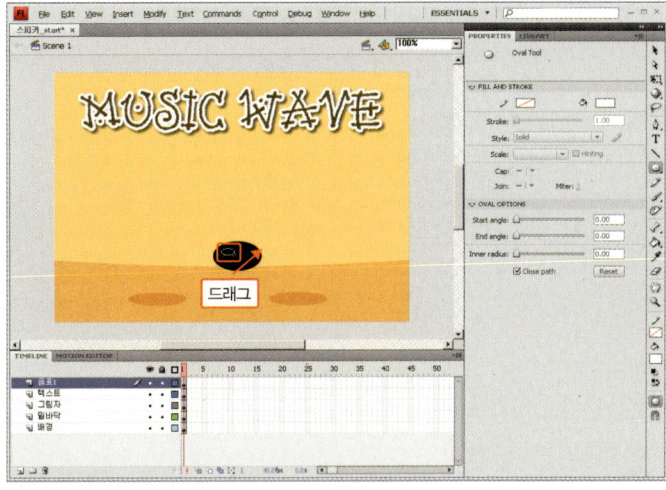

07 원활한 작업을 위해 텍스트, 그림자, 밑바닥, 배경 레이어의 자물쇠를 잠그고 [레이어:음표1]에 있는 오브젝트 모두를 선택합니다.

08 도구상자에서 Free Transform 툴을 선택하고 우측 상단 부분의 꼭지점을 잡고 회전시켜 줍니다.

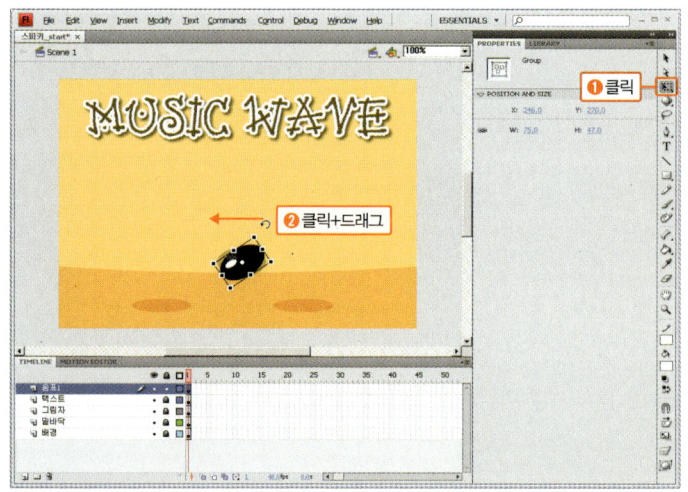

09 음표 기둥을 만들어보겠습니다. 도구상자에서 Rectangle 툴을 선택하고 Fill and Stroke의 Storke Color, Fill Color 설정을 각각 색상 없음과 검정색으로 설정합니다.

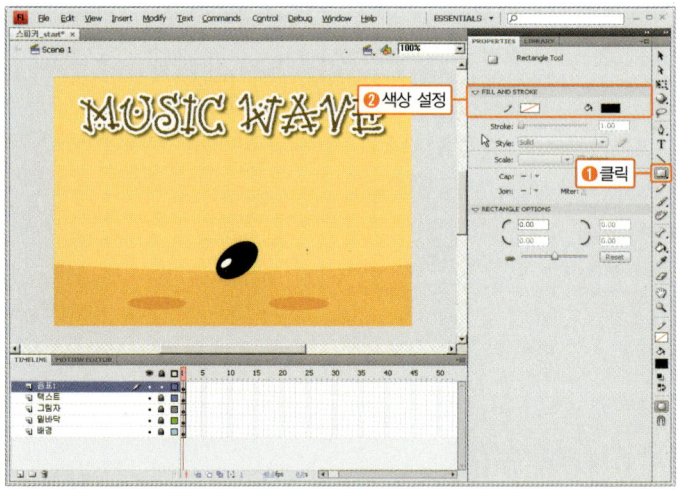

10 아래에서 위로 드래그하여 그림처럼 음표의 기둥을 만들어 줍니다.

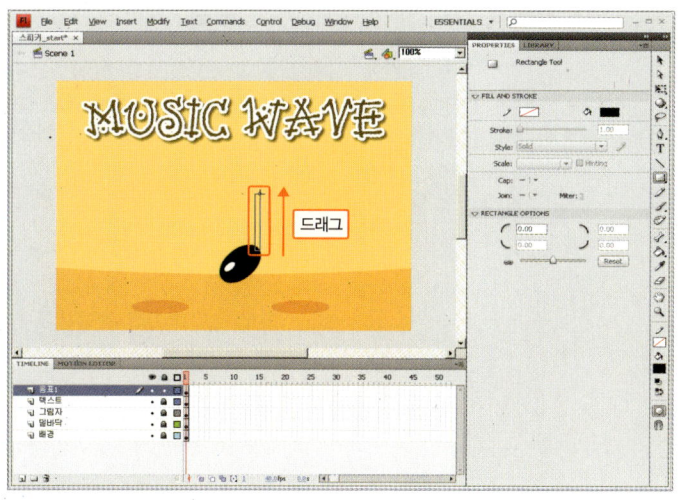

11 음표의 꼬리를 그려보겠습니다. 도구상자의 Rectangle 툴을 클릭하고, 옵션 창에서 PolyStar 툴을 선택합니다.

12 삼각형 모양의 도형을 만들기 위해 [Properties] 패널의 [Options] 버튼을 선택하고 대화상자에서 Number of Sides 값을 3으로 설정합니다.

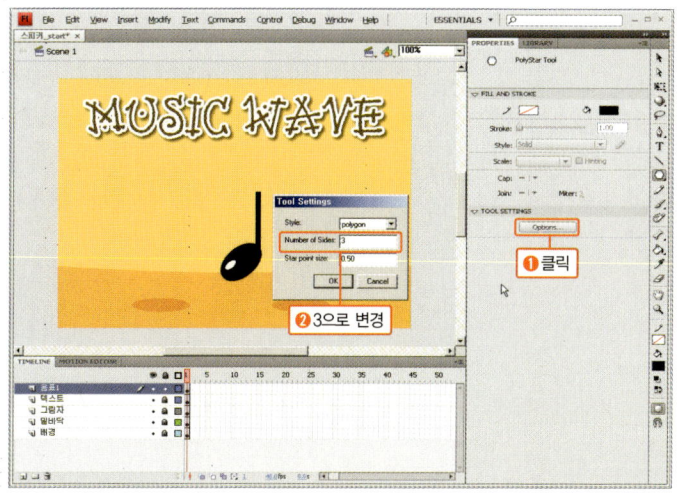

13 음표 옆에서 드래그하여 삼
각형을 그려줍니다.

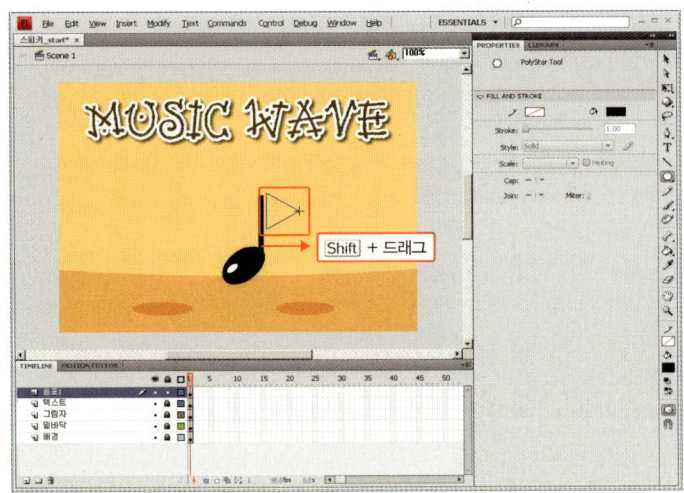

14 도구상자에서 선택 툴을 클
릭하고 음표 기둥에 맞게 삼각형
을 이동합니다.

15 완성된 음표 모두를 선택하
고 F8키를 눌러 심볼을 등록합니
다. 심볼 이름은 '음표1' 이라고 설
정합니다.

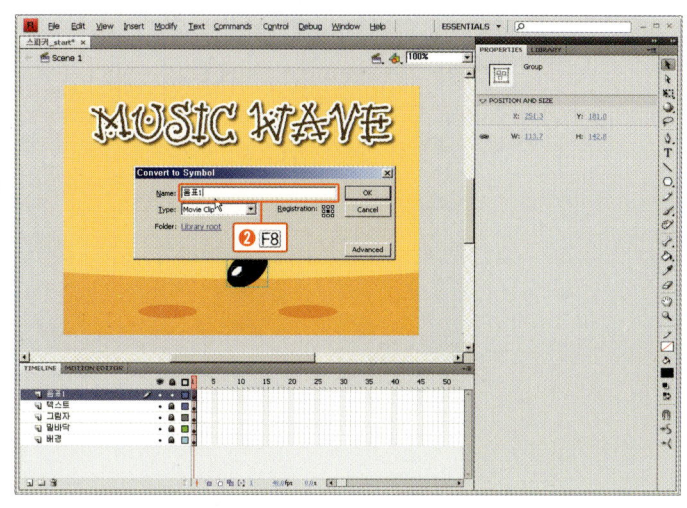

16 이제 스피커를 만들어보겠습니다. 레이어를 추가하고 레이어 이름은 '스피커'로 합니다.

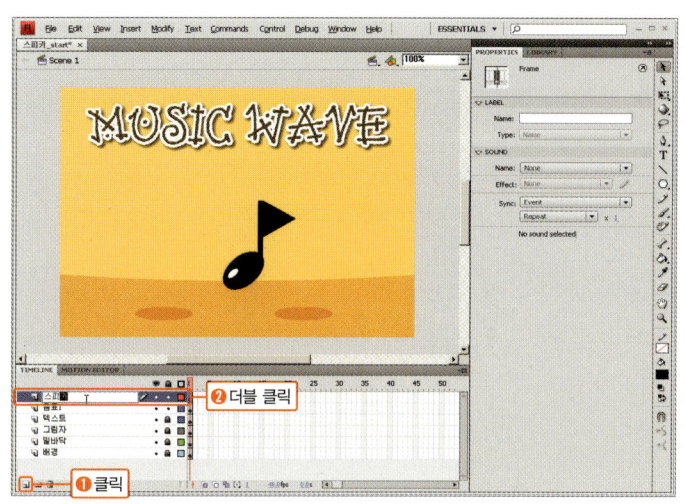

17 라운드 처리된 사각형을 그리기 위해서 도구상자에서 Rectancle Primitive 툴을 선택합니다.

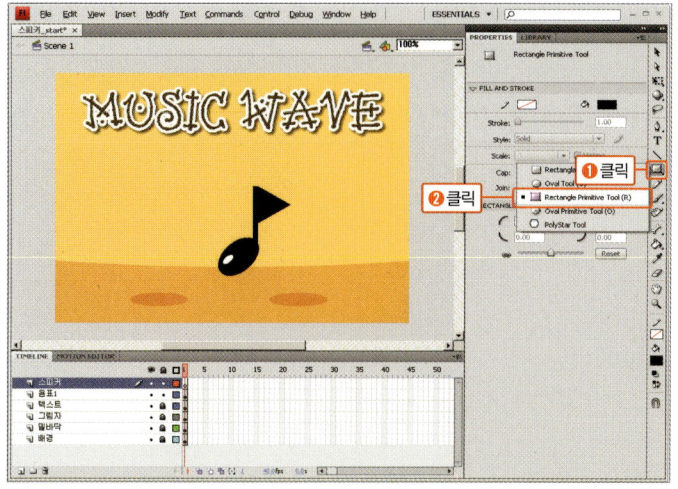

18 화면처럼 드래그하여 박스를 만들고 Rectangle Options의 값을 10으로 설정해서 라운딩 처리된 박스를 만들어줍니다.

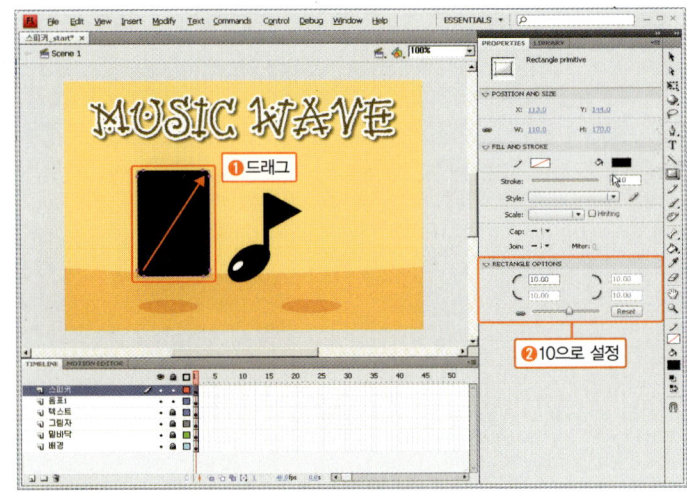

19 [Properties] 패널에서 색상과 선 두께를 다음과 같이 설정합니다.

Storke Color	#000000
Fill Color	#993300
Stroke	10

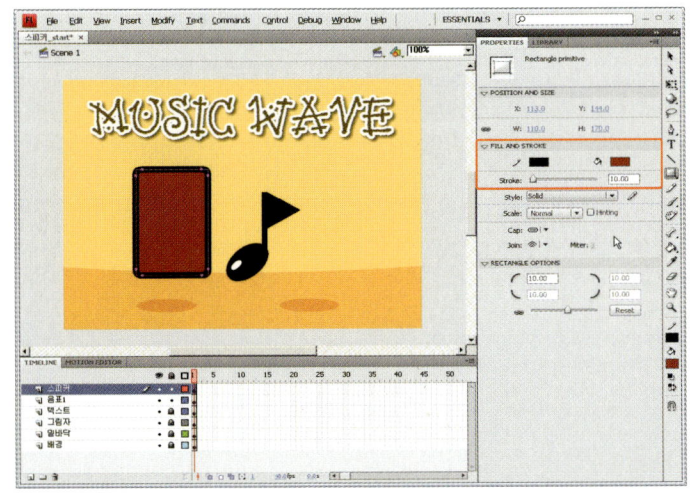

20 포인트 선택을 위해 드로잉 오브젝트 형태로 되어 있는 박스 속성을 쉐이프 형태로 바꾸겠습니다. 도구상자에서 선택 툴(▶)을 클릭하고 박스가 선택된 상태에서 Ctrl+B를 눌러 오브젝트 속성을 해지합니다.

21 박스 하단이 좁아지는 형태를 표현하기 위해 도구상자에서 부분 선택 툴 (￼)을 선택하고, 박스의 왼쪽 하단 모서리 두 점을 선택한 후 안쪽으로 이동합니다.

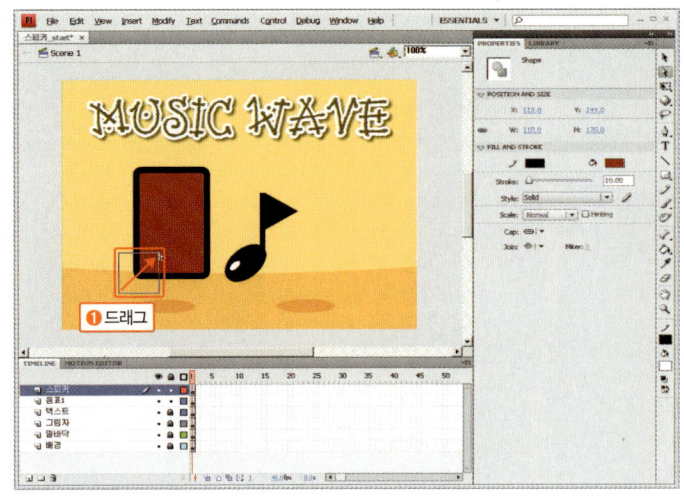

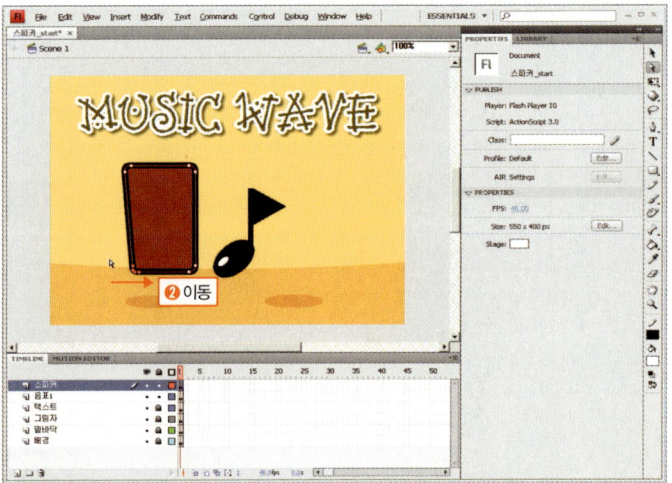

22 같은 방식으로 오른쪽 하단 모서리도 이동합니다.

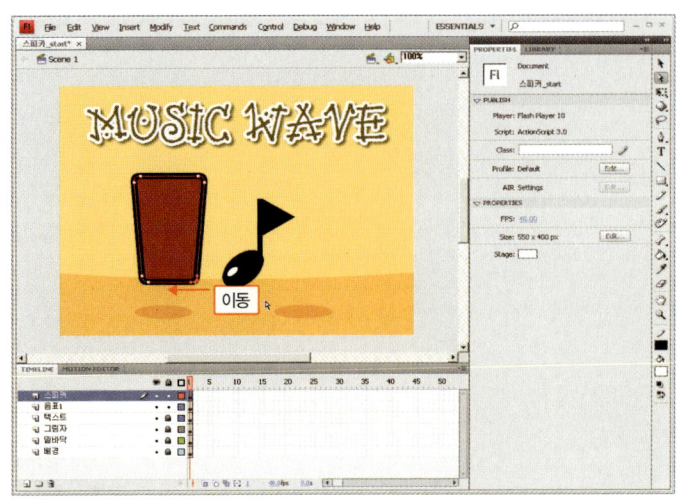

23 스피커의 원을 그려보겠습니다. 도구상자에서 원 도형 툴을 선택합니다.

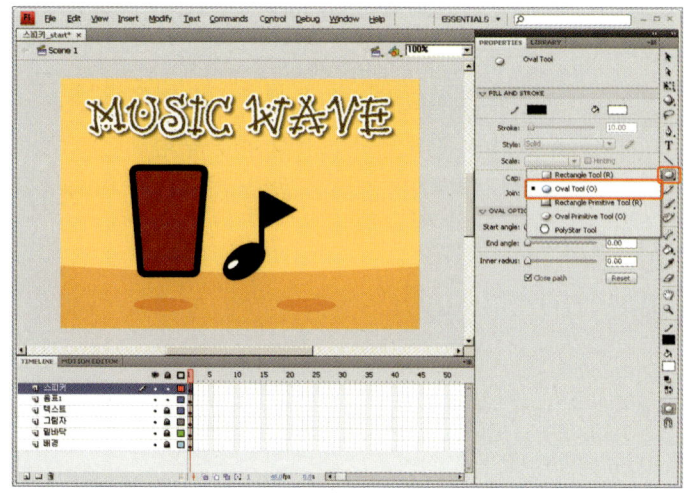

24 [Properties] 패널에서 색상과 선 두께를 다음과 같이 설정합니다.

Storke Color	#000000
Fill Color	#996666
Stroke	5

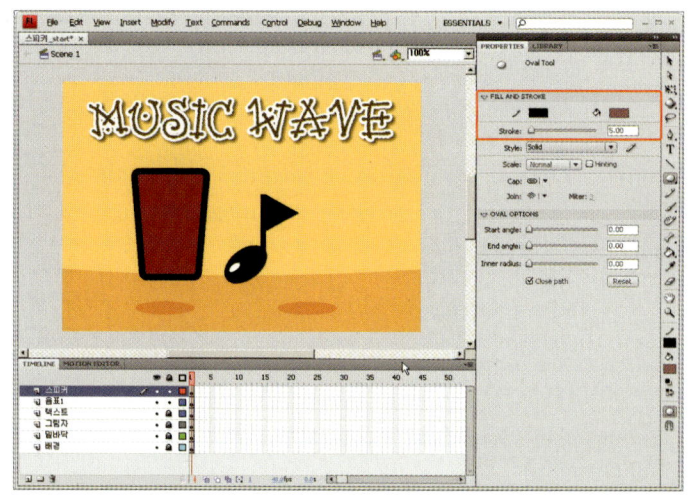

25 스테이지에서 드래그하여 원을 만들어줍니다.

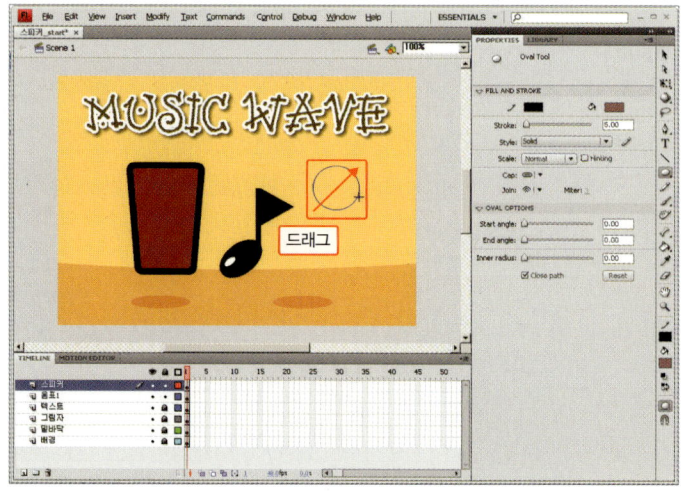

26 작은 원을 하나 더 만들고 Fill Color는 검정색으로 설정합니다.

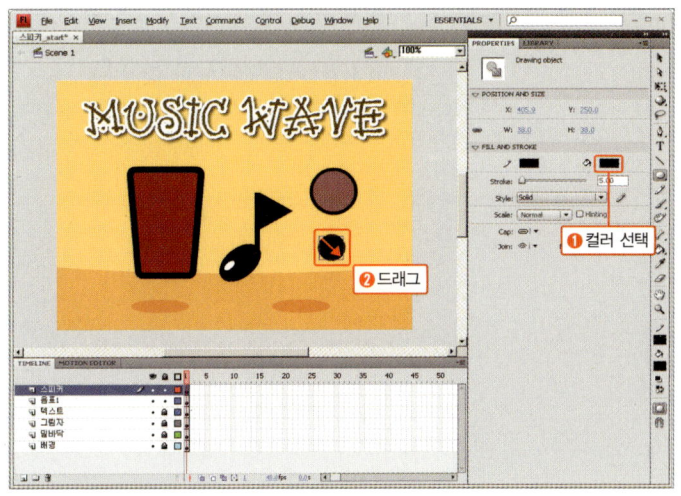

27 도구상자의 선택 툴( )을 클릭하여 검은색 원과 갈색 원을 Shift를 누른 상태에서 선택합니다. Ctrl + K 를 눌러서 정렬 상자를 활성화합니다.

28 작은 흰색 원을 만들어서 반짝이는 느낌을 주겠습니다. 면의 색상은 흰색으로 설정합니다.

29 도구상자의 선택 툴( )을 선택하고 [레이어:스피커]에 있는 모든 오브젝트를 선택한 뒤 F8 을 눌러 심볼 등록합니다. 심볼 이름은 '스피커원'으로 설정합니다.

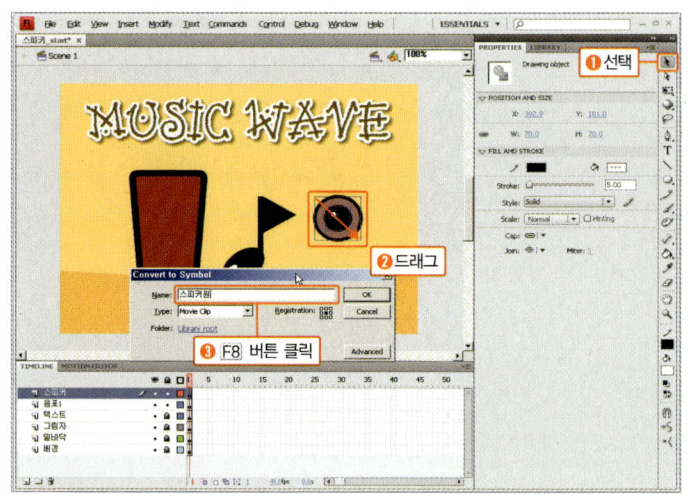

30 이제 만들어진 소스를 이용해서 스피커를 완성하겠습니다. [무비클립:스피커원]을 박스로 이동합니다.

31 아래에 작은 원을 만들겠습니다. [무비클립:스피커원]을 선택하고 Ctrl + C 를 눌러서 복사한 다음 Ctrl + V 해서 화면에 붙여넣습니다.

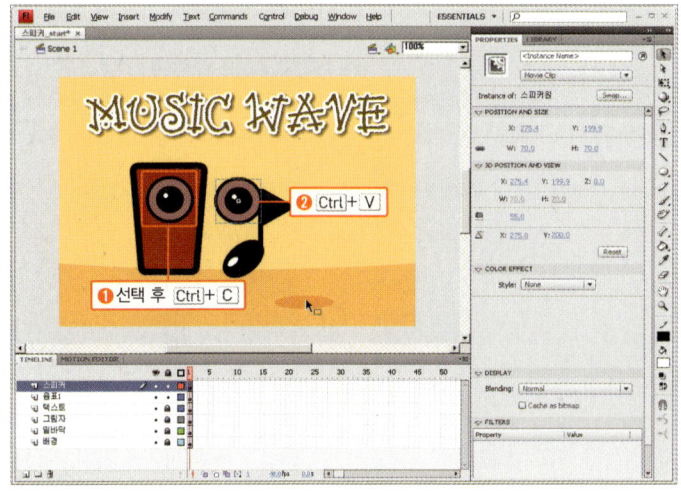

32 도구상자의 선택 툴( )을 선택하고 위치를 그림처럼 하단으로 이동합니다.

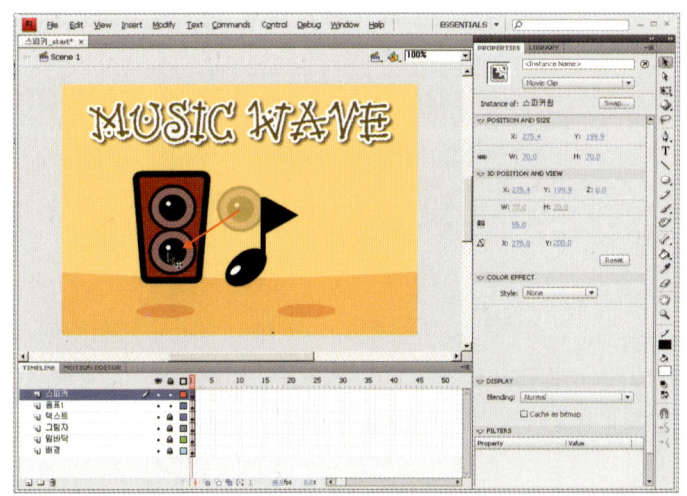

33 크기 변경을 위해 [Modify] – [Transform] – [Scale and Rotate](단축키: Ctrl + Alt + S)를 실행합니다. [Scale and Rotate] 대화상자가 표시되면 Scale을 50%로 줄여줍니다.

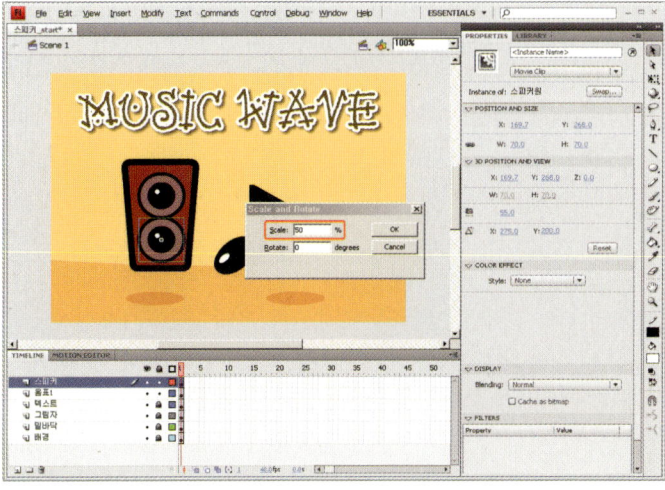

34 완성된 스피커를 심볼 등록하기 위해 도구상자의 선택 툴(▶)을 선택하고, [레이어:스피커]에 있는 모든 오브젝트를 선택한 뒤 [Modify] − [Convert to Symbol](단축키: F8)를 실행해서 심볼 등록합니다. 이 때 심볼의 이름은 '스피커'로 설정합니다.

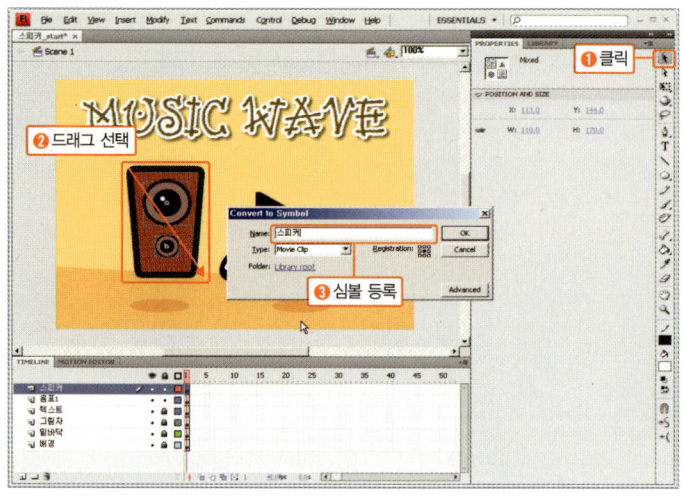

35 이제 배치하고 적절하게 모양을 만들면 됩니다. [레이어:스피커]에 있는 [무비클립:스피커]를 선택하고 Ctrl + C로 복사한 뒤 스테이지에서 Ctrl + V로 붙여넣습니다.

36 스피커의 위치를 화면에 있는 그림자 위로 이동합니다.

37 기울어진 스피커 형태 표현을 위해 도구상자의 선택 툴(▶)을 선택하고 [Modify] – [Transform] – [Scale and Rotate](단축키: Ctrl + Alt + S)를 실행합니다. [Scale and Rotate] 대화상자가 표시되면 왼쪽 스피커는 –10, 오른쪽 스피커는 10으로 Rotate 설정해서 돌려줍니다.

38 음표 표현을 위해 도구상자의 선택 툴(▶)을 클릭하고, [레이어:음표1]에 있는 [무비클립:음표1]을 선택해 [Modify] – [Transform] – [Scale and Rotate](단축키: Ctrl + Alt + S)를 실행합니다. [Scale and Rotate] 대화상자가 표시되면 Scale을 30%로 설정합니다.

39 축소한 [무비클립:음표1]을 그림처럼 여러 개 복사하여 붙여넣기를 한 뒤 적절한 위치로 이동합니다. 여러분의 느낌대로 개수와 위치를 설정하면 됩니다.

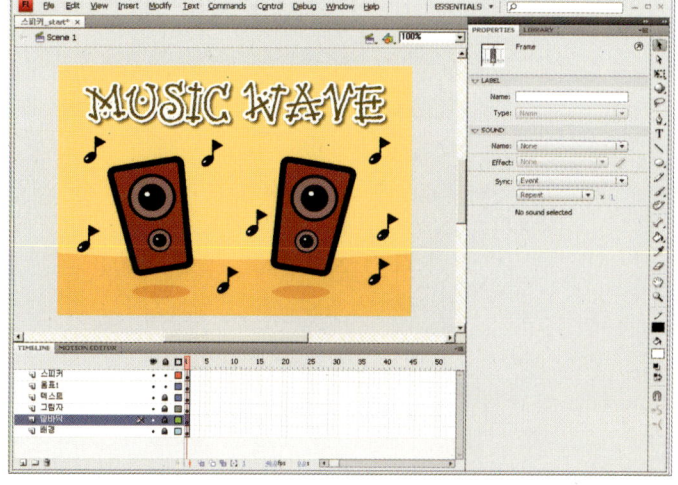

40 좀 더 자유로운 느낌을 위해 음표의 기울기를 그림처럼 자유롭게 돌려줍니다. 도구상자의 Free Transform 툴을 선택하고 음표1을 돌려줍니다.

다른 음표도 같은 방식으로 적절하게 돌려주면 됩니다.

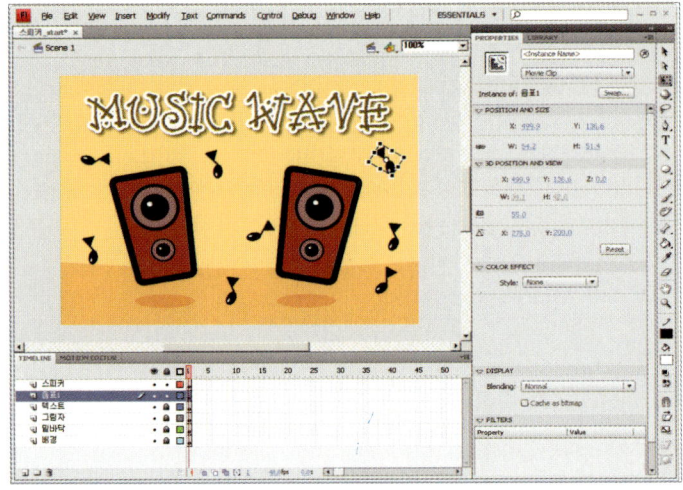

41 도형 툴을 이용한 스피커가 완성되었습니다.

Step 04 | 연필 툴과 브러시 툴 이해하기

연필 툴과 브러시 툴은 자유곡선 도구라 불립니다. 자유곡선이란 마우스의 움직임 그대로 화면에 그려지는 것을 말하는데, 전문 디자이너는 태블릿을 이용해서 그림을 그립니다. 플래시 CS4에서는 브러시 툴 가운데 스프레이 브러시라는 새로운 옵션이 추가되었습니다. 이번 단원에서는 연필 툴과 브러시 툴에 대해 알아보겠습니다.

선의 속성을 가진 연필 툴

연필 툴은 선의 속성을 가지고, 옵션에 따라서 부드럽게 그리기/직선으로 그리기 등을 설정할 수 있습니다.

연필 툴의 [Properties] 속성 살펴보기

기본적인 속성은 선 툴의 속성과 동일합니다.

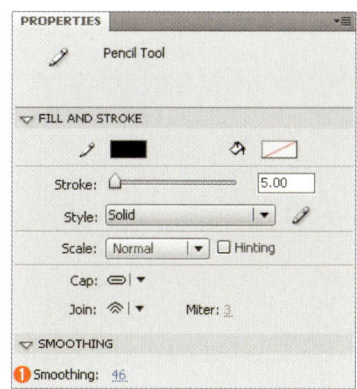

❶ Smoothing : 선의 부드러운 정도를 설정할 수 있습니다. 설정 값을 올리면 부드러운 곡선을 그릴 수 있고 값을 내리면 완만한 형태의 곡선이 만들어집니다.

연필 툴의 옵션 살펴보기

Option

❶ Straighten : 연필 툴로 그리는 선을 직선 형태로 설정합니다.
❷ Smooth : 연필 툴로 그리는 선을 곡선 형태로 설정합니다.
❸ Ink : 연필 툴로 그리는 선을 마우스의 움직임 그대로 표현합니다.

면의 속성을 가진 브러시 툴

브러시 툴은 면의 속성을 가지고 있으며 자유롭게 마우스 움직임 그대로 그림을 그릴 수 있습니다. 플래시 CS4에 추가된 스프레이 브러시 툴에 대해서도 알아보겠습니다.

브러시 도구의 옵션 살펴보기

브러시 도구를 선택하면 옵션 영역에 다양한 옵션이 나타납니다. 이곳에서 브러시의 형태, 크기, 속성 등을 설정하고 그리면 됩니다.

Option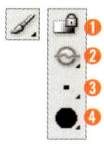

❶ Lock Fill : 브러시의 그라디언트 중심점을 잠그는 기능입니다.
❷ Brush Mode : 브러시로 칠하는 영역을 설정합니다.

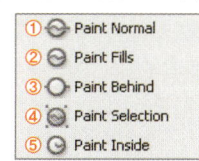

① Paint Normal : 일반적인 칠하기로 선과 면 구분 없이 모두 칠합니다.

② Paint Fills : 선을 제외한 면의 영역만 칠합니다.

③ Paint Behind : 쉐이프 오브젝트 이외의 영역만 칠합니다.

④ Paint Selection : 선택 영역으로 활성화 된 쉐이프 오브젝트 부분만 칠합니다.

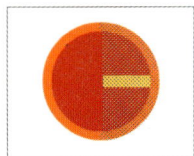

⑤ Paint Inside : 색상이 다른 쉐이프 영역 안쪽만 칠합니다.

❸ Brush Size : 브러시의 크기를 설정합니다.
❹ Brush Shape : 브러시의 형태를 설정합니다.

스프레이 브러시 도구의 [Properties] 속성 살펴보기

플래시 CS4에 새롭게 추가 된 스프레이 브러시에 대해서 알아보겠습니다. 다양한 패턴의 효과를 만드는 편리한 기능입니다.

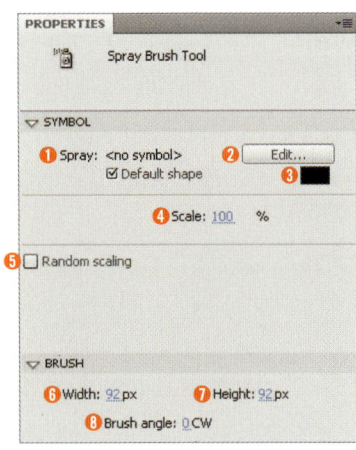

❶ Spray : 스프레이 효과로 뿌려질 심볼의 이름이 나타납니다. Default Shape 가 체크되어 있을 경우에는 〈no symbol〉이 표시됩니다.
❷ Edit : 스프레이 효과에 사용할 심볼을 선택할 수 있습니다.
❸ Default shape : 기본 형태의 도형을 제공합니다.
❹ Scale : 기본 도형일 경우 전체 크기가 조절됩니다. 심볼일 경우 넓이와 높이를 각각 조절할 수 있습니다.
❺ Random scaling : 도형의 크기를 랜덤하게 설정합니다.
❻ Width : 뿌려질 영역의 넓이를 설정합니다.
❼ Height : 뿌려질 영역의 높이를 설정합니다.
❽ Brush angle : 회전 각도를 설정합니다.

스프레이 브러시 연습하기

완성파일미리보기 : 부록CD1/Sample/Part02/Sec01/스프레이브러시 익히기.swf
완성파일 : 부록CD1/Sample/Part02/Sec01/스프레이브러시 익히기.fla
예제파일 : 부록CD1/Sample/Part02/Sec01/스프레이브러시 익히기_start.fla

01 '부록CD1/Sample/Part02/Sec01/스프레이브러시 익히기_start.fla' 파일을 열고 레이어 구조를 확인합니다.

02 도구상자에서 Spray Brush 툴(🖌)을 선택하고 [Edit] 버튼을 클릭해서 심볼을 바꿔줍니다.

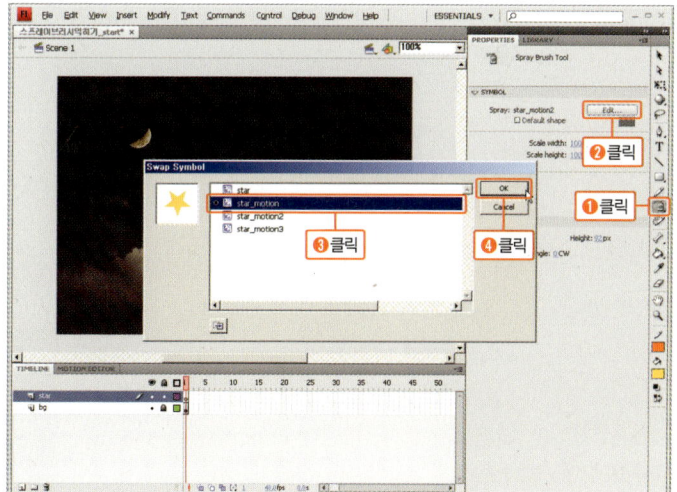

03 [Properties] 패널의 옵션을 그림처럼 설정합니다.

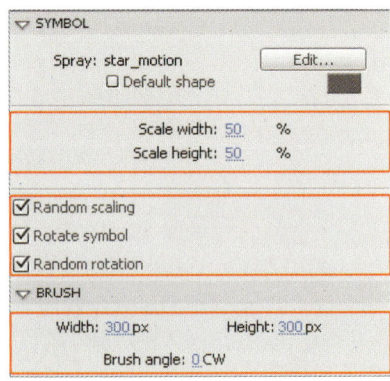

04 그림처럼 스테이지의 원하는 곳에 한 번씩 클릭해서 도형을 뿌려줍니다. 필자는 2번만 클릭해 보겠습니다.

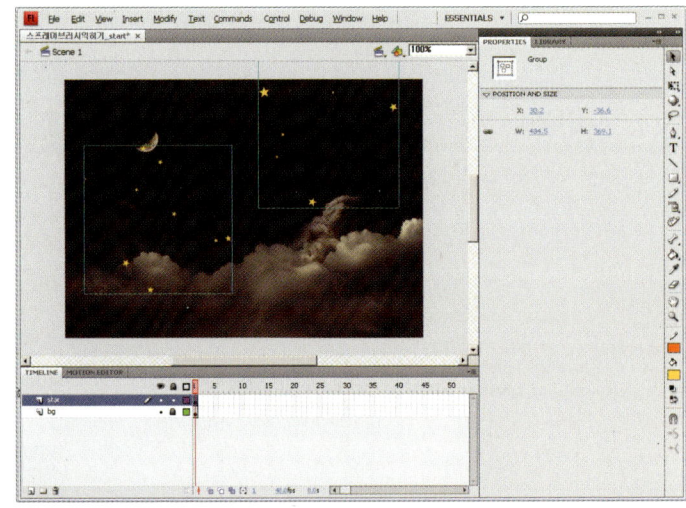

05 다른 심볼로 많은 수의 심볼을 뿌리는 효과를 만들어보겠습니다. [Edit] 버튼을 클릭해서 심볼을 바꿔줍니다.

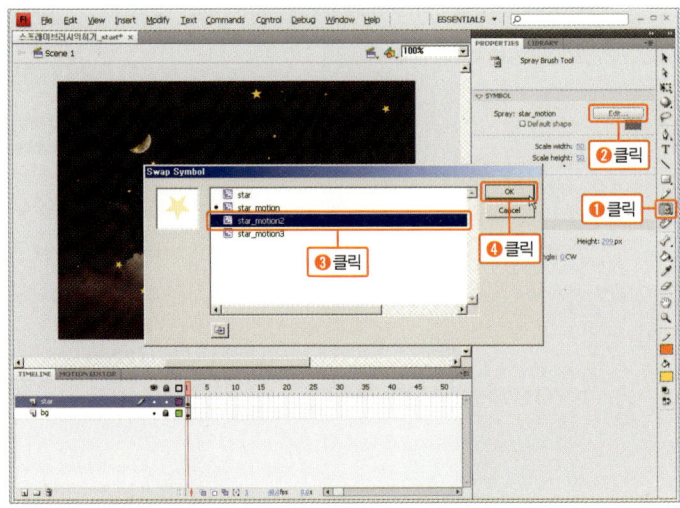

06 [Properties] 속성의 옵션을 그림처럼 설정합니다.

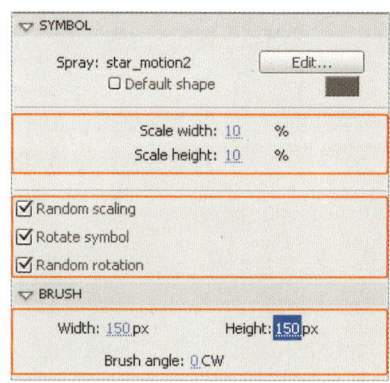

07 화면의 한 쪽 부분을 클릭한 채로 드래그해서 뿌려줍니다.

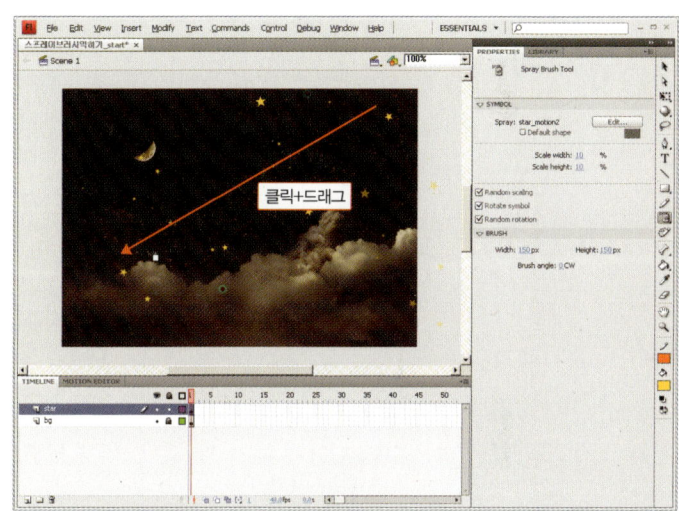

08 테스트 무비(단축키: Ctrl + Enter)를 실행하여 완성된 움직임을 확인합니다.

배경에 패턴을 만들어주는 툴입니다. 나뭇가지와 잎, 꽃이 있는 패턴을 만들어줄 수 있습니다.
기본적인 기능에 대해서 알아봅시다.

Deco의 [Properties] 속성 살펴보기

Drawing Effect의 Fill 속성에 대해서 알아보겠습니다.

Vine Fill 속성

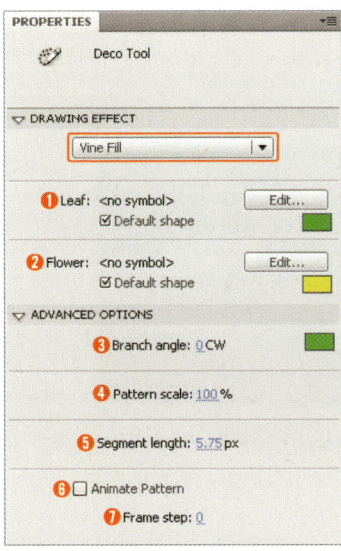

❶ Leaf : 잎을 설정합니다. 기본으로 제공하는 꽃잎이 디폴트로 설정되어 있습니다. [Edit] 버튼을 눌러서 심볼 중에서 꽃잎을 고를 수 있습니다.

❷ Flower : 꽃을 설정합니다. 기본으로 제공하는 꽃이 디폴트로 설정되어 있습니다. [Edit] 버튼을 눌러서 심볼 중에서 꽃을 고를 수 있습니다.

❸ Branch angle : 줄기 각도와 색상을 설정할 수 있습니다.

❹ Pattern scale : 패턴의 크기를 설정합니다. 값이 작을수록 간격이 좁아집니다.

❺ Segment length : 패턴이 채워지는 정도를 픽셀 단위로 설정합니다. 값이 클수록 채워지는 패턴의 수가 줄어들게 됩니다.

❻ Animate Patten : 패턴이 적용되는 과정이 각각의 프레임에 들어가도록 설정합니다.

❼ Frame step : 각각의 프레임에 적용되는 단계를 설정합니다. 수치가 높을수록 적용 단계는 짧아집니다.

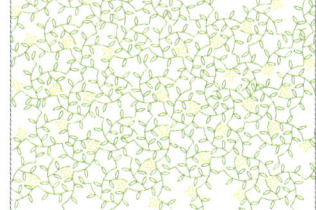

▲ Vine Fill 속성이 적용된 모습

Grid Fill 속성

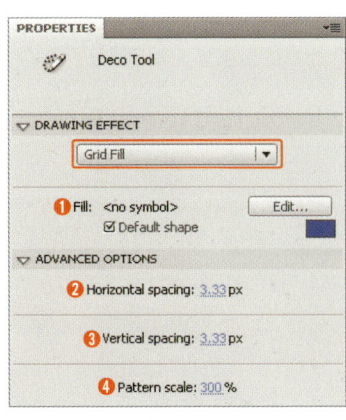

❶ Fill : 일정한 간격으로 그려질 패턴을 선택합니다. [Edit] 버튼을 클릭해서 다른 심볼을 선택할 수 있습니다.

❷ Horizontal spacing : 패턴 요소의 수평 공간을 설정합니다.

❸ Vertical spacing : 패턴 요소의 수직 공간을 설정합니다.

❹ Patten scale : 패턴의 크기를 설정합니다.

▲ Grid Fill 속성이 적용된 모습

Symmetry Brush 속성

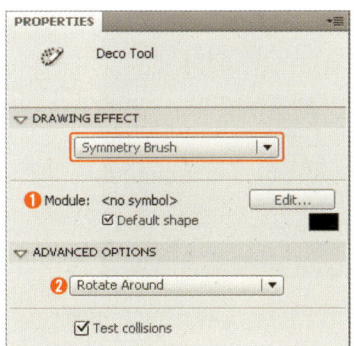

❶ Module : 라이브러리에 등록된 심볼을 요소로 활용할 수 있습니다.

❷ 여러 형태의 조절점이 있어서 이를 바탕으로 선택한 요소를 배치합니다.

Deco 툴 속성을 이용한 불꽃놀이 만들기

완성파일미리보기 : 부록CD1/Sample/Part02/Sec01/deco이용한불꽃놀이.swf
완성파일 : 부록CD1/Sample/Part02/Sec01/deco이용한불꽃놀이.fla
예제파일 : 부록CD1/Sample/Part02/Sec01/deco이용한불꽃놀이_start.fla

01 '부록CD1/Sample/Part02/Sec01/deco이용한불꽃놀이_start.fla' 파일을 열고 레이어 구조 및 라이브러리에 있는 심볼을 확인합니다.

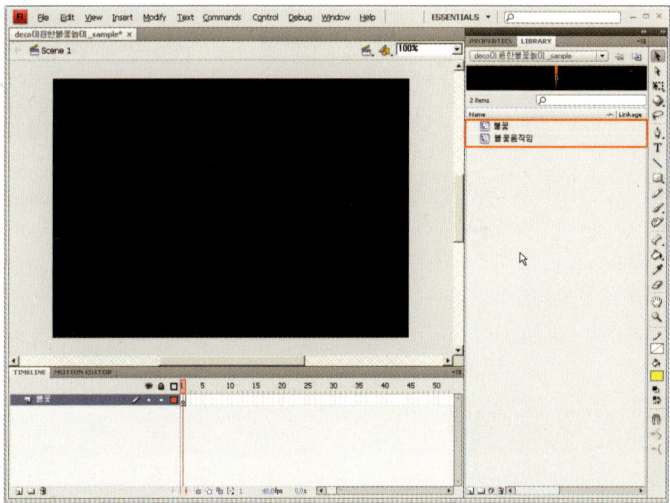

02 도구상자에서 Deco 툴(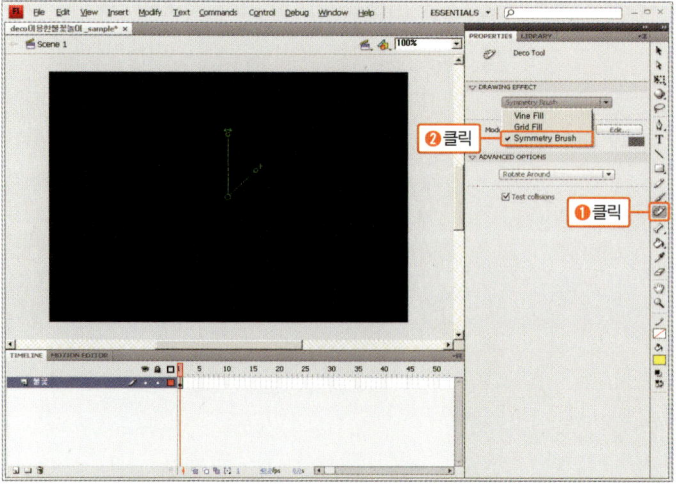)을 선택한 후 [Properties] 패널을 클릭하고 속성 중에서 Drawimg Effect는 Symmetry Brush를 고르고 Advanced Options는 Rotate Around로 설정합니다.

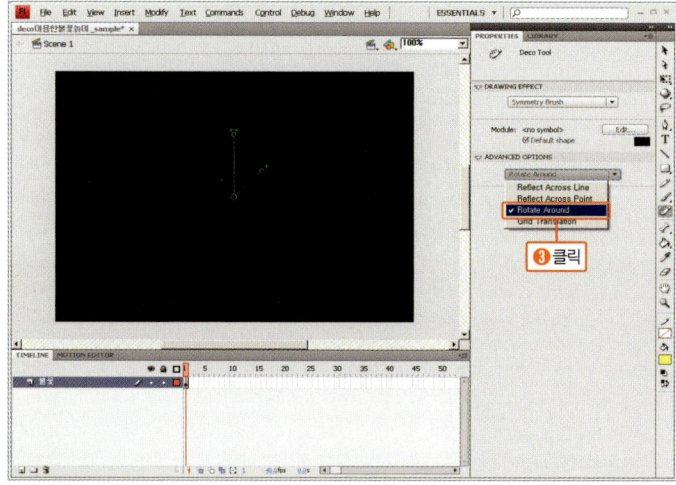

03 라이브러리에 있는 심볼을 패턴 요소로 사용하기 위해서 [Properties] 패널의 [Edit] 버튼을 클릭해서 미리 만들어 놓은 [무비클립:불꽃움직임]을 선택합니다.

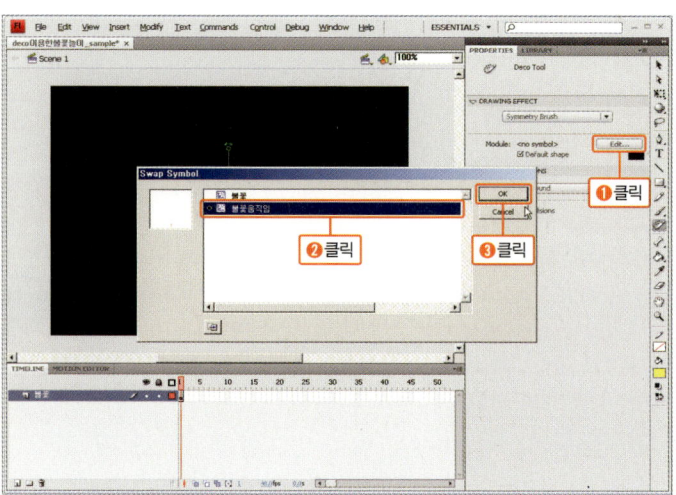

04 Deco 조절점을 클릭해서 패턴 요소를 불러온 후 8개의 패턴이 원 형태로 배치되도록 조절합니다. 이 때 중요한 점은 라인 위에서 클릭을 해야 예제와 같은 형태의 패턴이 만들어집니다.

클릭 전   클릭 후

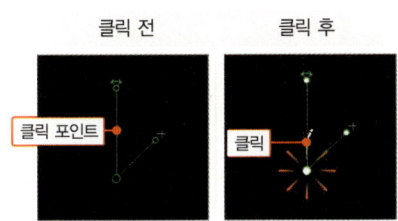

클릭 포인트

클릭

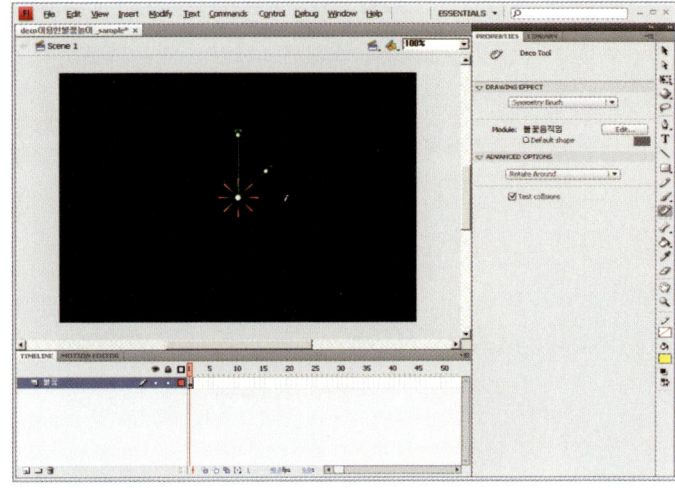

05 도구상자의 선택 툴(🖰)을 클릭하고 방금 만든 패턴을 선택합니다. 복제를 위해 복사(Ctrl + C)한 후 붙여넣기(Ctrl + Shift + V)하여 원본과 같은 위치에 붙여 넣기합니다. 다음으로 [Modify] – [Transform] – [Scale and Rotate] (단축키: Ctrl + Alt + S)를 실행합니다. [Scale and Rotate] 대화상자가 표시되면 Scale을 70%, Rotate를 30도로 설정합니다.

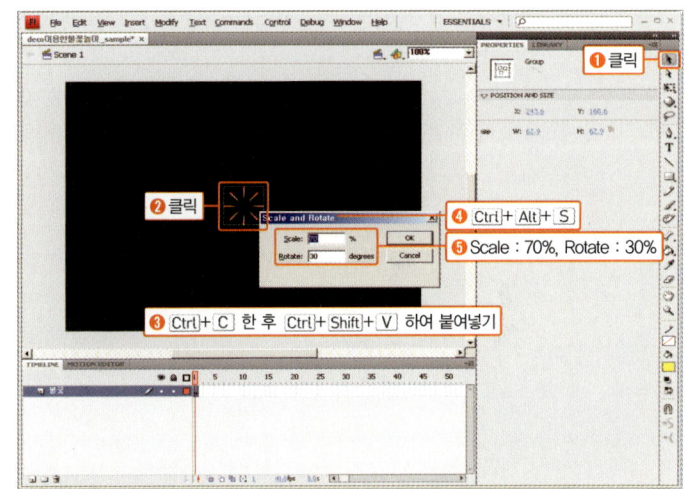

06 도구상자의 선택 툴(🖰)로 [레이어:불꽃]의 모든 오브젝트를 선택한 후 [Modify] – [Convert to Symbol](단축키: F8)를 실행해서 심볼을 등록합니다. 이 때 심볼 이름은 '불꽃 움직임 그룹'으로 설정합니다.

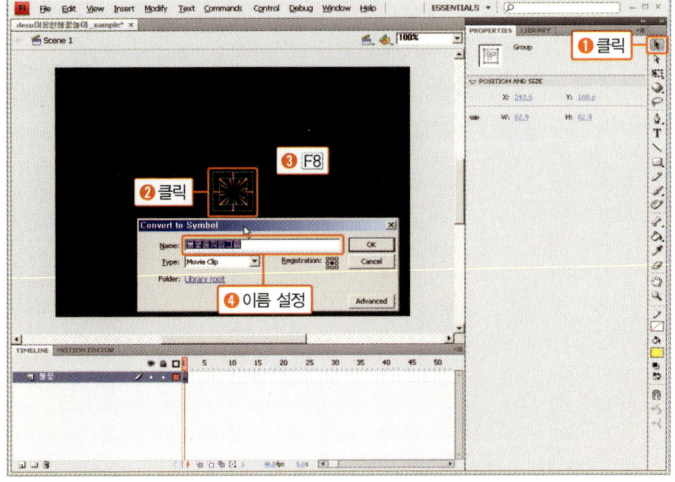

07 타임라인에서 레이어 추가 버튼 (🔲)을 클릭해서 4개의 레이어를 추가하고 각각의 레이어 이름을 '불꽃2', '불꽃3', '불꽃4', '불꽃5'로 설정합니다.

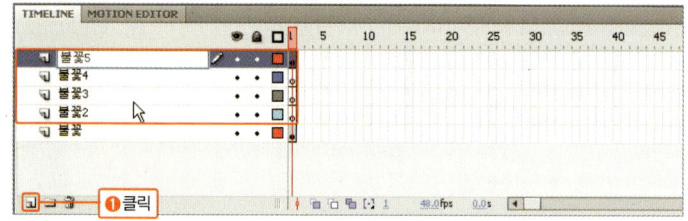

08 타임라인 바에서 [레이어:불꽃]의 1번 프레임에 있는 심볼을 선택하고 Alt+드래그로 각각의 레이어에 복제합니다.

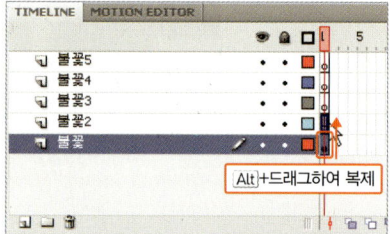

같은 방식으로 나머지 레이어에도 복제합니다.

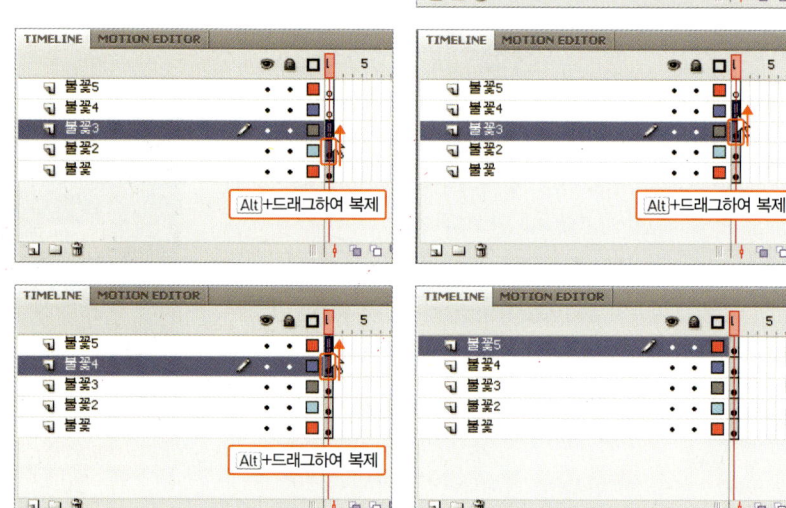

09 도구상자의 선택 툴(▶)을 선택하고 각각의 레이어에 있는 심볼을 화면처럼 이동합니다.

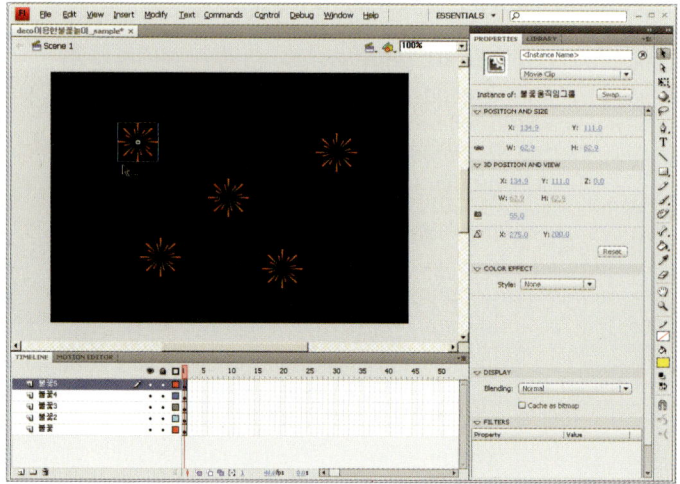

10 다양한 형태를 위해 각각 크기를 변경합니다. [Modify] − [Transform] − [Scale and Rotate](단축키: Ctrl + Alt + S)를 실행합니다. [Scale and Rotate] 대화상자가 표시되면 다음 표와 같이 설정합니다.

레이어명	Scale	Rotate
불꽃	100	0
불꽃2	50	30
불꽃3	70	−20
불꽃4	60	30
불꽃5	50	30

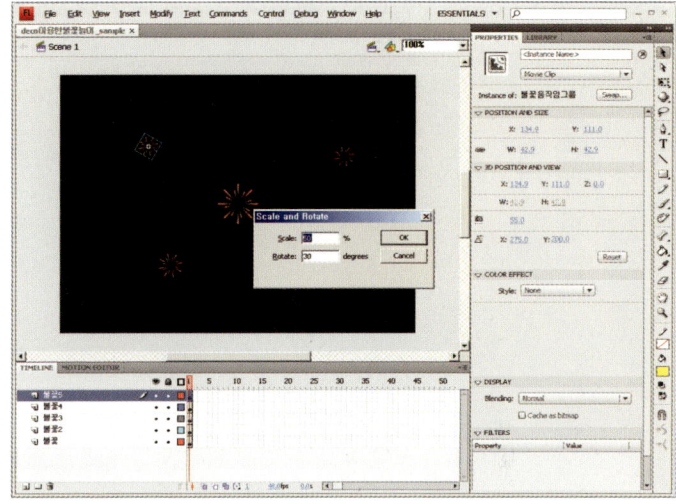

11 마찬가지 다양한 연출을 위해 [Properties] 패널의 Color Effect에서 Style을 Tint로 설정해 색상을 변경합니다. 변경 값은 필자가 제시한 값으로 해도 되고 여러분이 더 나은 색으로 바꿔도 됩니다.

레이어명	색상 코드	틴트설정
불꽃	원본	원본
불꽃2	#ABFFFF	Tint : 70 Red : 170 Green : 255 Blue : 255
불꽃3	#FFFF00	Tint : 70 Red : 255 Green : 255 Blue : 0
불꽃4	#6666CC	Tint : 70 Red : 102 Green : 102 Blue : 204
불꽃5	#7F7FFF	Tint : 100 Red : 127 Green : 127 Blue : 255

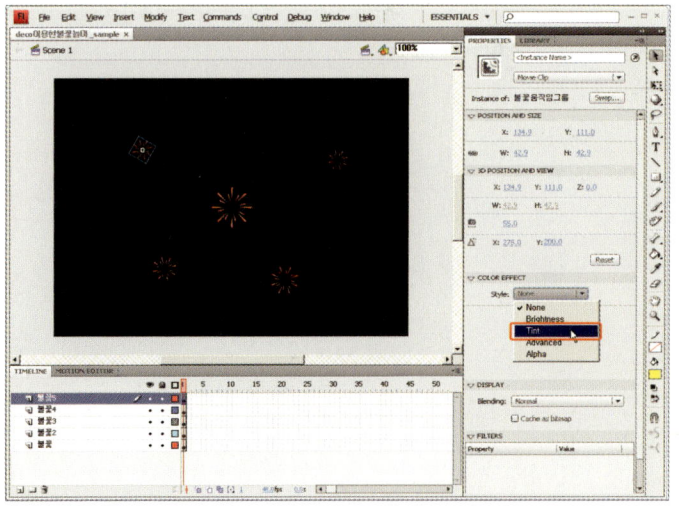

12 불꽃이 터지는 시간차를 만들기 위해서 레이어의 키 프레임을 이동하겠습니다. 키 프레임을 선택하고 드래그합니다. 각각의 위치는 여러분 나름대로 설정해도 됩니다.

레이어명	이동 키 프레임
불꽃	5 프레임
불꽃2	15 프레임
불꽃3	7 프레임
불꽃4	22 프레임
불꽃5	30 프레임

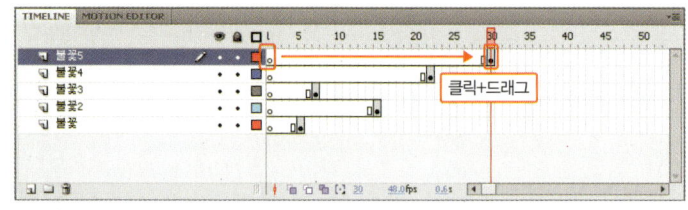

13 모든 레이어의 프레임 길이를 맞추겠습니다. 50번 프레임에서 드래그하여 모든 레이어의 프레임을 선택한 후 [Insert] – [Timeline] – [Frame](단축키: F5)을 실행하여 프레임 길이를 맞춰줍니다.

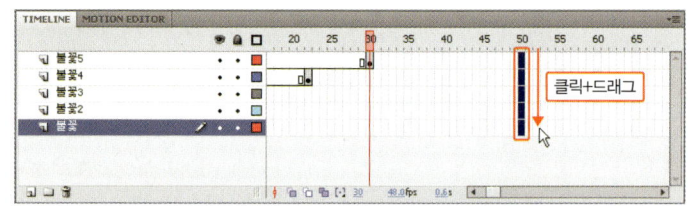

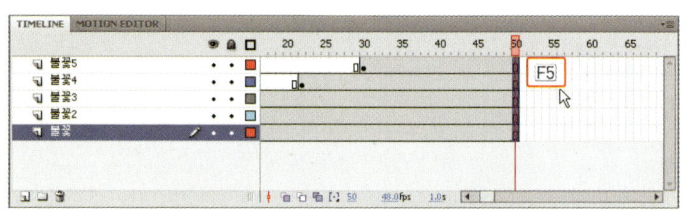

14 테스트 무비(단축키: Ctrl + Enter)를 실행하여 완성된 움직임을 확인합니다.

여러 개의 무비클립을 연결해서 움직임을 만드는 법을 이해하고 응용해 보겠습니다. 플래시 CS4에서 새로 추가된 재미있는 기능 가운데 하나입니다.

본 툴을 이용한 움직임 만들기

본 툴을 이용해 움직임을 만들어보고 사용법에 대해서 이해해 봅시다. 본 툴의 특성을 사용하면 심볼의 움직임을 상호작용하도록 만들 수 있습니다. 이 점을 응용한 패턴의 모션을 만들어보겠습니다.

완성파일 미리보기 : 부록CD1/Sample/Part02/Sec01/본툴예제.swf
완성파일 : 부록CD1/Sample/Part02/Sec01/본툴예제.fla
예제파일 : 부록CD1/Sample/Part02/Sec01/본툴예제_start.fla

01 '부록CD1/Sample/Part02/Sec01/본툴예제_start.fla' 파일을 열고 레이어 구조 및 라이브러리에 있는 심볼을 확인합니다.

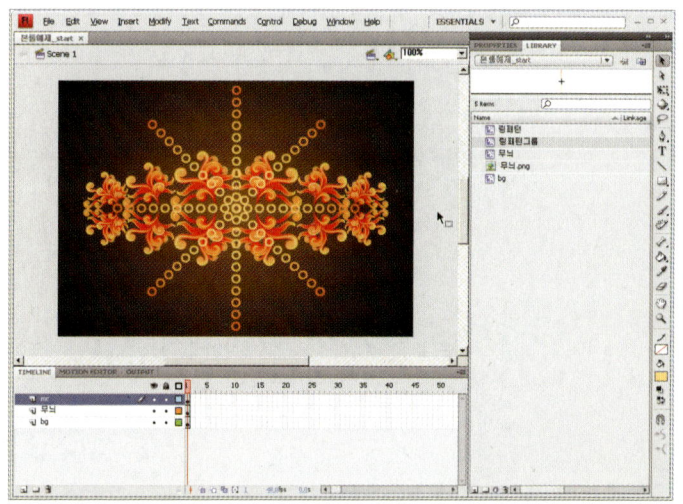

02 편집모드에서 본 툴 작업을 하기 위해 [레이어:mc]에 있는 [무비클립:링패턴그룹]을 선택해서 더블 클릭합니다.

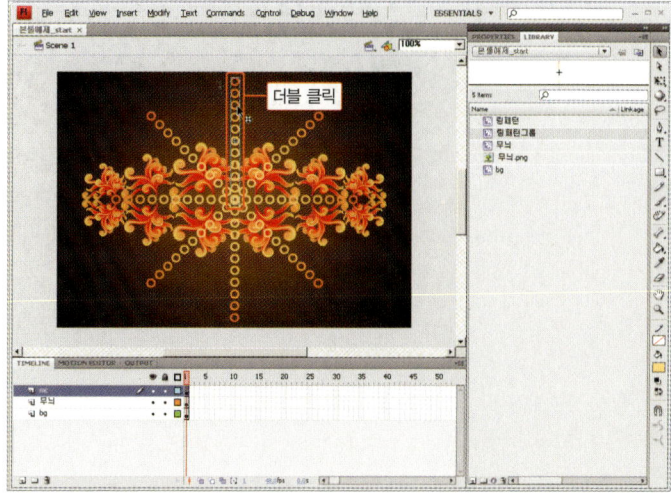

더블 클릭

03 도구상자에서 본 툴(🦴)을
선택하고 뼈대를 연결하겠습니다.
중앙의 원부터 위쪽 원으로 하나
씩 연결하면 됩니다.

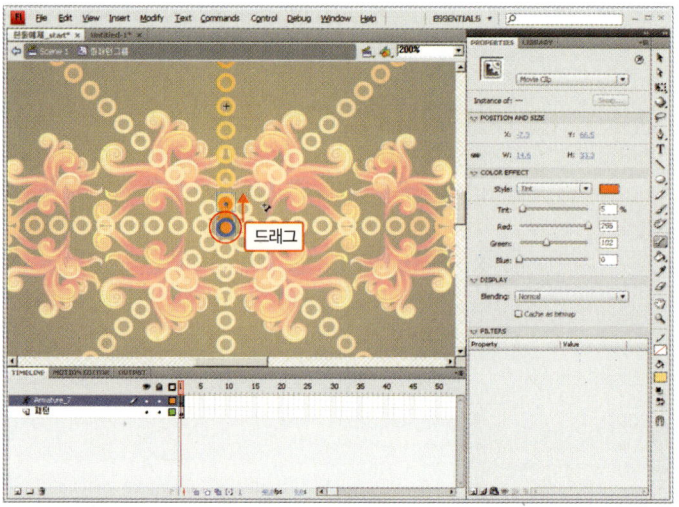

04 같은 방식으로 하나씩 연결
해서 마지막 무비클립 심볼까지
뼈대를 연결합니다.

05 타임라인에 새로운 레이어가 만들어지고 심볼이
하나로 연결된 것을 볼 수 있습니다.

06 타임라인의 35번, 70번, 105번 프레임에서 각각 [Insert] – [Timeline] – [Keyframe](단축키:F6)을 실행해 키 프레임을 만들어줍니다.

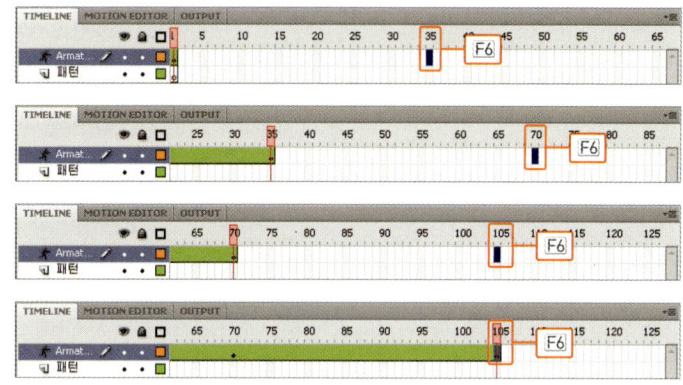

07 움직임을 만들기 위해 35번 프레임으로 플레이 헤드를 이동하고 도구상자의 선택 툴(▶)로 맨 위에 있는 무비클립 심볼을 이동해서 그림처럼 중간 부분이 오른쪽으로 이동하게 만듭니다.

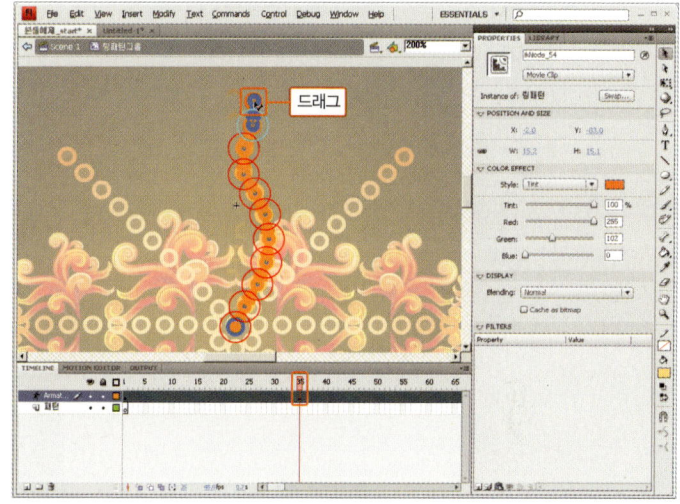

08 다른 움직임을 만들기 위해 70번 프레임으로 플레이 헤드를 이동하고 도구상자의 선택 툴(▶)로 맨 위에 있는 무비클립 심볼을 이동해서 그림처럼 중간 부분이 왼쪽으로 이동하게 만듭니다.

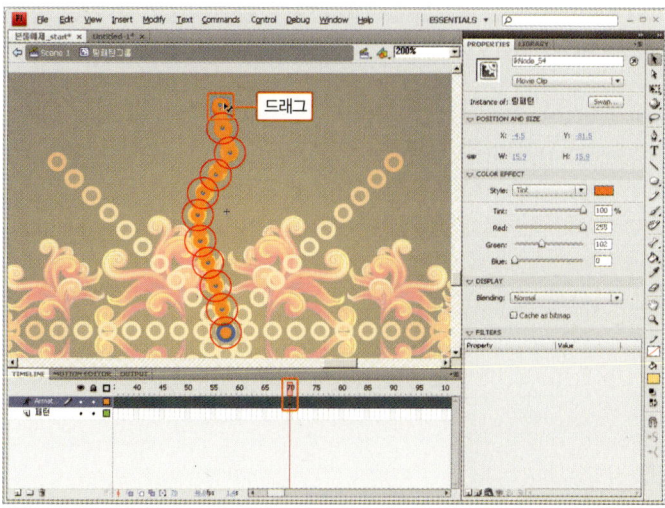

09 테스트 무비(단축키: Ctrl + Enter)를 실행
하여 완성된 움직임을 확인합니다.

Bind 툴을 이용한 움직임 만들기

Bind 툴은 쉐이프 형태의 오브젝트에 뼈대를 입히고 그 뼈대의 움직임에 맞춰 쉐이프의 포인트와 연결
하는 역할을 합니다. 다음 예제를 따라하면서 익혀봅시다.

> **완성파일미리보기** : 부록CD1/Sample/Part02/Sec01/본툴예제2.swf
> **완성파일** : 부록CD1/Sample/Part02/Sec01/본툴예제2.fla
> **예제파일** : 부록CD1/Sample/Part02/Sec01/본툴예제2_start.fla

01 '부록CD1/Sample/Part02/
Sec01/본툴예제2_start. fla' 파일
을 열고 레이어 구조 및 라이브러
리에 있는 심볼을 확인합니다.

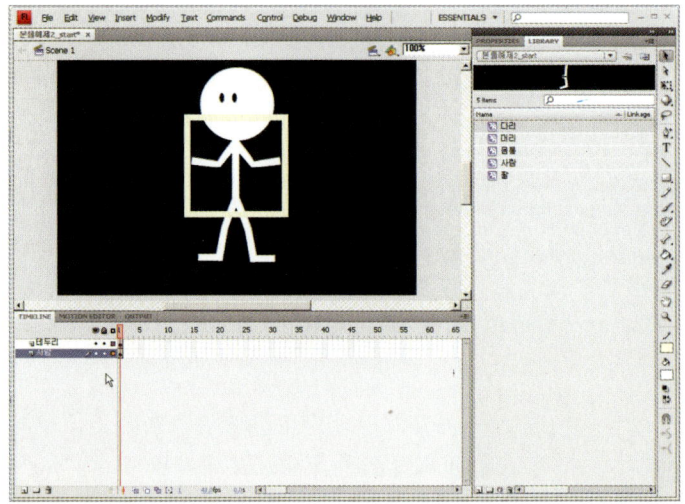

02 [레이어:사람]에 있는 [무비 클립:사람]을 더블 클릭해서 편집 모드로 이동합니다.

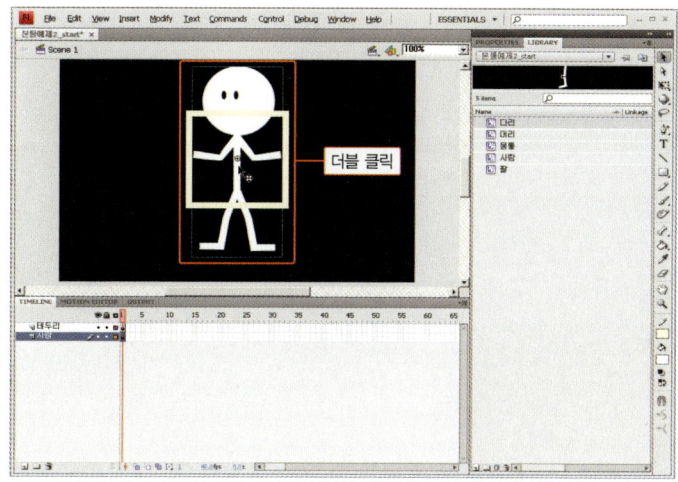

03 [레이어:다리]에 있는 [무비 클립:다리]를 더블 클릭해서 편집 모드로 이동합니다.

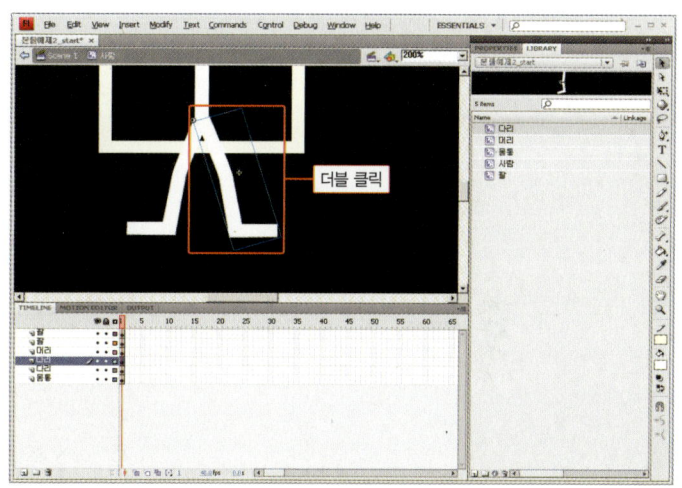

04 도구상자에서 본 툴( )을 선택하고 뼈대를 연결하겠습니다. 위의 끝 부분부터 무릎 부분까지 연결합니다.

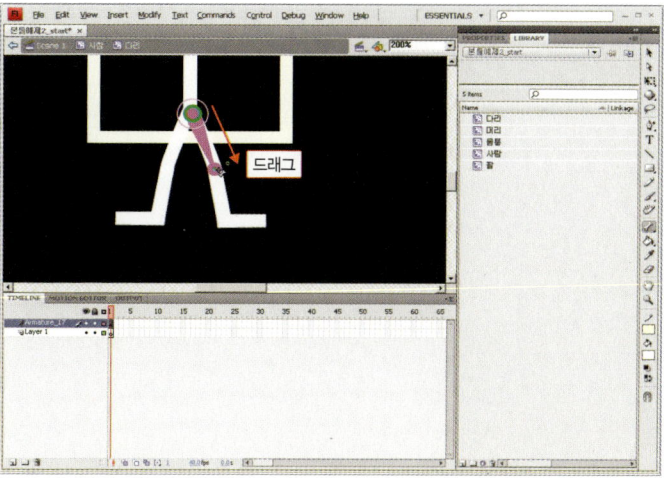

05 다시 무릎 부분에서 발목까지 연결합니다.

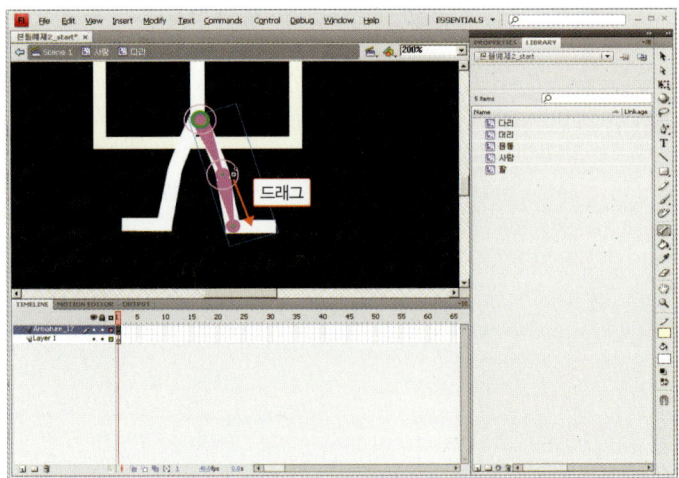

06 발목에서 발끝 부분까지 연결합니다.

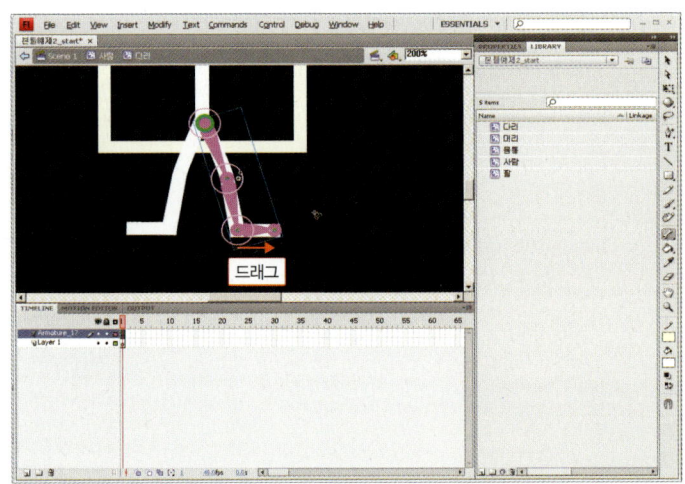

07 좀 더 디테일한 움직임을 위해 무릎 부분의 꼭지점에 Bind 툴을 적용해 보겠습니다. 도구상자에서 Bind 툴(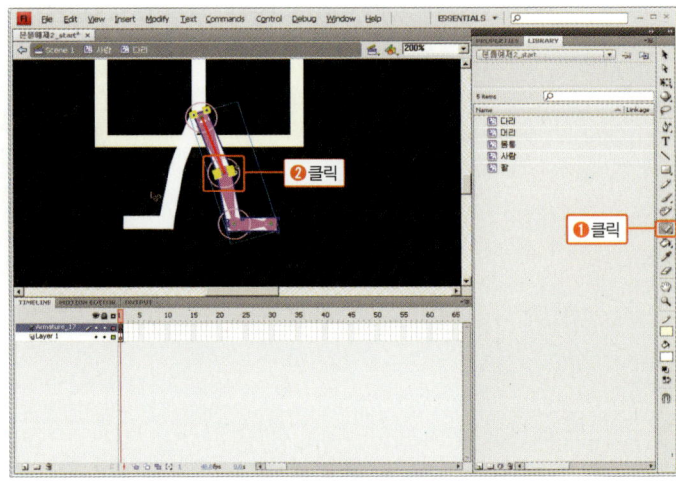)을 선택하고 무릎 관절 부위를 클릭하면 연결할 수 있는 부분에 노란 사각형이 생깁니다.

08 움직임을 만들어보겠습니다. 타임라인에서 15번 프레임을 선택한 후 [Insert] - [Timeline] - [Keyframe](단축키: F6)을 실행하여 움직임을 설정할 수 있는 키 프레임을 만들어줍니다.

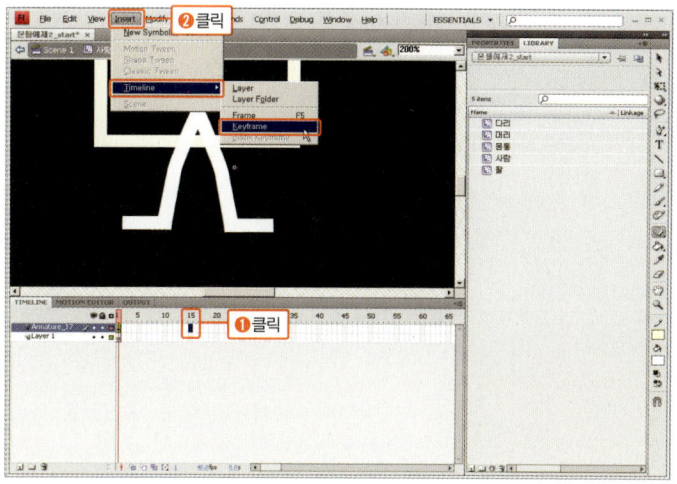

09 발목 부분의 관절을 위쪽으로 이동해서 무릎이 굽는 느낌을 만들어줍니다. 도구상자의 선택 툴을 선택한 후 이 때 발목이 수평이 되도록 발목 끝 부분의 관절로 조절합니다.

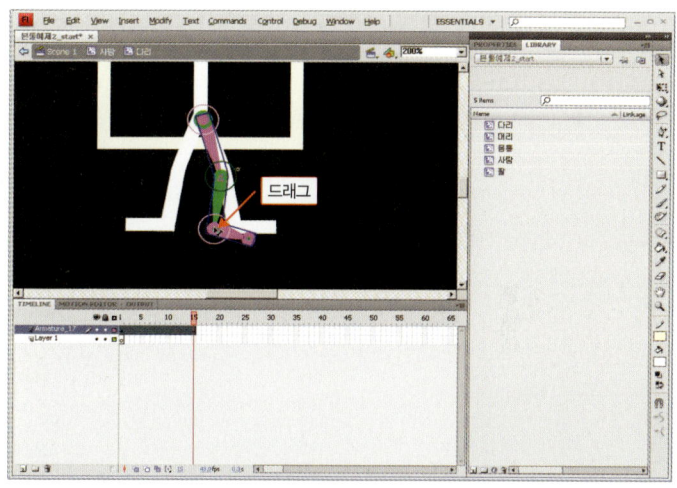

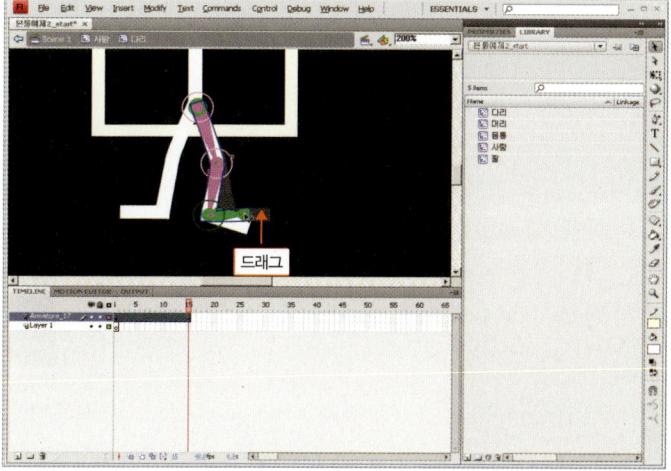

10 움직임이 튀지 않고 반복되도록 하기 위해 1번 프레임과 같은 키 프레임을 50번 프레임에 만들어 줍니다. 50번 프레임을 선택한 후 [Insert] − [Timeline] − [Frame] (단축키:F5)을 실행하여 프레임을 늘려줍니다.

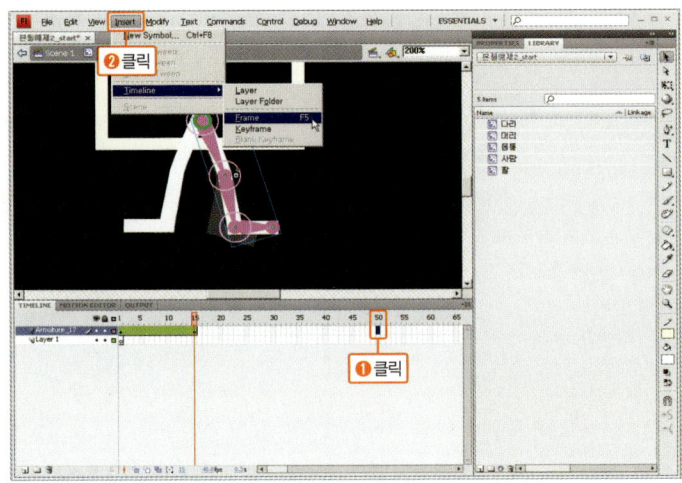

11 Ctrl 키를 누른 상태에서 1번 프레임을 클릭하여 1번 프레임 하나만 선택합니다.

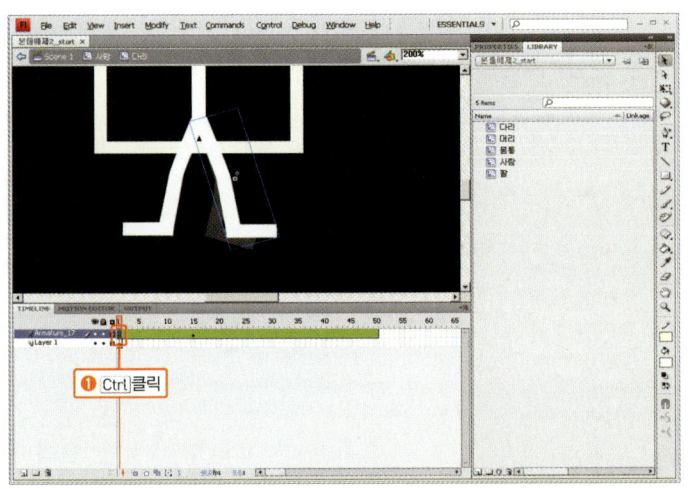

12 마우스 오른쪽 버튼을 클릭해서 나타나는 메뉴 가운데 [Copy Pose]를 선택하여 1번 프레임에 있는 움직임을 복사합니다.

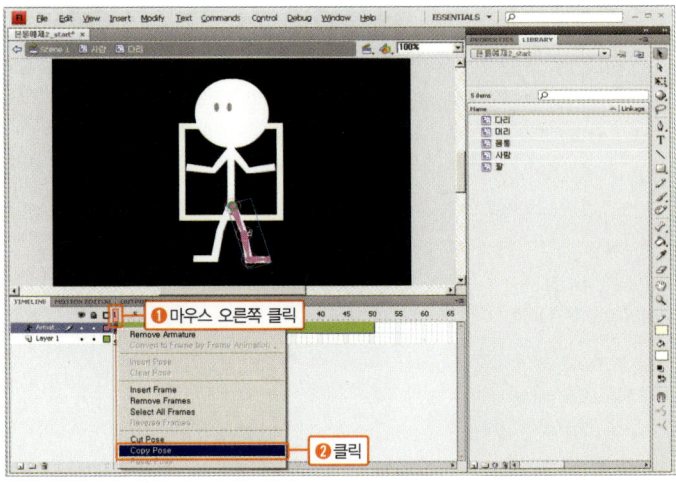

13 마지막 프레임에 붙여넣기를 하겠습니다. Ctrl+클릭으로 50번 프레임을 선택하고 마우스 오른쪽 버튼을 클릭한 뒤 메뉴 가운데 Paste Pose를 실행합니다.

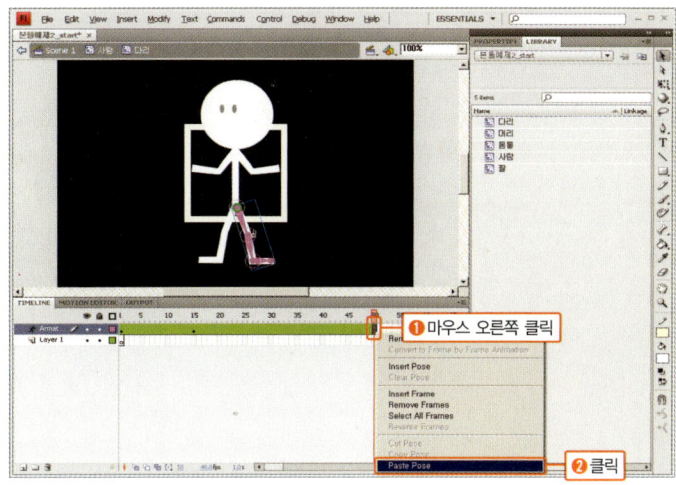

14 팔 부분의 모션을 만들기 위해 위치 이동을 합니다. 타임라인 바에서 [사람]을 클릭하여 이동합니다.

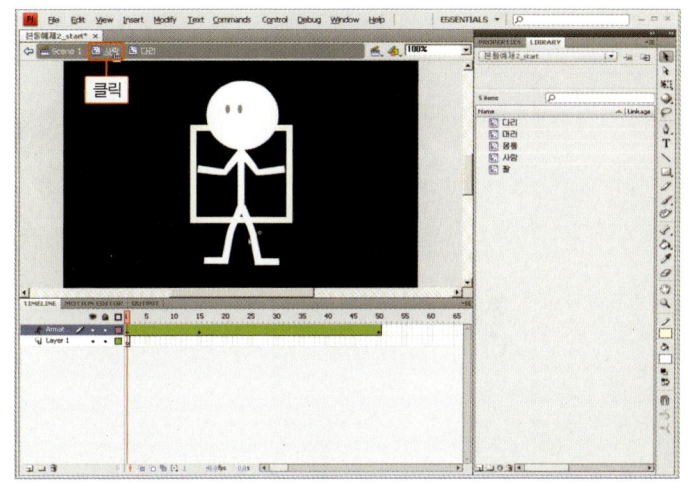

15 [레이어:팔]에 있는 [무비클립:팔]을 선택한 뒤 더블 클릭해서 편집 창으로 이동합니다.

16 도구상자에서 본 툴(🦴)을 선택하고 뼈대를 연결하겠습니다. 어깨 부분에서 팔꿈치까지 먼저 연결합니다.

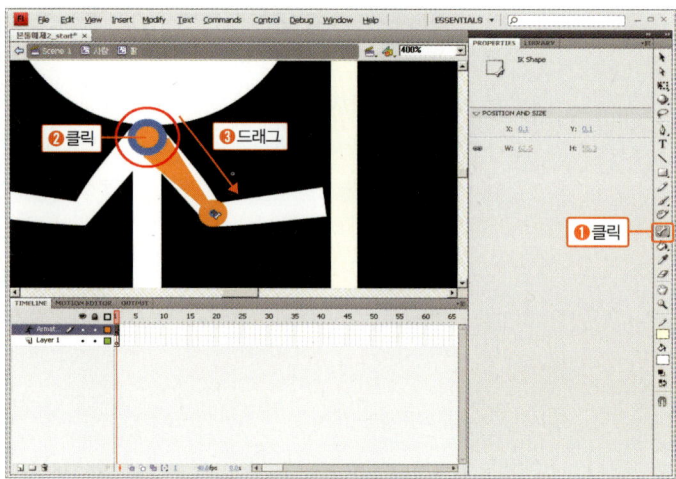

17 다시 팔목부터 손 부위까지 연결합니다.

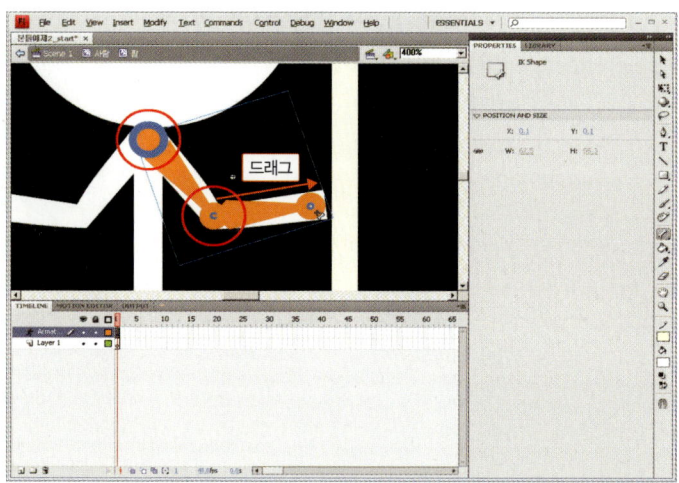

18 다리 움직임과 다른 방법으로 반복되는 움직임을 만들어보겠습니다.

15번 프레임, 50번 프레임을 각각 선택하고 [Insert] – [Timeline] – [Keyframe](단축키: F6)을 눌러서 키 프레임을 만들어줍니다.

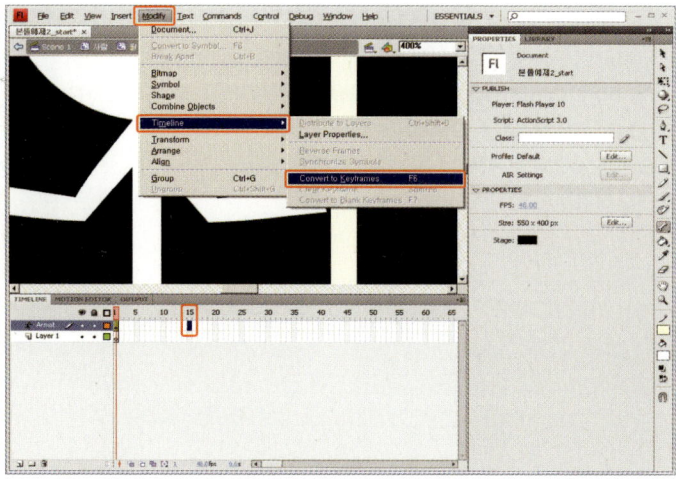

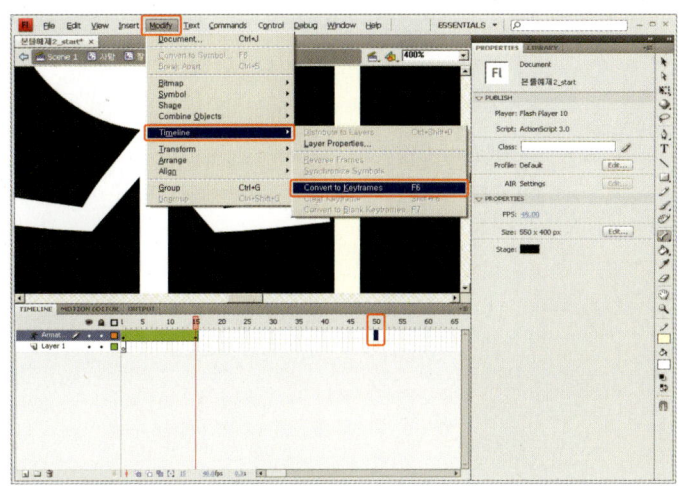

19 도구상자의 선택 툴(￼)로 15번 프레임에 있는 오브젝트를 선택합니다. 도구상자에서 Bind 툴(￼)을 선택하고 팔꿈치 관절 부위를 클릭하면 연결할 수 있는 부분에 노란 사각형이 생깁니다.

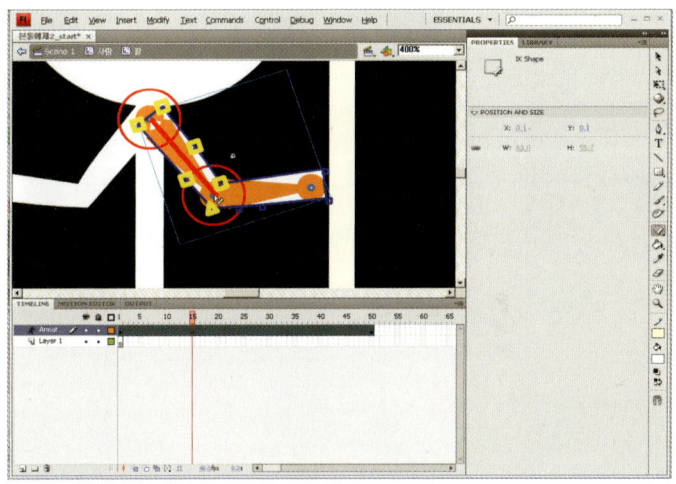

20 움직임을 만들기 위해 도구상자의 선택 툴(￼)로 팔 부분을 선택하고 위로 드래그해서 움직임을 만들어줍니다.

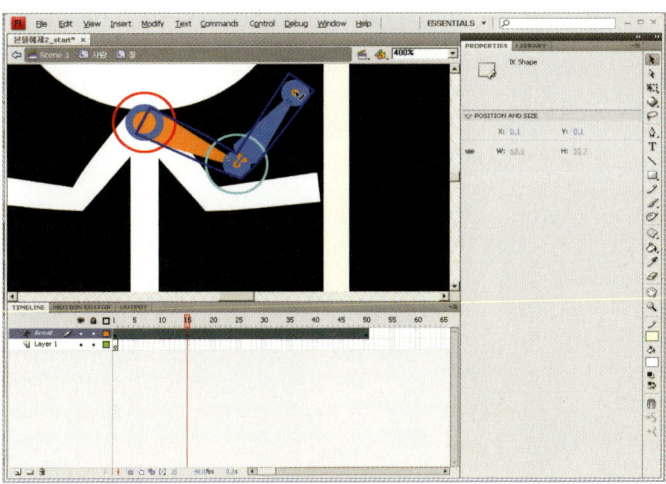

21 박스 안에 사람이 들어갈 수 있게 크기를 수정합니다. 먼저 위치 이동을 위해 타임라인 툴 바의 [Scene 1]을 클릭해서 메인 타임라인으로 이동합니다.

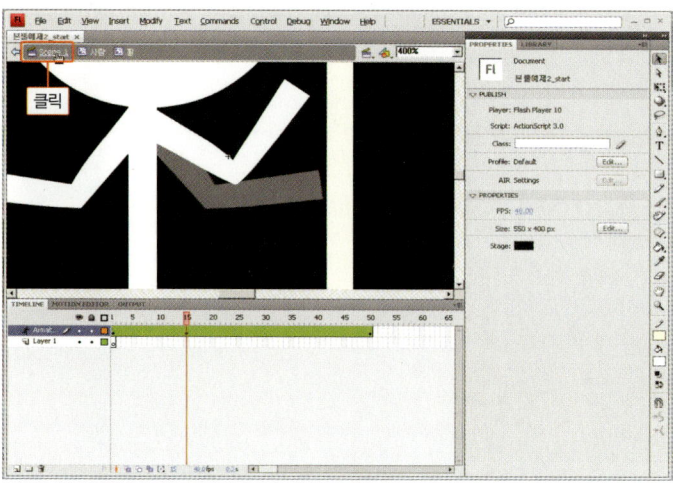

22 [무비클립:사람]을 선택하고 [Modify] – [Transform] – [Scale and Rotate](단축키: Ctrl + Alt + S)를 실행합니다. [Scale and Rotate] 대화상자가 표시되면 Scale을 30%로 줄여줍니다.

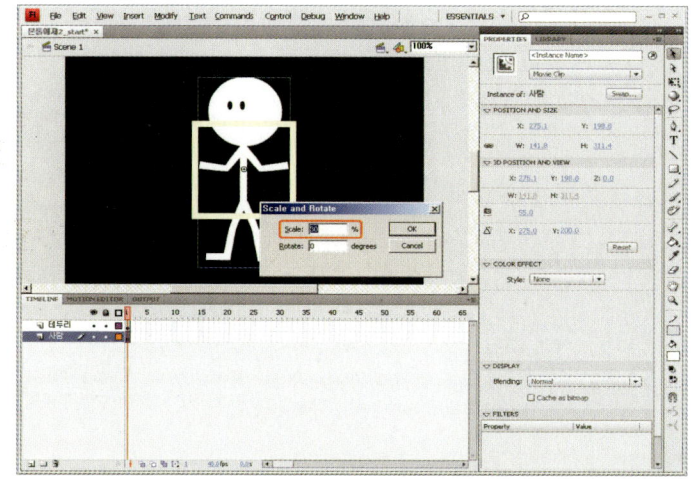

23 테스트 무비(단축키: Ctrl + Enter)를 실행하여 완성된 움직임을 확인합니다.

다른 프로그램에서도 많이 본 Paint Bucket 툴과 Ink Bucket 툴에 대해서 알아보겠습니다. 다음 예제를 따라하면서 익혀봅시다.

색칠 완성을 통해 툴 익히기

예제를 통해서 도구의 기능을 익혀봅시다. 보통 이미지와 벡터 형태의 파일을 이용해서 디자인을 표현합니다. 이번 예제도 비트맵 이미지와 벡터를 혼용해서 디자인했고 이 중 벡터 이미지의 색상 변경에 대해서 알아보겠습니다.

완성파일미리보기 : 부록CD1/Sample/Part02/Sec01/페인트툴예제.swf
완성파일 : 부록CD1/Sample/Part02/Sec01/페인트툴예제.fla
예제파일 : 부록CD1/Sample/Part02/Sec01/페인트툴예제_start.fla

01 '부록CD1/Sample/Part02/Sec01/페인트툴예제_start.fla' 파일을 열고 레이어 구조를 확인합니다.

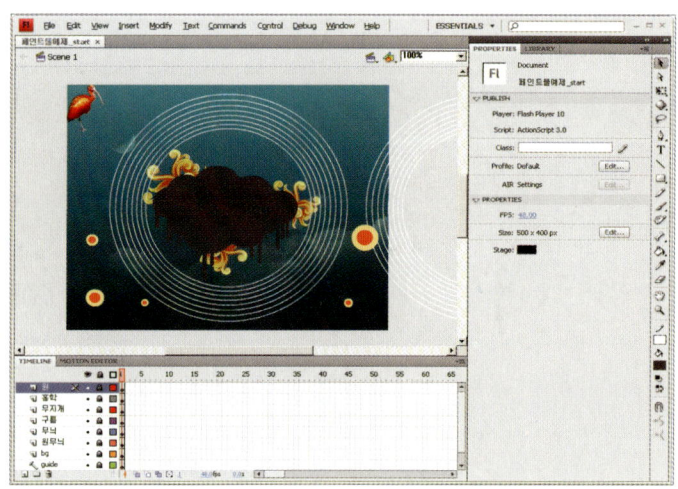

02 [레이어:구름]의 자물쇠를 해제한 뒤 도구상자에서 페인트통 툴(◇)을 선택하고 [Properties] 패널을 확인합니다.

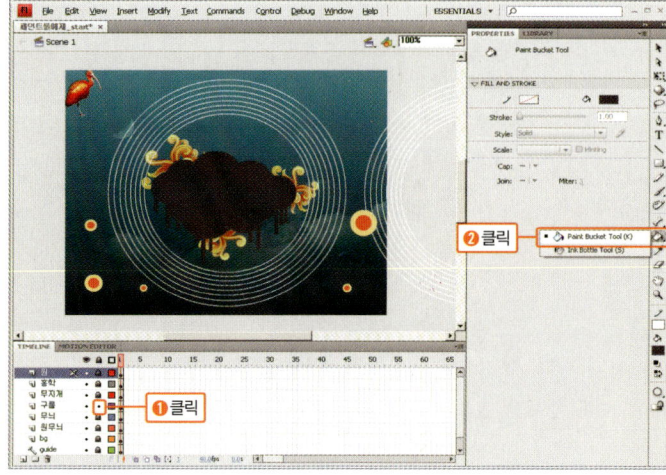

03 [Properties] 패널의 [Fill and Stroke] 메뉴에서 Fill Color 를 클릭한 후 흰색을 선택합니다.

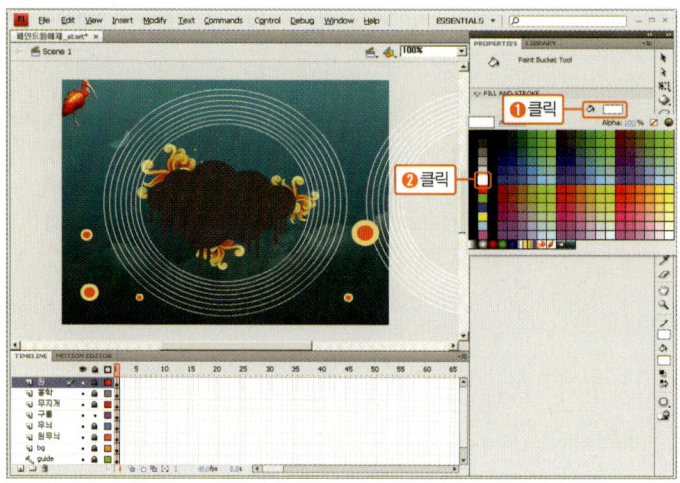

04 스테이지에 있는 검은색 구름을 마우스로 클릭해서 흰색 구름으로 만들어줍니다.

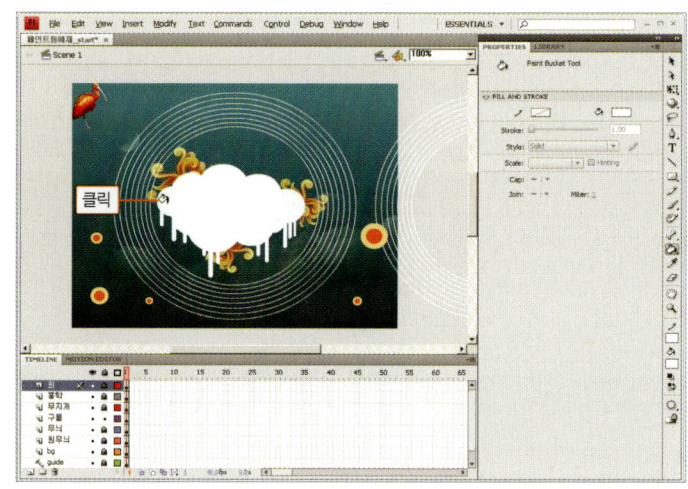

05 무지개를 그려보겠습니다. 도구상자의 선택 툴을 선택한 후 스테이지를 클릭합니다. 도구상자에서 페인트통 툴을 선택한 후 [레이어:무지개]의 자물쇠를 해제하고 [Properties] 패널의 Fill and Stroke 메뉴에서 Fill Color를 빨간색(#FF0000)으로 설정합니다.

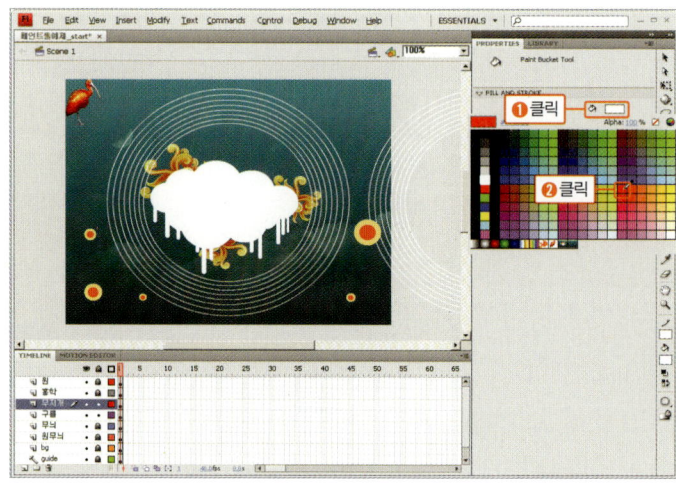

06 스테이지에 있는 흰색 라인을 클릭해서 빨간색으로 면을 채워줍니다.

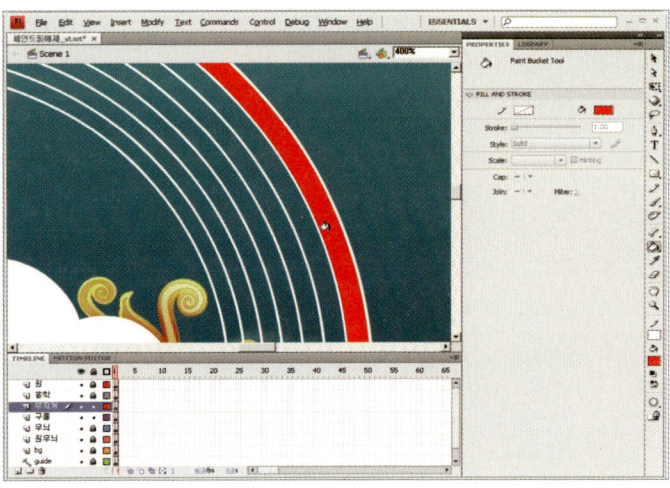

07 같은 방식으로 무지개 색상을 각각의 면에 채워줍니다.

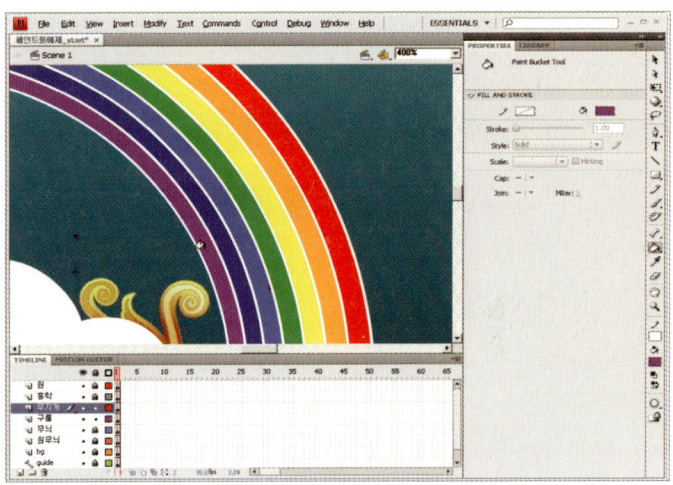

08 동그란 무지개의 반을 지워보겠습니다. 무지개를 제외한 나머지 레이어를 잠그고 도구상자의 선택 툴( )로 무지개의 절반을 드래그해서 선택합니다.

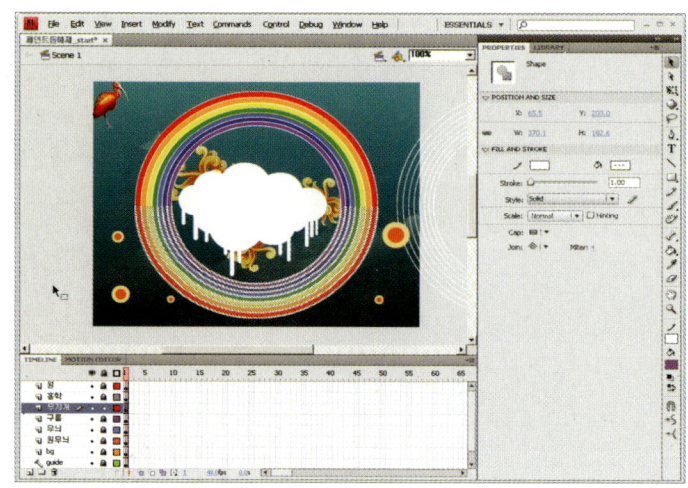

09 Delete 키를 눌러서 삭제합니다.

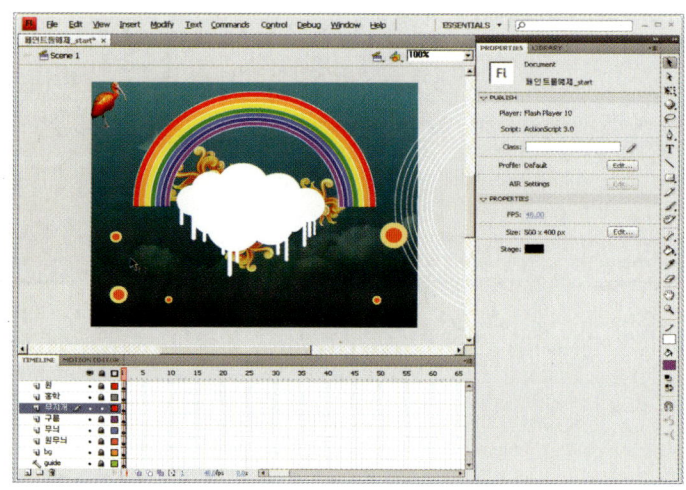

10 무지개에 있는 흰 라인을 지우겠습니다. 도구상자의 선택 툴( )을 선택하고 라인에 커서를 가져가면 커서 모양이 라인 형태로 변합니다. 이 때 라인을 선택합니다.

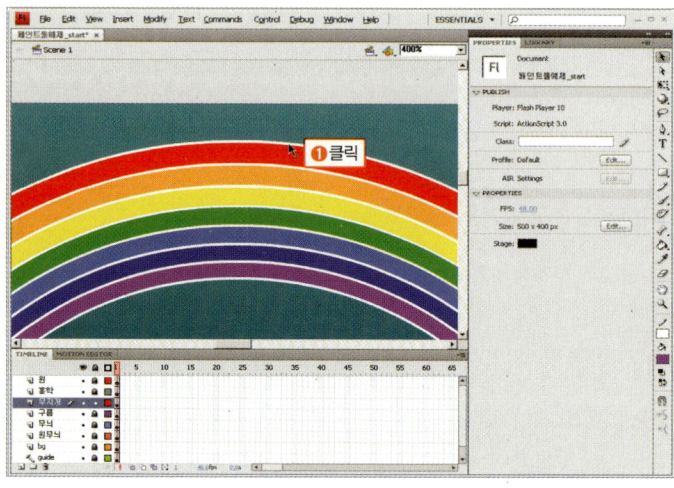

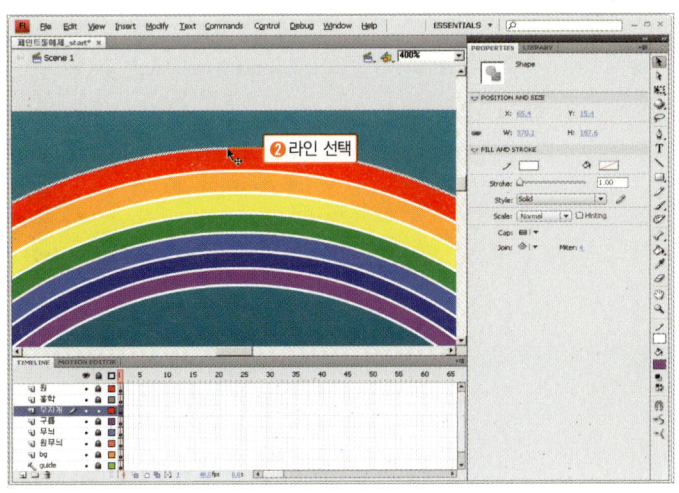

11 Delete 키를 눌러서 삭제합니다.

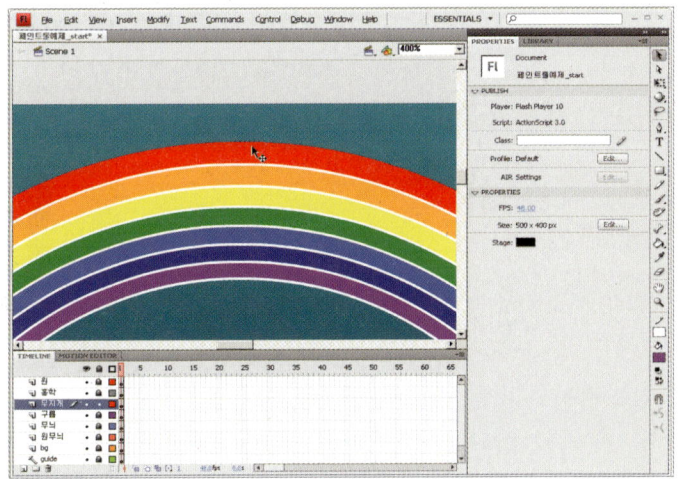

12 같은 방식으로 나머지 라인도 삭제해줍니다.

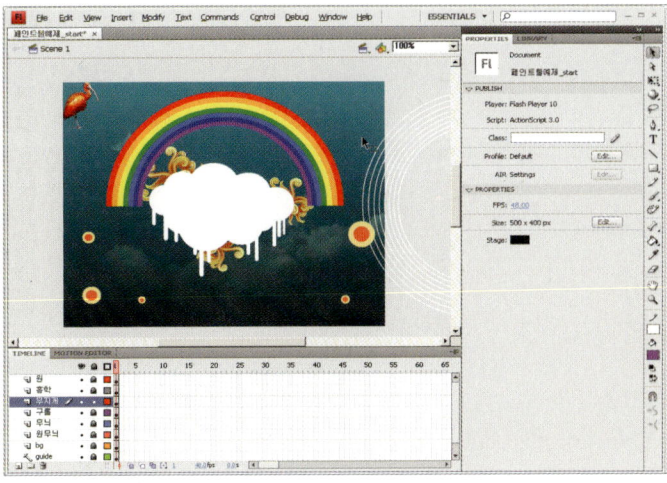

13 [레이어:무지개]에 있는 오브젝트를 선택하고 [Modify] – [Convert to Symbol](단축키: F8)을 실행해서 심볼 등록합니다. 이때 심볼의 이름은 '무지개'로 설정합니다.

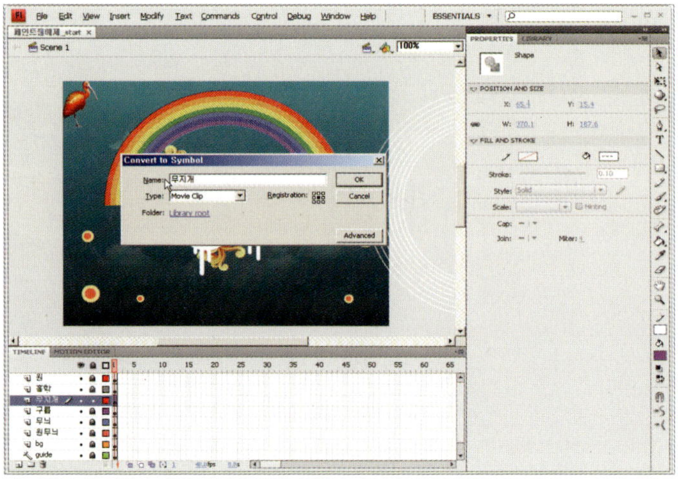

14 도구상자의 선택 툴( )로 [무비클립:무지개]를 선택한 뒤 오른쪽으로 이동합니다.

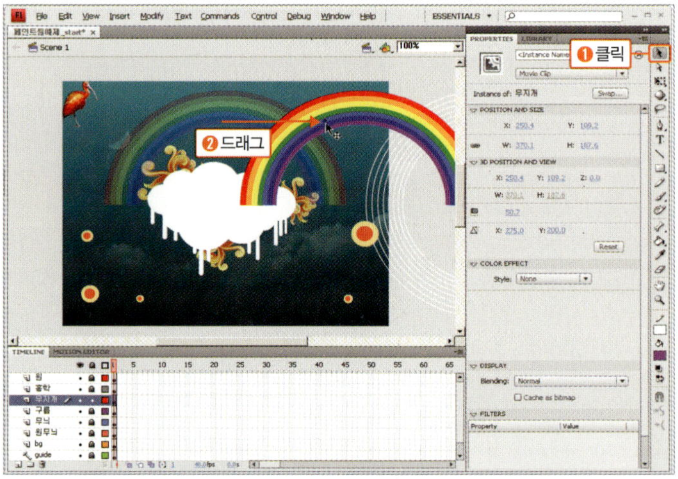

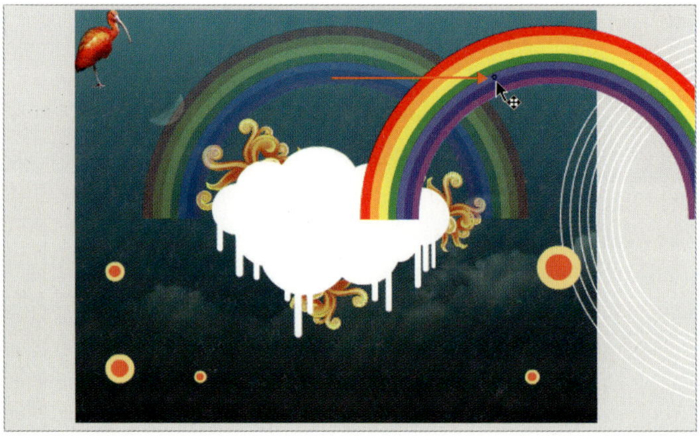

15 원 무늬의 색상을 바꾸겠습니다. [레이어:무지개]는 자물쇠로 잠그고 [레이어:원무늬] 자물쇠를 해제한 뒤 Space Bar를 누른 채 화면을 왼쪽으로 드래그해서 이동합니다.

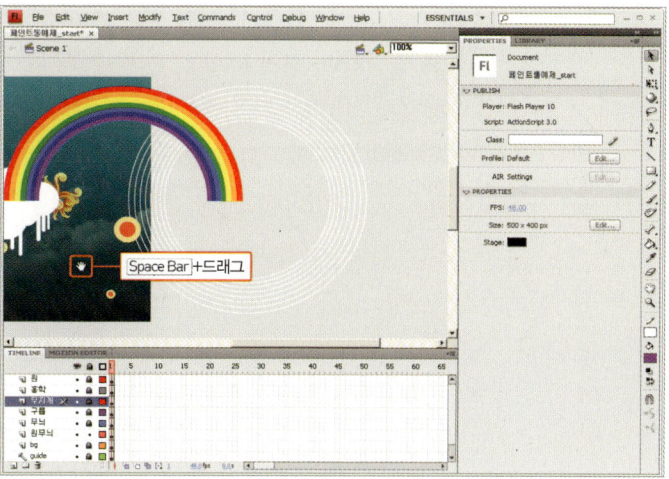

16 도구상자에서 Ink Bucket 툴(🪣)을 선택합니다.

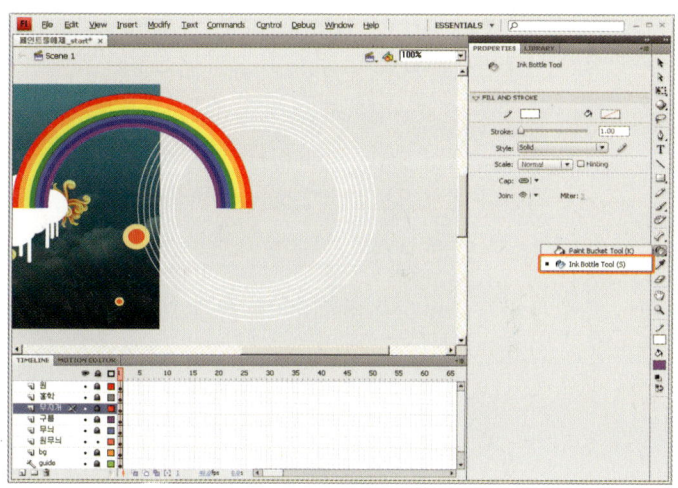

17 [Properties] 패널의 [Fill and Stroke] 메뉴에서 Strocke Color를 연두색(#00CC00)으로 설정합니다.

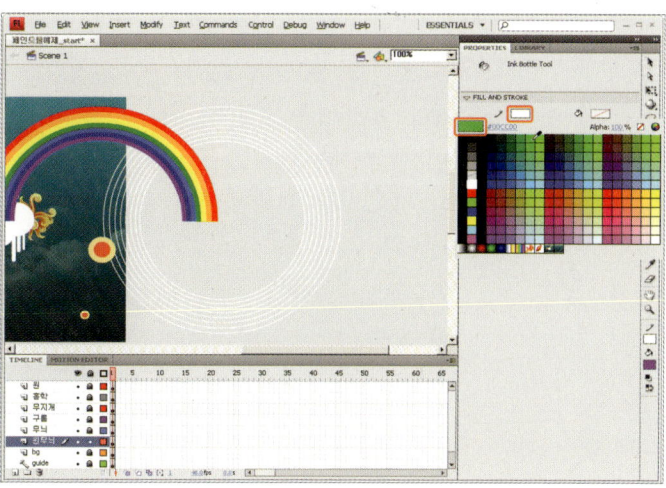

18 마우스 커서를 라인 위로 이동하고 클릭하여 선의 색상을 변경합니다. 같은 방식으로 나머지 선도 색상을 변경합니다.

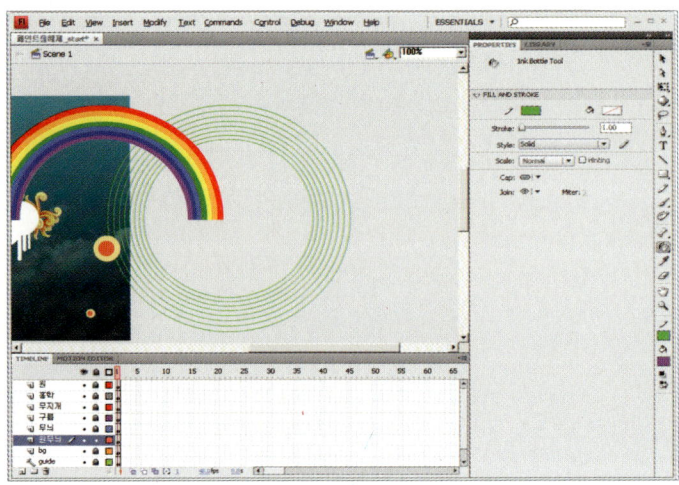

19 [레이어:원무늬]에 있는 오브젝트를 모두 선택하고 [Modify] – [Transform] – [Scale and Rotate] (단축키: Ctrl + Alt + S)를 실행합니다. [Scale and Rotate] 대화상자가 표시되면 Scale을 50%로 줄여줍니다.

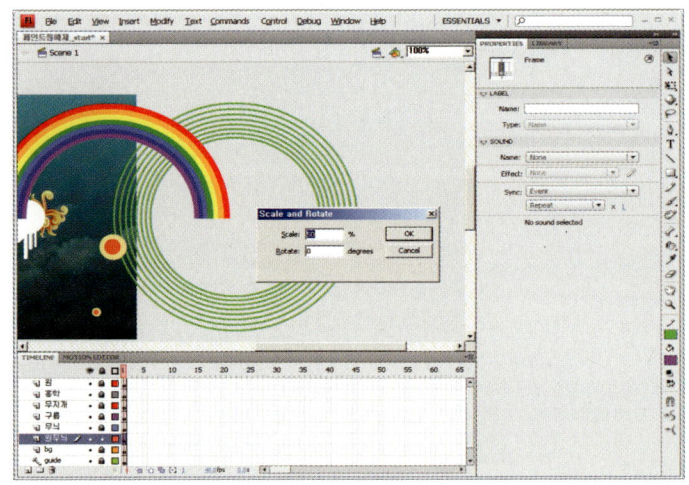

20 [레이어:원무늬]에 있는 오브젝트를 선택하고 [Modify] – [Convert to Symbol](단축키: F8)을 실행해서 심볼 등록합니다. 이때 심볼의 이름은 '원무늬'로 설정합니다.

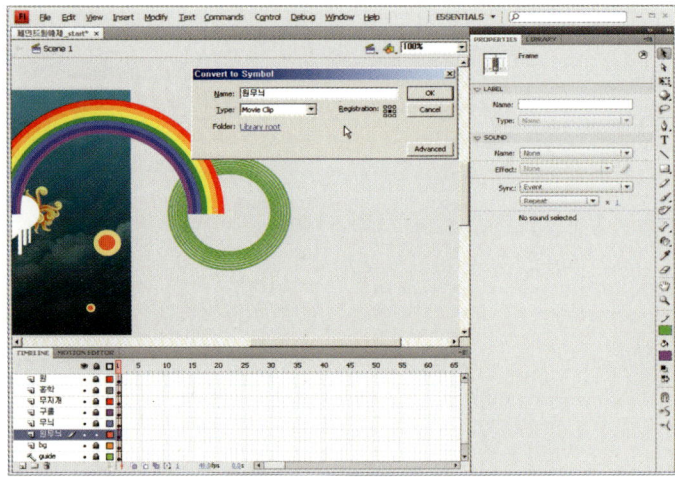

21 도구상자의 선택 툴(🖱)로 [무비클립:원무늬]를 선택한 뒤 왼쪽으로 이동하여 구름 뒤에 배치합니다.

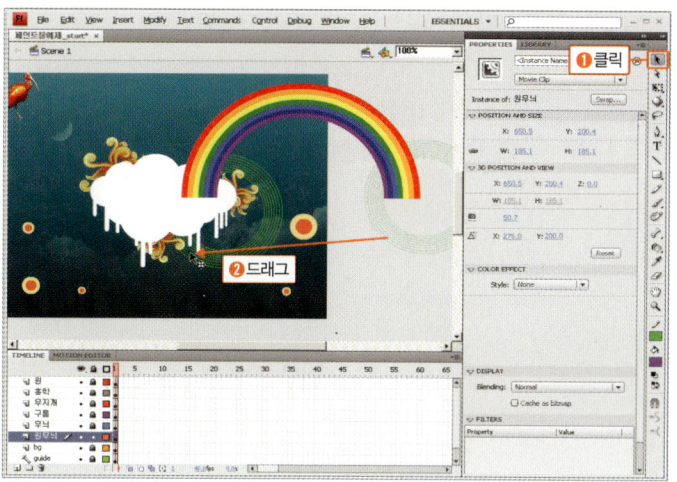

22 그림처럼 [무비클립:원무늬]를 선택하고 Alt+드래그로 복제하면서 위치 이동합니다.

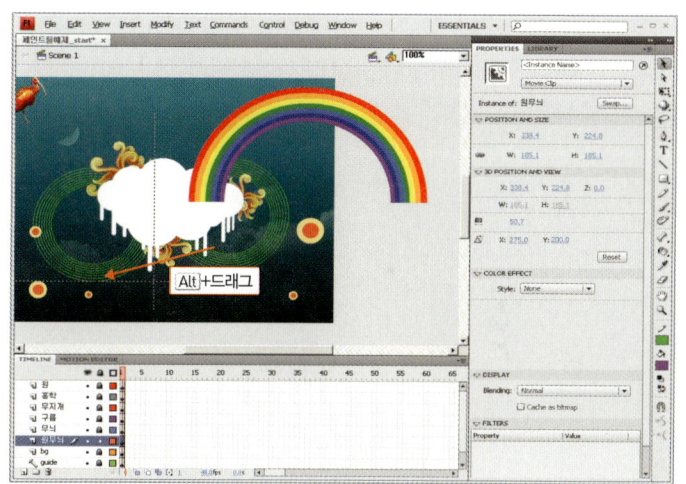

23 방금 전 복사한 오브젝트를 선택하고 [Modify] – [Transform] – [Scale and Rotate](단축키: Ctrl + Alt + S)를 실행합니다. [Scale and Rotate] 대화상자가 표시되면 Scale을 50%로 줄여줍니다.

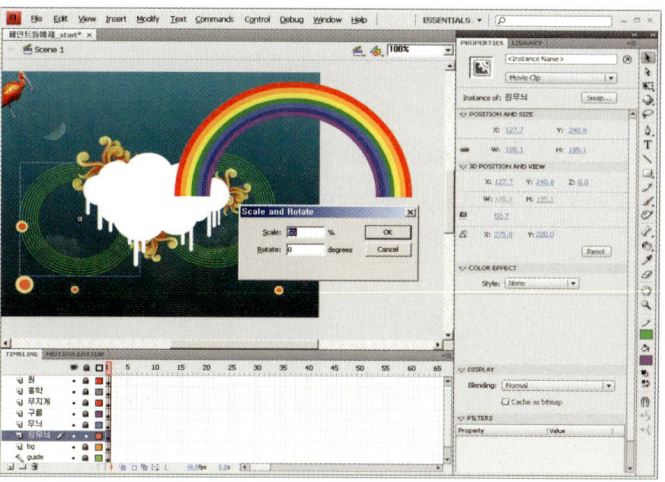

24 [레이어:홍학]의 자물쇠를 풀고 [무비클립:홍학]의 위치를 그림처럼 이동하여 완성합니다.

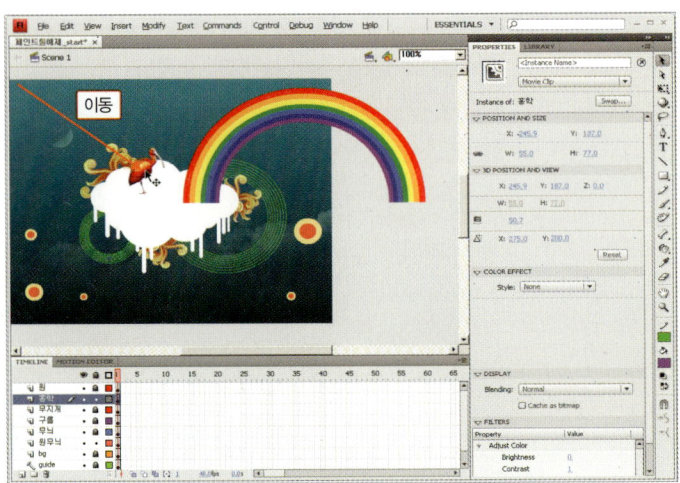

25 테스트 무비(단축키: Ctrl + Enter)를 실행하여 완성된 화면을 확인합니다.

Step 09 | **텍스트 툴에 대해서!!**

도구상자에서 텍스트 도구를 선택하면 글자를 쓸 수 있습니다. [Properties] 패널의 텍스트 속성에 대해 알아보고 응용해봅시다.

텍스트 툴 속성 살펴보기

도구상자의 텍스트 툴을 선택하면 [Properties] 패널에 다양한 옵션이 나타납니다. 옵션의 속성에 대해서 알아보겠습니다. 텍스트 툴은 3가지 타입 형태로 되어 있습니다. 타입별로 용도가 다르고 옵션도 달라집니다.

❶ Static Text의 [Properties] 속성 살펴보기

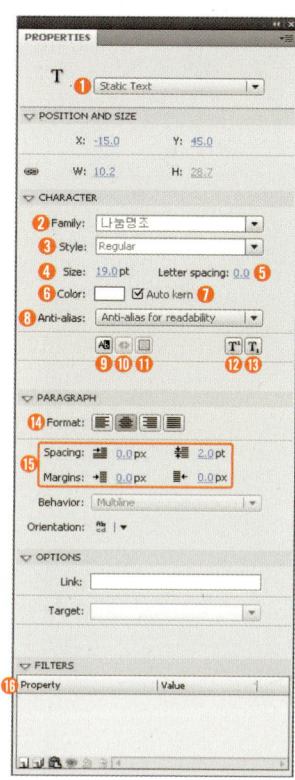

❶ 텍스트 타입 : 텍스트 형태를 설정합니다. 디폴트 설정은 Static Text 형태입니다.

❷ Family : 글꼴을 선택합니다. 컴퓨터에 설치된 글꼴 리스트가 보여집니다. 이 책에서 예제로 사용하는 폰트는 네이버 나눔고딕과 나눔명조입니다.

❸ Style : 글자의 스타일을 설정합니다.

❹ Size : 글자의 크기를 설정합니다.

❺ Letter spacing : 글자의 자간을 설정합니다.

❻ Color : 글자의 색상을 설정합니다.

❼ Auto Kern : 영문 폰트의 자간을 자동으로 조절하여 가독성을 높여줍니다.

❽ Anti-Alias : 글자에 앤티엘리어싱 속성을 지정합니다.

❾ Selectable : swf 파일 포맷에서 텍스트를 드래그해서 선택할 수 있습니다. Static Text, Dynamic Text 형식에서만 가능합니다.

❿ Render text as HTML : 텍스트를 HTML 형식으로 만들어줍니다.

⓫ Show border around text : 텍스트 박스 영역에 검은색 테두리를 만들어줍니다.

⓬ Toggle the superscript : 선택된 텍스트를 위첨자로 만들어줍니다.

⓭ Toggle the subscript : 선택된 텍스트를 아래첨자로 만들어줍니다.

⓮ 정렬 : 글자를 왼쪽, 가운데, 오른쪽, 양쪽 정렬합니다.

⓯ Spacing/Margins : 여백과 행간 등을 조절할 수 있습니다.

⓰ Filter : 무비클립과 마찬가지로 텍스트에 여러 가지 필터를 적용할 수 있습니다.

❷ Dynamic Text의 [Properties] 속성 살펴보기

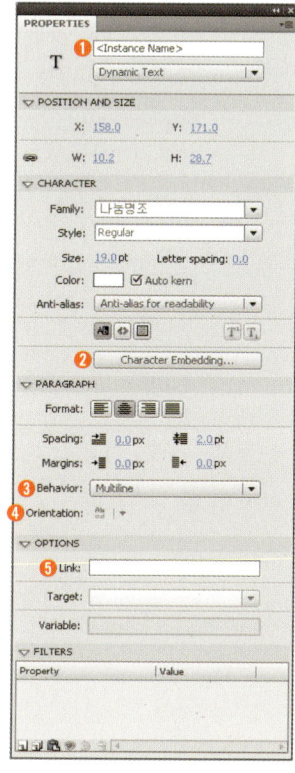

❶ Instance Name : 액션스크립트와 연결하기 위해 인스턴스 네임을 설정합니다. Dynamic Text, Input Text 형식에서만 적용 가능합니다.

❷ Character Embedding : 글꼴 형태를 swf에 임베드시켜서 어디서 보든 디자인의 형태를 유지할 수 있도록 합니다. 단 무비의 용량이 커지는 단점이 있습니다.

❸ Behavior : 텍스트 입력창의 여러 가지 옵션을 설정할 수 있습니다.

Single Line : 텍스트 입력 창에 텍스트 입력 시 한 줄로 표현합니다.

Multiline : 텍스트 입력 창에 텍스트 입력 시 여러 줄로 표현할 수 있습니다.

Multiline no wrap : 텍스트 입력 창에 텍스트 입력 시 여러 줄로 표현하지만 자동 줄 바꿈 기능은 허용하지 않습니다.

❹ Orientation : 글자를 가로나 세로로 나타낼 수 있습니다.

❺ Link : 텍스트를 눌러서 이동할 사이트를 설정할 수 있습니다.

❸ Input Text의 [Properties] 속성 살펴보기

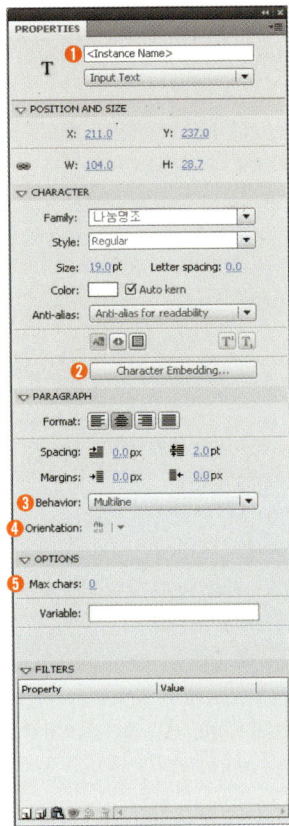

※ Dynamic Text와 같은 옵션 창을 가지고 있지만 Input Text는 플래시에서 입력한 데이터를 서버로 전달해 주는 역할을 합니다.

텍스트 응용예제

완성파일미리보기 : 부록CD1/Sample/Part02/Sec01/텍스트예제.swf
완성파일 : 부록CD1/Sample/Part02/Sec01/텍스트예제.fla
예제파일 : 부록CD1/Sample/Part02/Sec01/텍스트예제_start.fla

이번 예제에서는 텍스트 툴을 다뤄보겠습니다. 텍스트 타입은 Static Text를 선택하고 글꼴은 나눔고딕과 시스템 폰트를 사용했습니다. 본문에 사용된 나눔체는 네이버에서 다운로드해서 사용하면 됩니다.

01 '부록CD1/Sample/Part02/ Sec01/텍스트예제_start.fla' 파 일을 열고 레이어 구조를 확인합 니다.

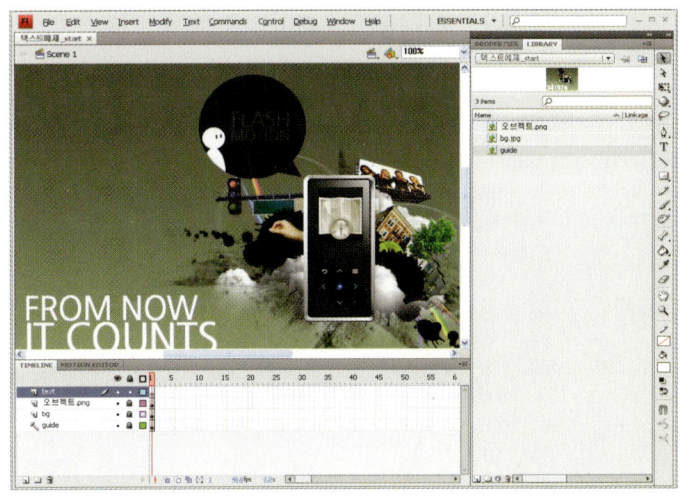

02 [레이어:guide]에 맞춰 텍스 트를 배치하고 글꼴과 크기를 설 정 하겠습니다.
도구상자의 텍스트 툴(**T**)을 선택 하고 [레이어:text]를 클릭한 뒤 스 테이지에 입력 창을 만듭니다.

03 [Properties] 패널에서 폰트 와 폰트 크기를 지정합니다. 다음 과 같이 설정한 뒤 텍스트 박스에 문자를 입력하고 텍스트 박스 위 치를 가이드 디자인에 맞춰 이동 합니다.

Family	나눔 고딕
Size	53
Letter spacing	−5

04 도구상자의 텍스트 툴(**T**)을 선택하고 스테이지를 클릭하면 문자를 입력할 수 있는 상태가 됩니다. 텍스트 박스에 그림처럼 글자를 입력하고 각각의 속성을 [Properties] 패널에서 지정하여 완성합니다.

※ 포토샵에서 디자인한 폰트와 플래시에서 입력하는 폰트는 약간의 차이가 있을 수 있습니다.

문구	IT COUNTS
Family	나눔 고딕
Size	66
Letter spacing	−5

문구	341976
Family	Arial Black
Size	145
Letter spacing	−5

05 테스트 무비(단축키: Ctrl + Enter)를 실행하여 실제 화면을 확인합니다.

플래시 CS4에서 추가된 새로운 기능입니다. 오브젝트에 Z축 속성을 부여해서 3D 느낌의 형태나 모션을 만들 수 있습니다. 이로 인해 플래시에서도 어느 정도 공간감을 표현할 수 있게 되었습니다. 예제를 통해서 3D 툴을 알아봅시다.

3D 툴을 이용한 문 열리기

완성파일미리보기 : 부록CD1/Sample/Part02/Sec01/3d예제.swf
완성파일 : 부록CD1/Sample/Part02/Sec01/3d예제.fla
예제파일 : 부록CD1/Sample/Part02/Sec01/3d예제_start.fla

01 '부록CD1/Sample/Part02/Sec01/3d예제_start.fla' 파일을 열고 레이어 구조를 확인합니다.

02 도구상자에서 3D Rotation 툴( )을 선택하고 [레이어:초록문]의 [무비클립:초록문]을 선택합니다.

03 문이 열리는 모션을 만들기 위해 3D 축의 중심점을 문 오른쪽 끝부분으로 이동하겠습니다. 축의 중심점에 마우스를 가져간 후 드래그해서 이동합니다.

이동 전　　　이동 후

❶ 선택　　　❷ 드래그

Tip

❶ 선을 클릭하고 드래그하면 Y 축 방향으로 로테이션 됩니다.

❷ 선을 클릭하고 드래그하면 X 축 방향으로 로테이션 됩니다.

❸ 선을 클릭하고 드래그하면 X, Y, Z 축 방향으로 자유롭게 회전할 수 있습니다.

❹ 선을 클릭하고 드래그하면 Z 축 방향으로 회전할 수 있습니다.

📺 **[심볼의 중심점] 참고**
동영상 강의 : 부록CD1/동영상 강의①/⑦ 심볼의 중심점.avi

04 [레이어:초록문]의 50번 프레임을 선택하고 [Insert] – [Timeline] – [Frame](단축키: F5)을 실행하여 프레임 길이를 맞춰줍니다.

❷ 선택

❶ 드래그

05 [레이어:초록문]을 선택하고 마우스 오른쪽 버튼을 클릭해서 [Create Motion Tween]을 실행합니다.

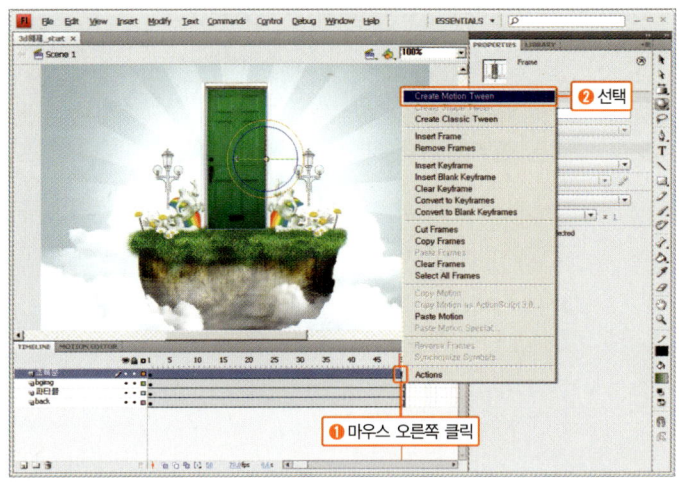

06 [레이어:초록문]의 50번 프레임에 플레이 헤드를 위치하고 초록색 선을 위쪽으로 드래그해서 문이 앞으로 열리는 모션을 만들어줍니다.

07 레이어를 하나 추가하고 레이어 이름을 'action'으로 설정합니다.

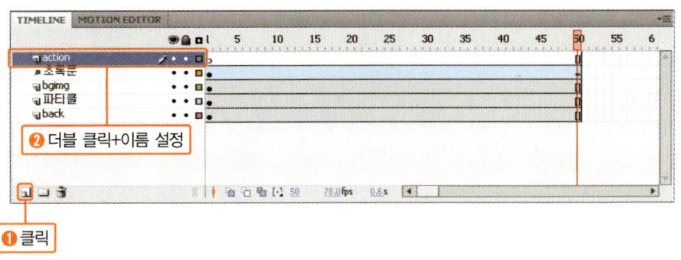

08 50번 프레임을 선택하고 [Insert] – [Timeline] – [Blank KeyFrame](단축키 : F7)을 실행하여 빈 키 프레임을 만들어줍니다.

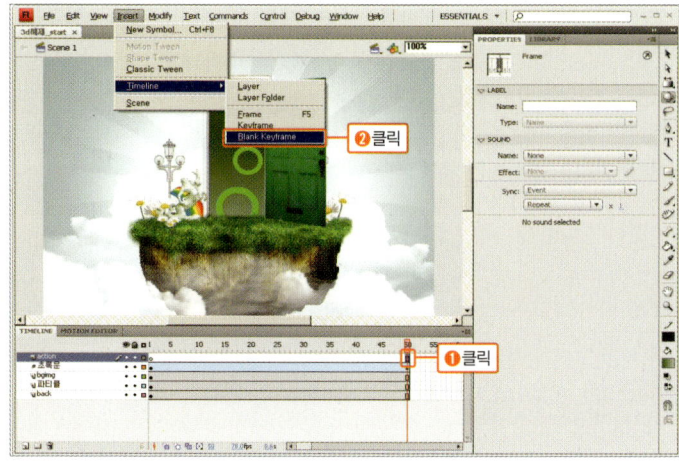

09 단축키 F9를 눌러서 [Actions] 패널을 열고 stop( ) 명령어를 입력합니다.

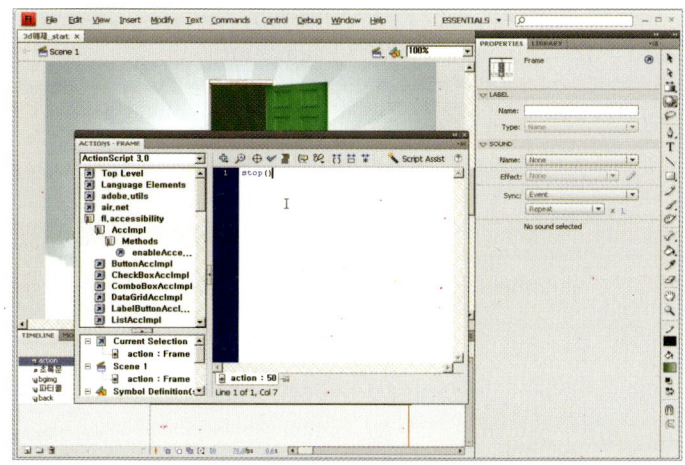

10 테스트 무비(단축키 : Ctrl+Enter)를 실행하여 완성된 움직임을 확인합니다.

이번 장을 마치며

기본적인 활용을 위한 도구상자에 대해서 알아보았습니다. 본격적인 모션에 앞서서 꼭 필요한 부분입니다. 툴의 장단점을 알고 사용법을 숙지해야 응용해서 원하는 움직임을 만들 수 있습니다. 다음 장에서는 툴을 응용해서 플래시로 그림을 그려 보겠습니다.

SECTION

02 스케치한 캐릭터 그리기

학습 목표
❶ 라인 툴 익히기
❷ 도형 툴 익히기
❸ 페인트통 툴 익히기

완성파일미리보기 : 부록CD1/Sample/Part02/Sec02/end.swf
완성파일 : 부록CD1/Sample/Part02/Sec02/end.fla
예제파일 : 부록CD1/Sample/Part02/Sec02/start.fla

| Step 01 | 머리 그리기 |

스케치한 이미지를 보고 머리 부분을 그리고 색칠까지 해보겠습니다.

01 '부록CD1/Sample/Part02/Sec02/start.fla' 파일을 열고 파일을 확인합니다.

02 레이어를 추가하고 돋보기 툴로 머리 부분의 영역을 적당히 확장시킵니다. 레이어의 이름은 '머리'라고 설정합니다.

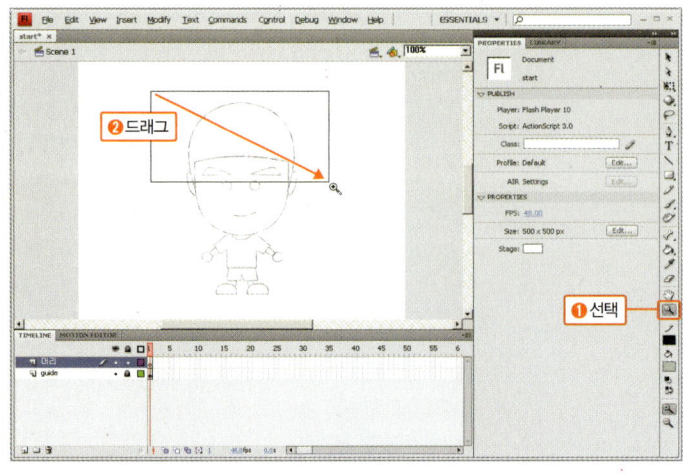

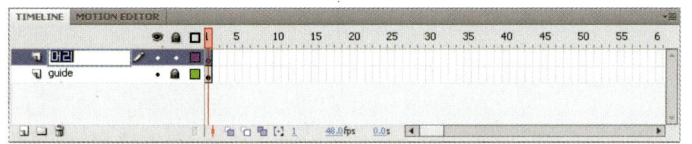

03 도구상자에서 라인 툴(◢)을 선택하고 머리 중앙에서 귀 부분까지 드래그해서 라인을 만들어 줍니다.

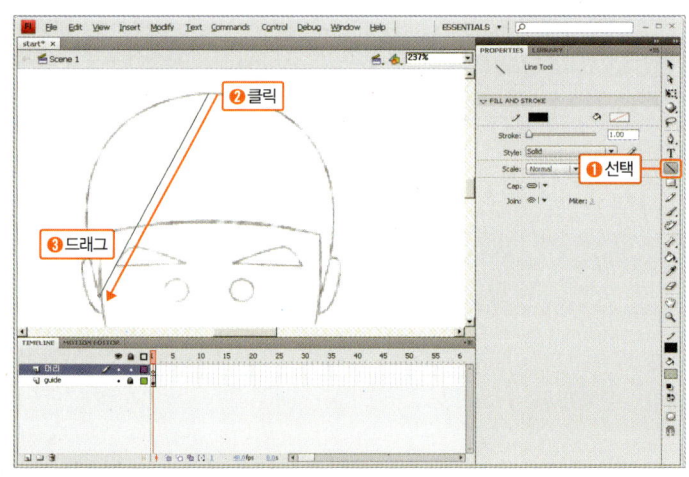

04 그림처럼 라인을 머리 모양으로 만들기 위해 도구상자의 선택 툴(▶)을 선택하고 라인 위로 마우스 커서를 이동하여 라인을 드래그합니다.

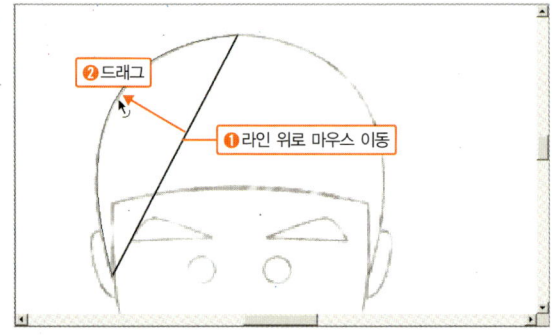

05 머리의 반대쪽도 같은 방법으로 만들어
줍니다.

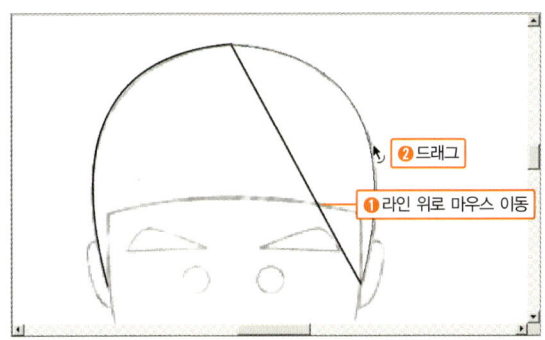

06 눈썹 위의 머리 라인을 만들
겠습니다. 도구상자에서 라인 툴
(◣)을 선택하고 그림의 왼쪽 끝에
서 오른쪽 끝으로 드래그해서 라
인을 만들어줍니다.

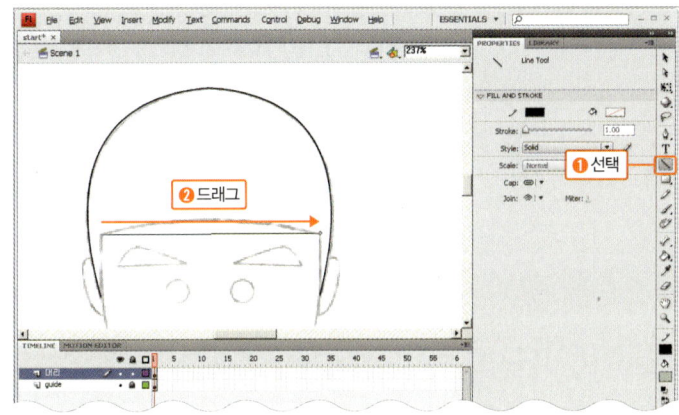

07 둥근 느낌을 위해 도구상자의 선택 툴(➤)
을 선택하고 라인 위로 마우스 커서를 이동하여
라인을 드래그합니다.

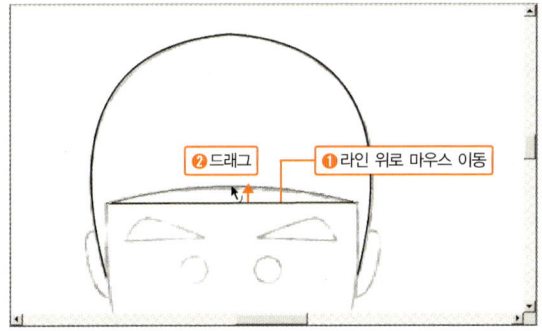

08 머리 양쪽 끝 부분의 외곽선을 마무리 하
겠습니다.
도구상자에서 라인 툴(◣)을 선택하고 그림처
럼 드래그해서 연결해줍니다.

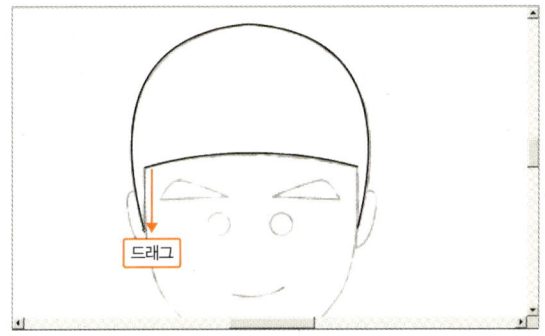

09 반대쪽도 마찬가지로 그려줍니다.

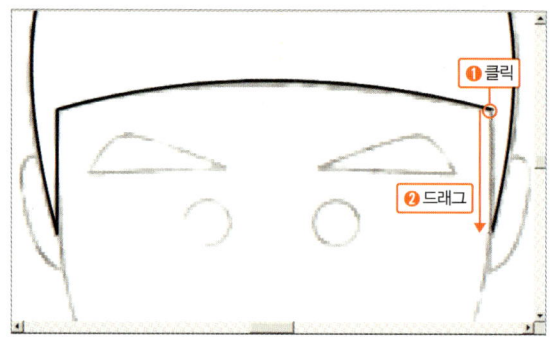

10 도구상자에서 페인트통 툴
(🪣)을 선택하고 검은색으로 머리
부분을 클릭하여 채워줍니다.

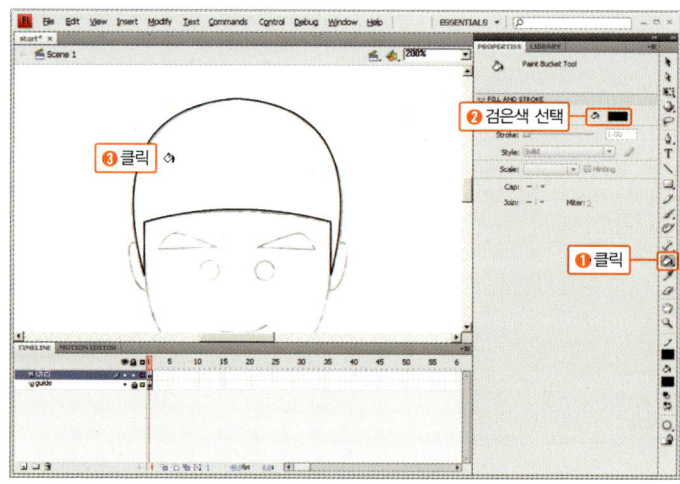

Tip 외곽선을 그린 후 색상 면을 채울 때 외
곽선의 패스가 떨어진 경우 색상이 채워
지지 않습니다. Gap size 옵션을 조절
해서 색상 면을 채울 수 있습니다.

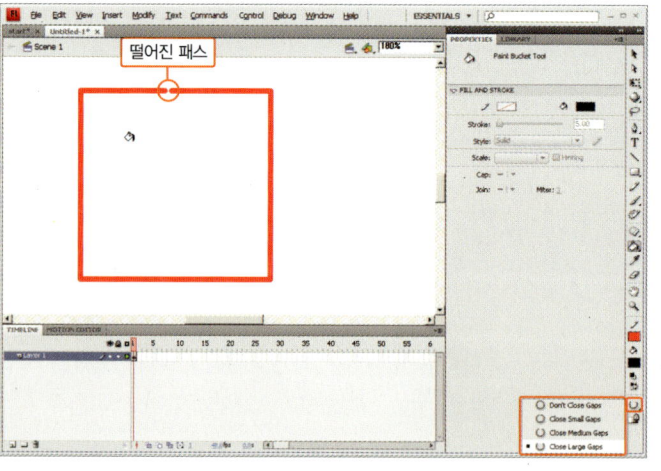

11 머리까지 완성했습니다. 다
음 그림과 같은 지 확인합니다.

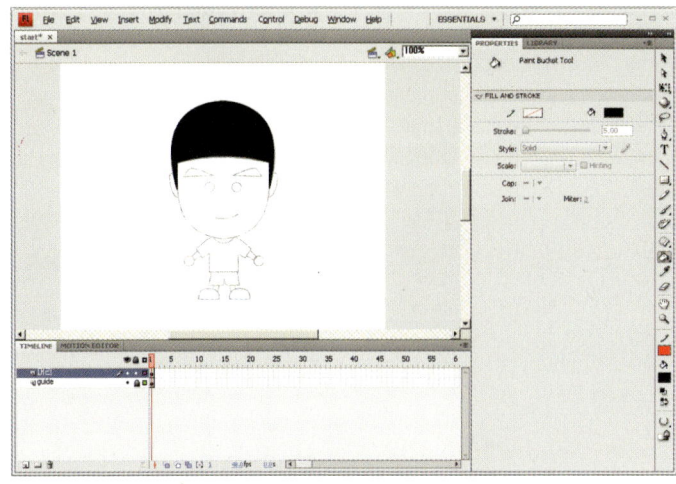

Step 02 | 눈썹 그리기

스케치한 이미지를 보고 눈썹 부분을 그리고 색칠까지 해보겠습니다.

01 레이어를 추가하고 돋보기
툴로 눈썹 부분의 영역을 적당히
확장시킵니다. 레이어의 이름은
'눈썹' 이라고 설정합니다.

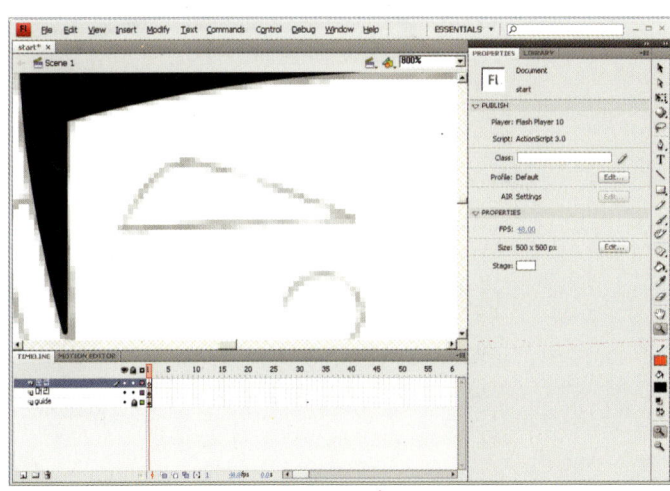

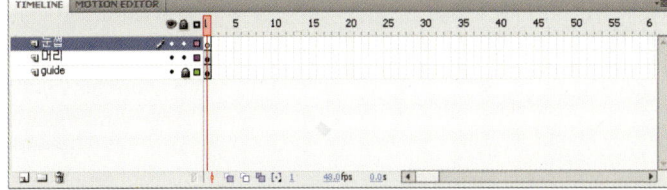

02 도구상자에서 라인 툴(◣)을 선택하고 밑 그림처럼 라인을 그려줍니다.

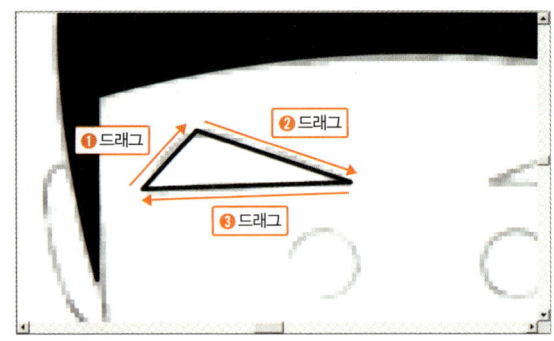

03 그림처럼 굴곡을 만들기 위해서 도구상자의 선택 툴(▶)을 선택하고 라인 위로 마우스 커서를 이동하여 라인을 드래그합니다.

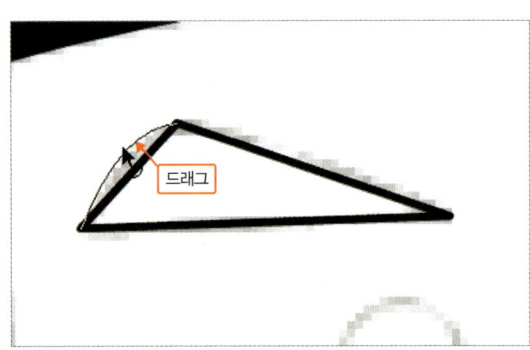 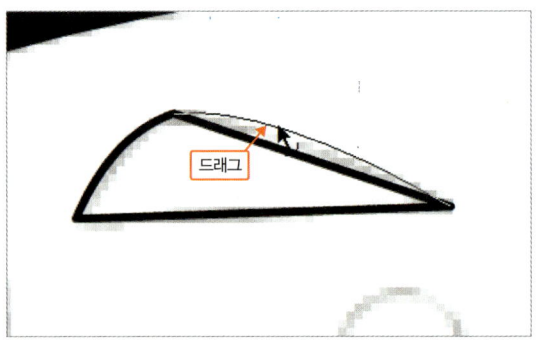

04 도구상자에서 페인트통 툴(◊)을 선택하고 검은색으로 눈썹 부분을 클릭하여 채워줍니다. 마찬가지로 Gap size를 최대로 설정합니다.

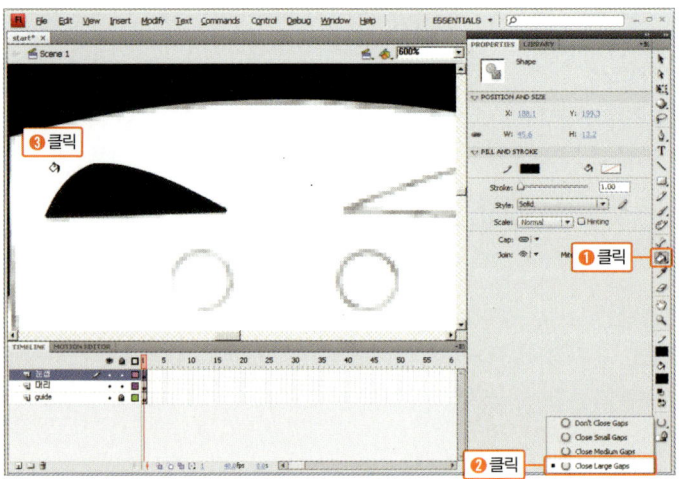

05 눈썹 전체를 선택해서 복사하고 붙여 넣습니다. [Modify] – [Transform] – [Flip Horizontal]을 실행해서 좌우를 바꿔줍니다.

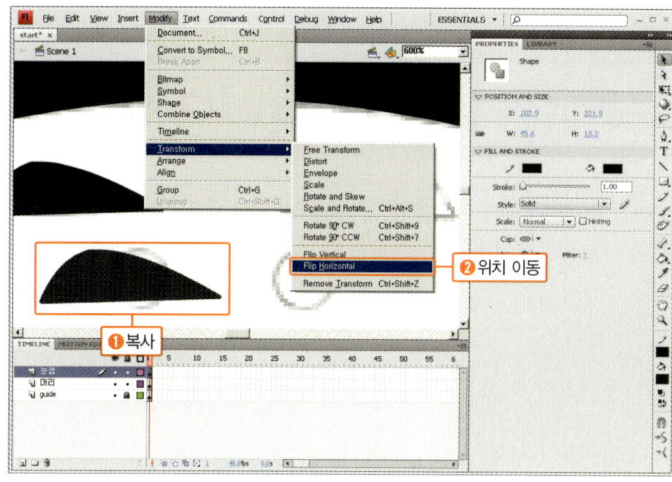

06 좌우가 바뀐 눈썹을 밑바닥 그림처럼 이동합니다.

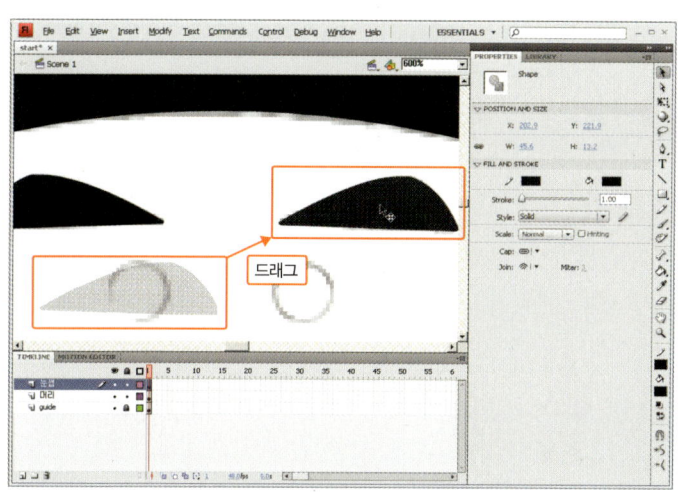

07 눈썹을 완성했습니다. 다음 그림과 같은지 확인합니다.

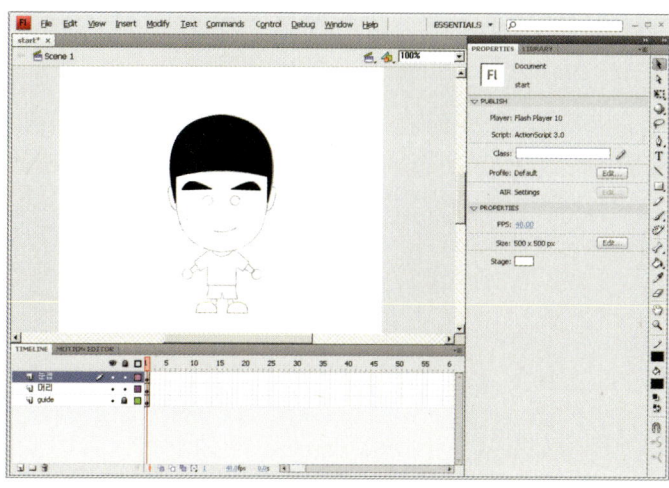

스케치한 이미지를 보고 눈과 입을 그려보겠습니다.

01 레이어를 추가하고 돋보기 툴로 얼굴 부분의 영역을 적당히 확장시킵니다. 레이어의 이름은 '눈과 입'이라고 설정합니다.

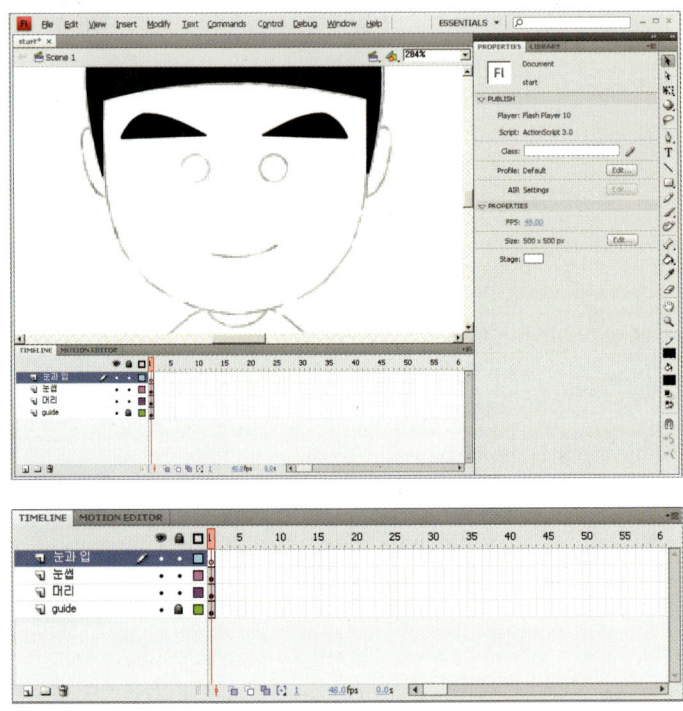

02 눈을 그려주기 위해 도구상자에서 Oval 툴을 선택합니다. 색상은 검정색으로 설정합니다.

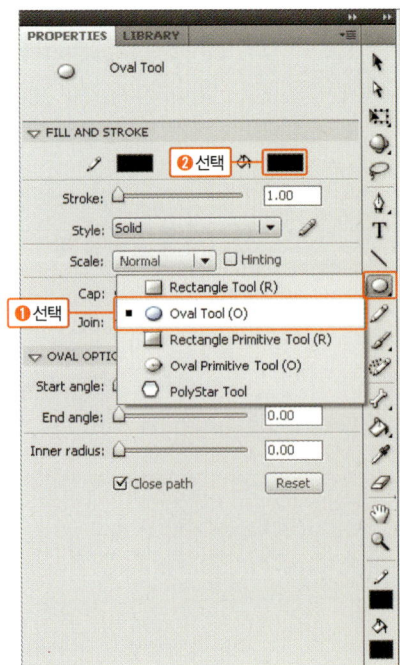

03 밑바닥에 있는 그림을 보고 양쪽 눈이 될 원을 그려줍니다. 밑바닥에 있는 그림을 보고 한 쪽 눈을 그리고 그 눈을 복제하여 완성합니다.

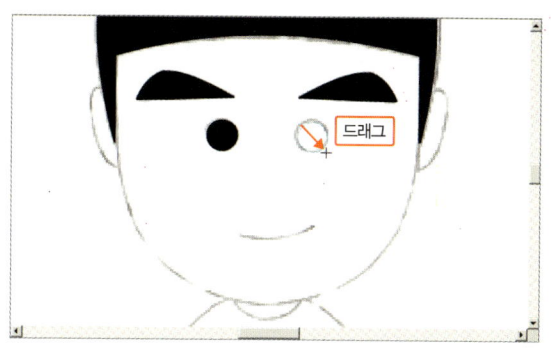

04 도구상자에서 라인 툴을 선택하고 그림처럼 왼쪽에서 오른쪽으로 라인을 그어줍니다.

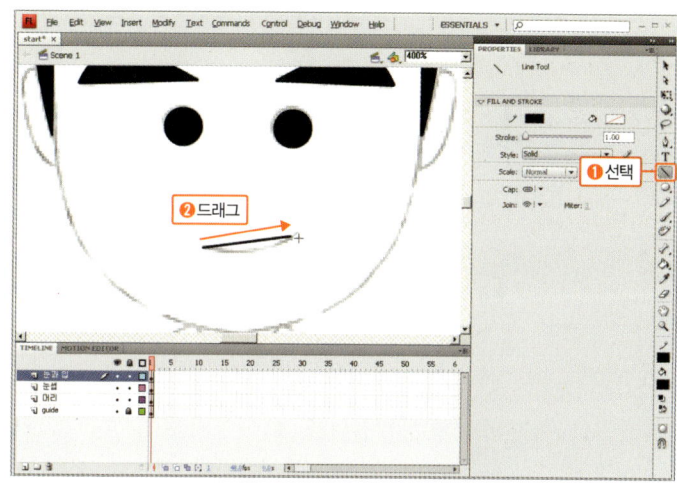

05 그림처럼 굴곡을 만들기 위해서 도구상자의 선택 툴(▶)을 선택하고 라인 위로 마우스 커서를 이동하여 라인을 드래그합니다.

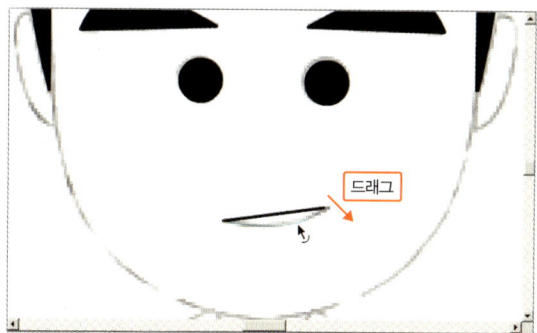

06 눈과 입을 완성했습니다. 다음 그림과 같은지 확인합니다.

스케치한 이미지를 보고 얼굴 형태를 그려보겠습니다.

01 레이어를 [레이어:가이드]와 [레이어:머리] 사이에 추가하고 돋보기 툴로 얼굴 부분의 영역을 적당히 확장시킵니다. 레이어의 이름은 '얼굴'이라고 설정합니다. 얼굴을 제외한 나머지 레이어의 자물쇠를 잠그고 아웃라인 형태로 보이도록 아웃라인을 체크합니다.

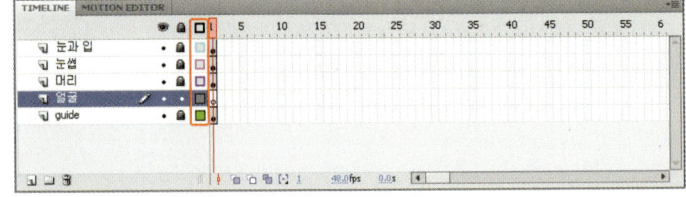

02 도구상자에서 라인 툴(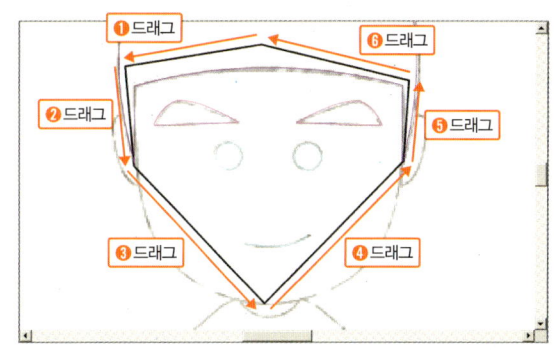)을 선택하고 그림처럼 얼굴 영역을 그려줍니다. 각각의 이어지는 포인트 지점을 잘 맞춰 연결합니다.

03 도구상자의 선택 툴(⬆)을 선택하고 턱 부분의 라인을 드래그해서 곡선형태로 만듭니다.

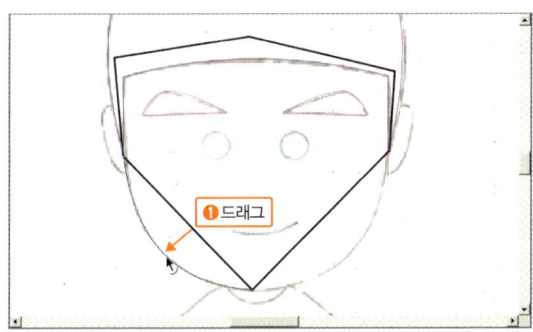

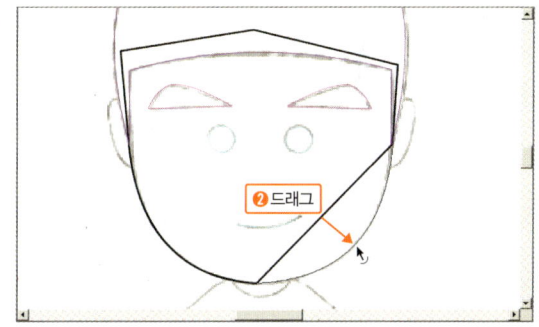

04 도구상자에서 페인트통 툴(⬧)을 선택하고 색상표에서 #FFCC99를 선택합니다.

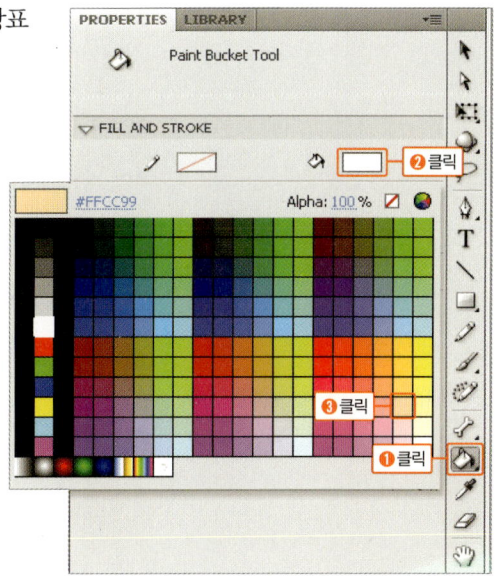

05 얼굴 부분으로 마우스를 이동해서 선택한 색상으로 채우기를 합니다.

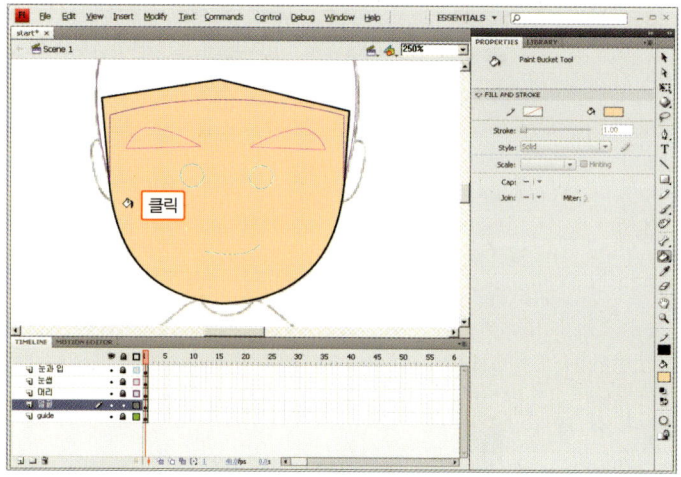

06 레이어의 아웃라인을 해제하고 전체 화면을 살펴봅니다.

스케치한 이미지를 보고 귀와 목 형태를 그려보겠습니다.

01 레이어를 [레이어:guide]와 [레이어:얼굴] 사이에 추가하고 돋보기 툴로 얼굴 부분의 영역을 적당히 확장시킵니다. 레이어의 이름은 '귀와 목'이라고 설정합니다. 귀와 목을 제외한 나머지 레이어의 자물쇠를 잠그고 아웃라인 형태로 보이도록 아웃라인을 체크합니다.

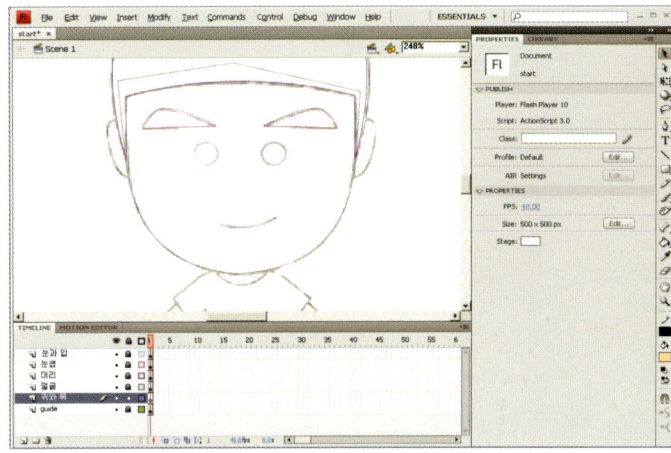

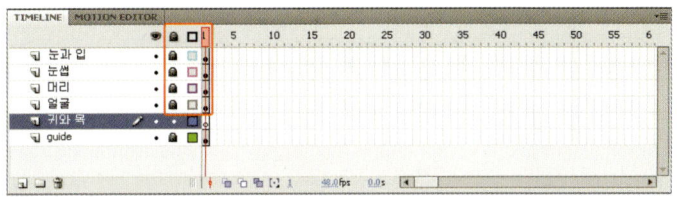

02 도구상자에서 라인 툴(■)을 선택하고 그림처럼 귀의 영역과 목의 영역을 그려줍니다. 각각의 이어지는 포인트 지점을 잘 맞춰 연결합니다.

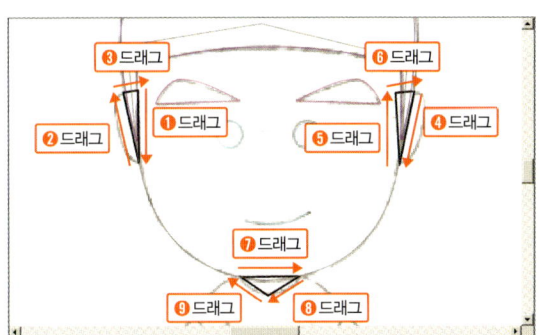

03 도구상자의 선택 툴(▶)을 선택하고 그림처럼 드래그해서 영역을 맞춰줍니다.

04 도구상자에서 페인트통 툴(🪣)을 선택하고 색상표에서 #FFCC99를 선택합니다.

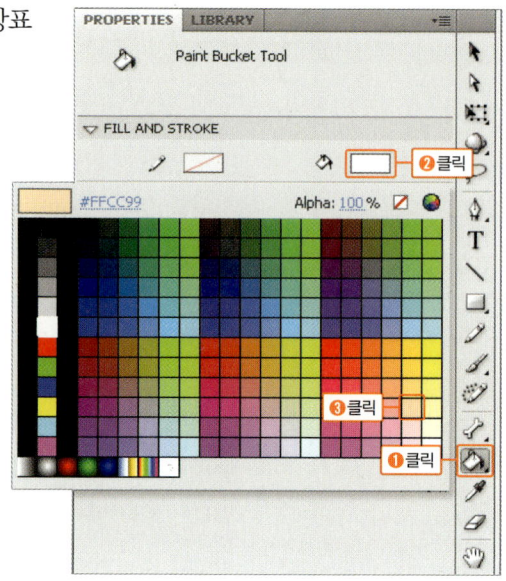

05 각각의 영역에 마우스를 이동해서 선택한 색상으로 채우기를 합니다.

06 레이어의 아웃라인을 해제하고 전체 화면을 살펴봅니다.

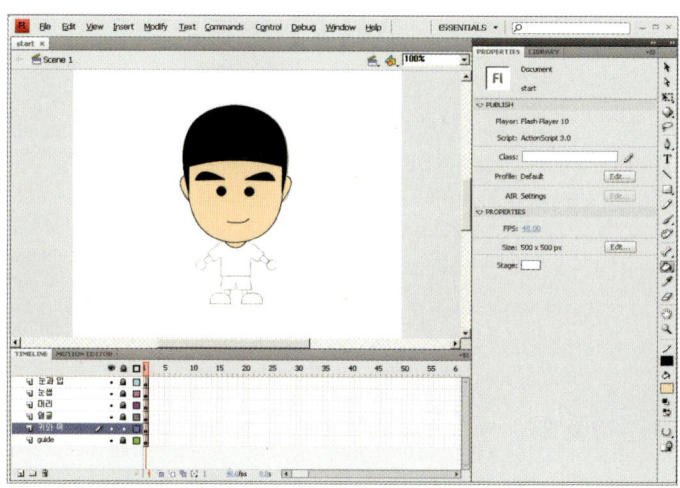

스케치한 이미지를 보고 상의 그림을 그려보겠습니다.

01 레이어를 [레이어:귀와 목]와 [레이어:얼굴] 사이에 추가하고 돋보기 툴로 몸통 부분의 영역을 적당히 확장시킵니다. 레이어의 이름은 '상의' 라고 설정합니다. 상의를 제외한 나머지 레이어의 자물쇠를 잠그고 아웃라인 형태로 보이도록 아웃라인을 체크합니다.

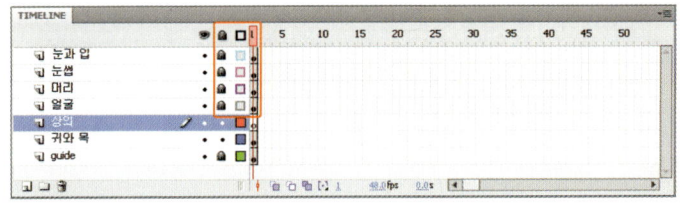

02 도구상자에서 라인 툴(▨)을 선택하고 그림처럼 상의 영역을 그려줍니다. 각각의 이어지는 포인트 지점을 잘 맞춰 연결합니다.

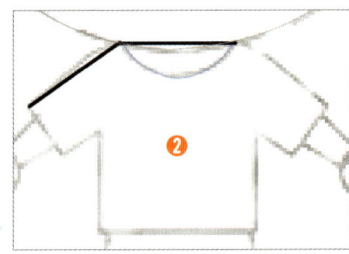

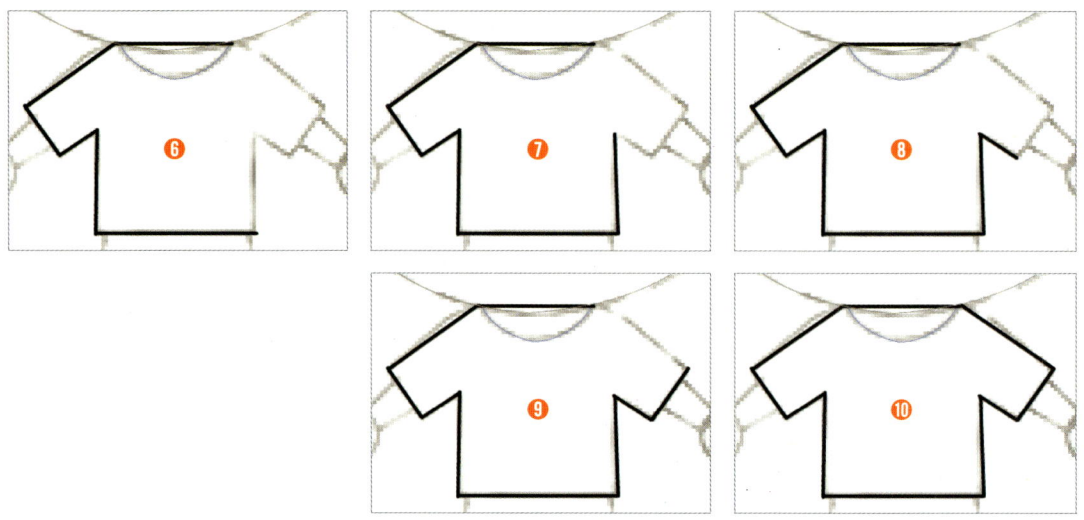

03 도구상자의 선택 툴(🔺)을 선택하고 그림처럼 드래그해서 목 부분의 직선을 곡선 형태로 만들어줍니다.

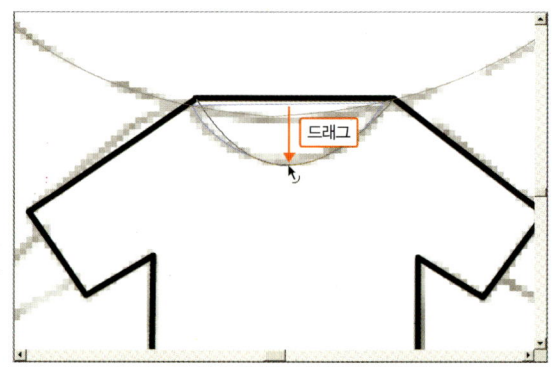

04 도구상자에서 페인트통 툴(🪣)을 선택하고 색상표에서 #FF3300을 선택합니다.

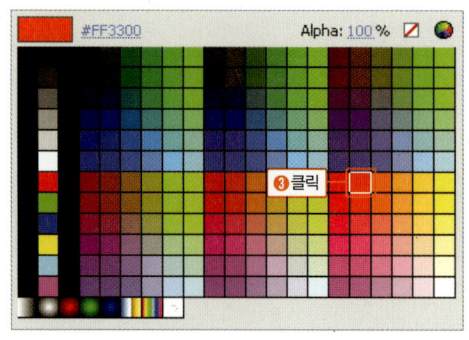

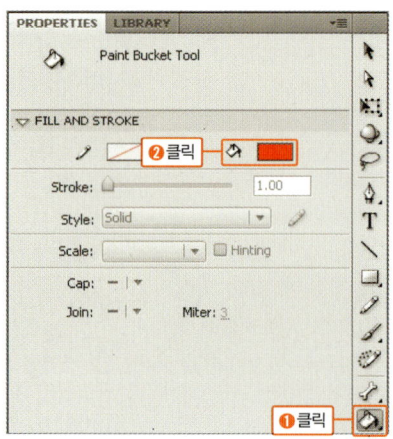

05 상의 부분으로 마우스를 이동해서 선택한 색상으로 채우기를 합니다. 색상이 채워지지 않을 경우 Gap size를 최대로 설정합니다.

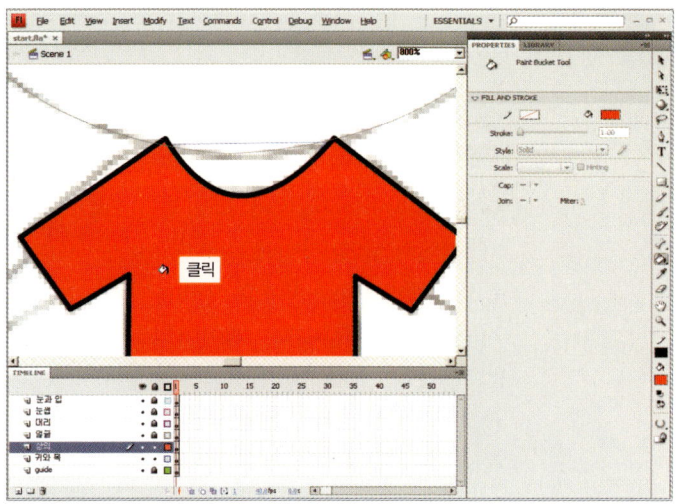

06 레이어의 아웃라인을 해제하고 전체 화면을 살펴봅니다.

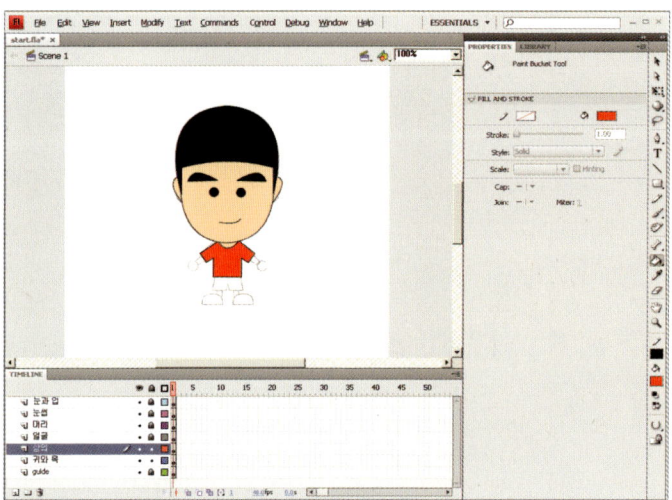

스케치한 이미지를 보고 바지를 그려보겠습니다..

01 레이어를 [레이어:귀와 목]와 [레이어:상의] 사이에 추가하고 돋보기 툴로 몸통 부분의 영역을 적당히 확장시킵니다. 레이어의 이름은 '바지' 라고 설정합니다. 바지을 제외한 나머지 레이어의 자물쇠를 잠그고 아웃라인 형태로 보이도록 아웃라인을 체크합니다.

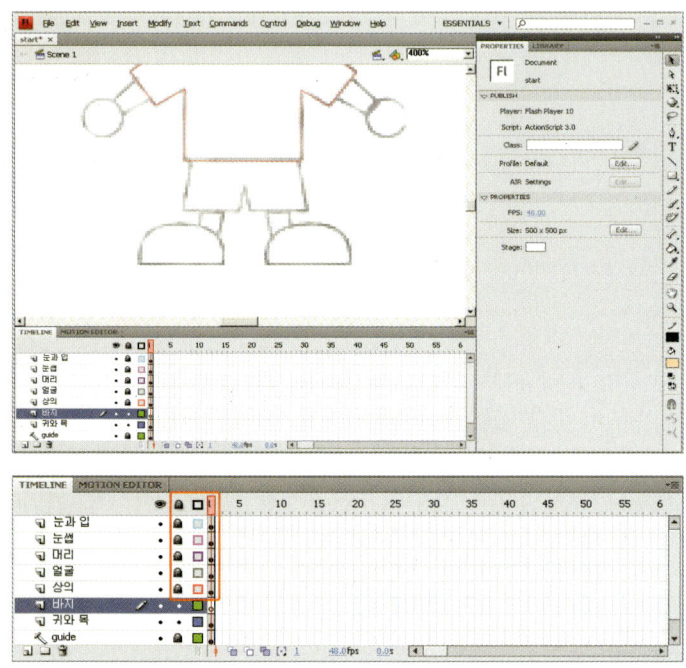

02 도구상자에서 라인 툴(◣)을 선택하고 그림처럼 바지 영역을 그려줍니다. 각각의 이어지는 포인트 지점을 잘 맞춰 연결합니다.

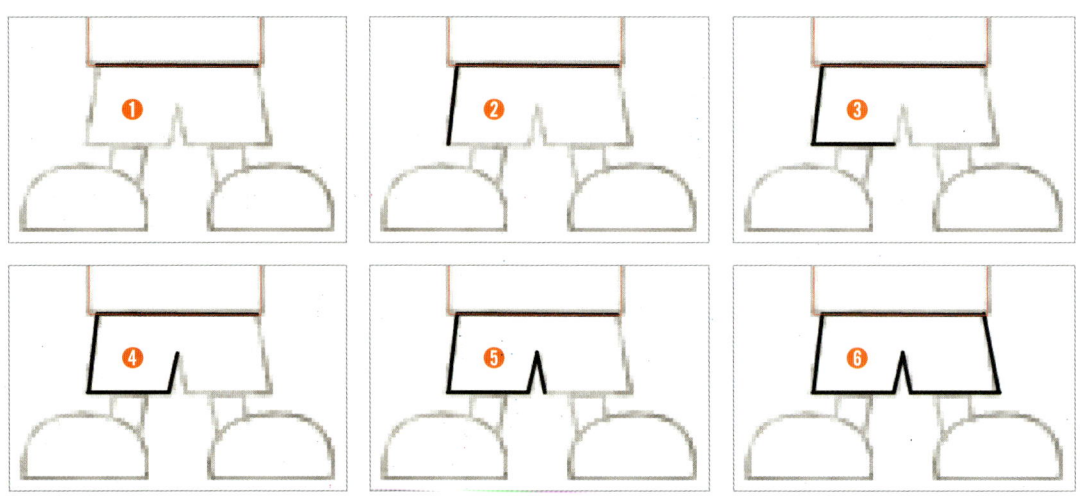

Tip [Shift]를 누른 상태에서 선을 그으면 0˚, 45˚, 90˚와 같은 반듯한 선을 그릴 수 있습니다.

03 도구상자에서 페인트통 툴(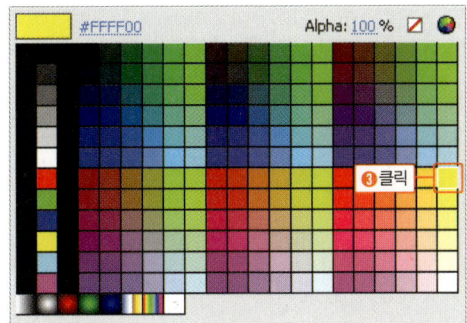)을 선택하고 색상표에서 #FFFF00을 선택합니다.

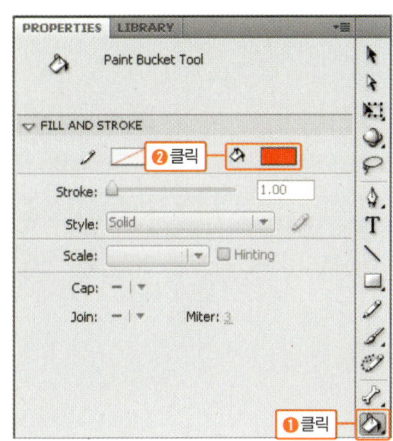

04 바지 부분으로 마우스를 이동해서 선택한 색상으로 채우기를 합니다. 색상이 채워지지 않을 경우 Gap size를 최대로 설정합니다.

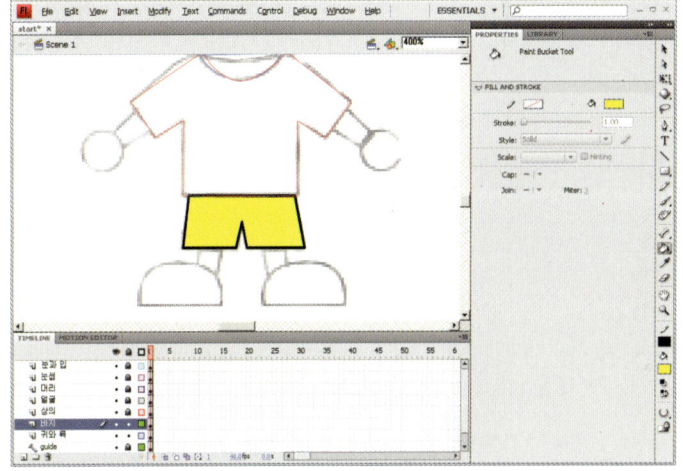

05 레이어의 아웃라인을 해제하고 전체 화면을 살펴봅니다.

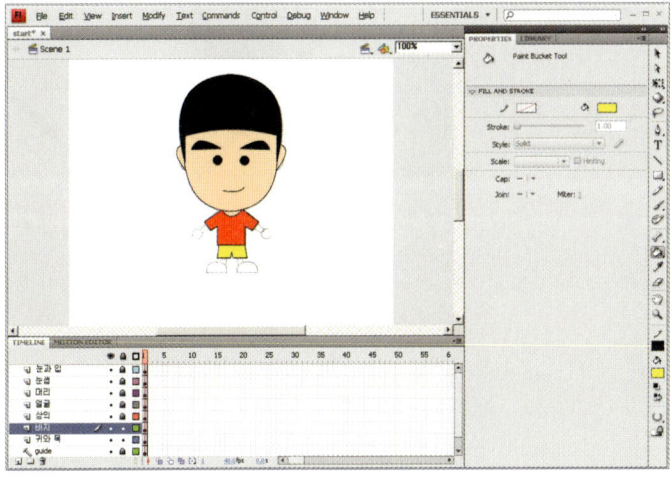

스케치한 이미지를 보고 신발을 그려보겠습니다.

01 레이어를 [레이어:귀와 목]와 [레이어:바지] 사이에 추가하고 돋보기 툴로 다리 부분의 영역을 적당히 확장시킵니다. 레이어의 이름은 '신발' 이라고 설정합니다. 신발을 제외한 나머지 레이어의 자물쇠를 잠그고 아웃라인 형태로 보이도록 아웃라인을 체크합니다.

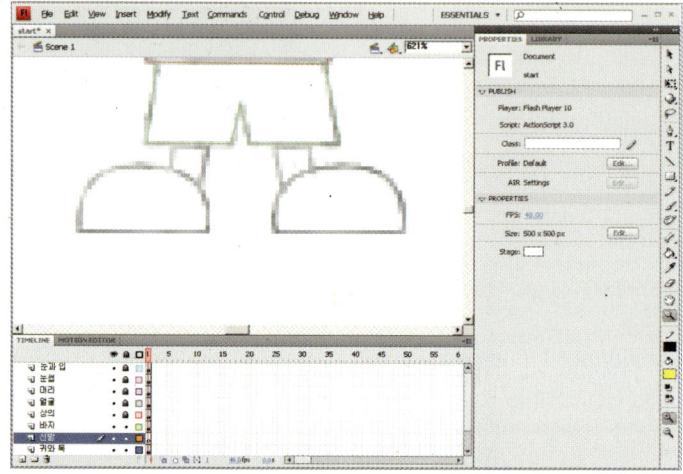

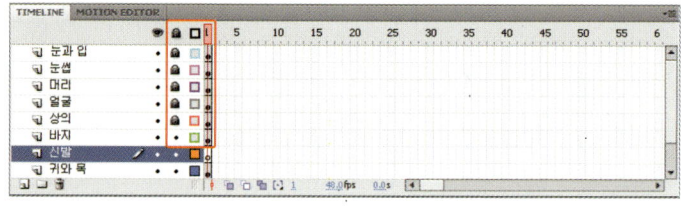

02 도구상자에서 라인 툴(◣)을 선택하고 그림처럼 신발 영역을 그려줍니다. 각각의 이어지는 포인트 지점을 잘 맞춰 연결합니다.

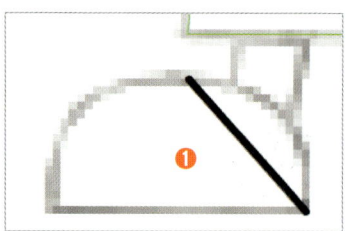
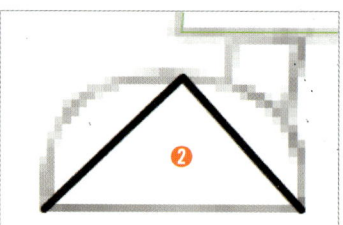
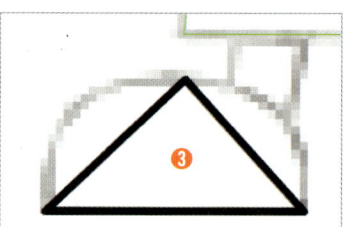

03 도구상자의 선택 툴(▶)을 선택하고 그림처럼 드래그해서 영역을 맞춰줍니다.

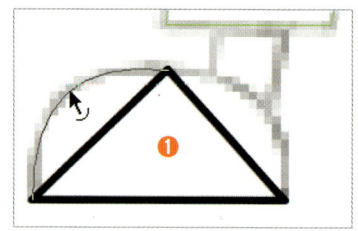
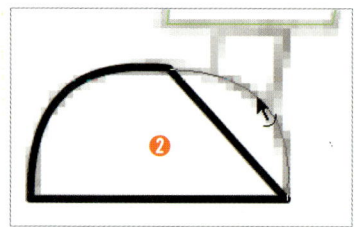

04 반대쪽 다리도 같은 방식으로 만들어줍
니다.

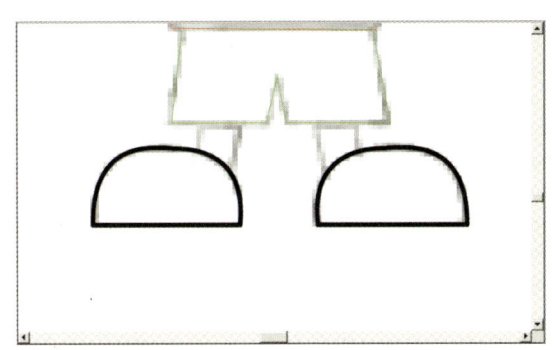

05 도구상자에서 페인트통 툴(🪣)을 선택하고 색상표에서
#993333을 선택합니다.

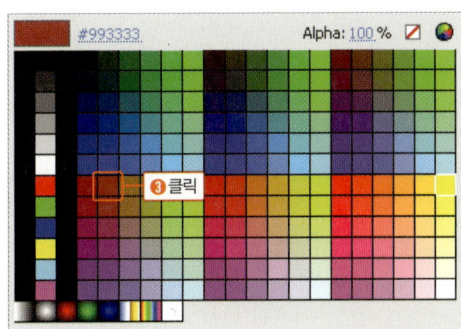

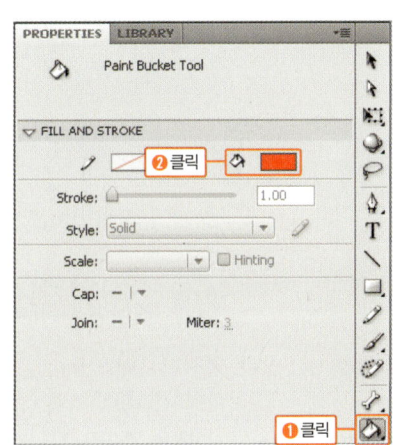

06 신발 부분으로 마우스를 이동해서 선택한
색상으로 채우기를 합니다. 색상이 채워지지 않
을 경우 Gap size를 최대로 설정합니다.

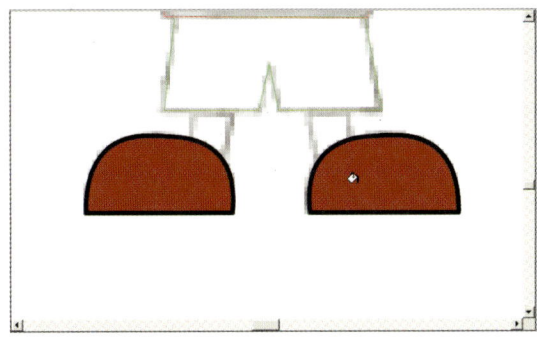

07 레이어의 아웃라인을 해제
하고 전체 화면을 살펴봅니다.

Tip 전체 화면을 보는 단축키는 Ctrl +
1입니다.

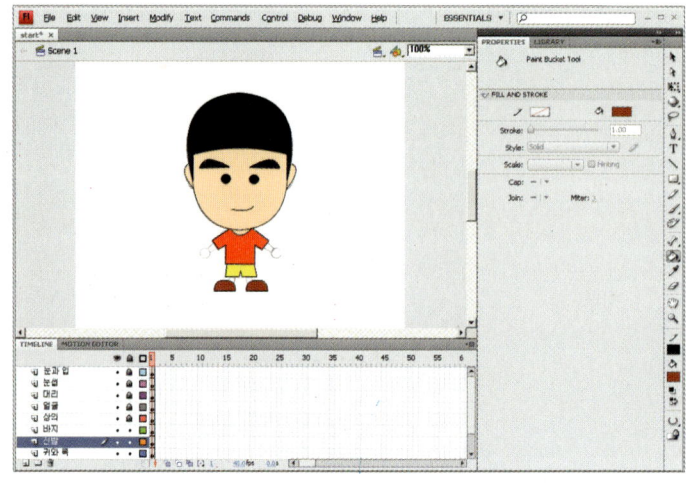

Step 09 | 팔다리 그리기

스케치한 이미지를 보고 팔다리를 그려보겠습니다.

01 레이어를 [레이어:귀와 목]와
[레이어:guide] 사이에 추가하고
돋보기 툴로 다리 부분의 영역을
적당히 확장시킵니다. 레이어의 이
름은 '팔다리'라고 설정합니다. 팔
다리를 제외한 나머지 레이어의 자
물쇠를 잠그고 아웃라인 형태로 보
이도록 아웃라인을 체크합니다.

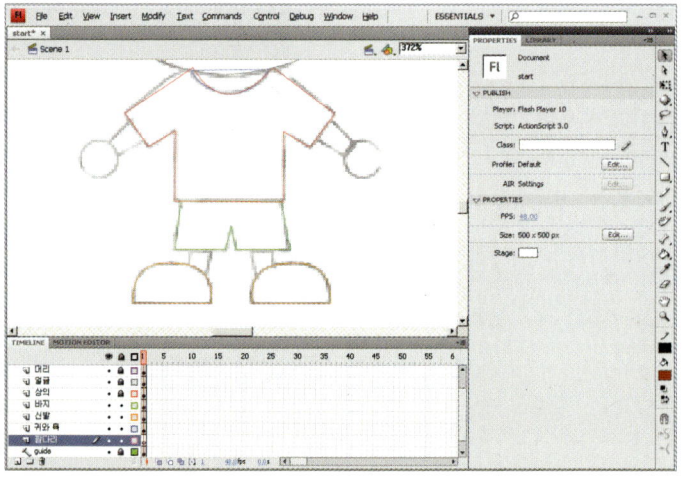

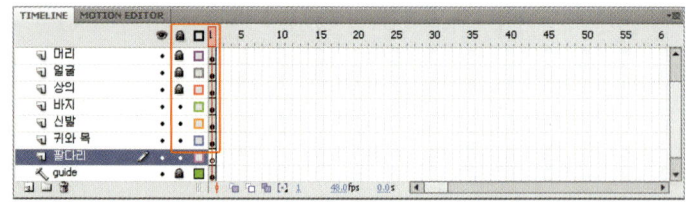

02 도구상자에서 라인 툴(◩)을 선택하고 그림처럼 팔 영역을 그려줍니다. 각각의 이어지는 포인트 지점을 잘 맞춰 연결합니다.

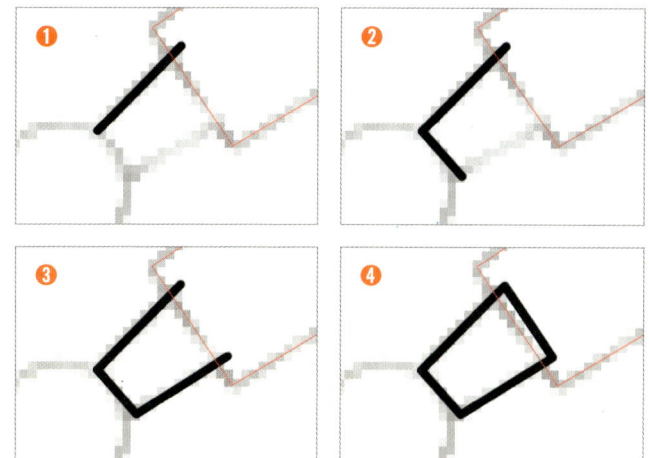

03 도구상자에서 페인트통 툴(◬)을 선택하고 색상표에서 #FFCC99을 선택합니다.

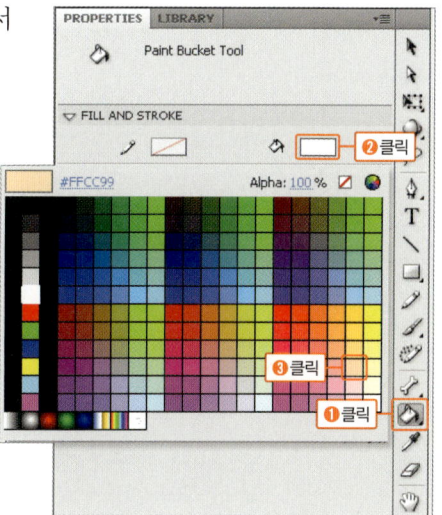

04 팔 부분으로 마우스를 이동해서 선택한 색상으로 채우기를 합니다. 색상이 채워지지 않을 경우 Gap size를 최대로 설정합니다.

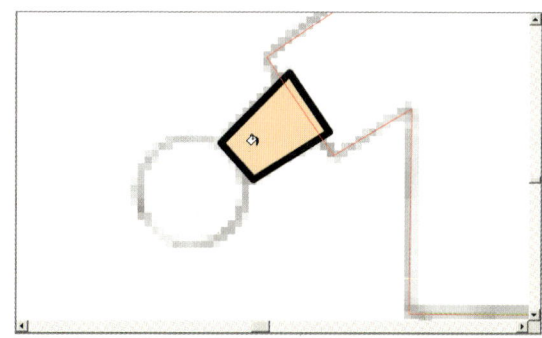

05 손을 그리기 위해 도구상자에서 Oval 툴을 선택합니다
색상은 #FFCC99로 설정합니다.

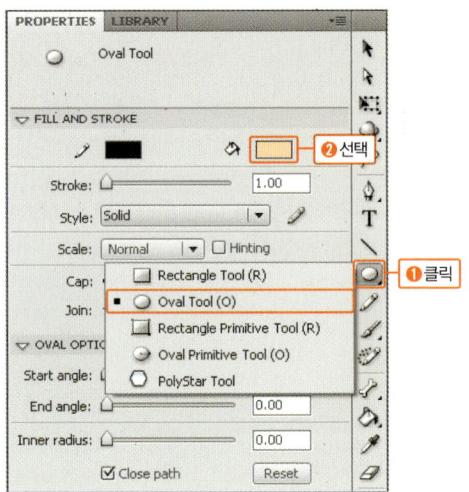

06 화면처럼 드래그해서 원 모양을 그려줍니
다. 이 때 Shift를 누른 상태에서 드래그하면 정
원을 만들 수 있습니다.

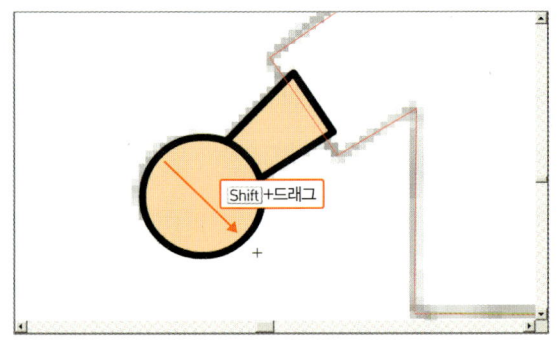

07 도구상자에서 라인 툴(◥)을 선
택하고 그림처럼 다리 영역을 그려줍
니다. 각각의 이어지는 포인트 지점을
잘 맞춰 연결합니다.

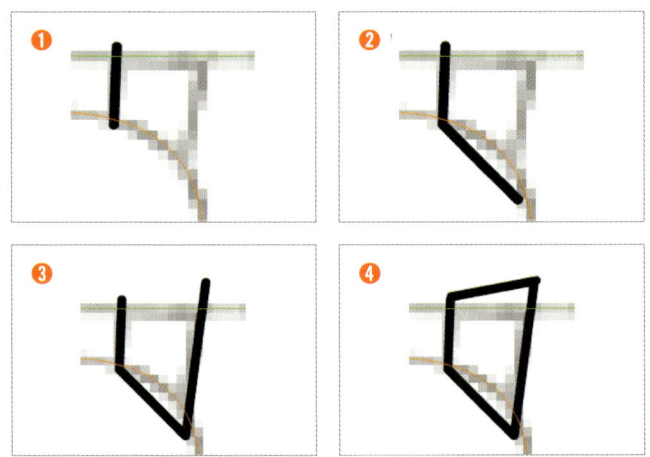

08 도구상자에서 페인트통 툴(⌂)을 선택하고 색상표에서 #FFCC99를 선택합니다.

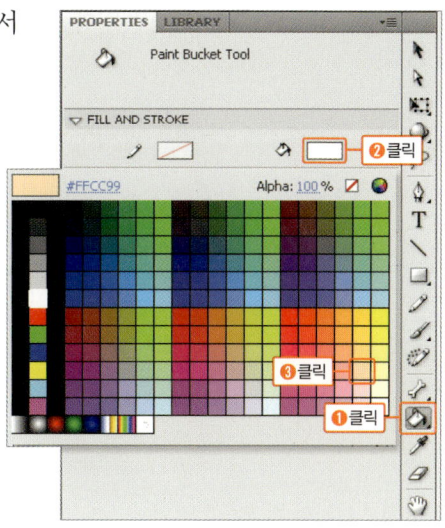

09 다리 부분으로 마우스를 이동해서 선택한 색상으로 채우기를 합니다. 색상이 채워지지 않을 경우 Gap size를 최대로 설정합니다.

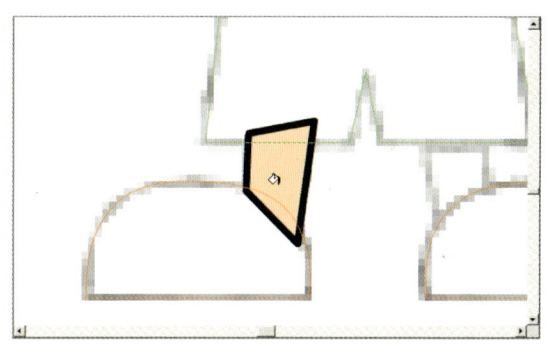

10 오른쪽도 마찬가지 방법으로 그려 완성합니다.

10 레이어의 아웃라인을 해제
하고 전체 화면을 살펴봅니다.

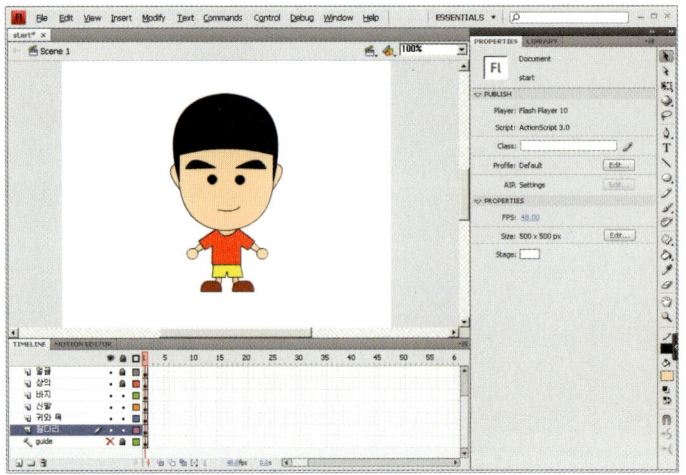

11 테스트 무비(단축키: Ctrl + Enter)를 실행하여 완성된 화
면을 확인합니다.

이번 장을 마치며

그리기 도구를 이용해 그림을 그려보았습니다. 플래시는 벡터 방식으로 그림을 그립니다. 디테일한 그림을 그리려면 전문
벡터 프로그램을 이용하고, 플래시에서 임포트하여 사용할 수 있습니다. 보통 실무에서는 외부 프로그램에서 디자인 작업
을 진행하고 플래시에서는 해당 디자인 소스를 임포트하여 사용합니다. 다음 장에서는 이번 장까지 배운 기본기를 토대로
움직임을 만들어보겠습니다.

Part 3
플래시 애니메이션의 기본기 마스터하기

애니메이션의 이해를 위한 기본적인 요소에 대해서 알아보겠습니다. 기본적인 트위닝 애니메이션과 그 외 여러 가지 효과를 학습합니다. 예제를 통해서 각각의 기법에 대해서 배워보고 여러분의 기술로 만들어 보세요.

모션 트윈 이해하기

학습 목표
플래시의 가장 매력적인 부분인 모션 트윈 기능을 응용 예제를 통해 알아보겠습니다.

완성파일미리보기 : 부록CD1/Sample/Part03/Sec01/모션트윈이해end.swf
완성파일 : 부록CD1/Sample/Part03/Sec01/모션트윈이해end.fla
예제파일 : 부록CD1/Sample/Part03/Sec01/모션트윈이해start.fla

Step 01 | 기초 움직임 만들기

움직임을 주는 방법에 대해 알아보겠습니다.

01 새 파일을 열기 위해 [File] –
[New] 메뉴를 선택합니다. 대화상
자가 나오면 Flash File(Action-
Script3.0)을 선택한 후 [확인] 버
튼을 클릭합니다.

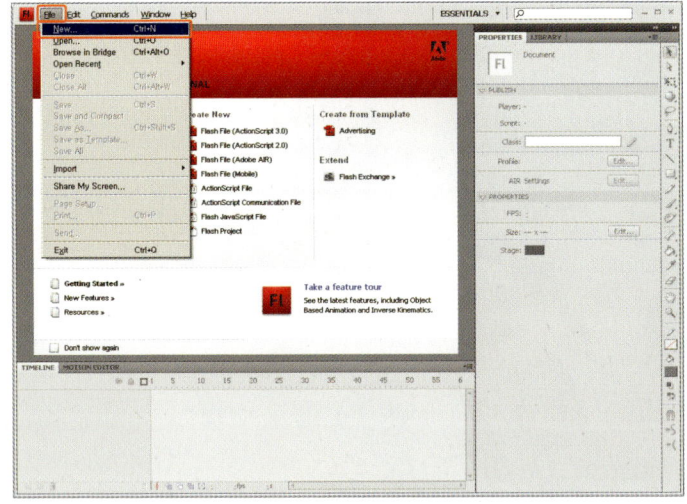

02 도구상자에서 도형 툴을 선택하고 스테이지의 왼쪽에 그림처럼 적당한 크기로 그려줍니다.

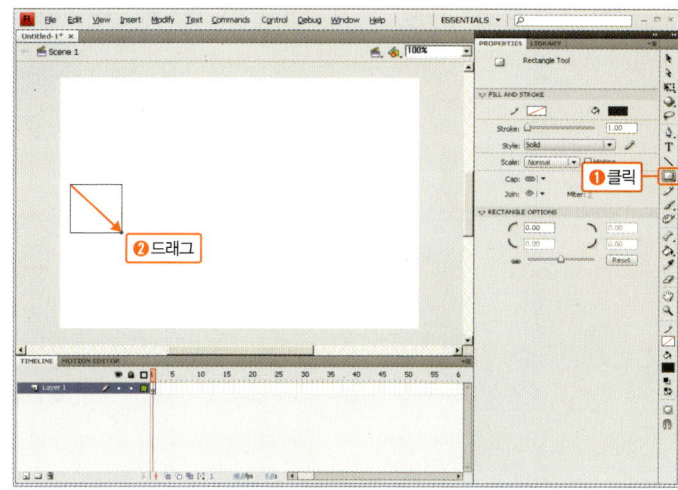

03 모션 트윈을 주기 위해 기본적으로 오브젝트는 심볼 형태로 변환해야 합니다. 방금 그린 박스를 선택하고 [Modify] - [Convert to Symbol](단축키:F8)을 실행해서 심볼을 등록합니다. 이 때 심볼의 이름을 '박스'로 설정합니다.

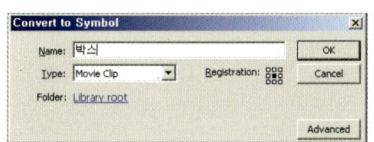

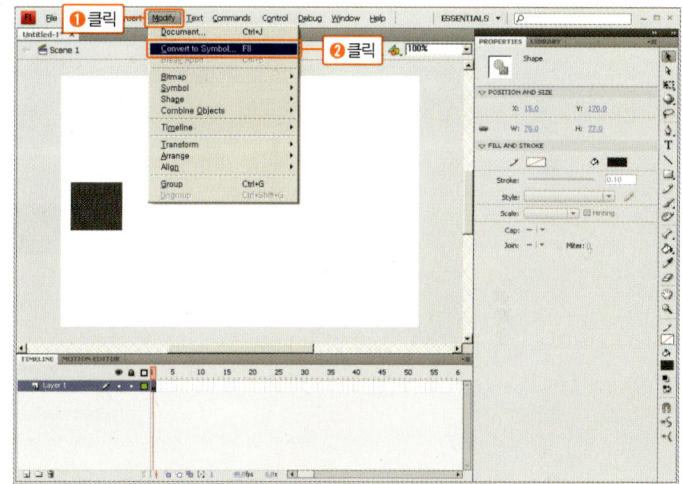

04 변화하는 움직임을 표현하기 위해 30번 프레임을 선택하고 [Insert] - [Timeline] - [Keyframe](단축키:F6)을 눌러 키 프레임을 만들어줍니다.

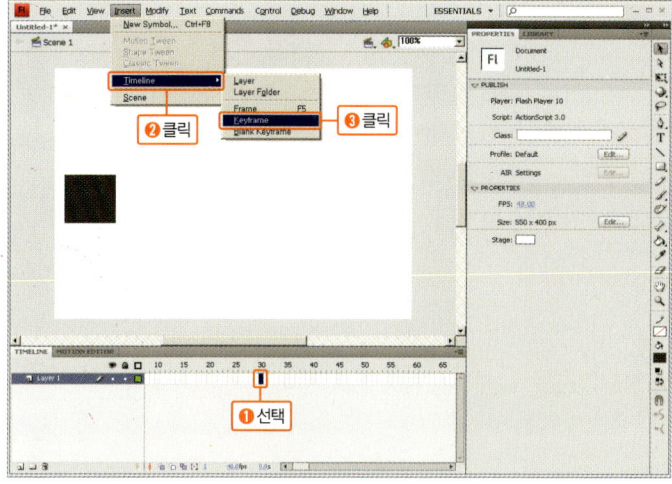

05 30번 키 프레임에 있는 [무비클립:박스]의 위치를 그림처럼 오른쪽으로 이동합니다.

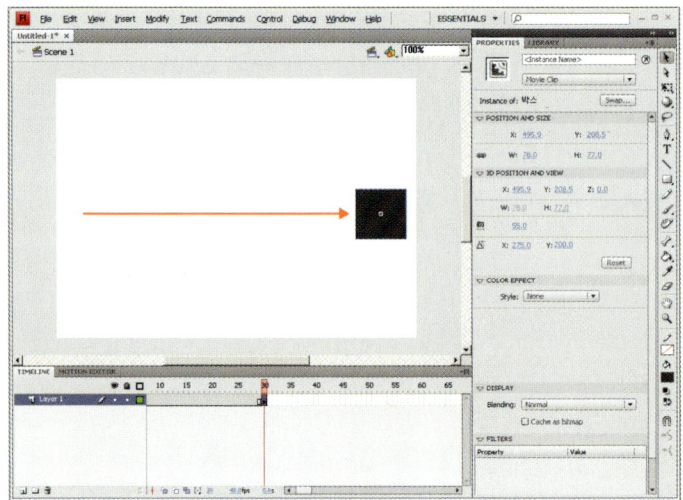

06 1번 프레임과 30번 프레임 사이의 한 곳을 마우스 오른쪽 버튼으로 클릭한 다음 [Create Classic Tween]을 선택합니다.

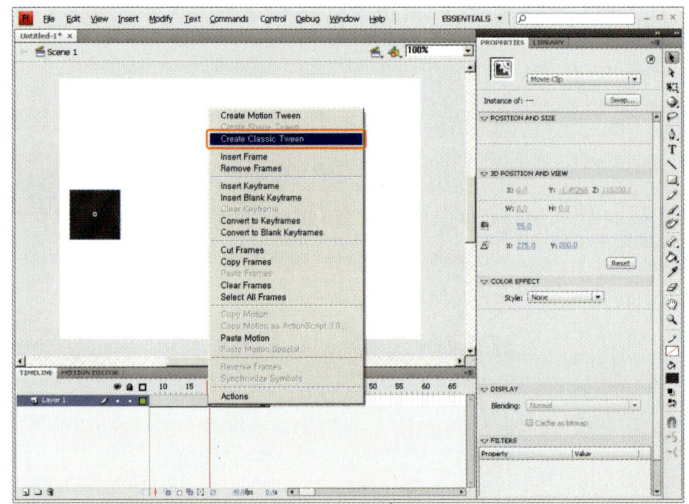

07 레이어의 프레임 형태가 변화된 것을 확인할 수 있습니다. 모션 트윈이 올바르게 적용되었다면 레이어는 다음과 같은 형태로 보입니다.

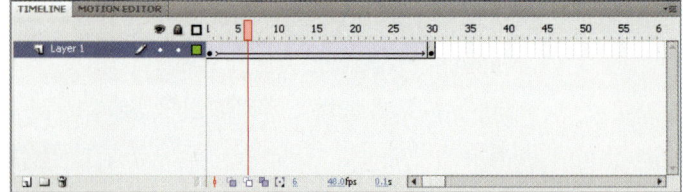

움직임을 확인하는 방법

모션 트윈 작업을 마치고 움직임을 확인하는 방법에는 2가지 방식이 있습니다.

❶ 작업 창에서 Enter 키 누르기

작업 창에서 Enter 키를 누르면 플레이 헤드가 움직이면서 작업 창에서 모션 트윈 효과를 바로 확인할 수 있습니다. 이 경우 현재 작업 창에서의 모션만 확인할 수 있습니다.

❷ 작업 창에서 Ctrl + Enter 키 누르기

SWF 파일 형태로 변환해서 움직임을 확인합니다. 실제 웹에 올리기 전에 이 방식으로 움직임을 확인하고 수정해야 합니다. 이 경우 모든 움직임을 한꺼번에 확인할 수 있습니다.

하나의 레이어에는 하나의 오브젝트!

모션 트윈의 가장 기본적인 원칙 중 하나입니다.

레이어 하나에 꼭 하나의 심볼이 있어야 모션 트윈이 가능합니다.

그 원칙을 어겼다면 레이어는 다음과 같은 형태로 보입니다.

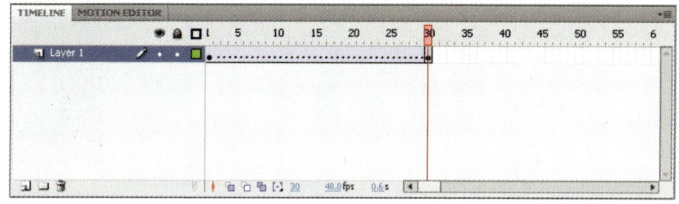

08 15번 프레임에 플레이 헤드를 이동하고, 그 상태에서 [무비클립:박스]를 선택하여 위쪽으로 옮기면 이동 방향이 변하는 모션 트윈이 만들어집니다. 이 경우 15번 프레임에 자동으로 키 프레임이 생성됩니다.

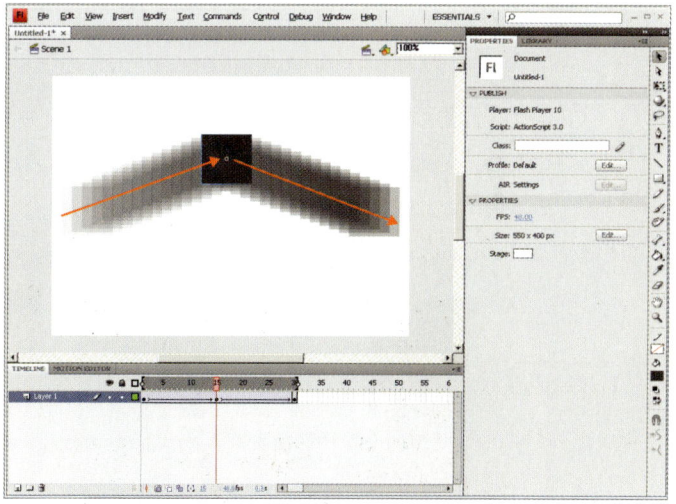

09 응용 예제를 통해 본격적으로 움직임을 만들어보겠습니다.

다음 예제를 통해 움직임을 자유자재로 다루기 위한 기본기를 익히겠습니다.
우선 각각의 오브젝트를 심볼 등록합니다.

01 '부록CD1/Sample/Part03/
Sec01/모션트윈이해start.fla' 파
일을 열고 레이어 구조를 확인합
니다.

02 [레이어:text]에 있는 오브젝트 이미지를 선택하고 [Modify] – [Convert to Symbol](단축키: F8)
을 실행해서 심볼 등록합니다. 이 때 심볼의 이름은 'text' 라고 설정합니다.

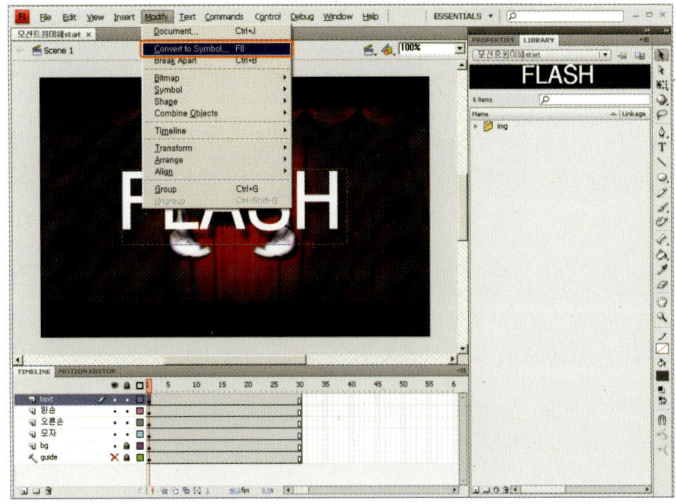

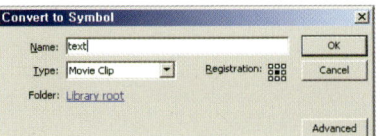

03 같은 방식으로 각각의 오브젝트를 심볼 등록하고 이름을 레이어 이름대로 '왼손', '오른손', '모자' 라고 설정합니다. 라이브 러리에 다음과 같이 등록되었는지 확인합니다.

Step 03 | **text 무비클립 모션 트윈 적용하기**

[무비클립:text]가 커지는 모션 트윈을 만들어보겠습니다. 변화하는 속성은 Scale 값입니다.

01 원활한 작업을 위해 작업하는 레이어를 제외한 나머지 레이어의 자물쇠를 잠그고 보여주기 부분도 가려줍니다.

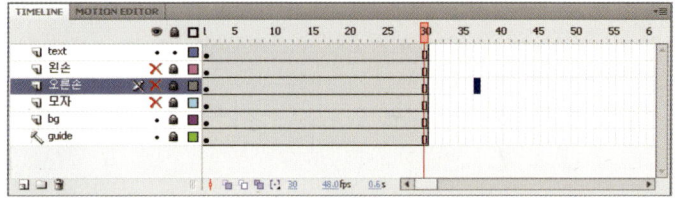

02 키 프레임을 생성하기 위해 [레이어:text]의 30번 프레임을 선택하고 [Insert] − [Timeline] − [Keyframe](단축키: F6)을 눌러서 키 프레임을 만들어줍니다.

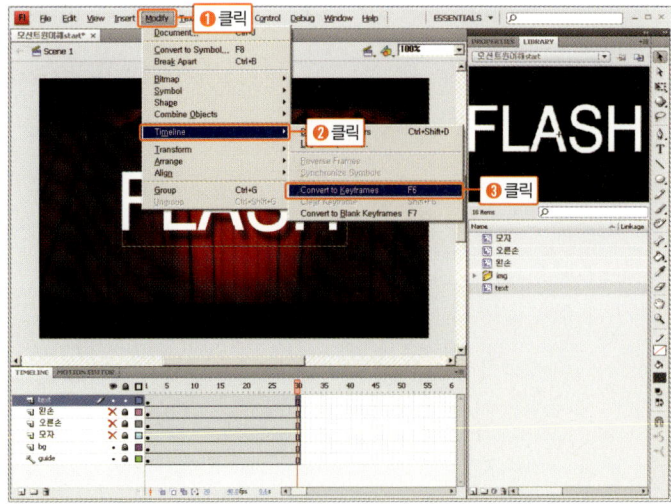

03 1번 프레임에 있는 [무비클립:text]를 선택하고 [Modify] – [Transform] – [Scale and Rotate](단축키: Ctrl + Alt + S)를 실행합니다. [Scale and Rotate] 대화상자가 표시되면 Scale을 10%로 줄여줍니다.

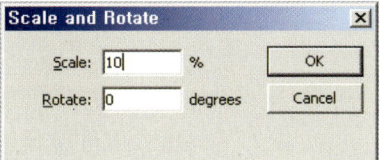

04 1번 프레임과 30번 프레임 사이의 한 곳을 마우스 오른쪽 버튼으로 클릭한 다음 [Create Classic Tween]을 선택합니다.

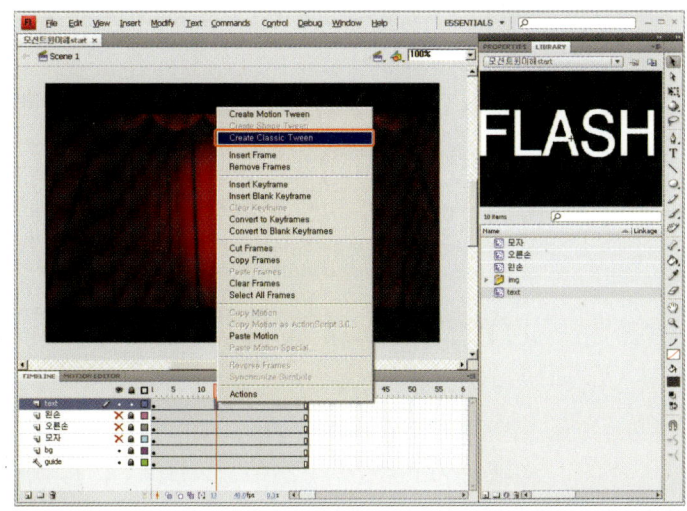

05 [무비클립:text]가 점점 커지는 모션 트윈을 확인할 수 있습니다.

Tip Enter 를 눌러 스테이지에서 해당 구간의 모션 트윈을 확인할 수 있습니다.

[무비클립:왼손]과 [무비클립:오른손]이 [무비클립:text]의 움직임에 맞춰 좌우로 펼쳐지는 모션 트윈을 만들어보겠습니다.

01 [레이어:왼손]과 [레이어:오른손]의 자물쇠를 해제하고 보여주기도 해제합니다.

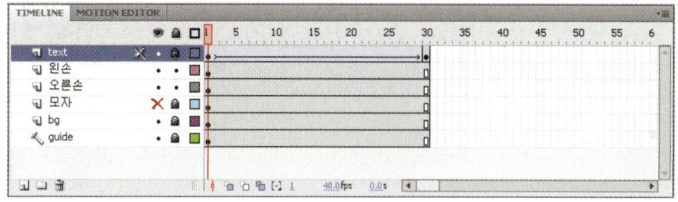

02 키 프레임을 생성하기 위해 [레이어:왼손]과 [레이어:오른손]의 30번 프레임을 선택하고 [Insert] – [Timeline] – [Keyframe](단축키:F6)을 눌러서 키 프레임을 만들어줍니다.

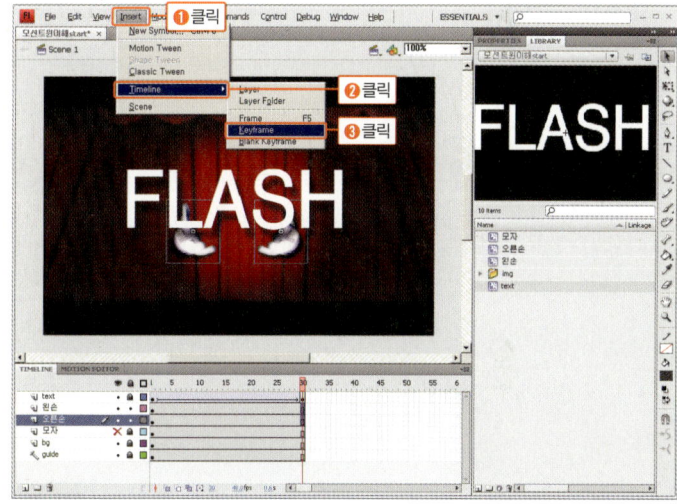

03 1번 프레임에 있는 [무비클립:왼손]과 [무비클립:오른손]를 선택하고 [Modify] – [Transform] – [Scale and Rotate](단축키: Ctrl + Alt + S)를 실행합니다. [Scale and Rotate] 대화상자가 표시되면 Scale을 50%로 줄여줍니다.

04 도구상자의 선택 툴(▶)을 선택하고 1번 키 프레임에 있는 양 손의 위치를 텍스트 쪽으로 그림처럼 이동합니다.

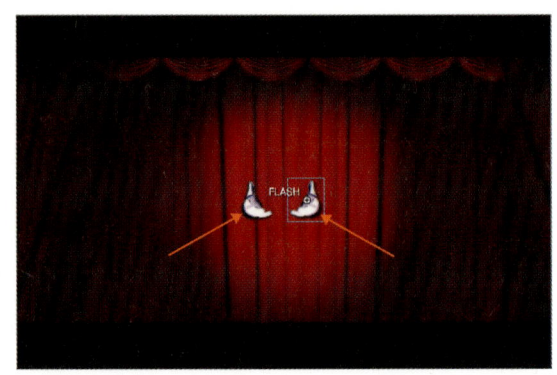

05 30번 키 프레임에 있는 [무비클립:왼손]과 [무비클립:오른손]의 위치를 그림처럼 텍스트 끝부분에 맞춰 배치합니다.

06 [레이어:왼손]과 [레이어:오른손]의 두 개 레이어를 함께 선택하고 1번 프레임과 30번 프레임 사이의 한 곳을 마우스 오른쪽 버튼으로 클릭한 다음 [Create Classic Tween]을 선택합니다.

07 [무비클립:왼손]과 [무비클립:오른손]이
점점 커지는 모션 트윈을 확인할 수 있습니다.

Step 05	모자 움직임 모션 트윈 적용하기

[무비클립:모자]가 [무비클립:text]의 움직임에 맞춰 아래에서 위로 움직이는 모션 트윈을 만들어보겠
습니다.

01 [레이어:모자]의 자물쇠를
해제하고 보여주기도 해제합니다.

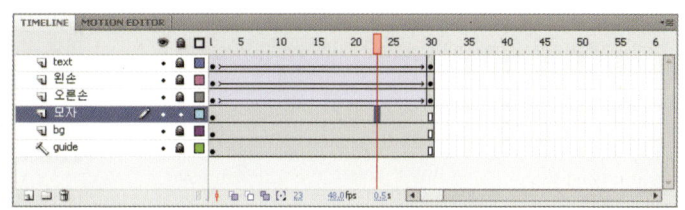

02 키 프레임을 생성하기 위해
[레이어:모자]의 30번 프레임을 선
택하고 [Insert] – [Timeline] –
[Keyframe](단축키:F6)을 눌러서
키 프레임을 만들어줍니다.

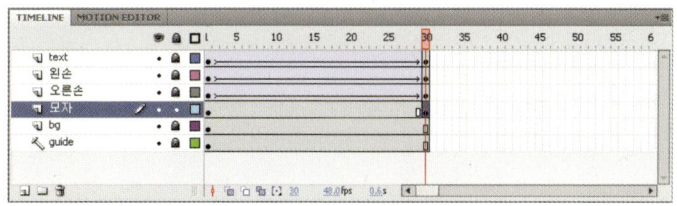

03 1번 프레임에 있는 [무비클립:모자]를 선
택하고 [Modify] – [Transform] – [Scale and
Rotate](단축키: Ctrl + Alt + S)를 실행합니다.
[Scale and Rotate] 대화상자가 표시되면 Scale
을 50%로 줄여줍니다.

04 30번 프레임에 있는 [무비클립:모자]를 선택하고 위치를 그림처럼 이동합니다.

05 1번 프레임과 30번 프레임 사이의 한 곳을 마우스 오른쪽 버튼으로 클릭한 다음 [Create Classic Tween]을 선택합니다.

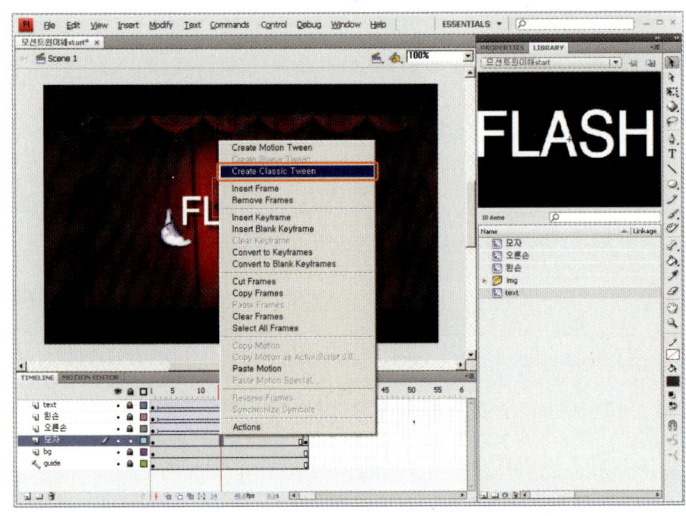

06 테스트 무비(단축키: Ctrl + Enter)를 실행하여 완성된 화면을 확인합니다.

이번 장을 마치며

모션 트윈을 이용한 움직임을 만들어 보았습니다. 움직임을 만들 수 있는 툴 가운데 가장 직관적인 방법을 가진 툴은 플래시가 아닐까 생각합니다. 모션 트윈은 플래시에서 애니메이션을 만드는 기본적인 방법입니다. 같은 심볼로 프레임 사이의 속성 변화를 주어 움직임을 만들면 됩니다. 이런 기본을 토대로 추가 속성이나 옵션의 제어를 통해 완성된 움직임을 만들 수 있습니다.

02

쉐이프 모션 이해하기

학습 목표

트윈 애니메이션의 기법 중 하나인 쉐이프 트윈에 대해 알아보겠습니다. 쉐이프 트윈은 심볼이 아니라 쉐이프 오브젝트를 이용한 모션으로 형태의 변화가 있을 때 사용합니다. 예제파일을 통해서 쉐이프 모션에 대해 알아보겠습니다.

Step 01 | 쉐이프 모션 이해하기

형태가 변화하는 움직임을 만드는 쉐이프 트윈에 대해서 알아보겠습니다.

01 새 파일을 열기 위해 [File] – [New] 메뉴를 선택합니다. 대화상자가 나오면 Flash File(Action-Script3.0)을 선택한 후 [확인] 버튼을 클릭합니다.

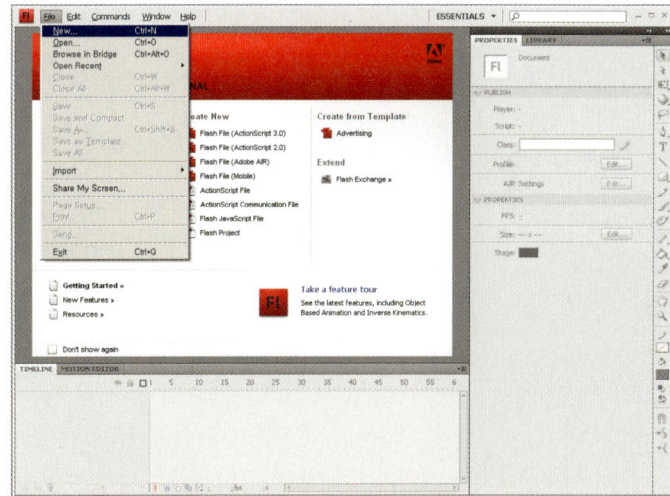

02 화면에 박스를 그리기 위해
도구상자에서 Rectangle 툴(▭)
을 선택하고 그림처럼 스테이지에
박스를 그려줍니다.

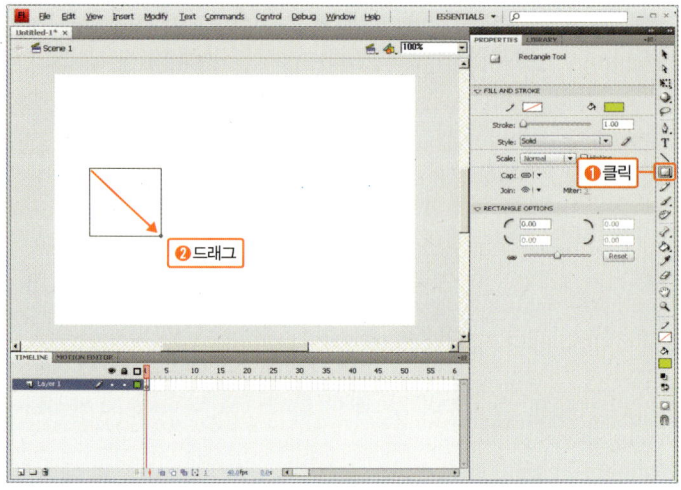

03 변화하는 움직임을 위해 30
프레임을 선택하고 [Insert] –
[Timeline] – [Blank Keyframe]
(단축키:F7)을 눌러서 빈 키 프레
임을 만들어줍니다.

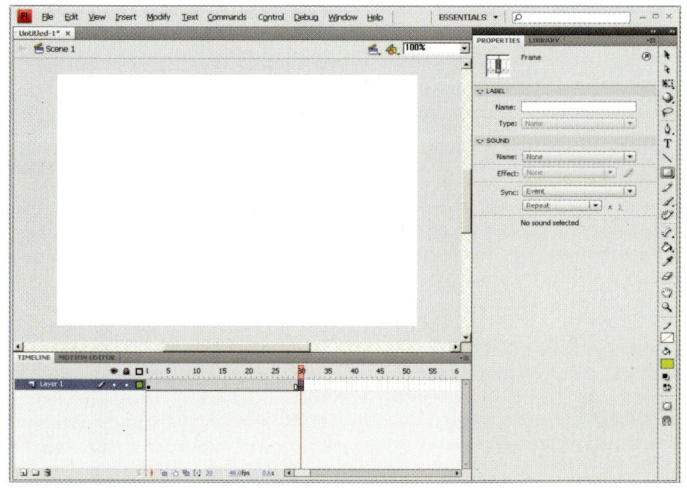

04 도구상자에서 박스가 아닌
원 형태의 도구를 선택하고, 그림
과 같이 스테이지의 적당한 위치
에 그려줍니다.

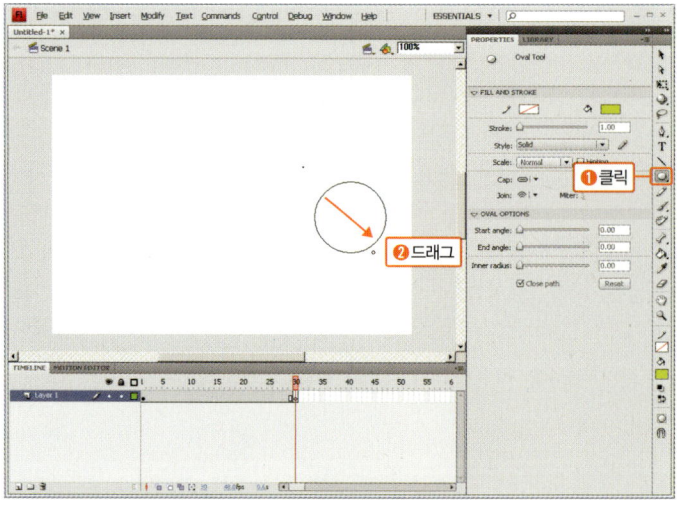

05 1번 프레임과 30번 프레임 사이의 한 곳을 마우스 오른쪽 버튼으로 클릭한 다음 [Create Shape Tween]을 선택합니다.

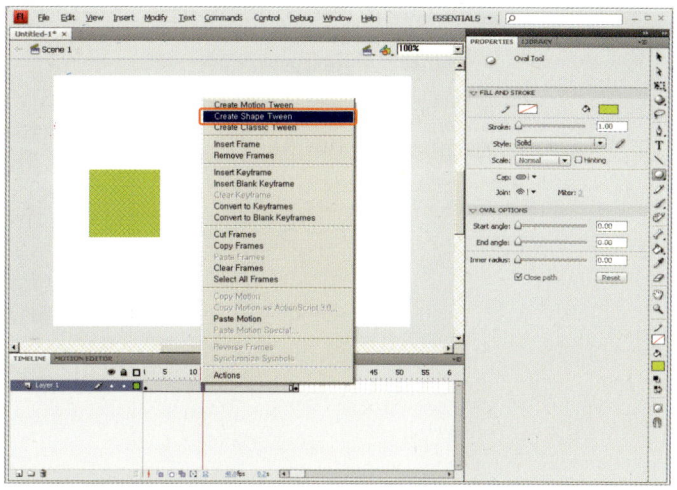

06 레이어의 프레임 형태가 변화된 것을 확인할 수 있습니다. 모션 트윈이 올바르게 적용되었다면 레이어는 다음과 같은 형태로 보입니다.

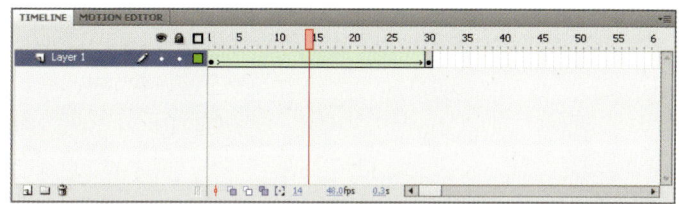

07 플레이 헤드를 움직이면서 박스가 원으로 변하는 과정을 확인합니다.

Step 02 | **쉐이프 힌트 이해하기**

쉐이프 트윈의 가장 큰 특징 가운데 하나는 형태가 변하는 애니메이션을 만들 수 있다는 점입니다. 이 경우 모핑 현상에 의해서 원치 않는 형태의 모션이 만들어지기도 합니다. 이런 모핑 현상을 제어하는 방법으로 쉐이프 힌트를 사용합니다. 이 쉐이프 힌트에 대해서 알아보겠습니다.

완성파일미리보기 : 부록CD1/Sample/Part03/Sec02/쉐이프hint_end.swf
완성파일 : 부록CD1/Sample/Part03/Sec02/쉐이프hint_end.fla
예제파일 : 부록CD1/Sample/Part03/Sec02/쉐이프hint_start.fla

01 '부록CD1/Sample/Part03/
Sec02/쉐이프hint_start.fla' 파
일을 열고 레이어 구조를 확인합
니다.

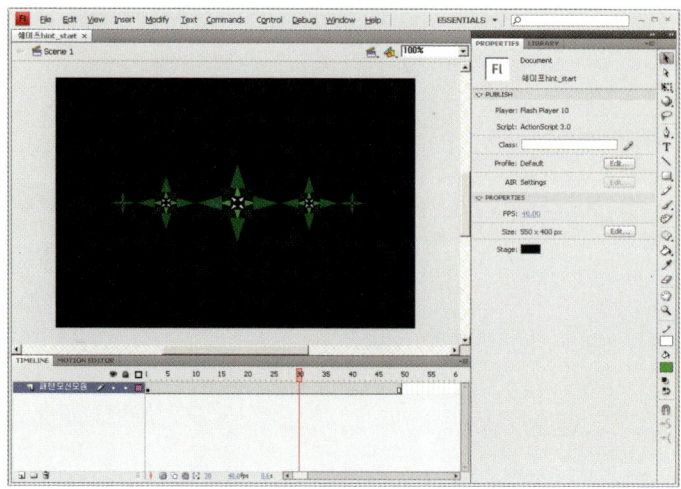

02 현재 만들어진 움직임을 보면 몰핑 현상 때
문에 움직임이 의도대로 나타나지 않음을 확인할
수 있습니다.

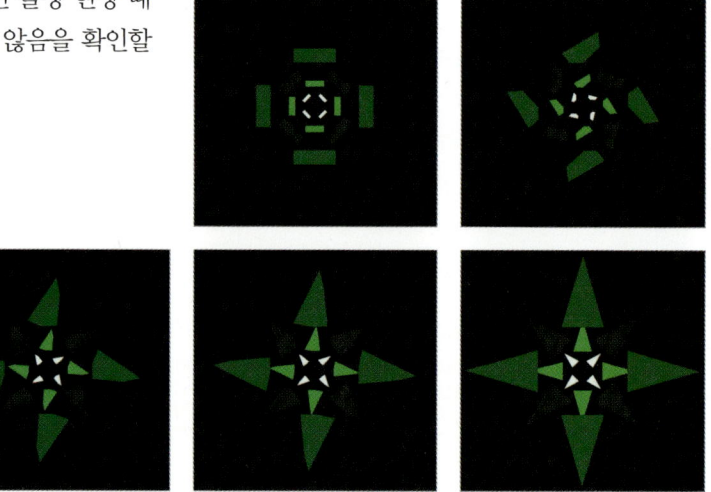

03 이 현상을 제어하기 위해 쉐
이프 힌트를 이용합니다. 우선 작
업할 오브젝트가 있는 곳으로 이
동합니다. [Library] 패널에서 [무
비클립:쉐이프모션]을 더블 클릭
해서 편집 모드로 이동합니다.

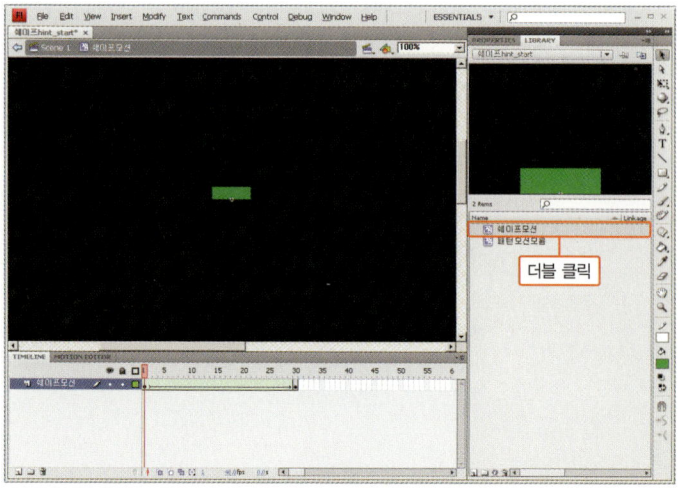

Tip

위치 이동하고 확인하기

현재 작업하는 창의 심볼을 확인하려면 메뉴바 부분에 표시되는 심볼의 이름을 보면 됩니다. 단, 이 때 어느 부분에서 해당 심볼의 편집 창으로 가느냐에 따라 표시되는 심볼의 명칭이 달라집니다. 즉 Library에서 더블 클릭해서 해당 심볼의 편집 창으로 가는 경우는 심볼의 명칭이 그림처럼 바로 보입니다.

하지만 메인 타임라인에 있는 심볼을 더블 클릭해서 이동하는 경우 상위 부분의 심볼 구조까지 보입니다.

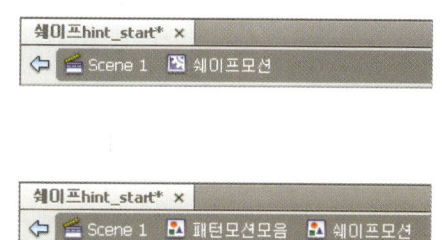

04 1번 프레임에 있는 박스를 선택하고 [Modify] – [Shape] – [Add Shape Hint]를 선택합니다.

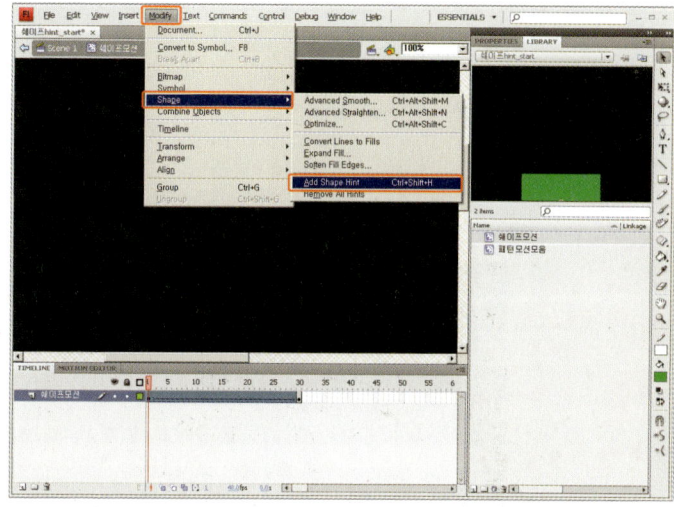

05 선택한 결과 그림처럼 빨간색 포인트 ⓐ가 생깁니다. 빨간색 포인트를 선택한 뒤 마우스 오른쪽 버튼을 클릭해서 [Add Hint]를 선택합니다. 쉐이프 힌트를 두 개 더 추가하고 꼭지점 부분에 이동시킵니다.

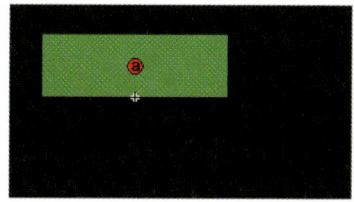
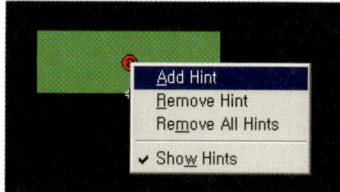
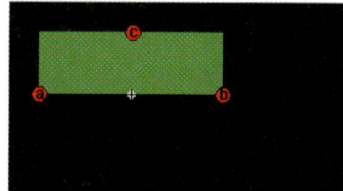

06 30번 프레임을 확인하면 1번 프레임에서 만든 쉐이프 힌트가 보이는데 이것을 각각의 꼭지점으로 이동시켜줍니다. 포인트가 잘 맞을 경우 1번 프레임은 노란색으로, 30번 프레임은 연두색으로 바뀌는 것을 확인할 수 있습니다.

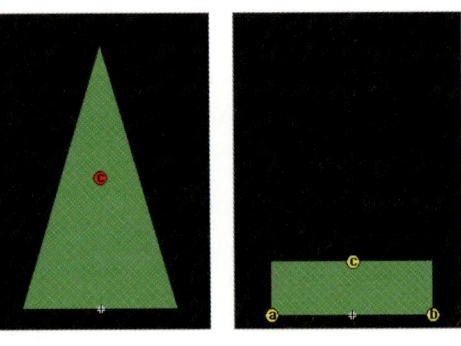 

07 테스트 무비(단축키: Ctrl + Enter)를 실행하여 완성된 화면을 확인합니다.

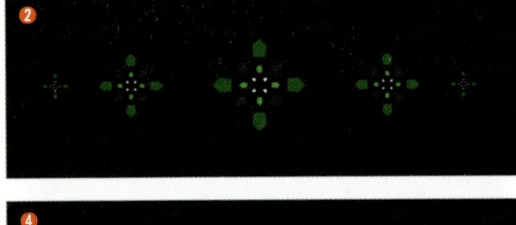 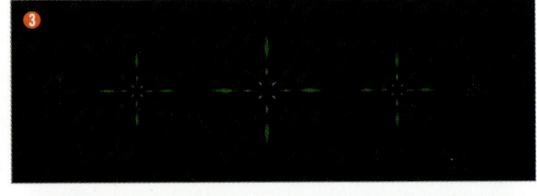

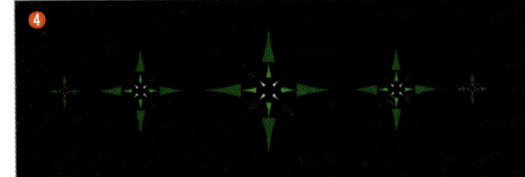 

| Step 03 | 그라디언트 쉐이프 트윈 |

쉐이프 트윈을 응용하면 형태의 변화와 더불어 그라디언트의 변화까지 줄 수 있습니다. 다음 예제를 통해 살펴보겠습니다.

완성파일미리보기 : 부록CD1/Sample/Part03/Sec02/쉐이프end.swf
완성파일 : 부록CD1/Sample/Part03/Sec02/쉐이프end.fla
예제파일 : 부록CD1/Sample/Part03/Sec02/쉐이프start.fla

01 '부록CD1/Sample/Part03/ Sec03/쉐이프start.fla' 파일을 열고 레이어 구조를 확인합니다.

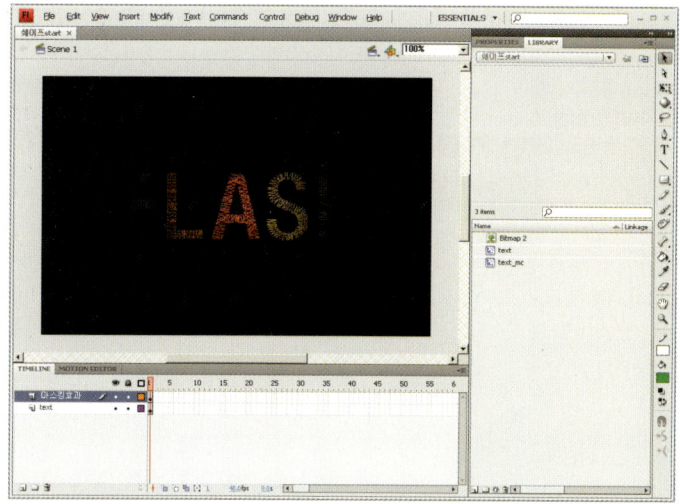

02 [레이어:마스킹효과]의 오브젝트를 살펴보면 그라디언트 효과를 준 화면 영역 크기의 박스를 확인할 수 있습니다. [Color] 패널을 살펴보면 그라디언트 타입은 Radial을 설정하고, 가운데 영역 색상의 Alpha 값을 0으로 지정해서 하단 레이어의 이미지가 부드럽게 가려지도록 했습니다.

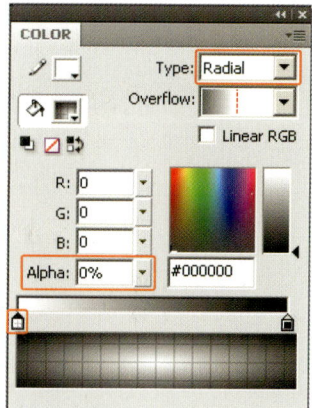

03 두 개 레이어의 50번 프레임을 선택하고 [Insert] − [Timeline] − [Frame](단축키: F5)을 실행하여 프레임 길이를 맞춰줍니다.

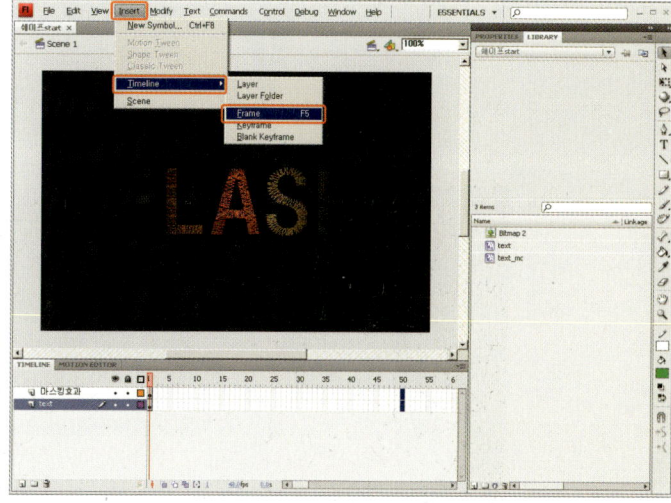

04 [레이어:마스킹효과]의 20번, 35번, 50번 프레임에 [Insert] – [Timeline] – [Keyframe](단축키:F6)을 실행해 키 프레임을 만들어줍니다.

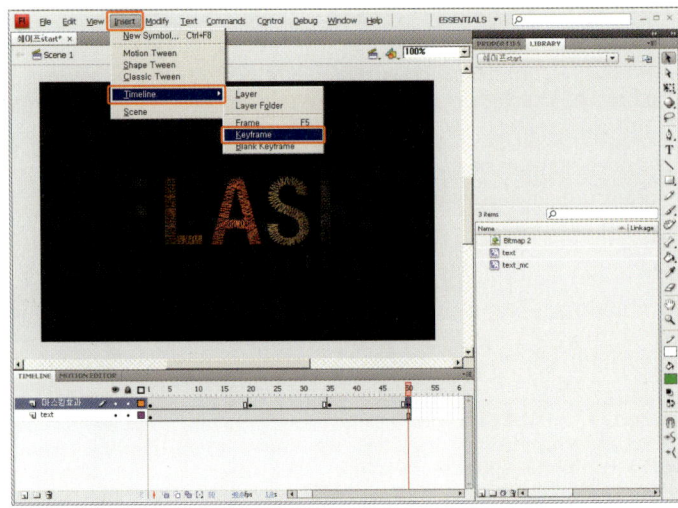

05 20번 프레임에 있는 오브젝트를 선택하고 도구상자에서 Gradient Transform 툴을 실행하면 화면에 동그란 라인 형태의 원이 생깁니다.

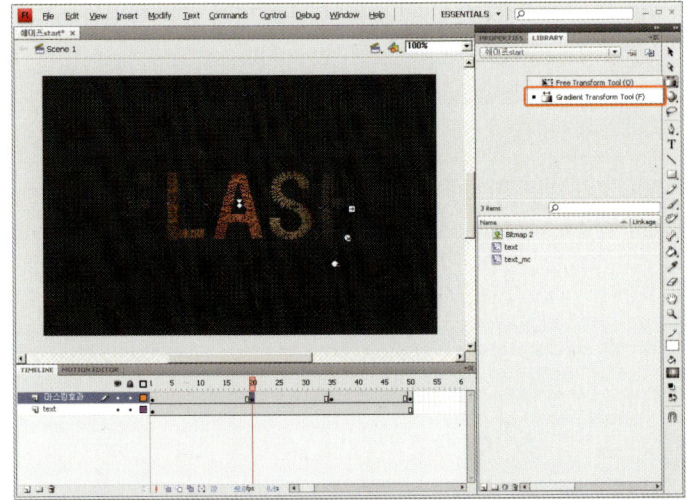

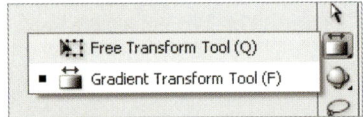

06 스테이지의 원 중앙에 마우스 커서를 이동하면 커서가 십자가 모양의 화살표로 변합니다. 이 때 선택해서 그림처럼 원을 이동합니다.

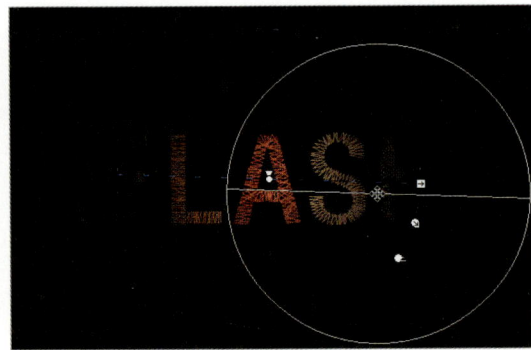

07 같은 방식으로 35번 프레임에 있는 원을 그림처럼 이동합니다.

08 1번 프레임과 50번 프레임 사이의 일부분 프레임을 드래그해서 선택하고 마우스 오른쪽 버튼을 클릭한 다음 [Create Shape Tween]을 선택합니다.

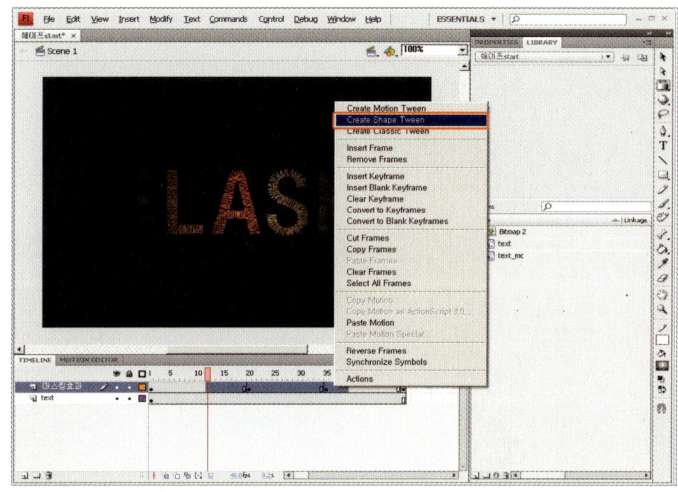

09 테스트 무비(단축키: Ctrl + Enter)를 실행하여 완성된 화면을 확인합니다.

이번 장을 마치며

쉐이프 트윈을 이용하기 위해 플래시 오브젝트의 특징을 잘 알아야 합니다.

– 선과 면은 분리되어 있습니다.

– 꺾이거나 겹치는 부분도 서로 분리됩니다.

– 꼭지점 부분에 커서를 가져가면 꼭지점만 이동할 수 있습니다.

– 테두리 부분은 곡면화 시킬 수 있습니다.

쉐이프 트윈으로 크기, 위치, 색상, 형태 등의 변화를 줄 수 있고 이것이 애니메이션이 됩니다.

프레임 바이 프레임 모션 이해하기

학습 목표

프레임 바이 프레임 모션은 원하는 장면을 한 장면씩 일일이 작업하는 애니메이션 기법입니다. 앞에서 언급한 프레임과 키 프레임에 대한 개념을 다시 한 번 기억해서 작업합시다. 플래시 애니메이션은 변화를 주는 시점에 키 프레임을 삽입하는 것이 가장 중요한 포인트입니다.

Step 01	기초 움직임 만들기

움직임을 만드는 방법에 대해서 알아보겠습니다.

01 '부록CD1/Sample/Part03/Sec03/프레임바이프레임기초_start.fla' 파일을 열고 레이어 구조를 확인합니다.

Tip   프레임 바이 프레임 기법은 셀 애니메이션 기법과 비슷합니다. 이런 과정을 줄이는 것이 모션 트윈이나 쉐이프 트윈이지만 의도된 모션 작업을 할 경우 프레임 바이 프레임 기법을 사용합니다.

02 프레임 바이 프레임은 프레임 수에 따라서 움직임의 표현이 달라집니다. 이번 예제는 미리 만들어 놓은 구조를 확인하는 과정으로 마치겠습니다. [Library] 패널에서 [무비클립:스크래치]를 더블 클릭해서 [무비클립:스크래치] 화면으로 이동합니다.

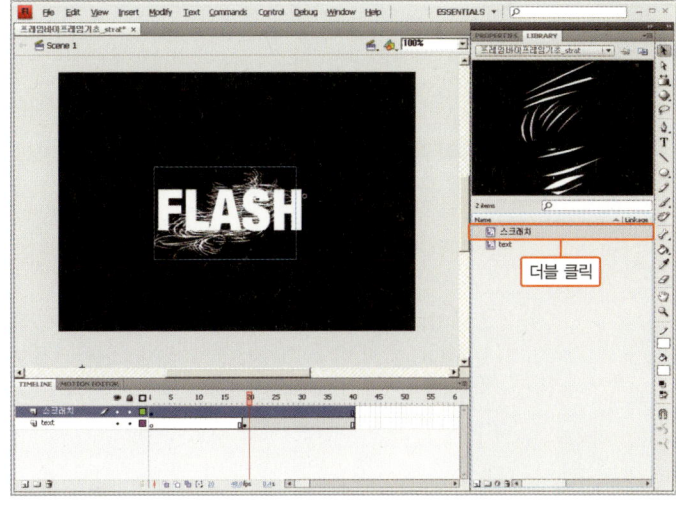

03 타임라인을 살펴보면 여러 개의 키 프레임 구성으로 움직임이 만들어진 것을 확인할 수 있습니다.

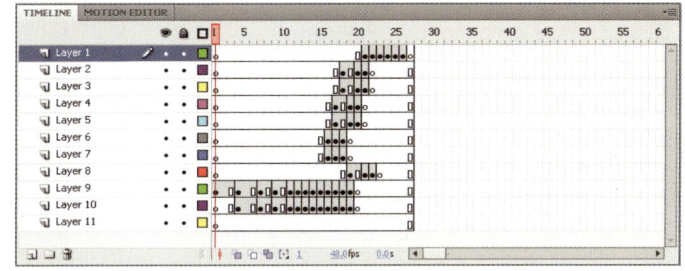

04 테스트 무비(단축키: Ctrl + Enter)를 실행하여 완성된 화면을 확인합니다.

프레임 바이 프레임 모션을 응용하는 방법 가운데 캠코더 등으로 촬영된 영상을 플래시에서 이용하는 방법이 최근 많이 쓰이고 있습니다. 촬영된 영상 역시 한 장 한 장 변화되는 모습이 모여서 움직임을 만들기 때문입니다. 이미 만들어진 영상의 스틸 컷을 이용해서 플래시에 사용하는 방법에 대해 알아보겠습니다.

완성파일미리보기 : 부록CD1/Sample/Part03/Sec03/프레임바이프레임_end.swf
완성파일 : 부록CD1/Sample/Part03/Sec03/프레임바이프레임_end.fla
예제파일 : 부록CD1/Sample/Part03/Sec03/프레임바이프레임_strat.fla

01 '부록CD1/Sample/Part03/Sec03/프레임바이프레임_strat.fla' 파일을 열고 레이어 구조를 확인합니다.

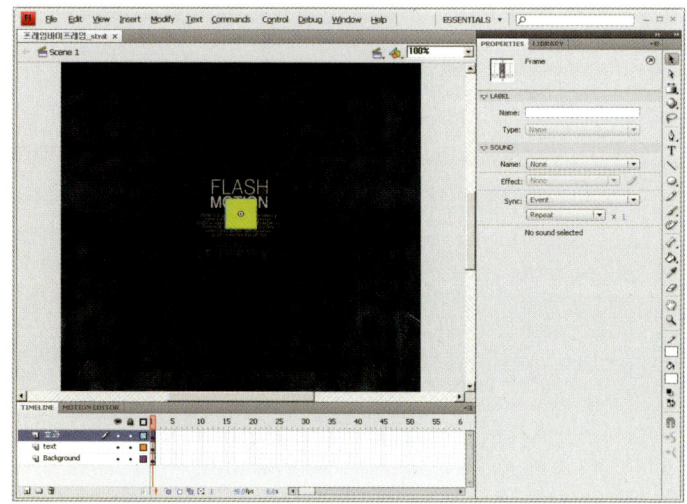

02 스테이지에 있는 [무비클립: 효과] 심볼을 더블 클릭해서 심볼의 작업 영역으로 이동합니다.

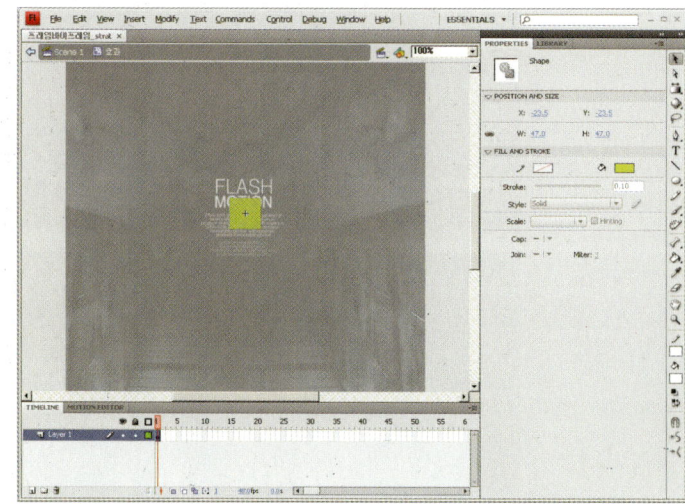

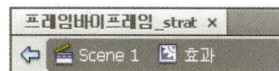

03 1번 프레임에 있는 박스를 선택한 뒤 Delete 키를 눌러 삭제합니다. 이미지를 불러오기 위해 Ctrl + R 키를 누르고 '부록CD1/Sample/Part03/img' 폴더를 찾아 '05 01.png' 파일을 선택하여 열기 버튼을 클릭합니다.

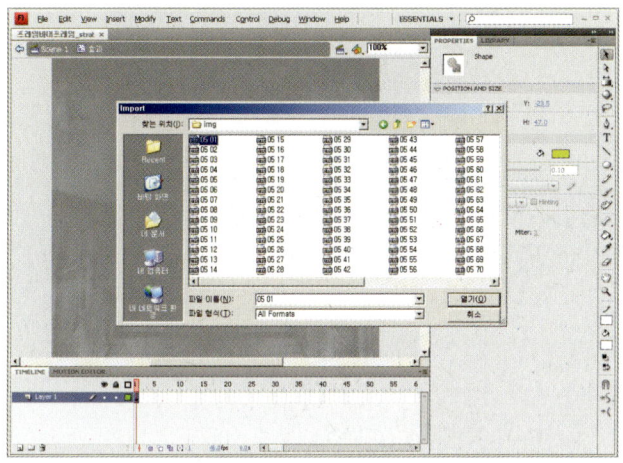
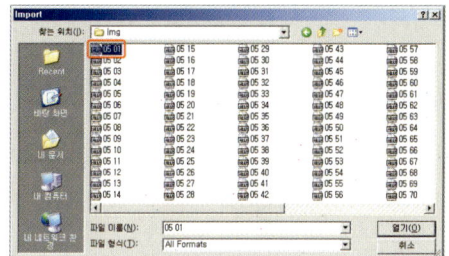

04 다음과 같은 메시지 창이 나옵니다. 같은 형태의 이름을 가진 파일들을 프레임 별로 불러올 것인지 묻는 메시지입니다. 예 버튼을 누르면 하나의 프레임에 이미지 하나씩 순서대로 임포트되는 것을 확인할 수 있습니다.

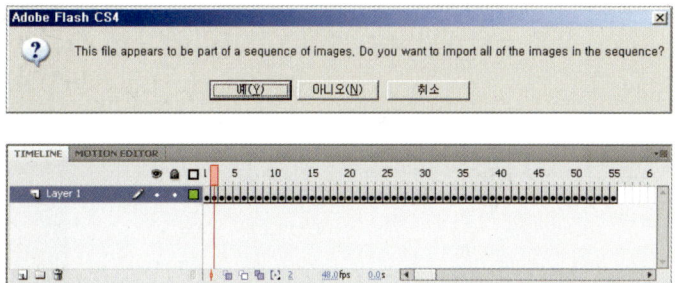

05 메인 타임라인으로 이동하기 위해 [Scene 1]을 눌러줍니다.

06 메인 타임라인의 [레이어:효과]에 있는 심볼을 그림처럼 스테이지 중앙으로 이동합니다.

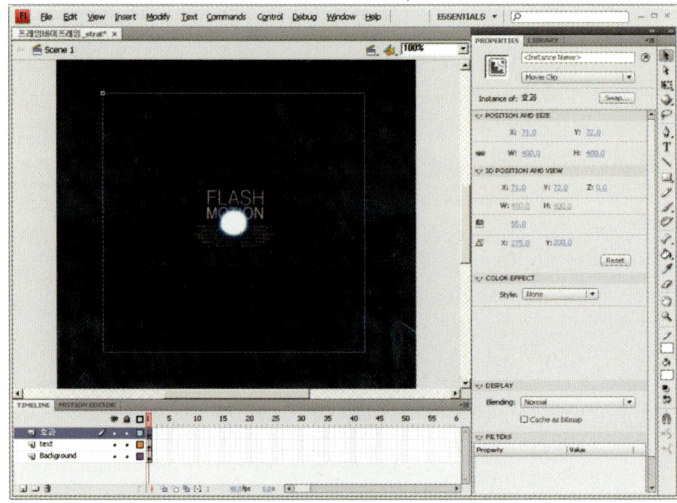

07 테스트 무비(단축키: Ctrl + Enter)를 실행하여 완성된 화면을 확인합니다.

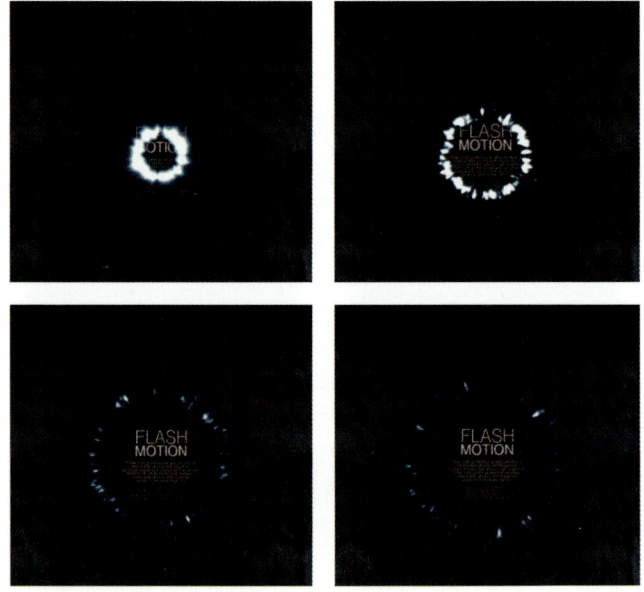

이번 장을 마치며

프레임 바이 프레임 기법은 변화를 주는 시점에 키 프레임을 추가합니다. 여러 개의 키 프레임이 모여서 하나의 애니메이션을 만듭니다. 프레임은 변화없는 장면을 보여줄 때, 키 프레임은 장면의 변화가 있을 때 만들어줍니다. 트윈 모션과 다른 느낌의 모션을 만들고 싶다면 프레임 바이 프레임 기법을 사용해보세요.

Ease를 이용한 가속&감속 모션

학습 목표

플래시를 이용해서 움직임을 만드는 방법에 대해서 알아보았습니다. 이번에 배울 내용은 Ease 값 설정을 통해 감각적인 움직임을 만드는 방법입니다. Ease 값을 설정하면 가속이나 감속을 제어할 수 있어서 등속 움직임을 가진 모션 보다 느낌이 좋은 결과물을 만들 수 있습니다.

Step 01 | Ease에 대한 기본기 익히기

움직임에 가속과 감속을 주는 방법에 대해 알아보겠습니다.

> 📺 **동영상 강의 [모션의 느낌 따라잡기(감속 모션 만들기)] 참고**
> **동영상 강의** : 부록CD1/동영상 강의①/② 감속 모션 만들기.avi
> **예제파일** : 부록CD1/동영상 강의①/모션의 느낌 따라잡기.fla, 모션의 느낌 따라잡기.swf

01 새 파일을 열기 위해 [File] − [New] 메뉴를 선택합니다. 대화상자가 나오면 Flash File(Action-Script3.0)을 선택한 뒤 [확인] 버튼을 클릭합니다.

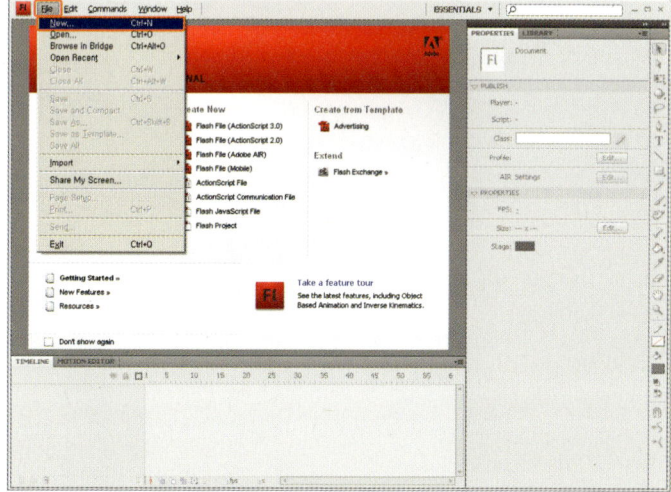

02 화면에 박스를 그리기 위해 도구상자에서 Rectangle 툴(□)을 선택하고 그림처럼 화면에 박스를 그려줍니다.

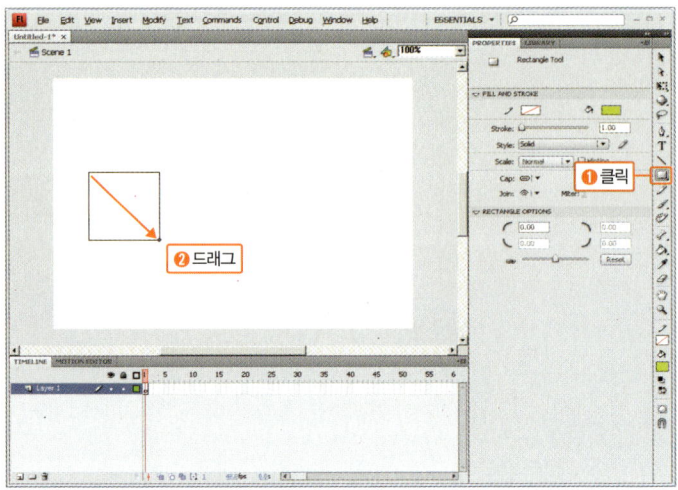

03 화면의 박스를 선택하고 [Modify] - [Convert to Symbol](단축키:F8)을 실행해서 심볼을 등록합니다.

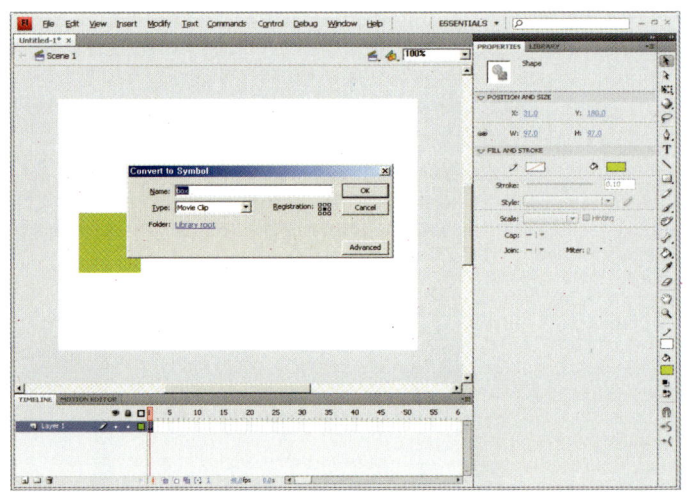

04 45번 프레임을 선택하고 [Insert] - [Timeline] - [Keyframe](단축키:F6)을 실행해서 키 프레임을 만들어줍니다.

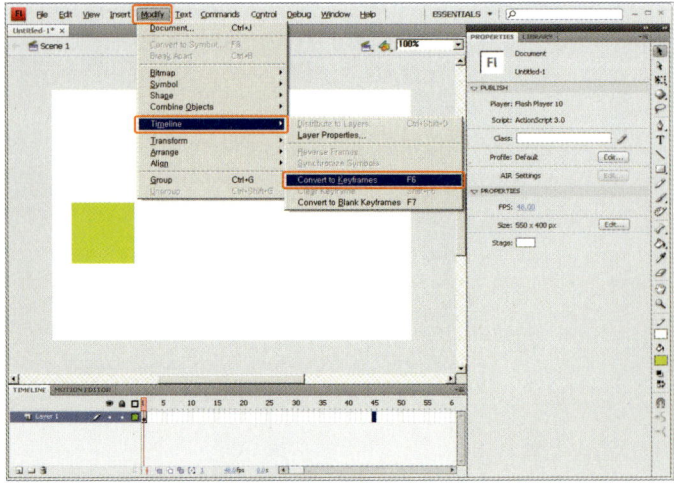

05 45번 프레임에 있는 [무비클립:box]를 오른쪽으로 이동시킵니다.

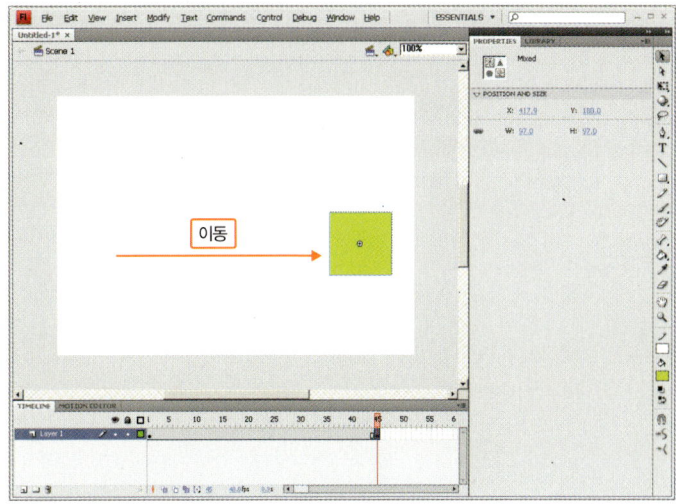

06 1번 프레임과 45번 프레임 사이의 한 곳을 마우스 오른쪽 버튼으로 클릭한 다음 [Create Classic Tween]을 선택합니다.

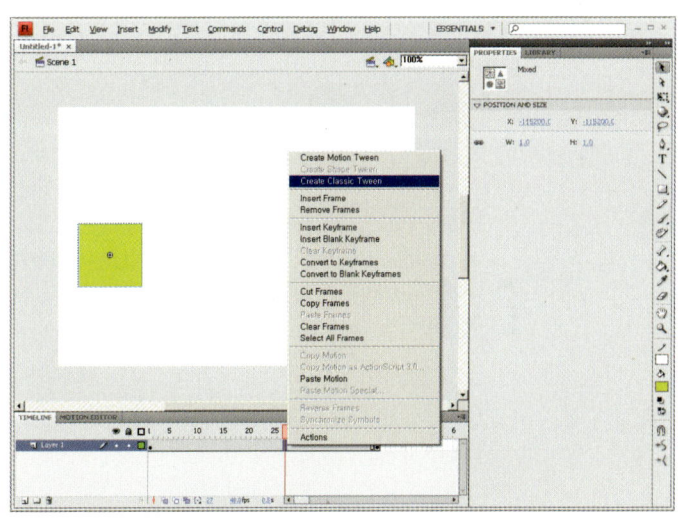

07 테스트 무비(단축키: Ctrl + Enter)를 실행하여 현재 움직임을 확인합니다.

08 부드러운 움직임을 위해서 Ease 값을 설정해 보겠습니다. 1번 프레임과 45번 프레임 사이의 한 곳을 클릭하여 [Properties] 패널에서 [Tweening] 메뉴의 Ease 값을 100으로 설정합니다.

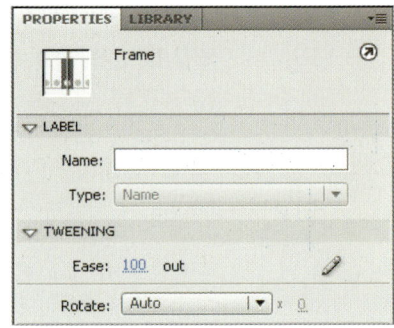

09 테스트 무비(단축키: Ctrl + Enter)를 실행하여 현재 움직임을 확인합니다. 멈추는 부분에서 부드럽게 움직임이 마무리 되는 것을 확인할 수 있습니다. Ease 값을 변경하면서 값에 따른 움직임 변화를 살펴보세요.

Tip

Ease 값 설정에 따른 움직임의 변화를 예제를 통해 알아보겠습니다.

부록CD1/Sample/Part03/Sec04/ease미적용.swf
부록CD1/Sample/Part03/Sec04/ease적용.swf

각각의 파일 열어서 움직임을 확인해봅니다.
차이점이 느껴지나요? 각각의 움직임을 만드는 타임라인의 변화는 동일합니다. 단지 차이점은 Ease 값의 적용 여부뿐 입니다. Ease 적용 파일은 앞 구간의 Ease 값을 -100, 뒤 구간의 Ease 값을 100으로 설정했습니다. 즉 Ease 값이 낮을수록 가속되고, Ease 값이 높을수록 감속됩니다.

완성된 모션에 Ease 값을 변경해서 차이점을 알아봅시다. 앞의 설명처럼 Ease 값은 선택이 아닌 필수 요소입니다. 여러분들이 플래시에서 움직임을 만들 때도 Ease 값에 대해 충분히 고민하고 설정해야 합니다.

완성파일미리보기 : 부록CD1/Sample/Part03/Sec04/Ease감속이해_end.swf
완성파일 : 부록CD1/Sample/Part03/Sec04/Ease감속이해_end.fla
예제파일 : 부록CD1/Sample/Part03/Sec04/Ease감속이해_strat.fla

01 '부록CD1/Sample/Part03/Sec04/Ease감속이해_strat.fla' 파일을 열고 레이어 구조를 확인합니다.

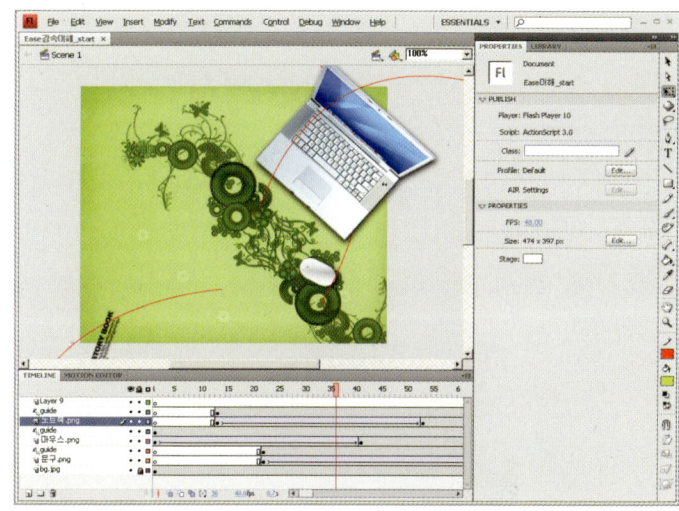

02 현재 상태에서 테스트 무비(단축키 : Ctrl + Enter)를 실행하여 화면을 확인합니다. 움직임을 여러 번 반복해서 현재 움직임이 기억에 남도록 합니다.

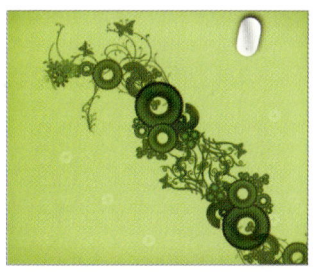

03 이제 Ease 값을 적용하겠습니다. 빠르게 등장했다가 멈추는 시점에서는 움직임이 서서히 느려지는 감속 운동을 만들어봅시다. 타임라인에서 [레이어:노트북.png]의 13~53번 프레임 구간을 선택하고 [Properties] 패널의 [Tweening] 메뉴 Ease 값을 100으로 설정합니다.

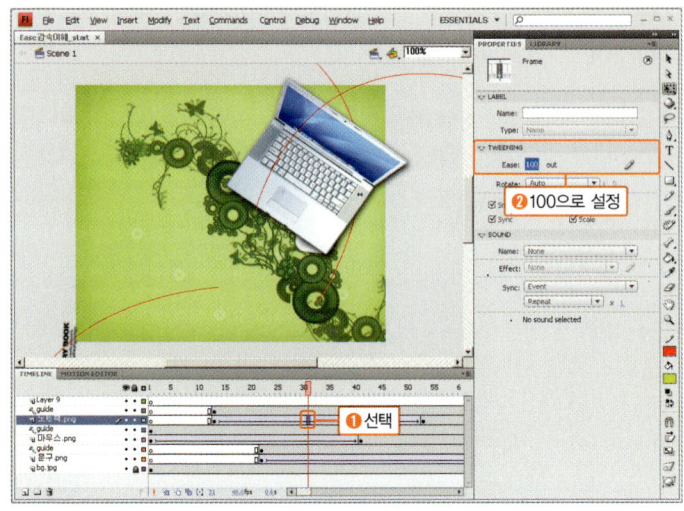

04 현재 상태에서 테스트 무비(단축키: Ctrl + Enter)를 실행하여 화면을 확인합니다. Ease 값을 주지 않은 다른 모션들의 움직임과 차이점을 확인합니다.

05 나머지 레이어의 모션 구간도 같은 방식으로 Ease 값을 100으로 설정하고 움직임을 확인해봅시다.

Step 03 **Ease 변화로 가속 모션 만들어보기**

속도가 점점 빨라지는 가속 모션을 만들어보겠습니다. Ease 값이 작을수록 가속됩니다.

> **완성파일미리보기** : 부록CD1/Sample/Part03/Sec04/Ease가속이해_end.swf
> **완성파일** : 부록CD1/Sample/Part03/Sec04/Ease가속이해_end.fla
> **예제파일** : 부록CD1/Sample/Part03/Sec04/Ease가속이해_strat.fla

01 '부록CD1/Sample/Part03/Sec04/Ease가속이해_strat.fla' 파일을 열고 레이어 구조를 확인합니다.

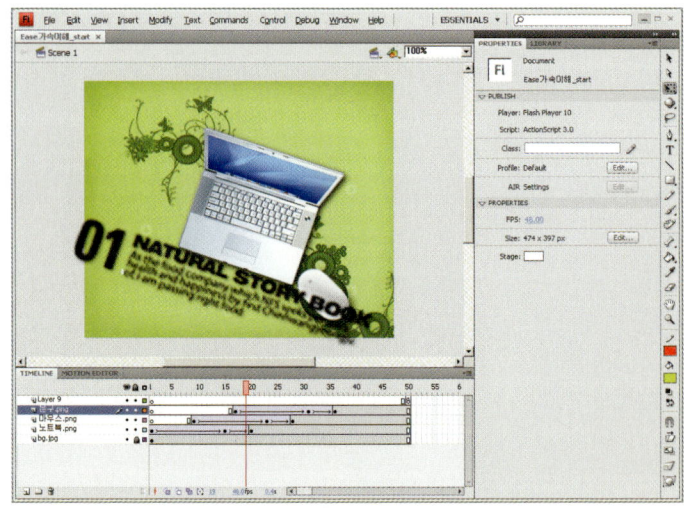

02 이제 Ease 값을 적용합니다. 처음 등장할 때 점점 속도가 빨라지는 가속 운동을 만들어봅시다. 타임라인에서 [레이어:노트북.png]의 1~15번 프레임 구간을 선택하고 [Properties] 패널의 [Tweening] 메뉴 Ease 값을 −100으로 설정합니다.

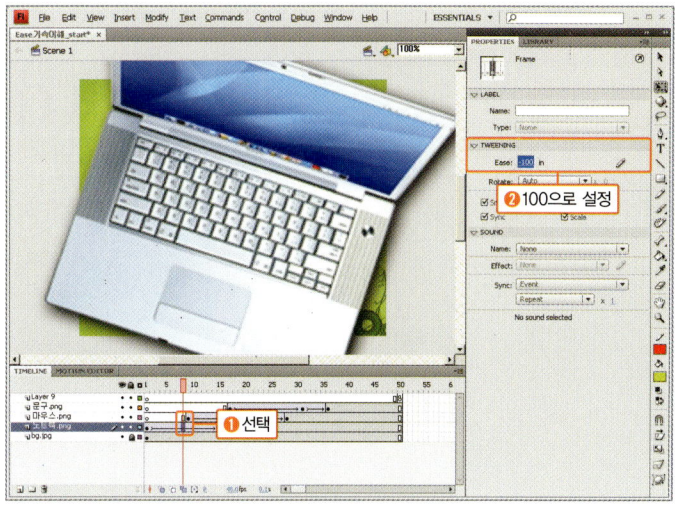

03 나머지 레이어의 모션구간도 같은 방식으로 Ease 값을 −100으로 설정하고 움직임을 확인해봅니다.

이번 장을 마치며

Ease 값을 이용한 감속 혹은 가속 모션은 모션의 느낌을 더 잘 살릴 수 있는 방법 중 하나입니다. 원본 파일을 보면서 Ease 값의 변화에 따른 움직임의 변화를 살펴보세요. 자연스럽게 움직임을 표현하는 것은 플래시의 표현에서만 사용되는 것이 아니라 모션 작업에 필요한 기본적인 사항입니다. 던져진 공이 중력의 영향을 받는 모션을 생각하면서 Ease 값을 이해해 보세요.

마스크 이해하기

학습 목표

플래시에서 마스크란 전체 영역 중 특정한 일부 영역만을 보여주는 기법입니다. 플래시의 다른 기능과 함께 이용하면 마스크 기법도 특별한 표현 방법으로 활용할 수 있습니다. 이번 장에서는 마스크에 대한 기본 개념을 알아보고 활용 예제를 만들어보겠습니다.

Step 01 | 마스크에 대한 기본기 익히기

마스크를 적용하기 위해 두 개의 레이어가 필요합니다. Mask 레이어는 위에 위치하고 보여질 영역을 나타냅니다. Masked 레이어는 Mask 레이어 아래에 위치하며 하나의 Mask에 여러 개의 Masked 레이어를 적용할 수 있습니다.

> **동영상 강의 [마스크의 이해] 참고**
> **동영상 강의** : 부록CD1/동영상 강의①/⑧ 마스크의 이해.avi

01 '부록CD1/Sample/Part03/ Sec05/마스크기본예제.fla' 파일을 열고 레이어 구조를 확인합니다.

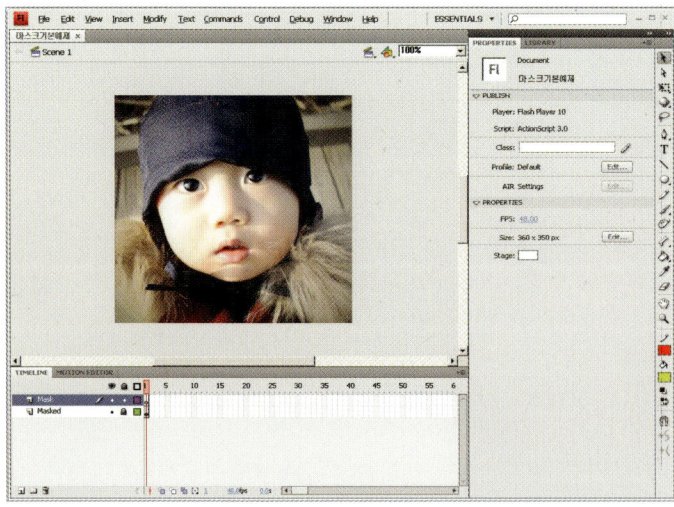

02 [레이어:Mask] 화면에 박스를 그리기 위해 도구상자에서 원형 툴을 선택하고 그림처럼 원을 그립니다.

03 [레이어:Mask]를 선택하고 마우스 오른쪽 버튼을 클릭한 다음 Mask를 선택합니다.

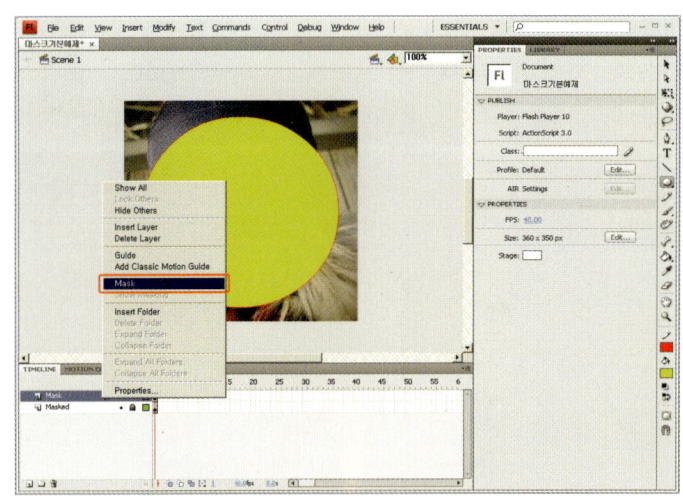

04 마스크레이어가 설정되고, 두 레이어의 잠금 설정을 확인할 수 있습니다. 또한 그려진 영역만큼 마스크가 적용된 것도 확인할 수 있습니다.

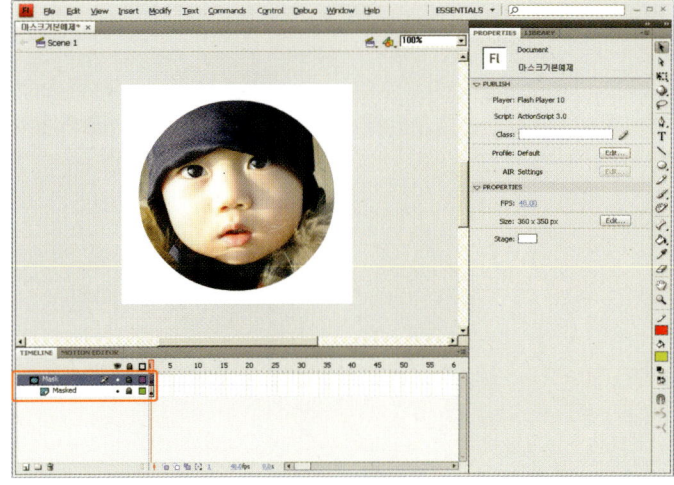

마스크 기법의 원리를 응용하면 다양한 효과를 만들 수 있습니다. 그 중 하나로 부드럽게 등장하는 텍스트 모션을 만들어보겠습니다. 마스크에 모션을 주는 방법으로 특별한 느낌의 모션을 연출해봅시다.

완성파일미리보기 : 부록CD1/Sample/Part03/Sec05/마스크응용_end.swf
완성파일 : 부록CD1/Sample/Part03/Sec05/마스크응용_end.fla
예제파일 : 부록CD1/Sample/Part03/Sec05/마스크응용_start.fla

01 '부록CD1/Sample/Part03/Sec05/마스크응용_start.fla' 파일을 열고 레이어 구조를 확인합니다.

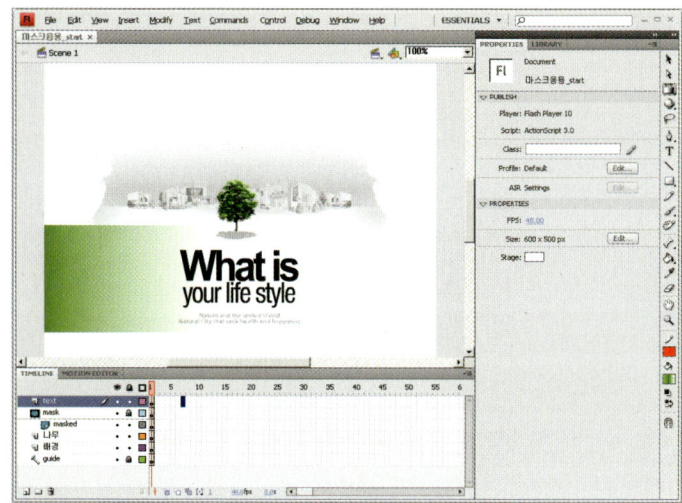

02 현재 상태에서 테스트 무비 (단축키: Ctrl + Enter)를 실행하여 화면을 확인합니다. 텍스트가 마스크 영역으로 설정되어 하단에 있는 그라디언트가 마스크 적용 대상이 된 것을 확인할 수 있습니다.

03 이런 원리와 그라디언트를 이용한 쉐이프 트윈을 이용해서 마스크 기법을 적용해 보겠습니다. 타임라인에 있는 모든 레이어의 40번 째 프레임을 선택하고 [Insert] − [Timeline] − [Frame] (단축키: F5)을 실행하여 프레임 길이를 맞춰줍니다.

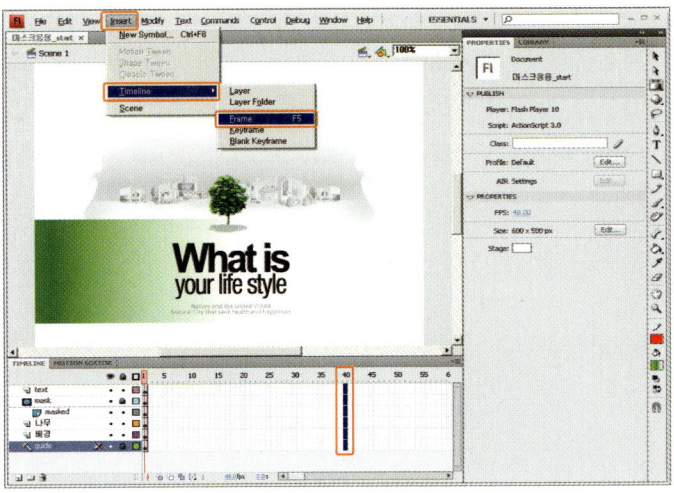

04 [레이어:masked]의 40번 프레임을 선택하고 [Insert] − [Timeline] − [Keyframe](단축키: F6)을 실행하여 키 프레임을 만들어줍니다.

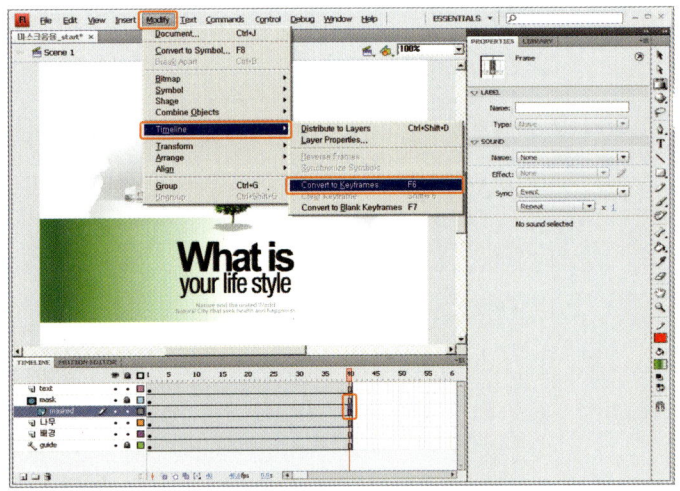

05 도구상자에서 Gradient Transform 툴을 선택하고 40번 프레임에 있는 그라디언트 오브젝트를 선택합니다. 아래 이미지처럼 그라디언트 형태를 조절하는 파란색 선을 확인할 수 있습니다.

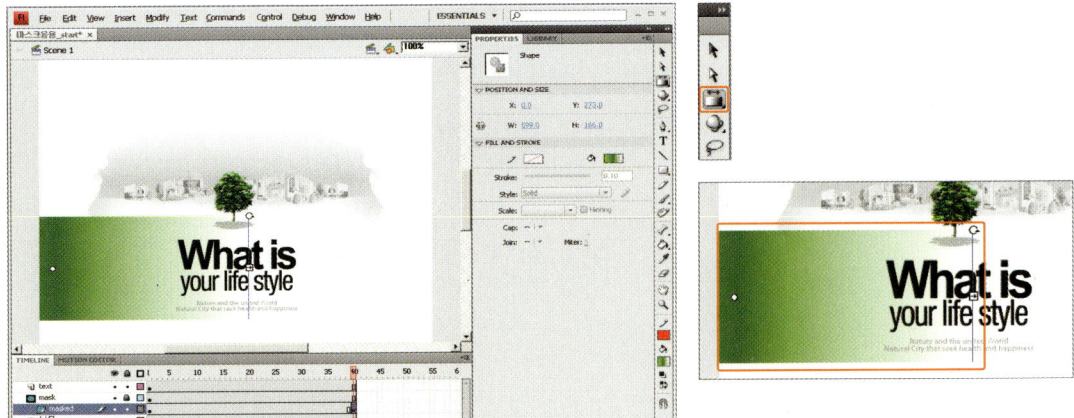

06 하얀 원모양 포인트에 마우스 커서를 가져가 그라디언트 색상의 중심점을 왼쪽에서 오른쪽으로 이동합니다.

07 1번 프레임과 40번 프레임 사이의 한 곳을 마우스 오른쪽 버튼으로 클릭하고 [Create Shape Tween]을 선택합니다.

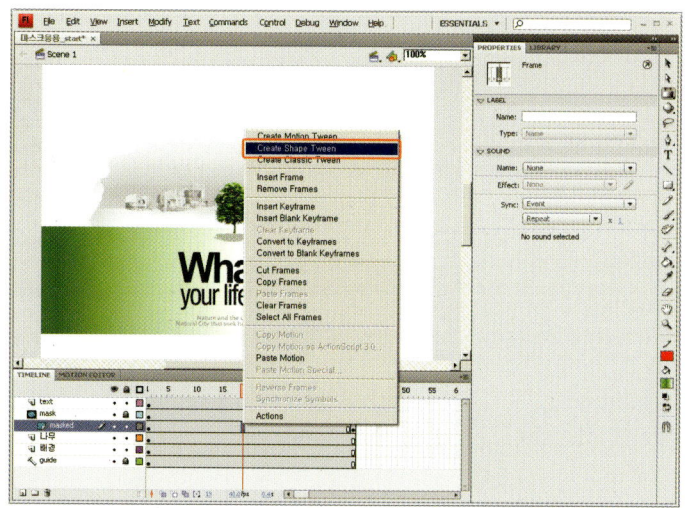

08 테스트 무비(단축키: Ctrl + Enter)를 실행하여 완성된 화면을 확인합니다.

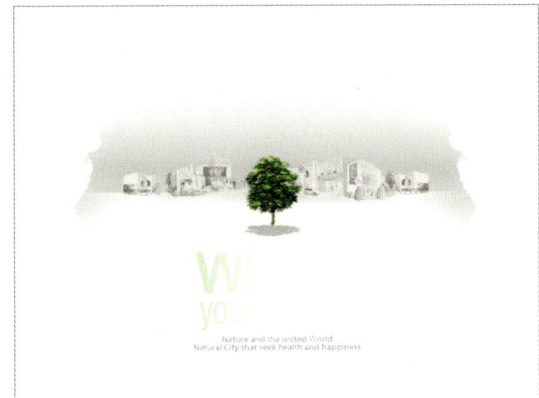

이번 장을 마치며

마스크 레이어는 반드시 하나의 오브젝트만 있어야 합니다. 마스크의 확인은 꼭 테스트 무비로 확인하세요! 요즘 트랜드는 기본적인 마스크 모션보다 마스크 기법과 다른 기법을 함께 응용해 새로운 모션을 만드는 것입니다. 이번 장에서 제시한 예도 마스크 기법과 그라디언트 쉐이프 모션을 함께 이용했습니다. 기본이 충실하다면 이런 응용 기법도 만들 수 있습니다.

06 모션 가이드 이해하기

학습 목표

지금까지 배운 움직임을 만드는 방식 가운데 모션 트윈은 직선의 움직임을 가지고 있습니다. 그럼 곡선의 움직임을 만들고자 한다면 어떤 방법이 있을까요? 모션 가이드를 이용해서 다양한 느낌의 모션을 만들 수가 있습니다. 이번 장에서는 기본적인 모션 가이드의 이해와 응용에 대해 알아보겠습니다.

완성파일미리보기 : 부록CD1/Sample/Part03/Sec06/가이드모션_end.swf
완성파일 : 부록CD1/Sample/Part03/Sec06/가이드모션_end.fla
예제파일 : 부록CD1/Sample/Part03/Sec06/가이드모션_start.fla

Step 01 | 가이드 라인 만들기

곡선 움직임의 기준이 될 가이드 라인을 만들어줍니다.

01 '부록CD1/Sample/Part03/Sec06/가이드모션_start.fla' 파일을 열고 레이어 구조를 확인합니다.

02 [레이어:guide]의 1번 프레임을 선택하고, 도구상자의 펜 툴을 이용해 그림처럼 라인 형태의 선을 그려줍니다.

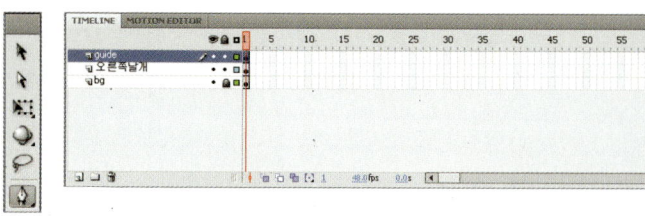

Step 02 | **가이드 레이어 만들기**

일반 레이어를 가이드 레이어로 만들어줍니다.

01 [레이어:guide]를 선택하고 마우스 오른쪽 버튼을 클릭해서 Guide 메뉴를 선택합니다.

02 [레이어:오른쪽날개]를 드래그해서 [레이어:guide] 하단에 종속되도록 이동합니다. 레이어 구분선이 점선 형태로 바뀌면 가이드 레이어의 종속 관계가 만들어진 것입니다.

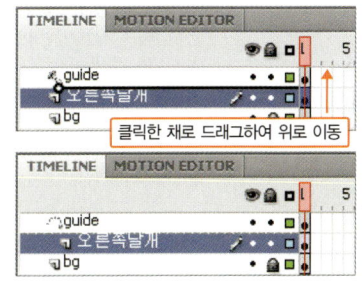

가이드를 적용해 봅시다.

01 타임라인에 있는 모든 레이어의 50번 프레임을 선택하고 [Insert] – [Timeline] – [Frame] (단축키 : F5)을 실행하여 프레임 길이를 맞춰줍니다.

02 [레이어:오른쪽날개]의 35번 프레임을 선택하고 [Insert] – [Timeline] – [Keyframe](단축키 : F6)을 실행하여 키 프레임을 만들어줍니다.

03 1번 프레임에 있는 [무비클립:나비움직임]의 위치와 방향을 그림처럼 스테이지 상단으로 이동합니다. 이 때 [무비클립:나비움직임]의 중심점을 라인의 시작점에 위치하도록 합니다.

04 35번 프레임에 있는 [무비클립:나비움직임]의 위치와 방향을 그림처럼 화면 하단으로 이동합니다. 이 때 [무비클립:나비움직임]의 중심점을 라인의 끝점에 위치하도록 합니다.

05 1번 프레임과 35번 프레임 사이의 한 곳을 마우스 오른쪽 버튼으로 클릭한 다음 [Create Motion Tween]을 선택합니다.

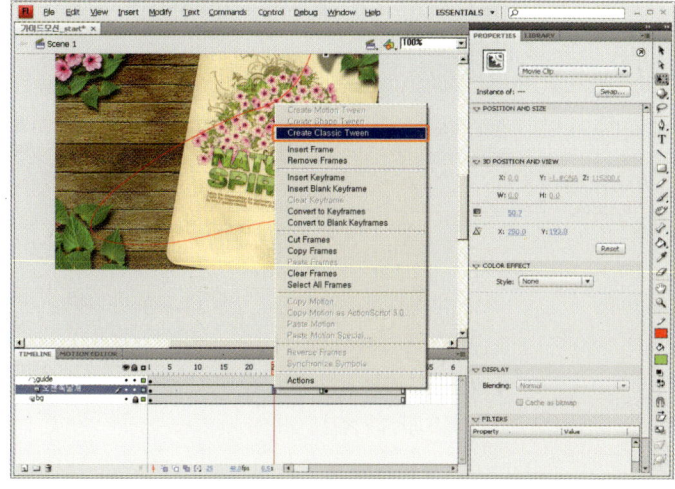

06 테스트 무비(단축키: Ctrl + Enter)를 실행하여 움직임을 확인하면 매우 빠르게 움직이는 것을 확인할 수 있습니다. 전체적인 프레임을 늘려보겠습니다. 타임라인의 플레이 헤드를 선택하고 F5 키를 누르면 레이어의 프레임이 전체적으로 늘어나는 것을 확인할 수 있습니다. 120번 프레임까지 확장합니다.

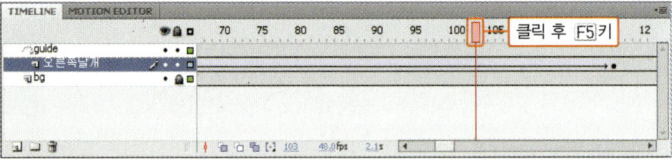

07 다시 한 번 테스트 무비(단축키: Ctrl + Enter)를 실행하여 움직임을 확인하면 나비의 방향이 고정된 채로 움직이는 것을 확인할 수 있습니다. 나비가 라인을 따라 방향을 바꿔가면서 움직이도록 하기 위해 모션 트윈을 준 타임라인을 하나 클릭하고 [Properties] 패널에서 [Tweening] 메뉴에 Orient to path 항목을 체크합니다.

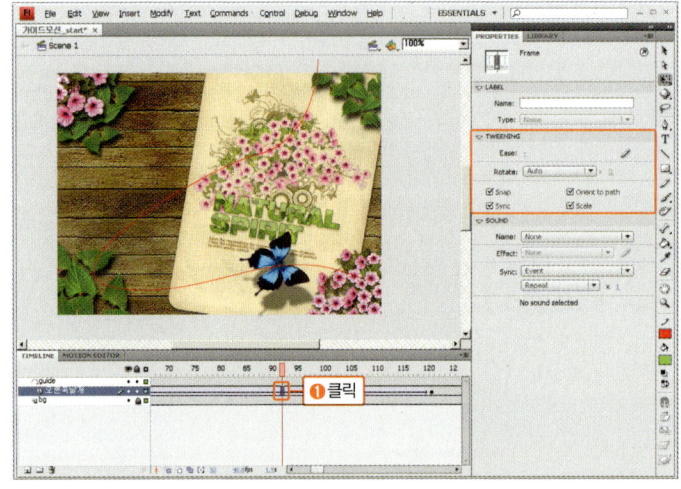

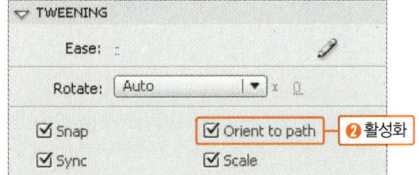

08 테스트 무비(단축키: Ctrl + Enter)를 실행하여 완성된 화면을 확인합니다.

이번 장을 마치며

모션 가이드는 모션 트윈이 있는 레이어에만 적용할 수 있습니다. 모션 가이드의 라인은 반드시 쉐이프 형태로 만들어야 합니다. 심볼이 가이드 라인을 따라가지 않는 경우 다음 사항을 체크해 보세요.

시작점과 끝점 확인 필수 : 모션 가이드의 시작점과 끝점에 정확하게 심볼의 중심점이 일치하도록 합니다.

가이드 레이어 체크 : 가이드 레이어의 라인은 쉐이프 형태로 만들어야 합니다.

멀티 프레임 이해하기

학습 목표

이번 장에서는 두 가지 움직임이 만나 새로운 느낌의 모션을 만드는 효과를 배워보겠습니다. 플래시의 특징 가운데 하나는 심볼 안에 심볼을 만들거나 움직이는 심볼로 모션을 만들 수 있는 것입니다. 이 특성을 잘 활용하면 화려한 움직임을 만들 수 있습니다. 원리를 잘 이해하고 응용해봅시다.

Step 01 | 원리 이해하기

두 가지 모션을 각각 만들고 그 두 가지의 움직임을 합쳐보겠습니다.

01 '부록CD1/Sample/Part03/Sec07/멀티프레임기초_start.fla' 파일을 열고 레이어 구조를 확인합니다.

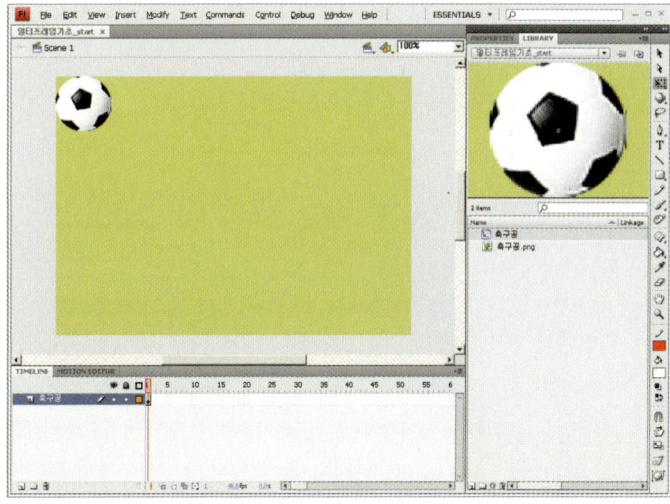

02 도구상자의 선택 툴(🔧)로 화면에 있는 [무비클립:축구공]을 선택한 뒤 [Modify] – [Convert to Symbol](단축키: F8)을 실행해서 심볼 등록합니다. 이 때 심볼의 이름은 '좌우움직임'으로 설정합니다.

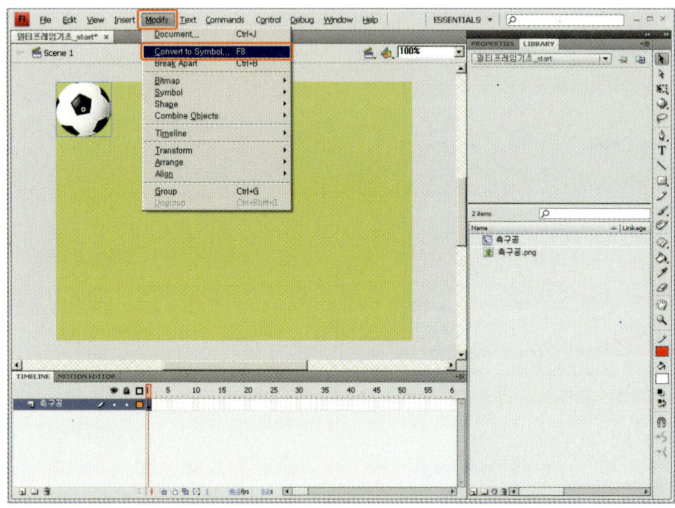

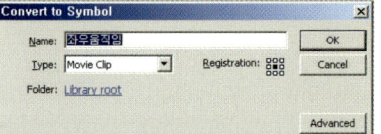

03 스테이지에 있는 [무비클립:좌우움직임]을 더블 클릭해서 심볼의 작업 영역으로 이동합니다.

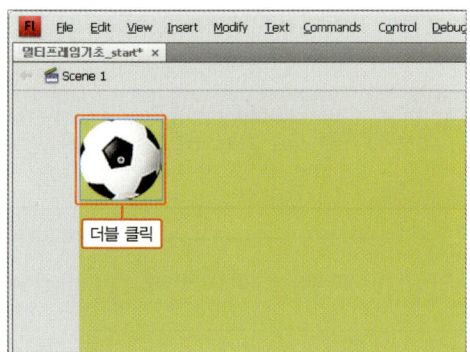

04 [레이어:Layer 1]의 40번, 80번 프레임에서 F6키를 눌러 각각 키 프레임을 생성합니다.

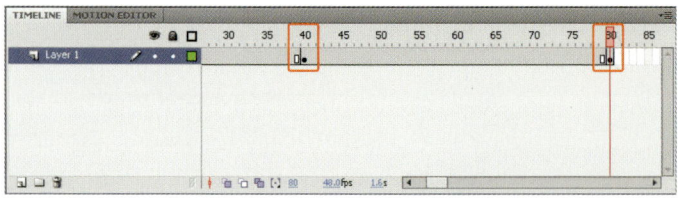

05 40번 키 프레임에 있는 [무비클립:축구공]을 스테이지 오른쪽 끝 부분으로 이동합니다.

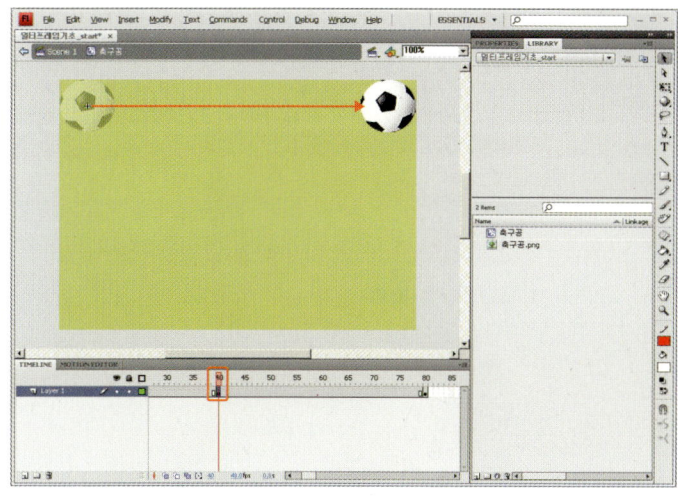

06 1번 프레임과 80번 프레임 사이의 일부분을 마우스 오른쪽 버튼으로 드래그하여 선택한 다음 [Create Classic Tween]을 적용합니다.

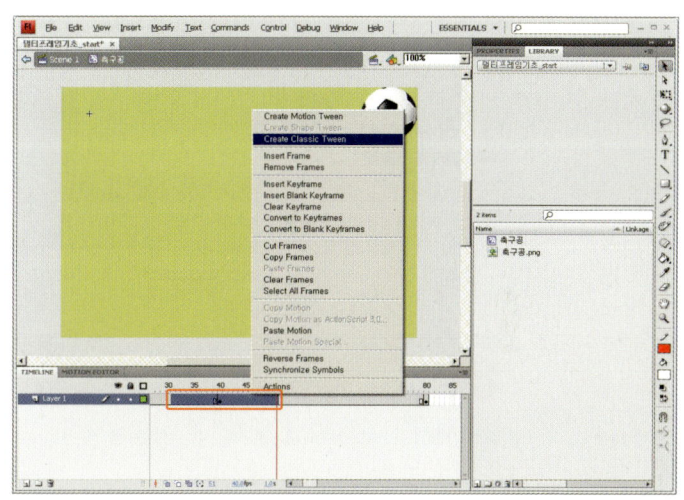

07 테스트 무비(단축키: Ctrl + Enter)를 실행하여 현재의 움직임을 확인합니다.

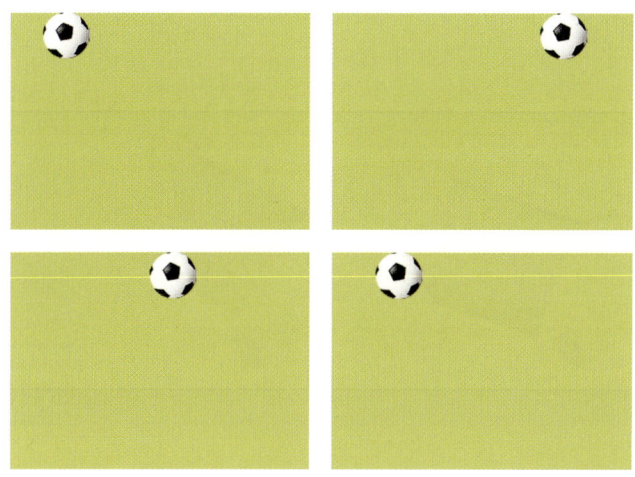

08 메인 타임라인으로 이동하기 위해 [Scene 1]을 눌러서 이동합니다.

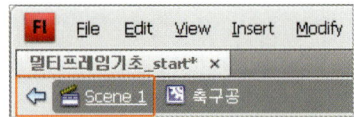

09 다시 한 번 타임라인에 있는 [무비클립:좌우움직임]을 선택하고 [Modify] – [Convert to Symbol](단축키:F8)를 실행해서 심볼 등록합니다. 이 때 심볼의 이름은 '상하움직임' 으로 설정합니다.

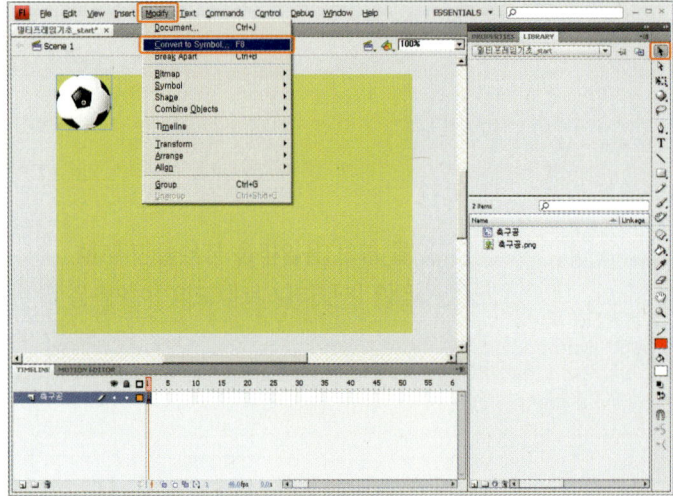

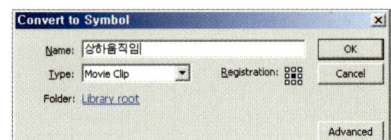

10 스테이지에 있는 [무비클립:상하움직임]을 더블 클릭해서 심볼의 작업 영역으로 이동합니다.

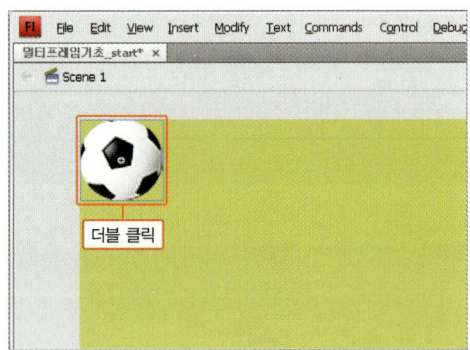

더블 클릭

11 [레이어:Layer 1]의 40번, 80번 프레임에서 F6키를 눌러 각 각 키 프레임을 생성합니다.

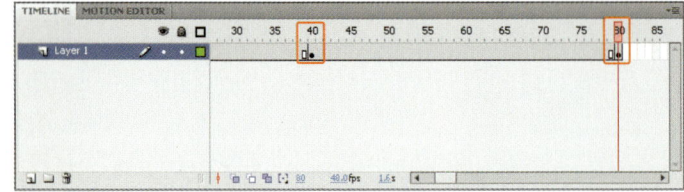

12 40번 키 프레임에 있는 [무비클립:좌우움직임]을 스테이지 하단 끝 부분으로 이동합니다.

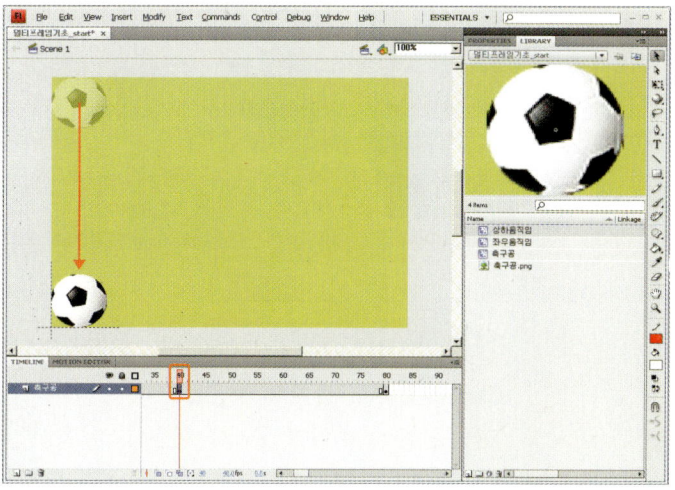

13 1번 프레임과 80번 프레임 사이의 일부분을 마우스 오른쪽 버튼으로 드래그하여 선택한 다음 [Create Classic Tween]을 적용합니다.

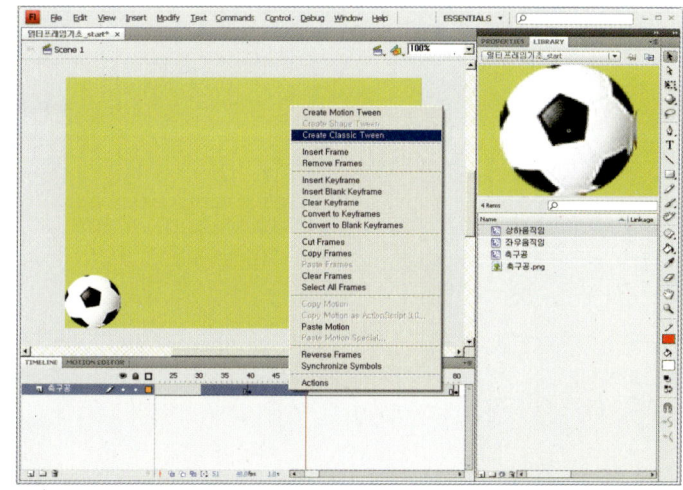

14 테스트 무비(단축키: Ctrl + Enter)를 실행하여 현재의 움직임을 확인합니다.

Tip 살펴보면 축구공이 대각선으로 움직이는 것을 확인할 수 있습니다. 즉 좌우 움직임과 상하 움직임이 만나서 새로운 대각선의 움직임이 만들어집니다. 이것이 바로 멀티 프레임의 핵심입니다 텍스트 심볼의 작업 영역에서 상하로 움직이는 모션을 만들어보겠습니다.

완성파일미리보기 : 부록CD1/Sample/Part03/Sec07/멀티프레임이해_end.swf
완성파일 : 부록CD1/Sample/Part03/Sec07/멀티프레임이해_end.fla
예제파일 : 부록CD1/Sample/Part03/Sec07/멀티프레임이해_strat.fla

01 '부록CD1/Sample/Part03/
Sec07/멀티프레임이해_strat.fla'
파일을 열고 레이어 구조를 확인
합니다.

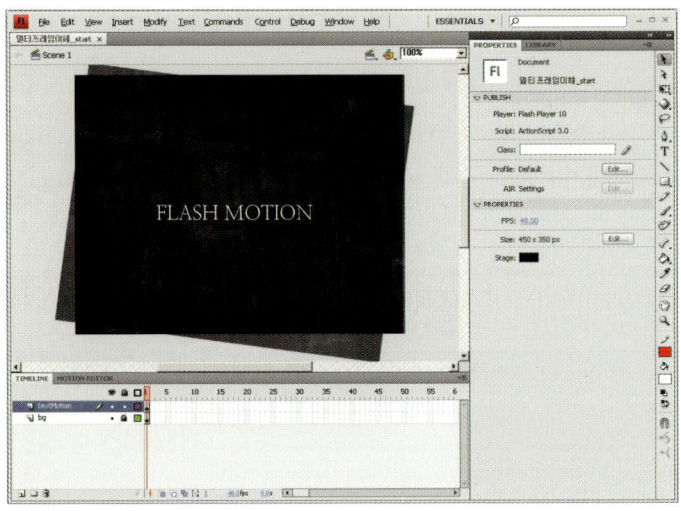

02 스테이지에 있는 [무비클
립:textMotion]을 더블 클릭해서
심볼의 작업 영역으로 이동합니다.

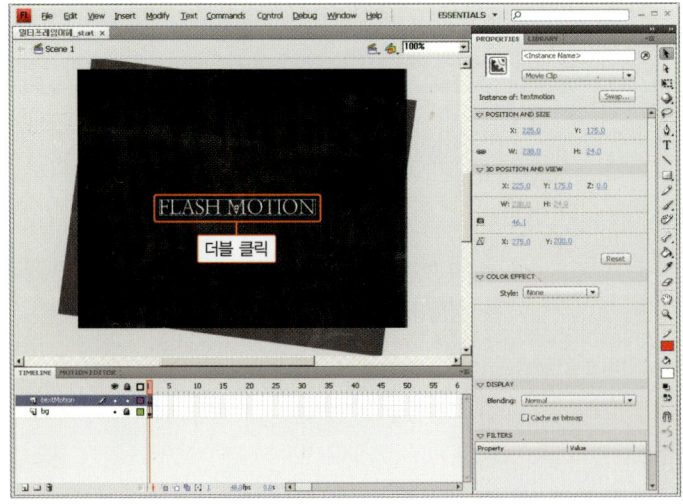

03 모든 레이어의 15번, 25번 프레임에서 F6 키를 눌러서 각각 키 프레임을 생성합니다.

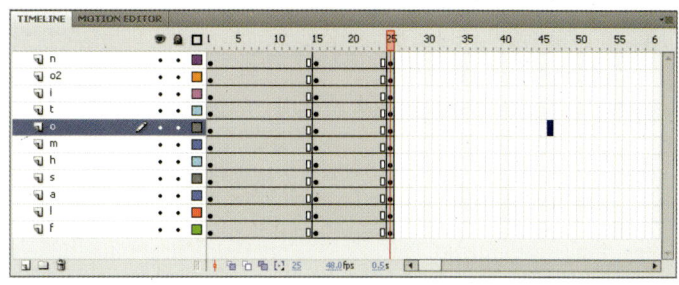

04 움직임을 만들기 위해 1번 프레임과 25번 프레임 사이의 일부분을 드래그해서 선택한 다음 마우스 오른쪽 버튼을 클릭한 후 [Create Classic Tween]을 적용합니다.

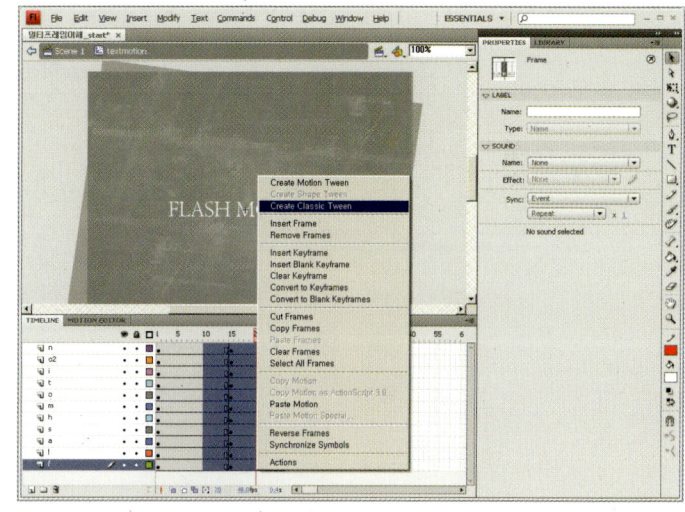

05 변화를 주기 위해 모든 레이어의 1번 프레임에 있는 심볼을 그림처럼 아래 위로 이동합니다.

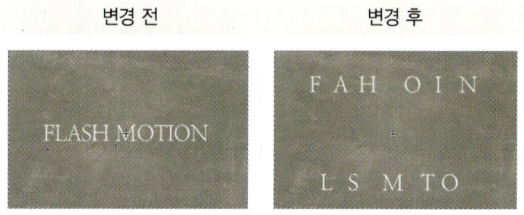

06 감각적인 느낌을 만들기 위해 모든 레이어의 15번 프레임에 있는 심볼을 그림처럼 아래 위로 이동합니다.

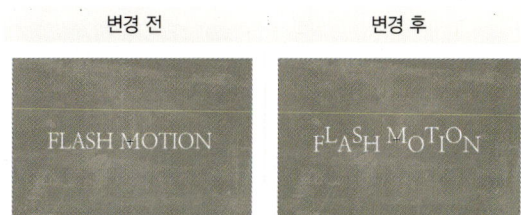

07 각각의 텍스트가 순차적으로 등장하는 모션을 만들기 위해 레이어를 다음과 같이 만들어줍니다.

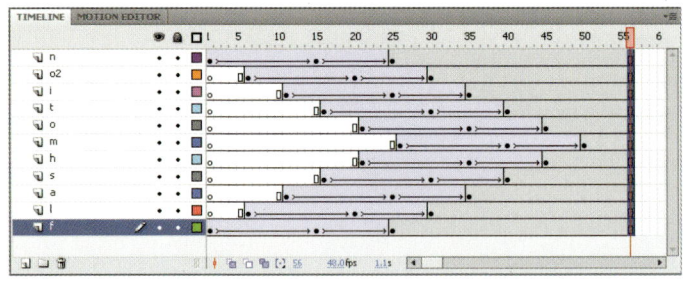

Tip 레이어 순차적으로 이동하기   📺 동영상 강의 [타임라인의 이해] 참고
동영상 강의 : 부록CD1/동영상 강의①/⑤ 타임라인의 이해.avi

❶ 원하는 프레임 선택

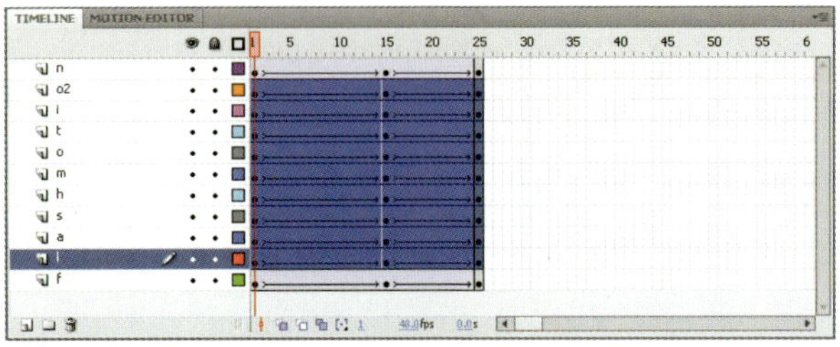

❷ 원하는 위치로 이동

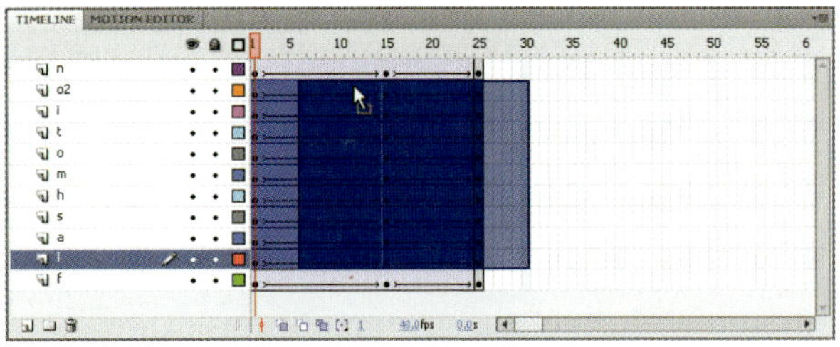

❸ 이동하고자 하는 레이어의 빈 프레임 구간 선택

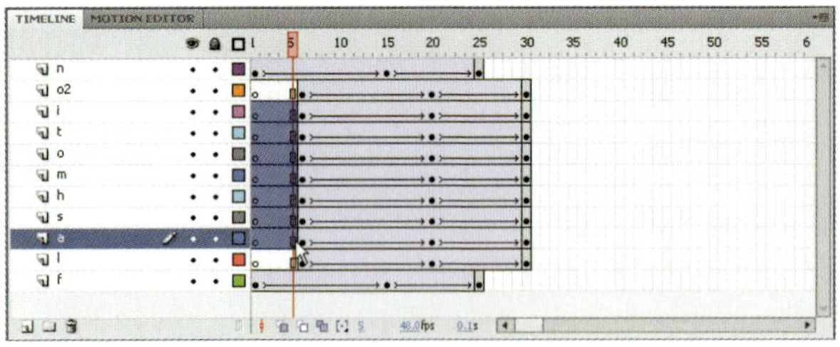

❹ 단축키 F5 키를 눌러서 프레임 늘리기

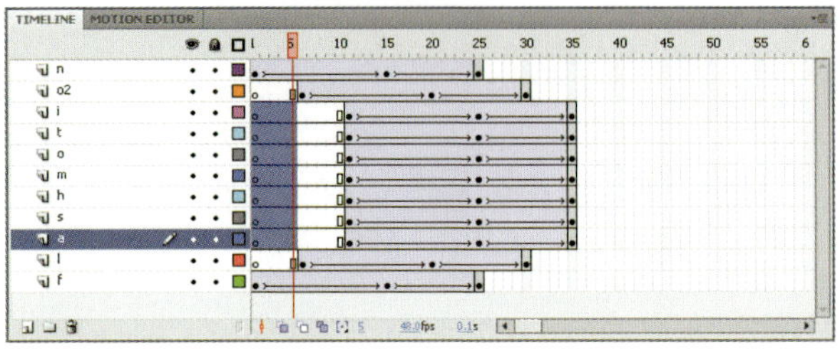

⑤ 같은 방식으로 구조 만들기

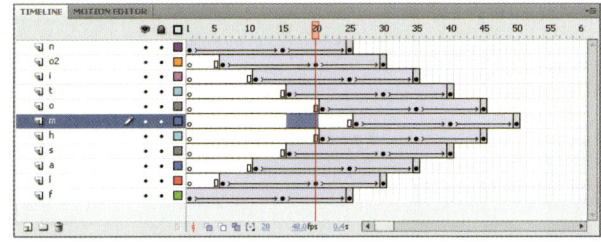

⑥ 전체적으로 프레임 길이 통일 하기 위해서 모든 레이어의 프레임을 선택하고 단축키 F5 키를 눌러서 프레임 늘리기

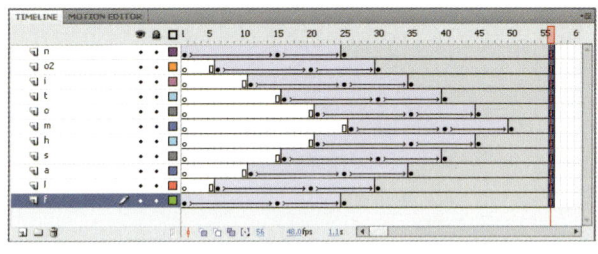

Step 03   **멀티 프레임 응용 – 타임라인에서 모션 만들기**

방금 만든 상하 움직임을 가진 심볼 'textMotion'에 scale 변화를 주겠습니다.

01 메인 타임라인으로 이동하기 위해 [Scene 1]을 누릅니다.

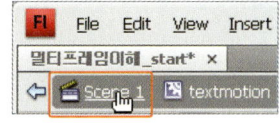

02 타임라인의 모든 레이어의 길이를 늘려줍니다. 55번 프레임을 선택하고 [Insert] – [Timeline] – [Frame](단축키: F5)을 실행하여 프레임 길이를 맞춰줍니다.

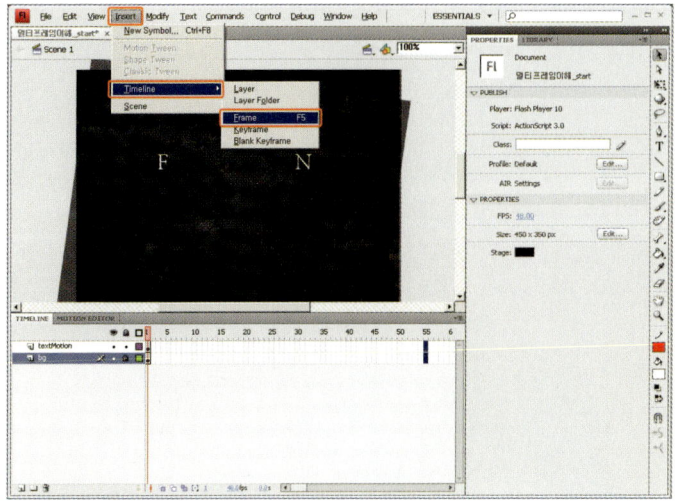

03 타임라인에서 [무비클립:textMotion]의 움직임을 확인하기 위해 심볼의 속성을 다음과 같은 순서로 바꿔줍니다.

무비클립 선택　　　　　　Properties 패널에서 Graphic으로　　　Properties 패널에서 Looping 메뉴의
　　　　　　　　　　　　　　속성 변화　　　　　　　　　　　　　Options을 Play Once로 설정

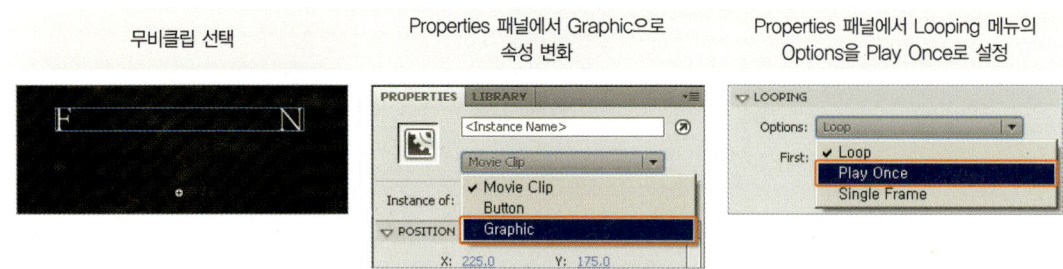

04 타임라인에서 플레이 헤드를 움직이면 [무비클립:textMotion]의 움직임을 확인할 수 있습니다.

05 모션 트윈을 적용하기 위해 50번 프레임을 선택하고 [Insert] – [Timeline] – [Keyframe](단축키:F6)을 눌러서 키 프레임을 만듭니다.

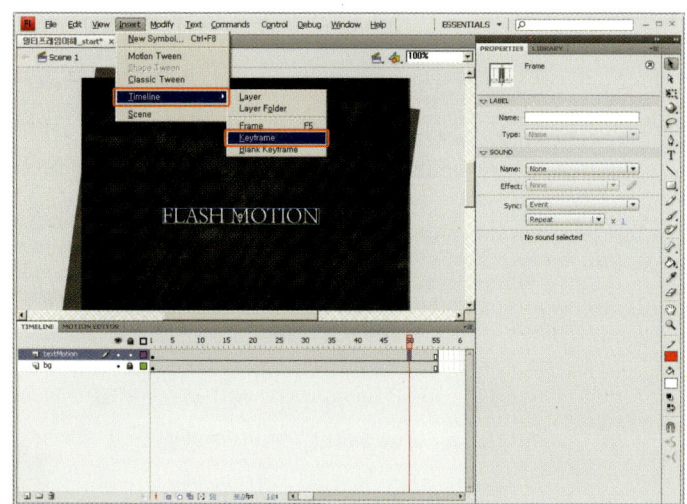

06 1번 프레임에 있는 심볼을 선택하고 Ctrl + Alt + S 를 눌러서 Scale and Rotate 창을 활성화시키고 Scale 값을 300으로 설정합니다.

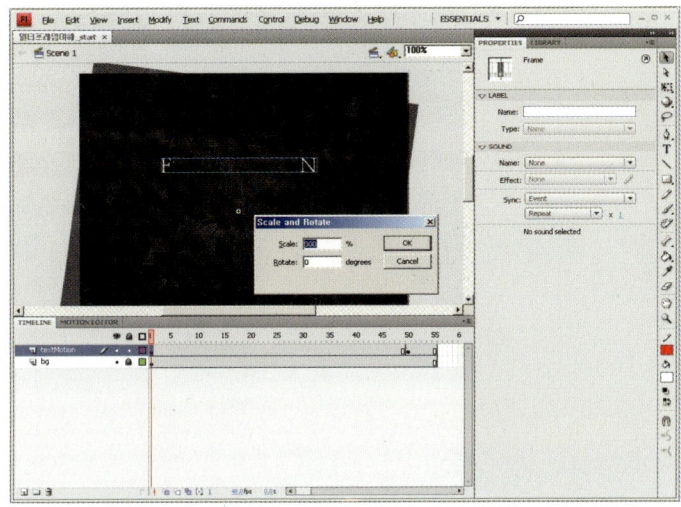

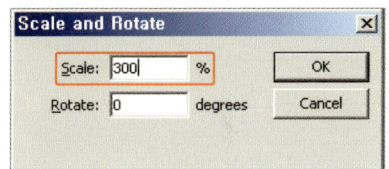

07 1번 프레임과 50번 프레임 사이의 한 곳을 마우스 오른쪽 버튼으로 클릭한 다음 [Create Classic Tween]을 적용합니다.

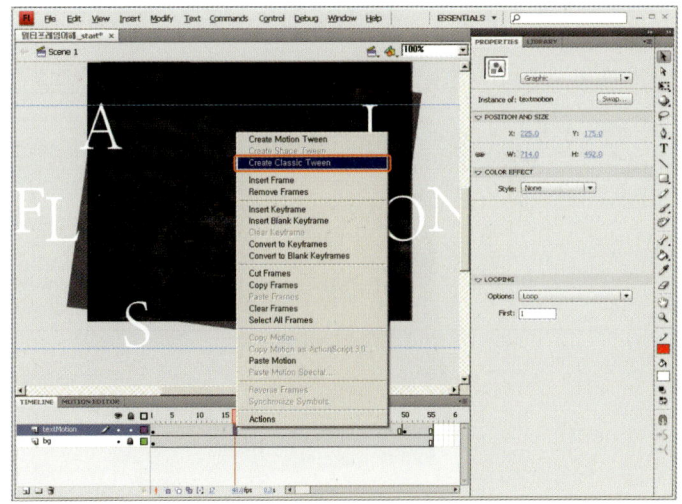

08 부드러운 움직임을 만들기 위해 [Properties] 패널에서 [Tweening] 메뉴의 Ease 값을 100으로 설정합니다.

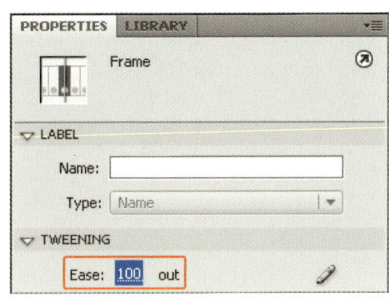

09 테스트 무비(단축키: Ctrl + Enter)를 실행하여 현재의 움직임을 확인합니다.

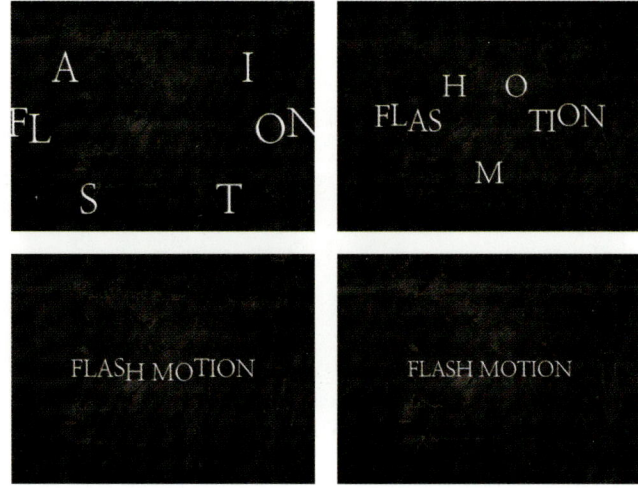

Scale 변화에 추가로 Rotate 값의 변화를 주어 움직임을 완성하겠습니다.

01 1번 프레임에 있는 심볼을 선택하고 Ctrl + Alt + S 를 눌러서 Scale and Rotate 창을 활성화하고 Rotate 값을 45로 설정합니다.

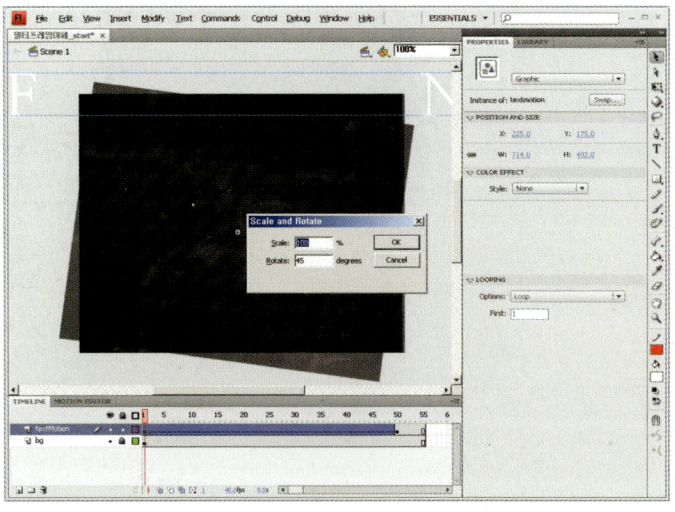

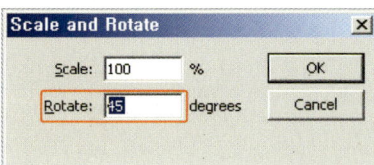

02 테스트 무비(단축키: Ctrl + Enter)를 실행하여 완성된 움직임을 확인합니다.

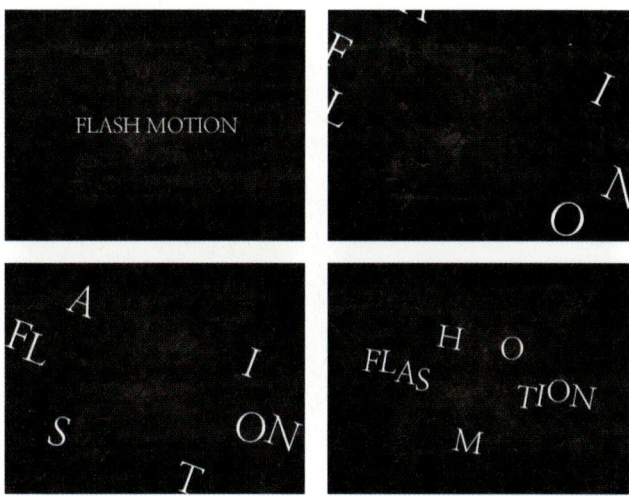

CS4 모션 트위닝

학습 목표

이번 장에서 배울 부분은 CS4에서 추가된 기능으로 이전 버전보다 확장된 움직임을 만드는 방법입니다. CS4의 모션 트윈은 움직임 자체를 객체화해서 사용할 수 있고, 다양한 속성을 간편하게 제어하며, 특히 모션 에디터를 이용해서 세밀한 움직임을 만들어 줄 수 있습니다. 예제를 통해 CS4의 모션 트윈에 관해 알아보겠습니다.

Step 01 | 사진 움직임 만들기

사진이 등장하는 움직임을 따라 만들어 보면서 Create Classic Tween 기법과의 차이점을 살펴보겠습니다.

> **완성파일미리보기** : 부록CD1/Sample/Part03/Sec08/CS4 모션트윈_end.swf
> **완성파일** : 부록CD1/Sample/Part03/Sec08/CS4 모션트윈_end.fla
> **예제파일** : 부록CD1/Sample/Part03/Sec08/CS4 모션트윈_strat.fla

01 '부록CD1/Sample/Part03/Sec08/CS4 모션트윈_strat' 파일을 열고 레이어 구조를 확인합니다.

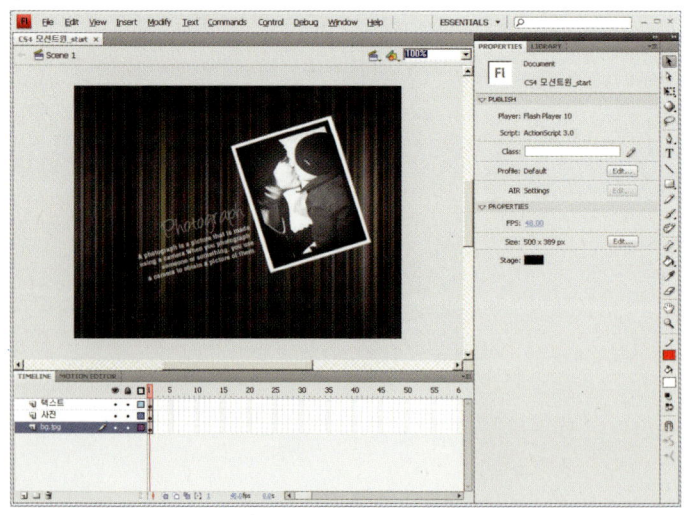

02 타임라인에 있는 모든 레이어의 50번 프레임을 선택하고 [Insert] – [Timeline] – [Frame](단축키: F5)을 실행하여 프레임 길이를 맞춰줍니다.

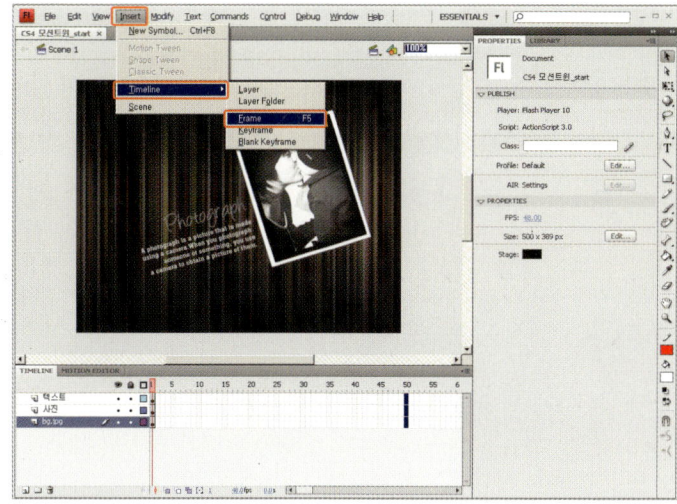

03 [레이어:사진]의 프레임을 선택하고 마우스 오른쪽 버튼을 클릭한 다음 [Create Motion Tween]을 적용합니다.

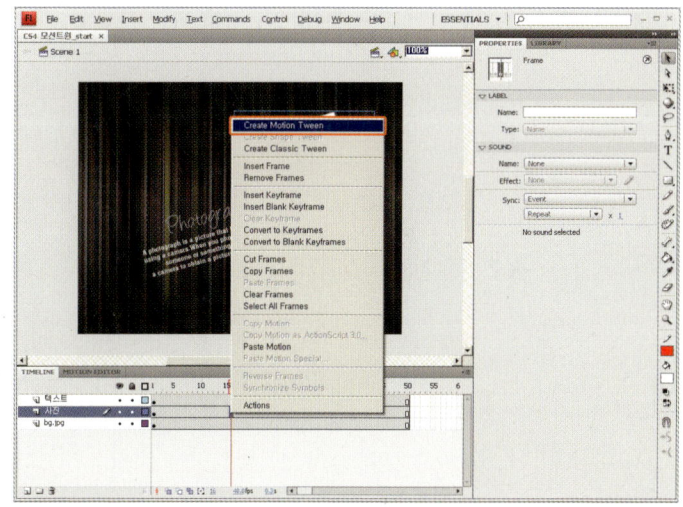

04 다른 형태의 프레임으로 변화된 것을 확인할 수 있습니다.

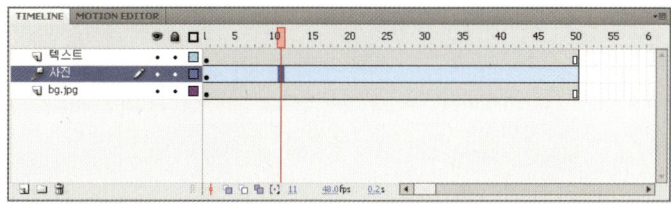

05 40번 프레임에 키 프레임을 만들기 위해 프레임을 선택하고 [Insert] – [Timeline] – [Keyframe] (단축키: F6)을 실행하여 키 프레임을 만들어줍니다.

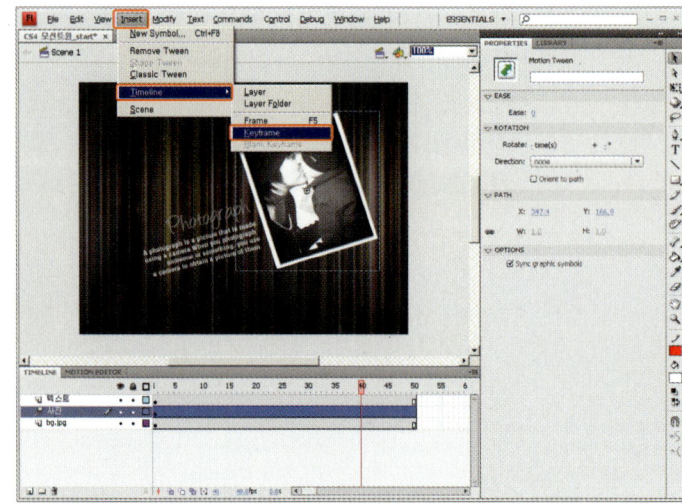

06 1번 프레임에 있는 심볼을 그림처럼 스테이지 바깥쪽으로 이동합니다.

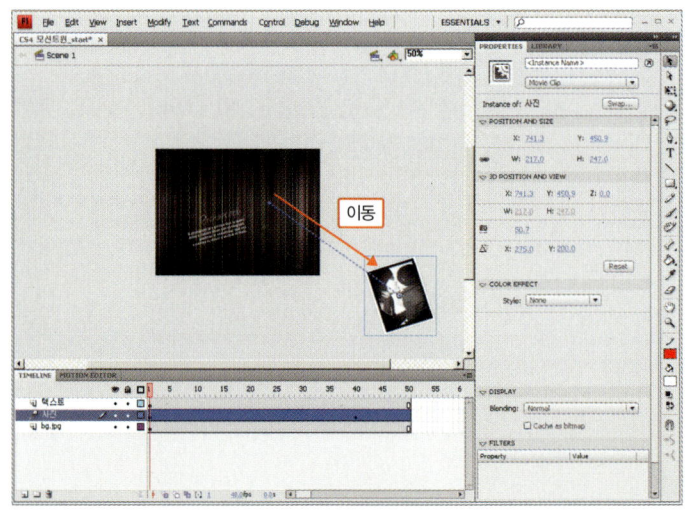

07 화면을 보면 파란색 선이 생긴 것을 확인할 수 있습니다. 이 부분이 CS4 모션 트윈의 가장 큰 변화 중 하나로 움직이는 방향을 미리 확인할 수 있습니다. 마치 애프터이펙트와 같은 형태라고 생각하시면 됩니다.

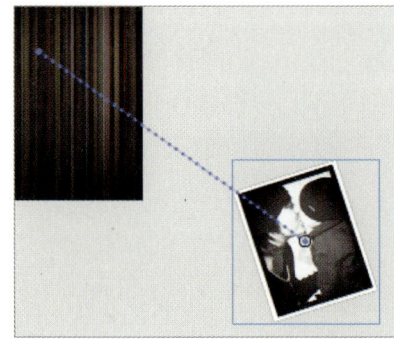

08 가이드 모션을 적용하듯이 파란 선에 마우스 커서를 가져가 선택하고 드래그해서 곡선 형태로 만들어줍니다.

파란 선에 마우스 이동	선택 후 드래그	완성
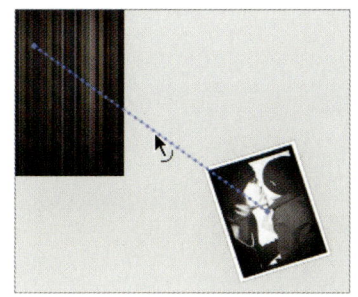	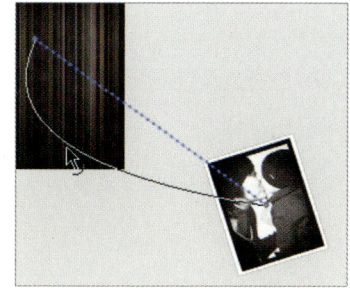	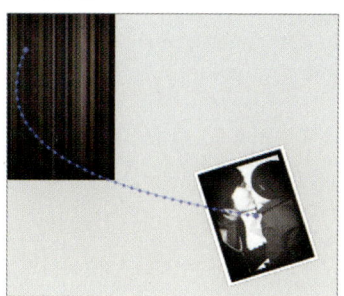

09 1번 프레임에 있는 심볼을 선택하고 [Ctrl]+[Alt]+[S]를 눌러서 Scale and Rotate 창을 활성화시키고 Scale:70, Rotate:−45 로 설정합니다.

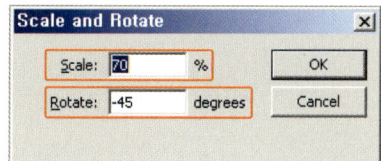

CS4에 추가된 기능인 모션 프리셋을 이용해서 만들어보겠습니다. 모션 프리셋은 움직임을 미리 저장하고 적용하는 기능입니다.

01 모션 프리셋 창을 활성화 시키겠습니다. [Window] − [Motion Presets]을 선택합니다.

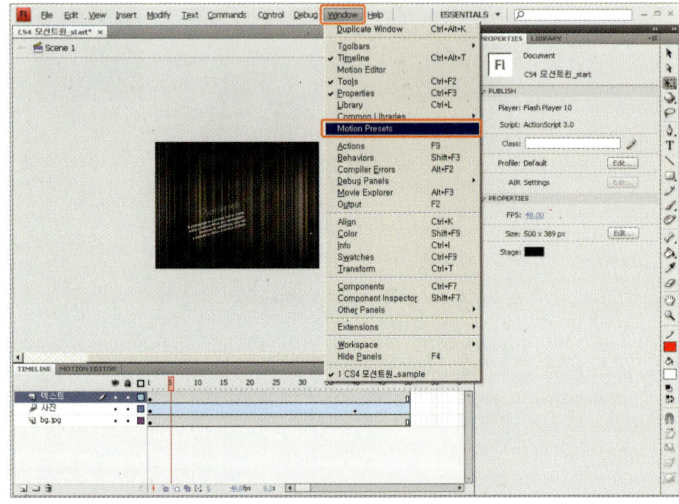

02 화면에서 [Motion Presets] 창을 확인할 수 있습니다.

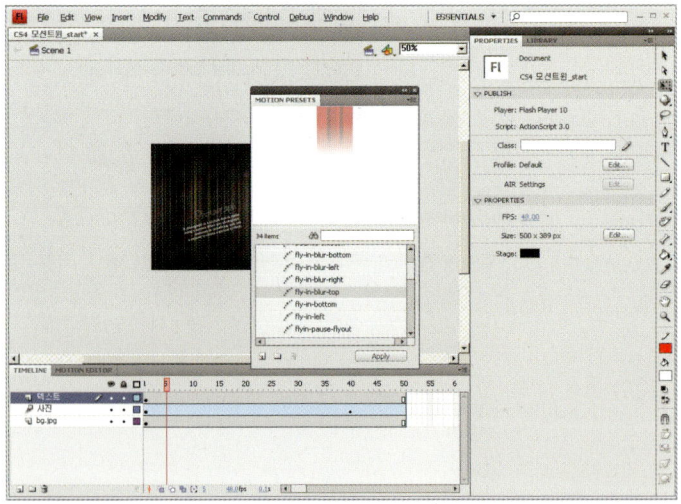

03 적용 방법은 아주 간단합니다. [레이어:텍스트]의 심볼을 선택하고 [Motion Presets] 창에 있는 fly-in-blur-top을 선택하고 [Apply] 버튼을 클릭하면 위에서 아래로 떨어지는 형태의 모션이 적용됩니다.

심볼 선택

Motion Presets에서 fly-in-blur-top 선택

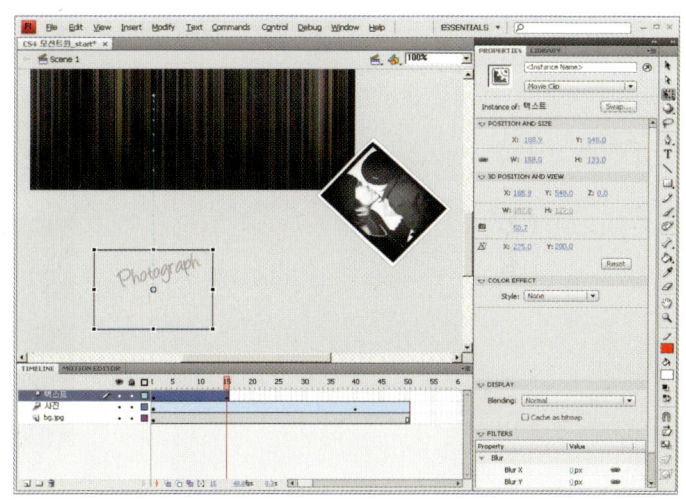

04 화면을 살펴보면 모션이 적용된 후 위치와 프레임 길이가 달라진 것을 확인할 수 있습니다.

05 도구상자의 Free Transform 툴을 선택하고 [레이어:텍스트]의 라인을 선택해 위쪽으로 이동하면 모션의 전체가 이동합니다.

Free Transform 툴을 선택

라인을 잡고 위로 이동

화면 중간까지 이동

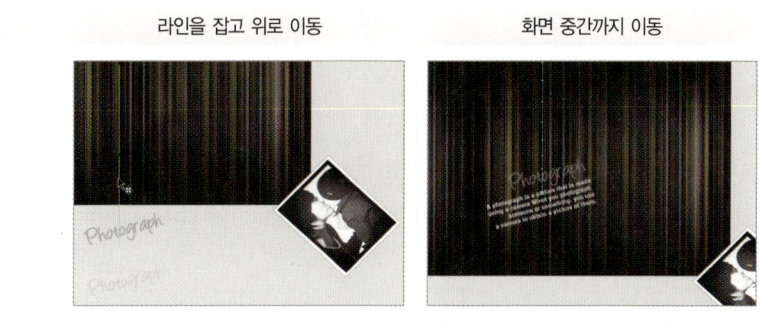

06 [레이어:텍스트]의 50번 프레임을 선택하고 [Insert] – [Timeline] – [Frame](단축키:F5)을 실행하여 프레임 길이를 맞춰줍니다.

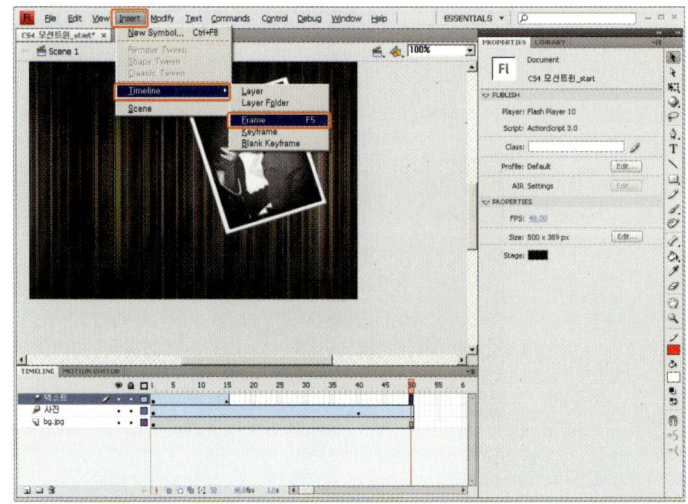

07 테스트 무비(단축키:Ctrl+Enter)를 실행하여 완성된 움직임을 확인합니다.

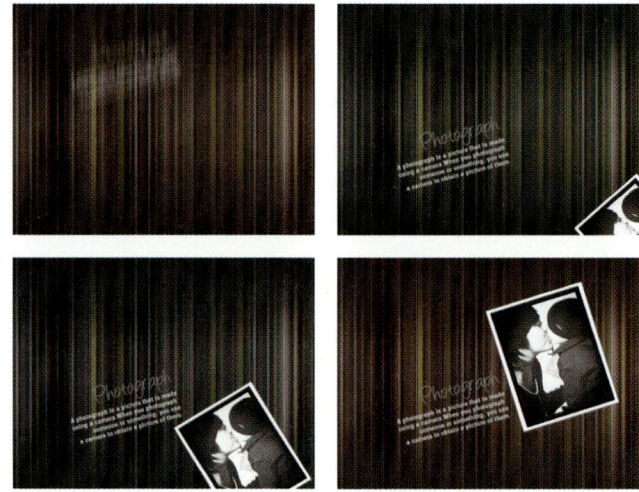

이번 장을 마치며

이번 단원에서는 CS4의 모션 트윈을 이용한 움직임을 만들어보았습니다. 기존 방식과 차이점을 확인했을 것입니다. 어떤 방식을 적용하든 장단점이 있습니다. 하지만 여러분이 알아둘 것은 단순한 방식이 아니라 표현하고자 하는 것을 만들기 위해서 필요한 방식을 이용하는 것입니다. 다음 파트에서는 그 동안에 배운 기본기를 이용해 응용 모션을 만들어보겠습니다.

Part 4

플래시 애니메이션의 응용 마스터하기

지금까지 배워온 기본기와 다양한 기법을 통해 디자인에 필요한 움직임을 만들어 보겠습니다. 실제 움직임을 위한 프레임 구조와 활용 방법 등을 이해하고 디자인에서 모션까지 제작하는 과정을 살펴봅시다.

SECTION

01

비주얼 모션 1

학습 목표

이번 장부터는 미리 디자인된 오브젝트를 가지고 비주얼 모션을 만들어보겠습니다. 같은 움직임도 훌륭한 디자인 작업물의 움직임을 만드는 것은 흥미롭고 즐거운 일입니다. 이번 파트부터는 디자인에서 콘셉트를 이끌어내고 움직임까지 연결하는 작업을 하고, 그 작업을 수행할 때 필요한 과정에 대해서 알아보겠습니다.

완성파일미리보기 : 부록CD1/Sample/Part04/Sec01/end.swf
완성파일 : 부록CD1/Sample/Part04/Sec01/end.fla
예제파일 : 부록CD1/Sample/Part04/Sec01/start.swf

Step 01 | 움직임 발상하기

미리 디자인된 오브젝트가 다음과 같은 순서로 등장하는 모션을 만들어보겠습니다. 예제가 제시하는 방법으로 만들어보고, 여러분 나름의 느낌대로 만들어보세요.

▲ 검은 배경이 부드럽게 밝아집니다.

▲ 하늘에서 책이 떨어지는 모션을 만듭니다.

▲ 책 양쪽에 나무가 등장합니다.

▲ 한 쪽에 전봇대가 등장합니다.

▲ 책 뒤로 건물이 등장합니다.

▲ 텍스트 등장 모션을 만듭니다.

▲ 전체적으로 어두워 지면서 텍스트가 강조됩니다.

Step 02 | 배경이 등장하는 모션 만들기

배경이 등장하는 모션을 만들어보겠습니다. 어두운 배경이 점점 밝아지는 장면을 만들어봅시다.

01 '부록CD1/Sample/Part04/Sec01/strat.fla' 파일을 열고 레이어 구조를 확인합니다.

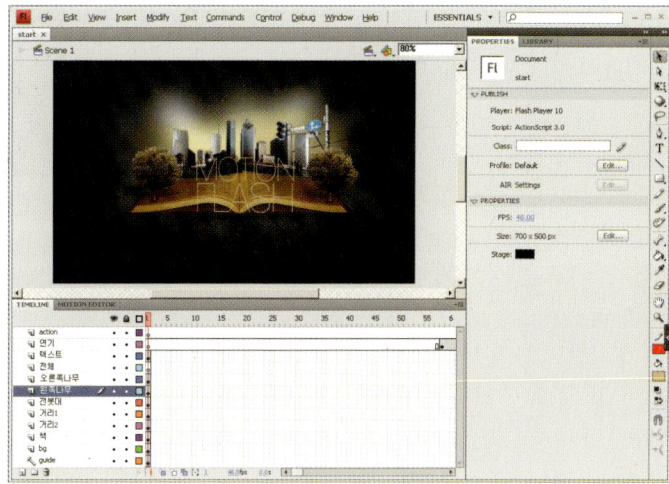

02 타임라인에서 [레이어:bg]의 [무비클립:bg]에 모션을 주기 위해 나머지 레이어를 잠그고 보여주기를 설정합니다.

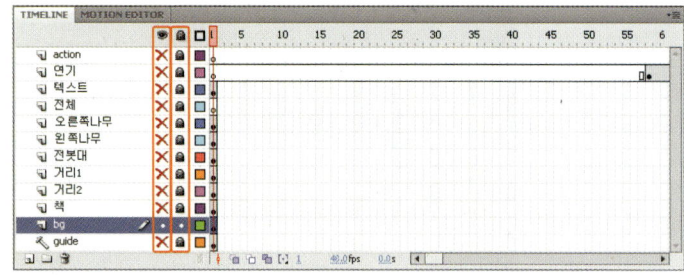

03 타임라인의 48번 프레임을 선택하고 [Insert] – [Timeline] – [Keyframe](단축키:F6)을 실행하여 키 프레임을 만들어줍니다.

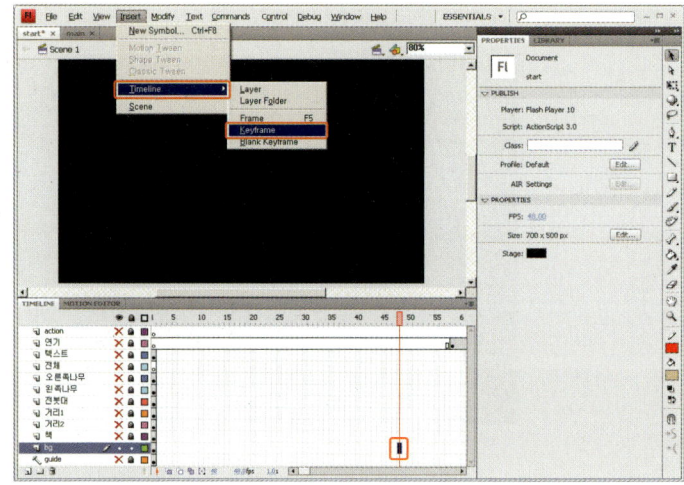

04 1번 프레임과 48번 프레임 사이의 한 곳을 마우스 오른쪽 버튼으로 클릭하고 [Create Classic Tween]을 적용합니다.

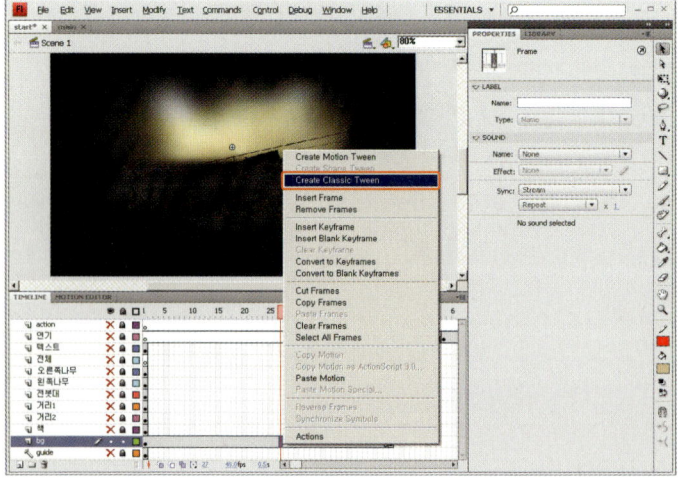

05 1번 프레임에 있는 [무비클립:bg]를 선택하고 [Properties] 패널의 [Color Effect] 메뉴의 [Style]에서 Tint를 설정합니다. Tint 색상은 검정색 100%로 설정해 [무비클립:bg]가 검정색으로 변하도록 만듭니다.

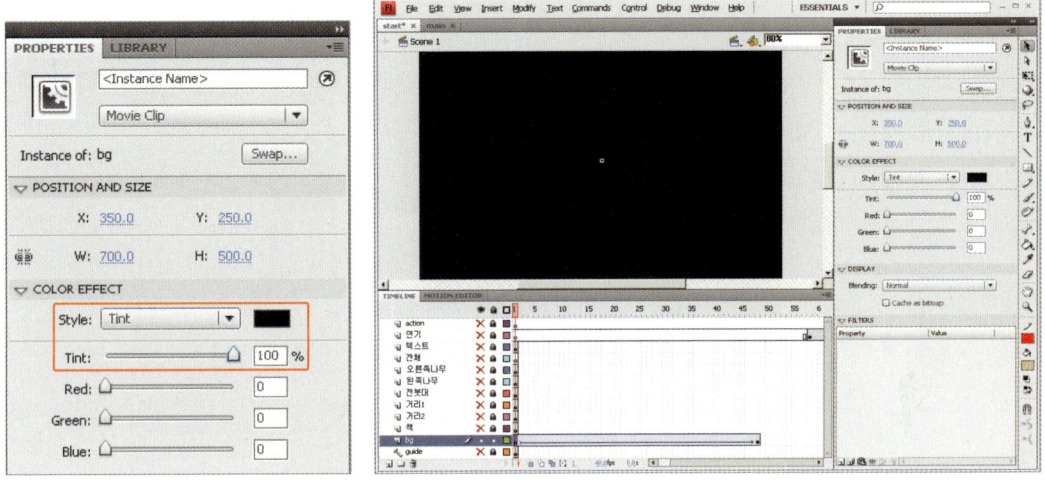

06 어두운 배경이 점점 밝아지는 모션이 만들어졌습니다.

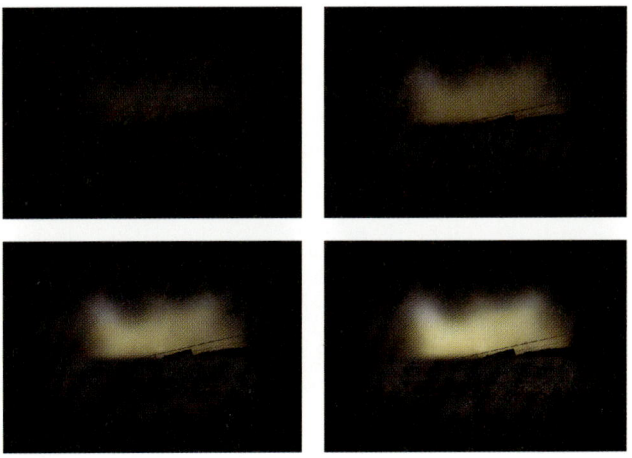

책이 등장하는 모션을 만들어보겠습니다. 하늘에서 떨어져서 살짝 튕기는 느낌을 감각적으로 만들어 보겠습니다. 지면에 떨어지는 순간 연기가 피어오르는 다이내믹한 효과를 만들어봅시다.

01 타임라인에서 [레이어:책]의 [무비클립:book]에 모션을 만들기 위해 나머지 레이어를 잠그고 눈 가림 설정을 합니다. 방금 만든 [레이어:bg]는 잠금만 설정합니다.

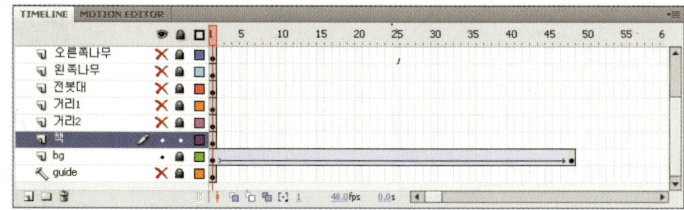

02 책이 떨어져서 지면에 닿는 순간 살짝 튀는 느낌을 만들어보 겠습니다. 만들기 전에 나무 판자 나 딱딱한 물체가 비스듬한 형태 로 떨어져 바닥에 부딪히는 순간 의 모습을 떠올려 봅시다. 49번, 58번, 61번, 63번, 65번, 67번 프 레임에서 단축키 F6을 눌러 키 프 레임을 생성합니다.

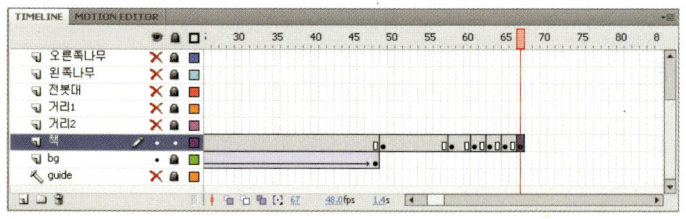

03 움직임을 순서대로 보여주기 위해 배경의 모션이 마무리 되는 49번 프레임 앞에 있는 심볼을 선 택하고 Delete를 눌러 삭제합니다.

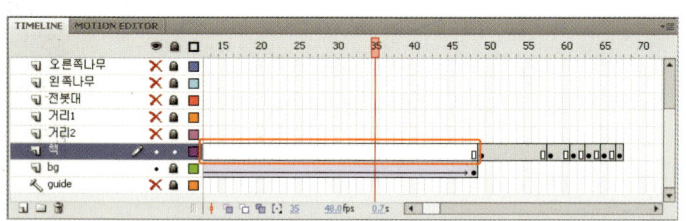

04 [레이어:bg]의 프레임을 [레이 어:책] 길이만큼 늘려주기 위해 67번 프레임에서 F5 키를 눌러줍 니다.

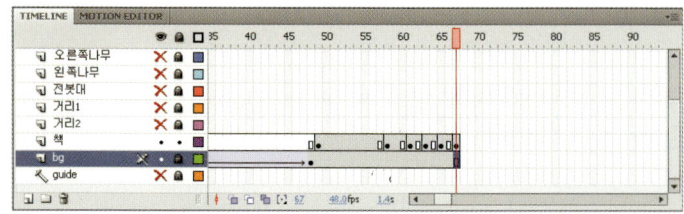

05 생각한 움직임을 만들기 위해 각각의 프레임에 있는 심볼 속성을 변화시킵니다. 다음 표는 필자의 느낌대로 만든 움직임을 수치로 나타낸 것입니다. 떨어지는 느낌을 상상해서 만든 부분이므로 모션의 수치는 변화할 수 있습니다. 다시 말해서 이 수치가 정답은 아니라는 뜻입니다.

변화 속성

X, Y 좌표 값

[Properties] 패널

Rotate 값

[Transform] 패널(Ctrl+T)

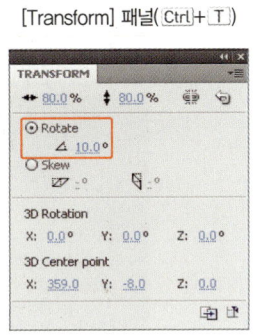

프레임	X 값	Y 값	Rotate
49	359	-8	10
58	359	322	0
61	359	312	-3
63	359	316	1
65	359	320	-1
67	359	322	0

Tip 어색하지 않은 모션을 만들기 위해 미리 만든 모션의 값을 나열했습니다. 다시 한 번 말하지만 모션은 느낌입니다. 쿵 떨어져서 탁 튀는 느낌을 만들겠다는 생각에서 출발해 움직임을 만들고 수정하다 보면 어느새 자신만의 느낌이 있는 모션을 만들 수 있습니다. 필자 역시 많은 반복을 통해 괜찮은 움직임을 만들고 프레임 별 수치를 위와 같이 적용했습니다. 여러분도 미리 완성된 움직임을 보고 여러분만의 움직임을 만들기 위해서 많은 연습을 해야 합니다.

 동영상 강의 [모션의 느낌 따라잡기(감속 모션 만들기)] 참고
동영상 강의 : 부록CD1/동영상 강의①/② 감속 모션 만들기.avi
예제파일 : 부록CD1/동영상 강의①/모션의 느낌 따라잡기.fla, 모션의 느낌 따라잡기.swf

06 움직임의 연결을 위해 49번 프레임과 67번 프레임 사이의 일부분을 마우스 오른쪽 버튼을 클릭 후 드래그하여 선택한 다음 [Create Classic Tween]을 적용합니다.

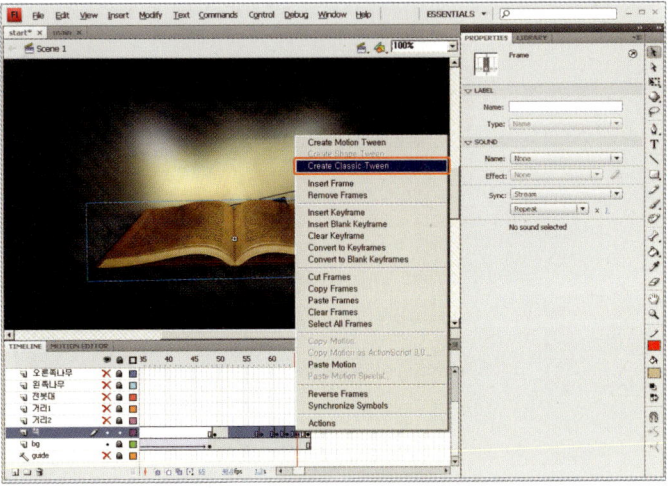

07 책이 위에서 아래로 떨어지는 느낌이 만들어졌습니다. 연기 같은 경우 파티클 일루젼이라는 외부 프로그램을 통해서 만든 이미지 시퀀스입니다. 미리 만들어서 레이어에 세팅을 해두었습니다.

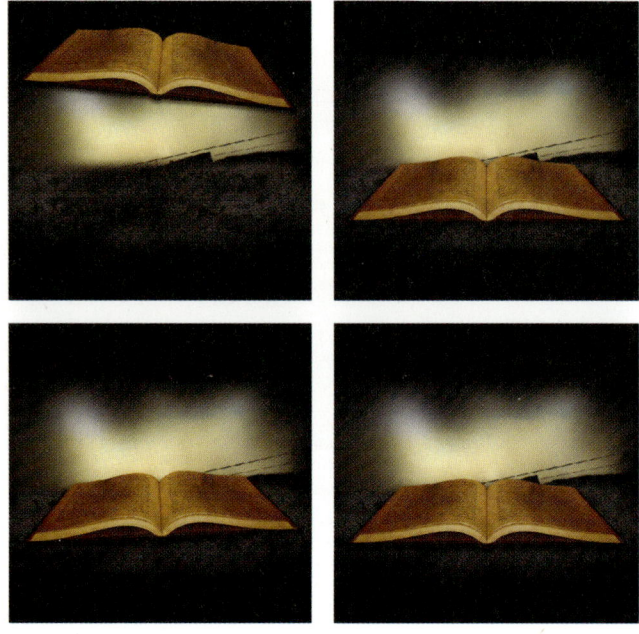

Step 04 | 나무, 전봇대, 거리 움직임 만들기

책 위에 오브젝트들이 생성되는 모션을 만들어보겠습니다. 이번 작업은 CS4의 새로운 기능인 3D Rotate Tool을 이용해 원근감을 살려 디자인에 최대한 어울리는 움직임을 만들어보겠습니다.

01 원활한 작업을 위해 타임라인에서 [레이어:왼쪽나무]의 [무비클립:tree]을 제외한 나머지 레이어를 잠그고 눈가림 설정을 합니다. 필자가 만들어 둔 [레이어:연기]는 잠금만 설정합니다.

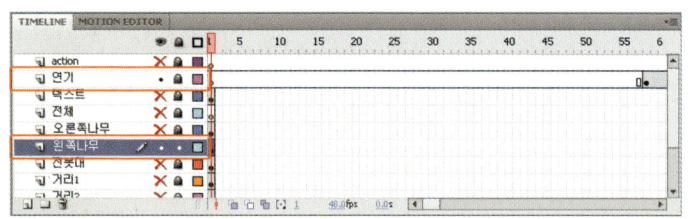

02 책 위에 접혀있다가 일어나는 움직임을 만들기 위해 67번 프레임에서 단축키 F6을 눌러 키 프레임을 생성하고 전체 프레임 길이는 117번 프레임까지 늘려줍니다.

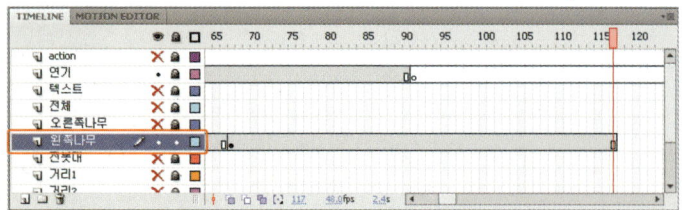

03 움직임을 순서대로 보여주기 위해 67번 프레임 앞에 있는 심볼을 선택하고 Delete를 눌러 삭제합니다.

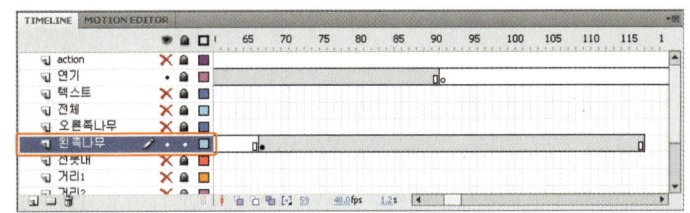

04 배경이 보이도록 [레이어:bg], [레이어:책], [레이어:guide] 프레임에서 단축키 F5를 눌러 117번 프레임까지 길이를 늘려줍니다.

05 [레이어:왼쪽나무]의 프레임을 선택하고 마우스 오른쪽 버튼을 클릭한 다음 [Create Motion Tween]을 적용합니다.

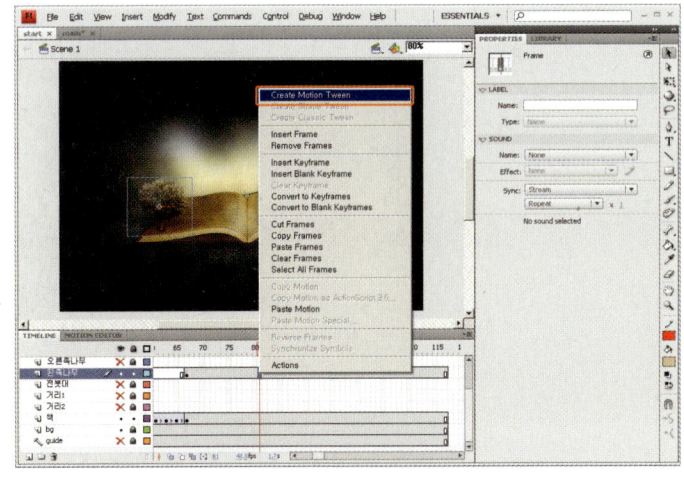

06 접혔다 일어나는 움직임을 만들기 위해 76번, 79번, 81번, 83번, 85번 프레임에서 단축키 F6을 눌러 키 프레임을 생성합니다.

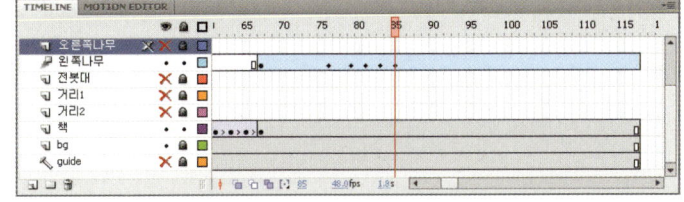

07 도구상자의 3D Rotate 툴을
선택하고 67번 프레임에 있는 무
비클립을 선택합니다. 빨간색 라
인을 드래그해서 나무가 뒤로 젖
혀지는 느낌을 만듭니다.

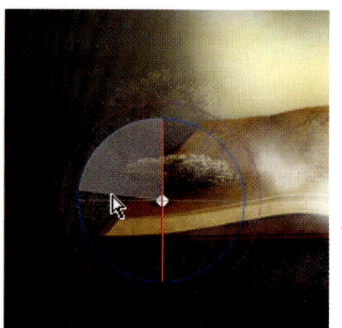

08 같은 방식으로 나무가 앞 뒤로 흔들리다가 제자리를 찾는 모션을 만들어보겠습니다. 각각 프레
임의 속성 값은 필자가 움직임을 만들고 그 수치를 기록한 것입니다. [Window] – [Motion Editor]에서
각각 키 프레임을 선택하고 Rotate X 값을 표와 같이 설정해주세요.

프레임	Rotation X
67	−80
76	20
79	−20
81	10
83	−5
85	0

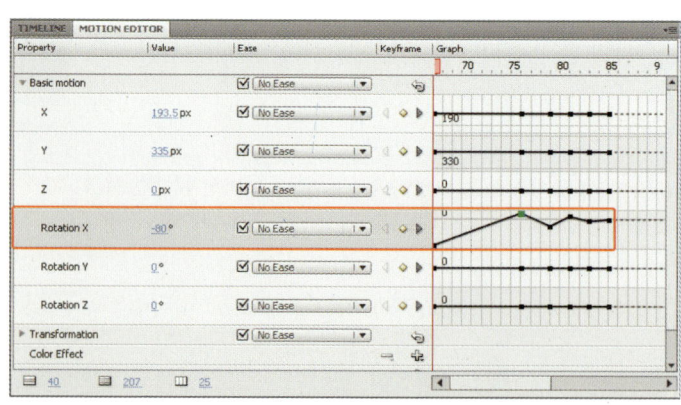

Tip

모션 에디터는 CS4의 새로운 기능으로 CS4에서 추가된 모션 트위닝을 적용해야 합니다. 만약 기존 트윈 방식을 사용했다면 이 패널을 활용할 수 없습니다.

❶ 속성값 : 해당 심볼의 속성 값

❷ 키 프레임 : 타임라인의 해당 키 프레임

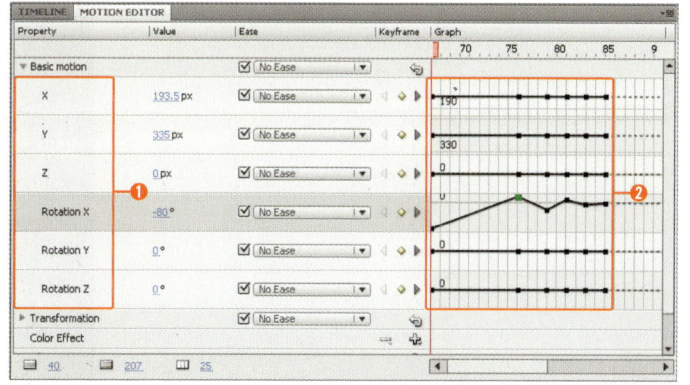

🔴 동영상 강의 [모션 에티터 이해하기] 참고

동영상 강의 : 부록CD1/동영상 강의①/① CS4 새로운 기능-모션 에디터 이해하기.avi

예제파일 : 부록CD1/동영상 강의①/모션에디터이해하기.fla

09 위와 같은 방법으로 [레이어:오른쪽나무], [레이어:전봇대], [레이어:거리1], [레이어:거리2]의 모션을 만들어줍니다.

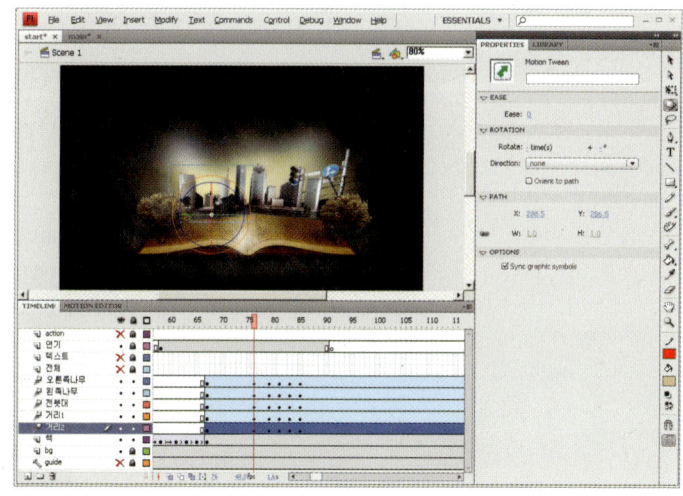

10 움직임을 순서대로 보여주기 위해 그림처럼 해당 레이어의 타임 라인 위치를 이동합니다.

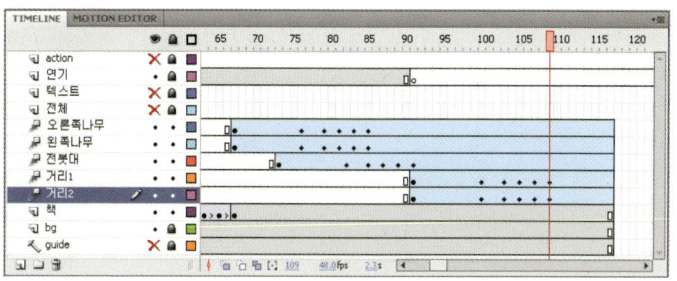

11 오브젝트들이 펼쳐지는 모션이
만들어졌습니다.

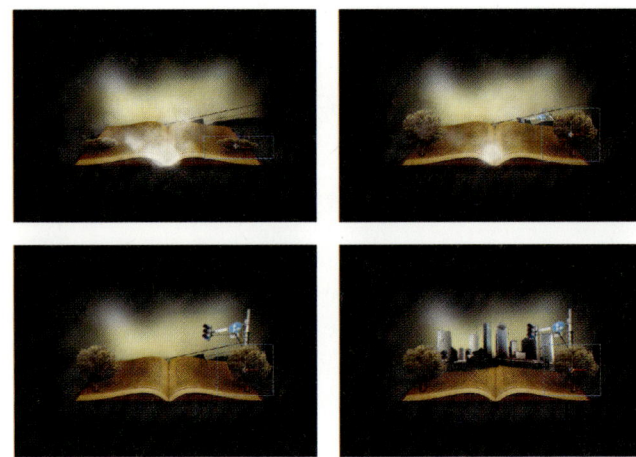

지금까지 오브젝트가 각자 다른 모션으로 등장하는 움직임을 만들어보았습니다. 이번 스탭에서는 그
오브젝트의 모음이 사라지고 다른 모션으로 자연스럽게 전환되는 작업을 진행 하겠습니다. 특히 각각
의 레이어에 있는 오브젝트를 한곳에 모아서 그룹핑하여 움직임을 만드는 법을 주의 깊게 보시고 이번
스탭을 따라해 주세요.

01 타임라인에서 플레이 헤드
를 116번 프레임에 놓고, 배경을
제외한 나머지 심볼을 드래그해서
선택합니다.

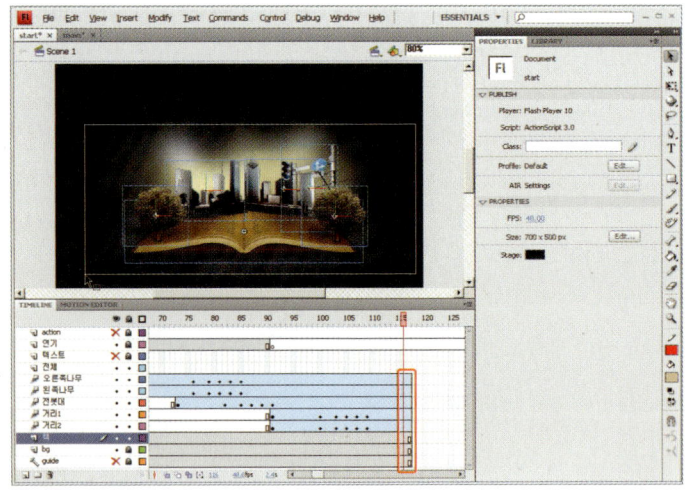

02 Ctrl+C를 눌러 선택한 심볼을 복사합니다. [레이어:전체]의 118번 프레임을 선택하고 [Insert] – [Timeline] – [Blank Keyframe] (단축키:F7)을 눌러 빈 키 프레임을 만듭니다.

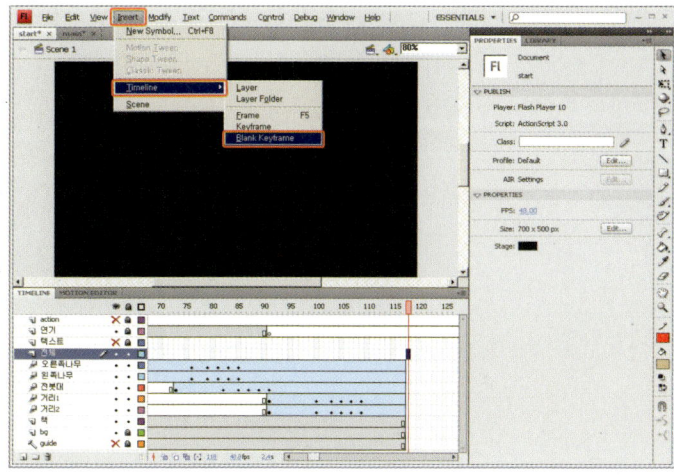

03 빈 키 프레임에 Ctrl+Shift +V를 눌러 같은 위치 붙여넣기 하고 모든 오브젝트를 선택한 뒤 [Modify] – [Convert to Symbol] (단축키:F8)를 실행해서 심볼 등록합니다. 심볼의 이름은 '전체'라고 설정합니다.

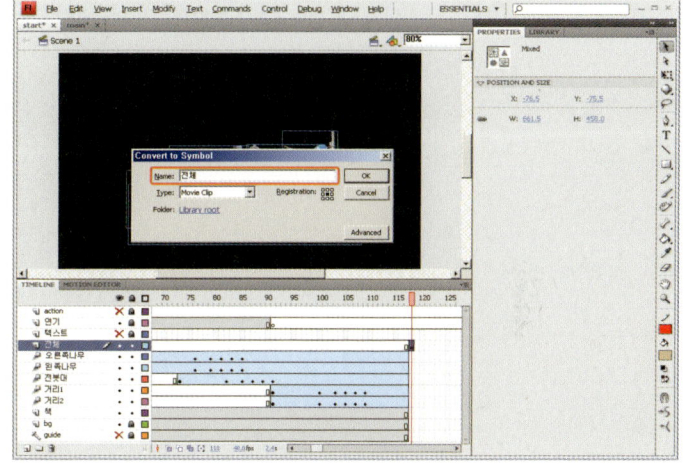

04 점점 작아지는 모션을 만들기 위해 185번 프레임을 선택하고 [Insert] – [Timeline] – [Keyframe] (단축키:F6)을 실행해 키 프레임을 생성합니다.

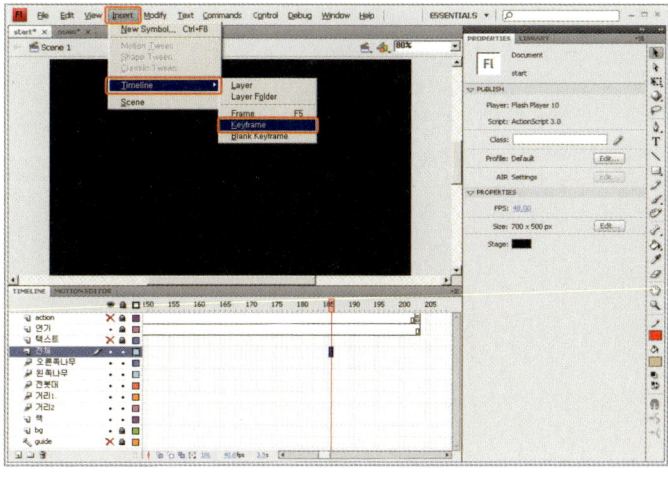

05 203번 프레임을 선택하고
[Insert] – [Timeline] – [Frame]
(단축키:F5)을 실행하여 프레임
길이를 맞춥니다.

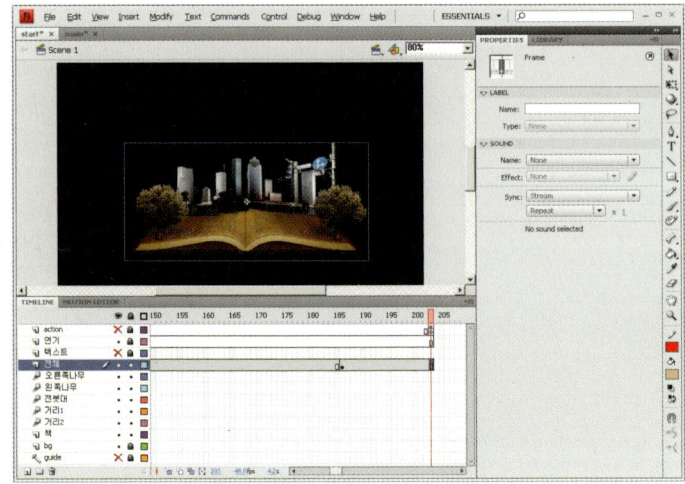

06 185번 프레임에 있는 심볼을
선택하고 Ctrl+Alt+S를 눌러서
Scale and Rotate 창을 활성화시
킨 후 Scale 값을 80으로 설정합
니다.

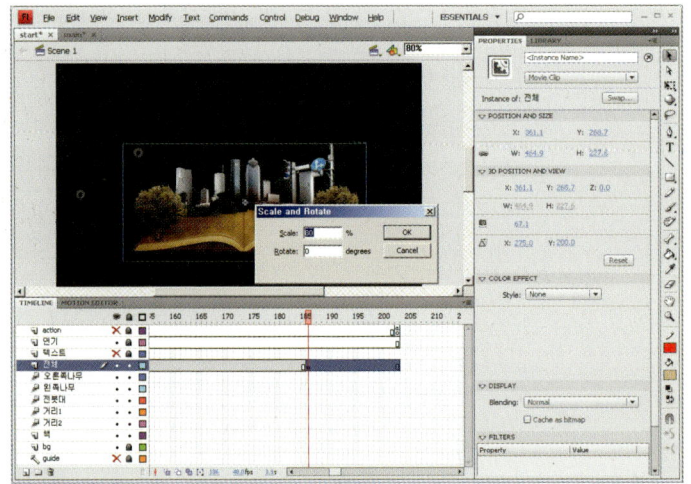

07 어둡게 사라지는 모션을 만들기 위해 [Properties] 패널에서
[Color Effect] 메뉴의 [Style]에서 Tint를 설정합니다. Tint 색상
은 검정색 30%로 설정합니다.

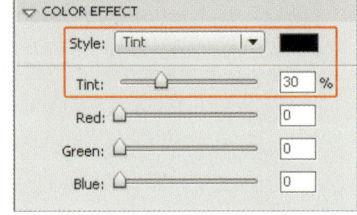

08 118번 프레임과 185번 프레임 사이의 일부분을 마우스 오른쪽 버튼으로 드래그하여 선택한 다음 [Create Classic Tween]을 적용합니다.

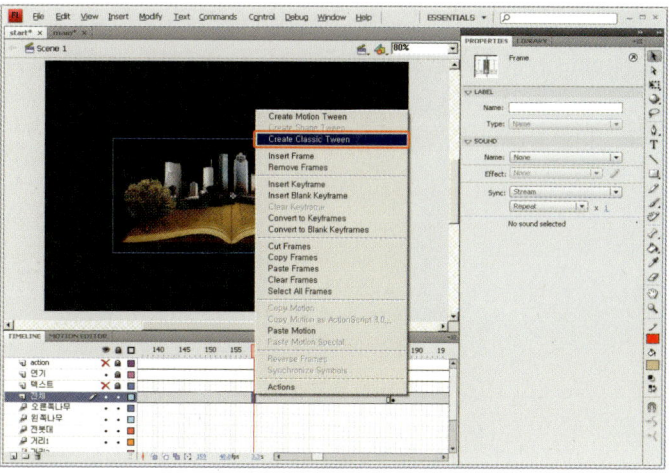

09 [레이어:bg]의 203번 프레임을 선택하고 [Insert] – [Timeline] – [Frame](단축키: F5)을 실행하여 프레임 길이를 맞춥니다.

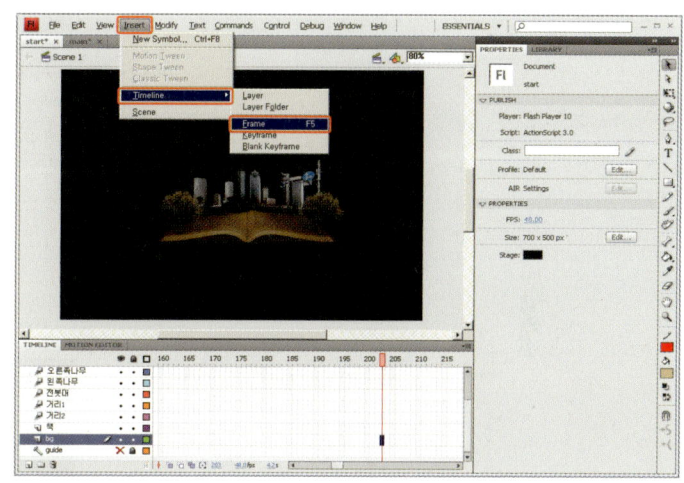

10 키 프레임을 만들기 위해서 185번 프레임을 선택하고 [Insert] – [Timeline] – [Keyframe](단축키: F6)을 실행하여 키 프레임을 생성합니다.

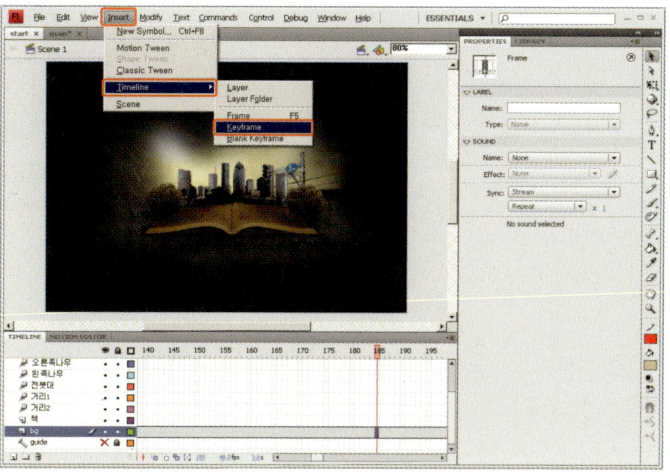

11 어둡게 사라지는 모션을 만들기 위해 [Properties] 패널에서 [Color Effect] 메뉴의 [Style]에서 Tint를 설정합니다. Tint 색상은 검정색 30%로 설정합니다.

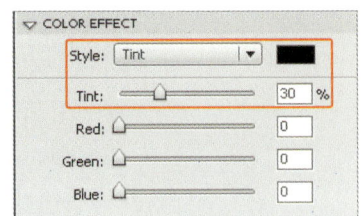

12 115번 프레임과 185번 프레임 사이의 일부분을 마우스 오른쪽 버튼으로 드래그하여 선택한 다음 [Create Classic Tween]을 적용합니다.

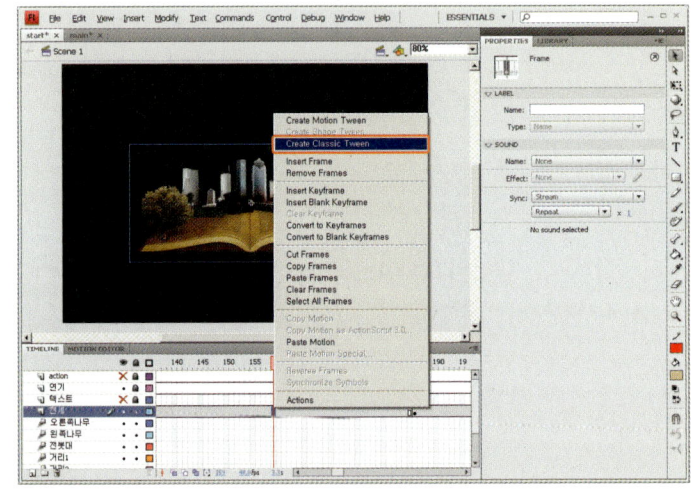

13 전체적으로 사라지는 모션이 만들어졌습니다.

오브젝트가 작아지면서 텍스트가 생성되는 움직임을 만들어보겠습니다.

01 원활한 작업을 위해서 타임라인에서 [레이어:텍스트]의 [무비클립:text]를 제외한 나머지 레이어를 잠금 설정합니다.

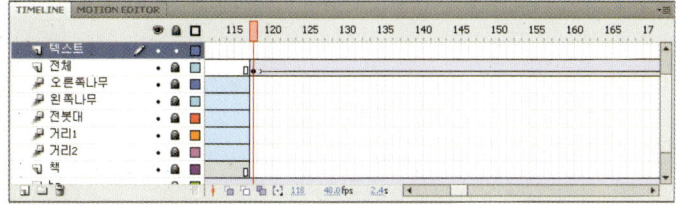

02 139번, 200번 프레임을 선택하고 [Insert] – [Timeline] – [Keyframe](단축키:F6)을 실행하여 키 프레임을 생성합니다.

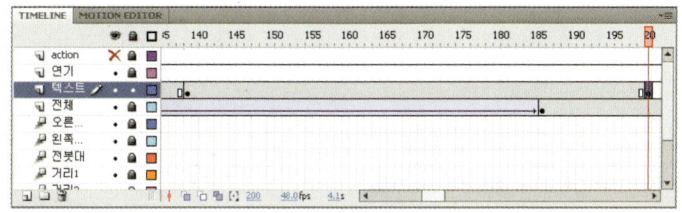

03 139번 프레임 이전에 있는 심볼은 모션의 흐름상 필요 없는 심볼이기 때문에 139번 프레임 앞에 있는 심볼을 선택하고 Delete를 눌러 삭제합니다.

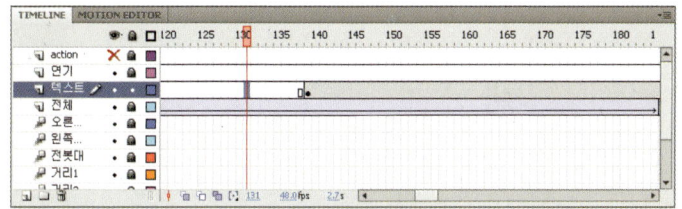

04 203번 프레임을 선택하고 [Insert] – [Timeline] – [Frame](단축키:F5)을 실행하여 프레임 길이를 맞춥니다.

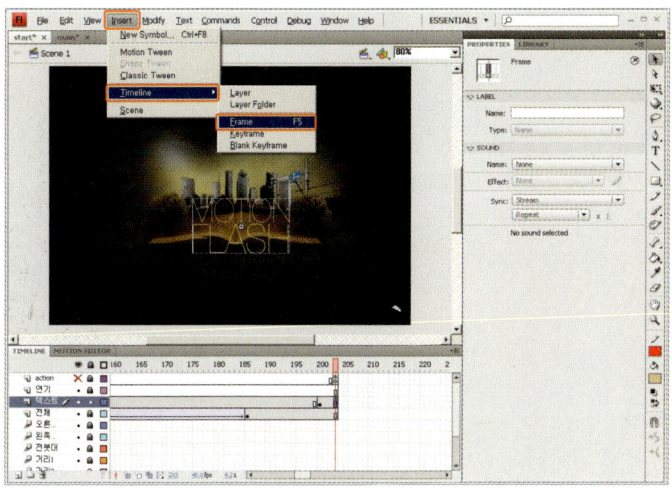

05 139번 프레임에 있는 심볼을 선택하고 [Modify] – [Transform] – [Scale and Rotate](단축키: Ctrl + Alt + S)를 실행합니다. [Scale and Rotate] 대화상자가 표시되면 Scale을 150%로 설정합니다.

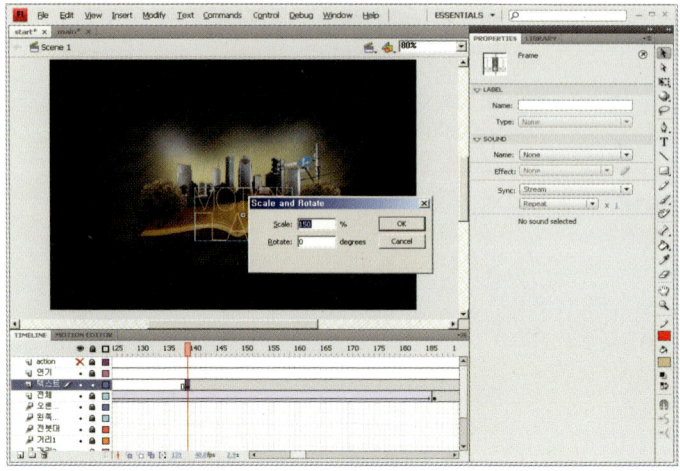

06 139번 프레임과 200번 프레임 사이의 한 곳을 마우스 오른쪽 버튼으로 클릭한 다음 [Create Classic Tween]을 적용합니다.

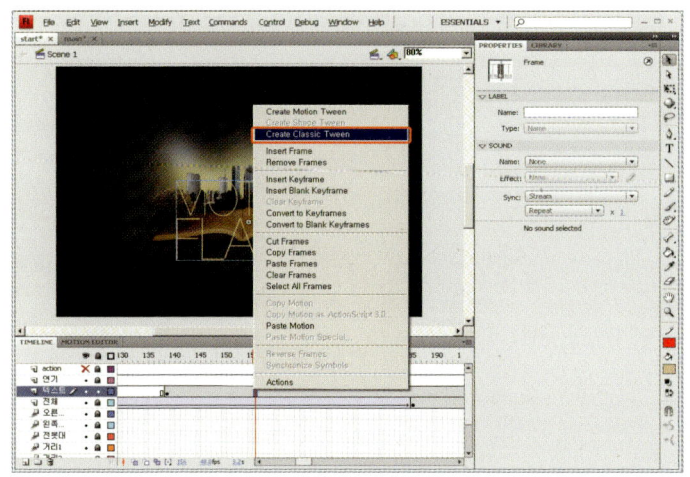

07 [무비클립:text]를 더블 클릭해서 심볼 작업 영역으로 이동합니다.

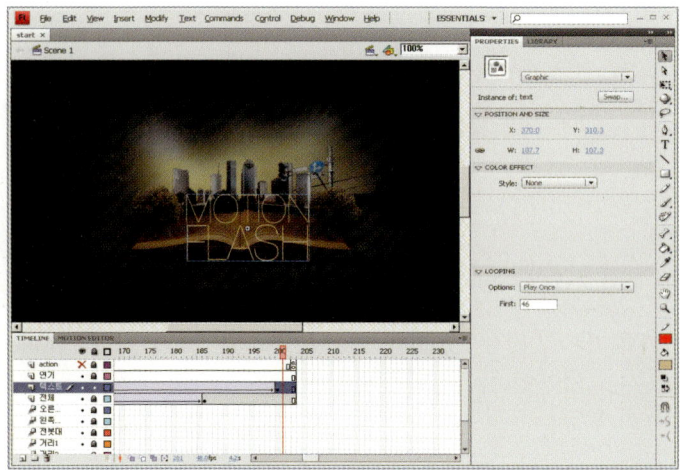

08 모든 레이어의 프레임에 5프레임 간격으로 F6을 눌러서 키 프레임을 만들어줍니다.

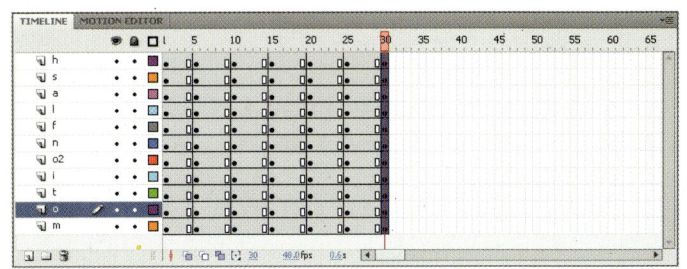

09 프레임 별로 심볼의 Alpha 값을 변경하겠습니다. Alpha 값은 [Properties] 패널의 [Color Effect] 메뉴에서 변경합니다.

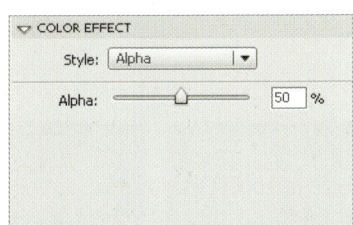

프레임	1	5	10	15	20	25	30
Alpha	0%	100%	30%	80%	20%	50%	100%

10 모든 프레임을 드래그해서 선택한 다음 [Create Classic Tween]을 적용합니다.

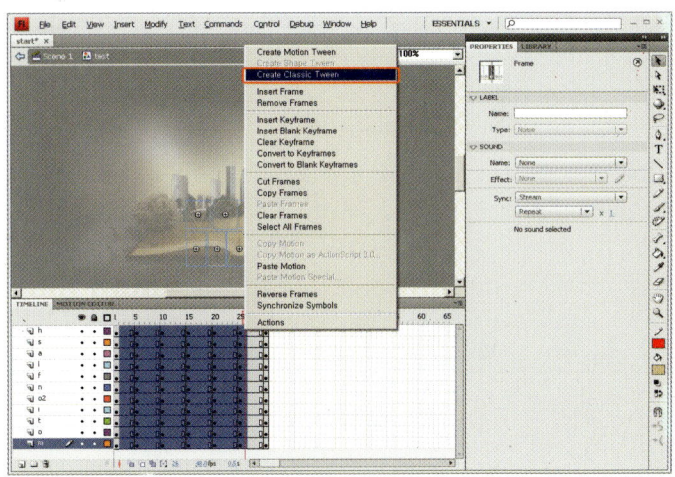

11 색다른 모션을 표현하기 위해 타임라인의 레이어 프레임을 그림처럼 자유롭게 이동합니다.

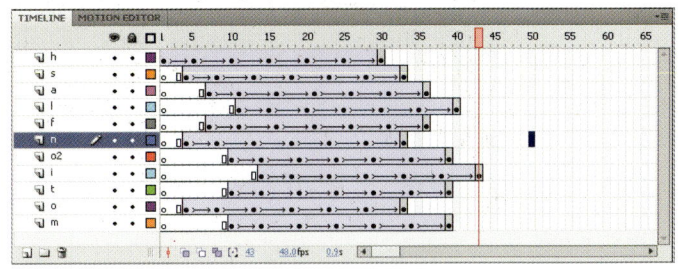

12 50번 프레임을 선택하고
[Insert] - [Timeline] - [Frame]
(단축키: F5)를 실행하여 프레임
길이를 맞춥니다.

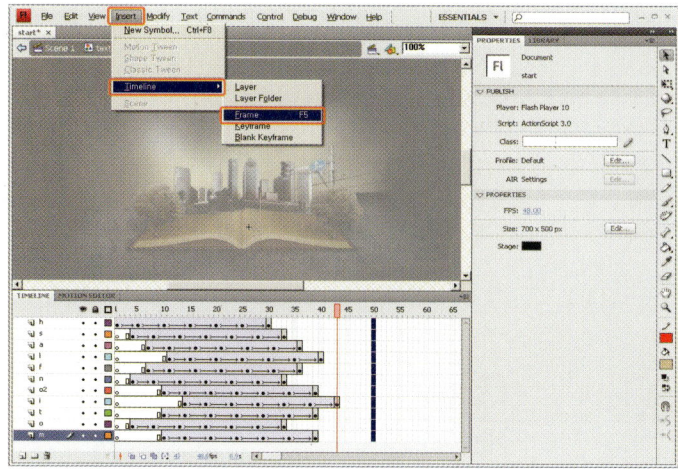

13 텍스트 모션이 완성되었습니다.

모든 작업이 완료되었습니다. 테스트 무비(단축키: Ctrl + Enter)를 실행하여 완성된 움직임을 확인합니다.

01 테스트 무비(단축키: Ctrl + Enter)를 실행하여 완성된 움직임을 확인합니다.

이번 장을 마치며

처음으로 완전한 움직임을 만들어보았습니다. 필자가 만든 움직임이 정답은 아닙니다. 여러분이 새롭게 재창조해서 만들어도 됩니다. 어색하지 않게 만드는 것이 포인트입니다. 여러분이 다시 한 번 살펴봐야 할 것은 프레임 구조나 모션의 흐름 등을 보고 느끼는 것입니다. 작업 중에 테스트 무비 기능으로 작업물을 수시로 확인하면서 수정하여 퀄리티를 높여줍니다.

O2

비주얼 모션 2

학습 목표

움직임을 만들 때 단순히 하나의 속성만을 제어해서 좋은 모션을 만들 수 없습니다. 자연스런 움직임을 위해 여러 가지 속성을 한꺼번에 제어해야 합니다. 이번 장에서는 이러한 심볼의 뎁스 구조를 이해하고 여러 움직임의 제어를 통해 모션을 만들어보겠습니다.

완성파일미리보기 : 부록CD1/Sample/Part04/Sec02/end.swf
완성파일 : 부록CD1/Sample/Part04/Sec02/end.fla
예제파일 : 부록CD1/Sample/Part04/Sec02/start.fla

Step 01 | 움직임 발상하기

디자인 작업물을 확인하고 다음과 같은 순서로 등장하도록 만듭니다. 예제에 제시한 순서대로 만들어 보고, 여러분 나름의 느낌대로 만들어보세요.

▲ 커튼이 열리는 효과를 만듭니다.

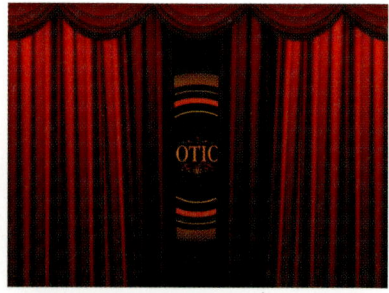

▲ 열리는 커튼 사이로 로고가 보입니다.

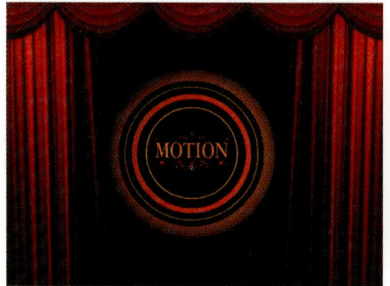

▲ 커튼이 완전히 열리면서 로고가 보입니다.

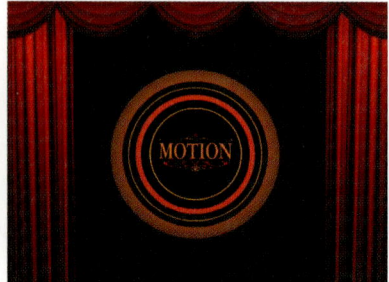

▲ 로고가 움직이면서 마무리됩니다.

커튼이 열리는 모습을 생각해보고 움직임을 만들어보겠습니다. 예제는 커튼을 세 부분으로 나누어 각각의 움직임을 만드는 방법으로 진행합니다.

01 '부록CD1/Sample/Part04/Sec02/strat.fla' 파일을 열고 레이어 구조를 확인합니다.

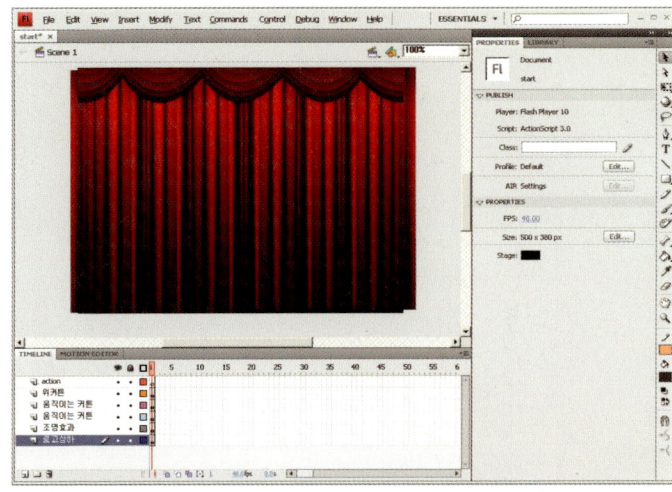

02 타임라인을 살펴보면 [레이어:움직이는 커튼] 레이어가 2개 있는 것을 확인할 수 있습니다. 이 부분은 움직임이 같고 단지 모션의 방향이 반대이므로 하나의 심볼을 활용해 방향만 바꾸는 방법으로 만듭니다. 2개 레이어 중 위에 있는 [레이어:움직이는 커튼]의 심볼을 선택하고 더블 클릭해서 심볼 작업 영역으로 이동합니다.

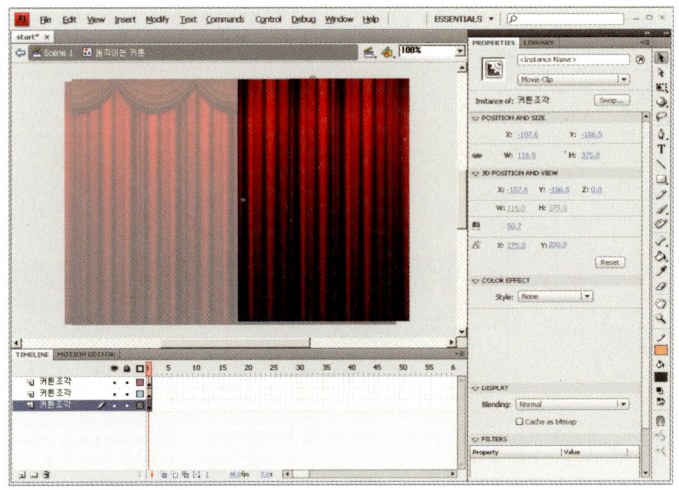

03 모든 레이어의 13번, 44번 프레임을 각각 선택하고 단축키 F6을 눌러서 키 프레임을 만들어 줍니다.

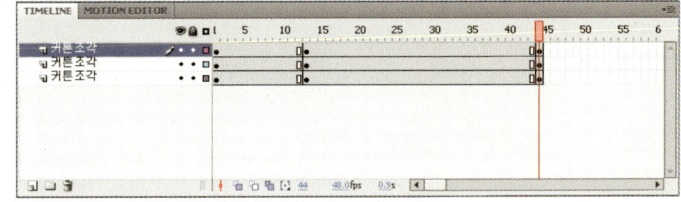

04 44번 프레임에 있는 심볼의 위치를 스테이지 오른쪽으로 이동하면서 넓이를 줄여줍니다. 이해를 돕기 위해 각각의 레이어를 따로 확인해보겠습니다.

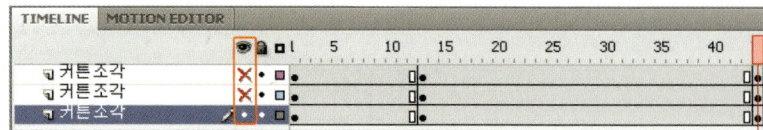

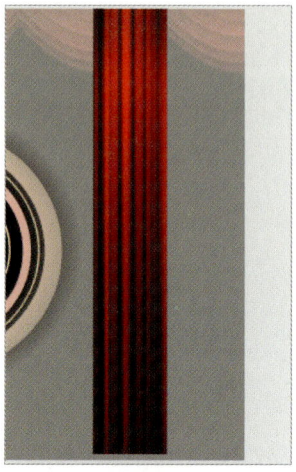

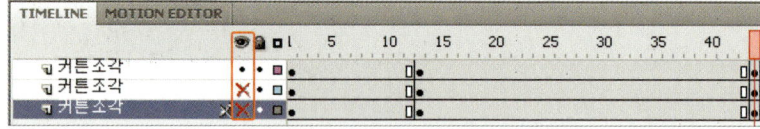

Tip

넓이를 줄이는 방법에 대해 알아봅시다.

도구상자의 Free Transform 툴(▦, 단축키: Q)을 선택하고 심볼을 선택하면 그림처럼
심볼에 8개 포인트를 가진 박스가 나타납니다.
왼쪽 가운데 부분을 클릭한 채 드래그해서 넓이를 조절합니다.

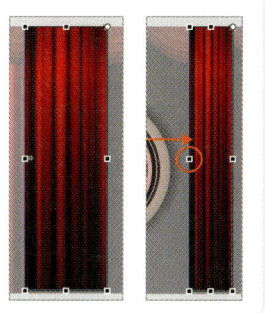

05 커튼이 자연스럽게 펄럭이는 느낌을 연출하기 위해 기울기를 조절합니다. 마찬가지로 이해를 돕
기 위해 각각의 레이어를 확인해보겠습니다. 순차로 기울기를 줄여줍니다.

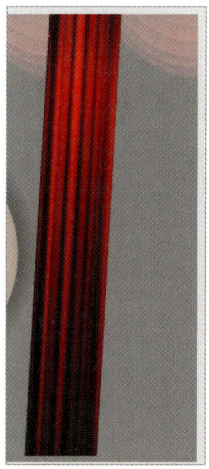

▲ Skew : −4

▲ Skew : −2

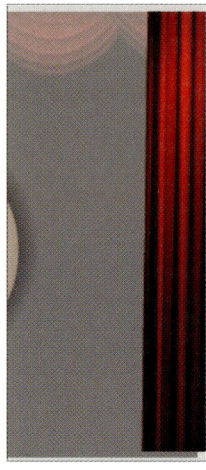

▲ Skew : -0.8

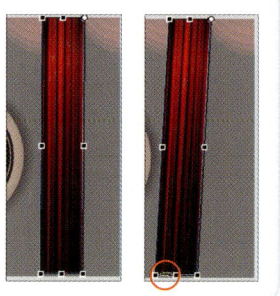

06 모든 레이어의 56번, 66번, 76번 프레임을 각각 선택해고 단축키 F6을 눌러 키 프레임을 만들어줍니다.

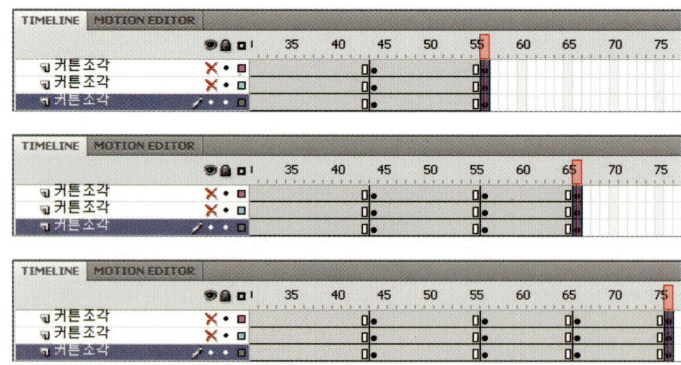

07 키 프레임을 생성한 이유는 커튼이 출렁이는 모션을 만들기 위해서입니다. 좌우로 출렁이다가 점차 움직임이 감소하는 모션을 만들어보겠습니다. 각각의 레이어에 있는 Skew 값을 아래 표와 같이 설정합니다.

	56번	66번	76번
상위 커튼조각 레이어	0.5	−1.2	0
중간 커튼조각 레이어	0	−1.7	0
하단 커튼조각 레이어	2	−1.5	0

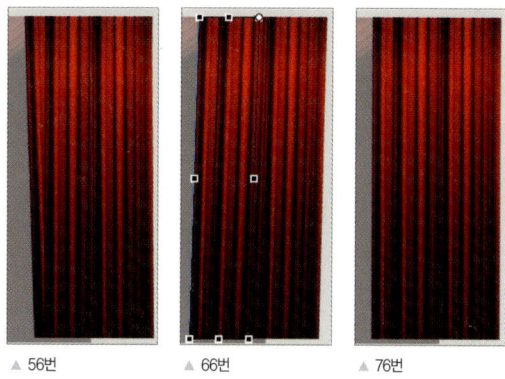

▲ 56번　　　　▲ 66번　　　　▲ 76번

08 13번 프레임과 76번 프레임 사이를 드래그하여 오른쪽 버튼을 클릭한 후 [Create Classic Tween]을 적용합니다.

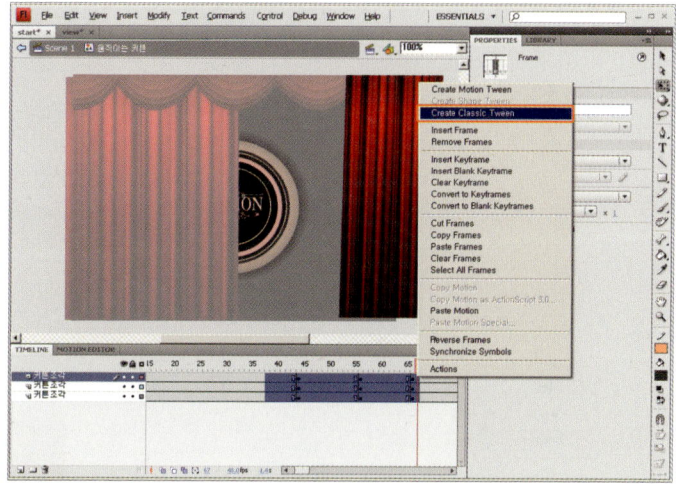

09 Ease 값을 주기 위해 13~45번 프레임 한 곳을 선택하고 [Properties] 패널에서 [Tweening] 메뉴의 Ease 값을 −100으로 설정합니다.

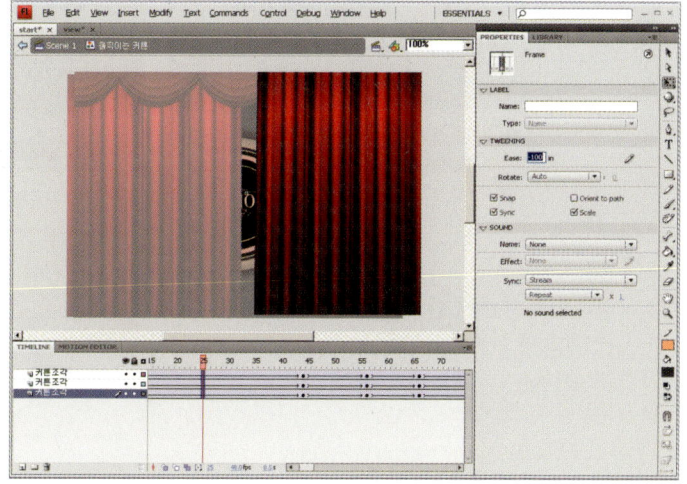

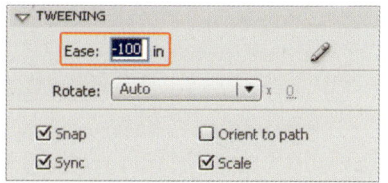

10 조금 더 자연스러운 연출을
위해 레이어의 프레임을 다음과
같이 조절합니다.

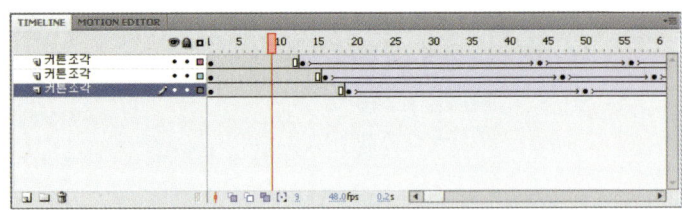

11 모든 레이어의 마지막 프레
임 길이를 맞추기 위해서 86번 프
레임을 드래그하여 선택한 후
[Insert] – [Timeline] – [Frame]
(단축키: F5)을 실행하여 프레임
길이를 맞춰줍니다.

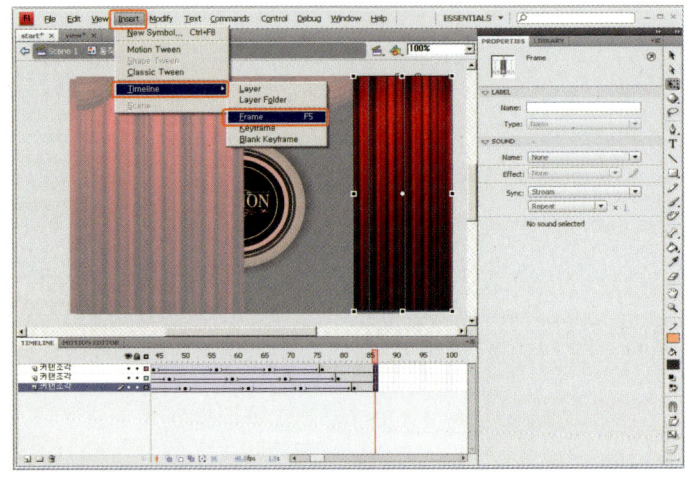

12 커튼이 열리는 모션이 만들어졌
습니다. Ctrl+Enter를 눌러서 움직임
을 확인합니다.

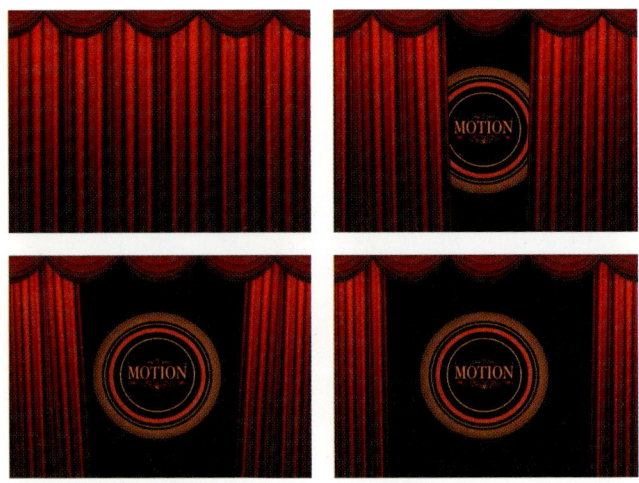

13 [Scene 1]을 눌러서 타임라인으로 이동합니다.

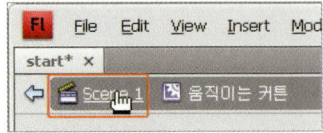

원이 등장하는 모션을 만들어봅시다. 주의할 점은 움직임을 위해서 무비클립의 뎁스 구조를 파악하는 과정이 필요합니다. 이 부분을 신경 써서 봐 주세요.

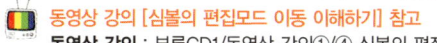

> 🖥 **동영상 강의 [심볼의 편집모드 이동 이해하기] 참고**
> **동영상 강의** : 부록CD1/동영상 강의①/④ 심볼의 편집모드 이동 이해하기.avi

01 [레이어:로고상하]에 있는 [무비클립:로고상하움직임]에서 모션을 만들고자 하는 [무비클립:원모션]까지 이동합니다.

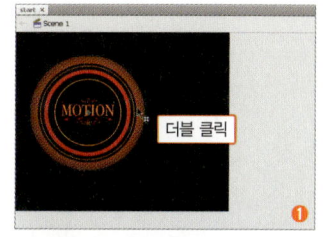

화면에 있는 [무비클립:로고상하움직임]을 더블 클릭하고 [무비클립:로고상하움직임] 편집창에서 다시 [무비클립:로고좌우움직임]을 더블 클릭합니다.

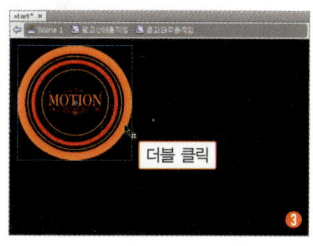
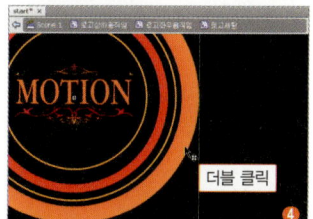

같은 방법으로 [무비클립:원모션]의 심볼 작업 영역까지 이동합니다.

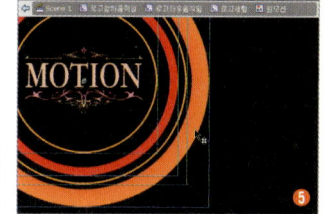

02 모든 레이어의 24번, 38번 프레임을 선택하고 F6을 눌러 키 프레임을 생성합니다.

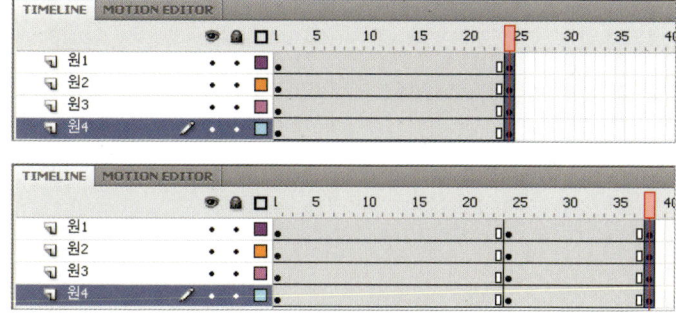

03 프레임에 스케일 변화를 주어서 움직임을 만들도록 하겠습니다. 스케일 변화는 Ctrl + Alt + S를 눌러서 메뉴창을 활성화시킨 후 1번 프레임에 10%, 24번 프레임에 110%를 줍니다.

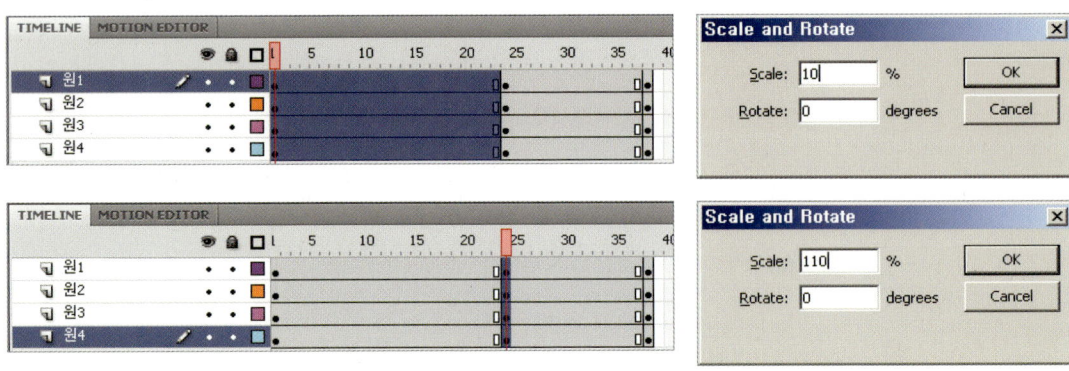

04 1번 프레임과 38번 프레임 사이의 일부분을 마우스 오른쪽 버튼으로 드래그하여 선택한 다음 [Create Classic Tween]을 적용합니다.

05 Ease 값 설정을 위해서 1번 프레임과 24번 프레임의 한 곳을 선택하고 [Properties] 패널의 [Tweeing] 메뉴의 Ease 값을 100으로 설정합니다.

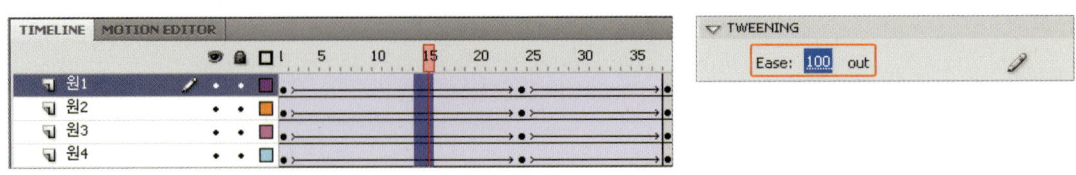

06 프레임의 위치를 그림처럼 이동하고 마지막 프레임의 길이를 58번 프레임으로 맞추어줍니다.

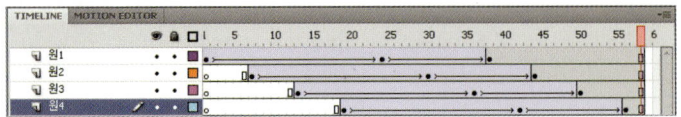

07 움직임이 완성되었습니다.

Step 04 │ **로고 움직임 만들기 2**

한 뎁스 위에 있는 [무비클립:로고세팅]에 있는 [무비클립:로고모션]에서 작업을 합니다.

01 타임라인 바에서 로고세팅을 클릭해서 위치 이동합니다.

02 전체 프레임 길이를 58번 프레임까지 늘려줍니다. 주의할 점은 [레이어:Layer 4]에 있는 stop()을 맨 마지막 프레임으로 이동하는 것입니다.

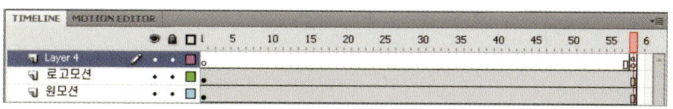

03 [레이어:로고모션]의 40번 프레임에서 F6을 눌러 키 프레임을 만들어줍니다.

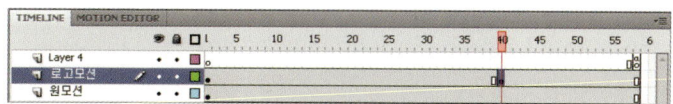

04 1번 프레임을 선택하고 Ctrl + Alt + S 키를 눌러 대화상자를 활성화시킨 후 Scale:10, Rotate:30
으로 설정합니다.

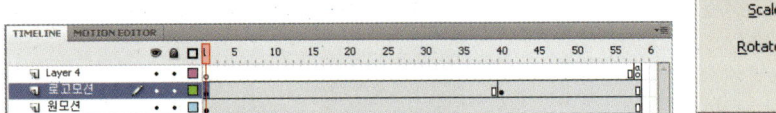

05 1번 프레임과 40번 프레임
사이의 일부분을 마우스 오른쪽
버튼으로 드래그하여 선택한 다음
[Create Classic Tween]을 적용합
니다.

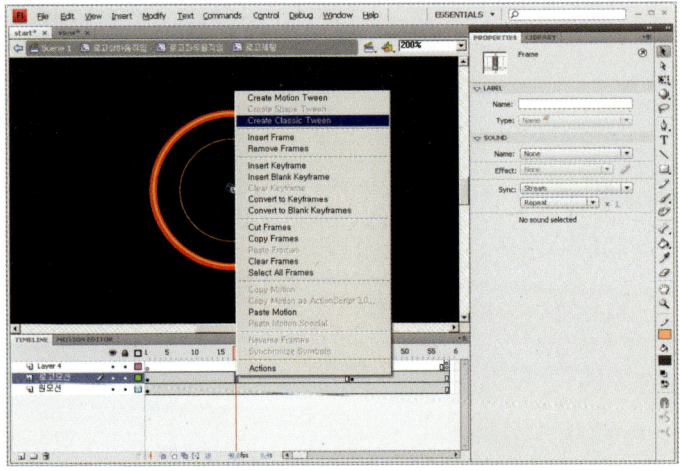

06 1번 프레임과 40번 프레임 사이의 한 곳을 클릭하고, [Properties] 패널의 [Tweeing] 메뉴의
Ease 값을 100으로 설정하고 Rotate 값은 CW로 설정합니다.

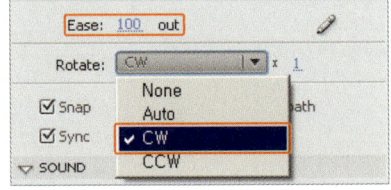

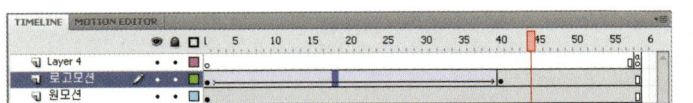

07 로고의 움직임이 완성되었습니다.

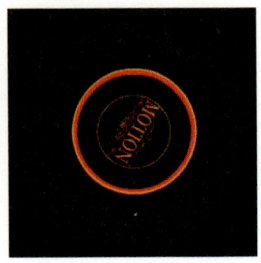
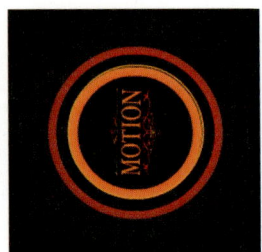

한 뎁스 위에 있는 [무비클립:로고좌우움직임]의 [무비클립:로고세팅]을 가지고 작업합니다. 로고가 좌우로 움직이는 모션을 만들어보겠습니다. 원활한 작업을 위해서 작업창 사이즈를 800%로 설정합니다.

01 타임라인 바에서 로고 좌우 움직임을 클릭해서 위치 이동을 합니다.

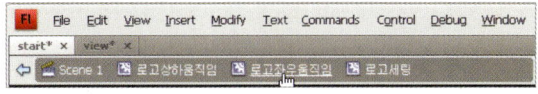

02 30번, 60번, 90번 프레임에서 단축키 F6 을 눌러 각각 키 프레임을 생성합니다.

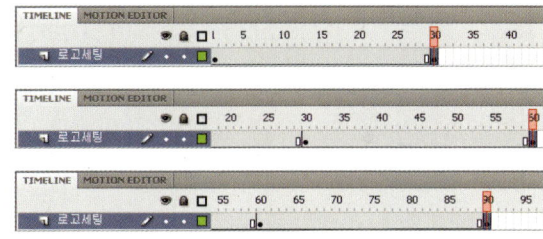

03 30번 프레임에 있는 심볼은 좌측으로 60번 프레임에 있는 심볼은 우측으로 적당히 이동합니다.

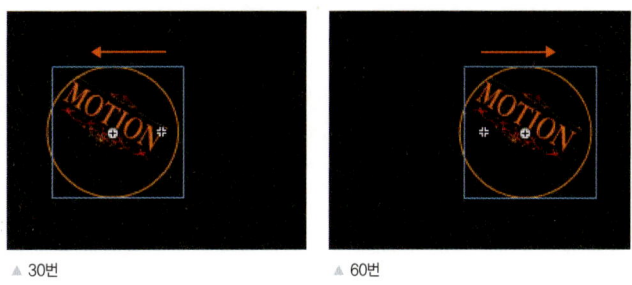

▲ 30번   ▲ 60번

04 1번 프레임과 90번 프레임 사이의 일부분을 드래그하여 마우스 오른쪽 버튼을 클릭해서 선택한 다음 [Create Classic Tween]을 적용합니다.

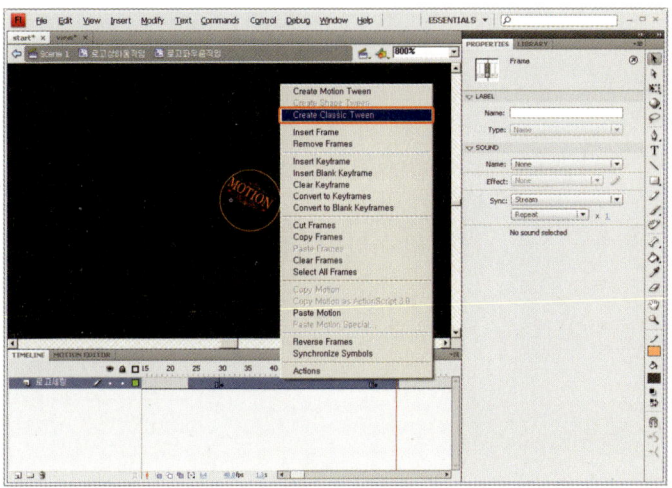

한 뎁스 위에 있는 [무비클립:로고상하움직임]의 [무비클립: 로고좌우움직임] 을 가지고 작업합니다. 로고가 상하로 움직이는 모션을 만들어보겠습니다.

01 타임라인 바에서 로고상하움직임을 클릭해서 위치 이동을 합니다.

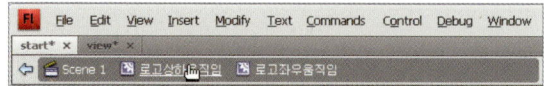

02 30번, 60번, 90번 프레임에서 단축키 F6 을 눌러 각각 키 프레임을 생성합니다.

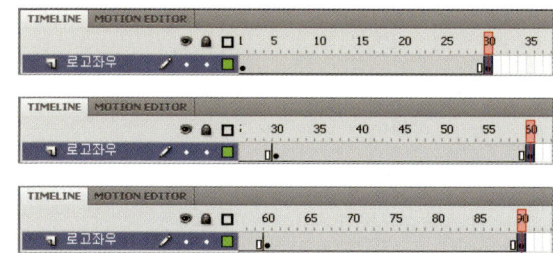

03 30번 프레임에 있는 심볼은 위로 60번 프레임에 있는 심볼은 아래로 적당히 이동합니다.

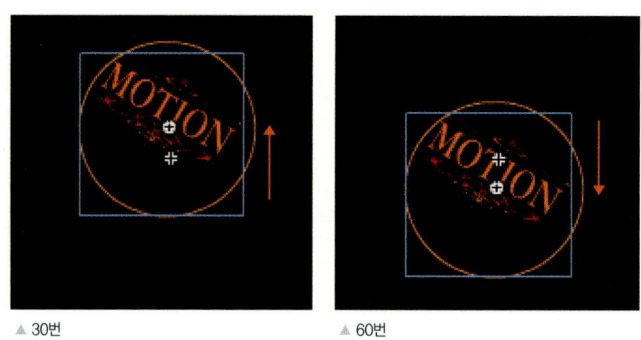

▲ 30번   ▲ 60번

04 1번 프레임과 90번 프레임 사이의 일부분을 드래그하여 마우스 오른쪽 버튼을 클릭해서 선택한 다음 [Create Classic Tween] 을 적용합니다.

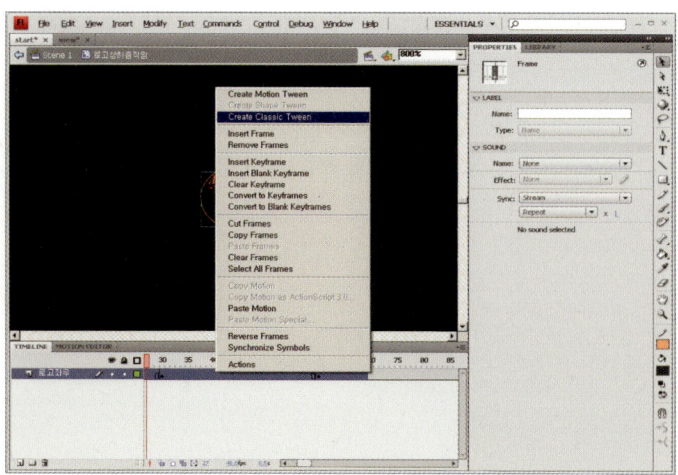

05 상하 좌우 움직임을 포함한 로고의 움직임이 모두 완성되었습니다.

06 [Scene 1]을 눌러서 타임라인으로 이동합니다.

Step 06 | 타이밍 조절 하기

타임라인에서 프레임을 조절해 지금까지 만든 모션들이 등장하는 타이밍을 설정합니다.

01 모든 레이어의 150번 프레임을 드래그해서 선택하고 F5를 눌러 프레임 길이를 맞춰줍니다.

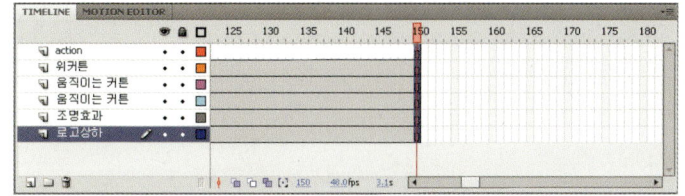

02 [레이어:로고상하]의 심볼을 43번 프레임까지 이동합니다.

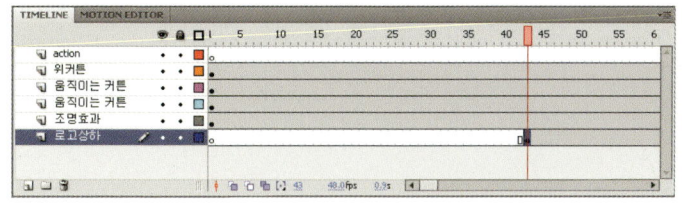

03 테스트 무비(단축키: Ctrl + Enter)를 실행하여 완성된 움직임을 확인합니다.

이번 장을 마치며

이번 장에서는 2 뎁스 이상의 심볼에 접근하는 방법과 구조를 살펴보았고, 하나의 심볼에 2 가지 이상의 움직임을 주어 사실적이고 다이내믹한 모션을 만들었습니다. 하나의 심볼에 여러 변화를 줄 경우 뎁스별로 움직임을 주면, 더 편하게 모션을 만들 수 있습니다.

SECTION

03

비주얼 모션 3

학습 목표

이번 장에서는 움직임에 두 번의 변화를 주는 모션을 만들어보겠습니다. 처음에는 각각의 오브젝트가 등장하는 모션을 만들고, 다음으로 각각의 오브젝트가 재배치되는 움직임을 만들어보겠습니다.

완성파일미리보기 : 부록CD1/Sample/Part04/Sec03/end.swf
완성파일 : 부록CD1/Sample/Part04/Sec03/end.fla
예제파일 : 부록CD1/Sample/Part04/Sec03/start.fla

Step 01 | **움직임 발상하기**

디자인 작업물을 보고 다음과 같은 순서로 등장하는 모션을 만들어보겠습니다. 예제가 제시하는 방법으로 만들어보고, 여러분 나름의 느낌으로 다시 만들어보세요.

▲ 상하 움직임이 있는 텍스트 모션을 만들어줍니다.

▲ 상하 움직임이 있는 텍스트 모션을 만들어줍니다.

▲ 텍스트의 위치 이동이 시작됩니다.

▲ 텍스트 위치 이동이 완성이 되면서 핸드폰이 공간감있게 뒤로 움직이는 모션을 완성합니다.

어두운 스테이지에 배경이 등장하는 모션을 만들어보겠습니다. 모션을 통해서 깊이를 만들어줍니다.

01 '부록CD1/Sample/Part04/ Sec03/start.fla' 파일을 열고 레 이어 구조를 확인합니다.

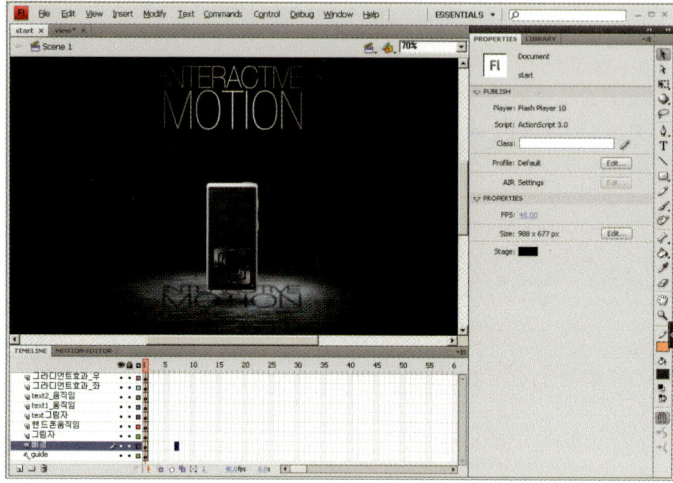

02 원활한 모션 작업을 위해 [레이어:배경]을 제외한 나머지 레이 어에 눈가림 설정을 합니다.

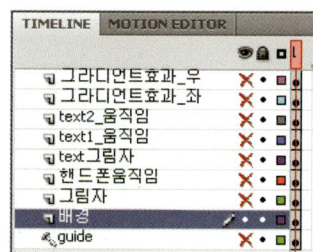

03 35번 프레임, 50번 프레임 에서 단축키 F6을 눌러 키 프레임 을 만듭니다.

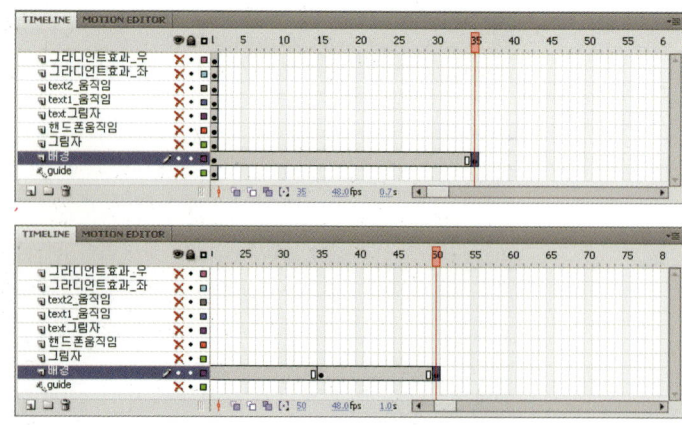

04 1번 프레임에 있는 심볼을 선택하고 [Properties] 패널에서 [Color Effect] 메뉴의 [Style]에서 Tint를 설정합니다. Tint 색상은 검정색 30%로 설정합니다.

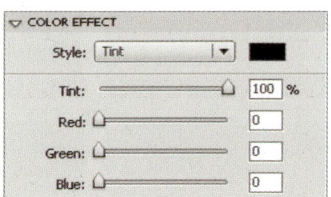 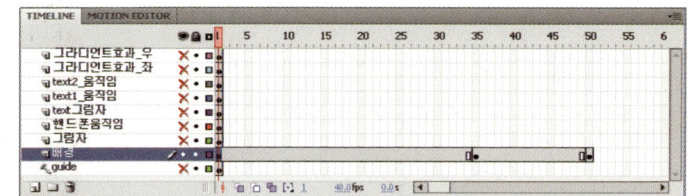

05 35번 프레임을 선택하고 [Properties] 패널의 [Filters] 메뉴의 Adjust Color를 선택합니다. 옵션 중 Contrast 값을 10으로 설정합니다.

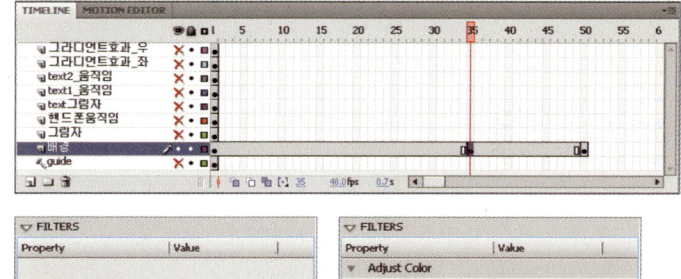

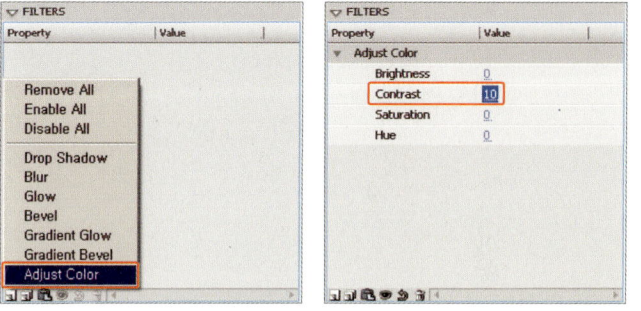

06 1번 프레임과 50번 프레임 사이의 일부분을 드래그하여 마우스 오른쪽 버튼을 클릭해서 선택한 다음 [Create Classic Tween]을 적용합니다.

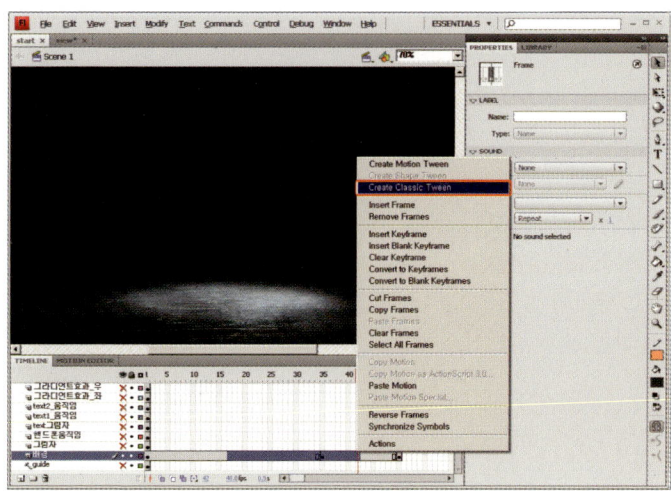

07 움직임이 완성이 되었습니다.

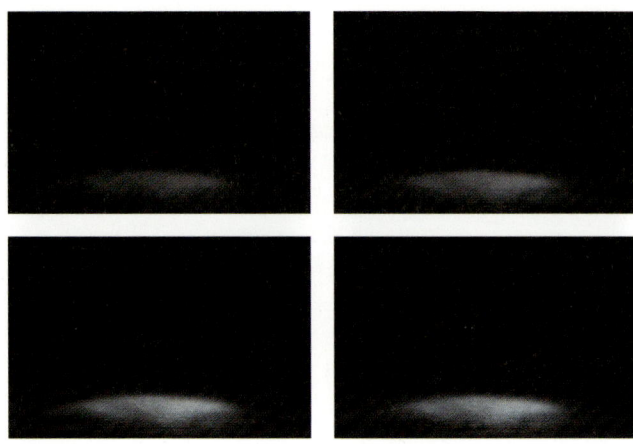

Step 03 | 핸드폰 움직임 만들기

핸드폰이 위 아래로 움직이는 모션을 만들어 공간에 둥둥 떠있는 느낌을 표현해보겠습니다.

01 [레이어:핸드폰움직임]의 눈
가림을 해제합니다.

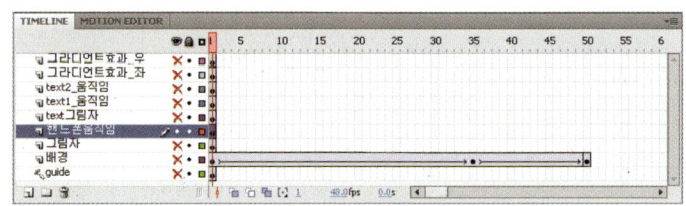

02 [무비클립:핸드폰움직임]을 더블 클릭해서 심볼의 작
업 영역으로 이동합니다.

03 30번, 60번 프레임에서 단축키 F6을 눌러 키 프레임을 만듭니다.

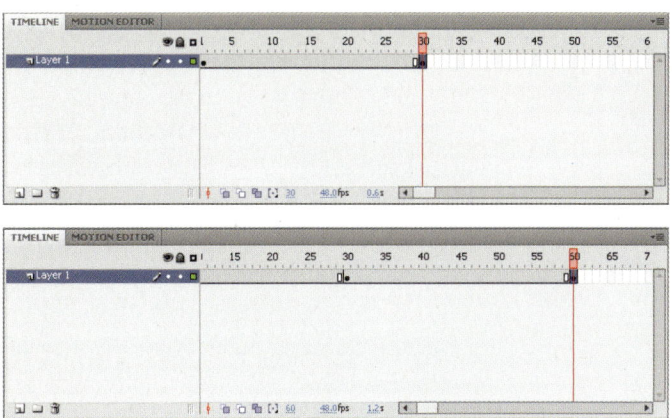

04 30번 프레임의 심볼을 선택하고 핸드폰의 위치를 −10px 위로 이동합니다.

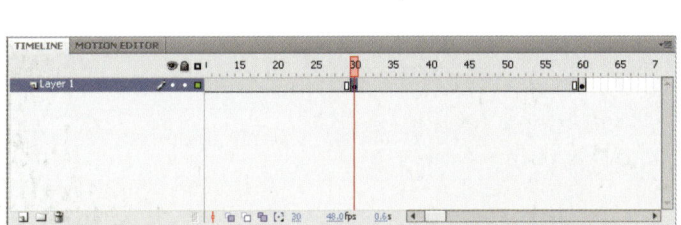

05 1번 프레임과 60번 프레임 사이의 일부분을 드래그하여 마우스 오른쪽 버튼을 클릭해서 선택한 다음 [Create Classic Tween]을 적용합니다.

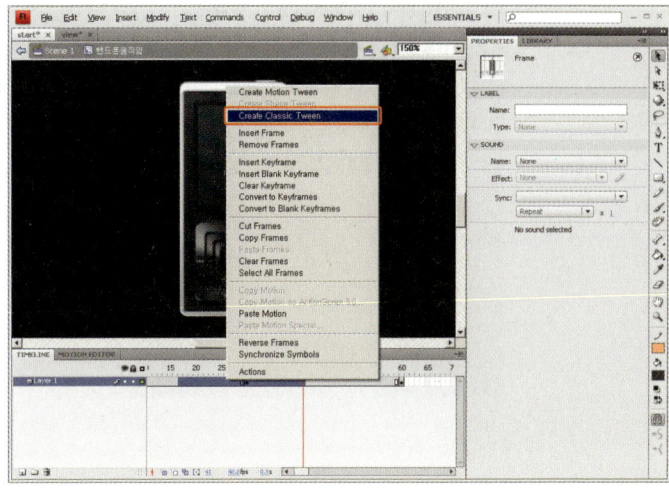

06 모션 트윈 구간에 Ease 값을 설정하겠습니다. 1번~30번 프레임은 Ease:-100, 31번~60번 프레임은 Ease:100으로 설정합니다.

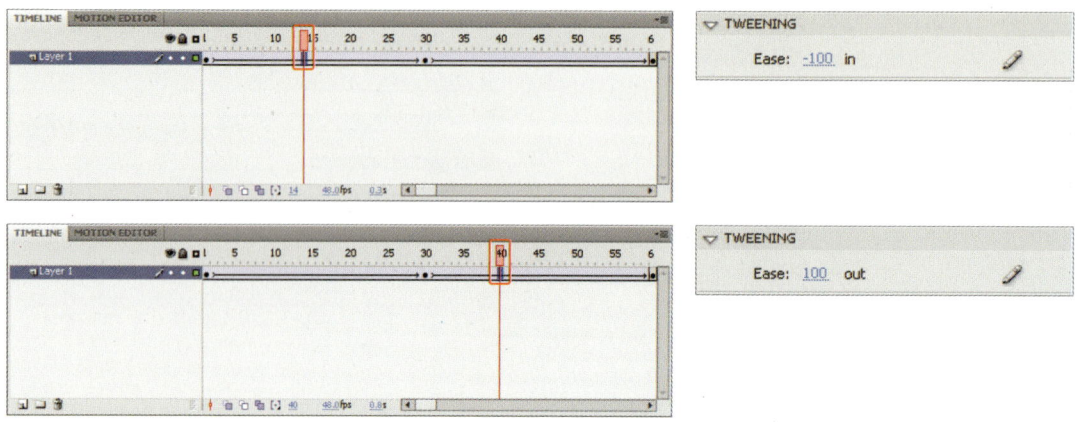

Step 04　그라디언트 효과주기

그라디언트 효과를 주어서 핸드폰이 어둠 속에서 등장하는 모션을 만들어보겠습니다.

01　[레이어:그라디언트효과_우], [레이어:그라디언트효과_좌]의 눈가림을 해제합니다.

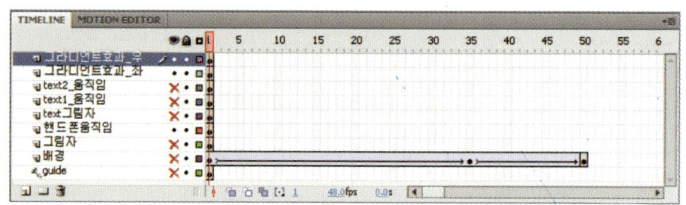

02　[레이어:그라디언트효과_우]의 [무비클립:그라디언트효과]를 더블 클릭하고 심볼의 작업 영역으로 이동합니다.

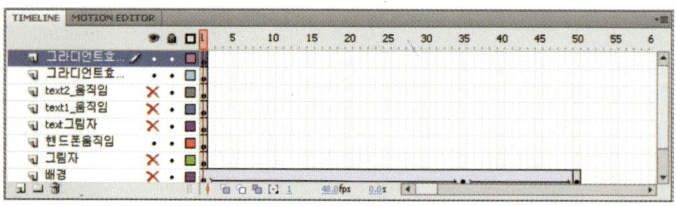

03 35번 프레임을 선택하고 단축키 F6을 눌러 키 프레임을 만듭니다.

04 1번 프레임에 있는 오브젝트를 선택하고 도구상자의 Gradient Transform Tool을 선택합니다.

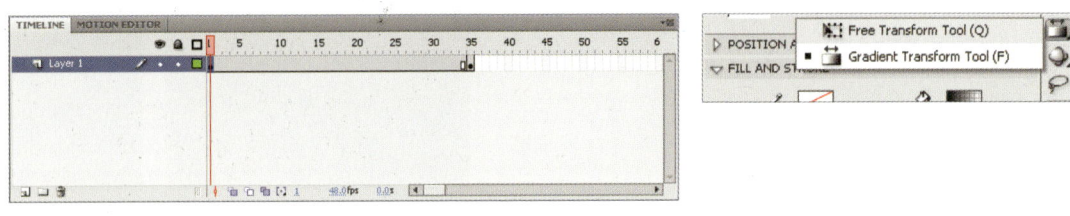

05 그라디언트 편집 바를 그림처럼 왼쪽으로 이동해서 박스가 검은색으로 변하게 만듭니다.

06 1번 프레임과 35번 프레임 사이의 일부분을 드래그하여 마우스 오른쪽 버튼을 클릭해서 선택한 다음 [Create Shape Tween]을 적용합니다.

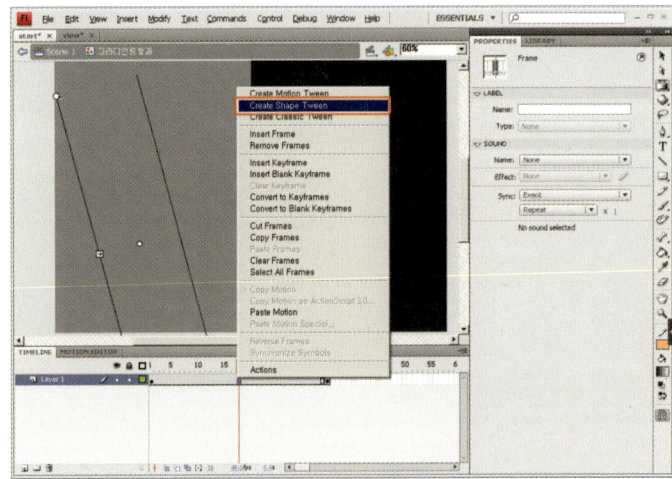

07 메인 타임라인으로 이동해서 50번 프레임을 드래그하여 선택한 후 [Insert] – [Timeline] – [Frame](단축키:F5)을 실행하여 프레임 길이를 맞춰줍니다.

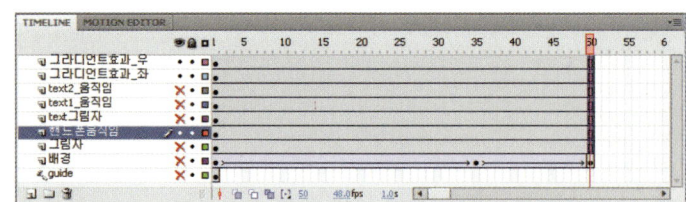

08 핸드폰이 어두운 배경에서 등장하는 모션이 만들어졌습니다.

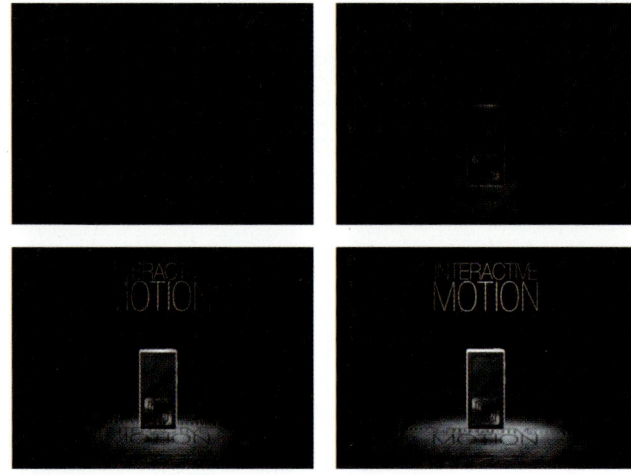

Step 05 | Text 모션

텍스트가 등장하는 모션을 만들어보겠습니다. Y 축의 움직임에 Blur를 적용해서 다이내믹한 움직임을 만들어봅시다.

01 원활한 작업을 위해 [레이어:그라디언트_우], [레이어:그라디언트_좌]의 눈가림을 설정하고 [레이어:text2_움직임], [레이어:text1_움직임]의 눈가림을 해제합니다.

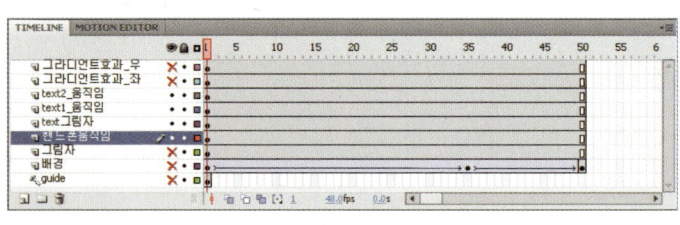

02 [레이어:text2_움직임]의 [무비클립: text2_움직임]을 더블 클릭해서 심볼의 작업 영역으로 이동합니다.

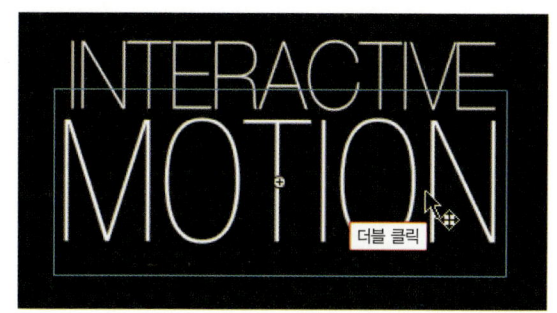

03 아래에서 위로 등장하는 모션을 위해 15번, 20번 프레임을 각각 선택하고 단축키 F6을 눌러서 키 프레임을 만듭니다.

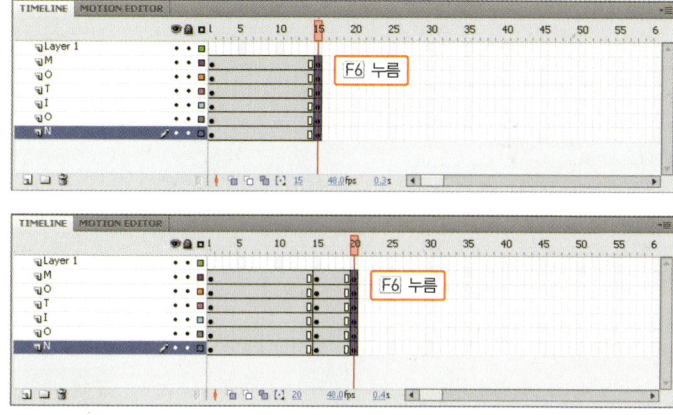

04 1번 프레임에 있는 심볼들을 선택하고 그림처럼 하단으로 이동합니다. [Properties] 패널에서 [Filters] 메뉴의 Blur Y 값을 15로 설정합니다.

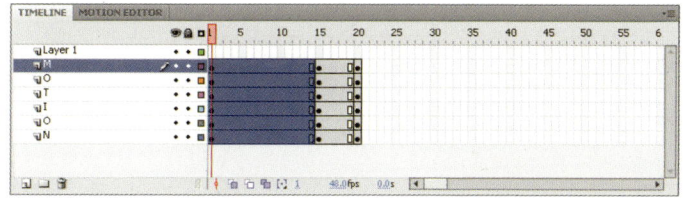

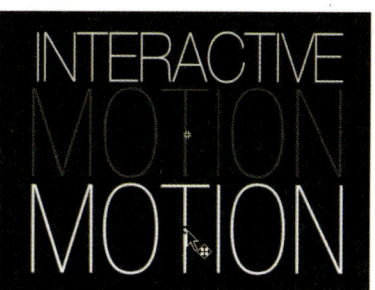

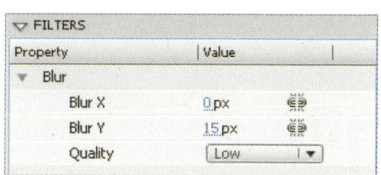

05 15번 프레임에 있는 심볼들을 선택하고 그림처럼 상단으로 이동합니다. [Properties] 패널의 [Filters] 메뉴의 Blur Y 값을 15로 설정합니다.

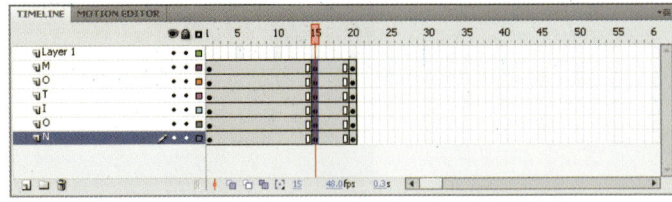

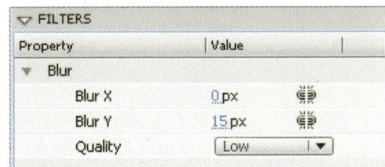

06 1번 프레임과 20번 프레임 일부분을 드래그하여 마우스 오른쪽 버튼을 클릭해서 선택한 다음 [Create Classic Tween]을 적용합니다.

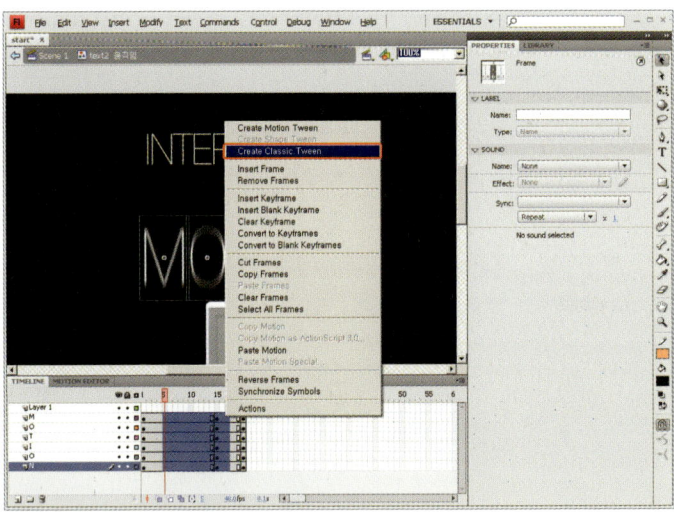

07 1번 프레임과 15번 프레임 사이의 한 곳을 드래그하여 선택한 후 [Properties] 패널의 [Tweening] 메뉴의 Ease 값을 100으로 설정합니다.

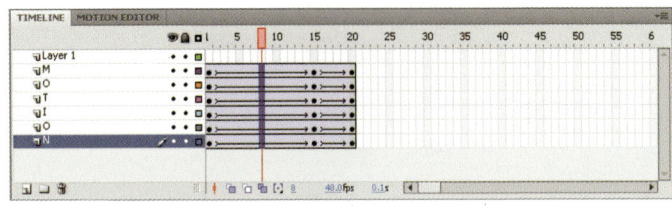

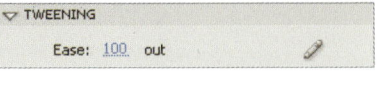

08 각각의 문자가 등장하는 타이밍을 변경하기 위해 그림처럼 레이어의 프레임을 이동하고 전체 프레임 길이를 40번 프레임에 맞춥니다.

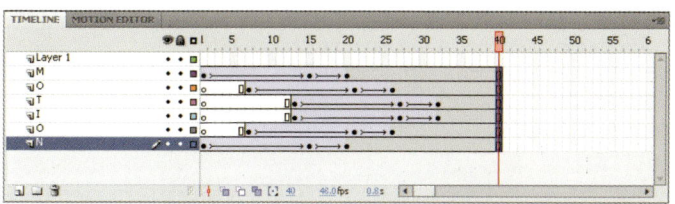

09 [Scene 1]으로 이동하고 [레이어:text1_움직임]의 [무비클립:text1_움직임]을 더블 클릭해서 심볼의 작업 영역으로 이동합니다.

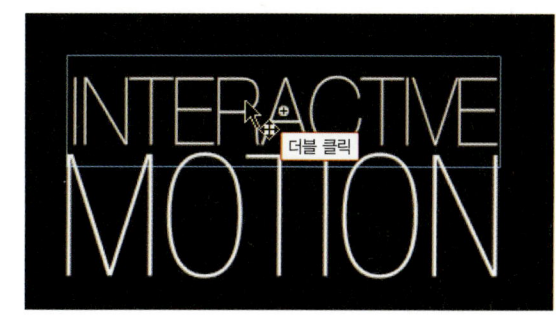

10 위에서 아래로 등장하는 모션을 만들기 위해 15번, 20번 프레임을 각각 선택하고 단축키 F6을 눌러서 키 프레임을 만들어줍니다.

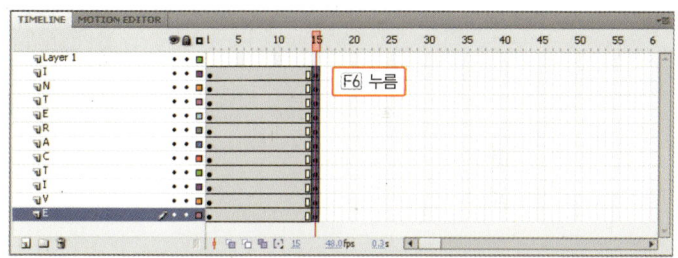

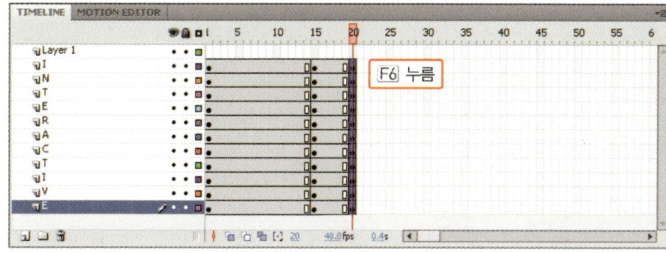

11 1번 프레임에 있는 심볼들을 선택하고 그림처럼 상단으로 이동합니다. [Properties] 패널의 [Filters] 메뉴의 Blur Y 값을 15로 설정합니다.

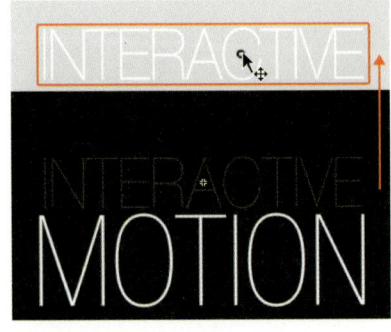

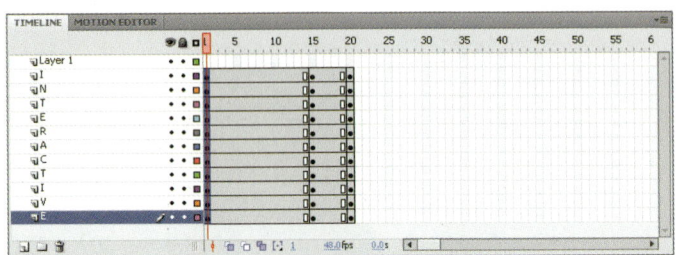

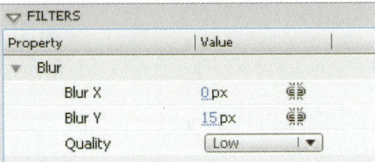

12 15번 프레임에 있는 심볼들을 선택하고 그림처럼 하단으로 이동합니다. [Properties] 패널의 [Filters] 메뉴의 Blur Y 값을 15로 설정합니다.

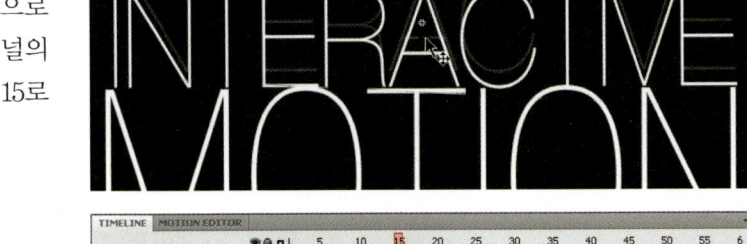

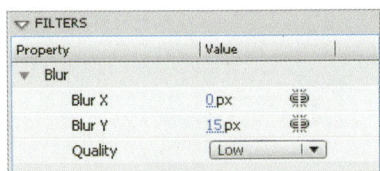

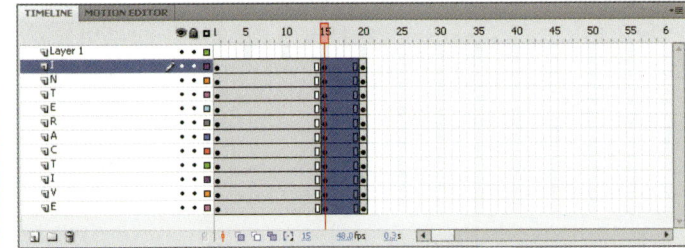

13 1번 프레임과 20번 프레임 일부분을 드래그하여 마우스 오른쪽 버튼을 클릭해서 선택한 다음 [Create Classic Tween]을 적용합니다.

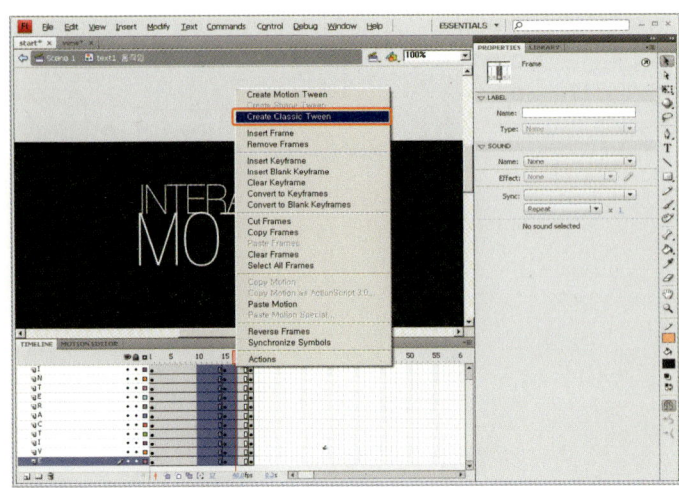

14 1번 프레임과 15번 프레임 사이의 한 곳을 드래그하여 선택한 후 [Properties] 패널의 [Tweening] 메뉴의 Ease 값을 100으로 설정합니다.

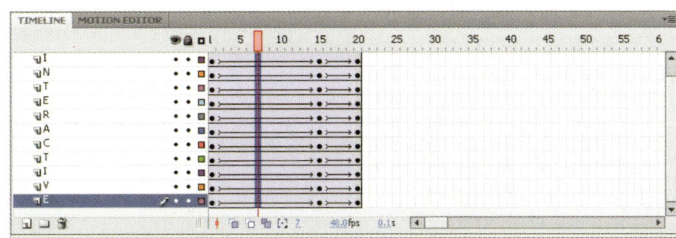

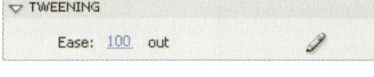

15 각각의 문자가 등장하는 타이밍을 변경하기 위해 그림처럼 레이어의 프레임을 이동하고 전체 프레임 길이를 45번 프레임에 맞춥니다.

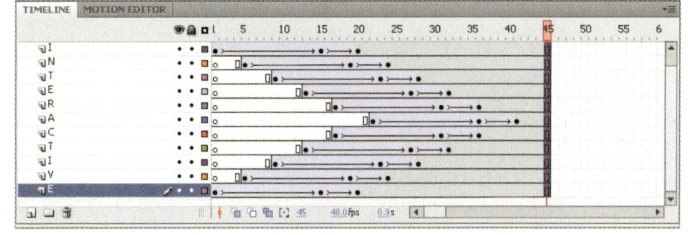

16 [Scene 1]으로 이동하고 [레이어:text2_움직임], [레이어:text1_움직임]의 심볼 위치를 그림처럼 17번 프레임으로 이동합니다.

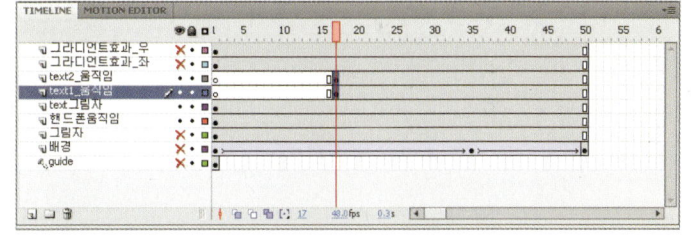

17 테스트 무비(단축키: Ctrl + Enter)를 실행하여 현재까지의 움직임을 확인합니다.

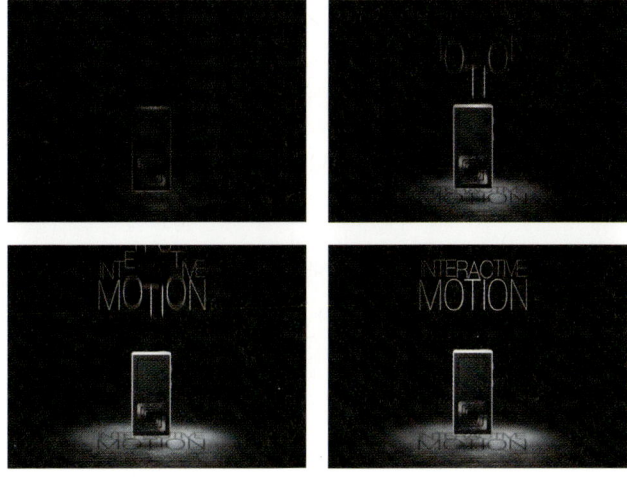

지금까지 휴대폰과 텍스트가 등장하는 모션을 만들었습니다. 이제부터 2차로 변화하는 모션을 만들어 보겠습니다.

01 원활한 작업을 위해 모든 레이어의 눈가림을 해제합니다.

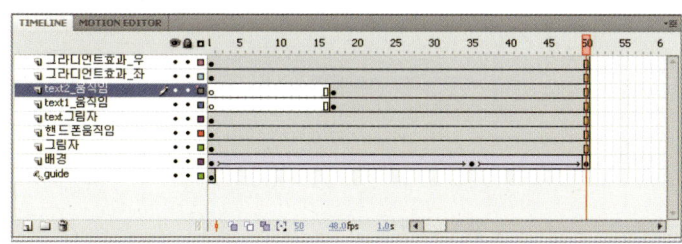

02 새로운 변화를 위해 [레이어:text2_움직임], [레이어:핸드폰 움직임], [레이어:그림자]의 77번, 82번, 95번 프레임에서 F6을 눌러 키 프레임을 만듭니다.

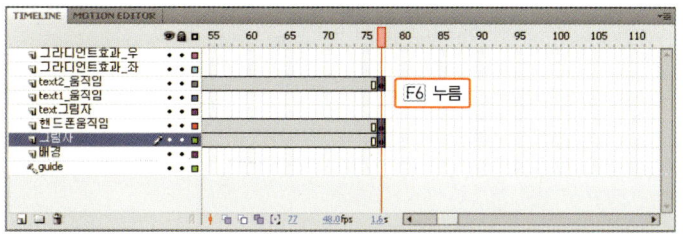

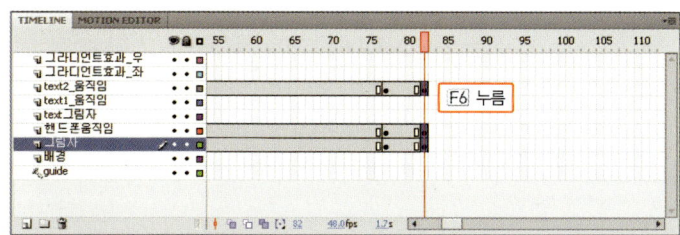

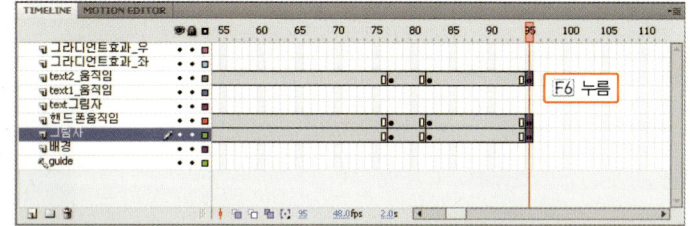

03 전체적인 레이어의 프레임 길이를 123번 프레임에 맞추어서 늘려줍니다.

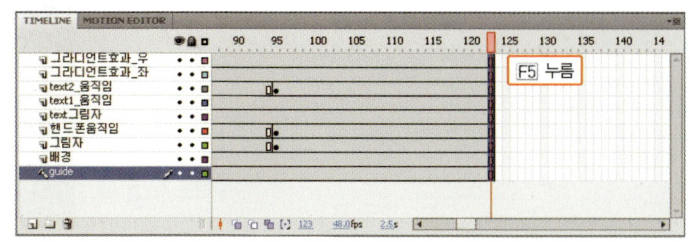

04 [레이어:text2_움직임]의 82번 프레임을 선택하고 심볼의 위치를 10픽셀 정도 위로 이동합니다.

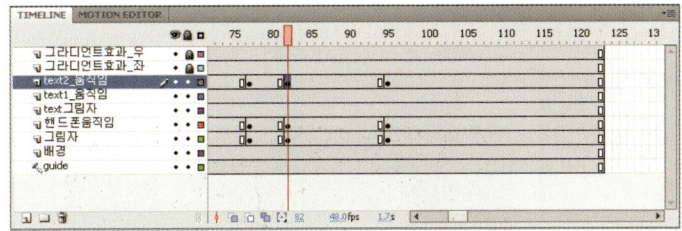
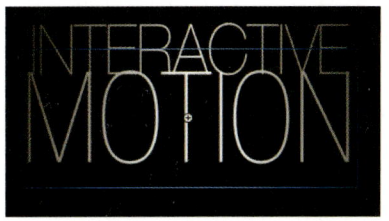

05 95번 프레임에 있는 심볼은 스테이지 중앙으로 이동합니다.

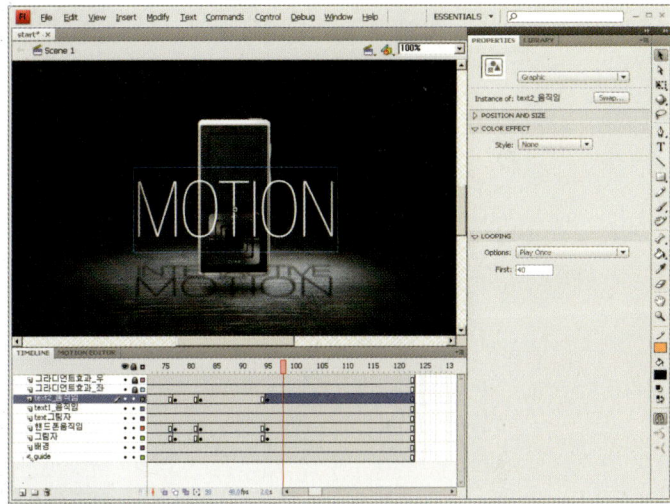

06 [레이어:핸드폰움직임], [레이어:그림자]의 82번 프레임에 있는 각각의 심볼을 한꺼번에 선택하고 [Modify] - [Transform] - [Scale and Rotate](단축키: Ctrl + Alt + S)를 실행합니다. [Scale and Rotate] 대화상자가 표시되면 Scale을 105%로 설정합니다.

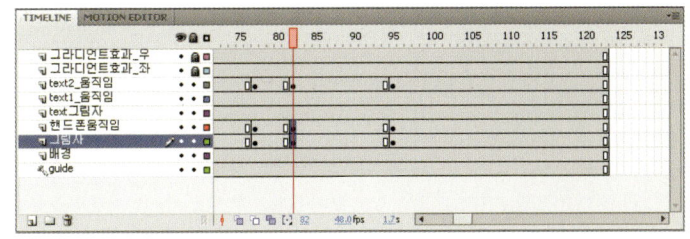
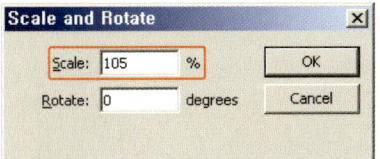

07 95번 프레임에 있는 심볼을 한꺼번에 선택하고 [Modify] – [Transform] – [Scale and Rotate](단축키: Ctrl + Alt + S)를 실행합니다. [Scale and Rotate] 대화상자가 표시되면 Scale을 50% 로 설정합니다. 이 때 그림자와 핸드폰의 위치도 바닥 위로 이동합니다.

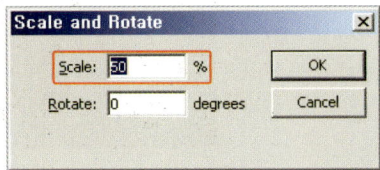

08 [레이어:text2_움직임], [레이어:핸드폰움직임], [레이어:그림자]의 77~95번 프레임 사이의 일부분을 드래그한 후 마우스 오른쪽 버튼을 클릭한 다음 [Create Classic Tween]을 적용합니다.

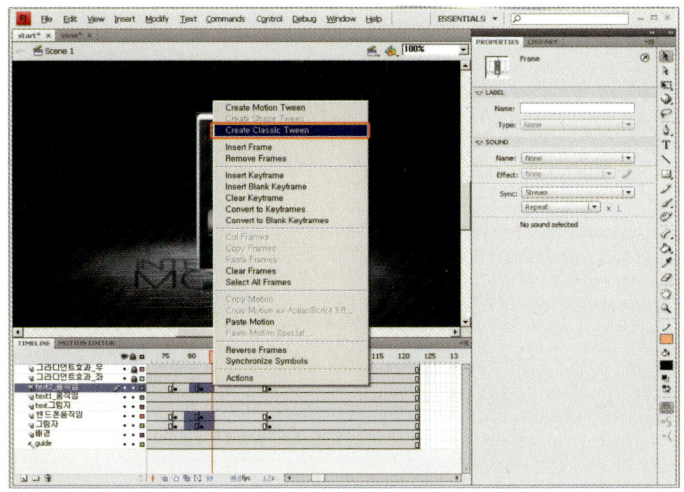

09 82번 프레임과 95번 프레임 사이의 한 곳을 클릭한 후 [Properties] 패널 [Tweening] 메뉴의 Ease값을 –100으로 설정합니다.

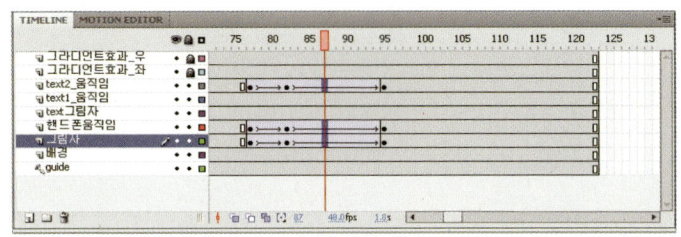
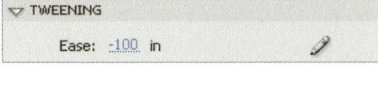

10 [레이어:text1_움직임]의 82
번, 87번, 99번 프레임에서 F6을
눌러 키 프레임을 만듭니다.

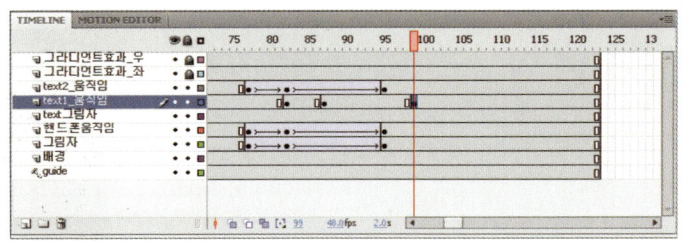

11 87번 프레임의 심볼을 10픽
셀 정도 위로 이동합니다.

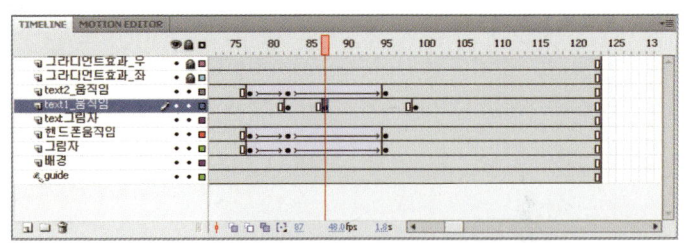

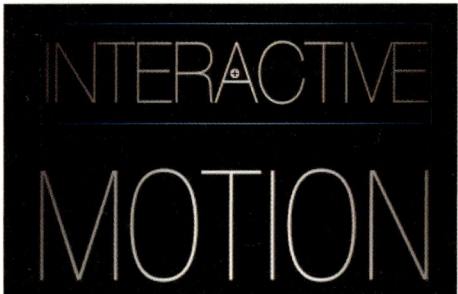

12 99번 프레임에 있는 심볼을
스테이지 중앙으로 이동합니다.

13 [레이어:text1_움직임]의 82
~99번 사이의 일부분을 드래그한
후 마우스 오른쪽 버튼으로 클릭
한 다음 [Create Classic Tween]
을 적용합니다.

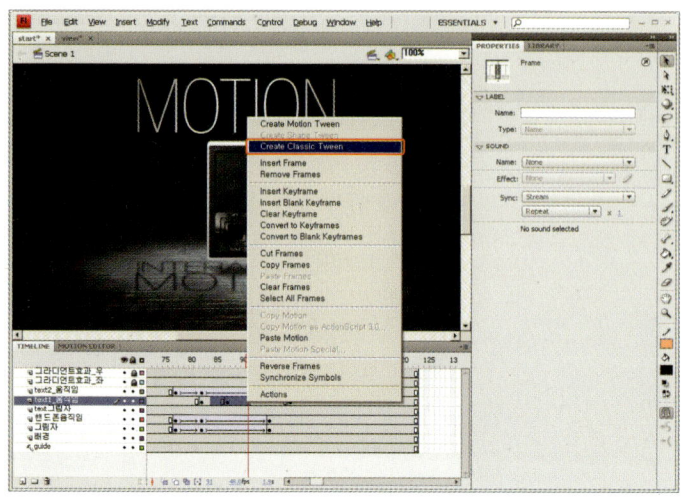

14 87번 프레임과 99번 프레임 사이의 한 곳을 클릭한 후 [Properties] 패널 [Tweening] 메뉴의
Ease 값을 -100으로 설정합니다.

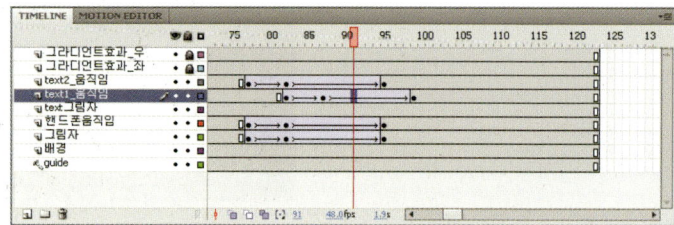

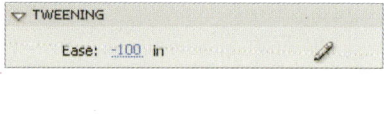

15 텍스트가 내려오는 순간 그
림자를 만들기 위해 [레이어:text
그림자]의 82번, 99번 프레임에서
F6 키를 눌러 키 프레임을 생성합
니다.

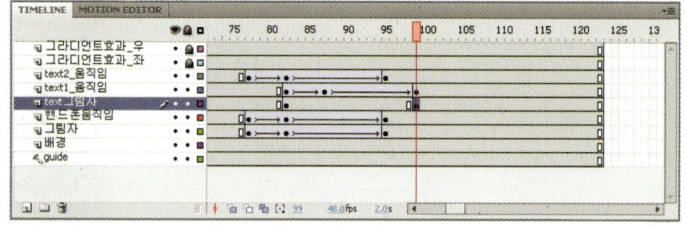

16 [레이어:text그림자]의 프레
임을 마우스 오른쪽 버튼으로 클릭
한 다음 [Create Classic Tween]
을 적용합니다.

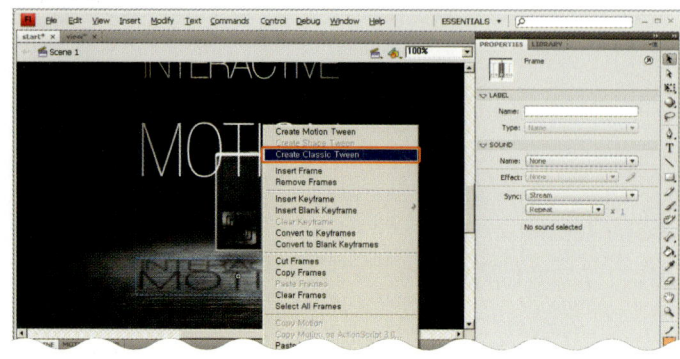

17 82번 프레임 앞에 있는 심볼을 선택하고 Delete 키를 눌러 빈 프레임으로 만들어줍니다.

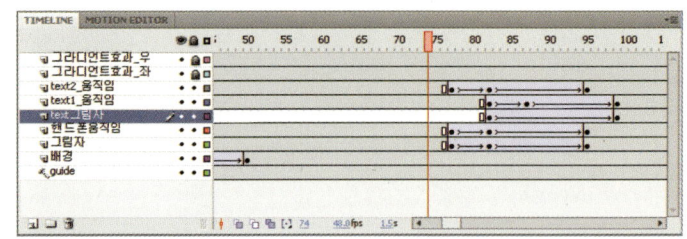

18 82번 프레임에 있는 심볼을 선택하고 [Properties] 패널에서 Alpha 값을 0으로 설정합니다.

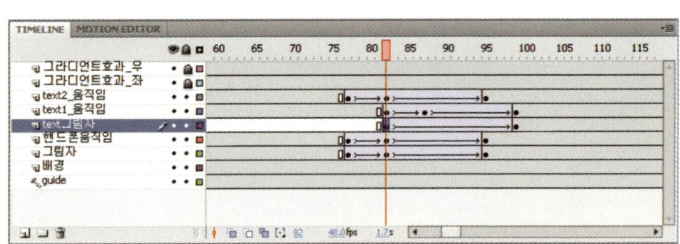
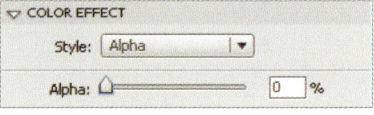

19 테스트 무비(단축키: Ctrl + Enter)를 실행하여 완성된 화면을 확인합니다.

이번 장을 마치며

배경에 휴대폰과 텍스트가 등장하고, 텍스트가 다시 변화하여 움직임이 크게 두 번 변하는 모션을 만들어보았습니다. 모션 플래셔를 희망하는 분은 이런 모션을 만드는 데 익숙해져야 합니다. 다양한 디자인에 맞춘 움직임을 만들어보세요.

Part 5
액션스크립트 3.0 첫 만남

"반갑습니다. 저는 액션스크립트 3.0입니다. 저는 성격이 소심해서 쉽게 마음을 열지 못해요. 하지만 지속적으로 저와의 만남을 늘려 가신다면 좋은 친구가 될 겁니다. 저... 꽤나 재미있는 놈입니다. ^^ 그럼 앞으로 친하게 지내보아요!" 액션스크립트의 세계에 입문하신 것을 환영합니다. 액션스크립트는 여러 프로그램과 비교했을 때, 굉장히 쉽고 재미있는 프로그램입니다. 처음엔 답답하고 힘들지라도 즐거운 마음으로 반복 학습해서 좋은 친구가 되길 바랍니다.

액션스크립트란?

1. 액션스크립트란?

액션스크립트는 플래시 플레이어에게 명령하기 위한 프로그램 언어입니다. 대부분의 웹 사이트 제작에 플래시를 사용하고 있으며, 배너와 같이 단순한 애니메이션을 제외하고 대부분 액션스크립트를 이용해 다양한 플래시 컨텐츠를 만듭니다.

모션 파트에서 여러 가지 툴을 이용하여 제작한 애니메이션은 재생 중 움직임에 변화를 줄 수 없습니다(선형 애니메이션). 하지만 액션스크립트를 이용하면 상황에 따라 변화를 주어 다양한 움직임을 만들 수 있습니다. 사운드/비디오 등의 미디어를 컨트롤할 수도 있습니다.

2. 액션스크립트 버전

액션스크립트는 플래시 프로그램이 업그레이드 되면서 1.0, 2.0에 이어 3.0까지 발전하였습니다. 스크립트 버전이 발전하면서 다양한 명령(클래스)들이 추가되어 프로그램 개발을 편리하게 해줍니다.

플래시 CS3부터 제공된 3.0 버전은 단순한 스크립트 언어가 아닌 OOP 언어로서의 면모를 갖추게 되었습니다. 이로써 디자이너의 데코레이션 툴로 생각되었던 플래시가 완벽한 어플리케이션 제작 툴로 인정받게 되었습니다. 반면 조금 쉽게 다가설 수 있는 프로그램이었던 액션스크립트가 전문적인 프로그램 언어가 되어 디자이너들에겐 버거운 존재로 거듭난 것도 사실입니다. 특히 3.0 버전은 2.0까지의 클래스 구조와 코드 구현 방법이 많이 달라져 2.0을 공부했던 사람들도 다시 공부해야 하는 상황입니다.

필자가 생각하기에 2.0 버전의 사용자층이 개발자보다는 디자이너가 대부분이어서 다른 사람이 제작한 스크립트 코드를 복사해서 붙여 넣는 식의 제작을 많이 했기에 3.0을 어렵게 생각하게 된 것 같습니다. 이런 코딩을 장난 삼아 '콜라주 코딩' 이라고 말하곤 했습니다.

현재 액션스크립트 3.0을 처음으로 공부하는 분이라면 위에서 말한 가져다쓰기 식의 제작을 하기 전에 기초 예제들을 접하면서 스크립트의 구조와 기초 문법을 공부해야 합니다. 다른 사람이 제작한 소스를 이용하는 것은 액션스크립트 문법(OOP)에서 당연한 제작 방법입니다. 하지만, 콜라주하듯이 이리 붙였다 저리 붙였다 하는 것은 프로그램 공부에 전혀 도움을 주지 못합니다. 코드를 어디에서 어떻게 사용하는지 먼저 공부해야 할 것입니다.

"2.0을 모르는데 3.0을 공부해도 되나요?"라는 질문을 많이 합니다. 초기에는 2.0과 3.0이 공존하지 않겠느냐는 말이 있었지만, 웹/어플리케이션 시장을 바라보면 이미 2.0은 퇴물 취급을 받고 있습니다. 앞으로 버전이 더 높아지면(4.0 이상) 2.0은 지금의 1.0 버전처럼 사라지게 될 수도 있습니다.

단, 3.0 이상으로 제작하면 플래시 플레이어 9.0 이상에서만 작동하게 됩니다. 혹 플레이어 버전이 낮은 곳에서도 실행해야 하는 컨텐츠라면 2.0 이하 스크립트를 사용해야 합니다. (본 교재는 2.0에 대한 설명은 없습니다. 모든 예제는 3.0 버전으로 제작되었습니다.)

02
액션스크립트 패널

액션스크립트 패널은 다음과 같은 다양한 기능을 제공합니다. (단축키: F9)

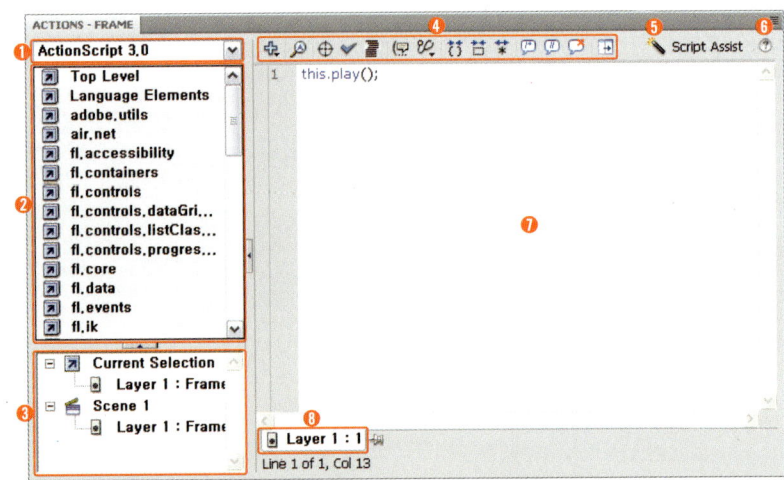

❶ 사용할 액션스크립트 종류와 버전을 선택할 수 있습니다.

❷ 선택한 액션스크립트 종류와 버전에 따라서 사용할 수 있는 클래스가 나열됩니다.

❸ 타임라인에 액션스크립트를 입력했을 때, 입력된 레이어 이름과 프레임 정보가 표시됩니다. 리스트를 클릭하여 액션스크립트가 입력된 타임라인으로 바로 이동할 수 있습니다.

❹ 액션스크립트 입력을 도와주는 도구 모음입니다.

 클래스의 메서드와 속성을 선택하여 입력할 수 있습니다.

 단어를 검색 또는 변경할 수 있습니다.

 객체(무비클립)의 경로를 찾아서 입력할 수 있습니다.

 스크립트에 오류가 있는지 확인할 수 있습니다.

 스크립트를 자동으로 줄 맞춤(정렬) 해줍니다.

 코드 힌트를 제공합니다.

 디버그 포인트를 설정/제거 합니다.

 코드 블록을 화면에서 가립니다.

 원하는 코드 부분을 화면에서 가립니다. 긴 코드에서 필요한 부분만 확인할 때, 다른 코드들을 잠시 가려놓을 수 있습니다.

🟆 가려진 코드를 다시 보여줍니다.

🗨 여러 줄 주석을 설정합니다.

🗨 한 줄 주석을 설정합니다.

🗨 주석을 해지합니다.

❺ 도우미 기능을 이용하여 스크립트를 입력할 수 있습니다.

❻ 도움말 페이지를 엽니다. 만약 알고 싶은 명령어에 커서를 위치하고 도움말 페이지를 열면 해당 명령에 대한 설명이 나타납니다.

❼ 스크립트를 입력하는 창입니다.

❽ 스크립트가 분산되어 있을 때, 핀 기능을 이용하여 패널을 고정할 수 있습니다. 무비클립 경로를 이동하지 않아도 스크립트를 편리하게 수정할 수 있습니다. 고정된 탭에서 핀을 다시 클릭하면 패널이 제거됩니다. (탭 이름은 레이어 이름과 타임라인 번호입니다.)

Part 6

액션스크립트
3.0 즐기기

'액션스크립트 3.0 즐기기' 파트는 액션스크립트를 이용하여 간단한 예제들을 만들어보는 과정입니다. 가장 기본적인 타임라인 스크립트부터 클래스 제작까지 순차적으로 공부한다면 액션스크립트에 대한 감을 얻을 수 있을 것입니다.

본 교재는 액션스크립트만을 위한 교재가 아니므로, 액션스크립트를 처음 접하시는 분들이 보기에 너무 어려운 내용들은 배제하였으며, 액션스크립트에 재미를 붙이기 위한 기본적인 코드들로 구성하였습니다. 예제 순서대로 공부하다보면 "액션스크립트가 이렇게 사용되는구나!"라고 느낄 수 있을 것입니다. 예제 마다 어떤 문법이 필요한지 어떤 내용을 사전에 알고 있어야 하는지를 기록해 놓았습니다. 각 예제를 공부하기 전에 'Part 7. 기초 프로그래밍'을 자주 보셔야 할 것입니다. ('PART 7. 기초 프로그래밍'을 한 번 정독하신 후 예제를 따라 하면 더욱 쉽게 예제를 접할 수 있습니다.) 자, 그럼 재미있는 액션스크립트를 즐겨봅시다!

SECTION 01 타임라인 스크립트

학습 목표

타임라인은 무비클립 클래스가 가지고 있는 기능입니다. 앞 모션 파트에서 타임라인을 이용해 많은 애니메이션을 만들어 보았습니다. 이제 모션에 액션스크립트를 이용하여 비선형 움직임을 만들어봅시다. 이번 장에서는 무비클립 메서드(명령) 중 타임라인에 관련된 메서드에 대해서 알아봅니다.

01. 타임라인 멈추기 / 진행하기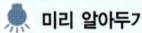

- 진행(Play) 중인 무비클립의 움직임을 멈추거나 멈추어 있는 타임라인을 다시 움직이는 명령을 알아봅니다.
- 프레임의 일부 구간이 반복적으로 재생되도록 만들어봅니다.

🐙 **미리 알아두기** **변수, 상수, 데이터 유형** : Part 7. 기초 프로그래밍 〉 Sec 1. 변수, 상수, 데이터 유형 ｜ **함수** : Part 7. 기초 프로그래밍 〉 Sec 5. 함수 ｜ **이벤트** : Part 7. 기초 프로그래밍 〉 Sec 7. OOP 문법 〉 05. 이벤트

※ 예제를 따라하기 전에 '미리 알아두기' 내용을 반드시 읽어보기 바랍니다.

예제 01	애니메이션 멈추기

완성파일미리보기 : 부록CD1/Sample/Part06/Sec01/Exam01/완성/exam01.swf
예제파일 : 부록CD1/Sample/Part06/Sec01/Exam01/예제/exam01.fla

01 예제파일을 열고 테스트 무비(단축키: Ctrl +Enter)를 실행하면, 트위닝으로 반복해서 움직이는 애니메이션이 보입니다.

02 타임라인에 애니메이션을 멈추는 메서드 (명령)를 입력해보겠습니다. 무비클립을 더블클릭하여 무비클립 타임라인으로 이동합니다.

03 액션스크립트를 입력할 레이어를 생성하고, 레이어 이름을 'as'로 입력합니다.('as'는 Actionscript의 약자입니다.) 레이어 이름은 어떤 레이어인지 알아보기 쉽게 정하는 것이 좋습니다.

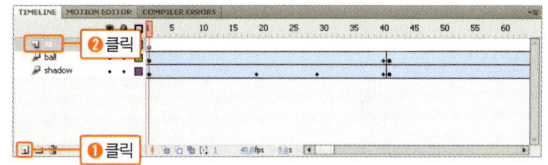

04 애니메이션을 멈추고 싶은 프레임(41번 프레임)으로 커서를 이동한 후, 새로운 키 프레임(단축키: F7)을 만듭니다.

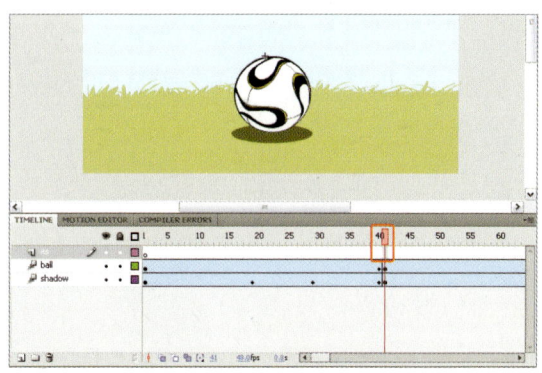

05 [Actions] 패널(단축키: F9)을 열어보면, 탭 이름이 위에서 입력한 레이어 이름인 'as : 41'인 것을 확인할 수 있습니다. 'as' 레이어의 41번 프레임에 액션스크립트를 입력하고 있음을 나타냅니다.
[Actions] 패널에 애니메이션을 멈추는 메서드 (명령)를 입력합니다.

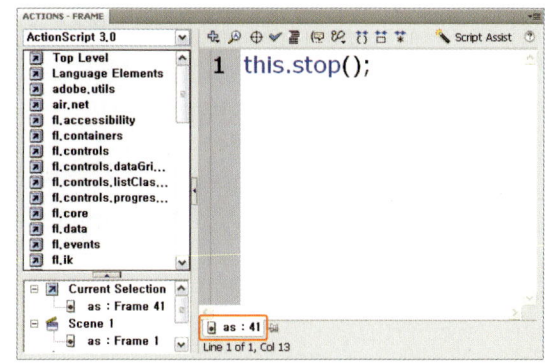

```
1    this.stop();
```

06 테스트 무비(단축키: Ctrl + Enter)를 실행하여 결과를 확인합니다.

완성파일미리보기 : 부록CD1/Sample/Part06/Sec01/Exam01/완성/exam02.swf
예제파일 : 부록CD1/Sample/Part06/Sec01/Exam01/예제/exam02.fla

앞 예제에서 멈췄던 애니메이션을 다시 진행하도록 해보겠습니다. 버튼 클릭시 다시 재생하는 코드를 실행하기 위해서 버튼에 이벤트를 등록해봅시다.

01 무비클립에 이벤트를 등록하기 위해서 인스턴스에 이름이 부여되어야 합니다. 메인 타임라인으로 빠져 나와 무비클립을 마우스로 선택한 후 [Properties] 패널에 인스턴트 이름을 'aniMc' 라고 입력합니다.

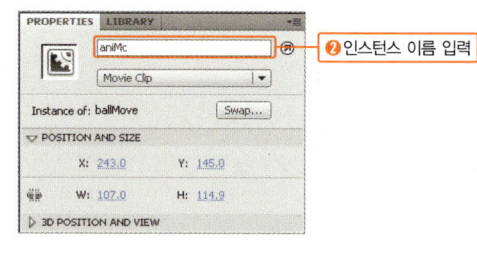

Tip | **인스턴스란?**
클래스로부터 생성된 오브젝트(객체)를 인스턴스라고 부릅니다. 라이브러리의 무비클립(원본)을 여러 개 꺼내면 각각의 무비클립들이 다른 속성(투명도, 크기, 컬러 등)을 가질 수 있는데, 이것들을 인스턴스 또는 객체라고 합니다.

02 액션 레이어를 만들고, 버튼 이벤트와 이벤트 발생시 실행할 함수를 작성합니다.

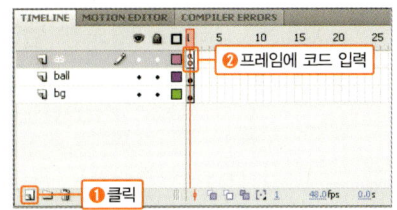

```
1    aniMc.addEventListener(MouseEvent.CLICK, clickHandler);
2    function clickHandler(event:MouseEvent):void
3    {
4        var mc:MovieClip = event.currentTarget as MovieClip;
5        mc.play();
6    }
```

line 1   이벤트를 등록하는 코드입니다. 이벤트가 발생하는 곳은 무비클립 객체이며, 무비클립이 클릭(MouseEvent.CLICK)되면 clickHandler 함수를 호출(실행)하도록 버튼 객체에 등록합니다.

line 2~6   이벤트가 발생했을 때, 호출되는 함수입니다. 함수 이름은 변경 가능합니다. 함수 이름을 변경할 경우에 이벤트 등록하는 부분도 잊지 말고 변경해 주어야 합니다.

line 2   clickHandler 함수는 마우스 이벤트 발생시 호출되는 이벤트 함수이므로, 매개변수(event)의 데이터 유형이 MouseEvent입니다.

line 4   변수 mc에는 이벤트가 발생한 대상(currentTarget)이 대입됩니다. 무비클립을 클릭하고 있기 때문에 데이터 유형이 MovieClip입니다. 여기서 as는 형 변환 연산자로 이벤트가 발생한(마우스로 눌러진) 객체가 MovieClip 인지를 확인하는 과정이기도 합니다.

line 5   play( )는 무비클립의 타임라인을 진행하는 명령입니다. 이벤트가 발생한 객체(mc)의 타임라인을 진행하게 됩니다. 결과적으로 무비클립을 클릭하면 멈추어 있던 타임라인이 진행된 후, 다시 stop( ) 명령을 만나서 애니메이션이 멈추게 됩니다.

03 테스트 무비(단축키: Ctrl+Enter)를 실행하여 결과를 확인합니다. 무비클립이 멈춘 후 마우스로 클릭하면 다시 움직이게 됩니다.

완성파일미리보기 : 부록CD1/Sample/Part06/Sec01/Exam01/완성/exam03.swf
예제파일 : 부록CD1/Sample/Part06/Sec01/Exam01/예제/exam03.fla

완성파일을 보면 애니메이션이 등장한 후 가운데서 반복 움직임을 보여주고 있습니다. 이번 예제에서는 모션 트윈으로 등장 후 반복하여 움직이는 애니메이션을 만들어 보겠습니다.

01 예제파일을 열고, 트위닝이 끝난 후 반복 움직임이 시작될 프레임 번호를 찾습니다. 예제파일에서는 45번 프레임 정도가 적당할 것 같습니다.

02 액션 레이어를 만들고, 마지막 프레임에 도착하면 45번 프레임으로 이동하여 멈추도록 명령합니다. ( ) 안에 들어가는 매개변수의 값이 이동해서 멈추는 프레임 번호입니다.

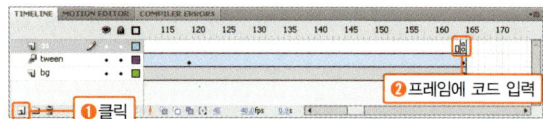

```
1    this.gotoAndStop(45);
```

03 테스트 무비(단축키: Ctrl + Enter)를 실행하여 결과를 확인합니다. 계속 반복되던 애니메이션이 한 번 진행 후 45번 프레임에 멈추어 있습니다.

04 이번에는 멈추지 않고, 반복하여 움직이도록 만들어봅시다. 마지막 프레임에 입력했던 스크립트를 변경합니다. 해당 프레임으로 이동해서 진행하도록 명령하는 것입니다.

```
1   this.gotoAndPlay(45);
```

05 테스트 무비(단축키: Ctrl + Enter)를 실행하여 결과를 확인합니다.

예제 04 | 프레임 라벨로 타임라인 이동하기

완성파일미리보기 : 부록CD1/Sample/Part06/Sec01/Exam02/완성/exam04.swf
예제파일 : 부록CD1/Sample/Part06/Sec01/Exam02/예제/exam04.fla

타임라인 이동 시 프레임 번호를 이용하면, 트위닝 길이가 변경될 때 반복되는 프레임 위치가 변경되어 스크립트를 수정해야 하는 불편함이 생깁니다. 하지만 프레임 이름을 이용하면 수정 없이 움직임을 유지할 수 있습니다.

01 45번 프레임에 키 프레임을 생성(단축키: F7)합니다.

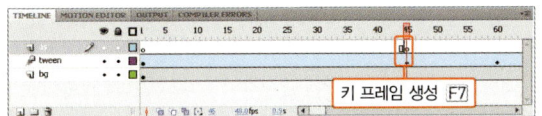

02 [Properties] 패널의 프레임 라벨 이름에 'again' 을 입력합니다. 프레임 라벨 이름이 입력되면 타임라인에 빨간 깃발 표시와 함께 레이어 이름이 나타납니다.

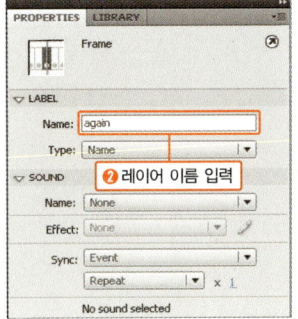

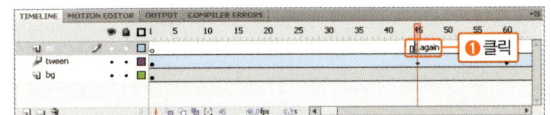

03 마지막 프레임에 입력했던 스크립트를 번호가 아닌 프레임 라벨 이름으로 변경합니다.

```
1    this.gotoAndPlay("again");
```

04 테스트 무비(단축키: Ctrl + Enter)를 실행하여 결과를 확인합니다. 앞 예제와 같이 타임라인의 일부 구간을 반복하는 움직임이 나타납니다.
이동 후 멈추는 명령인 gotoAndStop()도 프레임 라벨을 이용할 수 있습니다.

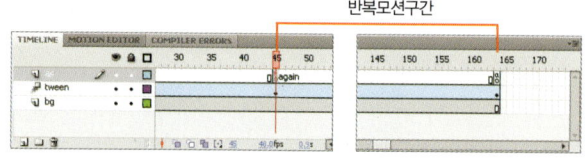

02. Scene 이동하기

• Scene 이동을 이용하여 간단한 사진갤러리를 만들어봅니다.
• 다른 경로의 DisplayObject에 명령하는 방법을 알아봅니다.

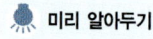 **미리 알아두기** **DisplayObject** : Part 7. 기초 프로그래밍 〉 Sec 6. DisplayObject | **변수, 상수, 데이터 유형** : Part 7. 기초 프로그래밍 〉 Sec 1. 변수, 상수, 데이터 유형 | **함수** : Part 7. 기초 프로그래밍 〉 Sec 5. 함수 | **이벤트** : Part 7. 기초 프로그래밍 〉 Sec 7. OOP 문법 〉 05. 이벤트

※ 예제를 따라하기 전에 '미리 알아두기' 내용을 반드시 읽어보기 바랍니다.

예제 01 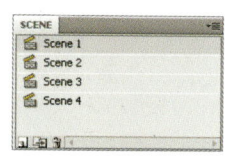 버튼을 클릭하여 Scene 이동하기

완성파일미리보기 : 부록CD1/Sample/Part06/Sec01/Exam02/완성/exam01.swf
예제파일 : 부록CD1/Sample/Part06/Sec01/Exam02/예제/exam01.fla
동영상 강의 : 부록CD2/동영상 강의②/① 버튼을 클릭하여 Scene 이동하기.avi

01 예제파일을 열고 [Scene] 패널(단축키: Shift + F2)을 열어보면 여러 개의 Scene을 볼 수 있습니다. 각 Scene은 애니메이션 진행 후 마지막 프레임에서 멈추도록 stop() 메서드가 입력되어 있습니다.

02 Scene의 버튼 무비클립을 더블 클릭하여 무비클립 타임라인으로 이동합니다.

더블 클릭

03 액션 레이어를 생성하고, 이전/다음 버튼을 클릭했을 때 Scene이 이동되도록 액션스크립트를 입력합니다. 모든 Scene에서 같은 이전/다음 버튼을 사용하고 있으므로, 한 번의 코드 작성으로 Scene 이동 명령을 완성할 수 있습니다.

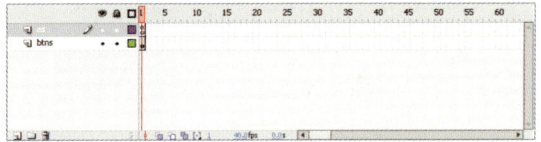

```actionscript
1   prevBtn.addEventListener(MouseEvent.CLICK, prevHandler);
2   nextBtn.addEventListener(MouseEvent.CLICK, nextHandler);
3
4   function prevHandler(event:MouseEvent):void
5   {
6       var mc:MovieClip = parent as MovieClip;
7       mc.prevScene();
8   }
9
10  function nextHandler(event:MouseEvent):void
11  {
12      var mc:MovieClip = parent as MovieClip;
13      mc.nextScene();
14  }
```

line 1~2   버튼을 클릭하면 이전 또는 다음 Scene으로 이동하는 함수를 호출하는 이벤트 등록 단계입니다.

line 4~8   prevBtn 버튼이 클릭되었을 때, 호출될 이벤트 핸들러입니다. 마우스 이벤트가 발생할 때 실행되는 함수이므로 매개변수에 MouseEvent 객체를 받게 됩니다. void는 함수 실행후 반환되는 데이터가 없음을 의미합니다.

line 6~7   이동할 Scene의 위치를 변수 mc에 참조한 후, prevScene() 메서드를 이용하여 이전 Scene으로 이동하도록 명령합니다. 만약 이전 Scene이 없다면 현재 Scene이 다시 재생됩니다.

parent는 현재 무비클립의 부모 객체를 알려주는 속성입니다. 본 예제에서는 root가 부모 객체입니다. root란 swf 파일에서 가장 상위에 존재하는 객체를 말합니다.(p.532 'DisplayObject 경로' 참고)

as는 데이터 형을 확인할 때 사용하는 비교 연산자로서, 만약 parent의 데이터 유형이 MovieClip 데이터 형이라면 해당 객체를, 아니라면 null을 반환하여 변수 mc에 참조시킵니다.

line 13   nextScene() 메서드를 이용하여 다음 Scene으로 이동하도록 명령합니다. 만약 다음 Scene이 없다면 현재 Scene이 다시 재생됩니다.

root에서 Scene을 이동할 때에는 다음과 같이 this 속성을 이용해 바로 이동할 수 있지만,

```
this.nextScene();
this.prevScene();
```

예제와 같이 무비클립 안에서 명령하여 root의 Scene을 이동할 때 parent, root 속성을 바로 이용해 명령하면 오류가 발생합니다.

잘못된 코드

```
paernt.nextScene();
root.prevScene();
```

올바른 코드

```
var mc:MovieClip = parent as MovieClip;
mc.nextScene();
```

04 테스트 무비(단축키: Ctrl + Enter)를 실행하여 결과를 확인합니다. 이전/다음 버튼을 클릭하면 Scene의 이동을 확인할 수 있습니다. Scene을 이동하는 코드는 prevScene()와 nextScene()입니다. 이 외에도 앞 장에서 공부했던 gotoAndPlay(), gotoAndStop() 메서드도 다음과 같이 이동할 프레임 다음에 Scene 이름을 매개변수로 넘겨주어 이동할 수 있습니다.

```
gotoAndPlay(Frame, SceneName)
gotoAndStop(Frame, SceneName)
```

03. 타임라인 뒤로 돌리기

- "enterFrame" 이벤트에 대해서 알아봅니다.
- 프레임을 거꾸로 진행하는 방법을 알아봅니다.
- 현재 프레임과 마지막 프레임을 알려주는 무비클립 클래스 속성에 대해 알아봅니다.
- 버튼을 클릭하여 열리고 닫히는 팝업 창을 만들어봅니다.

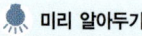 **미리 알아두기**　　**변수, 상수, 데이터 유형** : Part 7. 기초 프로그래밍 〉 Sec 1. 변수, 상수, 데이터 유형　|　**함수** : Part 7. 기초 프로그래밍 〉 Sec 5. 함수　|　**이벤트** : Part 7. 기초 프로그래밍 〉 Sec 7. OOP 문법 〉 05. 이벤트

※ 예제를 따라하기 전에 '미리 알아두기' 내용을 반드시 읽어보기 바랍니다.

1. "enterFrame"(Event.ENTER_FRAME) 이벤트

무비클립 클래스의 이벤트로서 프레임 진행속도에 맞춰 지속적으로 발생하는 이벤트입니다. 만약 플래시 문서의 frameRate가 40fps로 설정되어 있다면, 초당 40번의 이벤트가 발생하게 됩니다.

2. 프레임 거꾸로 진행하기

무비클립 메서드에는 프레임을 거꾸로 진행하는 명령은 없습니다. 따라서 프레임을 뒤로 가도록 하기 위해서는 "enterFrame" 이벤트와 prevFrame() 메서드를 이용하여 지속적으로 한 프레임씩 뒤로 이동하는 방법을 사용합니다.

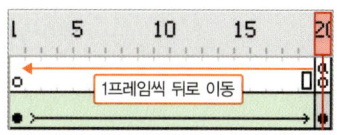

```
this.addEventListener(Event.ENTER_FRAME, backHandler);

function backHandler(event:Event):void
{
    this.prevFrame();
}
```

3. 무비클립 클래스의 프레임(frame) 확인 속성

속성	설명
currentFrame	현재 프레임 번호를 알려줍니다.
totalFrames	무비클립의 마지막 프레임 번호를 알려줍니다.

예제 01   타임라인을 거꾸로 이동하여 열리고 닫히는 팝업 창 만들기

완성파일미리보기 : 부록CD1/Sample/Part06/Sec01/Exam03/완성/exam01.swf
예제파일 : 부록CD1/Sample/Part06/Sec01/Exam03/예제/exam01.fla

01 예제파일을 열고 2개의 팝업 중 하나를 더블 클릭합니다. 각 무비클립은 프레임이 진행되면서 팝업 창이 열리는 모션으로 구성되어 있습니다. 그리고 1번 프레임에 stop() 메서드가 입력되어 있습니다.

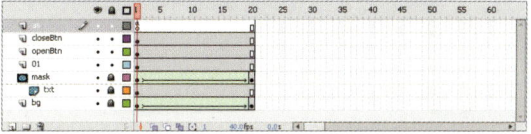

02 openBtn 버튼을 클릭하면 프레임이 진행되어 팝업 창이 열리도록 코드를 추가합니다.

```
1    this.stop();
2
3    openBtn.addEventListener(MouseEvent.CLICK, openBox);
4
5    function openBox(event:MouseEvent):void
6    {
7        if (this.hasEventListener(Event.ENTER_FRAME)) return;
8        this.addEventListener(Event.ENTER_FRAME, openHandler);
9    }
10
11   function openHandler(event:Event):void
12   {
13       this.nextFrame();
14       if (this.currentFrame == this.totalFrames)
15       {
16           this.removeEventListener(Event.ENTER_FRAME, openHandler);
17       }
18   }
```

line 3   openBtn 버튼을 클릭하면 openBox 함수를 호출하도록 이벤트를 등록합니다.

line 5~9   hasEventListener() 메서드를 이용하여 이미 "enterFrame" 이벤트가 등록되어 실행 중인지 파악합니다. 만약 이미 이벤트가 존재한다면 함수 실행을 종료(return)하고 그렇지 않다면 "enterFrame" 이벤트를 등록합니다. (열리거나 닫히는 중에는 버튼 클릭을 무시하기 위함입니다.) return 명령이 실행되면 함수 실행이 종료됩니다.

line 11~18   openHandler 함수는 "enterFrame" 이벤트 함수이므로, frame rate에 맞춰 nextFrame() 메서드가 실행됩니다. 따라서 play()와 같은 동작을 하게 됩니다. 만약 현재 프레임(currentFrame)이 마지막 프레임(totalFrames)과 같아지면 더 이상 이동할 프레임이 없기 때문에 removeEventListener() 메서드를 이용하여 "enterFrame"이벤트를 제거합니다.

03 테스트 무비(단축키: Ctrl + Enter)를 실행하여, openBtn 버튼을 클릭해 프레임이 이동하는 것을 확인합니다.

04 closeBtn 버튼을 클릭하면 1번 프레임으로 돌아오도록 코드를 추가합니다. (굵은 글씨가 추가된 코드입니다.)

```
1    this.stop();
2
3    openBtn.addEventListener(MouseEvent.CLICK, openBox);
4    closeBtn.addEventListener(MouseEvent.CLICK, closeBox);
5
6    function openBox(event:MouseEvent):void
7    {
8        if (this.hasEventListener(Event.ENTER_FRAME)) return;
9        this.addEventListener(Event.ENTER_FRAME, openHandler);
10   }
11
12   function openHandler(event:Event):void
13   {
14       this.nextFrame();
15       if(this.currentFrame == this.totalFrames)
16       {
17           this.removeEventListener(Event.ENTER_FRAME, openHandler);
18       }
19   }
20
21   function closeBox(event:MouseEvent):void
22   {
23       if (this.hasEventListener(Event.ENTER_FRAME)) return;
24       this.addEventListener(Event.ENTER_FRAME, closeHandler);
25   }
26
27   function closeHandler(event:Event):void
28   {
29       this.prevFrame();
30       if (this.currentFrame == 1)
31       {
32           this.removeEventListener(Event.ENTER_FRAME    closeHandler);
33       }
34   }
```

line 4   closeBtn 버튼을 클릭하면 closeBox 함수를 호출하도록 이벤트를 등록합니다.

line 21~25   hasEventListener() 메서드를 이용하여 이미 "enterFrame" 이벤트가 등록되어 실행 중인지 파악합니다. 만약 이미 이벤트가 존재한다면 함수 실행을 종료(return)하고 그렇지 않다면 "enterFrame" 이벤트를 등록합니다.

line 27~34   closeHandler 함수는 "enterFrame" 이벤트 함수이므로, frame rate에 맞춰 prevFrame() 메서드가 실행됩니다. 따라서 프레임이 역으로 진행됩니다. 만약 현재 프레임(currentFrame)이 1번 프레임이면 removeEventListener() 메서드를 이용하여 "enterFrame" 이벤트를 제거합니다. 이벤트를 제거하지 않아도 실행에는 문제가 없으나, 쓸데 없이 이벤트 함수가 호출되어 플래시 성능이 저하될 수 있으므로 더 이상 필요치 않은 이벤트는 제거해 주는 것이 좋습니다.

05 테스트 무비(단축키: Ctrl + Enter)를 실행하여, closeBtn 버튼을 클릭해 팝업 창이 닫히는 것을 확인합니다. 나머지 팝업도 같은 방법으로 완성해보세요.

04. 동적으로 플래시 속도(Frame rate) 바꾸기

- Frame rate(FPS)을 동적으로 변경해봅니다.
- 마우스를 누르면 플래시 속도가 빨라지고 놓으면 원래 속도로 재생되는 코드를 작성해봅니다.

🐙 **미리 알아두기**   **함수** : Part 7. 기초 프로그래밍 〉 Sec 5. 함수 | **이벤트** : Part 7. 기초 프로그래밍 〉 Sec 7. OOP 문법 〉 5. 이벤트

※ 예제를 따라하기 전에 '미리 알아두기' 내용을 반드시 읽어보기 바랍니다.

| 예제 01 | 재생 중에 프레임 속도 변경하기 |

완성파일미리보기 : 부록CD1/Sample/Part06/Sec01/Exam04/완성/exam01.swf
예제파일 : 부록CD1/Sample/Part06/Sec01/Exam04/예제/exam01.fla

01 예제파일을 열고, 현재 프레임 속도(FPS)를 확인합니다.

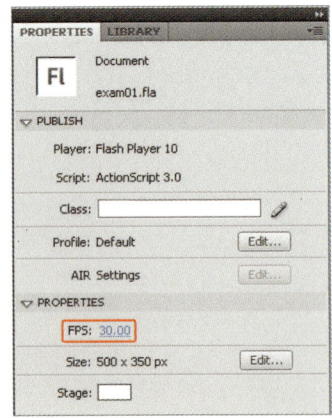

02 액션 레이어를 만들고, 마우스 상태에 따라 속도가 변경되도록 다음 코드를 입력합니다.

```
1    stage.addEventListener(MouseEvent.MOUSE_DOWN, speedUp);
2    stage.addEventListener(MouseEvent.MOUSE_UP, speedDown);
3
4    function speedUp(event:MouseEvent):void
5    {
6        stage.frameRate = 120;
7    }
8
9    function speedDown(event:MouseEvent):void
10   {
11       stage.frameRate = 30;
12   }
```

line 1~2   마우스를 누르면 speedUp 함수를, 마우스를 떼면 speedDown 함수를 호출하는 이벤트를 stage에 등록합니다. stage는 플래시의 기본 디스플레이 컨테이너입니다. 즉, stage 안에 무비클립, 버튼, 이미지 등의 디스플레이 오브젝트들이 위치합니다.

line 6, 11   stage의 frameRate 속성을 이용하여 플래시 속도를 변경합니다. frameRate가 클수록 속도는 빨라집니다. 하지만 컴퓨터 성능이 디스플레이 오브젝트의 움직임을 제대로 보여주지 못한다면 플래시 플레이어는 자동으로 frameRate를 낮춥니다.

03 테스트 무비(단축키:Ctrl+Enter)를 실행하고, 마우스를 눌러 속도의 변화를 살펴봅시다.

O2 DisplayObject 기초

학습 목표

화면에 나타낼 수 있는 객체를 DisplayObject라고 합니다. 대표적인 DisplayObject로는 앞서 많이 사용했던 무비클립을 포함하여 Sprite, 버튼, 텍스트 필드, 이미지, Stage, 비디오, Loader 등이 있습니다. 이 가운데 무비클립, Sprite, Stage, Loader는 다른 DisplayObject를 품을 수 있는 컨테이너를 가지고 있습니다. (무비클립 안에 무비클립이 존재할 수 있는 이유가 이 때문입니다.) 이 컨테이너를 DisplayObjectContainer라고 합니다. 이번 장에서는 DisplayObject의 기본 속성과 DisplayObjectContainer의 활용 방법에 대해서 알아보겠습니다.

01. DisplayObject 이동하기(x, y, z)

DisplayObject의 위치 속성 x, y, z를 사용해봅시다.

🐞 **미리 알아두기**   **DisplayObject** : Part 7. 기초 프로그래밍 〉 Sec 6. DisplayObject

※ 예제를 따라하기 전에 '미리 알아두기' 내용을 반드시 읽어보기 바랍니다.

DisplayObject의 위치 속성

속성	설명
x	DisplayObject의 가로 좌표 값을 정의하거나 현재 값을 얻어낼 수 있습니다. 값이 클수록 오른쪽으로 이동합니다.(Stage의 가장 좌측이 x 좌표 0입니다.)
y	DisplayObject의 세로 좌표 값을 정의하거나 현재 값을 얻어낼 수 있습니다. 값이 클수록 아래쪽으로 이동합니다.(Stage의 가장 위쪽이 y 좌표 0입니다.)
z	DisplayObject의 깊이 좌표 값을 정의하거나 현재 값을 얻어낼 수 있습니다. 값이 클수록 멀어지는 효과를 낼 수 있습니다. 기본값은 0입니다.

예제 01	**무비클립 이동하기**

완성파일미리보기 : 부록CD1/Sample/Part06/Sec02/Exam01/완성/exam01.swf
예제파일 : 부록CD1/Sample/Part06/Sec02/Exam01/예제/exam01.fla

01 예제파일을 열면 5개의 무비클립이 있습니다. 각 무비클립 인스턴스 이름은 img0, img1, img2, img3, img4 입니다.

02 액션 레이어를 만들고, 각 무비클립의 좌표를 이동하는 코드를 작성합니다.

```
1    img0.x = 0;
2    img0.y = 0;
3
4    img1.x = 100;
5    img1.y = 300;
6    img1.z = 200;
7
8    img2.x = stage.stageWidth * 0.5;
9    img2.y = stage.stageHeight * 0.5;
10   img2.z = 500;
11
12   img3.x = 500;
13   img3.y = 100;
14   img3.z = 200;
15
16   img4.x = stage.stageWidth
17   img4.y = stage.stageHeight
```

line 1~2   img0 무비클립의 위치를 가로 0, 세로 0 좌표로 이동합니다. 무비클립의 등록점이 왼쪽 상단이므로 Stage의 왼쪽 상단에 무비클립이 붙게 됩니다.

line 4~6   img1 무비클립을 가로 100, 세로 300, 깊이 200 좌표로 이동합니다. z 속성이 클수록 멀어지는 효과가 나타납니다.

line 8~10   img2 무비클립을 화면의 중앙, 깊이 500 좌표로 이동합니다.
stage의 stageWidth 속성은 현재 보이는 Stage의 가로 길이입니다.
stage의 stageHeight 속성은 현재 보이는 Stage의 세로 길이입니다.
따라서 가로 길이 / 세로 길이에 0.5를 곱해 중앙 좌표 값을 구할 수 있습니다.
img2 무비클립의 등록점이 이미지의 중앙이므로 img2 무비클립이 Stage의 정 중앙에 위치합니다.

line 16~17   img4 무비클립을 Stage의 가로 길이에 해당하는 x 좌표와, Stage의 세로 길이에 해당하는 y 좌표에 위치시킵니다. img4 무비클립의 등록점은 오른쪽 하단이므로, Stage의 오른쪽 하단에 무비클립이 위치하게 됩니다.

03 테스트 무비(단축키: Ctrl + Enter)를 실행하여 무비클립의 위치가 어떻게 변경되었는지 확인해봅니다.

x, y, z 속성은 현재 값을 얻어낼 수도 있는 속성입니다. 다음과 같이 코드를 입력하면 현재 위치를 확인할 수 있습니다.

```
trace(img3.x);
trace(img3.y);
trace(img3.z);
```

trace() 메서드는 [Output] 패널에 () 안의 값을 출력해줍니다. [Output] 패널은 플래시에서 테스트 무비(단축키: Ctrl + Enter)할 때만 나타나는 패널입니다. 웹 브라우저에서는 보이지 않습니다. 개발 중에 필요한 내용(변수 데이터)을 확인할 때 자주 사용됩니다.

02. 가로(세로) 정렬하기

DisplayObject의 위치 속성 x, y, z와 반복문을 이용하여 여러 개의 무비클립을 한번에 정렬하는 방법을 공부합니다.

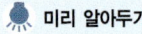 **미리 알아두기** **연산자** : Part 7. 기초 프로그래밍 〉 Sec 2. 연산자 | **반복문** : Part 7. 기초 프로그래밍 〉 Sec 4. 반복문 | **DisplayObject** : Part 7. 기초 프로그래밍 〉 Sec 6. DisplayObject

※ 예제를 따라하기 전에 '미리 알아두기' 내용을 반드시 읽어보기 바랍니다.

예제 01 | **가로로 정렬하기**

완성파일미리보기 : 부록CD1/Sample/Part06/Sec02/Exam02/완성/exam01.swf
예제파일 : 부록CD1/Sample/Part06/Sec02/Exam02/예제/exam01.fla

01 예제파일을 열면 5개의 메뉴 무비클립이 중앙에 분산되어 위치해 있습니다. 각 무비클립 인스턴스 이름은 menu0~menu4입니다.

02 액션 레이어를 만들고, 상단의 메뉴 자리에 한 번에 정렬하는 코드를 작성합니다.

```
1   var max:uint = 5;
2   var gap:uint = 70;
3
4   for(var i:uint; i < max; i++)
5   {
6      var mc:MovieClip = this[ "menu" + i];
7      mc.x = i * gap + 170;
8      mc.y = 42;
9   }
```

line 1   메뉴 무비클립의 개수를 변수 max에 대입합니다. 메뉴 개수는 변동될 수 있기 때문에 변수를 이용하는 것이 추후 소스 수정에 편리합니다. 메뉴 개수는 양수만 있으므로 uint 데이터 유형으로 선언했습니다.(p.502 '숫자형 데이터 종류' 참고)

line 2   각 메뉴 사이의 거리를 변수에 대입합니다. 메뉴 사이의 거리는 양수만 있으므로 uint 데이터 유형으로 선언했습니다.

line 4   메뉴의 일련번호가 0~4이므로 for 반복문을 이용하여 0~4의 값을 만들어 냅니다. (변수 i가 반복문이 진행되면서 0~4의 값을 가지게 됩니다.)

line 6~8   반복문에서 변화하는 i 값을 이용하여 메뉴 무비클립을 변수 mc에 대입합니다. i가 0일 때 mc는 this["menu" + 0]을 참조하게 되는데, [ ] 연산자는 [ ]안의 문자열을 이용하여 객체에 접근할 수 있도록 도와줍니다. 즉, this 안에 있는 menu0 객체에 접근하여 변수에 대입합니다.

같은 방식으로 i가 1일 때 mc는 this.menu1을 참조하고, i가 4일 때 mc는 this.menu4를 참조하게 됩니다.

위 방식으로 mc 변수가 참조한 무비클립의 위치를 다음 계산식에 의해 이동합니다.

I	mc	x 좌표 (gap = 70)	y 좌표
0	menu0	0 * gap + 170 = 0 + 170;	42
1	menu1	1 * gap + 170 = 70 + 170;	42
2	menu2	2 * gap + 170 = 140 + 170;	42
3	menu3	3 * gap + 170 = 210 + 170;	42
4	menu4	4 * gap + 170 = 280 + 170;	42

위 식에서 보다시피 각 무비클립이 규칙적으로(같은 간격으로) 위치하게 됩니다.

03 테스트 무비(단축키: Ctrl + Enter)를 실행하여 가로로 정렬되는 무비클립을 확인합니다.

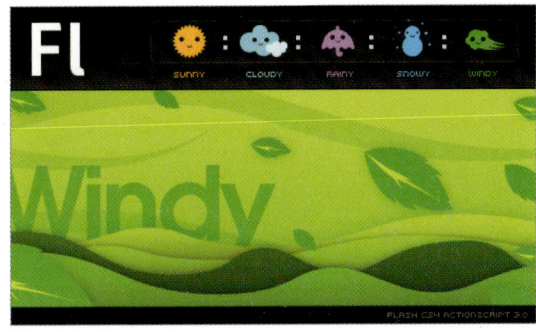

완성파일미리보기 : 부록CD1/Sample/Part06/Sec02/Exam02/완성/exam02.swf
예제파일 : 부록CD1/Sample/Part06/Sec02/Exam02/예제/exam02.fla

01 예제파일을 열면 5개의 메뉴 무비클립이 상단에 분산되어 위치해 있습니다. 각 무비클립 인스턴스 이름은 menu0~menu4 입니다.

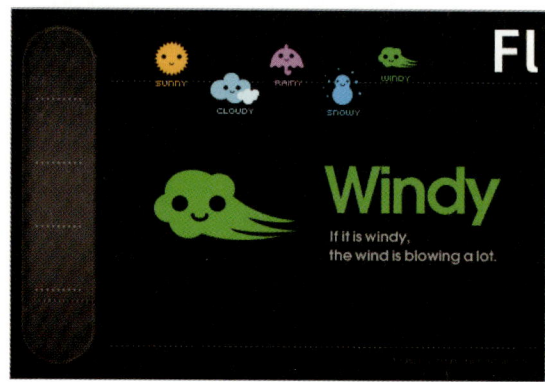

02 액션 레이어를 만들고, 세로로 정렬하는 코드를 작성합니다.

```
1    var max:uint = 5;
2    var gap:uint = 60;
3
4    for(var i:uint; i < max; i++)
5    {
6        var mc:MovieClip = this["menu" + i];
7        mc.x = 45;
8        mc.y = i * gap + 60;
9    }
```

line 6~8　반복문에서 변화되고 있는 i 값을 이용하여 메뉴 무비클립을 변수 mc에 대입합니다.

mc 변수가 참조한 무비클립의 위치를 다음 계산식에 의해 이동합니다.

i	mc	x 좌표	y 좌표 (gap = 60)
0	menu0	45	0 * gap + 60 = 0 + 60;
1	menu1	45	1 * gap + 60 = 60 + 60;
2	menu2	45	2 * gap + 60 = 120 + 60;
3	menu3	45	3 * gap + 60 = 180 + 60;
4	menu4	45	4 * gap + 60 = 240 + 60;

위 식에서 보다시피 각 무비클립이 규칙적으로(같은 간격으로) 위치합니다. 만약 전체적으로 세로 위치를 내리거나 올리고 싶다면 y 좌표에 더해준 +60을 다른 값으로 변경하면 됩니다.

03 테스트 무비(단축키: Ctrl + Enter)를 실행하여 세로로 정렬되는 무비클립을 확인합니다.

03. 여러 줄로 정렬하기

여러 줄로 정렬할 때 편리하게 라인 수를 변경하는 코드를 공부합니다.

💧 **미리 알아두기** **연산자** : Part 7. 기초 프로그래밍 〉 Sec 2. 연산자 | **반복문** : Part 7. 기초 프로그래밍 〉 Sec 4. 반복문 | **DisplayObject** : Part 7. 기초 프로그래밍 〉 Sec 6. DisplayObject

※ 예제를 따라하기 전에 '미리 알아두기' 내용을 반드시 읽어보기 바랍니다.

예제 01	여러 줄 정렬하기

완성파일미리보기 : 부록CD1/Sample/Part06/Sec02/Exam03/완성/exam01.swf
예제파일 : 부록CD1/Sample/Part06/Sec02/Exam03/예제/exam01.fla

01 예제파일을 열면 10개의 무비클립이 중앙에 분산되어 있습니다. 각 무비클립 인스턴스 이름은 icon0~icon9입니다.

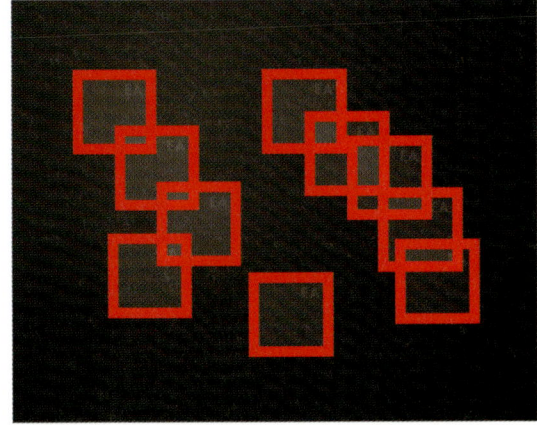

02 액션 레이어를 만들고, 3열로 정렬하는 코드를 작성합니다.

```
1    //아이콘 개수
2    var count:uint = 10;
3    //가로 간격
4    var gapX:uint = 100;
5    //세로 간격
6    var gapY:uint = 100;
7    //한줄에 배치할 개수
8    var lineMax:uint = 3;
9    //가로 시작 위치
10   var startX:uint = 10;
11   //세로 시작 위치
12   var startY:uint = 10;
13
14   for(var i:uint = 0; i < count; i++)
15   {
16       var mc:MovieClip = this["icon" + i];
17       mc.x = i % lineMax * gapX + startX;
18       mc.y = Math.floor(i / lineMax) * gapY + startY;
19   }
```

line 1~2   무비클립의 개수를 대입하는 변수입니다. line1은 한 줄 주석(//)입니다. 주석으로 처리된 코드는 실행되지 않습니다. 코드를 작성할 때, 주석으로 코드에 대한 설명을 적어놓으면 추후 코드를 다시 확인할 때 쉽게 이해할 수 있습니다. 여러 줄 주석을 사용할 때는 다음과 같이 /* */를 사용합니다.

/*
이것은 여러 줄 주석입니다.
주석은 실행되지 않는 코드입니다.
주석은 코드에 대한 설명을 적거나
코드의 실행을 잠깐 막을 때 사용합니다.
*/

line 3~6   무비클립의 가로 간격과 세로 간격을 변수에 대입합니다.

line 7~8   배치하고 싶은 라인 수를 변수에 대입합니다.(추후 변경될 수 있는 값은 이와 같이 변수를 이용하는 것이 좋습니다.)

line 9~12   전체적으로 이동시킬 x, y 좌표입니다 첫 번째 무비클립의 위치가 됩니다.

line 17   %(나머지) 연산자를 이용하여 무비클립의 x 좌표를 구합니다. % 연산자는 아래 표와 같이 반복적인 연속된 수를 만들어 내는 데 사용할 수 있습니다.

i	mc.x
0	0 % 3 * gapX + startX = 0 * gapX + startX
1	1 % 3 * gapX + startX = 1 * gapX + startX
2	2 % 3 * gapX + startX = 2 * gapX + startX
3	3 % 3 * gapX + startX = 0 * gapX + startX
4	4 % 3 * gapX + startX = 1 * gapX + startX

5	5 % 3 * gapX + startX = 2 * gapX + startX
6	6 % 3 * gapX + startX = 0 * gapX + startX
7	7 % 3 * gapX + startX = 1 * gapX + startX
8	8 % 3 * gapX + startX = 2 * gapX + startX
9	9 % 3 * gapX + startX = 0 * gapX + startX

% 연산자의 결과값에 의해 각 무비클립의 x 좌표는 0, 100, 200 위치로 순서대로 이동합니다.

line 18   Math.floor()는 소수점을 뺀 정수만을 얻어내는 메서드입니다. 이를 이용하면 몫을 구할 수 있습니다. 이 식으로 y 좌표를 정의하면 lineMax 만큼 그룹을 지어 y 좌표를 지정할 수 있습니다. 결과는 아래 표를 참고하세요.

i	mc.y
0	Math.floor(0 / 3) * gapY + startY = 0 * gapY + startY
1	Math.floor(1 / 3) * gapY + startY = 0 * gapY + startY
2	Math.floor(2 / 3) * gapY + startY = 0 * gapY + startY
3	Math.floor(3 / 3) * gapY + startY = 1 * gapY + startY
4	Math.floor(4 / 3) * gapY + startY = 1 * gapY + startY
5	Math.floor(5 / 3) * gapY + startY = 1 * gapY + startY
6	Math.floor(6 / 3) * gapY + startY = 2 * gapY + startY
7	Math.floor(7 / 3) * gapY + startY = 2 * gapY + startY
8	Math.floor(8 / 3) * gapY + startY = 2 * gapY + startY
9	Math.floor(9 / 3) * gapY + startY = 3 * gapY + startY

03 테스트 무비(단축키: Ctrl + Enter)를 실행하여 3열로 정렬되는 무비클립을 확인합니다.

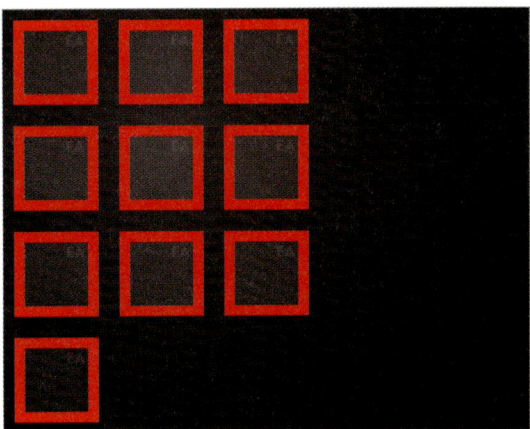

04. DisplayObject 크기 변경하기(width, height, scaleX, scaleY)

DisplayObject의 크기를 변화하는 속성에 대해서 공부합니다.

미리 알아두기　　**DisplayObject** : Part 7. 기초 프로그래밍 〉 Sec 6. DisplayObject

※ 예제를 따라하기 전에 '미리 알아두기' 내용을 반드시 읽어보기 바랍니다.

DisplayObject의 크기 속성

속성	설명
width	DisplayObject의 픽셀(px) 단위 가로 길이(Number)를 정의하거나 현재 값을 얻어낼 수 있습니다.
height	DisplayObject의 픽셀(px) 단위 세로 길이(Number)를 정의하거나 현재 값을 얻어낼 수 있습니다.
scaleX	DisplayObject의 퍼센트(%) 단위 가로 길이(Number)를 정의하거나 현재 값을 얻어낼 수 있습니다. 기본값은 1(100%) 입니다. 음수(-)를 정의할 경우 가로 반전되어 길이가 변경됩니다.
scaleY	DisplayObject의 퍼센트(%) 단위 세로 길이(Number)를 정의하거나 현재 값을 얻어낼 수 있습니다. 기본값은 1(100%) 입니다. 음수(-)를 정의할 경우 세로 반전되어 길이가 변경됩니다.

예제 01　　**DisplayObject 크기 변경하기**

완성파일미리보기 : 부록CD1/Sample/Part06/Sec02/Exam04/완성/exam01.swf
예제파일 : 부록CD1/Sample/Part06/Sec02/Exam04/예제/exam01.fla

01 예제파일을 열고, 먼저 width, height 속성을 이용하여 크기를 변경합니다. 액션 레이어를 만들고 다음 코드를 입력합니다.

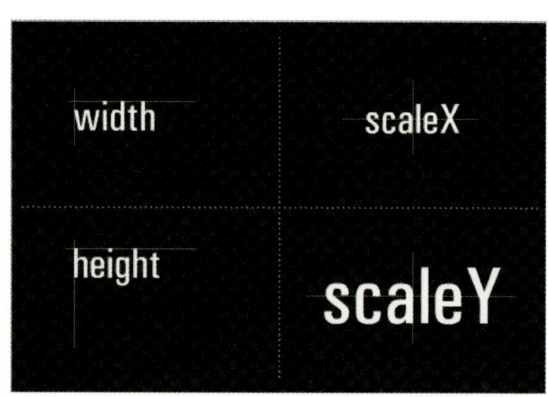

```
1  widthMc.width = 150;
2  heightMc.height = 100;
```

line 1　　　　widthMc 무비클립의 가로 길이를 150px로 변경합니다.

line 2　　　　heightMc 무비클립의 세로 길이를 100px로 변경합니다.

02 테스트 무비(단축키: Ctrl + Enter)를 실행하여 가로, 세로 길이가 각각 150px, 100px로 변화된 것을 확인합니다.

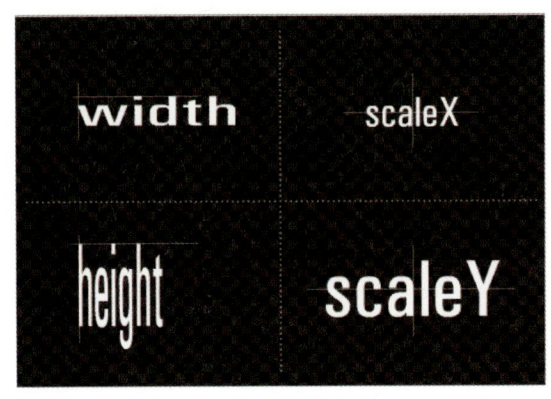

03 이번에는 scaleX, scaleY 속성을 이용하여 크기를 변경해보겠습니다. 다음 코드를 추가합니다.

```
3    scaleXMc.scaleX = 2;
4    scaleYMc.scaleY = -0.5;
```

line 3   scaleXMc 무비클립의 가로 길이를 200%로 변경합니다.

line 4   scaleYMc 무비클립의 세로 길이를 -50%로 변경합니다. 음수가 대입되어 세로 반전이 됩니다.

04 테스트 무비(단축키: Ctrl + Enter)를 실행하여 가로, 세로 길이가 각각 200%, -50%로 변화된 것을 확인합니다.

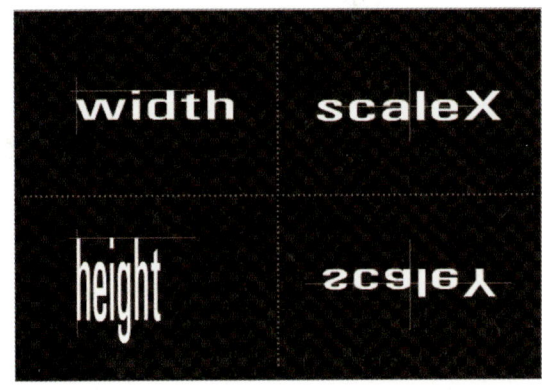

width, height, scaleX, scaleY 속성은 현재 값을 얻어낼 수도 있는 속성입니다. 다음과 같이 코드를 입력하면 현재 크기를 확인할 수 있습니다.

```
trace(widthMc.width);
trace(heightMc.height);
trace(scaleXMc.scaleX);
trace(scaleYMc.scaleY);
```

05. 라운드 테두리 크기를 유지한 채 크기 변경하기(scale9Grid)

모서리의 라운드 모양을 유지한 채 DisplayObject의 크기를 변경해봅시다.

🔵 **미리 알아두기**   **DisplayObject** : Part 7. 기초 프로그래밍 〉 Sec 6. DisplayObject | **클래스** : Part 7. 기초 프로그래밍 〉 Sec 7. OOP 문법 〉 02. 클래스

※ 예제를 따라하기 전에 '미리 알아두기' 내용을 반드시 읽어보기 바랍니다.

Rectangle 클래스

Rectangle 클래스는 사각 영역에 대한 정보를 가진 클래스입니다. Rectangle 클래스는 다음과 같이 객체 생성과 함께 속성(데이터)을 정의할 수 있으며, 객체 생성 후 속성을 정의할 수도 있습니다.

```
//객체 생성과 함께 데이터 정의
var rectangle:Rectangle = new Rectangle(x, y, width, height);

//객체 생성 후 데이터 정의
var rectangle:Rectangle = new Rectangle();
rectangle.x = 0;
rectangle.y = 0;
rectangle.width = 100;
rectangle.height = 100;
```

위 코드와 같이 x(가로 좌표), y(세로 좌표), width(가로 길이), height(세로 길이)를 정의하면 나머지 속성들은 자동으로 계산됩니다. 아래 그림에서 Rectangle 클래스의 속성들을 확인하세요.(자세한 메서드, 속성은 도움말(단축키:F1)을 참고하세요.)

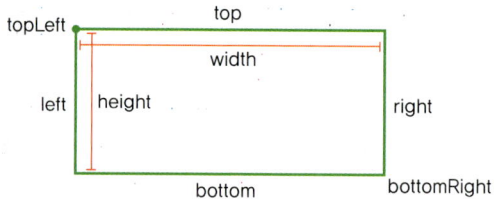

DisplayObject의 scale9Grid 속성

scale9Grid 속성은 크기 변화에 대한 격자 정보입니다. 이 속성을 이용하면 원하는 부분(모서리)의 모양을 유지하면서 오브젝트의 크기를 변경할 수 있습니다.

scale9Grid에 Rectangle 객체를 적용하면, Rectangle 정보 안의 크기만 변경되고 Rectangle 정보에 없는 모양을 원본 그대로 유지합니다. 아래 그림과 같이 색칠해진 부분만 크기가 변경되기 때문에 라운드는 변경되지 않습니다.

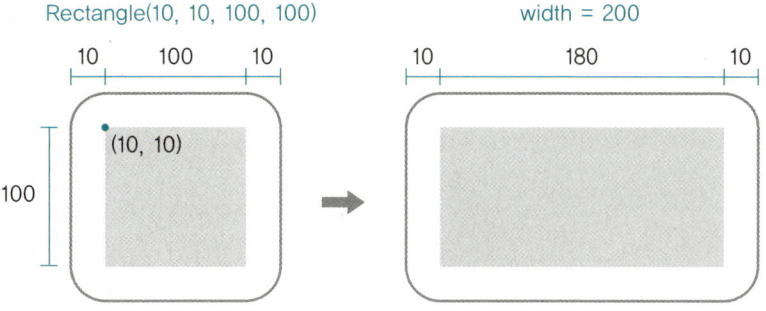

Rectangle(10, 10, 100, 100)   width = 200

(10, 10)

완성파일미리보기 : 부록CD1/Sample/Part06/Sec02/Exam05/완성/exam01.swf
예제파일 : 부록CD1/Sample/Part06/Sec02/Exam05/예제/exam01.fla
동영상 강의 : 부록CD2/동영상 강의②/② 라운드 테두리 크기 변화하지 않고 무비클립 크기 변경하기.avi

01 예제파일을 열고, box0 무비클립과 box1 무비클립의 가로 길이를 300px로 변경합니다. box1 무비클립은 scale9Grid 영역을 지정합니다.

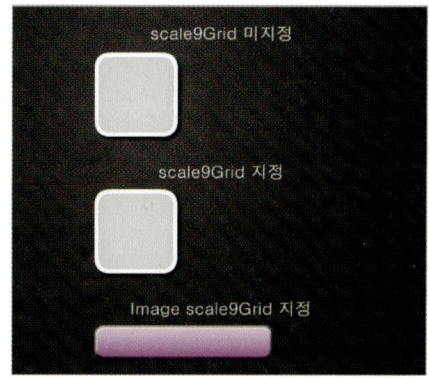

```
1   box0.width = 300;
2
3   //box1 무비클립에 라운드 영역 지정
4   var grid:Rectangle = new Rectangle(20, 20, 60, 60);
5   box1.scale9Grid = grid;
6   box1.width = 300;
```

line 1   box0 무비클립의 가로 길이를 300px로 변경합니다.

line 4~6   box1의 라운드 영역에 변형이 일어나지 않도록 그림과 같이 Rectangle 객체
              를 만들고 이를 box1 무비클립의 scale9Grid 속성으로 지정하여 크기를 변화
              합니다.

Rectangle(20, 20, 60, 60)

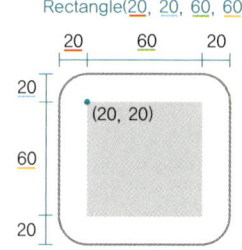

(20, 20)

02 테스트 무비(단축키: Ctrl + Enter)를 실행하여 scale9Grid를 설정한 무비클립과 설정하지 않은 것을 비교해봅시다.

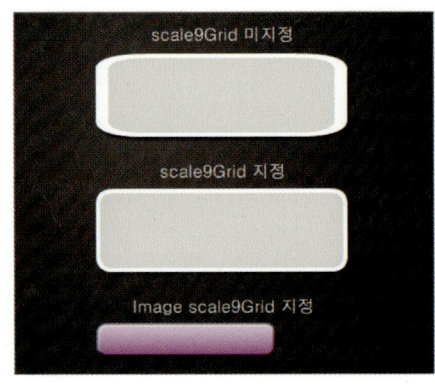

03 이번에는 이미지로 만들어진 무비클립에 scale9Grid 속성을 지정해봅시다. 아래 코드를 추가합니다.

```
8    //imgBox 무비클립에 라운드 영역 지정
9    grid = new Rectangle(15, 10, 185, 22);
10   imgBox.scale9Grid = grid;
11   imgBox.width = 300;
```

04 테스트 무비(단축키: Ctrl + Enter)를 실행하면, imgBox가 찌그려져 있는 것을 확인할 수 있습니다. scale9Grid 속성이 적용되지 않았기 때문입니다.

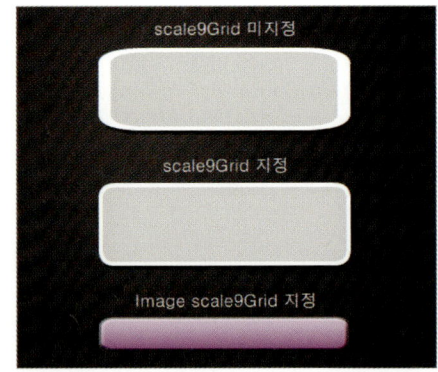

05 이미지에 scale9Grid 속성을 적용하기 위해 이미지를 9개 영역으로 나누어야 합니다. imgBox 무비클립을 더블 클릭하여 편집모드로 이동합니다.

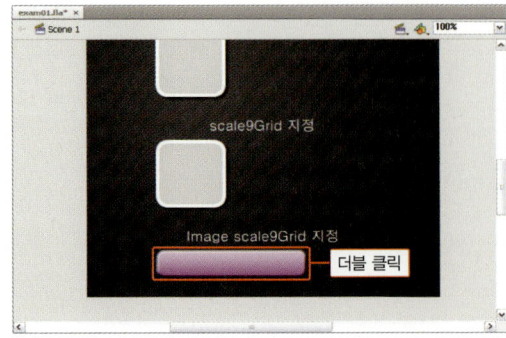

06 하나로 되어있는 이미지를 Shape로 변경 (단축키: Ctrl + B)하여 정확하게 9개의 그룹으로 나눕니다. 나눌 때 각각의 크기는 앞에서 설정한 Rectangle 값과 같아야 합니다.

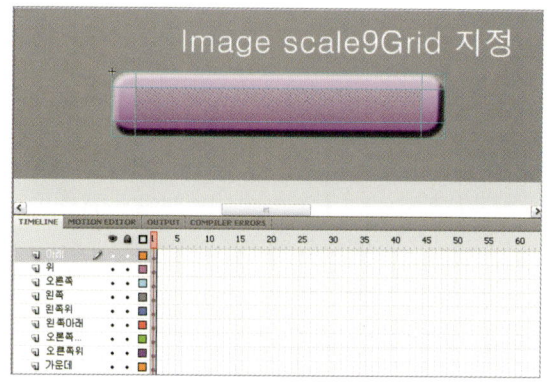

07 테스트 무비(단축키: Ctrl + Enter)를 실행하여 결과를 확인합니다.

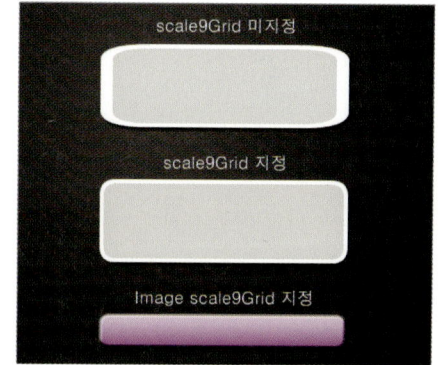

06. DisplayObject 회전하기(rotationX, rotationY, rotationZ)

플래시 플레이어 10 버전부터 x, y 축 회전 속성이 추가되어 입체적인 애니메이션을 간단하게 제작할 수 있습니다. 이번 예제에서는 3D 툴을 이용하지 않고 액션스크립트로 무비클립을 회전하는 방법에 대해 알아봅니다.

🔵 **미리 알아두기**　　**DisplayObject** : Part 7. 기초 프로그래밍 〉 Sec 6. DisplayObject

※ 예제를 따라하기 전에 '미리 알아두기' 내용을 반드시 읽어보기 바랍니다.

X, Y, Z 회전 축

DisplayObject는 다음 그림과 같이 세 가지 회전 방향이 있습니다. rotationX, rotationY를 사용하지 않는다면 rotationZ는 rotation 속성과 같은 효과를 나타냅니다.

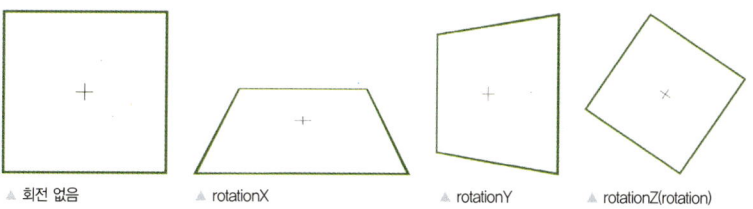

△ 회전 없음　　△ rotationX　　△ rotationY　　△ rotationZ(rotation)

완성파일미리보기 : 부록CD1/Sample/Part06/Sec02/Exam06/완성/exam01.swf
예제파일 : 부록CD1/Sample/Part06/Sec02/Exam06/예제/exam01.fla

01 예제파일을 열고 img0, img1, img2 무비
클립의 회전을 각각 다르게 적용해봅시다.

```
1   img0.rotationX = 45;
2   img1.rotationY = 45;
3   img2.rotationZ = 45;
```

line 1   img0 무비클립을 x 축 기준으로 45도 회전합니다.

line 2   img1 무비클립을 y 축 기준으로 45도 회전합니다.

line 3   img2 무비클립을 z 축 기준으로 45도 회전합니다.

02 테스트 무비(단축키: Ctrl + Enter)를 실행
하여 각 회전 속성의 변화를 살펴봅시다.

다음과 같이 각 회전 속성을 복합적으로 사용하면 공간감을 표현할 수 있습니다.

```
img.rotationX = -45;
img.rotationY = 45;
```

DisplayObject 활용

학습 목표

이번 장에서는 'Section 02. DisplayObject 기초'에서 알아본 DisplayObject의 기본 속성에 이어 메서드(명령)를 이용한 다양한 예제로 DisplayObject를 활용해봅니다.

01. 라이브러리 무비클립을 화면으로 가져오기

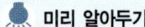

지금까지 무비클립의 인스턴스를 라이브러리에서 마우스로 드래그하여 만들었습니다. 본 예제에서는 라이브러리에 있는 무비클립을 액션스크립트로 화면에 가져오는 방법을 공부합니다.

💡 **미리 알아두기**　　**반복문** : Part 7. 기초 프로그래밍 〉 Sec 4. 반복문　|　**DisplayObject** : Part 7. 기초 프로그래밍 〉 Sec 6. DisplayObject

※ 예제를 따라하기 전에 '미리 알아두기' 내용을 반드시 읽어보기 바랍니다.

Linkage

라이브러리에 있는 무비클립(클래스)을 사용하기 위해 심볼의 이름이 있어야 합니다. 라이브러리에 보이는 이름은 라이브러리를 관리하기 위해 만들어진 이름일 뿐, 액션스크립트에서 사용하는 이름이 아닙니다. 액션스크립트에서 사용하기 위해 이름을 지정해 주는 곳이 바로 [Linkage] 패널입니다.

라이브러리의 무비클립에 마우스 오른쪽 버튼을 누르면 [Properties] 패널을 여는 메뉴가 있습니다. 무비클립의 [Properties] 패널을 보면 Linkage에 관련된 부분이 비활성화되어 있습니다.

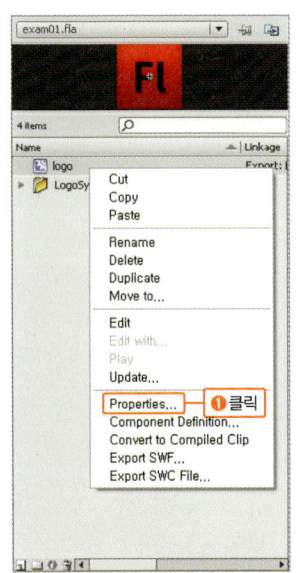
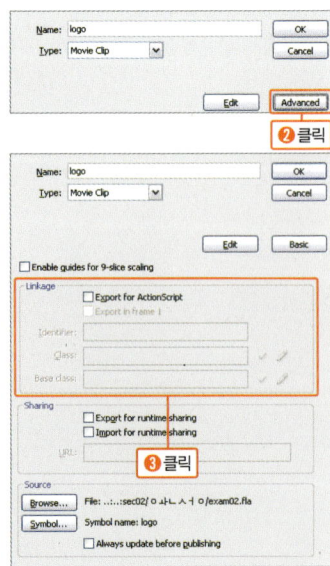

Export for ActionScript를 체크하면 아래 입력 창들이 활성화
되면서 기본값이 자동 입력됩니다.

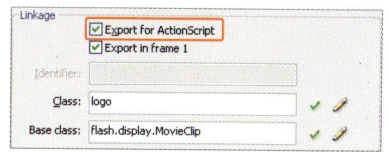

여기서 Class는 이 무비클립의 이름이 되며 Base Class는 Class가 상속받을 부모 클래스(MovieClip)가
됩니다. 즉 부모 클래스의 기능을 이어받은 새로운 클래스가 탄생하는 것입니다. Class 이름은 중복되
지 않는(변수 또는 함수, 인스턴스 이름과 중복되면 안됩니다.) 이름으로 자유롭게 변경할 수 있습니다.
이로써 라이브러리에 있는 무비클립에 새로운 이름이 부여되었습니다. 앞으로는 이를 무비클립이라고
하지 않고 부여된 이름 클래스(logo 클래스)로 부르겠습니다.

DisplayObjectContainer에 객체를 넣는 메서드

객체가 화면에 보여지기 위해 DisplayObjectContainer에 들어가야 합니다. 이를 위해 아래 2가지 메
서드를 사용합니다.

메서드	설명
DisplayObject.addChild(DisplayObject)	객체를 컨테이너의 가장 위에 넣습니다.
DisplayObject.addChildAt(DisplayObject, index)	객체를 컨테이너의 index 위치에 넣습니다.

예제 01 | 라이브러리 무비클립을 화면으로 가져오기

완성파일미리보기 : 부록CD1/Sample/Part06/Sec03/Exam01/완성/exam01.swf
예제파일 : 부록CD1/Sample/Part06/Sec03/Exam01/예제/exam01.fla

01 예제파일을 열면 라이브러
리에 한 개의 무비클립이 있습니
다. 이 무비클립의 [Properties] 패
널에서 Export for ActionScript
를 체크하고, 클래스 이름을 입력
합니다. (클래스의 첫 글자는 대문
자로 하는 것이 일반적입니다.)

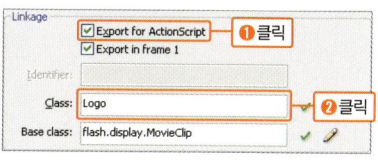

02 라이브러리를 확인하면 방금 입력한 클래스 이름이 보입니다.

03 타임라인에 Logo Class 객체를 생성하여 화면에 보이도록 코드를 입력합니다.

```
1  var mc:Logo = new Logo();
2  this.addChild(mc);
```

line 1   Logo 클래스의 객체를 만듭니다. 만들어진 객체는 화면에 바로 보이지 않습니다.

line 2   mc에 참조된 Logo 객체를 코드를 작성하고 있는 오브젝트(MainTimeline 오브젝트)의 컨테이너(this)에 집어넣어 화면에 보이도록 합니다.

04 테스트 무비(단축키: Ctrl + Enter)를 실행하여 결과를 확인합니다. 로고가 (0, 0) 좌표에 보이고 있습니다. 무비클립의 속성인 x, y의 기본값이 0이기 때문입니다.

05 화면 중앙으로 이동하는 코드를 추가해봅시다.

```
1  var mc:Logo = new Logo();
2  mc.x = stage.stageWidth * 0.5;
3  mc.y = stage.stageHeight * 0.5;
4  this.addChild(mc);
```

line 2~3   mc에 참조된 Logo 객체를 화면 중앙으로 이동합니다. stage.stageWidth는 스테이지의 가로 길이입니다. 스테이지의 중앙 좌표를 구하기 위해 0.5(50%)를 곱했습니다.

06 테스트 무비(단축키: Ctrl + Enter)를 실행하여 결과를 확인합니다.

| 예제 02 | **여러 개의 오브젝트 만들어 배치하기** |

완성파일미리보기 : 부록CD1/Sample/Part06/Sec03/Exam01/완성/exam02.swf
예제파일 : 부록CD1/Sample/Part06/Sec03/Exam01/예제/exam02.fla

01 예제파일을 열고 라이브러리의 Logo 클래스 객체를 15개 생성합니다.

```
1   var num:uint = 15;
2
3   for(var i:uint = 0; i < num; i++)
4   {
5      var mc:MovieClip = new Logo();
6      this.addChildAt(mc, 0);
7   }
```

line 1　　변수 num을 정의하고 생성할 Logo 객체의 수를 대입합니다.

line 3~7　　for 반복문을 이용하여 15개의 Logo 객체를 생성하여 배치합니다.

line 5　　Logo 객체를 생성하여 변수 mc에 대입합니다.

line 6　　MainTimeline 컨테이너의 가장 아래(Index:0)에 Logo 객체를 집어 넣습니다. 결과적으로 가장 마지막에 생성된 객체가 가장 아래 위치하게 되고 Index 값이 0이 됩니다. 처음 생성된 객체의 Index 값은 14가 됩니다.

02 테스트 무비(단축키: Ctrl + Enter)를 실행하여 결과를 확인합니다. 15개의 Logo 객체가 (0, 0) 좌표에 위치하게 됩니다.

03 위치와 회전 값을 지정하여 정렬해봅시다. 굵게 표시된 코드를 추가합니다.

```
1    var num:uint = 15;
2    var gap:uint = 20;
3    var startX:uint = 100;
4
5    for(var i:uint = 0; i < num; i++)
6    {
7        var mc:MovieClip = new Logo();
8        mc.x = i * gap + startX;
9        mc.y = stage.stageHeight * 0.5;
10       mc.rotationY = 45;
11       this.addChildAt(mc, 0);
12   }
```

line 2~3	Logo 객체를 정렬할 간격과 위치를 변수에 대입합니다.
line 8	gap 변수에 대입된 값을 이용하여 x 좌표를 일정한 간격으로 배치합니다.
line 9	화면의 중앙으로 y 좌표를 이동합니다.
line 10	생성된 Logo 객체의 y 축을 45도 회전합니다.

04 테스트 무비(단축키: Ctrl + Enter)를 실행하여 결과를 확인합니다.

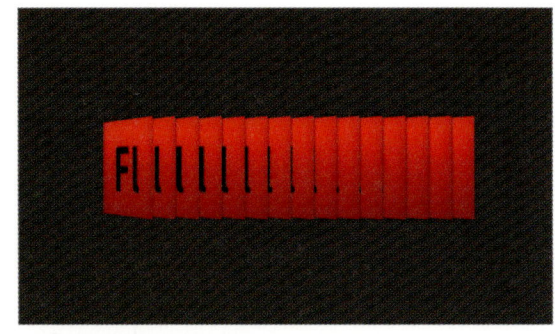

02. 랜덤하게 이동하기

라이브러리 클래스를 생성하여 임의의 지점에 배치하고, 크기와 회전도 임의의 값으로 설정해 코드를 실행할 때마다 다른 모양이 나오도록 코드를 작성해봅니다.

미리 알아두기 **라이브러리 클래스** : Part 6. 액션스크립트 3.0 즐기기 〉 Sec 3. DisplayObject 활용 〉 01. 라이브러리 무비클립을 화면으로 가져오기

※ 예제를 따라하기 전에 '미리 알아두기' 내용을 반드시 읽어보기 바랍니다.

Math Class

Math 클래스는 수학에 관련된 기능을 가진 클래스입니다. 간단한 크기 비교부터 삼각함수 연산까지 편리하게 사용할 수 있도록 다양한 메서드를 제공하며, 원주율(3.1415926...)과 같이 외우기 힘든 값도 상수 Math.PI로 대신하여 사용할 수 있도록 제작되어 있습니다. 그 중 이번 예제에서는 random() 메서드를 이용하여 임의의 값을 만들어 내는 방법에 대해 공부합니다.

다음과 같이 객체 생성 없이 바로 값을 얻을 수 있습니다.

```
var num:Number = Math.random();
```

random() 메서드는 0~1 사이의 값을 반환(return)해주는 함수입니다. 소수점을 포함한 값으로 어떤 값이 나올지는 알 수 없습니다. 함수가 실행될 때마다 다른 값이 나오게 될 것입니다.
이를 이용하여 원하는 구간의 값을 얻어낼 수 있습니다. 만약 0~100에서 임의의 값을 만든다면 다음과 같이 random() 함수의 결과에 100을 곱해주면 됩니다.

```
var num:Number = Math.random() * 100;
```

만약 50 ~ 100에서 임의의 값을 만든다면 random() 함수의 최저 결과 값(0)일 때 50이 되고 최고 결과 값(0.9999....)일 때 100이 되도록 다음과 같이 수식을 만들어줍니다.

```
var num:Number = Math.random() * 50 + 50;
```

−50 ~ 50에서 임의의 값을 만든다면 다음과 같이 −연산이 이루어져야 할 것입니다.

```
var num:Number = Math.random() * 100 - 50;
```

위 연산들은 모두 소수점을 포함한 값들입니다. 만약 소수점이 없는 정수형태로 만들고 싶다면 다음 3가지 메서드를 이용할 수 있습니다.

메서드	설명
Math.floor(num)	num의 값에서 소수점을 뺀 값을 반환합니다.
Math.ceil(num)	num의 값을 무조건 올림하여 반환합니다.
Math.round(num)	num의 값을 반올림하여 반환합니다.

앞서 만든 0~99에서 정수를 만든다면 floor() 메서드로 감싸주면 됩니다.

```
var num:Number = Math.floor( Math.random() * 100 );
```

완성파일미리보기 : 부록CD1/Sample/Part06/Sec03/Exam02/완성/exam01.swf
예제파일 : 부록CD1/Sample/Part06/Sec03/Exam02/예제/exam01.fla

01 예제파일을 열고, 다음 코드를 입력합니다. 생성된 하나의 Logo 객체가 임의의 크기로, 임의의 자리에 위치하는 코드입니다.(Logo 클래스는 라이브러리에 등록된 클래스입니다.)

```
1   var mc:Logo= new Logo();
2   mc.x = Math.random() * stage.stageWidth;
3   mc.y = Math.random() * stage.stageHeight;
4   mc.scaleX = mc.scaleY = Math.random() * 0.5 + 0.5;
5   mc.rotation = Math.random() * 360;
6   this.addChild(mc);
```

line 1   Logo 클래스의 객체를 만듭니다.

line 2~3   mc에 참조된 Logo 객체의 x 좌표를 0~stage.stageWidth(화면의 가로 길이) 사이의 랜덤 값으로, y 좌표를 0~stage.stageHeight(화면의 세로 길이) 사이의 랜덤 값으로 이동합니다.

line 4   mc에 참조된 Logo 객체의 백분율 크기(scaleX, scaleY)를 0.5~1 사이의 랜덤 값으로 변경합니다. 1일 때 100%의 크기를 가집니다. 즉 50%~100%의 크기를 가지게 됩니다.

line 5   mc에 참조된 Logo 객체를 0~360도 사이의 랜덤 값으로 회전합니다.

line 6   mc에 참조된 Logo 객체를 MainTimeline 객체의 컨테이너의 가장 위에 넣어서 화면에 보이도록 합니다.

02 테스트 무비(단축키: Ctrl + Enter)를 여러 번 실행하여, 실행할 때마다 다르게 나타나는 객체를 확인합니다.

완성파일미리보기 : 부록CD1/Sample/Part06/Sec03/Exam02/완성/exam02.swf
예제파일 : 부록CD1/Sample/Part06/Sec03/Exam02/예제/exam02.fla

01 앞서 입력한 코드에 for 반복문을 이용하여 원하는 수의 객체를 만들어냅니다.

```
1    var num:uint = 20;
2
3    for(var i:uint = 0; i < num; i++)
4    {
5      var mc:Logo= new Logo();
6      mc.x = Math.random() * stage.stageWidth;
7      mc.y = Math.random() * stage.stageHeight;
8      mc.scaleX = mc.scaleY = Math.random() * 0.5 + 0.5;
9      mc.rotation = Math.random() * 360;
10     this.addChild(mc);
11   }
```

02 테스트 무비(단축키: Ctrl + Enter)를 여러 번 실행하여, 실행할 때마다 다르게 나타나는 객체들을 확인합니다.

03. 라이브러리 비트맵(이미지)을 화면으로 가져오기

라이브러리에 있는 비트맵(이미지)을 액션스크립트로 화면에 가져오는 방법을 알아봅니다.

미리 알아두기　**라이브러리 클래스** : Part 6. 액션스크립트 3.0 즐기기 〉 Sec 3. DisplayObject 활용 〉 01. 라이브러리 무비클립을 화면으로 가져오기

※ 예제를 따라하기 전에 '미리 알아두기' 내용을 반드시 읽어보기 바랍니다.

라이브러리의 BitmapData 클래스

플래시에서 이미지는 Bitmap 클래스를 이용하여 화면에 보여집니다. 하지만 라이브러리에 존재하는 클래스는 Bitmap이 아닌 BitmapData 클래스입니다. BitmapData는 눈에 보이는 DisplayObject가 아닌 Bitmap에 대한 정보를 가진 클래스입니다. 따라서 BitmapData의 정보를 Bitmap 객체에 적용해야 이미지가 보이게 됩니다.

라이브러리에 생성한 비트맵데이터 클래스의 객체를 생성할 때는 무비클립과는 달리 2개의 매개변수를 전달해야 합니다. 이 2개의 매개변수는 비트맵의 크기라고 알려져 있으나, 확인 결과 크기에는 별다

른 영향을 미치지 않고 있습니다. 따라서 아무 숫자나 넘겨도 됩니다. 라이브러리의 이미지에 클래스 이름을 Image로 부여했다면 다음과 같이 비트맵데이터 객체를 만들 수 있습니다.

```
var bitmapData:Image = Image(0, 0);
```

만들어진 비트맵데이터를 화면에 보여주기 위해서는 Bitmap 클래스 객체를 만들어 DisplayObjectContainer에 넣어야 합니다.

```
var bitmapData:Image = Image(0, 0);
var bitmap:Bitmap = new Bitmap(bitmapData);
this.addChid(bitmap);
```

예제 03 　 라이브러리 비트맵(이미지)를 화면으로 가져오기

완성파일미리보기 : 부록CD1/Sample/Part06/Sec03/Exam03/완성/exam01.swf
예제파일 : 부록CD1/Sample/Part06/Sec03/Exam03/예제/exam01.fla

01 예제파일을 열면 라이브러리에 한 개의 이미지가 있습니다. 이미지의 [Properties] 패널에서 Export for ActionScripte에 체크하고, 클래스 이름을 'Image'로 입력합니다. (라이브러리 무비클립의 클래스 이름 등록과 동일합니다. 무비클립과 다른 점이 있다면, Base class가 MovieClip이 아닌 BitmapData라는 것입니다. 즉 지금 만든 Image 클래스는 BitmapData 클래스의 기능을 상속받은 클래스가 되는 것입니다.)
BitmapData 클래스에 대한 자세한 내용은 'Part 6. 액션스크립트 3.0 즐기기 〉 Section 11. 비트맵데이터'에서 자세히 공부합니다.

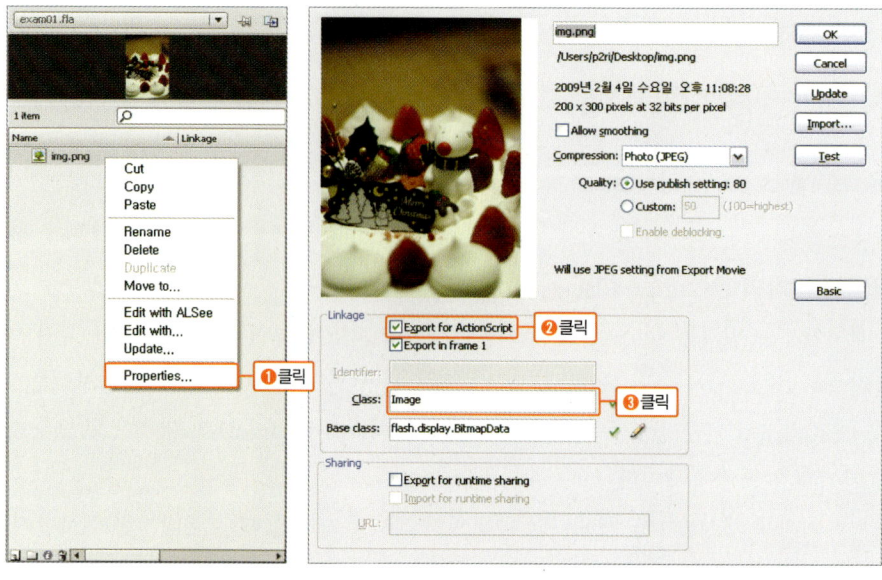

02 앞에서 만든 Image 클래스 객체를 생성하고 비트맵 객체를 생성하여 화면에 보이도록 코드를 입력합니다.

```
1  var bitmapData:Image= new Image(0, 0);
2  var bitmap:Bitmap = new Bitmap(bitmapData);
3  this.addChild(bitmap);
```

line 1 라이브러리에 있는 Image 클래스(비트맵데이터)의 객체를 만듭니다. 매개변수 2개는 생략하면 오류가 발생합니다. 가로, 세로 길이를 의미한다고는 하나 숫자에 따라 변화되는 것은 없습니다.

line 2 화면에 보여질 비트맵 객체를 만들고, 매개변수에 생성한 비트맵데이터 객체를 전달합니다.

line 3 비트맵 객체를 MainTimeline 오브젝트의 컨테이너(this)에 넣어 화면에 보이도록 합니다.

03 테스트 무비(단축키 : Ctrl + Enter)를 실행하여 결과를 확인합니다.

04 생성된 Bitmap 객체의 속성을 변경해봅시다. 아래 코드를 추가합니다.

```
1  var bitmapData:Image= new Image(0, 0);
2  var bitmap:Bitmap = new Bitmap(bitmapData);
3  bitmap.x = 200;
4  bitmap.y = 30;
5  bitmap.z = 100;
6  bitmap.rotationX = -30;
7  bitmap.rotationY = 30;
8  this.addChild(bitmap);
```

line 3~7 비트맵 클래스도 DisplayObject이므로 좌표, 크기, 회전 등의 속성이 있습니다. 위 코드는 비트맵 객체의 위치와 회전각을 변경합니다.

05 테스트 무비(단축키: Ctrl + Enter)를 실행하여 결과를 확인합니다.

04. 화면에 있는 DisplayObject 없애기

DisplayObjectContainer에 있는 DisplayObject를 DisplayObjectContainer에서 빼내어 화면에서 사라지게 하는 방법을 알아봅니다.

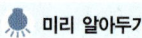 **미리 알아두기** **함수** : Part 7. 기초 프로그래밍 〉 Sec 5. 함수 | **이벤트** : Part 7. 기초 프로그래밍 〉 Sec 7. OOP 문법 〉 05. 이벤트 | **라이브러리 클래스** : Part 6. 액션스크립트 3.0 즐기기 〉 Sec 3. DisplayObject 활용 〉 01. 라이브러리 무비클립을 화면으로 가져오기

※ 예제를 따라하기 전에 '미리 알아두기' 내용을 반드시 읽어보기 바랍니다.

DisplayObjectContainer에 객체를 넣는 메서드

DisplayObjectContainer에 객체를 넣는 메서드는 addChild()와 addChildAt()이 있습니다. 반대로 DisplayObjectContainer에서 객체를 빼내어 화면에서 사라지게 하기 위해 아래 2가지 메서드를 사용합니다.

메서드	설명
DisplayObject.removeChild(DisplayObject)	지정한 객체를 빼냅니다.
DisplayObject.removeChildAt(index)	지정한 index 위치에 있는 객체를 빼냅니다.

한 가지 주의할 것은 DisplayObjectContainer에 없는 객체를 빼는 경우나, 없는 Index의 객체를 빼는 코드가 실행되면 오류가 발생합니다.

예제 01 **화면에 있는 DisplayObject 마우스로 클릭해서 없애기**

완성파일미리보기 : 부록CD1/Sample/Part06/Sec03/Exam04/완성/exam01.swf
예제파일 : 부록CD1/Sample/Part06/Sec03/Exam04/예제/exam01.fla

01 예제파일을 열고, 작업 창에 있는 무비클립을 선택하여, 속성창의 이름(logo)을 확인합니다.

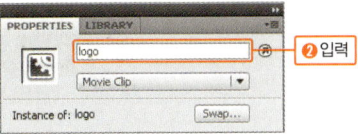

02 액션 레이어를 만들고, logo 무비클립을 마우스를 클릭하면 화면에서 사라지도록 코드를 입력합니다.

```
1   logo.addEventListener(MouseEvent.CLICK, clickHandler);
2   logo.buttonMode = true;
3
4   function clickHandler(event:MouseEvent):void
5   {
6       this.removeChild(logo);
7   }
```

line 1	logo 무비클립에 클릭 이벤트가 발생하면 clickHandler 함수를 호출하도록 이벤트를 등록합니다.
line 2	logo 무비클립에 마우스 포인터가 올라가면 손 모양으로 변경되도록 속성을 변경합니다.
line 4~7	logo 무비클립에 마우스 이벤트가 발생했을 때, 호출될 이벤트 핸들러 함수입니다.
line 6	MainTimeline 객체의 컨테이너에서 logo 무비클립을 제거합니다. 컨테이너에서 빠진 logo 무비클립은 더 이상 보이지 않습니다.

03 테스트 무비(단축키: Ctrl + Enter)를 실행하고, logo 무비클립을 마우스로 클릭하여 화면에서 사라지는지 확인합니다.

완성파일미리보기 : 부록CD1/Sample/Part06/Sec03/Exam04/완성/exam02.swf
예제파일 : 부록CD1/Sample/Part06/Sec03/Exam04/예제/exam02.fla
동영상 강의 : 부록CD2/동영상 강의②/③ 라이브러리 클래스를 생성하여 화면에 넣거나 빼내기.avi

01 예제파일을 열고 테스트 무비(단축키: Ctrl +Enter)를 실행하면 여러 개의 무비클립이 정렬됩니다. 'Part 6. 액션스크립트 3.0 즐기기 〉 Section 3. DisplayObject 활용 〉 01. 라이브러리 무비클립을 화면으로 가져오기'에서 만든 예제입니다.

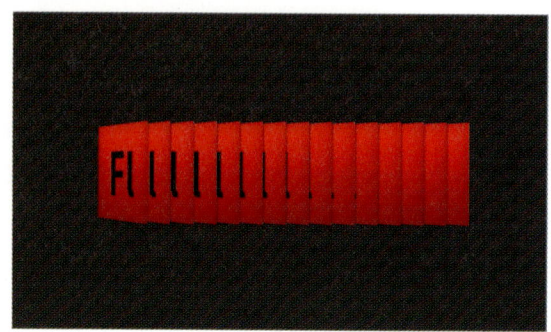

02 마우스 클릭 시 무비클립이 제거되도록 코드를 추가해봅시다.

```
1    var num:uint = 15;
2    var gap:uint = 20;
3    var margin:uint = 100;
4
5    for(var i:uint = 0; i < num; i++)
6    {
7        var mc:Logo= new Logo();
8        mc.x = i * gap + margin;
9        mc.y = stage.stageHeight * 0.5;
10       mc.rotationY = 45;
11       this.addChildAt(mc, 0);
12
13       mc.addEventListener(MouseEvent.CLICK, clickHandler);
14       mc.buttonMode = true;
15   }
16
17   function clickHandler(event:MouseEvent):void
18   {
19       var tg:Logo = event.currentTarget as Logo;
20       this.removeChild(tg);
21   }
```

line 13~14   생성된 Logo 객체에 마우스 "click" 이벤트 함수를 등록하고, 마우스 포인터가 올라가면 손 모양으로 변경되도록 속성을 변경합니다

line 17~19   변수 event는 clickHandler 함수의 매개변수입니다. 이 변수는 MouseEvent 객체를 참조하는데 참조된 MouseEvent 객체에 발생한 이벤트의 정보(속성)가 있습니다. 그 속성 중 currentTarget 속성은 이벤트가 발생한 객체를 알려줍니다. 모든 Logo 객체가 같은 이벤트 핸들러 함수(clickHandler)를 등록하고 있기 때문에, 현

재 어떤 객체에서 이벤트가 발생했는지를 파악하기 위해 currentTarget 속성을 이용합니다.

여기서 as 연산자를 사용한 것은 변수 tg에 이벤트가 발생한 객체를 참조하기 위해 Logo 객체인지 확인하는 과정입니다. 만약 이벤트가 발생한 객체가 Logo 객체가 아니라면 as 연산 결과는 null이 됩니다. 변수 tg에 null(비어있음을 의미)이 참조되는 것입니다. currentTarget이 Logo 객체가 맞다면 as 연산의 결과는 Logo 객체가 됩니다. 변수 tg에 이벤트가 발생한 Logo 객체가 참조됩니다.

line 20   변수 tg에 참조된 객체(이벤트가 발생한 객체)를 컨테이너에서 제거합니다.

03 테스트 무비(단축키: Ctrl + Enter)를 실행하고, 모든 logo 무비클립을 마우스로 클릭하여 화면에서 사라지는지 확인합니다.

예제 03   화면에 마우스 클릭 시, 여러 개의 DisplayObject 한 번에 없애기

완성파일미리보기 : 부록CD1/Sample/Part06/Sec03/Exam04/완성/exam03.swf
예제파일 : 부록CD1/Sample/Part06/Sec03/Exam04/예제/exam03.fla

01 예제파일을 열고 테스트 무비(단축키: Ctrl + Enter)를 실행하면 여러 개의 무비클립이 랜덤하게 위치합니다. 'Part 6. 액션스크립트 3.0 즐기기 > Section 3. DisplayObject 활용 > 02. 랜덤하게 이동하기'에서 만든 예제입니다.

02 완성된 코드에 마우스 클릭 시 모든 무비클립이 한 번에 사라지도록 코드를 추가해봅시다.

```
1    var num:uint = 20;
2
3    for(var i:uint = 0; i < num; i++)
```

```
 4   {
 5       var mc:Logo= new Logo();
 6       mc.x = Math.random() * stage.stageWidth;
 7       mc.y = Math.random() * stage.stageHeight;
 8       mc.scaleX = mc.scaleY = Math.random() * 0.5 + 0.5;
 9       mc.rotation = Math.random() * 360;
10       this.addChild(mc);
11   }
12
13   stage.addEventListener(MouseEvent.MOUSE_DOWN, mouseDownHandler);
14
15   function mouseDownHandler(event:MouseEvent):void
16   {
17       while(this.numChildren)
18       {
19           //가장 아래 있는 객체를 제거합니다.
20           this.removeChildAt(0);
21       }
22   }
```

line 13   stage는 최상위 DisplayObject인 Stage 객체를 참조한 속성입니다. 즉, 화면 전체를 말합니다. 위 코드는 화면
           에서 마우스를 눌렀을 때, mouseDownHandler 함수를 호출하도록 이벤트를 등록합니다.

line 17~21   this(MainTimeline 객체) 컨테이너의 객체 수(numChildren)가 0이 될 때까지 가장 아래 있는 객체를 하나씩 제
              거합니다. 첫 번째 0번 객체가 제거된 후에는 다른 객체들의 Index가 하나씩 작아지므로 0번 Index 객체를 계
              속 없애다 보면 모든 객체가 사라지게 됩니다. 객체 수(numChildren)가 0이 되면 while 반복문의 조건식이 부
              정(false)되어 반복문이 끝나게 됩니다.

03 테스트 무비(단축키: Ctrl + Enter)를 실행
하여 마우스를 눌렀을 때, 모든 객체가 사라지
는지 확인합니다.

05. DisplayObject 마스크 적용하기

액션스크립트를 이용하여 마스크를 적용해봅시다.

🐙 **미리 알아두기**　　**DisplayObject** : Part 7. 기초 프로그래밍 〉 Sec 6. DisplayObject

※ 예제를 따라하기 전에 '미리 알아두기' 내용을 반드시 읽어보기 바랍니다.

DisplayObject의 mask 속성

mask는 DisplayObject 클래스가 가진 속성입니다. mask 속성을 이용하면, 동적으로 DisplayObject
의 화면에 표현되는 부분을 변경할 수 있습니다.

```
DisplayObject.mask = DisplayObject
```

예제 01　　**무비클립에 무비클립 마스크 적용하기**

완성파일미리보기 : 부록CD1/Sample/Part06/Sec03/Exam05/완성/exam01.swf
예제파일 : 부록CD1/Sample/Part06/Sec03/Exam05/예제/exam01.fla

01 예제파일을 열면, 배경이미지(bg.png)와
다람쥐 사진의 무비클립(img_mc)과 마스크로
사용할 무비클립(mask_mc)이 있습니다.

02 무비클립 img_mc를 마스크 무비클립(mask_mc)으로 마스크를 씌워봅시다. 액션 레이어를 만들
고, 다음 코드를 입력합니다.

```
1   img_mc.mask = mask_mc;
```

03 테스트 무비(단축키: Ctrl + Enter)를 실행하여 mask_mc의 애니메이션에 의해 img_mc가 나타나는 것을 확인합니다.

06. DisplayObject 투명 마스크 적용하기

투명 컬러(그라데이션)를 마스크에 적용해봅시다.

🐚 **미리 알아두기** **DisplayObject** : Part 7. 기초 프로그래밍 〉 Sec 6. DisplayObject

※ 예제를 따라하기 전에 '미리 알아두기' 내용을 반드시 읽어보기 바랍니다.

cacheAsBitmap 속성

투명도가 적용된 Shape을 이용하여 마스크를 적용할 때는, cacheAsBitmap 속성이 활성화되어 있어야 합니다. 만약 비활성화된 상태라면 투명도가 없는 Shape을 사용할 때와 같은 결과가 나타납니다.

cacheAsBitmap 속성을 활성화 하기 위해 무비클립 [Properties] 패널의 Display 탭에서 Cache as bitmap을 체크해주거나, 액션스크립트를 이용해 적용하는 방법이 있습니다. 이 때, 마스크 무비클립과 마스크가 적용될 무비클립 모두의 cacheAsBitmap 속성이 활성화(true) 되어야 합니다.

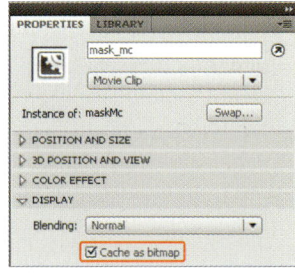

```
DisplayObject.cacheAsBitmap = true;
```

예제 01 | **투명 그라데이션을 이용하여 부드럽게 마스크 적용하기**

완성파일미리보기 : 부록CD1/Sample/Part06/Sec03/Exam06/완성/exam01.swf
예제파일 : 부록CD1/Sample/Part06/Sec03/Exam06/예제/exam01.fla

01 예제파일을 열고, 마스크로 사용할 무비클립(mask_mc)을 더블 클릭하여, 편집 모드로 들어가 투명도를 가진 애니메이션을 확인합니다.

 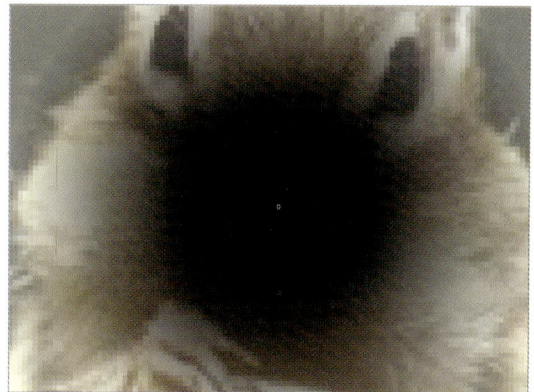

02 MainTimeline에 액션 레이어를 만들고, img_mc에 mask_mc로 마스크를 적용합니다.

```
1   img_mc.mask = mask_mc;
```

03 테스트 무비(단축키: Ctrl + Enter)를 실행하면, 앞 예제의 결과와 같이 투명도가 적용되지 않은 마스크가 씌워집니다.

04 투명도를 적용하기 위해서 두 무비클립의 Cache As Bitmap을 활성화합니다. 굵게 표시된 코드를 추가합니다.

```
1   img_mc.cacheAsBitmap = true;
2   mask_mc.cacheAsBitmap = true;
3   img_mc.mask = mask_mc;
```

line 1~2   img_mc 무비클립과 mask_mc 무비클립의 cacheAsBitmap 속성을 활성화합니다. 이를 활성화해야 투명 마스크를 적용할 수 있습니다.

05 테스트 무비(단축키: Ctrl + Enter)를 실행
하면, 투명 그라데이션이 부드럽게 마스크로 반
영된 것을 확인할 수 있습니다.

07. DisplayObject Color 변경하기

액션스크립트를 이용하면 무비클립 [Properties] 패널에서 Tint를 적용해 컬러를 변경하듯,
DisplayObject의 Color를 변경할 수 있습니다. 이 예제에서는 액션스크립트를 이용하여 동적으로 컬
러를 변경하는 방법에 대해 알아봅니다.

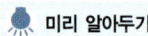 **미리 알아두기** **DisplayObject** : Part 7. 기초 프로그래밍 〉 Sec 6. DisplayObject | **함수** : Part 7. 기초 프로그래밍 〉 Sec 5. 함수 | **이벤트** : Part 7. 기초 프로그 래밍 〉 Sec 7. OOP 문법 〉 05. 이벤트

※ 예제를 따라하기 전에 '미리 알아두기' 내용을 반드시 읽어보기 바랍니다.

ColorTransform 클래스

ColorTransform 클래스는 컬러에 관련된 정보를 가진 클래스입니다. DisplayObject 객체의 컬러를
변경하기 위해 이 클래스의 객체를 이용하여 정보를 전달합니다. 만약 50% 투명한 빨간 색 정보를 만
든다면 다음과 같이 ColorTransform 객체를 생성합니다.

```
var colorTrans:ColorTransform = new ColorTransform();
colorTrans.color = 0xFF0000;
colorTrans.alphaMultiplier = 0.5;
```

color 속성은 16진수로 RGB 코드를 이용하는 것이 편리합니다. 0x로 시작하는 숫자는 16진수를 의미
하며, 뒤에 오는 순서대로 2자리씩 Red(FF), Green(00), Blue(00) 값입니다. alphaMultiplier 속성은
0~1 사이의 값을 대입합니다. 0은 완전 투명(보이지 않음)한 상태이며 1은 불투명한 상태입니다.

Transform 클래스

Transform 클래스는 형태나 속성의 변화에 대한 정보를 담고 있는 클래스입니다. 이 클래스를 이용하
면 한 번에 여러 가지 변화를 적용할 수 있습니다. (크기, 회전, 이동, 컬러 등) 이번 예제에서 다룰 속성
은 컬러의 변화입니다. 컬러의 변화는 Transform 클래스의 colorTransform 속성을 이용합니다.
DisplayObject는 transform 속성이 있으므로, 이 속성을 이용하여 컬러를 변경할 수 있습니다.

```
DisplayObject.transform.colorTransform = ColorTransform객체;
```

예제 01 　캐릭터의 옷 컬러 변경하기

완성파일미리보기 : 부록CD1/Sample/Part06/Sec03/Exam07/완성/exam01.swf
예제파일 : 부록CD1/Sample/Part06/Sec03/Exam07/예제/exam01.fla

01 　예제파일을 열면, 2명의 남녀 캐릭터가 보입니다. 남자 캐릭터 옷은 shirt_mc, 여자 캐릭터 옷은 dress_mc로 인스턴스 이름이 입력되어 있습니다.

02 액션 레이어를 만들고 두 무비클립의 컬러를 변경하는 코드를 작성합니다.

```
1   var colorTrans:ColorTransform = new ColorTransform();
2   colorTrans.color = 0xFF6600;
3   shirt_mc.transform.colorTransform = colorTrans;
4
5   colorTrans.color = 0x663399;
6   colorTrans.alphaMultiplier = 0.7;
7   dress_mc.transform.colorTransform = colorTrans;
```

line 1~2 　　컬러에 대한 정보를 담을 객체를 생성하고, 0xFF6600 컬러 값을 지정합니다.

line 3 　　shirt_mc 무비클립의 transform 객체의 colorTransform 속성에 위에서 만든 컬러 정보를 전달하여 컬러를 변경합니다.

line 5~6 　　앞에서 사용한 ColorTransform 객체를 재활용하여 새로운 컬러 정보를 만들어냅니다. 이번에는 투명도 (alphaMultiplier)를 70%로 적용합니다.

line 7 　　dress_mc 무비클립의 transform 객체의 colorTransform 속성에 새로 입력한 컬러 정보를 전달하여 컬러와 투명도를 변경합니다.

03 테스트 무비(단축키: Ctrl + Enter)를 실행하면, 두 캐릭터의 컬러가 변경됩니다. 여자 옷의 컬러에는 투명도가 함께 적용됩니다.

08. DisplayObject 높낮이(Index) 변경하기

Index란 DisplayObjectContainer에 쌓이는 순서를 의미하는데, Index 값이 클수록 위에 놓여지게 됩니다. addChild( ) 메서드를 이용하여 Display–ObjectContainer에 넣을 때는, 가장 높은 Index에 쌓이게 되고 addChildAt( ) 메서드를 이용하면 Index를 지정할 수 있습니다.

이번 예제에서는 화면에 놓여진(DisplayObjectContainer에 들어간) 객체의 Index를 임의로 변경하는 방법에 대해 알아봅니다.

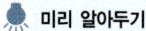 **미리 알아두기**   **DisplayObject** : Part 7. 기초 프로그래밍 〉 Sec 6. DisplayObject | **함수** : Part 7. 기초 프로그래밍 〉 Sec 5. 함수 | **이벤트** : Part 7. 기초 프로그래밍 〉 Sec 7. OOP 문법 〉 05. 이벤트

※ 예제를 따라하기 전에 '미리 알아두기' 내용을 반드시 읽어보기 바랍니다.

getChildIndex( )

DisplayObjectContainer에 담긴 객체의 Index를 알려주는 메서드입니다. 이를 이용하면 임의 객체 위 또는 아래에 다른 객체를 넣을 때, 임의 객체의 인덱스를 쉽게 알아낼 수 있습니다.

```
var index:uint = DisplayObject.getChildIndex(DisplayObject);
```

setChildIndex( )

getChildIndex( ) 메서드와는 반대로 Index를 정의하는 메서드입니다. 이를 이용하여 DisplayObject의 순서를 변경할 수 있습니다. 주의할 점은 존재하지 않는 Index를 사용할 경우 오류가 발생하게 됩니다. 화면에 2개의 객체가 있다면 가장 높은 Index는 1입니다. (Index는 0부터 시작됩니다.) 이 때 2이상으로 변경하고자 하면 오류가 발생하는 것입니다.

```
DisplayObject.setChildIndex(DisplayObject, index);
```

완성파일미리보기 : 부록CD1/Sample/Part06/Sec03/Exam08/완성/exam01.fla
예제파일 : 부록CD1/Sample/Part06/Sec03/Exam08/예제/exam01.fla

01 예제파일을 열면 3개의 무비클립(icon0, icon1, icon2)이 있습니다. 가장 위에 icon2 무비클립이 위치해 있습니다.

02 액션 레이어를 만들고, icon2 무비클립을 가장 아래 위치하도록 Index를 변경하는 코드를 입력합니다.

```
1    this.setChildIndex(icon2, 0);
```

line 1   this(MainTimeline 객체) 컨테이너에 있는 icon2 무비클립의 Index를 0(가장 아래)으로 변경합니다. 이로써 다른 무비클립들의 Index는 1씩 증가하게 됩니다. 배경으로 사용한 이미지보다 아래로 내려가므로 화면에 보이지 않을 것입니다. 만약 배경 위로 올리려면 Index를 1로 입력합니다.

03 테스트 무비(단축키: Ctrl + Enter)를 실행하면, icon2 무비클립이 가장 아래(배경 이미지 아래)로 이동하게 됩니다.

완성파일미리보기 : 부록CD1/Sample/Part06/Sec03/Exam08/완성/exam02.fla
예제파일 : 부록CD1/Sample/Part06/Sec03/Exam08/예제/exam02.fla

01 이번에는 클릭한 무비클립을 가장 아래로 내리는 코드를 만들어봅시다. 먼저 3개의 무비클립에 클릭("click")이벤트를 등록합니다.

```
1   var num:uint = 3;
2   for(var i:uint = 0; i < num; i++)
3   {
4      var mc:MovieClip = this[ "icon" + i];
5      mc.addEventListener(MouseEvent.CLICK, clickHandler);
6   }
```

line 1   무비클립의 개수를 변수 num에 대입해놓습니다.

line 2~6   반복문을 이용하여 3개의 무비클립에 모두 클릭 이벤트를 등록합니다.

line 4   [ ] 대괄호 연산자를 이용하여 무비클립을 찾아냅니다. [ ] 연산자는 [ ] 안의 문자를 이용하여 객체를 참조할 수 있습니다. 반복문의 변수 i가 0, 1, 2로 변경되는 것을 이용하여 icon0, icon1, icon2 무비클립을 변수 mc에 대입하는 방법입니다.

line 5   변수 mc에 참조된 무비클립을 클릭하면 clickHandler 함수를 호출하도록 이벤트를 등록합니다. 반복문에서 mc가 icon0, icon1, icon2를 한 번씩 참조하기 때문에 모든 무비클립에 클릭 이벤트가 등록됩니다.

02 클릭한 무비클립을 찾아내어 가장 아래로 이동하는 함수를 제작합니다.

```
8    function clickHandler(event:MouseEvent):void
9    {
10     var tg:MovieClip = event.currentTarget as MovieClip;
11     this.setChildIndex(tg, 1);
12   }
```

line 10   이벤트 함수의 매개변수를 이용하여 현재 이벤트가 발생한 객체(currentTarget)가 무비클립이 맞는 지 확인하여 변수 tg에 대입합니다.

line 11   변수 tg에 참조된 객체의 Index를 1(아이콘 중 가장 아래)로 이동합니다. 나머지 객체들의 Index는 1씩 증가합니다. (배경 이미지의 Index는 0을 유지합니다.)

03 테스트 무비 [Ctrl]+[Enter]를 실행하고, 무
비클립을 클릭하여 가장 아래로 이동하는지 확
인합니다.

클릭

예제 03 | **객체를 가장 위로 옮기기**

완성파일미리보기 : 부록CD1/Sample/Part06/Sec03/Exam08/완성/exam03.fla
예제파일 : 부록CD1/Sample/Part06/Sec03/Exam08/예제/exam03.fla

01 무비클립을 가장 높이 올리기 위해서는 현재 무비클립이 위치한 컨테이너에 존재하는 객체 수를
알아야 합니다. 아래 코드를 입력하여, icon0 무비클립이 가장 위로 올라오도록 합니다.

```
1    var topIndex:uint = this.numChildren - 1;
2    this.setChildIndex(icon0, topIndex);
```

line 1   numChildren 속성은 컨테이너에 있는 객체 수를 알려줍니다. 현재 this에 있는 객체는 총 3개 이므로
            numChildren 값은 3입니다. 하지만 이 수치를 바로 Index에 적용하면 안됩니다. Index는 0부터 시작하므로 현
            재 가장 큰 Index 값은 2입니다. 그래서 1을 빼준 것입니다. 이로써 변수 topIndex에는 this의 가장 높은 Index
            가 대입되었습니다.

line 2   icon0 무비클립의 Index를 topIndex 변수의 값으로 변경합니다. 이로써 가장 높은 곳에 위치하게 되고 나머지
            무비클립들의 Index는 1씩 감소하게 됩니다.

02 테스트 무비(단축키: [Ctrl]+[Enter])를 실행
하여, icon0 무비클립이 가장 위로 이동하는지
확인합니다.
이 코드를 이용하여 예제 02 에서와 같이 무비클
립을 클릭하면 가장 위로 올라오도록 수정해보
세요. 완성 파일은 '부록CD1/Sample/Part06/
Sec03/Exam08/완성/exam04.fla' 에 있습니다.

09. DisplayObject 충돌 체크하기

- 오브젝트와 오브젝트간의 충돌을 체크하는 방법을 알아봅니다.
- 특정 좌표(마우스 포인트)가 오브젝트 위에 있는지 확인하는 방법을 알아봅니다.

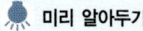 **미리 알아두기** **DisplayObject** : Part 7. 기초 프로그래밍 〉 Sec 6. DisplayObject | **조건문** : Part 7. 기초 프로그래밍 〉 Sec 3. 조건문 | **함수** : Part 7. 기초 프로그래밍 〉 Sec 5. 함수 | **이벤트** : Part 7. 기초 프로그래밍 〉 Sec 7. OOP 문법 〉 05. 이벤트

※ 예제를 따라하기 전에 '미리 알아두기' 내용을 반드시 읽어보기 바랍니다.

DisplayObject.hitTestPoint(x, y, [shapeFlag])

특정 좌표가 객체 위에 있는지 확인하기 위해 hitTestPoint 메서드를 이용합니다. 매개변수에 x 좌표, y 좌표, shapeFlag 값을 전달합니다. shapeFlag 는 true 또는 false 값을 가지며 그에 따른 hit 영역은 오른쪽 그림과 같습니다.

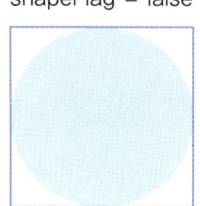
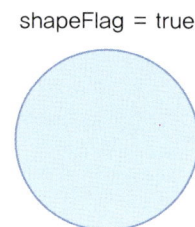

shapeFlag = false   shapeFlag = true

shapeFlag의 기본값은 false이며 true가 되면 shape 영역만 hit 영역으로 판단합니다. 만약 해당 좌표가 hit 영역 안에 있다면 true 아니면 false를 반환합니다.

DisplayObject.hitTestObject(DisplayObject)

객체와 객체간의 충돌을 확인하려면 hitTestObject() 메서드를 이용합니다. hitTestObject() 메서드는 hitTestPoint() 메서드와는 달리 hit 영역을 shape 영역으로 지정할 수 없습니다. 따라서 무비클립 영역(사각영역)이 충돌하면 true를 반환합니다.

예제 01 | **hitTestPoint( ) / hitTestObject( ) 메서드를 이용하여 충돌 시 타임라인 이동하기**

완성파일미리보기 : 부록CD1/Sample/Part06/Sec03/Exam09/완성/exam01.fla
예제파일 : 부록CD1/Sample/Part06/Sec03/Exam09/예제/exam01.fla

01 예제파일을 열면 3개의 무비클립(site0, site1, site2)이 있습니다. 각 무비클립들은 이미지가 점점 보이도록 애니메이션 되어있습니다.

02 먼저 site0 무비클립에 마우스 포인터가 놓여지면 프레임을 진행시키고, 마우스 포인터가 벗어나면 1번 프레임으로 돌아오도록 코드를 입력합니다.

```
1    this.addEventListener(Event.ENTER_FRAME  hitTest);
2
3    function hitTest(event:Event):void
4    {
5      if (site0.hitTestPoint(this.mouseX  this.mouseY))
6      {
7         site0.nextFrame();
8      }
9      else
10     {
11        site0.prevFrame();
12     }
13   }
```

line 1　　　this(MainTimeline 객체)에 "enterFrame" 이벤트를 등록합니다. "enterFrame" 이벤트는 프레임 속도에 맞춰 이벤트가 지속적으로 발생합니다. 지속적으로 충돌 검사를 하기 위해서 "enterFrame" 이벤트를 사용하였습니다.

line 3~13　"enterFrame" 이벤트가 발생하면 호출되는 이벤트 함수입니다. "enterFrame" 이벤트는 Event 객체에 이벤트에 대한 정보를 담아 전달해줍니다. 따라서 매개변수의 데이터 형이 Event입니다.

line 5　　　site0 무비클립과 마우스의 좌표가 충돌하는지 테스트 합니다. 만약 충돌하면 조건식의 결과가 참(true)이 됩니다.

line 7　　　조건식의 결과가 참이 되면, site0 무비클립의 프레임을 다음 프레임으로 이동합니다. "enterFrame" 이벤트 함수이므로 지속적으로 다음 프레임이 이동되면 진행(play)되는 것과 같은 결과가 됩니다. 하지만 play()와는 달리 nextFrame() 메서드는 마지막 프레임에 도착하면 계속 마지막 프레임에 머물게 됩니다.

line 11　　　조건 식의 결과가 거짓이 되면 site0 무비클립의 프레임을 역으로 돌려 1번 프레임까지 이동시킵니다.

03 테스트 무비(단축키: Ctrl+Enter)를 실행하고, site0 무비클립에 마우스를 올려 프레임이 이동하는지 확인합니다.

04 이번에는 site0 무비클립과 site1 무비클립이 충돌하면 site1 무비클립의 프레임을 진행하는 코드를 추가합니다.

```
3    function hitTest(event:Event):void
4    {
5        if (site0.hitTestPoint(this.mouseX, this.mouseY))
6        {
7            site0.nextFrame();
8        }
9        else
10       {
11           site0.prevFrame();
12       }
13
14       if (site1.hitTestObject(site0))
15       {
16           site1.nextFrame();
17       }
18       else
19       {
20           site1.prevFrame();
21       }
22   }
```

line 14~21   site1 무비클립과 site0 무비클립이 서로 부딪쳤는지 확인합니다. 두 무비클립이 겹쳐있다면 조건식의 결과가 참(true)이 되어 다음 프레임으로 이동하고 아니면 거짓(false)이 되어 이전 프레임으로 이동합니다.

05 테스트 무비(단축키 : Ctrl + Enter)를 실행합니다. site0 무비클립에 마우스를 올리면 site1 무비클립의 프레임이 이동하고 마우스 포인터를 밖으로 이동하면 모든 무비클립이 1번 프레임으로 돌아오는지 확인합니다.
나머지 site2 무비클립도 site1 무비클립과 충돌했을 때, 프레임이 진행되도록 추가해보세요. (완성파일 참고)

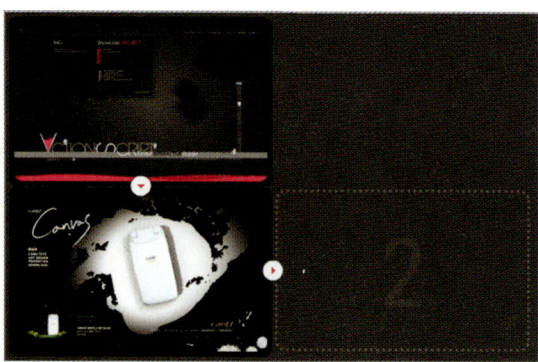

10. 화면 배율, 정렬

- 플래시 제작 사이즈와 다르게 코딩되었을 때, 원래 이미지 크기를 유지하는 방법을 알아봅니다.
- 브라우저 전체 사이즈(100%)로 코딩할 때, stage의 정렬 방식을 변경해봅니다.

미리 알아두기   **DisplayObject** : Part 7. 기초 프로그래밍 〉 Sec 6. DisplayObject

※ 예제를 따라하기 전에 '미리 알아두기' 내용을 반드시 읽어보기 바랍니다.

Stage 클래스의 scaleMode 속성

scaleMode 속성에 다음 값을 지정하면 화면 크기의 변화에 따라 사용할 크기 모드를 변경할 수 있습니다.

StageScaleMode.EXACT_FIT	비율을 유지하지 않고 이미지를 왜곡시켜 정해진 사이즈대로 표시합니다.
StageScaleMode.SHOW_ALL	비율을 유지하면서 왜곡없이 전체를 표시합니다. 테두리가 표시될 수 있습니다.
StageScaleMode.NO_BORDER	비율을 유지하면서 왜곡없이(일부는 잘릴 수 있음) 지정된 영역을 채웁니다.
StageScaleMode.NO_SCALE	플레이어 창의 크기가 변경되는 경우에도 크기가 유지되도록 고정합니다. 플레이어 창이 내용보다 작으면 내용이 잘릴 수 있습니다.

Stage 클래스의 align 속성

플래시 화면의 기본 정렬은 중앙(center)입니다. 그래서 테스트 무비를 재생할 때 플래시 크기를 늘리거나 줄이면 중앙을 기준으로 사방으로 늘어나거나 줄어들게 됩니다.

align 속성에 다음 상수를 적용하면 다른 정렬을 사용할 수 있습니다.

StageAlign.TOP	상단 기준	StageAlign.TOP_LEFT	상단 왼쪽 기준
StageAlign.BOTTOM	하단 기준	StageAlign.TOP_RIGHT	상단 오른쪽 기준
StageAlign.LEFT	왼쪽 기준	StageAlign.BOTTOM_LEFT	하단 왼쪽 기준
StageAlign.RIGHT	오른쪽 기준	StageAlign.BOTTOM_RIGHT	하단 오른쪽 기준

예제 01 | 창의 크기가 변경되어도 이미지 크기를 유지하기

완성파일미리보기 : 부록CD1/Sample/Part06/Sec03/Exam10/완성/exam01.fla
예제파일 : 부록CD1/Sample/Part06/Sec03/Exam10/예제/exam01.fla

01 예제파일을 열고, Publish Setting(단축키: Ctrl + Shift + F12)의 HTML 속성을 그림과 같이 변경합니다. 픽셀 단위가 아닌 퍼센트 단위로 변경하고 가로, 세로 크기 100%로 HTML 페이지를 생성합니다.

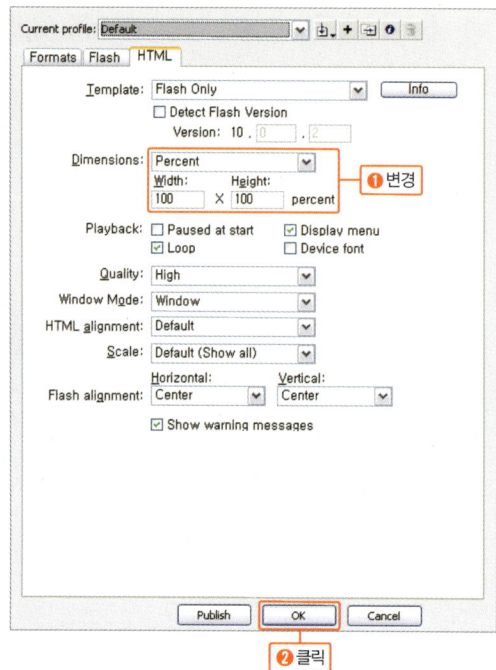

① 변경

② 클릭

02 Publish Preview(단축키: F12)를 실행하여 브라우저로 결과를 확인합니다. 브라우저 크기를 줄이거나 키우면 플래시의 크기도 변경되어 원래 이미지의 크기대로 보이지 않습니다.

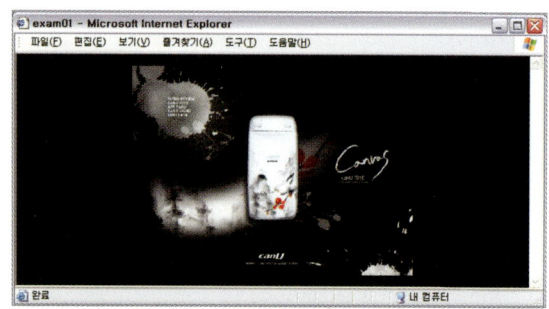

03 다음 코드를 추가하여, 화면 크기가 변경되어도 이미지 크기를 그대로 유지하도록 합니다.

```
1   stage.scaleMode = StageScaleMode.NO_SCALE
```

line 1   stage는 화면에 보여지는 객체라면 어디서나 사용할 수 있는 Stage 객체를 가리키는 속성입니다. Stage 객체의 scaleMode에 "noScale" 값을 지정하면 화면 크기가 변화해도 이미지 크기를 유지할 수 있습니다. StageScaleMode 클래스의 상수(NO_SCALE)로 "noScale"이 정의되어 있어 이를 사용합니다.

대부분의 전체 플래시 사이트 제작 시 "noScale" 값을 사용합니다.

앞에서 설명한 다른 상수들을 대입하여 비교해 보세요.

04 Publish Preview(단축키 : F12)를 실행하여 브라우저로 결과를 확인합니다. 브라우저 크기를 줄여도 이미지 크기는 유지하여 이미지가 잘려 보입니다.

예제 02	오른쪽 하단 정렬 사이트 제작하기

완성파일미리보기 : 부록CD1/Sample/Part06/Sec03/Exam10/완성/exam02.fla
예제파일 : 부록CD1/Sample/Part06/Sec03/Exam10/예제/exam02.fla

01 예제파일을 열면 오른쪽 하단 정렬의 사이트가 보입니다. 모니터의 해상도에 따라서 메뉴 부분을 기준으로 작업 창 왼쪽과 위에 있는 이미지들이 보일 수도 있고 안 보일 수도 있도록 제작할 것입니다. 먼저 앞 예제에서와 같이 scaleMode를 설정합니다.

```
1    stage.scaleMode = StageScaleMode.NO_SCALE;
```

line 1   화면 크기의 변화에도 이미지 크기를 유지하도록 scaleMode 속성을 변경합니다.

02 테스트 무비(단축키 : Ctrl + Enter)를 실행한 후, 창 크기를 줄여봅시다. 기본 정렬이 중앙이기 때문에 오른쪽 하단의 메뉴가 잘려 보입니다.

03 다음 코드를 추가하여 플래시 정렬을 오른쪽 아래로 변경합니다.

```
1  stage.scaleMode = StageScaleMode.NO_SCALE;
2  stage.align = StageAlign.BOTTOM_RIGHT;
```

line 2   화면을 오른쪽 하단으로 정렬합니다. 이로써 창 크기가 변화해도 메뉴가 잘려보이지 않습니다.

일반적으로 플래시만으로 사이트를 제작할 경우, 기본 해상도보다 크게 만든 후 꼭 필요한 부분이 잘려보이지 않도록 정렬을 지정합니다. 본 예제에서는 상단과 왼쪽 이미지들이 해상도에 따라서 보이기도 하고 보이지 않을 수도 있는 여유 이미지라고 할 수 있습니다.

04 테스트 무비(단축키: Ctrl + Enter)를 실행한 후, 창 크기를 변경해봅니다. 이제 창 크기를 변화해도 메뉴가 잘려 보이지 않습니다.

11. 전체 화면으로 플래시 무비 보기

화면 전체 또는 부분을 모니터에 가득 차도록 표현해봅니다.

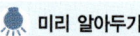 **미리 알아두기** **함수** : Part 7. 기초 프로그래밍 〉 Sec 5. 함수 | **이벤트** : Part 7. 기초 프로그래밍 〉 Sec 7. OOP 문법 〉 05. 이벤트 | **Rectangle Class** : Part 6. 액션스크립트 3.0 즐기기 〉 Sec 2. DisplayObject 기초 〉 05. 라운드 테두리 크기 변화하지 않고 크기 변경하기(scale9Grid)

※ 예제를 따라하기 전에 '미리 알아두기' 내용을 반드시 읽어보기 바랍니다.

Stage 클래스의 displayState 속성

displayState 속성을 이용하면 동적으로 화면 표시 상태를 전체 또는 표준 모드로 변경할 수 있습니다.

StageDisplayState.FULL_SCREEN	화면 전체 모드로 전환합니다.
StageDisplayState.NORMAL	표준 모드로 전환합니다.

Stage 클래스의 fullScreenSourceRect 속성

displayState 속성을 전체 화면 모드로 변경할 때, 일부 영역만 전체 화면으로 만들고 싶다면 이 속성을 이용합니다. 이 속성에 대입되는 정보는 Rectangle 객체입니다.

```
//(0, 0) 좌표의 100 x 100 영역만 전체화면으로 만들기
var rect:Rectangle = new Rectangle(0, 0, 100, 100);
stage.fullScreenSourceRect = rect;
stage.displayState = StageDisplayState.FULL_SCREEN;
```

예제 01 | **버튼을 눌러 전체화면 / 일반화면 변환하기**

완성파일미리보기 : 부록CD1/Sample/Part06/Sec03/Exam11/완성/exam01.fla
예제파일 : 부록CD1/Sample/Part06/Sec03/Exam11/예제/exam01.fla

01 예제파일을 열고, 전체 화면(full_btn) /표준 화면(normal_btn) 버튼에 클릭 이벤트를 등록합니다.

```
1    full_btn.addEventListener(MouseEvent.CLICK, fullscreenHandler);
2    normal_btn.addEventListener(MouseEvent.CLICK, normalscreenHandler);
3
4    function fullscreenHandler(event:MouseEvent):void
5    {
6       stage.displayState = StageDisplayState.FULL_SCREEN;
7    }
8
9    function normalscreenHandler(event:MouseEvent):void
10   {
11      stage.displayState = StageDisplayState.NORMAL;
12   }
```

line 1~2   full_btn(전체 화면) 버튼을 클릭하면 fullscreenHandler 함수를, normal_btn(표준 화면) 버튼을 클릭하면 normalscreenHandler 함수를 호출하도록 이벤트를 등록합니다.

line 4~7   full_btn(전체 화면) 버튼을 클릭하면 호출되는 이벤트 함수로, stage의 displayState 속성을 전체 화면 모드로 변경합니다. 이 속성은 테스트 무비에서는 확인할 수 없습니다. 브라우저에서 html 파일을 열어 확인해야 하며, html코드에서 allowFullScreen 속성이 "true"로 설정되어 있어야 제대로 구현됩니다.

line 9~12   normal_btn(표준화면) 버튼을 클릭하면 호출되는 이벤트 함수로, stage의 displayState 속성을 표준 화면 모드로 변경합니다.

02 Publish(단축키: Ctrl+F12)를 실행하여 swf 파일과 html 파일을 생성합니다. 생성된 html을 메모장으로 열어 allowFullScreen 값을 'false'에서 'true'로 변경합니다. 이 값이 'false'면 전체화면 모드가 구현되지 않습니다. (allowFullScreen 단어로 코드를 찾아보면 소스 하단 즈음에 3개의 코드를 찾을 수 있습니다. 브라우저에 따라 이용하는 코드가 다르므로 3개 모두 'true'로 변경해줍니다.)

```html
<script language="JavaScript" type="text/javascript">
    AC_FL_RunContent(
        'codebase', 'http://download.macromedia.com/pub/shockwave/cabs/flash/
        swflash.cab#version=10,0,0,0',
        'width', '600',
        'height', '500',
        'src', 'exam01',
        'quality', 'high',
        'pluginspage', 'http://www.adobe.com/go/getflashplayer',
        'align', 'middle',
        'play', 'true',
        'loop', 'true',
        'scale', 'showall',
        'wmode', 'window',
        'devicefont', 'false',
        'id', 'exam01',
        'bgcolor', '#000000',
        'name', 'exam01',
        'menu', 'true',
        'allowFullScreen', 'false',          'true'로 변경
        'allowScriptAccess','sameDomain',
        'movie', 'exam01',
        'salign', ''
        ); //end AC code
</script>
<noscript>
    <object classid="clsid:d27cdb6e-ae6d-11cf-96b8-444553540000" codebase=
    "http://download.macromedia.com/pub/shockwave/cabs/flash/swflash.cab#ver
    sion=10,0,0,0" width="600" height="500" id="exam01" align="middle">
        <param name="allowScriptAccess" value="sameDomain" />
        <param name="allowFullScreen" value="false" />
    <param name="movie" value="exam01.swf" />           'true'로 변경
<param name="quality" value="high" />
```

```
        <param name="bgcolor" value="#000000" />
        <embed src="exam01.swf" quality="high" bgcolor="#000000" width="600"
        height="500" name="exam01" align="middle" allowScriptAccess=
        "sameDomain" allowFullScreen="false" type="application/x-shockwave-
        flash"pluginspage="http://www.adobe.com/go/getflashplayer" />
    </object>
</noscript>
```

"true"로 변경

03 브라우저로 html 파일을 열어 전체 화면이 구현되는지 확인합니다. 한 가지 주의할 점은 소스 수정 후 플래시에서 다시 Publish할 경우 변경한 html 소스가 사라지게 되니, html 소스를 수정했다면 html 은 더 이상 Publish되지 않도록 Publish Setting(단축키: Ctrl + Shift + F12)에서 html을 제거해 놓는 것이 좋습니다. 전체화면에서 표준화면으로 돌아올 때는 보통보기 버튼을 클릭하거나 Esc 키를 클릭합니다.

예제 02   화면의 일부를 전체 화면으로 보이기

완성파일미리보기 : 부록CD1/Sample/Part06/Sec03/Exam11/완성/exam02.fla
예제파일 : 부록CD1/Sample/Part06/Sec03/Exam11/예제/exam02.fla

01 예제파일을 열어 Publish(단축키: F12)를 실행하면 영상이 반복해서 보여집니다. 먼저 영 상 오른쪽 아래에 있는 버튼(full_btn)을 클릭하 면 영상만 전체 화면으로 보이도록 코드를 입력 해봅시다.

```
1   full_btn.addEventListener(MouseEvent.CLICK, fullscreenHandler);
2
3   function fullscreenHandler(event:MouseEvent):void
4   {
5       var rect:Rectangle = new Rectangle(150, 30, 320, 240);
6       stage.fullScreenSourceRect = rect;
7       stage.displayState = StageDisplayState.FULL_SCREEN;
8   }
```

line 1   full_btn(전체화면) 버튼을 클릭하면 fullscreenHandler 함수를 호출하도록 이벤트를 등록합니다.

line 3~8   전체화면모드로 전환하는 이벤트 함수입니다.

line 5   전체화면으로 전환할 영역에 대한 정보를 Rectangle 객체로 생성합니다. 동영상 무비클립의 좌표와 크기를 확인하여 그에 따른 값을 입력합니다.

▽ POSITION AND SIZE	
X: 150.0	Y: 30.0
W: 320.0	H: 240.0

line 6   위에서 정의한 영역정보(Rectangle 객체)를 stage의 fullScreenSourceRect 속성에 대입합니다.

line 7   stage의 displayState 속성을 전체화면모드로 변경합니다.

02   Publish(단축키: Shift+F12)를 실행하여 html, swf 파일을 생성한 후 html 코드의 allowFullScreen 값을 'true'로 변경한 후, html 페이지를 브라우저에서 열어 동영상 영역만 전체화면이 되는 지 확인합니다.

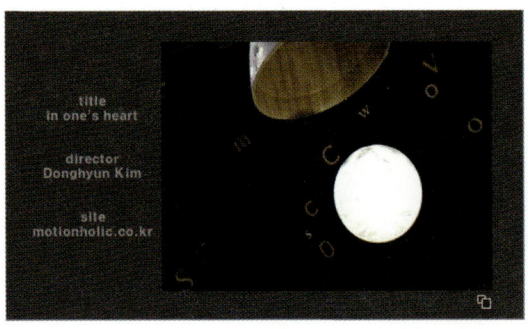

12. 플래시 크기를 변경해도 항상 같은 위치에 있는 DisplayObject

플래시를 100%로 코딩하면, "noScale" 모드에서는 브라우저의 크기에 따라 보이는 영역이 달라집니다. 플래시 크기가 변해도 항상 브라우저의 모서리에 위치하는 객체를 제작해봅시다.

🔥 **미리 알아두기**   **함수** : Part 7. 기초 프로그래밍 〉Sec 5. 함수 | **이벤트** : Part 7. 기초 프로그래밍 〉Sec 7. OOP 문법 〉05. 이벤트

※ 예제를 따라하기 전에 '미리 알아두기' 내용을 반드시 읽어보기 바랍니다.

Stage 클래스의 resize 이벤트

"resize"(Event.RESIZE) 이벤트는 stageMode을 "noScale"로 설정할 때 플래시 크기의 변화를 알기 위해 사용하는 이벤트입니다.

```
stage.scaleMode = StageScaleMode.NO_SCALE;
stage.addEventListener(Event.RESIZE, resizeHandler);

function resizeHandler(event:Event):void
{
    trace(stage.stageWidth, stage.stageHeight);
}
```

기본 정렬(중앙)의 경우 아래 식을 이용하여 모서리 좌표를 구할 수 있습니다.

```
var left:Number = (작업 창 가로 길이 - stage.stageWidth) * 0.5;
var top:Number = (작업 창 세로 길이 - stage.stageHeight) * 0.5;
var right:Number = left + stage.stageWidth;
var bottom:Number = top + stage.stageHeight;
```

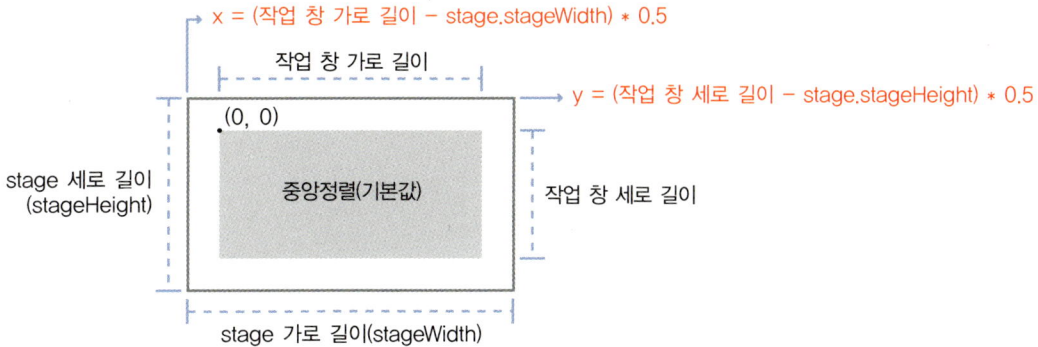

완성파일미리보기 : 부록CD1/Sample/Part06/Sec03/Exam12/완성/exam01.fla
예제파일 : 부록CD1/Sample/Part06/Sec03/Exam12/예제/exam01.fla

01 예제파일을 열면, 좌측 상단의 menu_mc 무비클립(등록 포인트 좌측 상단)과 우측 하단의 ink_mc 무비클립(등록 포인트 우측 하단)이 있습니다. 테스트 무비(단축키: Ctrl + Enter)를 실행하여 플래시의 크기를 줄이거나 늘이면 각 무비클립이 잘려 보이거나 바깥 여백이 보이게 됩니다.

02 플래시 크기의 변화에 따라 각 무비클립의 위치가 모서리로 이동 하도록 다음 코드를 입력합니다.

```
1   stage.scaleMode = StageScaleMode.NO_SCALE
2   stage.addEventListener(Event.RESIZE, resizeHandler);
3
4   resizeHandler();
5
6   function resizeHandler(event:Event = null):void
7   {
8      var left:Number = (800 - stage.stageWidth) * 0.5;
9      var top:Number = (600 - stage.stageHeight) * 0.5;
10
11     menu_mc.x = left;
12     menu_mc.y = top;
13
14     copyright_mc.y = top + stage.stageHeight;
15
16     ink_mc.x = left + stage.stageWidth;
17     ink_mc.y = top + stage.stageHeight;
18  }
```

line 1　플래시 크기와 상관없이 원래 이미지 크기를 유지하도록 scaleMode 속성을 설정합니다.

line 2　stage 크기(플래시 크기)가 변경되면 발생하는 이벤트를 등록합니다. 플래시 크기가 변경되면 resizeHandler 이벤트 함수가 호출됩니다.

line 4　resizeHandler 함수를 호출하여 무비클립의 위치를 변경합니다. "resize" 이벤트는 stage 크기가 변경할 때 발생하므로, 처음 위치는 강제로 적용합니다.

line 6	resizeHandler 함수는 이벤트 함수이지만 line 4에서 직접 호출하기 위해 매개변수의 기본값(null)을 대입했습니다.
line 8~9	현재 플래시 크기와 작업 창 크기를 이용하여 왼쪽 상단의 좌표를 계산합니다. 플래시의 기본 정렬은 중앙이므로 아래 그림과 같이 좌표를 구할 수 있습니다.

stageWidth / stageHeight는 현재 보여지는 플래시의 가로, 세로 길이를 알려주는 Stage 클래스의 속성입니다.

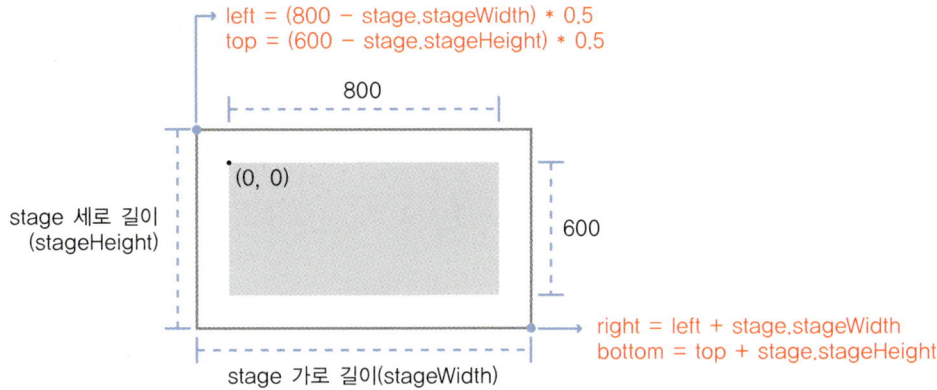

$$left = (800 - stage.stageWidth) * 0.5$$
$$top = (600 - stage.stageHeight) * 0.5$$

800

(0, 0)

stage 세로 길이 (stageHeight)

600

$$right = left + stage.stageWidth$$
$$bottom = top + stage.stageHeight$$

stage 가로 길이(stageWidth)

line 11~12	menu_mc 무비클립의 위치를 왼쪽 상단으로 이동합니다.
line 14	copyright_mc 무비클립의 위치를 하단으로 이동합니다.
line 16~17	ink_mc 무비클립의 위치를 오른쪽 하단으로 이동합니다.

03 테스트 무비(단축키: Ctrl+Enter)를 실행하여 플래시 크기를 변경해봅시다.

SECTION 04. DisplayObject 움직임

학습 목표

DisplayObject에 움직임을 주기 위해서 타임라인 모션 트윈을 사용해봤을 것입니다. 이번 장에서는 액션스크립트를 이용하여 움직임을 만드는 방법에 대해 알아봅니다.

01. DisplayObject 움직이기(Tween)

DisplayObject에 움직임을 부여할 수 있는 클래스는 Tween 클래스입니다. Tween 클래스의 다양한 효과(easing)에 대해서 알아봅시다.

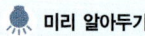 **미리 알아두기**　　**함수** : Part 7. 기초 프로그래밍 〉 Sec 5. 함수 | **DisplayObject** : Part 7. 기초 프로그래밍 〉 Sec 6. DisplayObject | **클래스** : Part 7. 기초 프로그래밍 〉 Sec 7. OOP 문법 〉 02. 클래스 | **이벤트** : Part 7. 기초 프로그래밍 〉 Sec 7. OOP 문법 〉 05. 이벤트

※ 예제를 따라하기 전에 '미리 알아두기' 내용을 반드시 읽어보기 바랍니다.

Tween 클래스

Tween 클래스는 지정된 시간 동안 DisplayObject의 속성(좌표, 크기, 투명도 등)을 애니메이션할 수 있는 클래스입니다. Tween 클래스를 사용할 때 움직임의 종류를 선택할 수 있는데 이 때 easing 클래스를 사용합니다.

기본 코드

```
import fl.transitions.Tween;
import fl.transitions.easing.*;
var myTween:Tween = new Tween(myObject, "x", Elastic.easeOut, 0, 300, 3, true);
```

import는 클래스의 위치를 선언하는 명령입니다. 앞서 사용했던 클래스들은 플래시 프로그램 내에 클래스 위치가 잡혀있어서 import 명령을 사용할 필요가 없었습니다. 하지만 Tween 클래스는 import 명령으로 클래스 위치를 선언하지 않으면 클래스를 찾을 수 없는 오류가 발생합니다.

fl.transitions는 Tween 클래스가 위치하는 패키지 경로입니다. fl.transitions.easing.*에서 *(에스터

리스크)는 easing 패키지 안에 있는 모든 클래스를 사용할 수 있도록 선언하는 것입니다. 패키지 안에 있는 모든 클래스의 위치를 선언할 때 이와 같이 *을 사용합니다.

var myTween:Tween = new Tween(myObject, "x", Elastic.easeOut, 0, 300, 3, true);
❶ ❷ ❸ ❹ ❺ ❻ ❼

❶ 움직일 대상입니다.
❷ 애니메이션할 속성입니다. 속성은 반드시 문자로 입력해야 합니다. ("" 안에 입력하면 문자입니다.)
❸ 움직임의 종류입니다. 이 클래스에 대한 종류는 아래 표를 참고하세요.
❹ 초기 값입니다. 먼저 초기 값으로 이동 후 애니메이션이 진행됩니다.
❺ 종료 값입니다. 지정된 시간까지 종료 값으로 애니메이션 됩니다.
❻ 애니메이션 시간입니다. 초 단위 또는 프레임 단위로 명령할 수 있습니다. 이는 마지막 매개변수의 값에 따라 결정됩니다.
❼ 애니메이션 시간 단위가 초 단위라면 true, 프레임 단위라면 false를 입력합니다.

Tween Class 메서드

메서드	설명
continueTo(finish:Number, duration:Number)	새로운 종료 값 및 지속 시간으로 재설정합니다.
forward( )	트위닝된 애니메이션의 종료 값으로 바로 이동합니다.
nextFrame( )	중단했던 애니메이션의 다음 프레임으로 이동합니다.
prevFrame( )	중단된 애니메이션의 현재 중단점에서 이전 프레임을 재생합니다.
resume( )	중단했던 트위닝된 애니메이션의 재생을 다시 시작합니다.
rewind(t:Number = 0)	시작 값으로 되돌립니다.
start( )	시작점부터 재생합니다.
stop( )	재생을 중단합니다.
yoyo( )	반대 방향으로 재생하도록 지시합니다.

Tween Class 속성

속성	설명
begin : Number	애니메이션의 초기 값입니다.
duration : Number	애니메이션의 지속 시간을 프레임 또는 초 단위로 나타냅니다.
finish : Number	애니메이션의 종료 값입니다.
FPS : Number	애니메이션의 계산된 초당 프레임 수입니다.
func : Function	트윈과 함께 사용되는 여유 함수입니다.
isPlaying : Boolean	현재 트윈을 재생 중인지 여부를 나타냅니다.
looping : Boolean	트윈의 반복 여부를 나타냅니다.
obj : Object	트위닝 중인 대상 객체입니다.
position : Number	트위닝되는 대상 객체 속성의 현재 값입니다.
prop : String	대상 객체의 트윈에 의해 영향을 받는 속성의 이름입니다.
time : Number	애니메이션의 지속 시간 중에서 현재 시간을 나타냅니다.
useSeconds : Boolean	일정 시간(프레임 또는 초) 동안 트윈이 재생되는지 여부를 나타냅니다.

fl.transitions.easing 패키지

클래스	설명
Back	트윈 종료 값을 지나쳤다가 돌아오는 모션
Bounce	공이 바닥에 떨어져 튀어오르는 듯한 모션
Elastic	진동을 일으키는 모션
None	등속 운동
Regular	타임라인 트윈과 같은 가속/감속 모션
Strong	Regular보다 좀 더 강한 가속/감속 모션

위 fl.transitions.easing 패키지의 클래스들은 다음 메서드와 함께 사용하여 다양한 움직임을 만들어 냅니다.

메서드	설명
easeIn( )	가속 모션
easeOut( )	감속 모션
easeInOut( )	가속 후 감속 모션

예를 들어 Elastic.easeIn은 진동 가속 운동이 되며, Bounce.easeOut은 공이 땅에 떨어지는 듯한 모션이 감속하며 표현됩니다.

예제 01 | Tween 클래스로 다양한 움직임 만들기

완성파일미리보기 : 부록CD1/Sample/Part06/Sec04/Exam01/완성/exam01.swf
예제파일 : 부록CD1/Sample/Part06/Sec04/Exam01/예제/exam01.fla

01 예제파일을 열고 4개의 무비클립을 각각 다른 움직임으로 x 좌표를 400까지 이동해 봅시다.

```
1   import fl.transitions.Tween;
2   import fl.transitions.easing.*;
3
4   var tween0:Tween = new Tween(ball1_mc, "x", Strong.easeOut, 0, 400, 2, true);
5   var tween1:Tween = new Tween(ball2_mc, "x", Strong.easeIn, 0, 400, 2, true);
```

```
6   var tween2:Tween = new Tween(ball3_mc, "x", Bounce.easeOut, 0, 400, 100, false);
7   var tween3:Tween = new Tween(ball4_mc, "x", Elastic.easeOut, 0, 400, 100, false);
```

line 1	Tween 클래스를 사용하기 위해서 클래스 경로를 선언합니다.
line 2	easing 패키지의 모든 클래스를 사용할 수 있도록 클래스 경로를 선언합니다.
line 4	ball1_mc 무비클립의 x 좌표를 0에서 400까지 2초간 움직입니다. 움직임의 종류는 강한 감속 운동입니다.
line 5	ball2_mc 무비클립의 x 좌표를 0에서 400까지 2초간 움직입니다. 움직임의 종류는 강한 가속 운동입니다.
line 6	ball3_mc 무비클립의 x 좌표를 0에서 400까지 100프레임 동안 움직입니다. 움직임의 종류는 공이 튀는 듯한 감속 운동입니다.
line 7	ball4_mc 무비클립의 x 좌표를 0에서 400까지 100프레임 동안 움직입니다. 움직임의 종류는 진동 감속 운동입니다.

02 테스트 무비(단축키: Ctrl + Enter)를 실행하여 결과를 확인합니다. 다른 easing 클래스의 움직임도 적용하여 비교해 보세요.

예제 02　　**마우스로 클릭하면 아래로 떨어지면 사라지기**

완성파일미리보기 : 부록CD1/Sample/Part06/Sec04/Exam01/완성/exam02.swf
예제파일 : 부록CD1/Sample/Part06/Sec04/Exam01/예제/exam02.fla

01 예제파일을 열고 첫 번째 무비클립을 더블 클릭하여 편집 모드로 이동합니다.

02 액션 레이어를 만들고 무비클립 전체에 버튼 클릭 이벤트를 등록합니다.

```
1   this.addEventListener(MouseEvent.CLICK, clickHandler);
2   this.buttonMode = true;
3
4   function clickHandler(event:MouseEvent):void
5   {
6
7   }
```

line 1~2   마우스 클릭 이벤트를 등록하고, 마우스 커서가 손 모양으로 바뀌도록 합니다.

03 마우스 클릭 이벤트 핸들러(clickHandler) 함수 안에 아래로 움직이면서 사라지는(투명도가 0이 되는) 트윈 명령을 입력합니다.

```
1   import fl.transitions.Tween;
2   import fl.transitions.easing.*;
3
4   var tweenAlpha:Tween;
5   var tweenY:Tween;
6
7   this.addEventListener(MouseEvent.CLICK, clickHandler);
8   this.buttonMode = true;
9
10  function clickHandler(event:MouseEvent):void
11  {
12      tweenAlpha = new Tween(this, "alpha", Strong.easeIn, 1, 0, 1, true);
13      tweenY = new Tween(this, "y", Strong.easeIn, this.y, this.y + 100, 1, true);
14  }
```

line 1~2   Tween 클래스를 사용하기 위해 클래스 경로를 선언합니다.

line 4~5   트윈 객체 참조를 위한 변수를 미리 만들어 놓습니다.

line 12   무비클립의 alpha(투명도) 속성을 1에서 0으로 1초간 애니메이션 합니다. 움직임의 종류는 강한 가속 운동입니다. 투명도가 0이 되면 화면에서 보이지 않게 됩니다.

line 13   무비클립의 y 좌표를 현재 위치(this.y)에서 아래로 100만큼(this.y + 100) 1초간 애니메이션 합니다. 움직임의 종류는 강한 가속 운동입니다.

04 테스트 무비(단축키: Ctrl + Enter)를 실행하여 결과를 확인합니다. 다른 무비클립들도 각각의 무비클립 안에 같은 코드를 입력하여 테스트 해보세요.

02. 트윈이 끝나는 시점 알아내기(TweenEvent)

애니메이션이 끝나는 시점의 이벤트를 이용하여 순차적으로 애니메이션을 진행해봅시다.

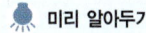 **미리 알아두기** 　**함수** : Part 7. 기초 프로그래밍 〉 Sec 5. 함수 ｜ **DisplayObject** : Part 7. 기초 프로그래밍 〉 Sec 6. DisplayObject ｜ **클래스** : Part 7. 기초 프로그래밍 〉 Sec 7. OOP 문법 〉 02. 클래스 ｜ **이벤트** : Part 7. 기초 프로그래밍 〉 Sec 7. OOP 문법 〉 05. 이벤트

※ 예제를 따라하기 전에 '미리 알아두기' 내용을 반드시 읽어보기 바랍니다.

Tween 이벤트

이벤트	설명
"motionChange" fl.transitions.TweenEvent.MOTION_CHANGE	트윈이 완료되고 화면이 업데이트되었음을 나타냅니다.
"motionFinish" fl.transitions.TweenEvent.MOTION_FINISH	트윈이 종료되었음을 나타냅니다.
"motionLoop" fl.transitions.TweenEvent.MOTION_LOOP	반복 모드의 시작 부분에서 다시 트윈을 시작했음을 나타냅니다.
"motionResume" fl.transitions.TweenEvent.MOTION_RESUME	일시 정지된 후에 다시 트윈을 시작했음을 나타냅니다.
"motionStart" fl.transitions.TweenEvent.MOTION_START	트윈 모션이 재생되기 시작했음을 나타냅니다.
"motionStop" fl.transitions.TweenEvent.MOTION_STOP	트윈이 중단되었음을 나타냅니다.

예제 01　｜　**가로 크기가 먼저 늘어난 후 세로 크기가 늘어나는 애니메이션**

완성파일미리보기 : 부록CD1/Sample/Part06/Sec04/Exam02/완성/exam01.swf
예제파일 : 부록CD1/Sample/Part06/Sec04/Exam02/예제/exam01.fla

01 예제파일을 열고 가운데 있는 박스의 가로 길이를 80px에서 300px로 애니메이션 하는 코드를 입력합니다.(초기 크기는 가로 세로 80px로 줄입니다.)

```
1   import fl.transitions.Tween;
2   import fl.transitions.easing.*;
3
4   box_mc.width = 80;
5   box_mc.height = 80;
6
7   var tween:Tween = new Tween(box_mc, "width", Strong.easeOut, box_mc.width,
    300, 0.5, true);
```

02 애니메이션이 끝난 후 세로 길이가 늘어나도록 트윈 애니메애션을 만듭니다.

```
1    import fl.transitions.Tween;
2    import fl.transitions.easing.*;
3    import fl.transitions.TweenEvent;
4
5    box_mc.width = 80;
6    box_mc.height = 80;
7
8    var tween:Tween = new Tween(box_mc, "width", Strong.easeOut, box_mc.width,
     300, 0.5, true);
9    tween.addEventListener(TweenEvent.MOTION_FINISH, nextTween);
10
11   function nextTween(event:TweenEvent):void
12   {
13       tween = new Tween(box_mc, "height", Bounce.easeOut, box_mc.height, 210,
         1, true);
14   }
```

line 1~3   Tween 클래스와 TweenEvent 클래스를 사용하기 위해서 클래스 경로를 선언합니다.

line 5~6   box_mc 무비클립의 가로, 세로 길이를 80px로 변경합니다.

line 8	box_mc 무비클립의 가로 길이를 현재 box의 가로 길이(box_mc.width)에서 300px까지 0.5초간 애니메이션 합니다.
line 9	애니메이션이 끝난 후(TweenEvent.MOTION_FINISH) nextTween함수를 호출하도록 트윈 객체에 이벤트를 등록합니다.
line 11~14	애니메이션이 끝난 후(TweenEvent.MOTION_FINISH) 호출되는 이벤트 함수입니다. 트윈 이벤트 발생 시 호출되므로 매개변수의 데이터형이 TweenEvent입니다.
line 13	box_mc 무비클립의 세로 길이를 현재 box의 세로 길이(box_mc.heigth)에서 210px까지 1초간 애니메이션 합니다.

03 테스트 무비(단축키: Ctrl + Enter)를 실행하여 결과를 확인합니다.

완성파일미리보기 : 부록CD1/Sample/Part06/Sec04/Exam02/완성/exam02.swf
예제파일 : 부록CD1/Sample/Part06/Sec04/Exam02/예제/exam02.fla

01 예제파일을 열면 눈사람 하나가 보입니다. 이 눈사람이 왼쪽에서 오른쪽으로, 다시 왼쪽으로 반복 움직임을 가지도록 코드를 작성해 봅시다. 먼저 눈사람이 왼쪽 끝에서 오른쪽 끝으로 이동하는 트윈 애니메이션을 만듭니다.

```
1    import fl.transitions.Tween;
2    import fl.transitions.easing.*;
3
4    var tween:Tween = new Tween(snowman_mc, "x", Strong.easeInOut, 100, 400,
     2, true);
```

line 1~2   Tween 클래스와 TweenEvent 클래스를 사용하기 위해 클래스 경로를 선언합니다.

line 4   눈사람의 x 좌표를 100에서 400까지 2초간 애니메이션합니다.

02 트윈이 끝나는 시점을 알려주는 TweenEvent.MOTION_FINISH 이벤트를 등록합니다.

```
1    import fl.transitions.Tween;
2    import fl.transitions.easing.*;
3    import fl.transitions.TweenEvent;
4
5    var tween:Tween = new Tween(snowman_mc, "x" .Strong.easeInOut, 100,
     400, 2, true);
6    tween.addEventListener(TweenEvent.MOTION_FINISH, nextTween);
7
8    function nextTween(event:TweenEvent):void
9    {
10
11   }
```

line 3   TweenEvent 이벤트를 사용하기 위해 클래스 경로를 선언합니다.

line 6   애니메이션이 끝나면 nextTween 함수를 호출하도록 Tween 객체에 이벤트를 등록합니다.

line 8   애니메이션이 끝난 후 호출되는 이벤트 함수입니다.

03 이벤트 함수에 반대 방향으로 이동하는 트윈 메서드를 호출합니다. 이 때 방향도 바꾸어 눈사람이 항상 이동 방향을 바라보게 합니다.

```
8    function nextTween(event:TweenEvent):void
9    {
10       tween.yoyo();
11       snowman_mc.scaleX *= -1;
12   }
```

line 10	애니메이션이 목적지에 이르면, 출발 점으로 다시 이동하는 애니메이션을 만듭니다. 만약 출발점에 도착하면 또 다시 목적지로 이동하는 애니메이션이 반복됩니다.
line 11	가로 길이를 반전하여 눈사람이 항상 앞을 보고 움직이도록 합니다.

04 테스트 무비(단축키: Ctrl + Enter)를 실행하여 결과를 확인합니다.

03. 일정시간이 지난 후 움직이기/반복 움직이기(Timer)

Timer 클래스를 이용하여 원하는 시간 뒤에 함수를 호출하도록 미리 명령해봅시다. 함수를 일정한 시간 간격으로 원하는 횟수만큼 호출해봅시다.

미리 알아두기   **함수** : Part 7. 기초 프로그래밍 〉 Sec 5. 함수 | **DisplayObject** : Part 7. 기초 프로그래밍 〉 Sec 6. DisplayObject | **클래스** : Part 7. 기초 프로그래밍 〉 Sec 7. OOP 문법 〉 02. 클래스 | **이벤트** : Part 7. 기초 프로그래밍 〉 Sec 7. OOP 문법 〉 05. 이벤트

※ 예제를 따라하기 전에 '미리 알아두기' 내용을 반드시 읽어보기 바랍니다.

Timer 클래스

Timer 클래스는 지정된 지연시간을 이용하여 함수를 원하는 횟수만큼 호출할 수 있도록 도와줍니다. 이를 이용하면 일정 시간 뒤에 실행되어야 할 명령을 미리 할 수 있습니다.

반복 횟수를 지정하지 않으면(또는, 0으로 지정하면) 끝없이 타이머가 실행됩니다. 타이머의 실행은 TimerEvent.TIMER, TimerEvent.TIMER_COMPLETE 이벤트를 이용하여 이벤트 함수를 호출하는 방식으로 이루어집니다.

다음 코드는 1초에 한 번씩 타이머에서 발생한 이벤트 횟수(currentCount)를 [Output] 패널에 출력하는 코드입니다

```
import flash.utils.Timer;
import flash.events.TimerEvent;

var timer:Timer = new Timer(1000);
timer.addEventListener(TimerEvent.TIMER, timerHandler);

function timerHandler(event:TimerEvent):void
{
    trace(timer.currentCount);
}
```

Timer Class 메서드

메서드	설명
Timer(delay:Number, repeatCount:int = 0)	지정된 지연 및 반복 횟수 상태를 사용하여 새 Timer 객체를 만듭니다.
reset( ):void	타이머가 실행 중이면 타이머를 중지하고 currentCount 속성을 0으로 설정합니다.
start( ):void	타이머가 실행되고 있지 않으면, 타이머를 시작합니다.
stop( ):void	타이머를 중지합니다.

Timer Class 속성

속성	설명
currentCount : int	[읽기전용] 지금까지 발생한 카운트의 총 횟수입니다.
delay : Number	타이머 이벤트 발생의 시간 간격입니다. (밀리초)
repeatCount : int	타이머가 실행되도록 설정된 총 횟수입니다.
running : Boolean	[읽기전용] 현재 타이머의 상태입니다. 작동 중이면 true를 반환하고 멈추어 있으면 false를 반환합니다.

Timer Class 이벤트

이벤트	설명
"timer" flash.events.TimerEvent.TIMER	delay 속성에 따라 지정된 시간이 될 때마다 발생하는 이벤트입니다. 이 이벤트가 발생하면서 currentCount 속성이 1증가합니다.
"timerComplete" flash.events.TimerEvent.TIMER_COMPLETE	repeatCount에 지정된 횟수만큼 타이머가 작동한 후 끝나는 시점에 발생하는 이벤트입니다.

예제 01 | 지정된 시간 후에 움직이는 무비클립 만들기

완성파일미리보기 : 부록CD1/Sample/Part06/Sec04/Exam03/완성/exam01.swf
예제파일 : 부록CD1/Sample/Part06/Sec04/Exam03/예제/exam01.fla

01 Timer 클래스를 이용하여 화면 밖에 있는 photo_mc 무비클립을 1초 후에 화면 중앙으로 이동시켜봅시다.

```
1    import flash.utils.Timer;
2    import flash.events.TimerEvent;
3    import fl.transitions.Tween;
4    import fl.transitions.easing.*;
5
6    var timer:Timer = new Timer(1000, 1);
7    timer.addEventListener(TimerEvent.TIMER_COMPLETE, moveHandler);
8    timer.start();
9
10   function moveHandler(event:TimerEvent):void
11   {
12       var tgX:uint = stage.stageWidth * 0.5;
13       var tween:Tween = new Tween(photo_mc, "x", Elastic.easeOut,
         photo_mc.x, tgX, 2, true);
14   }
```

line 1~2 Timer 클래스와 TimerEvent 클래스를 사용하기 위해서 클래스 경로를 선언합니다.

line 3~4 Tween 클래스와 easing 패키지의 클래스를 사용하기 위해서 클래스 경로를 선언합니다.

line 6 1,000밀리 초(1초)가 지난 후 한 번 "timer" 이벤트를 발생시키는 Timer 객체를 생성합니다.

line 7 Timer 객체에서 "timerComplete"(TimerEvent.TIMER_COMPLETE) 이벤트가 발생하면 moveHandler 함수를 호출하도록 이벤트를 등록합니다. "timerComplete" 이벤트는 Timer 객체의 설정된 카운트가 완료되면 발생하는 이벤트입니다. 앞서 카운트를 1로 설정했으므로 첫 번째 "timer" 이벤트 발생 즉시 "timerComplete" 이벤트가 발생할 것입니다.

line 8 타이머를 실행합니다.

line 10~14 "timerComplete" 이벤트가 발생하면 호출되는 이벤트 핸들러 함수입니다.

line 10	이벤트가 발생하면 TimerEvent 객체가 매개변수에 전달되므로 event 변수의 데이터형을 TimerEvent로 선언했습니다.
line 12	화면의 중앙 x 좌표를 계산합니다. stage.stageWidth는 현재 보이는 화면의 가로 길이입니다.
line 13	photo_mc의 x 좌표를 화면의 중앙까지 2초간 애니메이션 되도록 합니다. moveHandler함수가 Timer 객체의 작동에 따라 1초 후에 호출되므로, 플래시 동작 후 1초 후에 움직임이 일어나는 것을 확인할 수 있습니다.

02 테스트 무비(단축키 : Ctrl + Enter)를 실행하여 결과를 확인합니다.

예제 02	**지정 시간마다 지정된 거리만큼 반복해서 움직이는 무비클립 만들기**

완성파일미리보기 : 부록CD1/Sample/Part06/Sec04/Exam03/완성/exam02.swf
예제파일 : 부록CD1/Sample/Part06/Sec04/Exam03/예제/exam02.fla

01 예제파일을 열고, 액자가 1초마다 다음 액자자리로 이동하는 (110px 이동) 코드를 작성합니다.

```
1    import flash.utils.Timer;
2    import flash.events.TimerEvent;
3    import fl.transitions.Tween;
4    import fl.transitions.easing.*;
5
6    var timer:Timer = new Timer(1000, 3);
7    timer.addEventListener(TimerEvent.TIMER, moveHandler);
8    timer.start();
9
10   function moveHandler(event:TimerEvent):void
11   {
12      var tgX:uint = photo_mc.x + 110;
13      var tween:Tween = new Tween(photo_mc, "x", Strong.easeInOut,
         photo_mc.x, tgX, 0.5, true);
14   }
```

line 1~4   Timer 클래스와 Tween 클래스를 사용하기 위해 클래스 경로를 선언합니다.

line 6   1,000밀리 초(1초) 간격으로 3번 "timer" 이벤트를 발생시키는 Timer 객체를 생성합니다.

line 7   Timer 객체에서 "timer"(TimerEvent.TIMER) 이벤트가 발생하면 moveHandler 함수를 호출하도록 이벤트를 등록합니다. "timer" 이벤트는 Timer 객체의 설정된 시간간격으로 카운트를 세면서 발생하는 이벤트입니다.

line 8   타이머를 실행합니다.

line 10~14   "timer" 이벤트가 발생하면 호출되는 이벤트 핸들러 함수입니다.

line 12   이동할 x 좌표를 계산합니다. 현재 photo_mc 무비클립의 자리에서 110px 떨어진 자리의 좌표를 계산합니다.

line 13   photo_mc의 x 좌표를 앞에서 계산한 좌표까지 0.5초간 애니메이션 되도록 합니다.
          총 3번의 "timer" 이벤트가 발생하므로 Tween 애니메이션도 3번 진행됩니다.

02 테스트 무비(단축키: Ctrl + Enter)
를 실행하여 결과를 확인합니다.

완성파일미리보기 : 부록CD1/Sample/Part06/Sec04/Exam03/완성/exam03.swf
예제파일 : 부록CD1/Sample/Part06/Sec04/Exam03/예제/exam03.fla
동영상 강의 : 부록CD2/동영상 강의②/④ 랜덤하게 나타나는 무비클립.avi

01 예제파일을 열고, 테스트 무비(단축키: Ctrl +Enter)를 실행하여 화면에 4열로 정렬되는 이미지를 확인합니다. 라이브러리에 있는 Photo 클래스의 객체를 생성하여 배치하는 코드를 MainTimeline에 미리 작성해 놓았습니다. (작성된 코드에 대해 이해가 안되면 'Section 02. DisplayObject 기초 > 03. 여러 줄로 정렬하기'와 'Section 03. DisplayObject 활용 > 01. 라이브러리 무비클립을 화면으로 가져오기'를 참고하세요.)

02 라이브러리의 Photo 클래스에 임의의 시간 후 화면에 보여지도록 코드를 추가해봅시다. 라이브러리의 Photo 클래스를 더블 클릭하여 편집 모드로 이동합니다.

03 액션스크립트 레이어를 만들고 임의의 시간 후에 나타나도록 코드를 작성합니다.

```
1    import flash.utils.Timer;
2    import flash.events.TimerEvent;
3    import fl.transitions.Tween;
4    import fl.transitions.easing.*;
5
6    var tweenX:Tween;
7    var tweenY:Tween;
8
9    this.scaleX = 0;
10   this.scaleY = 0;
11
12   var timer:Timer = new Timer(Math.random() * 1000, 1);
13   timer.addEventListener(TimerEvent.TIMER_COMPLETE, completeHandler);
14   timer.start();
15
```

```
16    function completeHandler(event:TimerEvent):void
17    {
18        tweenX = new Tween(this, "scaleX", Back.easeOut, 0, 1, 20, false);
19        tweenY = new Tween(this, "scaleY", Back.easeOut, 0, 1, 20, false);
20    }
```

line 1~4   Timer 클래스와 Tween 클래스를 사용하기 위해 클래스 경로를 선언합니다.

line 6~7   Tween 객체를 참조시킬 변수를 미리 준비합니다. (함수 안에서 Tween 객체 참조 변수를 선언하면 가끔 움직임
            이 멈추는 오류가 있습니다.)

line 9~10   크기를 0%로 만들어 화면에서 보이지 않도록 합니다.

line 12   Math.random() 함수를 이용하여 0~1000 사이의 임의의 값을 구해냅니다. 이를 지연시간으로 정의하여
            "timer" 이벤트를 한 번 발생시키는 Timer 객체를 생성합니다.

line 13   Timer 객체의 동작이 끝나면 completeHandler 함수를 호출하도록 이벤트를 등록합니다.

line 14   타이머를 실행합니다.

line 16~20 "timerComplete" 이벤트가 발생하면 호출되는 이벤트 핸들러 함수입니다.

line 18~19 가로 세로 크기를 0(0%)에서 1(100%)까지 20프레임 동안 (마지막 매개변수가 false 이므로 시간 단위는 frame
            입니다) Back.easeOut의 움직임(목적지를 지나쳤다가 돌아오는 움직임)으로 애니메이션 시킵니다.

            랜덤 함수에 의해 결정되는 시간이 지난 후에 호출되는 함수이므로, 플래시가 실행 될 때마다 다른 시간차로
            Photo 객체가 나타나게 됩니다.

04 테스트 무비(단축키 : Ctrl + Enter)를 실행
하여 결과를 확인합니다.

마우스 활용

학습 목표

플래시에서 대부분의 인터렉션은 마우스를 이용하여 이루어집니다. 이번 장에서는 마우스 이벤트에 대해서 자세히 알아보고, 이를 활용한 다양한 인터렉션 예제를 다뤄봅니다.

01. 버튼에 링크 걸기(손가락 커서 모양 만들기)

• 브라우저에서 버튼 또는 무비클립을 클릭했을 때, 페이지를 이동하는 방법에 대해서 알아봅니다.

• 마우스가 버튼 위에 위치할 때 커서의 모양이 손 모양으로 변경되어 누를 수 있음을 사용자에게 알려주게 됩니다. 하지만 무비클립은 커서의 모양이 변경되지 않습니다. 이를 변경할 수 있는 방법을 알아봅니다.

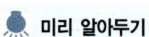 **미리 알아두기**   **연산자** : Part 7. 기초 프로그래밍 〉 Sec 2. 연산자 | **반복문** : Part 7. 기초 프로그래밍 〉 Sec 4. 반복문 | **함수** : Part 7. 기초 프로그래밍 〉 Sec 5. 함수 | **DisplayObject** : Part 7. 기초 프로그래밍 〉 Sec 6. DisplayObject | **이벤트** : Part 7. 기초 프로그래밍 〉 Sec 7. OOP 문법 〉 05. 이벤트 | **클래스** : Part 7. 기초 프로그래밍 〉 Sec 7. OOP 문법 〉 02. 클래스

※ 예제를 따라하기 전에 '미리 알아두기' 내용을 반드시 읽어보기 바랍니다.

MouseEvent 상수

마우스 이벤트는 InteractiveObject에서 발생하는 이벤트 입니다. 지원하는 이벤트 종류는 다음과 같습니다.

상수	설명
MouseEvent.CLICK	객체를 마우스로 클릭할 때 발생하는 이벤트
MouseEvent.DOUBLE_CLICK	객체를 마우스로 더블 클릭할 때 발생하는 이벤트
MouseEvent.MOUSE_OVER	객체 위로 마우스 포인터가 올라왔을 때 발생하는 이벤트
MouseEvent.MOUSE_OUT	객체에서 마우스 포인터가 벗어났을 때 발생하는 이벤트
MouseEvent.ROLL_OVER	객체 위로 마우스 포인터가 올라왔을 때 발생하는 이벤트
MouseEvent.ROLL_OUT	객체에서 마우스 포인터가 벗어났을 때 발생하는 이벤트
MouseEvent.MOUSE_DOWN	객체에서 마우스 버튼이 눌러졌을 때 발생하는 이벤트
MouseEvent.MOUSE_UP	객체에서 마우스 버튼이 떨어졌을 때 발생하는 이벤트
MouseEvent.MOUSE_MOVE	마우스가 움직일 때 발생하는 이벤트
MouseEvent.MOUSE_WHEEL	마우스 휠을 돌릴 때 발생하는 이벤트

더블 클릭 이벤트는 doubleClickEnabled 속성을 true로 변경 후 사용 가능합니다. 더블 클릭에 관한 자세한 내용은 'Part 6. 액션스크립트 3.0 즐기기 〉 Section 5. 마우스 활용 〉 02. 더블 클릭 이벤트'를 참고하세요.

URLRequest Class

URLRequest 클래스는 서버로부터 데이터를 요청하거나 서버로 데이터(data)를 보내고자 할 때, 데이터의 정보를 저장하는 클래스입니다.

웹 페이지를 전환할 때도 이 클래스를 이용하여 원하는 페이지 주소 정보(url)를 전달하여야 합니다. url 정보를 URLRequest 객체에 저장하는 방법은 객체 생성 시 전달하는 방법과 생성 후 전달하는 방법이 있습니다.

url 정보를 매개변수로 전달하며 객체 생성하기

```
import flash.net.URLRequest;
var request:URLRequest = new URLRequest("이동할 주소");
```

객체 생성 후 url 정보 저장 또는 변경하기

```
import flash.net.URLRequest;
var request:URLRequest = new URLRequest();
request.url = "이동할 주소";
```

navigateToURL Class

navigateToURL 클래스는 함수형 클래스로써 URLRequest 객체에 저장된 정보를 브라우저에 전달하여 페이지를 이동하는데 사용되는 클래스입니다.

기본 코드

```
import flash.net.navigateToURL;
navigateToURL(URLRequest 객체, window);
```

window의 기본값은 "_blank"(새 창)입니다. 따라서 매개변수 값을 전달하지 않으면 새로운 브라우저에서 페이지가 열리게 됩니다. 현재 창 또는 부모 창 등에서 페이지를 열려면, 다음 표를 보고 window를 선택하여 입력합니다.

window	설명
"_blank"	새 창(입력하지 않은 것과 동일)
"_self"	현재 창
"_parent"	부모 창
"_top"	최 상위 창

Array Class

Array(배열) 클래스는 인덱스 번호를 이용하여 데이터를 저장할 수 있는 클래스입니다. 이를 이용하면 일련 번호가 있는 데이터를 저장할 때 다수의 변수를 생성할 필요가 없습니다. 하나의 객체에서 데이터를 관리할 수 있으므로 많은 데이터를 사용할 경우 편리하게 프로그래밍할 수 있습니다.

사용 예제

```
//다수의 변수로 데이터 관리          //하나의 배열로 데이터 관리
var data0 = 데이터0;                 var arr:Array = new Array();
var data1 = 데이터0;                 arr[ 0]  = 데이터0;
.                                    arr[ 1]  = 데이터1;
.                                    .
.                                    .
var datan = 데이터n;                 .
                                     arr[ n]  = 데이터n;

trace(data0, data1, ... , datan);    trace(arr[ 0], arr[ 1], … , arr[ n] );
```

Vector Class

Vector 클래스는 한 가지 데이터 유형을 지정(기본 유형이라고 합니다)하여 사용하는 배열 클래스입니다. 배열은 인덱스 번호마다 다른 데이터 유형의 객체를 참조할 수 있지만 Vector 클래스는 한 가지 데이터 유형만을 사용하기 때문에 훨씬 더 가볍고 빠른 클래스입니다. (단, 플레이어 버전 10 이상에서만 사용할 수 있습니다. 플레이어 9 이하에서 실행하도록 하려면 Array(배열) 클래스를 이용하세요.)

```
var vector:Vector.<데이터 유형> = new Vector.<데이터 유형>();
vector[ 0]  = 데이터;
vector[ 1]  = 데이터;
.
.
.
vector[ n]  = 데이터;
```

완성파일미리보기 : 부록CD1/Sample/Part06/Sec05/Exam01/완성/exam01.swf
예제파일 : 부록CD1/Sample/Part06/Sec05/Exam01/예제/exam01.fla

01 예제파일을 열고 가운데 위치한 버튼을 클릭하면 네이버 홈페이지로 이동하도록 코드를 입력합니다.

```
1    import flash.net.URLRequest;
2    import flash.net.navigateToURL;
3
4    var url:String = "http://www.naver.com";
5    var request:URLRequest = new URLRequest(url);
6
7    btn.addEventListener(MouseEvent.CLICK, clickHandler);
8
9    function clickHandler(event:MouseEvent):void
10   {
11       navigateToURL(request);
12   }
```

line 1　　　URLRequest 클래스를 사용하기 위해서 클래스 경로를 선언합니다.

line 2　　　navigateToURL 클래스를 사용할 수 있도록 클래스 경로를 선언합니다.

line 4　　　url 문자형 변수에 네이버의 주소를 대입합니다.

line 5　　　url에 입력된 주소를 이용하여 URLRequest 객체를 생성합니다.

line 7　　　btn(SimpleButton)에 마우스 클릭 이벤트를 등록합니다.

line 9~12　btn을 클릭하면 호출되는 이벤트 핸들러 함수입니다.

line 11　　　requset 변수가 참조하고 있는 앞서 만든 URLRequest 객체를 이용하여 페이지를 이동합니다. 두 번째 매개변수에 전달된 값이 없으므로, 새 창("_blank")이 열리게 됩니다.

02 테스트 무비(단축키: Ctrl + Enter)를 실행
하여 버튼을 클릭해봅시다.

클릭

예제 02　　**여러 개의 버튼 한 번에 링크 걸기**

완성파일미리보기 : 부록CD1/Sample/Part06/Sec05/Exam01/완성/exam02.swf
예제파일 : 부록CD1/Sample/Part06/Sec05/Exam01/예제/exam02.fla

01 예제파일을 열고 각 버튼의 이름(Instance
Name)을 확인합니다.
for 반복문을 이용하여 마우스 이벤트를 등록하
기 위해 무비클립의 이름을 btn0~btn3까지 규
칙적으로 정했습니다.

02 먼저 Vector 객체에 각각의 무비클립을 클릭하면 이동할 주소를 대입합니다.

```
1  var link:Vector.<String> = new Vector.<String>();
2  link[ 0] = "http://www.naver.com";
3  link[ 1] = "http://www.google.com";
4  link[ 2] = "http://www.daum.net";
5  link[ 3] = "http://www.nate.com";
```

line 1　　　문자열을 저장할 수 있는 Vecter 배열 객체를 생성합니다.

line 2~5　　Vecter 객체에 각각의 무비클립 번호에 맞추어 주소를 대입합니다.

03 for 반복문을 이용하여 모든 무비클립에 클릭 이벤트를 등록합니다.

```
7    for(var i:uint = 0; i < link.length; i++)
8    {
9       var mc:MovieClip = this[ "btn" + i];
10      mc.num = i;
11      mc.addEventListener(MouseEvent.CLICK, clickHandler);
12      mc.buttonMode = true;
13   }
14
15   function clickHandler(event:MouseEvent):void
16   {
17      var tg:MovieClip = event.currentTarget as MovieClip;
18   }
```

line 7~13 　배열에 저장된 수 만큼 반복문을 돌려 각각의 무비클립에 클릭 이벤트를 등록합니다.

line 7 　무비클립의 이름이 btn0~btn3 이므로 0~3까지 반복문을 돌립니다. 이 때 3은 배열이 가진 데이터의 length 속성과 같으므로 이를 이용했습니다. 추후 버튼이 추가 될 경우 배열의 값이 늘어나면 자동으로 반복문의 반복 횟수도 늘어나게 될 것입니다.

line 9 　[] 연산자를 이용하여 mc 변수에 무비클립을 대입합니다. i 변수의 값이 증가함에 따라 mc 변수는 btn0~btn3 의 무비클립을 참조하게 됩니다.

line 10 　각각의 무비클립에 변수 num을 만들어 i 값을 대입합니다. 이로써 무비클립은 num 변수와 값을 가지게 됩니다.

```
btn0.num = 0;
btn1.num = 1;
btn2.num = 2;
btn3.num = 3;
```

버튼 클릭 시 해당 되는 번호의 Vector 객체 값을 사용해야 하기에 각각의 무비클립에 자신의 번호를 저장하게 한 것입니다. 무비클립은 기본적으로 동적(Dynamic) 클래스이므로 임의의 변수를 생성할 수 있습니다. 하지만 버튼(SimpleButtton)을 이용한다면 이와 같은 코드를 사용할 수 없습니다. 버튼은 동적 클래스가 아니기 때문입니다. 이 경우 Dictionary 클래스를 사용하거나 버튼의 이름을 이용하여 원하는 번호를 구해야 합니다.

line 11 　무비클립에 클릭(MouseEvent.CLICK) 이벤트를 등록합니다.

line 12 　무비클립에 마우스 포인터를 올리면 커서가 손 모양으로 변경되도록 설정합니다.

line 15~18 　무비클립을 클릭하면 호출되는 이벤트 핸들러 함수입니다.

line 17 　클릭 이벤트가 발생한 객체(event.currentTarget)를 찾아냅니다.

04 마지막으로 클릭된 무비클립의 번호에 따라 Vector 객체에 저장해 놓은 데이터를 이용해 페이지를 이동하는 코드를 추가합니다.

```actionscript
1   import flash.net.URLRequest;
2   import flash.net.navigateToURL;
3
4   var request:URLRequest = new URLRequest();
5   var link:Vector.<String> = new Vector.<String>();
6   link[0] = "http://www.naver.com";
7   link[1] = "http://www.google.com";
8   link[2] = "http://www.daum.net";
9   link[3] = "http://www.nate.com";
10
11  for(var i:uint = 0; i < link.length; i++)
12  {
13      var mc:MovieClip = this["btn" + i];
14      mc.num = i;
15      mc.addEventListener(MouseEvent.CLICK, clickHandler);
16      mc.buttonMode = true;
17  }
18
19  function clickHandler(event:MouseEvent):void
20  {
21      var tg:MovieClip = event.currentTarget as MovieClip;
22      request.url = link[tg.num];
23      navigateToURL(request, "_self");
24  }
```

line 1~2 　페이지 이동을 위한 URLRequest / navigateToURL 클래스를 사용하기 위해 클래스 경로를 선언합니다.

line 4 　navigateToURL 클래스에 사용할 URLRequest 객체를 미리 생성해 놓습니다. 주소를 미리 대입하지 않은 것은 무비클립을 클릭할 때마다 주소를 변경하여 페이지를 이동하기 위함입니다. 하나의 URLRequest 객체를 재활용하여 모든 무비클립의 클릭에 사용하게 됩니다.

line 22 　URLRequest 객체의 url 속성에 무비클립에 만들어 준 변수 num(무비클립 번호)을 이용하여 Vector 객체에서 데이터를 가져옵니다. 이처럼 URLRequest 객체는 하나만 만들고 사용할 때마다 url 속성만 변경하여 재활용할 수 있습니다.

line 23 　URLRequest 객체에 저장된 데이터로 페이지를 현재 창("_self")에서 이동합니다.

05 Publish(단축키:F12)를 실행하여 브라우저에서 각 무비클립을 클릭해 결과를 확인합니다.

02. 더블 클릭 이벤트

다른 마우스 이벤트와는 달리 더블 클릭 이벤트는 인터렉티브 오브젝트의 doubleClickEnabled 속성을 true로 변경해야 사용할 수 있습니다. 마우스 더블 클릭 이벤트를 사용해봅시다.

🕷 **미리 알아두기** **함수** : Part 7. 기초 프로그래밍 〉 Sec 5. 함수 | **이벤트** : Part 7. 기초 프로그래밍 〉 Sec 7. OOP 문법 〉 05. 이벤트

※ 예제를 따라하기 전에 '미리 알아두기' 내용을 반드시 읽어보기 바랍니다.

예제 01	더블 클릭하면 타임라인 진행하기

완성파일미리보기 : 부록CD1/Sample/Part06/Sec05/Exam02/완성/exam01.swf
예제파일 : 부록CD1/Sample/Part06/Sec05/Exam02/예제/exam01.fla

01 예제파일을 열고, 액션 레이어를 만들어 btn_mc 무비클립을 더블 클릭하면, 타임라인을 진행(play)하도록 코드를 입력합니다.

```
1  btn_mc.buttonMode = true;
2  btn_mc.doubleClickEnabled = true;
3  btn_mc.addEventListener(MouseEvent.DOUBLE_CLICK, doubleClickHandler);
```

```
4
5    function doubleClickHandler(event:MouseEvent):void
6    {
7        var tg:MovieClip = event.currentTarget as MovieClip;
8        tg.play();
9    }
```

line 1   무비클립에 마우스를 올리면 마우스 커서가 손 모양으로 변경되도록 설정합니다.

line 2   마우스 더블 클릭 이벤트 발생이 가능하도록 속성을 변경합니다. 기본값이 false 이므로 반드시 doubleClickEnabled
          속성을 true로 변경해야 더블 클릭 이벤트가 발생합니다.

line 3   btn_mc 무비클립에 더블 클릭(MouseEvent.DOUBLE_CLICK) 이벤트를 등록합니다. 더블 클릭 이벤트가 발생
          하면 doubleClickHandler 함수가 호출됩니다.

line 7   더블 클릭 이벤트가 발생한 객체(event.currentTarget)를 찾습니다.

line 8   tg에 참조된 무비클립의 타임라인을 진행합니다. 타임라인이 진행되면 박스가 열리거나 닫히게 됩니다.

02 테스트 무비(단축키: Ctrl + Enter)를 실행하여 무비클립을 더블 클릭해봅시다.

03. 마우스 커서 변경하기

일반 마우스 커서 대신 무비클립을 커서로 활용하는 방법에 대해 알아봅시다.

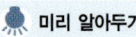 **미리 알아두기**   **함수** : Part 7. 기초 프로그래밍 〉 Sec 5. 함수 | **이벤트** : Part 7. 기초 프로그래밍 〉 Sec 7. OOP 문법 〉 05. 이벤트

※ 예제를 따라하기 전에 '미리 알아두기' 내용을 반드시 읽어보기 바랍니다.

마우스 커서 감추기 / 보이기

Mouse클래스의 메서드에는 마우스 커서를 감추거나 보이는 메서드가 있습니다. 두 메서드는 static 함수이므로 Mouse.hide() / Mouse.show()와 같이 사용하면 됩니다.

메서드	설명
hide( ) [static]	마우스 커서를 안보이게 합니다.
show( ) [static]	마우스 커서를 보이게 합니다.

예제 01 | **연필 무비클립으로 마우스 커서 변경하기**

완성파일미리보기 : 부록CD1/Sample/Part06/Sec05/Exam03/완성/exam01.swf
예제파일 : 부록CD1/Sample/Part06/Sec05/Exam03/예제/exam01.fla

01 예제파일을 열고, pen_mc 무비클립이 마우스를 따라 다니도록 코드를 작성합니다.

```
1   stage.addEventListener(MouseEvent.MOUSE_MOVE, moveHandler);
2
3   function moveHandler(event:MouseEvent):void
4   {
5       pen_mc.x = this.mouseX;
6       pen_mc.y = this.mouseY;
7   }
```

line 1   마우스를 움직이면 moveHandler 함수가 실행되도록 stage에 이벤트를 등록합니다. 특정 영역 없이 모든 곳에서 마우스 이벤트를 받기 위해 stage에 마우스 이벤트를 등록했습니다.

line 3~7   마우스가 움직일 때마다 호출되는 이벤트 핸들러 함수입니다. pen_mc 무비클립의 위치를 마우스의 위치로 옮겨 마우스 커서를 대신하게 합니다.

02 테스트 무비(단축키: Ctrl + Enter)를 실행하여, 마우스를 이리저리 움직여봅시다. 무비클립이 마우스와 붙어 있는 것처럼 보입니다.

03 이제 기본 마우스 커서를 감추는 코드와 pen_mc가 마우스 이벤트를 받지 못하도록 코드를 추가합니다.

```
1  Mouse.hide();
2  pen_mc.mouseEnabled = false;
3  stage.addEventListener(MouseEvent.MOUSE_MOVE, moveHandler);
4
5  function moveHandler(event:MouseEvent):void
6  {
7     pen_mc.x = this.mouseX;
8     pen_mc.y = this.mouseY;
9  }
```

line 1   마우스 커서를 안 보이도록 합니다.

line 2   pen_mc 무비클립에 마우스 이벤트가 발생하지 않도록 속성을 변경합니다. 이를 변경하지 않으면 pen_mc 무비클립 아래에 있는(Index가 낮은) 무비클립을 클릭할 수 없습니다.

04 테스트 무비(단축키: Ctrl + Enter)를 실행하여 결과를 확인합니다.

04. 마우스를 부드럽게 따라다니는 DisplayObject

앞에서 공부한 Tween 클래스를 이용하면 손쉽게 감속 운동을 만들 수 있으나, 끊임없이 따라다니는 무비클립을 만들 경우에는 Tween 클래스가 조금은 부담스러울 수 있습니다. 이를 위해 간단한 공식으로 부드럽게 따라다니는 무비클립을 만들어 보겠습니다.

🕷 미리 알아두기   **"enterFrame" 이벤트** : Part 6. 액션스크립트 3.0 즐기기 〉 Sec 1. 타임라인 스크립트 〉 03. 타임라인 뒤로 돌리기 | **연산자** : Part 7. 기초 프로그래밍 〉 Sec 2. 연산자 | **함수** : Part 7. 기초 프로그래밍 〉 Sec 5. 함수 | **이벤트** : Part 7. 기초 프로그래밍 〉 Sec 7. OOP 문법 〉 05. 이벤트

※ 예제를 따라하기 전에 '미리 알아두기' 내용을 반드시 읽어보기 바랍니다.

감속 운동 공식

흔히 슬라이딩 공식이라고 불리는 이 공식은 목적지까지의 거리의 일부를 지속적으로 이동함으로써 감속 운동을 만들어 내는 공식입니다. 아래 그림에서 보다시피 한 프레임에 이동하는 거리가 점점 짧아져서 감속 효과를 만들 수 있는 것입니다.

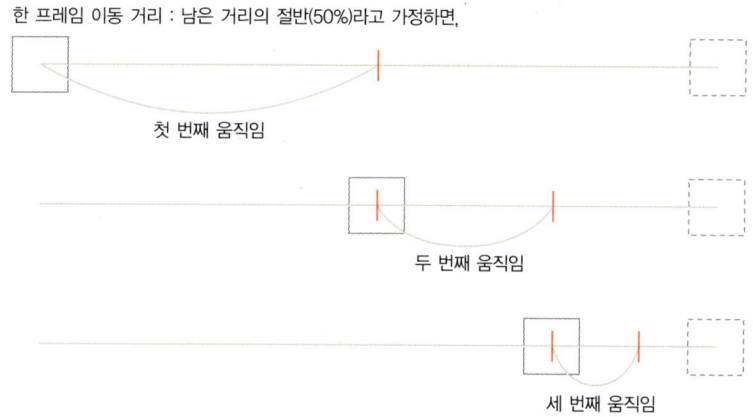

위 움직임을 식으로 표현하면 다음과 같습니다.

현재 위치 = 현재 위치 + (목적지 − 현재 위치) * 0.5

0.5가 아닌 더 작은 숫자를 곱해주면 천천히 움직이고, 1에 가까운 숫자를 곱해줄수록 빠르게 목적지에 도달할 것입니다. 위 그림과 같이 감속 공식은 지속적인 실행이 있어야 움직임으로 나타나게 됩니다. 그래서 ENTER_FRAME 이벤트와 같이 사용하게 됩니다. 공식을 정리해봅시다.

현재 값 += (목적 값 − 현재 값) * 1보다 작은 상수

완성파일미리보기 : 부록CD1/Sample/Part06/Sec05/Exam04/완성/exam01.swf
예제파일 : 부록CD1/Sample/Part06/Sec05/Exam04/예제/exam01.fla

01 예제파일을 열고, star_mc무비클립에 마우스를 부드럽게 따라오도록 감속 운동 공식을 적용합니다.

```
1    var speed:Number = 0.1;
2
3    star_mc.addEventListener(Event.ENTER_FRAME, enterHandler);
4
5    function enterHandler(event:Event):void
6    {
7       var tg:MovieClip = event.currentTarget as MovieClip;
8       tg.x += (this.mouseX - tg.x) * speed;
9       tg.y += (this.mouseY - tg.y) * speed;
10   }
```

line 1   마우스를 따라다니는 속도를 speed 변수에 대입합니다. 1에 가까울수록 속도는 빨라집니다.

line 2   star_mc 무비클립의 "enterFrame" (Event.ENTER_FRAME) 이벤트를 등록합니다.

line 5~10   "enterFrame" 이벤트가 발생한 무비클립의 x, y 좌표를 마우스의 위치로 감속 이동 합니다. 속도는 speed 변수를 사용합니다.

02 테스트 무비(단축키: Ctrl + Enter)를 실행하여, 마우스를 이리저리 움직여봅시다.

마우스 이동

05. 마우스 바라보기

간단한 삼각함수를 이용하여 마우스 방향으로 DisplayObject를 회전시키는 공식을 만들어봅시다.

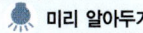 **미리 알아두기**　"enterFrame" **이벤트** : Part 6. 액션스크립트 3.0 즐기기 〉 Sec 1. 타임라인 스크립트 〉 03. 타임라인 뒤로 돌리기 | **함수** : Part 7. 기초 프로그래밍 〉 Sec 5. 함수 | **이벤트** : Part 7. 기초 프로그래밍 〉 Sec 7. OOP 문법 〉 05. 이벤트

※ 예제를 따라하기 전에 '미리 알아두기' 내용을 반드시 읽어보기 바랍니다.

특정 위치를 바라보는 회전 값 구하기

아래 그림과 같이 오른쪽을 바라보고 있는 객체가 특정 좌표를 향하도록 삼각함수를 이용하여 그 각도
를 구해냅니다.

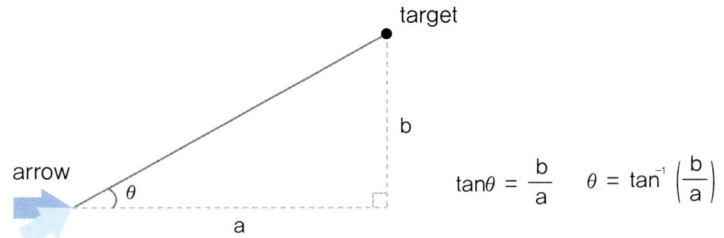

$$\tan\theta = \frac{b}{a} \qquad \theta = \tan^{-1}\left(\frac{b}{a}\right)$$

위 식을 Math 클래스의 atan2() 메서드를 이용하여 스크립트로 변경하면 다음 코드와 같이 됩니다.

```
회전각 = Math.atan2(b, a);
```

b, a의 거리는 각 좌표의 x, y 속성을 이용하여 구할 수 있습니다.

```
회전각(radian) = Math.atan2(target.y - arrow.y, target.x - arrow.x);
```

위 식으로 구한 회전각의 단위는 각도(Degree)가 아닌 라디안(Radian)입니다. 따라서 단위 변경 계산
이 필요합니다. 2π 라디안 = 360° 이므로 아래 식이 만들어집니다.

```
회전각(Degree) = Math.atan2(target.y - arrow.y, target.x - arrow.x) * 180 / Math.PI;
```

예제 01　　**마우스를 바라보는 눈동자**

완성파일미리보기 : 부록CD1/Sample/Part06/Sec05/Exam05/완성/exam01.swf
예제파일 : 부록CD1/Sample/Part06/Sec05/Exam05/예제/exam01.fla

01 예제파일을 열고, eye 무비클립을 더블 클릭하여 편집 모드로 이동합니다.

더블 클릭

02 액션 레이어를 만들고 항상 마우스를 바라보도록 코드를 입력합니다.

```
1   stage.addEventListener(MouseEvent.MOUSE_MOVE, rotateHandler);
2
3   function rotateHandler(event:MouseEvent):void
4   {
5      var disX:Number = stage.mouseX - this.x;
6      var disY:Number = stage.mouseY - this.y;
7      this.rotation = Math.atan2(disY, disX) * 180 / Math.PI;
8   }
```

line 1   stage에서 마우스를 움직이면 rotateHandler 함수를 호출하도록 이벤트를 등록합니다.

line 3~8   마우스 움직임이 발생하면 호출되는 이벤트 핸들러 함수입니다. 마우스 좌표와의 거리를 계산하여 마우스를 바라보는 회전 각을 구해냅니다.

처음 눈동자의 위치가 오른쪽을 바라보고 있지 않으면 정상적으로 마우스를 바라보지 않을 것입니다.

03 테스트 무비(단축키: Ctrl + Enter)를 실행하여 마우스를 움직여봅시다.

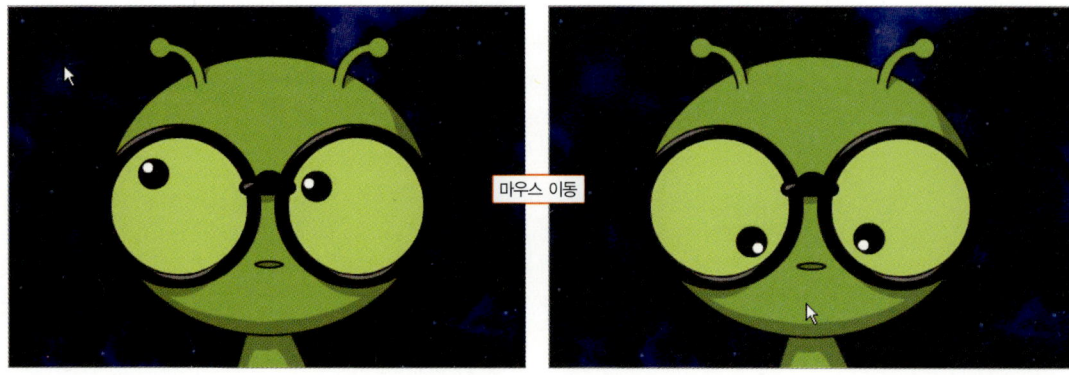

마우스 이동

06. 마우스 휠 감지하기

마우스 휠 움직임을 감지하는 방법을 알아봅시다.

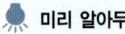 **미리 알아두기**   **연산자** : Part 7. 기초 프로그래밍 〉 Sec 2. 연산자 | **"enterFrame" 이벤트** : Part 6. 액션스크립트 3.0 즐기기 〉 Sec 1. 타임라인 스크립트 〉 03. 타임라인 뒤로 돌리기 | **함수** : Part 7. 기초 프로그래밍 〉 Sec 5. 함수 | **이벤트** : Part 7. 기초 프로그래밍 〉 Sec 7. OOP 문법 〉 05. 이벤트

※ 예제를 따라하기 전에 '미리 알아두기' 내용을 반드시 읽어보기 바랍니다.

예제 01   마우스 휠로 움직이기

완성파일미리보기 : 부록CD1/Sample/Part06/Sec05/Exam06/완성/exam01.swf
예제파일 : 부록CD1/Sample/Part06/Sec05/Exam06/예제/exam01.fla

01 예제파일을 열고, 마우스 휠 이벤트를 등록합니다.

```
1  stage.addEventListener(MouseEvent.MOUSE_WHEEL, wheelHandler);
2
3  function wheelHandler(event:MouseEvent):void
4  {
5      balloon_mc.y -= event.delta;
6  }
```

line 1   stage에서 마우스 휠을 돌리면 wheelHandler 함수를 호출하도록 이벤트를 등록합니다.

line 3~6   마우스 휠을 돌리면 호출되는 이벤트 핸들러 함수입니다. 매개변수로 전달되는 MouseEvent 객체에 휠이 어느 방향으로 돌아 갔는지에 대한 속성이 있는데 바로 delta 입니다. 위로 돌렸을 때와 아래로 돌렸을 때 부호가 다르게 나타납니다.

line 5   balloon_mc 무비클립의 세로 좌표를 휠의 움직임에 따라 위 또는 아래로 움직입니다. 만약 delta 값이 −(음수)값이 전달되었다면 balloon_mc 무비클립은 아래로 이동하게 될 것이고, delta 값이 +(양수)값이 전달 되었다면 balloon_mc 무비클립은 위로 이동할 것입니다.

delta에 전달되는 값(일반적으로 3 또는 −3)은 OS 설정에 따라서 다르게 나타날 수 있습니다.

02 테스트 무비(단축키: Ctrl + Enter)를 실행하여, 마우스 휠을 위 아래로 돌려봅시다.

마우스 휠 위로 돌리기

마우스 휠 아래로 돌리기

07. DisplayObject 마우스로 옮기기(드래그)

• 마우스를 이용하여 객체를 이동시키는 방법을 알아봅시다.
• 드래그를 이용하면 간단한 퍼즐 게임을 만들 수 있습니다.

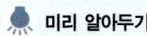 **미리 알아두기**　　**DisplayObject** : Part 7. 기초 프로그래밍 〉 Sec 6. DisplayObject | **함수** : Part 7. 기초 프로그래밍 〉 Sec 5. 함수 | **이벤트** : Part 7. 기초 프로그래밍 〉 Sec 7. OOP 문법 〉 05. 이벤트

※ 예제를 따라하기 전에 '미리 알아두기' 내용을 반드시 읽어보기 바랍니다.

startDrag( )/stopDrag( )

Sprite 클래스의 메서드인 startDrag()는 마우스로 객체를 드래그할 수 있도록 합니다. 무비클립 클래스도 Sprite 클래스를 상속받았으므로, startDrag() 메서드를 사용할 수 있습니다. 드래그 명령을 할 때, Rectangle 객체를 전달하여 드래그 영역을 지정할 수 있습니다.

```
var rect:Rectangle = new Rectangle(0, 0, 300, 200);
sprite.startDrag(false, rect);
```

위 코드는 x 좌표 0~300, y 좌표 0~200 안에서만 드래그되는 코드입니다.

startDrag() 메서드의 첫 번째 매개변수(위 코드에서 false)는 중심점을 고정할 것인지에 대한 선택 값입니다. 만약 true를 전달하면 객체의 중심점이 마우스 좌표로 바로 이동하여 드래그가 진행됩니다.

드래그를 멈추려면 stopDrag() 명령을 사용합니다.

```
sprite.stopDrag();
```

Point Class

Point 클래스는 x, y 좌표에 대한 데이터를 가지는 클래스입니다. Point 클래스를 이용하면 쉽게 두 좌표의 거리를 구하는 등 복잡한 계산식을 구현하지 않고도 유용하게 사용할 수 있는 메서드들이 많습니다. 메서드는 아래 표를 참고하세요.

메서드	설명
add(v:Point):Point	다른 점의 좌표를 현재 점의 좌표에 추가하여 새 점을 만듭니다.
clone( ):Point	현재 Point 객체의 복사본을 만듭니다.
distance(pt1:Point, pt2:Point):Number	[정적] pt1과 pt2 사이의 거리를 반환합니다.
equals(toCompare:Point):Boolean	두 점이 같은 점인지 확인합니다.
normalize(thickness:Number):void	(0,0)과 현재 포인트 사이의 선분을 설정된 길이로 조절합니다.
offset(dx:Number, dy:Number):void	Point 객체를 지정한 거리만큼 이동합니다.
polar(len:Number, angle:Number):Point	[정적] (0,0) 좌표에서 각도와 거리를 이용하여 해당 좌표를 반환합니다.
subtract(v:Point):Point	이 점의 좌표에서 다른 점의 좌표를 빼서 새 점을 만듭니다.
toString( ):String	x 및 y 좌표의 값이 포함된 문자열을 반환합니다.

완성파일미리보기 : 부록CD1/Sample/Part06/Sec05/Exam07/완성/exam01.swf
예제파일 : 부록CD1/Sample/Part06/Sec05/Exam07/예제/exam01.fla

01 예제파일을 열고, mc0 무비클립(+모양)을 마우스로 누르면 드래그가 시작되도록 코드를 입력합니다.

```
1  mc0.addEventListener(MouseEvent.MOUSE_DOWN, downHandler);
2  mc0.buttonMode = true;
3
4  function downHandler(event:MouseEvent):void
5  {
6     mc0.startDrag();
7  }
```

line 1   m0 무비클립을 마우스로 누르면 downHandler 함수를 호출하도록 이벤트를 등록합니다.

line 2	m0 무비클립 위에서 마우스 커서가 손 모양으로 변경되도록 합니다.
line 4~7	line 1에서 등록한 이벤트 핸들러 함수입니다.
line 6	mc0 무비클립을 드래그합니다. 전달된 매개변수가 없으므로 중심점 고정을 하지 않은 채 모든 영역에서 드래그가 됩니다.

02 마우스를 놓으면 드래그를 멈추도록 코드를 추가합니다.

```
1    mc0.addEventListener(MouseEvent.MOUSE_DOWN, downHandler);
2    mc0.buttonMode = true;
3
4    function downHandler(event:MouseEvent):void
5    {
6        stage.addEventListener(MouseEvent.MOUSE_UP, upHandler);
7        mc0.startDrag();
8    }
9
10   function upHandler(event:MouseEvent):void
11   {
12       stage.removeEventListener(MouseEvent.MOUSE_UP, upHandler);
13       mc0.stopDrag();
14   }
```

line 6	stage에 마우스가 놓여졌을 때, upHandler 함수를 호출하도록 이벤트를 등록합니다. mc0 무비클립에 MouseEvent.MOUSE_UP 이벤트를 등록하지 않고 stage에 등록한 이유는 mc0 영역 밖에서 마우스를 놓았을 때 드래그가 멈춰지지 않는 문제를 막기 위함입니다.
line 10~14	stage에 등록한 MouseEvent.MOUSE_UP 이벤트 핸들러 함수입니다.
line 12	line 6 에서 stage에 등록한 이벤트를 제거합니다.
line 13	mc0 무비클립의 드래그를 중지합니다.

03 테스트 무비(단축키: Ctrl + Enter)를 실행하여, mc0 무비클립을 마우스로 드래그해봅시다.

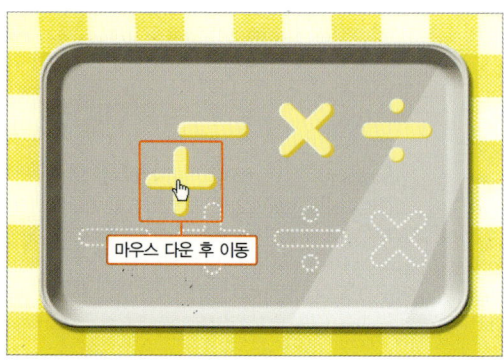

마우스 다운 후 이동

완성파일미리보기 : 부록CD1/Sample/Part06/Sec05/Exam07/완성/exam02.swf
예제파일 : 부록CD1/Sample/Part06/Sec05/Exam07/예제/exam02.fla

01 예제 01 에 이어, 마우스를 놓았을 때 목적지 근처에 놓여졌는지 확인하는 코드를 추가합니다.

```
10    function upHandler(event:MouseEvent):void
11    {
12       stage.removeEventListener(MouseEvent.MOUSE_UP, upHandler);
13       mc0.stopDrag();
14
15       var point0:Point = new Point(mc0.x, mc0.y);
16       var point1:Point = new Point(tg0.x, tg0.y);
17       var distance:Number = Point.distance(point0, point1);
18
19       if (distance < 20)
20       {
21          mc0.x = tg0.x;
22          mc0.y = tg0.y;
23          mc0.buttonMode = false;
24          mc0.removeEventListener(MouseEvent.MOUSE_DOWN, downHandler);
25       }
26    }
```

line 15	현재 mc0의 좌표 값을 가지는 Point 객체를 생성하여 point0 변수에 대입합니다.
line 16	목적지인 tg0의 좌표 값을 가지는 Point 객체를 생성하여 point1 변수에 대입합니다.
line 17	두 포인트의 거리를 distance 변수에 대입합니다.
line 19~25	두 포인트의 거리가 20px보다 작다면 가까이 있는 것으로 판단하여 조건문 안쪽 코드를 실행합니다.
line 21~22	mc0의 좌표를 tg0의 좌표로 이동합니다.
line 23	손 모양 마우스 커서를 제거합니다.
line 24	목적지에 도착했으므로 더 이상 드래그 되지 않도록 MouseEvent.MOUSE_DOWN 이벤트를 제거합니다.

02 테스트 무비(단축키: Ctrl + Enter)를 실행하여, mc0 무비클립을 아래 있는 같은 모양의 무비클립 근처로 옮겨 마우스를 떼봅시다.
나머지 3개의 무비클립도 같은 방법으로 코드를 작성해 보세요.

06 그림 그리기(Graphics)

SECTION

학습 목표

이번 장에서는 툴을 이용해 그려 보았던 벡터 이미지를 액션스크립트를 이용하여 그려봅니다.

01. 라인 그리기/칠하기

- 컬러, 크기, 투명도를 변경하며 선을 그려봅시다.
- 라인 안쪽에 색을 칠해봅시다.
- 커브 라인을 그리는 메서드에 대해 알아봅시다.

🔆 **미리 알아두기** **DisplayObject** : Part 7. 기초 프로그래밍 〉 Sec 6. DisplayObject | **클래스** : Part 7. 기초 프로그래밍 〉 Sec 7. OOP 문법 〉 02. 클래스

※ 예제를 따라하기 전에 '미리 알아두기' 내용을 반드시 읽어보기 바랍니다.

Graphics Class

Graphics 클래스는 DisplayObject에 벡터 이미지를 그릴 수 있는 명령어가 있습니다. Graphics 클래스를 이용하여 그림을 그릴 수 있는 객체는 Shape과 Sprite 객체입니다. 물론 MovieClip 객체도 Sprite 클래스를 상속받은 클래스이므로 Graphics 클래스를 이용하여 그림을 그릴 수 있습니다.

lineStyle 메서드

라인을 그리기 전에 라인의 모양을 정의하는 메서드입니다.

```
Shape.graphics.lineStyle(두께, 색상, 투명도)
```

- 두께 : 픽셀 단위이며 0을 입력하면 가장 얇은 헤어 라인이 선택됩니다. 입력하지 않으면 선이 보이지 않습니다.
- 색상 : 0xRRGGBB와 같이 RGB 코드로 입력하면 됩니다. 0x000000은 검은색이고 0xFFFFFF는 흰색입니다. 입력하지 않으면 0x000000 입니다.
- 투명도 : 0~1 사이의 값을 입력합니다. 0은 화면에서 보이지 않습니다. 1은 투명도를 가지지 않습니다. 입력하지 않으면 1 입니다.

moveTo 메서드

라인의 시작점을 정의합니다.

```
Shape.graphics.moveTo(x, y)
```

- x : 가로 좌표
- y : 세로 좌표

lineTo 메서드

이전 이동좌표에서 지정된 좌표까지 라인을 그립니다.

```
Shape.graphics.lineTo(x, y)
```

- x : 가로 좌표
- y : 세로 좌표

curveTo 메서드

이전 이동좌표에서 지정된 좌표까지 커브 라인을 그립니다.

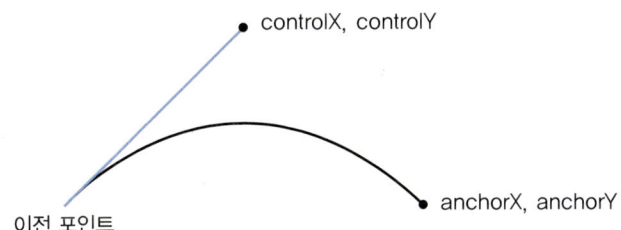

```
Shape.graphics.curveTo(controlX, controlY, anchorX, anchorY)
```

- controlX : 제어 포인트의 x 좌표
- controlY : 제어 포인트의 y 좌표
- anchorX : 목적 포인트 x 좌표
- anchorY : 목적 포인트 y 좌표

beginFill 메서드

라인에 색으로 채우기를 실행합니다. 열려 있는 라인도 지정된 색상으로 채워집니다.

```
Shape.graphics.beginFill(색상, 투명도)
```

- 색상 : 컬러 값 (0x00000 ~ 0xFFFFFF)
- 투명도 : 0 ~ 1 사이의 값 (0% ~ 100%)

endFill 메서드

색으로 채우기를 끝냅니다.

```
Shape.graphics.endFill()
```

예제 01 | 삼각형 그리기

완성파일미리보기 : 부록CD1/Sample/Part06/Sec06/Exam01/완성/exam01.swf
예제파일 : 부록CD1/Sample/Part06/Sec06/Exam01/예제/exam01.fla

01 예제파일을 열고, 다음 코드를 입력하여 라인으로 삼각형을 그립니다.

```
1   var canvas:Shape = new Shape();
2   this.addChild(canvas);
3
4   canvas.graphics.lineStyle(2, 0x000000, 1);
5   canvas.graphics.moveTo(150, 100);
6   canvas.graphics.lineTo(100, 250);
7   canvas.graphics.lineTo(200, 250);
8   canvas.graphics.lineTo(150, 100);
```

line 1~2   Shape 객체를 만들고 컨테이너에 넣어 화면에 보이도록 합니다. Sprite 객체에도 그림을 그릴 수 있으나, 단순히 그림만 그리는 경우에는 Shape 객체를 사용하는 것이 가볍고 좋습니다. 그려진 객체에 마우스 이벤트를 사용해야 한다면 Sprite 객체에 그림을 그려야 할 것입니다.

line 4   라인 속성을 투명도가 없는(100% 보이는) 2px의 검은색 라인으로 설정합니다.

line 5   라인을 그릴 첫 좌표를 지정합니다.

line 6~8   좌표를 이동하며 라인을 그립니다. 삼각형 모양이 될 것입니다. 각 좌표가 이해되지 않으면 종이에 직접 그려보세요.

02 색이 칠해진 역삼각형을 그리는 코드를 추가합니다.

```
10    canvas.graphics.beginFill(0xFF0000, 0.5);
11    canvas.graphics.moveTo(200, 100);
```

```
12    canvas.graphics.lineTo(300, 100);
13    canvas.graphics.lineTo(250, 250);
14    canvas.graphics.lineTo(200, 100);
15    canvas.graphics.endFill();
```

line 10   색칠하기 속성을 지정합니다. 투명도 50%를 가진 빨간색으로 칠합니다.

line 11   그리기 좌표를 x : 200, y : 100으로 이동합니다.

line 12~14   좌표를 이동하며 라인을 그립니다. 역삼각형 모양이 될 것입니다 라인 속성은 line 4에서 지정한 속성을 따릅니다.

line 15   칠하기를 종료합니다. 만약 칠하기를 종료하지 않으면 이후에 그리는 그림에도 같은 색이 칠해질 것입니다.

03 라인없이 색만 칠해진 삼각형을 그리는 코드를 추가합니다.

```
17    canvas.graphics.lineStyle(NaN);
18    canvas.graphics.beginFill(0x0000FF, 1);
19    canvas.graphics.moveTo(350, 100);
20    canvas.graphics.lineTo(300, 250);
21    canvas.graphics.lineTo(400, 250);
22    canvas.graphics.endFill();
```

line 17   라인이 보이지 않도록 라인 속성을 제거합니다. 라인없이 색만 칠하기 위해서 앞에서 정의한 라인 속성을 제거한
           것입니다.

line 18   칠하기 속성을 투명도 100%의 파란색으로 변경합니다.

line 19~21   위치를 이동하여 삼각형을 그립니다. 라인을 2개만 그렸지만 열린 도형에도 칠하기가 가능하므로 삼각형이 그려
              지게 됩니다.

line 22   칠하기를 종료합니다.

04 두 삼각형의 꼭지점을 잇는 곡선을 그려봅시다.

```
24    canvas.graphics.lineStyle(1);
25    canvas.graphics.moveTo(150, 100);
26    canvas.graphics.curveTo(250, 0, 350, 100);
```

line 24   라인 모양을 검은색 1px 라인으로 변경합니다.

line 25   그리기 좌표를 첫 번째 삼각형 꼭지점 좌표인 (150, 100)으로 이동합니다.

line 26 첫 번째 삼각형 꼭지점부터 세 번째 삼각형 꼭지점까지 곡선을 그립니다. 아래 그림과 같은 결과가 그려집니다.

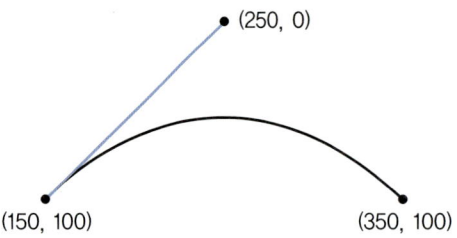

05 테스트 무비(단축키: Ctrl + Enter)를 실행하여 결과를 확인합니다.

02. 원 그리기/비트맵 칠하기

• 원과 타원을 그리는 메서드를 알아봅시다.

• 그려진 원에 라이브러리에 있는 비트맵을 칠해봅시다.

🦀 **미리 알아두기** **라인 그리기** : Part 6. 액션스크립트 3.0 즐기기 〉 Sec 6. 그림 그리기 〉 01. 라인 그리기/칠하기

※ 예제를 따라하기 전에 '미리 알아두기' 내용을 반드시 읽어보기 바랍니다.

drawCircle 메서드

정원을 그리는 메서드입니다.

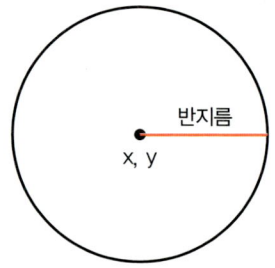

```
Shape.graphics.drawCircle(x, y, 반지름)
```

- x : 원의 중점 x 좌표
- y : 원의 중점 y 좌표
- 반지름 : 원의 반지름

drawEllipse 메서드

타원을 그리는 메서드입니다.

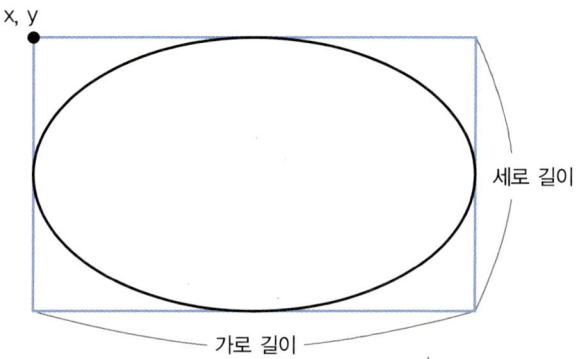

```
Shape.graphics.drawEllipse(x, y, 가로길이, 세로길이)
```

- x : 타원의 왼쪽 상단 x 좌표
- y : 타원의 왼쪽 상단 y 좌표
- 가로 길이 : 타원의 가로 지름
- 세로 길이 : 타원의 세로 지름

beginBitmapFill 메서드

이미지로 칠하기를 시작합니다.

```
Shape.graphics.beginBitmapFill(bitmapData, matrix, repeat, smooth)
```

- bitmapData : 칠해질 이미지 데이터
- matrix : 이미지 데이터를 변형시키는 행렬 객체. 이미지 변형이 필요없으면 null(기본값)을 전달합니다.
- repeat : 기본값은 true로 바둑판 모양으로 이미지가 반복해서 칠해집니다. 이미지를 반복하지 않으려면 false를 전달합니다.
- smooth : 기본값은 false입니다. 만약 그려진 도형의 변화(크기 또는 회전)가 있을 때, 이미지의 깨짐 현상을 방지하려면 true를 전달합니다.

완성파일미리보기 : 부록CD1/Sample/Part06/Sec06/Exam02/완성/exam01.swf
예제파일 : 부록CD1/Sample/Part06/Sec06/Exam02/예제/exam01.fla

01 예제파일을 열고, 다음 코드를 입력하여 정원과 타원을 각각 하나씩 그립니다.

```
1   var canvas:Shape = new Shape();
2   this.addChild(canvas);
3
4   canvas.graphics.lineStyle(2, 0, 1);
5   canvas.graphics.drawCircle(150, 150, 100);
6
7   canvas.graphics.drawEllipse(260, 100, 200, 100);
```

line 1~2   그림이 그려질 Shape 객체를 만들고 컨테이너에 넣어 화면에 보이도록 합니다.

line 4   라인 속성을 투명도가 없는(100% 보이는) 2px의 검은색 라인으로 설정합니다.

line 5   x 좌표 150, y 좌표 150을 중심점으로 하는 반지름 100px의 정원을 그립니다. 앞에서 설정한 2px의 검은색 라인으로 그려집니다.

line 7   가로 200px 세로 100px의 타원을 x : 260, y : 100 좌표에 그립니다. 비트맵 데이터 칠하기가 진행 중이므로 앞에서 만든 비트맵 데이터가 원 내부를 채우게 됩니다.

02 타원을 이미지로 칠해봅시다. 먼저 라이브러리에 있는 이미지에 클래스 이름을 부여합니다. 라이브러리의 이미지를 더블 클릭하여 [Properties] 패널을 엽니다.

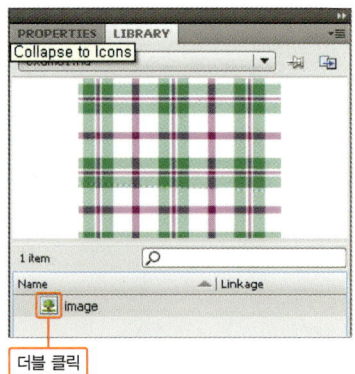

더블 클릭

03 [Properties] 패널 [Linkage]의 Export for ActionScript에 체크하고 Class 이름에 'Image'라고 입력한 후, [OK] 버튼을 클릭하여 [Properties] 패널을 닫습니다.

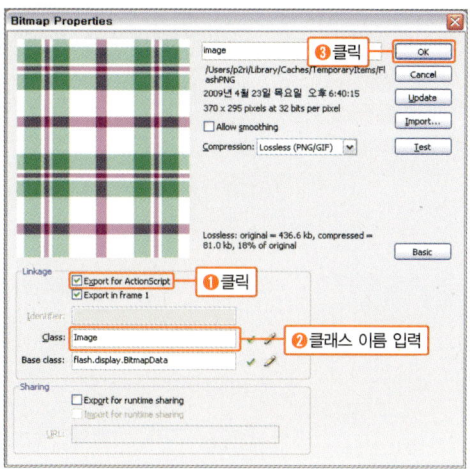

04 다음 코드를 추가하여 라이브러리의 이미지(BitmapData) 객체를 생성하여 타원 안을 채웁니다.

```
1    var canvas:Shape = new Shape();
2    this.addChild(canvas);
3
4    canvas.graphics.lineStyle(2, 0, 1);
5    canvas.graphics.drawCircle(150, 150, 100);
6
7    var bitmapData:BitmapData = new Image(0, 0);
8    canvas.graphics.beginBitmapFill(bitmapData);
9    canvas.graphics.drawEllipse(260, 100, 200, 100);
10   canvas.graphics.endFill();
```

line 7 　　라이브러리에 입력한 클래스 이름을 이용하여 비트맵 데이터 객체를 만듭니다. 비트맵 데이터에 대한 자세한 내용은 'Section 11. 비트맵 데이터'를 참고하세요.

line 8 　　위에서 만든 비트맵 데이터를 이용하여 칠하기를 시작합니다.

line 10 　　비트맵 칠하기를 중지합니다.

05 테스트 무비(단축키: Ctrl + Enter)를 실행하여 결과를 확인합니다.

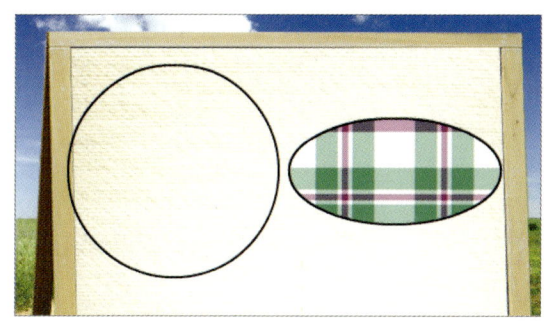

03. 사각형 그리기/이미지를 이용하여 라인 그리기

- 사각형을 그리는 메서드에 대해 알아봅시다.
- 라운드가 있는 사각형을 그려봅시다.
- 이미지를 이용하여 라인을 그려봅시다.

 미리 알아두기　**라인 그리기** : Part 6. 액션스크립트 3.0 즐기기 〉 Sec 6. 그림 그리기 〉 01. 라인 그리기/칠하기

※ 예제를 따라하기 전에 '미리 알아두기' 내용을 반드시 읽어보기 바랍니다.

drawRect 메서드

사각형을 그리는 메서드입니다.

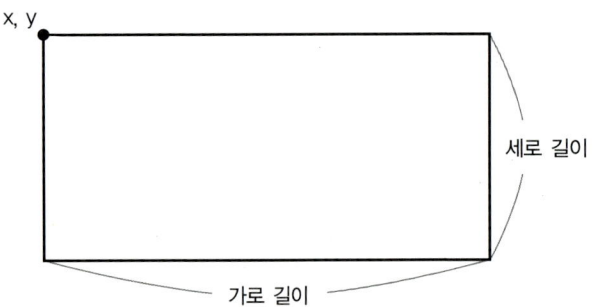

```
graphics.drawRect(x, y, 가로 길이, 세로 길이)
```

- x : 사각형의 왼쪽 상단 x 좌표
- y : 사각형의 왼쪽 상단 y 좌표
- 가로 길이 : 사각형의 가로 길이 (픽셀 단위)
- 세로 길이 : 사각형의 세로 길이 (픽셀 단위)

drawRoundRect 메서드

타원을 그리는 메서드입니다.

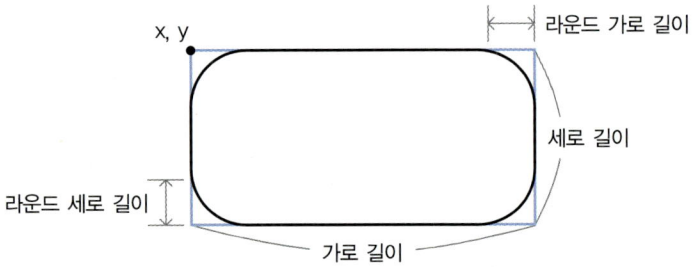

```
graphics.drawRoundRect(x, y, 가로 길이, 세로 길이, 라운드 가로 길이, 라운드 세로 길이)
```

- x : 사각형의 왼쪽 상단 x 좌표

- y : 사각형의 왼쪽 상단 y 좌표

- 가로 길이 : 사각형의 가로 길이 (픽셀 단위)

- 세로 길이 : 사각형의 세로 길이 (픽셀 단위)

- 라운드 가로 길이 : 둥근 라운드의 가로 길이 (픽셀 단위)

- 라운드 세로 길이 : 둥근 라운드의 세로 길이 (픽셀 단위) – 지정되지 않으면 라운드 가로 길이의 값을 따릅니다.

예제 01 | 이미지 라인으로 박스 그리기

완성파일미리보기 : 부록CD1/Sample/Part06/Sec06/Exam03/완성/exam01.swf
예제파일 : 부록CD1/Sample/Part06/Sec06/Exam03/예제/exam01.fla

01 예제파일을 열고, 다음 코드를 입력하여 일반 사각형과 70px의 모서리 라운드를 가지는 사각형을 그립니다.

```
1  var canvas:Shape = new Shape();
2  this.addChild(canvas);
3
4  canvas.graphics.lineStyle(10);
5  canvas.graphics.drawRect(50, 50, 200, 100);
6  canvas.graphics.drawRoundRect(250, 150, 200, 100, 70);
```

line 1~2	그림이 그려질 Shape 객체를 만들고 컨테이너에 넣어 화면에 보이도록 합니다.
line 4	라인 두께를 10px로 설정합니다. 이미지를 라인에 칠할 것이므로 컬러는 의미가 없습니다.
line 5	(50, 50) 좌표에 200 × 100 크기의 사각형을 그립니다. 검은색 10px로 그려집니다.
line 6	(250, 150) 좌표에 200 × 100 크기의 사각형을 그립니다. 사각형의 각 모서리에 70px의 라운드가 생깁니다. 만약 가로 세로 라운드를 다르게 그리려면 6번째 매개변수에 세로 라운드 길이를 입력합니다.

```
        canvas.graphics.drawRoundRect(250, 150, 200, 100, 70, 20);
```

02 라이브러리의 이미지(BitmapData) 객체를 생성하여 라인을 이미지로 칠합니다.

```
1  var canvas:Shape = new Shape();
2  this.addChild(canvas);
```

```
3
4   var bitmap:BitmapData = new Image(0, 0);
5   canvas.graphics.lineStyle(10);
6   canvas.graphics.drawRect(50, 50, 200, 100);
7   canvas.graphics.lineBitmapStyle(bitmap);
8   canvas.graphics.drawRoundRect(250, 150, 200, 100, 70);
```

line 4   라이브러리에 있는 Image 비트맵 데이터 객체를 만듭니다. 비트맵 데이터에 대한 자세한 내용은 'Section 11. 비트맵 데이터'를 참고하세요.

line 7   라인 모양을 위에서 만든 비트맵 데이터로 설정합니다. 다시 일반 라인을 사용하려면 lineStyle을 재설정합니다.

03 테스트 무비(단축키 : Ctrl + Enter)를 실행하여 결과를 확인합니다.

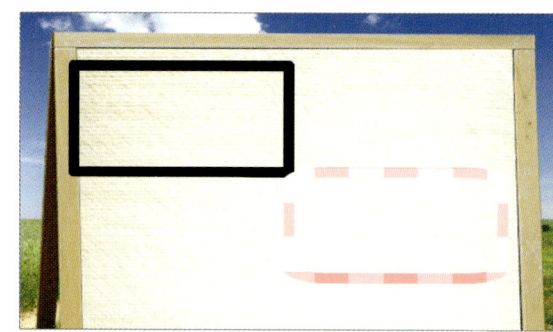

04. 지우기

Graphics 클래스로 그린 그림은 clear( ) 메서드를 이용하여 지울 수 있습니다. clear( ) 메서드를 이용하여 움직이는 두 무비클립을 잇는 선을 그려봅시다.

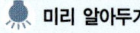 **미리 알아두기**   **드래그** : Part 6. 액션스크립트 3.0 즐기기 〉 Sec 5. 마우스 활용 〉 07. DisplayObject 마우스로 옮기기 | **라인 그리기** : Part 6. 액션스크립트 3.0 즐기기 〉 Sec 6. 그림 그리기 〉 01. 라인 그리기 / 칠하기 | **"enterFrame" 이벤트** : Part 6. 액션스크립트 3.0 즐기기 〉 Sec 1. 타임라인 스크립트 〉 03. 타임라인 뒤로 돌리기

※ 예제를 따라하기 전에 '미리 알아두기' 내용을 반드시 읽어보기 바랍니다.

clear 메서드

Graphics 클래스로 그린 그림을 지우는 메서드입니다. 이 메서드는 객체에 그려진 모든 그래픽 이미지를 지웁니다. 만약 부분적으로 지우는 기능을 만들려면, 그리는 이미지 마다 다른 객체(Sprite / Shape)를 만들어 그려야 합니다.

```
graphics.clear()
```

완성파일미리보기 : 부록CD1/Sample/Part06/Sec06/Exam04/완성/exam01.swf
예제파일 : 부록CD1/Sample/Part06/Sec06/Exam04/예제/exam01.fla

01 예제파일을 열고, 손 무비클립의 두 중심
점을 잇는 선을 그려봅시다.

```
1    var shape:Shape = new Shape();
2    this.addChild(shape);
3
4    shape.graphics.lineStyle(0, 0x000000, 0.5);
5    shape.graphics.moveTo(left_mc.x, left_mc.y);
6    shape.graphics.lineTo(right_mc.x, right_mc.y);
```

line 1~2   Shape 객체를 생성하고 화면에 보이도록 합니다. Shape 객체는 가장 가벼운 DisplayObject입니다. 인터렉션 (마우스 클릭과 같은 동작)이 필요 없는 객체에 그림을 그릴 경우 Shape을 이용하는 것이 좋습니다.

line 4   투명도 50%의 검은색 선으로 그릴 준비를 합니다.

line 5~6   Shape 객체에 두 무비클립을 잇는 선을 그립니다.

02 두 개의 손을 드래그 해도 선이 계속 이어지도록 코드를 추가합니다. 두 무비클립 안쪽 타임라인
에 드래그와 다른 손을 바라볼 수 있는 코드가 미리 작성되어 있습니다. 드래그와 방향 전환에 대한 내
용은 'Section 05. 마우스 활용 > 05. 마우스 바라보기'와 'Section 05. 마우스 활용 > 07.
DisplayObject 마우스로 옮기기(드래그)'를 참고하세요.

```
1    var shape:Shape = new Shape();
2    this.addChild(shape);
3
4    shape.addEventListener(Event.ENTER_FRAME, enterHandler);
5
6    function enterHandler(event:Event):void
7    {
```

```
8       shape.graphics.clear();
9       shape.graphics.lineStyle(0, 0x000000, 0.5);
10      shape.graphics.moveTo(left_mc.x, left_mc.y);
11      shape.graphics.lineTo(right_mc.x, right_mc.y);
12  }
```

line 4	항상 이어져 있는 선을 만들기 위해 지우고 그리기를 반복해야 합니다. 이를 위해 "enterFrame"(Event.ENTER_FRAME) 이벤트를 등록했습니다. "enterFrame" 이벤트에 대한 자세한 내용은 'Section 01. 타임라인 스크립트 〉 03. 타임라인 뒤로 돌리기'를 참고하세요.
line 6~12	"enterFrame"(Event.ENTER_FRAME) 이벤트 핸들러 함수로써, 라인을 지우고 그리는 명령을 반복 실행합니다.
line 8	Graphics 클래스를 이용해 Shape에 그린 그래픽 요소를 모두 지웁니다.
line 9	라인 모양을 설정합니다. 화면을 지운 후 다시 라인을 그릴 경우, 라인 모양을 재설정 해야 합니다.
line 10	left_mc의 중점으로 그리기 시작점을 변경합니다.
line 11	left_mc의 중점 좌표에서 right_mc의 중점 좌표까지 라인을 그립니다.

03 테스트 무비(단축키: Ctrl + Enter)를 실행하여 무비클립을 드래그해봅시다.

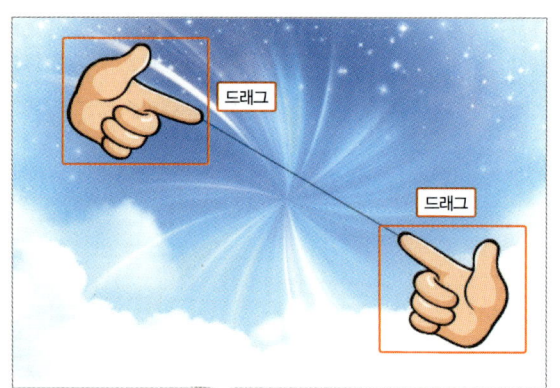

07

텍스트 필드

학습 목표

텍스트 필드란 텍스트를 화면에 보여주기 위한 클래스입니다. 플래시에서 제공하는 텍스트 필드의 종류는 고정(Static), 동적 (Dynamic), 입력(Input) 텍스트 필드이며, 액션스크립트를 이용하여 컨트롤할 수 있는 텍스트 필드는 동적 / 입력 텍스트 필드입니다. 이번 장에서는 텍스트 필드의 기능에 대해서 알아보겠습니다. 이번 장부터 타임라인에 스크립트를 입력하지 않고 클래스 파일을 만들어 스크립트를 입력할 것입니다. 타임라인에 코드를 작성하면 처음 화면에 보여지는 객체는 MainTimeline 객체가 되고, 클래스를 만들어 Document Class로 작성하면 화면에 보여지는 객체는 사용자가 만든 클래스의 객체가 됩니다.

01. 텍스트 필드에 문자열 넣기

- 화면에 만들어 놓은 텍스트 필드에 문자열을 넣는 방법을 알아봅시다.
- 텍스트 필드가 보여주고자 하는 문자의 길이보다 작을 때, 자동으로 늘어나도록 만들어봅시다.
- 도큐먼트 클래스를 이용하여 코드를 작성해봅시다.

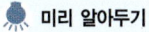 **미리 알아두기** · **함수** : Part 7. 기초 프로그래밍 〉 Sec 5. 함수 | **패키지** : Part 7. 기초 프로그래밍 〉 Sec 7. OOP 문법 〉 01. 패키지 | **클래스** : Part 7. 기초 프로그래밍 〉 Sec 7. OOP 문법 〉 02. 클래스

※ 예제를 따라하기 전에 '미리 알아두기' 내용을 반드시 읽어보기 바랍니다.

TextField Class

텍스트 필드 클래스는 화면에 글씨(Text)를 표현하기 위해 만들어진 클래스입니다. 텍스트 필드 클래스에는 다양한 속성과 메서드, 이벤트를 제공하지만 여기서는 이번 예제에서 사용하는 속성에 대해서만 설명하겠습니다. 다른 속성, 메서드, 이벤트에 대해서는 도움말(단축키:F1)을 참고하기 바랍니다.

autoSize 속성

입력된 텍스트의 길이로 텍스트 필드의 크기가 자동 변경되도록 만듭니다.

```
textField.autoSize = TextFieldAutoSize.LEFT;
```

플래시에서 제공하는 autoSize 상수는 다음과 같습니다.

상수	설명
"center" TextFieldAutoSize.CENTER	중앙을 기준으로 텍스트필드의 크기를 변경합니다.
"left" TextFieldAutoSize.LEFT	왼쪽을 기준으로 텍스트필드의 크기를 변경합니다.
"none" TextFieldAutoSize.NONE	텍스트필드의 크기를 변경하지 않습니다.(기본값)
"right" TextFieldAutoSize.RIGHT	오른쪽을 기준으로 텍스트필드의 크기를 변경합니다.

text 속성

텍스트 필드에 보여질 텍스트를 입력하거나 현재 텍스트 필드에 보여지는 텍스트를 알아내기 위한 속성입니다. 반드시 문자형 데이터를 입력해야 합니다.

```
textField.text = "텍스트를 입력합니다.";
trace(textField.text);
```

예제 01 텍스트 필드에 문자 입력하기

완성파일미리보기 : 부록CD1/Sample/Part06/Sec07/Exam01/완성/exam01.swf
예제파일 : 부록CD1/Sample/Part06/Sec07/Exam01/예제/exam01.fla
동영상 강의 : 부록CD2/동영상 강의②/⑤ Document Class 사용하기.avi

01 예제파일을 열고, 화면에 놓여있는 텍스트 필드(txt)의 속성을 확인합니다. 액션스크립트로 텍스트필드에 문자를 입력하기 위해서 텍스트 필드는 반드시 Dynamic 또는 Input 텍스트로 설정되어야 합니다.

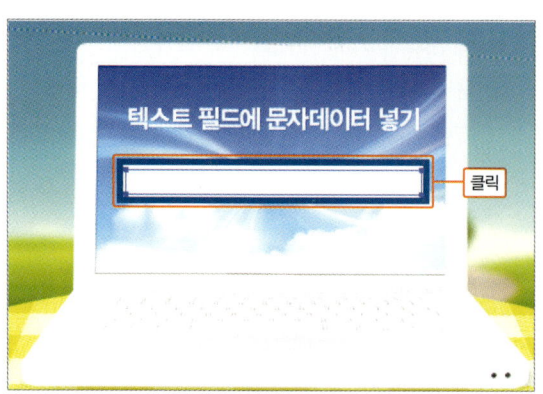

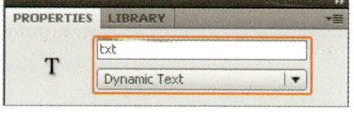

02 도큐먼트 클래스(Document Class)로 사용하기 위한 클래스 파일을 만듭니다. 액션스크립트 파일로 새 문서(단축키: Ctrl + N)을 만듭니다. 액션스크립트 파일은 단순한 텍스트 에디터입니다. 따라서 [Actions] 패널과 같이 스크립트를 입력할 수 있는 패널 외에는 모든 패널이 비활성화 됩니다. 새로 만든 액션스크립트 파일을 예제 파일과 같은 폴더에 'TextFieldSample.as' 이름으로 저장합니다. 확장자 .as는 ActionScript의 약자입니다. (대소문자를 구별해서 정확히 저장하세요.) 저장된 파일이 TextFieldSample 클래스입니다. 이제 TextFieldSample 클래스에 코드를 입력해봅시다.

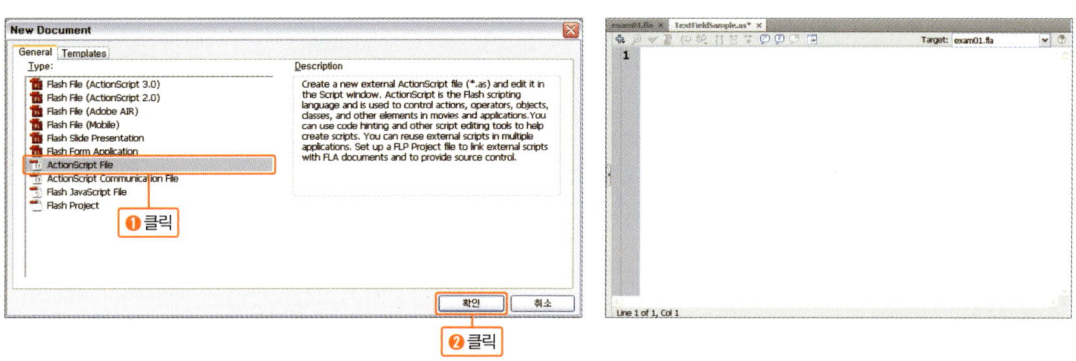

03 TextFieldSample 클래스에 아래 코드를 입력합니다. 클래스의 기본 형태입니다.

```
1   package
2   {
3       import flash.display.Sprite;
4
5       public class TextFieldSample extends Sprite
6       {
7           public function TextFieldSample()
8           {
9
10          }
11      }
12  }
```

line 3   Sprite 클래스를 사용하기 위해 클래스 위치를 선언합니다. 타임라인에 코드를 입력할 때에는 생략해도 되었지만, 클래스를 제작할 때에는 사용한 클래스(같은 위치에 있는 클래스 제외)는 모두 클래스 위치를 선언해 주어야 합니다.

line 5   Sprite 클래스를 상속 받는 TextFieldSample 클래스를 선언합니다.
도큐먼트 클래스로 사용하기 위해서는 화면에 보여지기 위해 DisplayObject를 상속받아야 합니다. 만약 타임라인을 사용하는 경우라면 MovieClip 클래스를 상속받아야 타임라인 애니메이션이 가능해집니다. 본 예제에서는 타임라인을 사용하지 않으므로 한 단계 위 클래스인 Sprite 클래스를 상속 받았습니다.

line 7~10   클래스 이름과 같은 이름의 함수 TextFieldSample()를 생성자 함수라고 합니다.
생성자 함수는 객체가 생성되면서 실행되는 함수입니다. 생성자 함수의 접근 제한자는 반드시 public으로 선언합니다.

04 생성자 함수에 텍스트 필드에 텍스트를 입력하는 코드를 추가합니다.

```
1    package
2    {
3      import flash.display.Sprite;
4      import flash.text.TextFieldAutoSize;
5
6      public class TextFieldSample extends Sprite
7      {
8        public function TextFieldSample()
9        {
10          txt.autoSize = TextFieldAutoSize.CENTER;
11          txt.text = "I like ActionScript! I love Flash CS4!";
12        }
13      }
14   }
```

line 4   TextFieldAutoSize 클래스를 사용하기 위해 클래스 위치를 선언합니다.

line 10   텍스트 필드의 크기를 텍스트 필드에 입력되는 값에 따라서 변경되도록 autoSize 속성 값을 변경합니다. 텍스트 필드의 중앙(TextFieldAutoSize.CENTER)을 기준으로 크기가 변경되도록 설정했습니다.

line 11   txt 텍스트 필드에 "I like ActionScript! I love Flash CS4!" 문자열을 입력합니다. 화면에 만들어진 텍스트 필드의 크기보다 긴 문자열이 입력되었으므로, line 10에서 설정한 정렬 방식대로 텍스트 필드의 크기가 텍스트를 보여줄 만큼 늘어납니다.

05 TextFieldSample 클래스를 도큐먼트 클래스로 사용하겠습니다. 문서 [Properties] 패널에 있는 Document Class 이름을 'TextFieldSample'라고 적어줍니다.

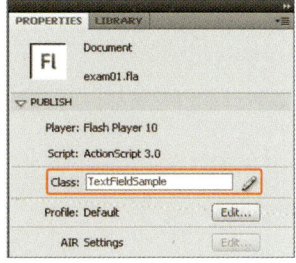

06 테스트 무비(단축키 : Ctrl + Enter)를 실행하여 결과를 확인합니다.

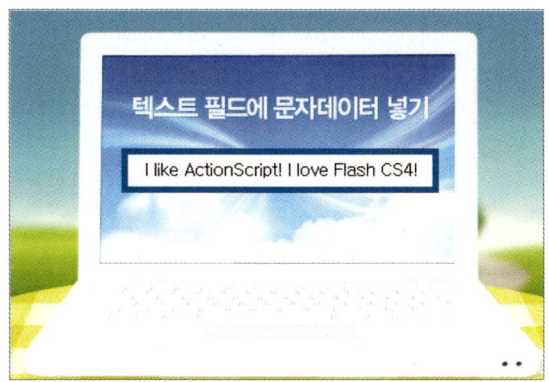

02. 텍스트 필드에 HTML 코드 넣기

- 텍스트 필드에는 기본적인 HTML 코드를 이용하여 텍스트를 꾸밀 수 있습니다. 간단한 HTML을 이용하여 텍스트의 크기와 컬러를 변경해봅시다.
- 이미지 태그 〈a〉를 이용하여 외부 이미지를 텍스트 필드에 넣어봅시다.

미리 알아두기 **함수** : Part 7. 기초 프로그래밍 〉 Sec 5. 함수 | **패키지** : Part 7. 기초 프로그래밍 〉 Sec 7. OOP 문법 〉 01. 패키지 | **클래스** : Part 7. 기초 프로그래밍 〉 Sec 7. OOP 문법 〉 02. 클래스

※ 예제를 따라하기 전에 '미리 알아두기' 내용을 반드시 읽어보기 바랍니다.

TextField Class
border 속성
텍스트 필드의 테두리를 보여줄 것인지 감출 것인지에 대한 속성입니다.

```
textField.border = false;
```

htmlText 속성
HTML 태그를 이용하여 텍스트를 입력할 때 사용하는 속성입니다. 이를 이용하면 텍스트 컬러 변경, 크기 변경, 링크 걸기, 외부 이미지 넣기 등의 HTML 태그를 사용할 수 있습니다.

```
textField.htmlText = "<font color='#FF0000'><b>빨간색</b> 텍스트</font>";
```

htmlText 속성을 이용하여 텍스트를 입력해도 text 속성으로 입력된 텍스트를 확인하면 화면에 보여지는 텍스트의 문자열을 확인할 수 있습니다.

```
textField.htmlText = "<font color='#FF0000'><b>빨간색</b> 텍스트</font>";
trace(textField.text)

//결과 : 빨간색 텍스트
```

완성파일미리보기 : 부록CD1/Sample/Part06/Sec07/Exam02/완성/exam01.swf
예제파일 : 부록CD1/Sample/Part06/Sec07/Exam02/예제/exam01.fla

01 예제파일을 열고, 같은 폴더에 Sprite 클래스를 상속 받는 HtmlSample 클래스 (HtmlSample.as)을 만듭니다.

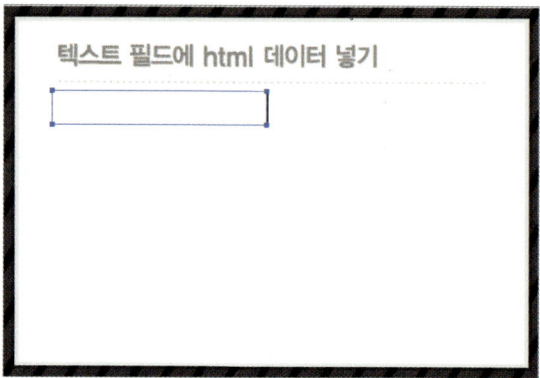

```
1    package
2    {
3      import flash.display.Sprite;
4
5      public class HtmlSample extends Sprite
6      {
7        public function HtmlSample()
8        {
9
10       }
11     }
12   }
```

line 3   Sprite 클래스를 사용하기 위해 클래스 위치를 선언합니다.

line 5   Sprite 클래스를 상속받는 TextFieldSample 클래스를 선언합니다. 도큐먼트 클래스로 사용하기 위해 Sprite 클래스를 상속받았습니다.

02 HtmlSample 클래스를 도큐먼트 클래스로 등록합니다.

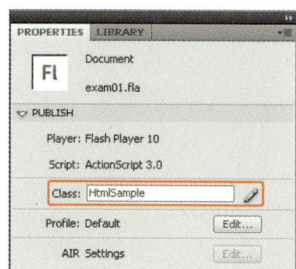

03 텍스트 필드에 HTML 태그를 입력합니다.

```
1    package
2    {
3       import flash.display.Sprite;
4       import flash.text.TextFieldAutoSize;
5
6       public class HtmlSample extends Sprite
7       {
8          public function HtmlSample()
9          {
10             txt.autoSize = TextFieldAutoSize.LEFT;
11             txt.border = false;
12             txt.htmlText = "<font color='#F43C46'>I like ActionScript!</font>
                I love Flash CS4!<img src='logo.jpg'>";
13          }
14       }
15    }
```

line 4   TextFieldAutoSize 클래스를 사용하기 위해 클래스 위치를 선언합니다.

line 10   텍스트 필드의 크기를 텍스트 필드에 입력되는 값에 따라서 변경되도록 autoSize 속성 값을 변경합니다. 텍스트
          필드의 왼쪽(TextFieldAutoSize.LEFT)을 기준으로 오른쪽으로 크기가 변경되도록 설정했습니다.

line 11   txt 텍스트 필드의 테두리를 보이지 않도록 수정합니다. true를 전달할 경우 테두리가 보이게 됩니다. 화면에 테
          두리를 보이도록 텍스트필드를 만들어 놓았지만 이 코드가 실행되어 테두리가 보이지 않습니다. 만약 테두리 컬
          러를 변경하려면 borderColor 속성을 이용하여 변경할 수 있습니다.

          ```
          txt.borderColor = 0xFF0000;
          ```

line 12   txt 텍스트 필드에 HTML 태그를 입력합니다. "〈img src='logo.jpg'〉" 코드는 같은 폴더에 있는 "logo.jpg" 파일을
          텍스트 필드에 보여줍니다. htmlText속성으로 입력한 후 text 속성으로 입력된 값을 얻어내면 화면에 보여지는
          텍스트만 얻을 수 있습니다.

          ```
          trace(txt.text);
          ```

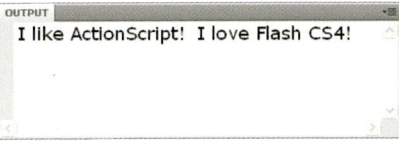

04 테스트 무비(단축키: Ctrl + Enter)를 실행하여 결과를 확인합니다.

03. 텍스트 폰트/크기/컬러 바꾸기

- 액션스크립트로 텍스트 필드 객체를 만들어봅시다.
- HTML을 이용하지 않고 텍스트의 컬러 크기 및 폰트를 변경해봅시다.
- 사용자 PC에 없는 폰트를 사용할 수 있도록 플래시에 폰트를 넣는 방법을 알아봅시다.

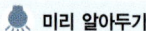 **미리 알아두기** **텍스트 필드** : Part 6. 액션스크립트 3.0 즐기기 〉 Sec 7. 텍스트 필드 〉 01. 텍스트 필드에 문자열 넣기

※ 예제를 따라하기 전에 '미리 알아두기' 내용을 반드시 읽어보기 바랍니다.

TextField Class

TextField 생성자 메서드

액션스크립트로 텍스트 필드를 만들 때, 생성자 함수를 사용합니다. 동적으로 만들어진(액션스크립트로 만들어진) 텍스트 필드의 크기는 가로 100px, 세로 100px입니다. 텍스트 필드의 크기는 width / height 속성을 이용하여 변경할 수 있습니다. (단위 : pixel)

```
import flash.text.TextField;
var textField:TextField = new TextField();
textField.width = 100;
textField.height = 20;
```

embedFonts 속성

TextFormat에서 적용한 폰트가 embed(swf에 탑재된) 폰트라면 이 속성이 true로 설정되어야 폰트가 적용됩니다. 기본값은 false이므로 embed 폰트를 사용하기 위해 반드시 true로 변경해야 합니다.

```
textField.embedFonts = true;
```

TextFormat Class

TextFormat 클래스를 이용하여 텍스트 필드의 텍스트를 꾸밀 수 있습니다. TextFormat 객체를 텍스트 필드의 setTextFormat() 메서드를 이용하여 텍스트에 적용합니다. 여러 개의 텍스트 필드에 같은 TextFormat 객체를 적용할 수 있습니다.

```
import flash.text.TextFormat;
var format:TextFormat = new TextFormat();
format.size = 20;
format.color = 0xFF0000;
format.bold = true;
format.font = "굴림";

textField.setTextFormat(format);
```

TextFormat 클래스를 이용하여 꾸밀 수 있는 속성은 아래 표를 참고하세요.

속성	설명
align : String	단락의 정렬을 나타냅니다
blockIndent : int	블록 들여쓰기를 픽셀 단위로 나타냅니다.
bold : Boolean	텍스트를 굵게 표시할 지 여부를 지정합니다.
bullet : Boolean	텍스트가 불릿 목록의 일부임을 나타냅니다.
color : uint	텍스트의 색상을 나타냅니다.
font : String	텍스트 글꼴 이름을 나타내는 문자열입니다.
indent : Number	왼쪽 여백에서 단락의 첫 문자 사이의 들여쓰기를 나타냅니다.
italic : Boolean	텍스트가 기울임체인지 여부를 나타냅니다.
kerning : Boolean	자간의 활성화 여부를 true 또는 false로 나타내는 Boole 값입니다.
leading : int	행 사이의 세로 간격(행간)을 나타내는 정수입니다.
leftMargin : uint	단락의 왼쪽 여백(픽셀 단위)입니다.
letterSpacing : int	모든 문자 사이에 균등하게 분배되는 간격을 나타내는 수입니다.
rightMargin : uint	단락의 오른쪽 여백(픽셀 단위)입니다.
size : uint	이 텍스트 서식에서 텍스트의 픽셀 크기입니다.
target : String	하이퍼링크가 표시되는 대상 윈도우를 나타냅니다.
underline : Boolean	텍스트에 밑줄을 그을지 여부를 true 또는 false로 나타냅니다.
url : String	텍스트에 대한 대상 URL을 나타냅니다.

완성파일미리보기 : 부록CD1/Sample/Part06/Sec07/Exam03/완성/exam01.swf
예제파일 : 부록CD1/Sample/Part06/Sec07/Exam03/예제/exam01.fla

01 예제파일을 열고, 같은 폴더에 도큐먼트 클래스로 사용할 TextFormatSample 클래스 (TextFormatSample.as)를 만듭니다.

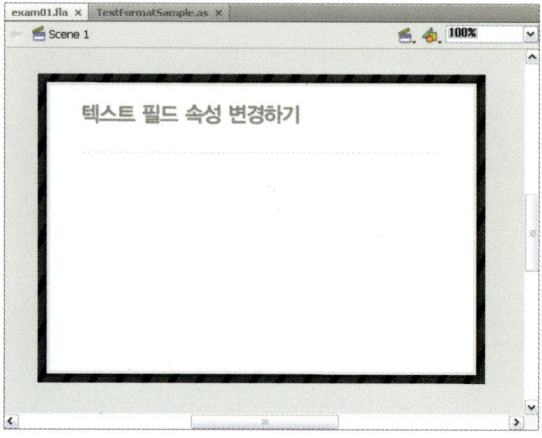

```
1    package
2    {
3       import flash.display.Sprite;
4
5       public class TextFormatSample extends Sprite
6       {
7          public function TextFormatSample()
8          {
9
10         }
11      }
12   }
```

line 7~10   객체가 생성되면서 가장 먼저 실행되는 생성자 함수입니다. 생성자 함수는 접근 제한자가 반드시 public 이어야 합니다.

02 TextFormatSample 클래스를 도큐먼트 클래스로 등록합니다.

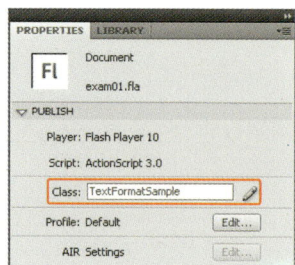

03 TextFormat 객체를 생성하는 함수 createTextFormat()를 만들고 생성자 함수에서 호출합니다.

```
1    package
2    {
3      import flash.display.Sprite;
4      import flash.text.TextFormat;
5
6      public class TextFormatSample extends Sprite
7      {
8        private var format:TextFormat;
9
10       public function TextFormatSample()
11       {
12         createTextFormat();
13       }
14
15       private function createTextFormat():void
16       {
17         format = new TextFormat();
18         format.size = 20;
19         format.color = 0x3232FF;
20         format.bold = true;
21         format.leading = 15;
22         format.font = "돋움";
23       }
24     }
25   }
```

line 4   TextFormat 클래스의 위치를 선언합니다.

line 8   TextFormat 객체를 참조할 변수 format을 만듭니다. TextFormatSample 모든 함수에서 이 변수를 사용할 수 있도록 먼저 변수를 선언한 것입니다. 클래스 내부에서만 사용하기 때문에 접근 제한자를 private으로 선언했습니다. (p.538 접근 제한자 참고)

line 12   createTextFormat()를 호출하여 TextFormat 객체를 생성합니다.

line 15   TextFormatSample 객체 내부에서만 사용되는 함수이므로 접근제한자가 private입니다. 그리고 함수 실행 후 반환(return) 값이 없으므로 반환 데이터형을 void로 선언했습니다.

line 17   TextFormat 객체를 생성하여 line 8에서 선언한 변수 format에 참조시킵니다.

line 18   텍스트 크기를 20px로 변경합니다.

line 19   텍스트의 컬러 속성을 0x3232FF로 변경합니다.

line 20   텍스트를 두껍게 보이도록 합니다.

line 21   텍스트의 줄 간격을 15로 늘입니다.

line 22   텍스트 폰트를 "돋움"으로 변경합니다.

04 텍스트 필드를 생성하여 TextFormat 객체를 적용하는 함수 createTextField()를 만들고 생성자 함수에서 호출합니다.

```
1    package
2    {
3        import flash.display.Sprite;
4        import flash.text.TextFormat;
5        import flash.text.TextField;
6        import flash.text.TextFieldAutoSize;
7
8        public class TextFormatSample extends Sprite
9        {
10           private var format:TextFormat;
11           private var txt:TextField;
12
13           public function TextFormatSample()
14           {
15               createTextFormat();
16               createTextField();
17           }
18
19           private function createTextFormat():void
20           {
21               format = new TextFormat();
22               format.size = 20;
23               format.color = 0x3232FF;
24               format.bold = true;
25               format.leading = 15;
26               format.font = "돋움";
27           }
28
29           private function createTextField():void
30           {
31               txt = new TextField();
32               txt.x = 40;
33               txt.y = 120;
34               txt.autoSize = TextFieldAutoSize.LEFT;
35               txt.text = "텍스트의 속성을 액션스크립트로 변경합니다.\r재미있는 액션스크립트
                   놀이!";
36               txt.setTextFormat(format);
37               this.addChild(txt);
38           }
39       }
40   }
```

line 5~6   TextField, TextFieldAutoSize 클래스의 위치를 선언합니다.

line 11   텍스트 필드를 참조할 변수 txt를 만듭니다. TextFormatSample 객체 내부에서만 사용할 수 있도록 접근 제한자
             를 private로 선언했습니다.

line 16   createTextField() 함수를 호출하여, 텍스트 필드를 생성합니다.

line 29	TextFormatSample 객체 내부에서만 사용되는 함수 이므로 접근제한자가 private입니다. 그리고 함수 실행 후 반환(return) 값이 없으므로 반환 데이터형을 void로 선언했습니다.
line 31	텍스트 필드 객체를 생성하여 line11에서 선언한 변수 txt에 대입합니다.
line 32~33	텍스트 필드의 위치를 이동합니다
line 34	텍스트 필드의 사이즈를 입력되는 텍스트에 따라 자동 변경되도록 설정합니다. 왼쪽(TextFieldAutoSize.LEFT)을 기준으로 크기가 변경되도록 했습니다.
line 35	텍스트 필드에 텍스트를 입력합니다. "\r"은 줄 바꿈을 의미합니다. ("\n"을 사용하기도 합니다.)
line 36	만들어 놓은 TextForamt 객체를 텍스트 필드에 적용시킵니다.
line 37	텍스트 필드도 DisplayObject입니다. 화면에 나타내기 위해 DisplayObjectContainer에 들어가야 합니다. addChild( ) 메서드를 이용하여 TextFormatSample 객체의 컨테이너에 넣습니다. 이로써 화면에 나타나게 됩니다.

05 테스트 무비(단축키: Ctrl + Enter)를 실행
하여 결과를 확인합니다.

> **텍스트 필드 속성 변경하기**
>
> 텍스트의 속성을 액션스크립트로 변경합니다.
> 재미있는 액션스크립트 놀이!

예제 02 | **플래시에 폰트 넣기**

완성파일미리보기 : 부록CD1/Sample/Part06/Sec07/Exam03/완성/exam02.swf
예제파일 : 부록CD1/Sample/Part06/Sec07/Exam03/예제/exam02.fla
부록CD1/Sample/Part06/Sec07/Exam03/예제/EmbedFontSample.as

01 예제파일(exam02.fla, EmbedFont
Sample.as)을 열고, 테스트 무비(단축키: Ctrl
+ Enter)를 실행합니다. 앞 예제에서 제작한 코
드와 거의 동일한 코드로 텍스트 필드를 생성해
서 화면에 보여집니다.

> **embed 폰트 사용하기**
>
> embed폰트를 사용하면
> 플래시에서 예쁜 폰트를 사용할 수 있습니다

시스템 폰트가 아닌 예쁜 폰트를 사용하여 텍스트를 꾸미고 싶을 때가 있습니다. 이 때 제작자의 컴퓨터에 있는 폰트를 사용하여 텍스트를 꾸미면, 제작자의 컴퓨터에서는 잘 보이나 해당 폰트를 가지고 있지 않은 컴퓨터에서는 기본 폰트로 표현됩니다. 이를 방지하기 위해서 폰트를 swf 파일에 넣어야 하는데 이를 embed 폰트라고 합니다.

그럼 액션스크립트로 생성한 텍스트에 embed 폰트를 적용하는 방법을 알아봅시다.

02 먼저 라이브러리에 폰트 클래스를 만듭니다.

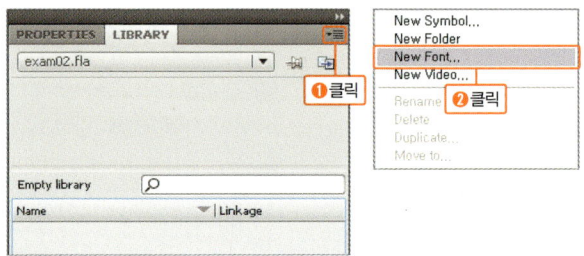

03 원하는 폰트를 선택하고, Export for ActionScript를 체크하여 클래스 이름을 등록 후 라이브러리에 만들어진 폰트를 확인합니다.

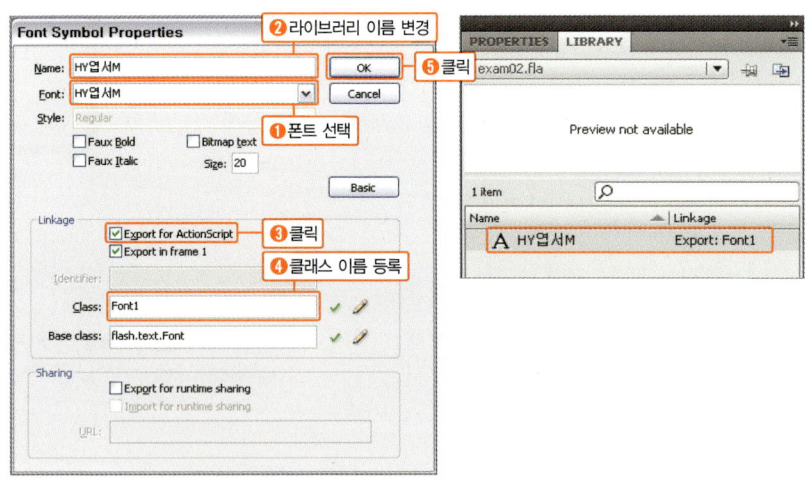

04 라이브러리에 만들어진 폰트를 텍스트 필드에 적용합니다.

```
1    package
2    {
3       import flash.display.Sprite;
4       import flash.text.TextFormat;
5       import flash.text.TextField;
6       import flash.text.TextFieldAutoSize;
7       import flash.text.Font;
8
9       public class EmbedFontSample extends Sprite
10      {
11         private var format:TextFormat;
12         private var txt:TextField;
13         private var font:Font;
14
15         public function EmbedFontSample()
16         {
17            createTextFormat();
18            createTextField();
19         }
20
21         private function createTextFormat():void
22         {
23            format = new TextFormat();
24            format.size = 20;
25            format.color = 0x999999;
26            font = new Font1();
27            format.font = font.fontName;
28         }
29
30         private function createTextField():void
31         {
32            txt = new TextField();
33            txt.x = 40;
34            txt.y = 120;
35            txt.autoSize = TextFieldAutoSize.LEFT;
36            txt.text = "embed폰트를 사용하면\r플래시에서 예쁜 폰트를 사용할 수 있습니다.";
37            txt.embedFonts = true;
38            txt.setTextFormat(format);
39            this.addChild(txt);
40         }
41      }
42   }
```

line 7   Font 클래스를 사용하기 위해 클래스 위치를 선언합니다.

line 13   폰트 클래스 객체를 참조할 변수 font를 선언합니다. 본 예제에서는 폰트 객체를 한 곳에서만 사용했기 때문에
          함수 밖에서 변수를 만들 필요는 없지만, 추후 폰트를 재사용할 수 있도록 변수를 먼저 선언했습니다.

line 26	TextFormat 객체를 참조할 변수 format을 만듭니다. TextFormatSample 객체 내부 어디서든지 이 변수를 사용할 수 있도록 먼저 변수를 선언한 것입니다. 클래스 내부에서만 사용하기 때문에 접근 제한자를 private로 선언했습니다.
line 27	Font 클래스의 fontName 속성을 이용하여 Line 26에서 생성한 폰트의 이름을 TextFormat 객체의 font 속성에 입력합니다. 물론 폰트 이름을 미리 알고 있다면 "HYPost-Medium"과 같이 직접 입력해도 되지만 라이브러리에서 생성한 폰트 이름을 정확히 알기에는 어려움이 있으므로 Font 클래스의 fontName 속성을 이용하는 것이 좋습니다.
line 37	텍스트 필드에 embed 폰트를 사용하기 위해 embedFonts 속성을 true로 변경합니다.

05 테스트 무비(단축키: Ctrl+Enter)를 실행하여 결과를 확인합니다.

embed 폰트 사용하기

embed폰트를 사용하면
플래시에서 예쁜 폰트를 사용할 수 있습니다.

SECTION 08

시간 활용(Date)

학습 목표

현재 시간에 대한 정보를 이용하기 위해 Date 클래스를 이용합니다. Date 클래스를 이용하면 현재 날짜, 시간, 요일 정보 등을 얻을 수 있습니다. 하지만 주의할 것은 Date 클래스는 사용자의 컴퓨터 시간 정보를 가져오기 때문에 사용자의 컴퓨터 시간이 잘못되어 있다면 틀린 정보 그대로를 가져오게 됩니다. 정확한 시간 정보가 필요하다면 서버로부터 시간 데이터를 받아오는 과정이 필요합니다.

01. 현재시간 표현하기

Date 클래스를 이용하여 현재 시간정보를 확인해봅시다.

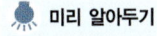 **미리 알아두기**   **함수** : Part 7. 기초 프로그래밍 〉 Sec 5. 함수 | **패키지** : Part 7. 기초 프로그래밍 〉 Sec 7. OOP 문법 〉 01. 패키지 | **클래스** : Part 7. 기초 프로그래밍 〉 Sec 7. OOP 문법 〉 02. 클래스 | **Timer** : Part 6. 액션스크립트 3.0 즐기기 〉 Sec 4. DisplayObject 움직임 〉 03. 일정시간이 지난 후 움직이기/반복 움직이기

※ 예제를 따라하기 전에 '미리 알아두기' 내용을 반드시 읽어보기 바랍니다.

Date Class

Date 객체를 생성하면 생성되는 시점의 시간 데이터가 Date 객체에 저장됩니다. 생성된 Date 객체를 trace() 명령으로 [Output] 패널에 출력하면 다음과 같은 정보가 나타납니다.

```
trace(new Date());
```

[Output] 패널에 출력된 정보는 요일, 월, 일, 시간, 지역정보, 연도입니다. 그 외에도 더 많은 정보가 Date 객체에 있는데 Date 클래스는 객체 내에 있는 각각의 정보를 따로 확인할 수 있는 메서드와 속성을 제공합니다.

속성	설명
date : Number	현지 시간에 따른 Date 객체에 지정된 날짜(1에서 31 사이의 정수)입니다.
dateUTC : Number	표준시(UTC)에 따른 Date 객체의 날짜(1에서 31 사이의 정수)입니다.
day : Number	[읽기 전용] 현지 시간에 따른 이 Date에 지정된 요일(0은 일요일, 1은 월요일 등)입니다.
dayUTC : Number	[읽기 전용] 표준시(UTC)에 따른 이 Date의 요일(0은 일요일, 1은 월요일 등)입니다.
fullYear : Number	현지 시간에 따른 Date 객체의 전체 연도(2000과 같은 네 자리 숫자)입니다.
fullYearUTC : Number	표준시(UTC)에 따른 Date 객체의 네 자리 숫자 연도입니다.
hours : Number	현지 시간에 따른 Date 객체에서 날짜 부분의 시간(0에서 23 사이의 정수)입니다.
hoursUTC : Number	표준시(UTC)에 따른 Date 객체의 시간(0에서 23 사이의 정수)입니다.
milliseconds : Number	현지 시간에 따른 Date 객체의 밀리초(0에서 999 사이의 정수) 부분입니다.
millisecondsUTC : Number	표준시(UTC)에 따른 Date 객체의 밀리초(0에서 999 사이의 정수) 부분입니다.
minutes : Number	현지 시간에 따른 Date 객체의 분(0에서 59 사이의 정수) 부분입니다.
minutesUTC : Number	표준시(UTC)에 따른 Date 객체의 분(0에서 59 사이의 정수) 부분입니다.
month : Number	현지 시간에 따른 Date 객체의 월(0은 1월, 1은 2월 등) 부분입니다.
monthUTC : Number	표준시(UTC)에 따른 Date 객체의 월(1월을 나타내는 0에서 12월을 나타내는 11 사이) 부분입니다.
seconds : Number	현지 시간에 따른 Date 객체의 초(0에서 59 사이의 정수) 부분입니다.
secondsUTC : Number	표준시(UTC)에 따른 Date 객체의 초(0에서 59 사이의 정수) 부분입니다.
time : Number	Date 객체에서 표준시 1970년 1월 1일 자정 이후 경과된 밀리초입니다.
timezoneOffset : Number	[읽기 전용] 컴퓨터의 현지 시간과 표준시(UTC)의 시차(분 단위)입니다.

속성 중에 UTC가 붙어있는 속성과 UTC가 없는 속성이 쌍으로 있습니다. UTC(Universal Time Coordinated)란 세계 표준 시간을 의미합니다. 즉 hours는 현지 시간을 알려주며, hoursUTC는 세계 표준 시간을 알려줍니다.

Date 객체를 trace( )로 확인해보면 "GMT+0900"를 볼 수 있습니다. GMT(Greenwich Mean Time)는 그리니치 천문대의 시간(세계 표준 시간)을 의미하며 +0900은 세계표준시간에 9시간을 더해서 대한민국의 시간이 되는 것을 의미합니다.

```
var date:Date = new Date();

//시각 정보
var hours:Number = date.hours;

//분 정보
var minutes:Number= date.minutes;

//초 정보
var seconds:Number = date.seconds;
```

완성파일미리보기 : 부록CD1/Sample/Part06/Sec08/Exam01/완성/exam01.swf
예제파일 : 부록CD1/Sample/Part06/Sec08/Exam01/예제/exam01.fla

01 예제파일을 열고, 같은 폴더에 com 패키지(package) 폴더를 만듭니다.

02 com 패키지 안에 DateSample 클래스 파일(DateSample.as)을 생성합니다. 클래스 위치가 fla 파일과 같지 않고 패키지(폴더) 안에 있으므로 패키지 경로(com)를 반드시 입력해야 합니다.

```
1   package com
2   {
3       import flash.display.Sprite;
4
5       public class DateSample extends Sprite
6       {
7           public function DateSample()
8           {
9
10          }
11      }
12  }
```

line 1   패키지 경로를 지정합니다. DateSample 클래스의 위치가 com 폴더 안에 있으므로 파일의 경로(패키지의 경로)를 입력해줍니다.

03 com.DateSample 클래스를 도큐먼트 클래스로 등록합니다. 패키지와 클래스 경로는 .(도트)로 구분합니다. com은 패키지 경로이고 DateSample은 클래스 이름입니다.

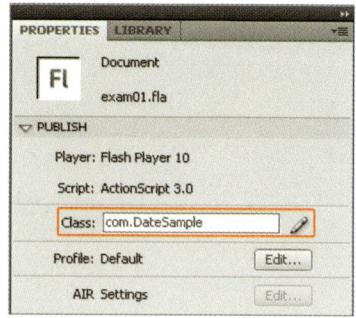

04 생성자 함수에서 Date 객체를 생성합니다.

```
1   package com
2   {
3      import flash.display.Sprite;
4
5      public class DateSample extends Sprite
6      {
7         private var _date:Date;
8
9         public function DateSample()
10        {
11           _date = new Date();
12        }
13     }
14  }
```

line 7   Date 객체를 참조할 변수 _date를 생성합니다. DateSample 객체 내부에서만 사용할 것이므로 접근 제한자를 private로 선언했습니다.

line 11   Date 객체를 생성하여 line 7에서 생성한 변수에 대입합니다.

05 생성된 Date 객체를 이용하여 텍스트 필드에 현재 시간 정보를 출력합니다.

```
1   package com
2   {
3      import flash.display.Sprite;
4      import flash.text.TextField;
5
6      public class DateSample extends Sprite
7      {
8         private var _date:Date;
```

```
 9
10        public function DateSample()
11        {
12            _date = new Date();
13            writeDate();
14        }
15
16        private function writeDate():void
17        {
18            var year:uint = _date.fullYear;
19            var month:uint = _date.month + 1;
20            var date:uint = _date.date;
21            var hours:uint = _date.hours;
22            if (hours > 12) hours -= 12;
23            var minutes:uint = _date.minutes;
24            var seconds:uint = _date.seconds;
25            txt.text = year + "년 " + month + "월 " + date + "일 " + hours
               + "시 " + minutes + "분 " + seconds + "초 입니다.";
26        }
27    }
28 }
```

line 4   TextField 클래스를 사용하기 위해 클래스 위치를 선언합니다.

line 13   writeDate( ) 함수를 호출합니다.

line 16   시간 정보를 텍스트 필드에 입력할 함수입니다. 이 함수 역시 DateSample 객체 내부에서만 사용할 함수이므로
           접근 제한자가 private입니다.

line 18   Date 객체에서 연도 정보를 얻어냅니다.

line 19   Date 객체에서 월 정보를 얻어냅니다. 월 정보는 0 ~ 11의 데이터가 반환되므로 1을 더해주었습니다. (1월을 0
           으로 반환합니다.)

line 20   Date 객체에서 날짜(일) 정보를 얻어냅니다.

line 21   Date 객체에서 시각 정보를 얻어냅니다.

line 22   시각 정보는 24시간제로 표현됩니다. 12시간제로 표현하기 위해 12보다 큰 시각은 12시간을 빼줍니다.

line 23   Date 객체에서 분 정보를 얻어냅니다.

line 24   Date 객체에서 초 정보를 얻어냅니다.

line 25   문자열 연산(문자와 문자 또는 숫자와 문자를 더하면 문자열이 됩니다.)을 이용하여 텍스트 필드에 앞에서 구한
           모든 값을 출력합니다.

06 테스트 무비(단축키: Ctrl + Enter)를 실행하여 결과를 확인합니다.

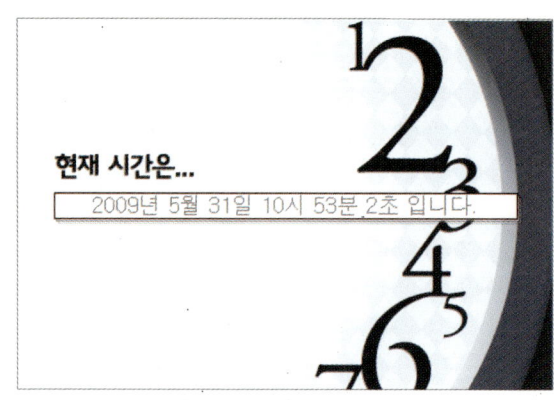

예제 02 | **텍스트필드에 시간 흐르게 만들기**

완성파일미리보기 : 부록CD1/Sample/Part06/Sec08/Exam01/완성/exam02.swf
예제파일 : 부록CD1/Sample/Part06/Sec08/Exam01/예제/exam02.fla

01 예제파일(exam02.fla, com/Clock.as)을 열고, 소스 코드를 확인합니다. 앞 예제에서는 Date 객체가 생성되는 시점의 시간 정보를 텍스트 필드에 출력했습니다. 이번 예제에서는 매 초마다 시간 정보를 갱신하여 텍스트 필드의 시간이 흐르도록 해보겠습니다.

02 타이머 객체를 생성하여 1초에 한번씩 Date 정보를 갱신해봅시다. Clock.as에서 아래 코드(굵은 글씨)를 추가합니다.

```
1    package com
2    {
3        import flash.display.Sprite;
4        import flash.text.TextField;
5        import flash.utils.Timer;
6        import flash.events.TimerEvent;
7
8        public class Clock extends Sprite
```

```
9       {
10          private var _date:Date;
11          private var _timer:Timer;
12
13          public function Clock()
14          {
15              _timer = new Timer(1000);
16              _timer.addEventListener(TimerEvent.TIMER, getDate);
17              _timer.start();
18              getDate();
19          }
20
21          private function getDate(event:TimerEvent = null):void
22          {
23              _date = new Date();
24              writeDate();
25          }
```

line 11   타이머 객체를 참조할 변수 _timer를 생성합니다.

line 15   1초마다 "timer" 이벤트가 발생하는 타이머 객체를 생성하여 line 11에서 생성한 _timer 변수에 참조시킵니다.

line 16   타이머 객체에 "timer"(TimerEvent.TIMER) 이벤트가 발생하면 getDate 함수를 호출하도록 등록합니다.

line 17   타이머 객체를 실행합니다.

line 21   수정 전에는 일반 함수였던 getDate( ) 함수가 타이머 객체에 등록된 이벤트 핸들러 함수가 되었으므로 매개변수를 만들어줍니다.

수정 전에는 일반 함수였던 getDate( ) 함수가 타이머 객체에 등록된 이벤트 핸들러 함수가 되었으므로 매개변수를 만들어줍니다.

하지만 타이머 이벤트가 발생하기 전에 line 18에서 getDate( ) 함수를 호출합니다. 함수 호출 시 매개변수를 전달하지 않으므로 매개변수가 전달되지 않을 때에는 기본값이 들어가도록 기본 매개변수 값 null을 설정해줍니다. 함수 호출 시 매개변수의 개수가 맞지 않으면 오류가 발생하므로 이와 같은 방법을 사용한 것입니다.

결과적으로 매개변수가 전달되면 전달된 값, 매개변수가 전달되지 않으면 null이 event 변수에 참조됩니다.

03 테스트 무비(단축키: Ctrl + Enter)를 실행하여 결과를 확인합니다.

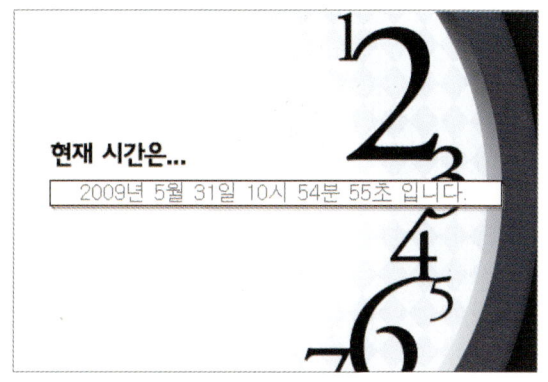

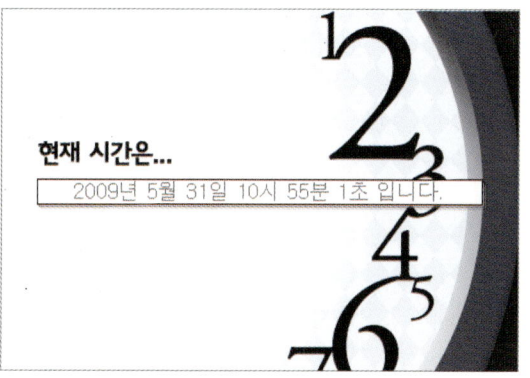

02. 요일 한글로 표현하기

Date 클래스에 요일 정보를 요청하면 숫자로 데이터를 반환해줍니다. 0은 일요일이고 6은 토요일입니다. 배열을 이용하여 숫자 정보를 우리가 원하는 문자로 변경하여 표현해봅시다.

💡 **미리 알아두기**　　**함수** : Part 7. 기초 프로그래밍 〉 Sec 5. 함수 ｜ **패키지** : Part 7. 기초 프로그래밍 〉 Sec 7. OOP 문법 〉 01. 패키지 ｜ **클래스** : Part 7. 기초 프로그래밍 〉 Sec 7. OOP 문법 〉 02. 클래스 ｜ **배열(Vector, Array)** : Part 6. 액션스크립트 3.0 즐기기 〉 Sec 05. 마우스 활용 〉 01. 버튼에 링크 걸기

※ 예제를 따라하기 전에 '미리 알아두기' 내용을 반드시 읽어보기 바랍니다.

Date 클래스의 day 속성

Date 클래스의 day 속성 또는 getDay( ) 메서드를 이용하면 요일 정보를 얻을 수 있습니다. 하지만 이 정보는 숫자로 표현되기 때문에 문자로 변환하는 과정이 필요합니다. "0 : 일요일, 1 : 월요일, ... , 6 : 토요일"을 의미하므로 이 번호는 배열(Array 또는 Vector) 객체의 Index 번호로 활용하면 쉽게 문자로 변환할 수 있습니다.

```
var days:Vector = Vector.<String>(["일", "월", "화", "수", "목", "금", "토"]);
var date:Date = new Date();
var day:Number = date.day;
var dayStr:String = days[day];
```

예제 01	요일을 한글로 표현하기

완성파일미리보기 : 부록CD1/Sample/Part06/Sec08/Exam02/완성/exam01.swf
예제파일 : 부록CD1/Sample/Part06/Sec08/Exam02/예제/exam01.fla

01 예제파일(exam01.fla, com/DaySample. as)을 열고, 테스트 무비(단축키: Ctrl + Enter)를 실행하여 요일이 숫자로 나오는 것을 확인합니다.

02 DaySample 클래스를 아래와 같이 수정하여 한글로 요일을 표현해봅시다.

```
1    package com
2    {
3        import flash.display.Sprite;
4        import flash.text.TextField;
5
6        public class DaySample extends Sprite
7        {
8            private var _date:Date;
9            private var dayArr:Vector.<String> = Vector.<String>(["일", "월",
             "화", "수", "목", "금", "토"]);
10
11           public function DaySample()
12           {
13               _date = new Date();
14               txt.text = dayArr[_date.day];
15           }
16       }
17   }
```

line 9   한글 요일 정보를 가지는 Vector 배열 객체를 생성합니다. Date 클래스의 요일 정보 순서대로 일요일을 0번 인
덱스에 입력했습니다. Vector 객체를 생성과 동시에 데이터를 입력하는 방법은 new 생성자를 사용하지 않고 위
와 같이 배열을 Vector 객체로 직접 캐스팅하는 방식을 따릅니다. 만약 Vector 객체를 생성한 후 데이터를 입력
한다면 아래와 같이 될 것입니다.

```
var dayArr:Vector = new Vector.<String>();
dayArr.push("일");
dayArr.push("월");
dayArr.push("화");
dayArr.push("수");
dayArr.push("목");
dayArr.push("금");
dayArr.push("토");
```

Vector 객체는 플래시 플레이어 10.0 이상에서 사용 가능한 객체입니다. 만약 9.0이하 버전에서 동작할 수 있는
플래시를 제작한다면 Vector 객체 대신 Array 객체를 사용합니다.

위 코드를 Array(배열) 객체로 변경하면 다음과 같습니다.

```
private var dayArr:Array = new Array("일", "월", "화", "수", "목",
"금", "토");
```

line 14   Date 객체에서 얻어낸 요일 정보(숫자)를 이용하여 line 9에서 생성한 배열 객체의 값을 텍스트 필드에 보여줍
니다.

03 테스트 무비(단축키 : Ctrl + Enter)를 실행하여 결과를 확인합니다.

03. 아날로그 시계 만들기

Date 객체 정보를 이용하여 바늘 시계를 제작해봅시다.

미리 알아두기   **Date** : Part 6. 액션스크립트 3.0 즐기기 〉 Sec 8. 시간활용(Date) 〉 01. 현재시간 표현하기

※ 예제를 따라하기 전에 '미리 알아두기' 내용을 반드시 읽어보기 바랍니다.

바늘 시계의 회전 각

바늘 시계에는 초 바늘, 분 바늘, 시 바늘이 있습니다. 초 바늘은 1분(60초)에 한 바퀴(360도)를 돌게 되므로 1초에 360 / 60도를 돌게 됩니다. 분 바늘은 1시간(60분)에 한 바퀴(360도)를 돌게 되므로 1분에 360 / 60도를 돌게 됩니다. 시 바늘은 12시간에 한 바퀴(360도)를 돌게 되므로, 1시간에 360 / 12도를 돌게 됩니다. 하지만 시 바늘의 경우 분 바늘이 돌면서 같이 돌아가게 되므로, 분 바늘이 움직임에 따라서 360 / 12 / 60도를 더 움직이게 됩니다.

```
초 바늘 회전 각 = 초 * (360/60)
분 바늘 회전 각 = 분 * (360/60)
시 바늘 회전 각 = 시 * (360/12) + 분 * (360/12/60)
```

예제 01   **아날로그(바늘) 시계 만들기**

완성파일미리보기 : 부록CD1/Sample/Part06/Sec08/Exam03/완성/exam01.swf
예제파일 : 부록CD1/Sample/Part06/Sec08/Exam03/예제/exam01.fla

01 예제파일(exam01.fla, com/ClockAnalog. as)을 열고, 코드를 확인합니다. 'Section 08. 시간 활용 > 01. 현재시간 표현하기' 에서 제작한 코드입니다. 매 초마다 Date 객체를 생성하여 새로운 시간 정보를 얻어냅니다. 단, 시간 정보를 표현하는 코드(writeDate() 함수 코드)가 빠져 있습니다. 이 부분에 바늘의 움직임에 대한 코드를 입력할 것입니다.

02 writeDate 함수에 바늘을 회전시키는 코드를 추가합니다.

```
26   private function writeDate():void
27   {
28      var hours:Number = _date.hours;
29      if (hours > 12) hours -= 12;
30      var minutes:Number = _date.minutes;
31      var seconds:Number = _date.seconds;
32
33      seconds_mc.rotation = seconds * (360 / 60);
34      minutes_mc.rotation = minutes * (360 / 60);
35      hours_mc.rotation = hours * (360 / 12) + minutes * (360 / 12 / 60);
36   }
```

line 33   초 바늘은 1초에 6도(360도 / 60초)씩 돌게 됩니다. 초 바늘을 line 6에서 구한 초 정보에 6도를 곱한 만큼 회전 시킵니다.

line 34   분 바늘은 1분에 6도(360도 / 60초)씩 돌게 됩니다. 분 바늘을 line 5에서 구한 분 정보에 6도를 곱한 만큼 회전 시킵니다.

line 35   시 바늘은 시간 정보와 분 정보에 따라 회전 각이 변경됩니다. 1시간에 30도(360/12)를 회전하지만 분 바늘의 움직임에 따라서 30도보다 분 * 0.5도(30도 / 60분)를 더 회전하게 됩니다.

03 테스트 무비(단축키: Ctrl + Enter)를 실행하여 결과를 확인합니다.

필터 & 블렌드 모드

학습 목표

이번 장에서는 스크립트를 이용하여 DisplayObject에 여러 가지 필터와 블렌드 모드를 적용해봅니다.

01. Blur Filter 사용하기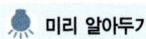

스크립트를 이용해 Blur(흐림) 필터를 만들어봅시다.

🕷 **미리 알아두기** **함수** : Part 7. 기초 프로그래밍 〉 Sec 5. 함수 ┃ **이벤트** : Part 7. 기초 프로그래밍 〉 Sec 7. OOP 문법 〉 05. 이벤트 ┃ **패키지** : Part 7. 기초 프로그래밍 〉 Sec 7. OOP 문법 〉 01. 패키지 ┃ **클래스** : Part 7. 기초 프로그래밍 〉 Sec 7. OOP 문법 〉 02. 클래스 ┃ **배열(Vector, Array)** : Part 6. 액션스크립트 3.0 즐기기 〉 Sec 05. 마우스 활용 〉 01. 버튼에 링크 걸기

※ 예제를 따라하기 전에 '미리 알아두기' 내용을 반드시 읽어보기 바랍니다.

Blur Filter

Blur 필터를 이용하면 DisplayObject를 흐리게 표현할 수 있습니다. 흐림의 정도는 매개변수에 전달되는 값에 따라 달라집니다.

```
BlurFilter(blurX:Number = 4.0, blurY:Number = 4.0, quality:int = 1)
```

- blurX : 수평 흐림 효과의 정도를 나타냅니다. 2의 거듭제곱 값 (2, 4, 6, 8, 16...)을 사용해야 빠르게 실행됩니다.
- blurY : 수직 흐림 효과의 정도를 나타냅니다. 2의 거듭제곱 값 (2, 4, 6, 8, 16...) 을 사용해야 빠르게 실행됩니다.
- quality : 흐림 효과의 품질을 결정합니다. 1~3의 정수를 사용합니다. 1보다 3이 부드러운 흐림 효과를 나타내지만 그만큼 처리 속도가 느립니다.

DisplayObject의 filters 속성

DisplayObject에 필터를 적용하려면 filters 속성에 필터를 참조한 배열을 전달합니다. 만약 툴을 이용해 필터를 적용했다면 filters 속성에 이미 해당 필터를 참조한 배열이 존재하게 됩니다.

```
displayObject.filters = new Array(new BlurFilter());
```

완성파일미리보기 : 부록CD1/Sample/Part06/Sec09/Exam01/완성/exam01.swf
예제파일 : 부록CD1/Sample/Part06/Sec09/Exam01/예제/exam01.fla

01 예제파일을 열고, 같은 폴더에 com 패키지(package) 폴더를 만듭니다.

02 com 패키지 안에 BlurFilterSample 클래스 파일(BlurFilterSample.as)을 생성합니다.

```
1    package com
2    {
3        import flash.display.Sprite;
4
5        public class BlurFilterSample extends Sprite
6        {
7            public function BlurFilterSample()
8            {
9
10           }
11       }
12   }
```

03 com.BlurFilterSample 클래스를 도큐먼트 클래스로 등록합니다.

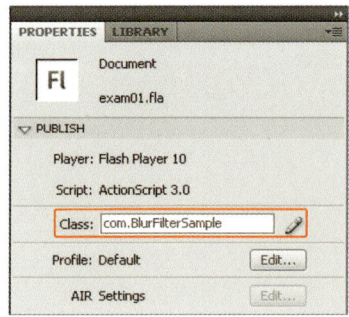

04 BlurFilter 객체를 생성하고, bg_mc에 적용합니다.

```
1    package com
2    {
3      import flash.display.Sprite;
4      import flash.filters.BlurFilter;
5
6      public class BlurFilterSample extends Sprite
7      {
8        private var _filter:BlurFilter;
9
10       public function BlurFilterSample()
11       {
12         createFilter();
13         bg_mc.filters = [_filter];
14       }
15
16       private function createFilter():void
17       {
18         var blurX:Number = 16;
19         var blurY:Number = 4;
20         var quality:uint = 3;
21         _filter = new BlurFilter(blurX, blurY, quality);
22       }
23     }
24   }
```

line 4   BlurFilter 클래스를 사용하기 위해 클래스 위치를 선언합니다.

line 8   BlurFilter 객체를 참조할 변수 _filter를 생성합니다. 모든 함수에서 BlurFilter 객체를 사용할 수 있도록 변수를 함수 밖에서 선언했습니다.

line 12   createFilter( ) 함수를 호출합니다.

line 13   bg_mc에 필터를 적용합니다. filters 속성에는 필터를 적용한 배열을 넘겨야 하므로 배열 생성과 함께 createFilter( ) 함수에서 만든 필터를 배열의 0번 인덱스에 대입했습니다.

line 18~19   BlurFilter 객체의 속성으로 사용할 값들을 변수에 대입합니다.

line 21   BlurFilter 객체를 생성합니다. 가로로 더 많은 흐림 효과가 적용되고 품질을 제일 부드럽게 3을 적용했습니다. 생성된 객체는 line 8에서 생성된 _filter 변수에 참조됩니다.

05 테스트 무비(단축키: Ctrl + Enter)를 실행
하여 결과를 확인합니다.

02. Glow Filter 사용하기

스크립트를 이용해 Glow(빛나는) 효과를 만들어봅시다.

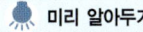 **미리 알아두기**   배열(Vector, Array) : Part 6. 액션스크립트 3.0 즐기기 〉 Sec 5. 마우스 활용 〉 01. 버튼에 링크 걸기 | **DisplayObject의 filters 속성** : Part 6. 액션 스크립트 3.0 즐기기 〉 Sec 9. 필터 & 블렌드모드 〉 01. Blur Filter 사용하기

※ 예제를 따라하기 전에 '미리 알아두기' 내용을 반드시 읽어보기 바랍니다.

Glow Filter

Glow 필터를 이용하면 DisplayObject를 빛나게 표현할 수 있습니다. Glow 효과는 안쪽을 빛나게 하거나 바깥쪽을 빛나게 하는 등의 속성이 있습니다.

```
GlowFilter(color:uint = 0xFF0000, alpha:Number = 1.0, blurX:Number = 6.0,
blurY:Number = 6.0, strength:Number = 2, quality:int = 1, inner:Boolean = false,
knockout:Boolean = false)
```

- color : 빛 효과의 색상을 지정합니다.
- alpha : 빛 효과의 투명도를 지정합니다.
- blurX : 수평 흐림 효과의 정도를 나타냅니다. 2의 거듭제곱 값 (2, 4, 6, 8 ,16 …)을 사용해야 빠르게 실행됩니다.
- blurY : 수직 흐림 효과의 정도를 나타냅니다. 2의 거듭제곱 값 (2, 4, 6, 8 ,16 …) 을 사용해야 빠르게 실행됩니다.
- strength : 빛 효과의 강도를 지정합니다. 클수록 강한 빛이 나타납니다.
- quality : 빛 효과의 품질을 지정합니다. 1~3의 정수를 사용합니다. 1보다 3이 부드러운 빛 효과를 나타내지만 그만큼 처리 속도가 느립니다.
- inner : 오브젝트의 안쪽으로 퍼지는 빛 효과 적용 여부를 지정합니다. 기본값은 false로 바깥쪽으로 퍼지는 빛이 만들어집니다.
- knockout : 디스플레이 오브젝트를 보이지 않도록 하여, 빛 효과만 표현할 지 여부를 지정합니다.

완성파일미리보기 : 부록CD1/Sample/Part06/Sec09/Exam02/완성/exam01.swf
예제파일 : 부록CD1/Sample/Part06/Sec09/Exam02/예제/exam01.fla

01 예제파일을 열고, 같은 폴더에 com 패키지(package) 폴더를 만듭니다.

02 com 패키지 안에 GlowFilterSample 클래스 파일(GlowFilterSample.as)을 생성합니다.

```
1    package com
2    {
3       import flash.display.Sprite;
4
5       public class GlowFilterSample extends Sprite
6       {
7          public function GlowFilterSample()
8          {
9
10         }
11      }
12   }
```

03 com.GlowFilterSample 클래스를 도큐먼트 클래스로 등록합니다.

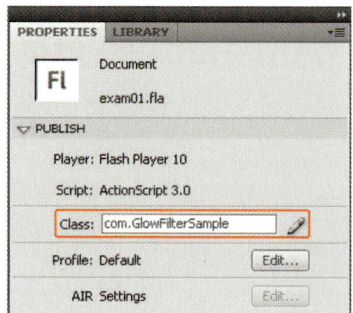

04 GlowFilter 객체를 생성하고, light_mc에 적용합니다.

```
1    package com
2    {
3        import flash.display.Sprite;
4        import flash.filters.GlowFilter;
5
6        public class GlowFilterSample extends Sprite
7        {
8            private var _filter:GlowFilter;
9
10           public function GlowFilterSample()
11           {
12               createFilter();
13               light_mc.filters = [_filter];
14           }
15
16           private function createFilter():void
17           {
18               var color:uint = 0xFFFFFF;
19               var _alpha:Number = 1;
20               var blurX:Number = 32;
21               var blurY:Number = 32;
22               var strength:Number = 5;
23               var quality:uint = 3;
24               _filter = new GlowFilter(color, _alpha, blurX, blurY, strength,
                 quality);
25           }
26       }
27   }
```

line 4   GlowFilter 클래스를 사용하기 위해 클래스 위치를 선언합니다.

line 8   GlowFilter 객체를 참조할 변수 _filter를 생성합니다. 모든 함수에서 GlowFilter 객체를 사용할 수 있도록 변수를
            함수 밖에서 선언했습니다.

line 12   createFilter( ) 함수를 호출합니다.

line 13   만들어진 필터를 배열에 담아 light_mc의 filters 속성에 적용합니다.

line 18~23 GlowFilter 객체의 속성으로 사용할 값들을 변수에 대입합니다.

line 24   GlowFilter 객체를 생성합니다.

05 테스트 무비(단축키: Ctrl + Enter)를 실행하여 결과를 확인합니다.

03. DropShadow Filter 사용하기(여러 개의 필터 사용하기)

- 스크립트를 이용해 DropShadow(그림자) 필터를 만들어봅시다.
- 동시에 여러 개의 필터를 사용해봅시다.

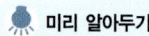 **미리 알아두기** **배열(Vector, Array)** : Part 6. 액션스크립트 3.0 즐기기 〉 Sec 5. 마우스 활용 〉 01. 버튼에 링크 걸기 | **DisplayObject의 filters 속성** : Part 6. 액션스크립트 3.0 즐기기 〉 Sec 9. 필터 & 블렌드모드 〉 01. Blur Filter 사용하기

※ 예제를 따라하기 전에 '미리 알아두기' 내용을 반드시 읽어보기 바랍니다.

DropShadow Filter

그림자 효과를 만들어 주는 DropShadow 필터에는 그림자의 거리, 각도, 컬러, 안/바깥쪽 그림자 선택 등 다양한 속성이 있습니다.

```
DropShadowFilter(distance:Number = 4.0, angle:Number = 45, color:uint = 0,
alpha:Number = 1.0, blurX:Number = 4.0, blurY:Number = 4.0, strength:Number
= 1.0, quality:int = 1, inner:Boolean = false, knockout:Boolean = false,
hideObject:Boolean = false)
```

- distance : 그림자의 거리를 지정합니다. (0으로 지정할 경우 Glow필터와 비슷한 효과가 나타납니다.)
- angle : 그림자의 각도를 지정합니다.
- color : 그림자의 색상을 지정합니다.
- alpha : 그림자의 투명도를 지정합니다.
- blurX : 수평 흐림 효과의 정도를 나타냅니다. 2의 거듭제곱 값 (2, 4, 6, 8 ,16 ...)을 사용해야 빠르게 실행됩니다.
- blurY : 수직 흐림 효과의 정도를 나타냅니다. 2의 거듭제곱 값 (2, 4, 6, 8 ,16 ...) 을 사용해야 빠르게 실행됩니다.
- strength : 그림자의 강도를 지정합니다. 클수록 진한 그림자가 나타납니다.

- quality : 그림자의 품질을 지정합니다. 1~3의 정수를 사용합니다. 1보다 3이 부드러운 그림자 효과를 나타내지만 그만큼 처리 속도가 느립니다.
- inner : 오브젝트의 안쪽으로 그림자 효과를 적용할 지 지정합니다.
- knockout : 디스플레이 오브젝트를 안 보이도록 하여, 그림자만 표현할 지 여부를 지정합니다.
- hideObject : 디스플레이 오브젝트를 감춥니다. knockout과는 다르게 오브젝트가 있던 자리도 그림자가 표현됩니다.

예제 01 ｜ 빛 효과와 그림자 효과를 동시에 만들기

완성파일미리보기 : 부록CD1/Sample/Part06/Sec09/Exam03/완성/exam01.swf
예제파일 : 부록CD1/Sample/Part06/Sec09/Exam03/예제/exam01.fla

01 예제파일(exam01.fla, com/MultiFilter.as)을 열고, 코드 확인 후 테스트 무비(단축키: Ctrl + Enter)를 실행하여 Glow 필터가 나타나는지 확인합니다.

```
1   package com
2   {
3       import flash.display.Sprite;
4       import flash.filters.GlowFilter;
5
6       public class MultiFilter extends Sprite
7       {
8           private var _glowFilter:GlowFilter;
9
10          public function MultiFilter()
11          {
12              createFilter();
13              man_mc.filters = [_glowFilter];
14          }
15
16          private function createFilter():void
```

```
17        {
18            _glowFilter = new GlowFilter(0xFFFFFF, 1, 16, 16);
19        }
20    }
21  }
```

02 DropShadowFilter 객체를 생성하고, man_mc에 추가로 적용합니다.

```
1   package com
2   {
3      import flash.display.Sprite;
4      import flash.filters.GlowFilter;
5      import flash.filters.DropShadowFilter;
6
7      public class MultiFilter extends Sprite
8      {
9         private var _glowFilter:GlowFilter;
10        private var _dropShadowFilter:DropShadowFilter;
11
12        public function MultiFilter()
13        {
14           createFilter();
15           man_mc.filters = [ _glowFilter, _dropShadowFilter];
16        }
17
18        private function createFilter():void
19        {
20           _glowFilter = new GlowFilter(0xFFFFFF, 1, 16, 16);
21
22           var distance:Number = 20;
23           var angle:Number = 0;
24           var color:uint = 0x000000;
25           var _alpha:Number = 0.5;
26           var blurX:Number = 8;
27           var blurY:Number = 8;
28           var strength:Number = 1;
29           var quality:uint = 3;
30           _dropShadowFilter = new DropShadowFilter(distance, angle, color,
                 _alpha, blurX, blurY, strength, quality);
31        }
32     }
33  }
```

line 5   DropShadowFilter 클래스를 사용하기 위해 클래스 위치를 선언합니다.

line 9~10   두 개의 필터 객체를 참조할 변수를 생성합니다.

line 14	createFilter( ) 함수를 호출합니다.
line 15	만들어진 필터를 배열에 담아 man_mc의 filters 속성에 적용 합니다. 여러 개의 필터를 사용할 때, 이와 같이 배열에 모두 담아서 적용합니다.
line 20	GlowFilter 객체를 생성합니다. 투명도가 없는 흰색(0xFFFFFF)의 효과를 만들었습니다. blurX, blurY 속성은 16으로 지정했습니다. 나머지 속성은 기본값을 따릅니다.
line 22~29	DropShadowFilter 객체의 속성으로 사용할 값들을 변수에 대입합니다.
line 30	DropShadowFilter 객체를 생성합니다.

03 테스트 무비(단축키: Ctrl + Enter)를 실행하여 결과를 확인합니다.

04. Bevel Filter 사용하기(이미 사용된 필터와 함께 사용하기)

스크립트를 이용해 Bevel(경사) 필터를 만들어봅시다.

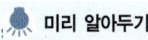 **미리 알아두기** 배열(Vector, Array) : Part 6. 액션스크립트 3.0 즐기기 〉 Sec 5. 마우스 활용 〉 01. 버튼에 링크 걸기 | **DisplayObject의 filters 속성** : Part 6. 액션스크립트 3.0 즐기기 〉 Sec 9. 필터 & 블렌드모드 〉 01. Blur Filter 사용하기

※ 예제를 따라하기 전에 '미리 알아두기' 내용을 반드시 읽어보기 바랍니다.

Bevel Filter

Bevel 필터를 이용하면 DisplayObject에 경사각을 만들어 위로 올라오거나 아래로 들어간 효과를 표현할 수 있습니다.

```
BevelFilter(distance:Number = 4.0, angle:Number = 45, highlightColor:uint =
0xFFFFFF, highlightAlpha:Number = 1.0, shadowColor:uint = 0x000000,
shadowAlpha:Number = 1.0, blurX:Number = 4.0, blurY:Number = 4.0,
strength:Number = 1, quality:int = 1, type:String = "inner", knockout:Boolean
= false)
```

- distance : 경사의 길이를 지정합니다.

- angle : 경사각의 각도를 지정합니다.

- highlightColor : 경사각의 밝은 부분 색상을 지정합니다.

- highlightAlpha : 밝은 부분 색상의 투명도를 지정합니다.

- shadowColor: 경사각의 어두운 부분 색상을 지정합니다.

- shadowAlpha: 어두운 부분 색상의 투명도를 지정합니다.

- blurX : 수평 흐림 효과의 정도를 나타냅니다. 2의 거듭제곱 값 (2, 4, 6, 8 ,16 ...)을 사용해야 빠르게 실행됩니다.

- blurY : 수직 흐림 효과의 정도를 나타냅니다. 2의 거듭제곱 값 (2, 4, 6, 8 ,16 ...)을 사용해야 빠르게 실행됩니다.

- strength : 경사의 강도를 지정합니다. 클수록 뚜렷한 경사가 나타납니다.

- quality : 경사각의 품질을 지정합니다. 1~3의 정수를 사용합니다. 1보다 3이 부드러운 경사각을 나타내지만 그만큼 처리 속도가 느립니다.

- type : 경사의 종류를 지정합니다. 기본값은 "inner"이며 다음 3가지 중 선택할 수 있습니다.
    - BitmapFilterType.INNER
    - BitmapFilterType.OUTER
    - BitmapFilterType.FULL

- knockout : 디스플레이 오브젝트를 보이지 않도록 하여, 필터 부분만 표현할 지 여부를 지정합니다.

Array(배열) Class의 push( ) 메서드 / pop( ) 메서드

push 메서드는 배열의 마지막 인덱스 다음에 새로운 데이터를 추가합니다.

```
var arr:Array = new Array();
arr[0] = "data1";
arr.push("data2")
```

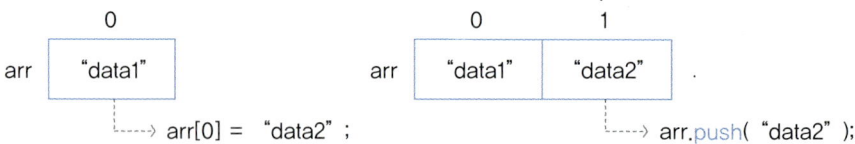

만약 마지막 데이터를 제거하려면 pop() 메서드를 이용합니다.

```
var arr:Array = new Array(0, 1, 2);
arr.pop();
```

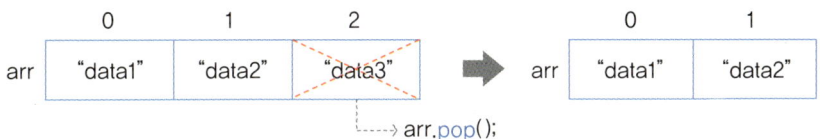

예제 01 그림자 효과가 적용된 이미지에 경사각 효과 추가로 적용하기

완성파일미리보기 : 부록CD1/Sample/Part06/Sec09/Exam04/완성/exam01.swf
예제파일 : 부록CD1/Sample/Part06/Sec09/Exam04/예제/exam01.fla
동영상 강의 : 부록CD2/동영상 강의②/⑥ 여러 가지 필터를 동시에 적용하기.avi

01 예제파일을 열고 man_mc 무비클립에 적용된 그림자 필터를 확인합니다.

02 같은 폴더에 com 패키지(package) 폴더를 만들고, com 패키지 안에 BevelFilterSample 클래스 파일(BevelFilterSample.as)을 생성합니다.

```
1    package com
2    {
3        import flash.display.Sprite
4
5        public class BevelFilterSample extends Sprite
6        {
7            public function BevelFilterSample()
8            {
9
10           }
11       }
12   }
```

03 com.BevelFilterSample 클래스를 도큐먼트 클래스로 등록
합니다.

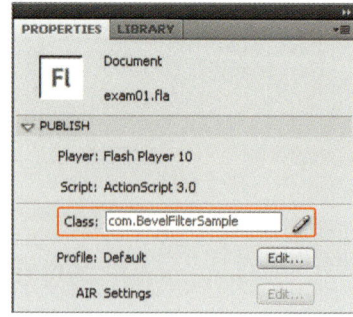

04 BevelFilter 객체 생성 함수를 제작합니다.

```
1    package com
2    {
3        import flash.display.Sprite;
4        import flash.filters.BevelFilter;
5
6        public class BevelFilterSample extends Sprite
7        {
8            private var _filter:BevelFilter;
9
10           public function BevelFilterSample ()
11           {
12               createFilter();
13           }
14
15           private function createFilter():void
16           {
17               var distance:Number = 5;
18               var angle:Number = 0;
19               var highlightColor:uint = 0xFFFFFF;
20               var highlightAlpha:Number = 0.5;
21               var shadowColor:uint = 0x000000;
22               var shadowAlpha:Number = 0.5;
23               var blurX:Number = 8;
24               var blurY:Number = 8;
25               var strength:Number = 2;
26               var quality:uint = 3;
27               _filter = new BevelFilter(distance, angle, highlightColor,
                 highlightAlpha, shadowColor, shadowAlpha, blurX, blurY, strength,
                 quality);
28           }
29       }
30   }
```

line 4	BevelFilter 클래스를 사용하기 위해 클래스 위치를 선언합니다.
line 8	BevelFilter 객체를 참조할 변수 _filter를 생성합니다. 모든 함수에서 BevelFilter 객체를 사용할 수 있도록 변수를 함수 밖에서 선언했습니다.
line 17~26	BevelFilter 객체의 속성으로 사용할 값들을 변수에 대입합니다.
line 27	BevelFilter 객체를 생성합니다.

05 기존에 사용하고 있는 필터와 함께 새로 만들어진 필터를 적용합니다.

```
10   public function BevelFilterSample()
11   {
12      createFilter();
13      var filterArr:Array = man_mc.filters;
14      filterArr.push(_filter);
15      man_mc.filters = filterArr;
16   }
```

line 13	man_mc에 사용되고 있는 필터를 알아내기 위해 filters 속성이 가지고 있는 배열을 filterArr 변수에 대입합니다.
line 14	filterArr에 참조된 배열에 새로 만든 BevelFilter 객체를 추가합니다.
line 15	BevelFilter 객체가 추가된 filterArr 배열을 이용하여 man_mc에 새로운 필터를 적용합니다.

06 테스트 무비(단축키: Ctrl + Enter)를 실행하여 결과를 확인합니다.

본 책에서 언급한 4가지 필터 외에도 다양한 필터가 있습니다. flash.filters 패키지에 있는 다른 클래스들도 도움말(단축키: F1)을 검색해 사용해 보기 바랍니다.

05. blendMode 사용하기(뽀샤시 이미지 만들기)

- 스크립트를 이용해 blendMode를 변경해봅시다.
- 필터와 블렌딩을 이용하여 뽀샤시 효과를 만들어봅시다.

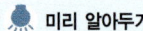 **미리 알아두기**　배열(Vector, Array) : Part 6. 액션스크립트 3.0 즐기기 〉 Sec 5. 마우스 활용 〉 01. 버튼에 링크 걸기　|　**DisplayObject의 filters 속성** : Part 6. 액션 스크립트 3.0 즐기기 〉 Sec 9. 필터 & 블렌드모드 〉 01. Blur Filter 사용하기

※ 예제를 따라하기 전에 '미리 알아두기' 내용을 반드시 읽어보기 바랍니다.

DisplayObject의 blendMode 속성

blendMode 속성은 [Properties] 패널을 이용해서 변경할 수 있지만, 스 크립트를 이용하면 동적으로(플래시 실행 중에) Blending 변경이 가능 합니다.

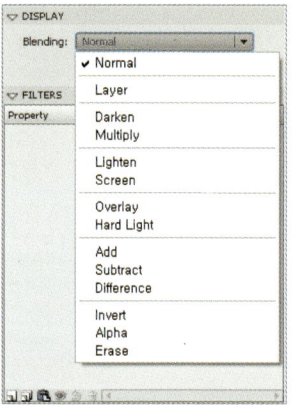

스크립트를 이용하여 Blending을 변경하기 위해 blendMode 속성을 이용합니다.

```
DisplayObject.blendMode = BlendMode.SCREEN;
```

BlendMode list

상수	설명
"add" flash.display.BlendMode.ADD	디스플레이 오브젝트의 색상 요소 값을 배경색에 더하고 올림 값 0xFF를 적용합니다.
"alpha" flash.display.BlendMode.ALPHA	디스플레이 오브젝트에 있는 각 픽셀의 알파 값을 배경에 적용합니다.
"darken" flash.display.BlendMode.DARKEN	디스플레이 오브젝트의 색상 요소와 배경색 중 보다 어두운 색상(값이 작은 색상)을 선택합니다.
"difference" flash.display.BlendMode.DIFFERENCE	디스플레이 오브젝트의 색상 요소를 배경색과 비교하여 둘 중 밝은 색상 값에서 어두운 색상 값을 뺍니다.
"erase" flash.display.BlendMode.ERASE	디스플레이 오브젝트의 알파 값을 기준으로 배경을 지웁니다.
"hardlight" flash.display.BlendMode.HARDLIGHT	디스플레이 오브젝트의 어두운 정도를 기준으로 각 픽셀의 색상을 조정합니다.
"invert" flash.display.BlendMode.INVERT	배경을 반전시킵니다.

"layer" flash.display.BlendMode.LAYER	디스플레이 오브젝트에 대한 투명도 그룹이 만들어지도록 합니다.
"lighten" flash.display.BlendMode.LIGHTEN	디스플레이 오브젝트의 색상 요소와 배경색을 보다 밝은 색(값이 큰 색상)으로 선택합니다.
"multiply" flash.display.BlendMode.MULTIPLY	디스플레이 오브젝트의 색상 요소 값에 배경색의 색상 요소를 곱하고 0xFF로 나누어 정규화하면 보다 어두운 색상이 됩니다.
"normal" flash.display.BlendMode.NORMAL	디스플레이 오브젝트는 배경의 전면에 표시됩니다.
"overlay" flash.display.BlendMode.OVERLAY	배경의 어두운 정도를 기준으로 각 픽셀의 색상을 조정합니다.
"screen" flash.display.BlendMode.SCREEN	디스플레이 오브젝트 색상의 보수(역수)에 배경색 보수를 곱하여 표백 효과를 냅니다.
"shader" flash.display.BlendMode.SHADER	셰이더를 사용하여 객체 간 블렌드를 정의합니다.
"subtract" flash.display.BlendMode.SUBTRACT	배경색 값에서 표시 객체의 색상 요소 값을 빼고 내림 값 0을 적용합니다.

예제 01   뽀샤시 이미지 만들기/흰색 배경 빼기

완성파일미리보기 : 부록CD1/Sample/Part06/Sec09/Exam05/완성/exam01.swf
예제파일 : 부록CD1/Sample/Part06/Sec09/Exam05/예제/exam01.fla

01 예제파일을 열면, 배경 무비클립 2개와 캐릭터 무비클립 1개가 있습니다.

02 같은 폴더에 com 패키지(package) 폴더를 만들고, com 패키지 안에 BlendModeSample 클래스 파일(BlendModeSample.as)을 생성합니다.

```
1    package com
2    {
3        import flash.display.Sprite;
4
5        public class BlendModeSample extends Sprite
```

```
6     {
7         public function BlendModeSample()
8         {
9
10        }
11    }
12 }
```

03 com.BlendModeSample 클래스를 도큐먼트 클래스로 등록합니다.

04 character_mc 무비클립의 blendMode를 "multiply"로 변경합니다.

```
1    package com
2    {
3        import flash.display.Sprite;
4        import flash.display.BlendMode;
5
6        public class BlendModeSample extends Sprite
7        {
8            public function BlendModeSample()
9            {
10               character_mc.blendMode = BlendMode.MULTIPLY;
11           }
12       }
13   }
```

line 4   BlendMode 클래스를 사용하기 위해 클래스 위치를 선언합니다.

line 10   character_mc의 blendMode를 "multiply"로 변경하여 흰색 배경을 없앱니다.

05 photo_mc 무비클립에 블러 필터 적용 후 blendMode를 "screen"으로 변경하여 뽀샤시 효과를 만들어냅니다.

```
1    package com
2    {
3       import flash.display.Sprite;
4       import flash.display.BlendMode;
5       import flash.filters.BlurFilter;
6
7       public class BlendModeSample extends Sprite
8       {
9          public function BlendModeSample()
10         {
11            character_mc.blendMode = BlendMode.MULTIPLY;
12
13            var _filter:BlurFilter = new BlurFilter(16, 16);
14            photo_mc.filters = [_filter];
15            photo_mc.blendMode = BlendMode.SCREEN;
16         }
17      }
18   }
```

line 5	BlurFilter 클래스를 사용하기 위해 클래스 위치를 선언합니다.
line 13	BlurFilter 객체를 생성합니다. 가로 세로 흐림 정도를 16으로 지정했습니다. 퀄리티는 지정하지 않았으므로 기본 값 1이 지정됩니다.
line 14	photo_mc 무비클립에 line 13에서 만든 BlurFilter를 적용합니다.
line 15	photo _mc의 blendMode를 "screen"으로 변경하여 배경 이미지를 밝게 보이도록 합니다.

06 테스트 무비(단축키: Ctrl + Enter)를 실행하여 결과를 확인합니다.

S E C T I O N

동영상 활용

학습 목표

이번 장에서는 플래시 동영상(FLV) 파일을 만드는 방법과 만들어진 FLV 파일을 콤포넌트를 이용하여 재생해봅니다.

01. 플래시 동영상(flv) 파일 만들기

- Adobe Media Encoder CS4 프로그램을 이용하여 FLV 파일을 생성해봅시다.
- 타임라인에 플래시 동영상을 배치해봅시다.

예제 01   Adobe Media Encoder CS4 프로그램을 이용하여 FLV 파일 만들기

예제파일 : 부록CD1/Sample/Part06/Sec10/Exam01/movie.mov

01 플래시 CS4 설치 시 함께 설치된 Adobe Media Encoder CS4 프로그램을 실행합니다.

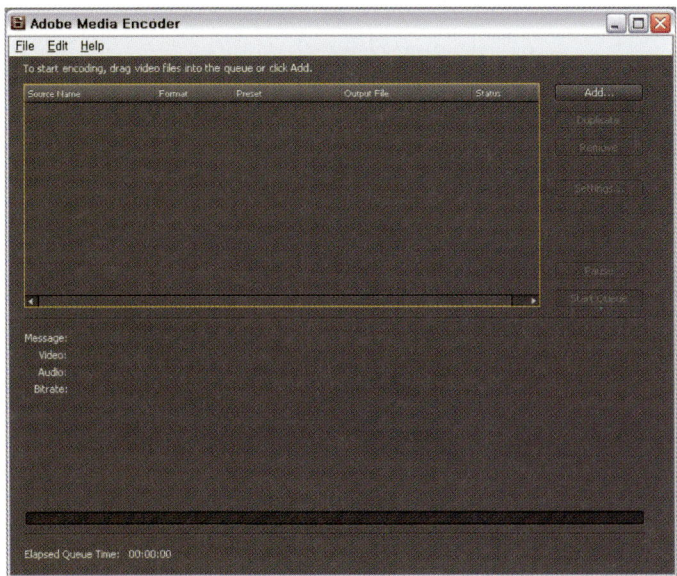

02 [Add...] 버튼을 클릭하여 변환할 파일을 추가하거나, 파일을 드래그해서 리스트에 추가합니다.

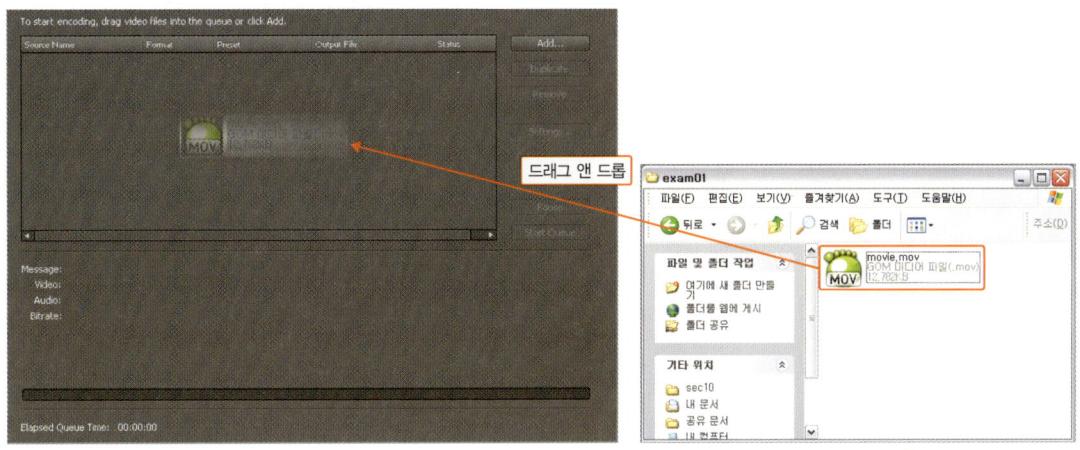

드래그 앤 드롭

03 [Preset] 메뉴를 선택해서 미리 설정해 놓은 값을 이용해도 되지만, 설정을 변경해야 하는 경우 상세 설정을 위해 [Setting] 버튼을 클릭합니다.

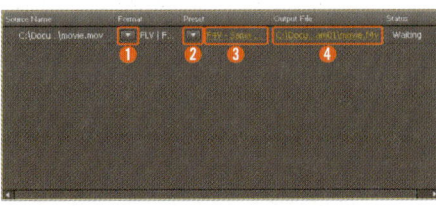

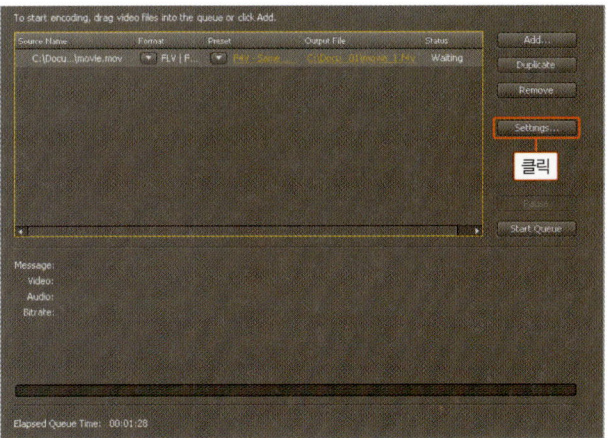

클릭

❶ 변경할 파일 종류를 선택합니다. H.264를 선택 하면 mp4 파일을 만들 수 있습니다.

❷ 미리 설정된 변환 속성을 선택합니다.

❸ 변환 속성을 디테일하게 수정할 수 있습니다. ([Setting] 버튼을 클릭한 것과 같습니다.)

❹ 만들어질 파일명을 미리 설정할 수 있습니다.

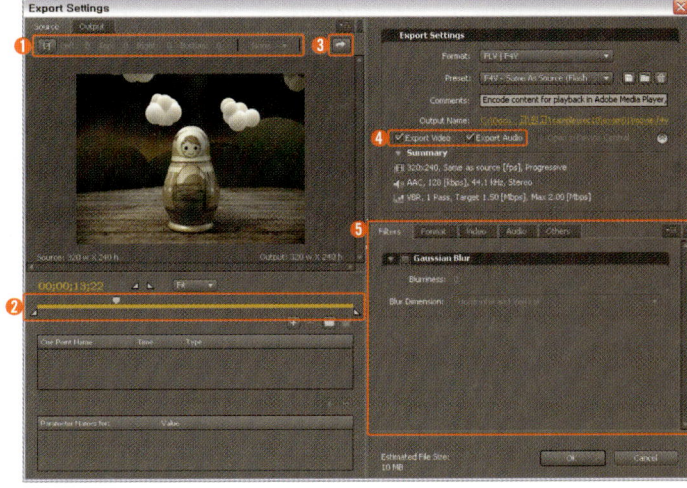

❶ 동영상의 상하좌우를 자릅니다.

❷ 동영상의 앞뒤를 자릅니다.

❸ 변환되는 파일의 모양(사이즈)을 미리 봅 니다.

❹ 영상, 소리를 내보낼 것인지에 대해 선택 합니다.

❺ 변환되는 동영상에 대한 자세한 설정을 합니다.

04 F4V 파일은 H.264 코덱을 사용합니다. 이 코덱을 사용한 동영상은 플래시 플레이어 9 이상에서만 보입니다. 만약 그 이하 버전에서도 보이는 동영상을 만들려면 FLV 파일을 만들어야 합니다. [Format] 탭을 클릭하고 FLV 파일을 선택합니다.

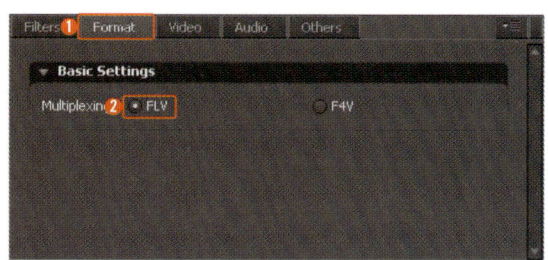

05 동영상 사이즈를 변경하려면 [Video] 탭을 클릭하여 원하는 사이즈를 입력합니다. 원본 사이즈를 유지하려면 Resize Video 체크를 제거합니다.

[Video] 탭에 있는 Sorenson Spark 코덱은 플래시 플레이어 7버전까지 사용했던 코덱입니다. 압축률과 화질에서 On2 VP6가 월등히 앞서며 원본 동영상에 알파 채널(투명)이 존재하면 투명한 FLV 파일을 만들 수도 있습니다. 하지만 플래시 플레이어 8 이상에서만 보입니다.

Frame Rate[fps]를 원본 영상 fps와 같도록 Same as source로 지정합니다.

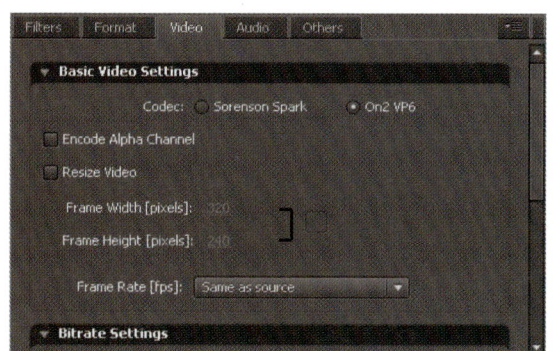

06 [Video] 탭의 [Bitrate Setting]을 조절하면 더욱 좋은 화질의 영상을 만들 수 있습니다. Bitrate 값을 높이면 좋은 품질의 영상을 만들 수 있으나 그만큼 용량이 커집니다. 따라서 네트워크 속도가 느리거나 시스템 사양이 좋지 않을 경우 문제가 발생할 수 있습니다.

700kbps정도면 적당한 품질의 영상을 만들 수 있습니다. Bitrate Encoding / Encoding Passes를 VBR / Two로 설정하면 더 좋은 압축률을 얻을 수 있지만 인코딩 속도가 느려집니다.

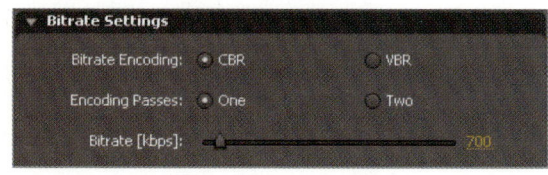

07 [Audio] 탭의 [Bitrate Settings]을 변경합니다. 일반적으로 mp3 파일을 128kbps 이상으로 만듭니다. 너무 높은 값을 설정하면 네트워크 속도에 따라 영상이 끊기는 현상이 발생할 수 있습니다. 고음질을 요구하지 않는 영상이라면 96kbps 정도로 설정합니다.

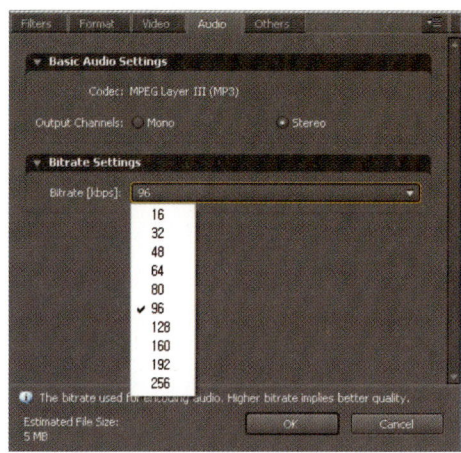

08 [OK] 버튼을 클릭하여 설정 창을 닫습니다.

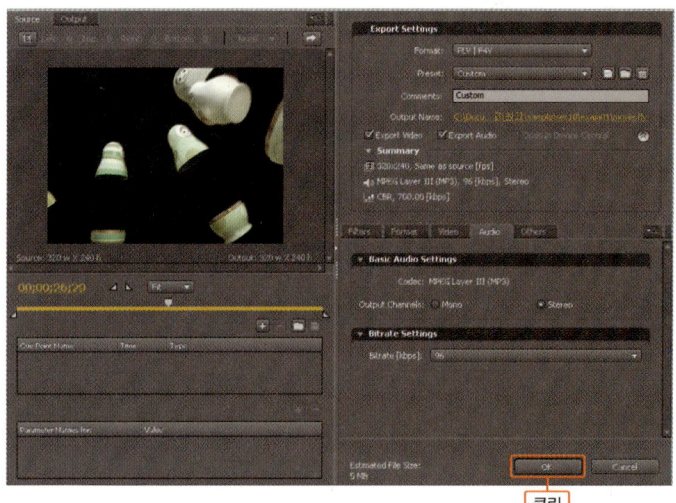

클릭

09 변환할 동영상이 또 있다면 위와 같은 순서대로 다른 동영상들도 리스트에 추가한 후, [Start Queue] 버튼을 클릭합니다. 변환될 파일 경로와 이름을 설정하지 않았다면 원본과 같은 폴더에 FLV 파일이 생성됩니다.

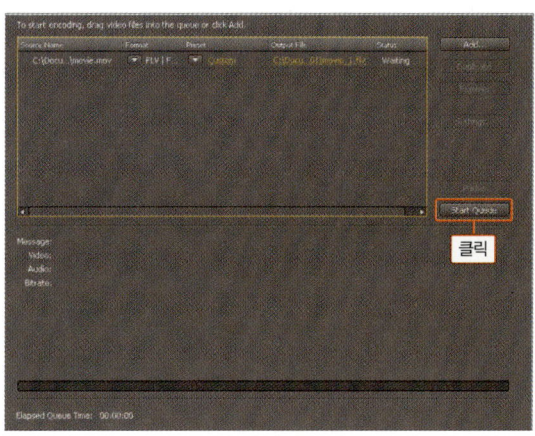

클릭

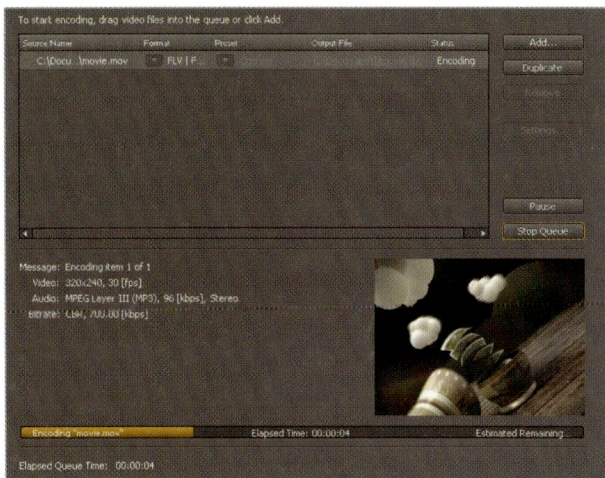

예제 02 타임라인에 FLV 파일 넣기

완성파일미리보기 : 부록CD1/Sample/Part06/Sec10/Exam01/완성/exam01.swf

01 새 문서를 열고 [File] − [Import] − [Import Video...]를 클릭합니다.

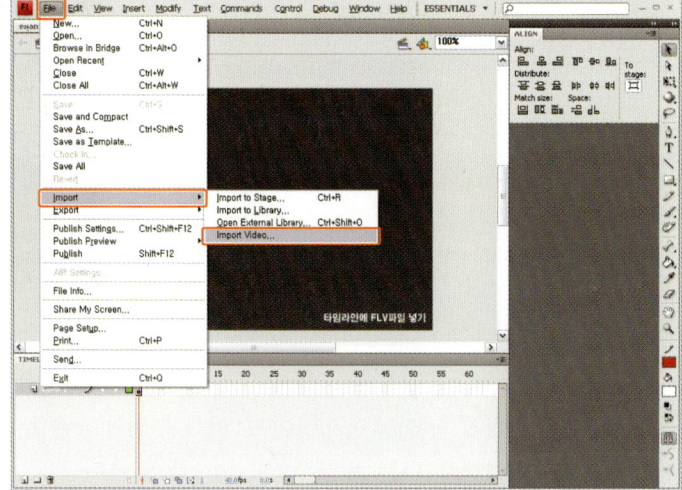

02 [Browse...] 버튼을 클릭하여 앞에서 만든 FLV 파일을 선택합니다.

03 타임라인에 영상을 넣기 위해 'Embed FLV in SWF and play in timeline'을 선택합니다.

04 [Next] 버튼을 클릭합니다.

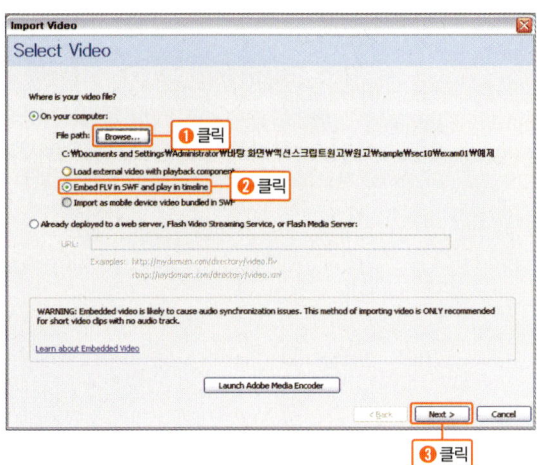

05 Symbol type을 지정 후 [Next] 버튼을 클릭합니다.
- Embedded video : 비디오 객체를 타임라인에 배치합니다.
- Movie clip : 무비클립에 비디오 객체를 넣어서 배치합니다.
- Graphic : 그래픽 심볼에 비디오 객체를 넣어서 배치합니다.

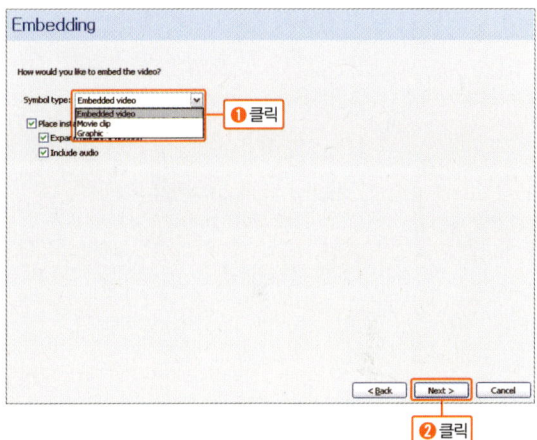

06 [Finish] 버튼을 클릭하면 타임라인에 비디오 파일이 배치 됩니다.

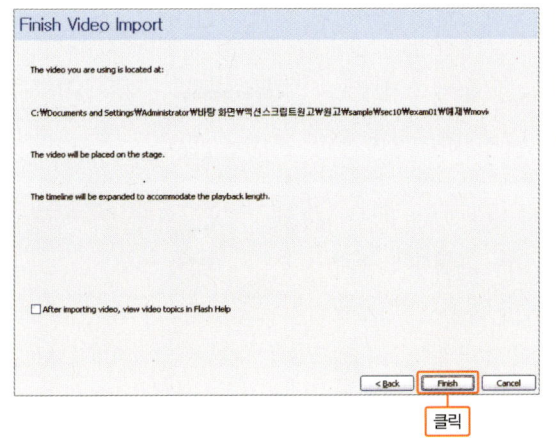

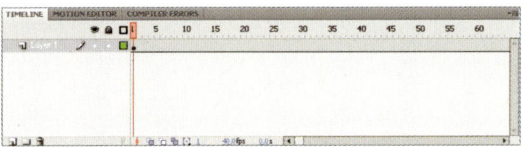

07 테스트 무비(단축키: Ctrl + Enter)를 실행하여 결과를 확인합니다.

타임라인에 FLV파일 넣기

08 타임라인에 배치된 동영상의 음질은 FLV 파일의 음질보다 훨씬 나쁘게 들릴 것입니다. SWF파일이 만들어지면서 사운드가 압축되기 때문입니다. 좋은 음질로 변경하기 위해서 퍼블리시 속성을 변경해줍니다. [Publish Setting] 패널(단축키: Ctrl + Shift + F12)의 [Flash] 탭을 클릭합니다.

09 Audio stream의 [Set...] 버튼을 클릭합니다.

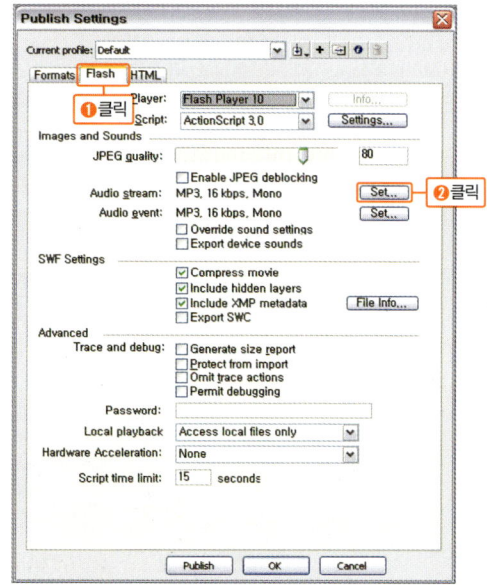

10 Convert stereo to mono 체크를 풀어 스테레오 사운드 사용이 가능하도록 만들고 Bit rate를 적당한 값으로 설정하여 음질을 높입니다.

11 테스트 무비(단축키: Ctrl + Enter)를 실행하여 결과를 확인합니다. 이전보다 훨씬 좋은 음을 경험할 수 있습니다.

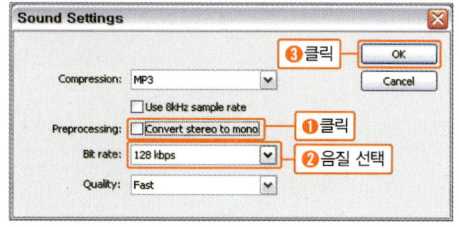

동영상 파일을 SWF 파일에 넣으면 퍼블리시 시간이 오래 걸립니다. 영상과 함께 애니메이션을 제작하는 경우가 아니라면 동영상 파일을 외부에서 로드하여 플레이하는 방식이 작업을 편리하게 해줍니다. 이후 예제에서 콤포넌트를 이용하여 동영상 파일을 재생해봅니다.

02. FLVPlayBack 콤포넌트를 이용하여 동영상 재생하기

콤포넌트를 이용하여 외부 FLV 파일을 재생해봅시다.

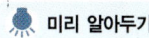 **미리 알아두기** | **함수** : Part 7. 기초 프로그래밍 〉 Sec 5. 함수 | **패키지** : Part 7. 기초 프로그래밍 〉 Sec 7. OOP 문법 〉 01. 패키지 | **클래스** : Part 7. 기초 프로그래밍 〉 Sec 7. OOP 문법 〉 02. 클래스

※ 예제를 따라하기 전에 '미리 알아두기' 내용을 반드시 읽어보기 바랍니다.

FLVPlayback 콤포넌트

FLVPlayback 콤포넌트는 동영상 재생에 관련된 다양한 기능을 가지고 있습니다. 이를 이용하여 FLV 파일을 다운로드하면서 재생할 수 있습니다.

FLVPlayback 콤포넌트의 재생 관련 기본 메서드

메서드	설명
play(source:String)	비디오 스트림을 재생합니다.
stop( )	비디오 재생을 중단합니다.
pause( )	비디오 스트림 재생을 일시 정지합니다.
seek(time:Number)	파일에서 소수점 이하 세 자리까지 초 단위(밀리초)로 지정된 시간을 검색합니다.

FLVPlayback 콤포넌트의 재생 관련 기본 속성

속성	설명
autoPlay:Boolean	true로 설정한 경우 source 속성을 설정하면 FLV 파일이 자동으로 재생되기 시작 됩니다.
skin:String	스킨 SWF 파일의 URL을 지정하는 문자열입니다.
skinAutoHide:Boolean	true로 설정하면 마우스가 비디오 위에 없을 때 구성 요소 스킨을 숨기는 Boolean 값입니다.
source:String	스트리밍할 FLV 파일의 URL 및 스트리밍 방식을 지정하는 문자열입니다.
volume:Number	볼륨 컨트롤 설정을 나타내는 0에서 1까지의 숫자입니다.

이 외에도 굉장히 많은 기능(메서드, 속성)을 가지고 있습니다. 자세한 기능은 기본 기능을 익히신 후, 도움말(단축키: F1) 검색으로 공부하세요.

완성파일미리보기 : 부록CD1/Sample/Part06/Sec10/Exam02/완성/exam01.swf
예제파일 : 부록CD1/Sample/Part06/Sec10/Exam02/예제/exam01.fla
부록CD1/Sample/Part06/Sec10/Exam02/예제/movie.flv

01 예제파일을 열고, [Components] 패널(단축키: Ctrl + F7)에서 FLVPlayback 콤포넌트를 스테이지에 드래그해 올려 놓습니다.

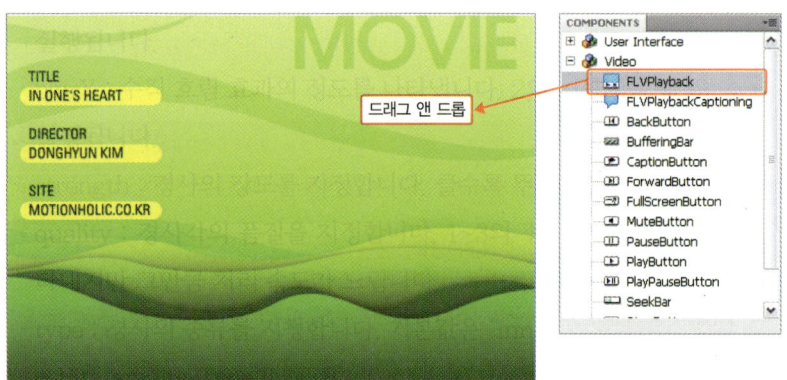

02 콤포넌트의 이름을 'video'로 지정합니다.

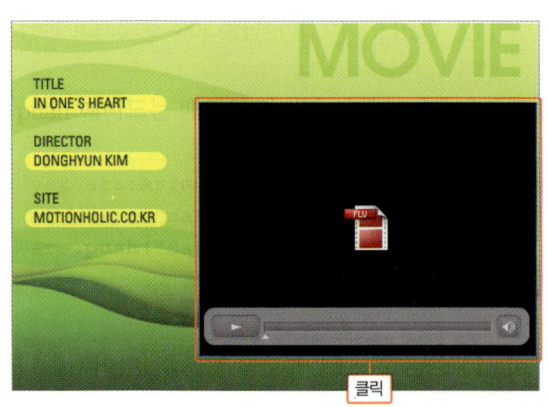

03 [Component Inspector] 패널에서 스킨의 종류와 색상을 지정합니다.

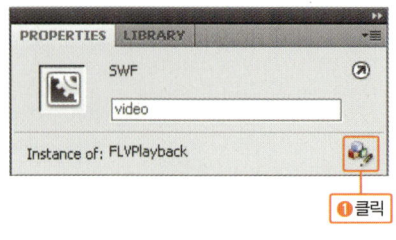

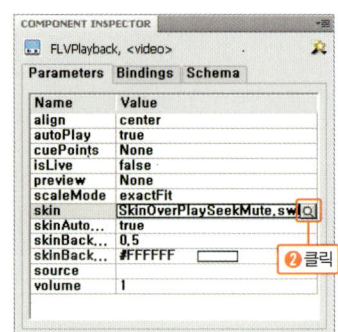

04 fla 파일과 같은 위치에 com.MoviePlayer 클래스를 만듭니다.(com 폴더를 만들고 폴더 안에 MoviePlayer.as 파일을 만듭니다.)

```
1    package com
2    {
3       import flash.display.Sprite;
4
5       public class MoviePlayer extends Sprite
6       {
7          public function MoviePlayer()
8          {
9
10         }
11      }
12   }
```

05 com.MoviePlayer 클래스를 도큐먼트 클래스로 등록합니다.

06 예제파일과 같은 폴더에 있는 "movie.flv" 동영상 파일을 재생하는 코드를 추가합니다. DisplayObjcet의 기본 속성을 이용하여 플레이어의 모양을 변경해봅시다.

```
1   package com
2   {
3      import flash.display.Sprite;
4
5      public class MoviePlayer extends Sprite
6      {
7         public function MoviePlayer()
8         {
9            video.z = 100;
10           video.rotationY = 30;
11           video.play("movie.flv");
12        }
13     }
14  }
```

line 9~10   video 콤포넌트의 위치와 회전을 변경합니다.

line 11   "movie.flv" 파일을 재생합니다. 만약 autoPlay 속성이 true라면 아래 코드도 무비를 재생하는 코드가 됩니다.

```
video.autoPlay = true;
video.source = "movie.flv";
```

07 테스트 무비(단축키: Ctrl + Enter)를 실행하여 결과를 확인합니다.

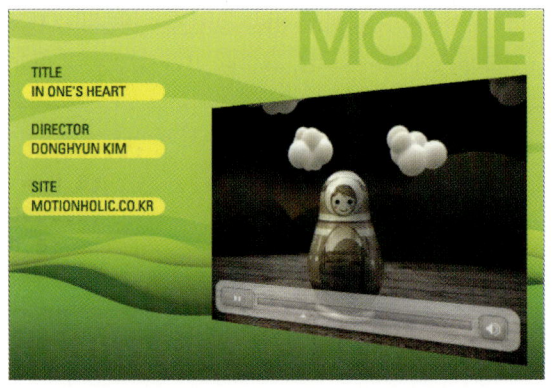

퍼블리시 후 swf 파일이 생성된 폴더를 확인하면 exam01.swf 파일과 함께 선택한 스킨의 파일 (SkinOverPlaySeekMute.swf)이 만들어져 있을 것입니다. 파일명은 어떤 스킨을 선택했느냐에 따라서 달라집니다. 웹 서버에 swf 파일을 업로드할 때, 스킨 파일을 같이 업로드하지 않으면 스킨이 나타나지 않습니다.

03. 비디오 반복 재생하기

FLVPlayback 콤포넌트의 재생이 종료되면 처음부터 다시 재생되는 반복 플레이어를 만들어봅시다.

🐙 미리 알아두기 | **이벤트** : Part 7. 기초 프로그래밍 〉 Sec 7. OOP 문법 〉 05. 이벤트 | **FLVPlayback 콤포넌트** : Part 6. 액션스크립트 3.0 즐기기 〉 Sec 10. 동영상 활용 〉 02. flvPlayBack 콤포넌트를 이용하여 비디오 재생하기

※ 예제를 따라하기 전에 '미리 알아두기' 내용을 반드시 읽어보기 바랍니다.

FLVPlayback 콤포넌트의 "complete" 이벤트

FLV 파일의 재생이 완료되면 발생하는 이벤트입니다. fl.video.VideoEvent.COMPLETE 상수를 이용하여 이벤트를 등록합니다.

```
import fl.video.VideoEvent;
FLVPlayback.addEventListener(VideoEvent.COMPLETE, completeHandler);

function completeHandler(event:VideoEvent):void
{
        trace("비디오 재생이 끝났습니다");
}
```

예제 01 | **FLV 파일 반복 재생하기**

완성파일미리보기 : 부록CD1/Sample/Part06/Sec10/Exam03/완성/exam01.swf
예제파일 : 부록CD1/Sample/Part06/Sec10/Exam03/예제/exam01.fla
부록CD1/Sample/Part06/Sec10/Exam03/예제/com/LoopPlayer.as
부록CD1/Sample/Part06/Sec10/Exam03/예제/movie.flv

01 예제파일(exam01.fla, com/LoopPlayer.as)을 열고, 재생 완료 시 처음부터 다시 재생하도록 코드를 추가합니다.

```
1    package com
2    {
3      import flash.display.Sprite;
4      import fl.video.VideoEvent;
5
6      public class LoopPlayer extends Sprite
7      {
8        public function LoopPlayer()
9        {
10         video.z = 100;
11         video.rotationY = 30;
12         video.play("movie.flv");
13         video.addEventListener(VideoEvent.COMPLETE, completeHandler);
```

```
14          }
15
16      private function completeHandler(event:VideoEvent):void
17      {
18          video.play();
19      }
20   }
21  }
```

line 13   FLVPlayback 객체(video)에서 "complete" 이벤트 발생시 completeHandler 함수가 호출되도록 이벤트를 등록합니다.

line 16~19   "complete" 이벤트 발생시 호출되는 이벤드 핸들러 함수입니다.

line 18   비디오를 다시 재생합니다. 같은 동영상을 다시 재생할 경우 매개변수에 파일명을 전달하지 않아도 됩니다.

02 테스트 무비 ⌨Ctrl⌨+⌨Enter⌨를 실행하여 결과를 확인합니다.

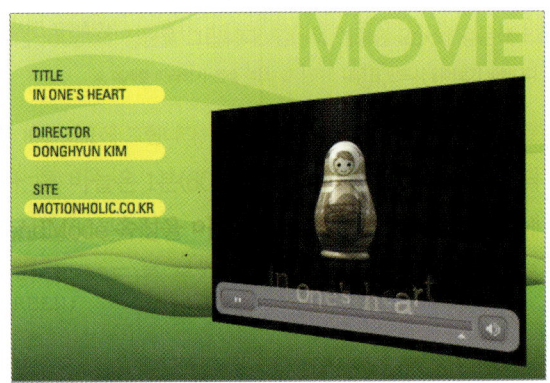

퍼블리시 후 swf 파일이 생성된 폴더를 확인하면 exam01.swf 파일과 함께 선택한 스킨의 파일(SkinOverPlaySeekMute.swf)이 만들어져 있을 것입니다. 파일명은 어떤 스킨을 선택했느냐에 따라서 달라집니다. 웹 서버에 swf 파일을 올릴 때, 스킨 파일을 같이 올리지 않으면 스킨이 나타나지 않습니다.

04. 버튼을 이용하여 비디오 재생하기

FLVPlayback 콤포넌트의 스킨을 이용하지 않고 외부 버튼을 이용해야 할 경우가 있습니다. 이 때 FLVPlayback 콤포넌트와 함께 사용되는 비디오 콤포넌트 사용하면 편리하게 제작할 수 있습니다.

🔵 **미리 알아두기**   **FLVPlayback 콤포넌트** : Part 6. 액션스크립트 3.0 즐기기 〉 Sec 10. 동영상 활용 〉 02. flvPlayBack 콤포넌트를 이용하여 비디오 재생하기

※ 예제를 따라하기 전에 '미리 알아두기' 내용을 반드시 읽어보기 바랍니다.

FLVPlayback 콤포넌트의 비디오 콤포넌트 연결 속성

FLVPlayback 콤포넌트의 기본 스킨 대신에 다양한 디자인의 버튼을 이용하고자 한다면 FLVPlayback 콤포넌트를 제어할 수 있도록 비디오 콤포넌트를 연결해줍니다. 비디오 콤포넌트는 무비클립으로 만들어져 있어서 원하는 디자인으로의 변경이 쉽습니다.

속성	설명
backButton	뒤로 이동 버튼 콤포넌트를 연결합니다.
bufferingBar	버퍼링 막대 콤포넌트를 연결합니다.
forwardButton	앞으로 이동 버튼 콤포넌트를 연결합니다.
fullScreenButton	전체 화면 버튼 콤포넌트를 연결합니다.
muteButton	음소거 버튼 콤포넌트를 연결합니다.
pauseButton	일시 정지 버튼 콤포넌트를 연결합니다.
playButton	재생 버튼 콤포넌트를 연결합니다.
playPauseButton	재생/일시 정지 버튼 콤포넌트를 연결합니다.
seekBar	SeekBar 콤포넌트를 연결합니다.
stopButton	중단 버튼 콤포넌트를 연결합니다.
volumeBar	볼륨 막대 콤포넌트를 연결합니다.

예제 01 콤포넌트 버튼을 이용하여 재생하기

완성파일미리보기 : 부록CD1/Sample/Part06/Sec10/Exam04/완성/exam01.swf
예제파일 : 부록CD1/Sample/Part06/Sec10/Exam04/예제/exam01.fla
부록CD1/Sample/Part06/Sec10/Exam04/예제/com/ButtonSample.as
부록CD1/Sample/Part06/Sec10/Exam04/예제/movie.flv
동영상 강의 : 부록CD2/동영상 강의②/⑦ 콤포넌트 버튼을 이용하여 동영상 플레이어 제어하기.avi

01 예제파일(exam01.fla, com/ButtonSample.as)을 열고, [Components] 패널(단축키 : Ctrl + F7)에서 PlayPauseButton, StopButton, VolumeBar를 드래그하여 스테이지에 올려 놓습니다.(FLVPlayback 객체의 스킨을 'None'으로 설정해 두었습니다.)

02 3개의 콤포넌트에 이름(playPause_mc, stop_mc, volume_mc)을 지정합니다.

 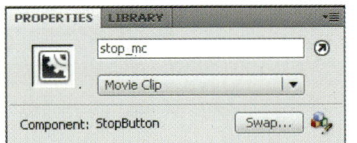 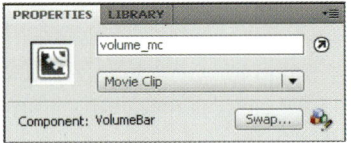

03 각 버튼 콤포넌트를 FLVPlayback에 연결하는 코드를 추가합니다.

```
1    package com
2    {
3        import flash.display.Sprite;
4
5        public class ButtonSample extends Sprite
6        {
7            public function ButtonSample()
8            {
9                video.playPauseButton = playPause_mc;
10               video.stopButton = stop_mc;
11               video.volumeBar = volume_mc;
12               video.autoPlay = false;
13               video.autoRewind = true;
14               video.source = "movie.flv";
15           }
16       }
17   }
```

line 9 | playPause_mc 콤포넌트를 FLVPlayback 객체의 재생/일시중지 버튼으로 사용합니다.

line 10 | stop_mc 콤포넌트를 FLVPlayback 객체의 정지 버튼으로 사용합니다.

line 11 | volume_mc 콤포넌트를 FLVPlayback 객체의 볼륨 조절 바로 사용합니다.

line 12 | 자동으로 재생되지 않도록 설정합니다. source 속성에 데이터가 입력되어도 play() 명령이 실행되기 전에는 재생되지 않습니다.

line 13 | 재생 완료된 뒤 맨 앞으로 되돌려 놓습니다. 이 속성이 false일 경우 재생이 완료되면 마지막 장면이 그대로 남아있게 됩니다.

line 14 | 재생할 파일을 등록합니다. line 12에서 autoPlay 속성을 false로 지정했기 때문에 자동으로 재생되지 않습니다. 만약 autoPlay 속성이 true라면 source 속성 대입 후 바로 비디오가 재생될 것입니다.

04 테스트 무비(단축키: Ctrl + Enter)를 실행하여 결과를 확인합니다. 재생 버튼을 클릭하면 동영상이 시작됩니다.

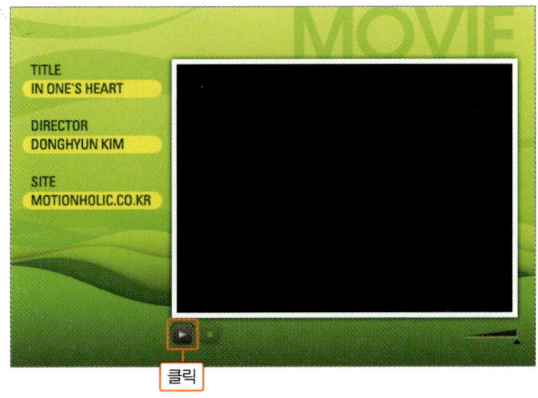
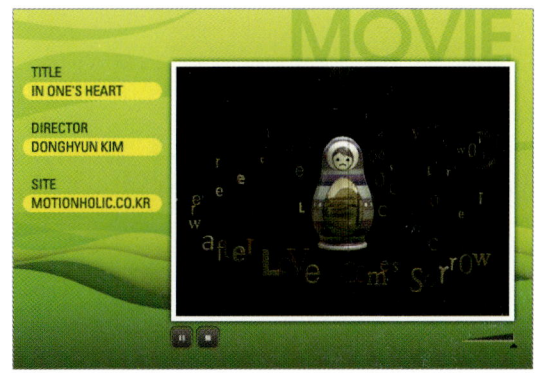

클릭

만약 콤포넌트의 모양을 변경하고자 한다면, 라이브러리의 스킨 폴더에 있는 무비클립을 더블클릭하여 편집 모드로 들어가 이미지를 변경합니다. 이때 각 상황(버튼이라면 오버, 아웃, 클릭, 비활성화 등)에 따른 무비클립을 모두 변경해야 합니다.

예제 **02** | **일반 버튼을 이용하여 재생하기**

완성파일미리보기 : 부록CD1/Sample/Part06/Sec10/Exam04/완성/exam02.swf
예제파일 : 부록CD1/Sample/Part06/Sec10/Exam04/예제/exam02.fla
　　　　　　부록CD1/Sample/Part06/Sec10/Exam04/예제/com/CustomPlayer.as
　　　　　　부록CD1/Sample/Part06/Sec10/Exam04/예제/movie.flv

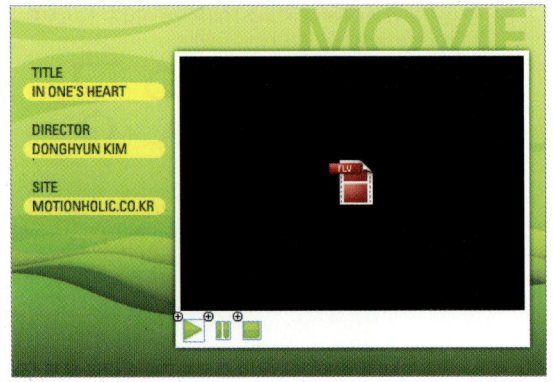

01 예제파일(exam02.fla, com/CustomPlayer. as)을 열고, 각 버튼에 클릭 이벤트를 등록합니다. 각 버튼의 이벤트 핸들러 함수에서 각 상황에 맞는 메서드(재생, 일시중지, 중지)를 실행합니다.

```
1   package com
2   {
3       import flash.display.Sprite;
4       import flash.display.SimpleButton;
5       import flash.events.MouseEvent;
6
7       public class CustomPlayer extends Sprite
8       {
9           public function CustomPlayer()
10          {
11              playBtn.addEventListener(MouseEvent.CLICK, playHandler);
12              pauseBtn.addEventListener(MouseEvent.CLICK, pauseHandler);
13              stopBtn.addEventListener(MouseEvent.CLICK, stopHandler);
14
15              video.autoPlay = false;
16              video.autoRewind = true;
17              video.source = "movie.flv";
18          }
19
20          private function playHandler(event:MouseEvent):void
21          {
22              video.play();
23          }
24
25          private function pauseHandler(event:MouseEvent):void
26          {
27              video.pause();
28          }
29
30          private function stopHandler(event:MouseEvent):void
31          {
32              video.stop();
33          }
34      }
35  }
```

line 22	무비를 재생합니다.
line 27	무비를 일시 중지합니다. play( ) 메서드를 실행하면 다시 재생됩니다.
line 32	재생을 중지합니다.

02 테스트 무비(단축키: Ctrl + Enter)를 실행하여 결과를 확인합니다. 재생/ 일시정지/ 정지 버튼을 클릭하여 동작을 확인하세요.

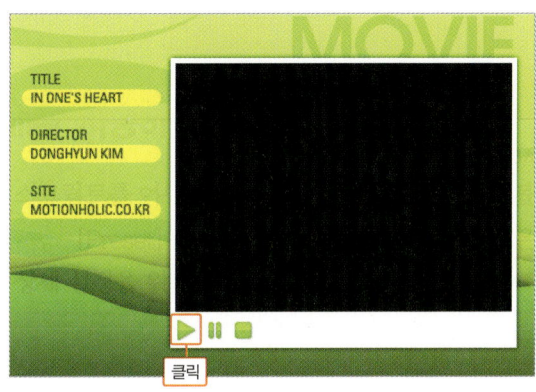
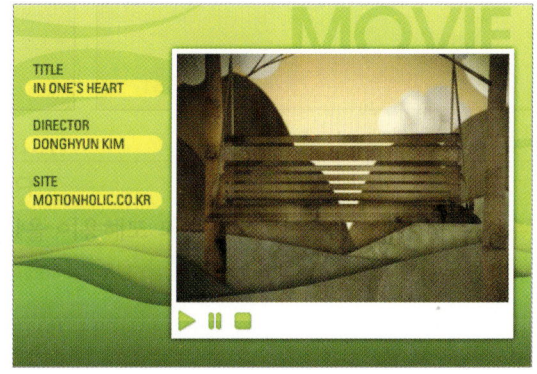
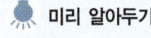

05. 카메라(PC캠) 화면 보이기

캠(Cam) 영상을 비디오 객체로 재생해봅시다.

💡 **미리 알아두기**   **함수** : Part 7. 기초 프로그래밍 〉 Sec 5. 함수 | **패키지** : Part 7. 기초 프로그래밍 〉 Sec 7. OOP 문법 〉 01. 패키지 | **클래스** : Part 7. 기초 프로그래밍 〉 Sec 7. OOP 문법 〉 02. 클래스

※ 예제를 따라하기 전에 '미리 알아두기' 내용을 반드시 읽어보기 바랍니다.

Camera Class

캠 영상을 재생하기 위해 캠이 전달하는 영상 정보를 받아야 합니다. 이 역할을 Camera 클래스가 수행합니다. Camera 클래스는 사용자의 캠으로 받은 영상 정보를 가지고 있을 뿐, 화면에 보이는 DisplayObject가 아닙니다. 따라서 영상정보를 화면에 보여주는 Video 객체를 생성해야 합니다.

Video Class

Video 객체를 이용하면 영상 정보를 화면에 보여줄 수 있습니다. 이전 예제에서 알아본 FLVPlayback 콤포넌트의 재생 화면도 Video 객체로 만들어져 있습니다. Video 객체는 라이브러리의 메뉴를 클릭하여 생성하거나 액션스크립트로 생성할 수 있습니다.

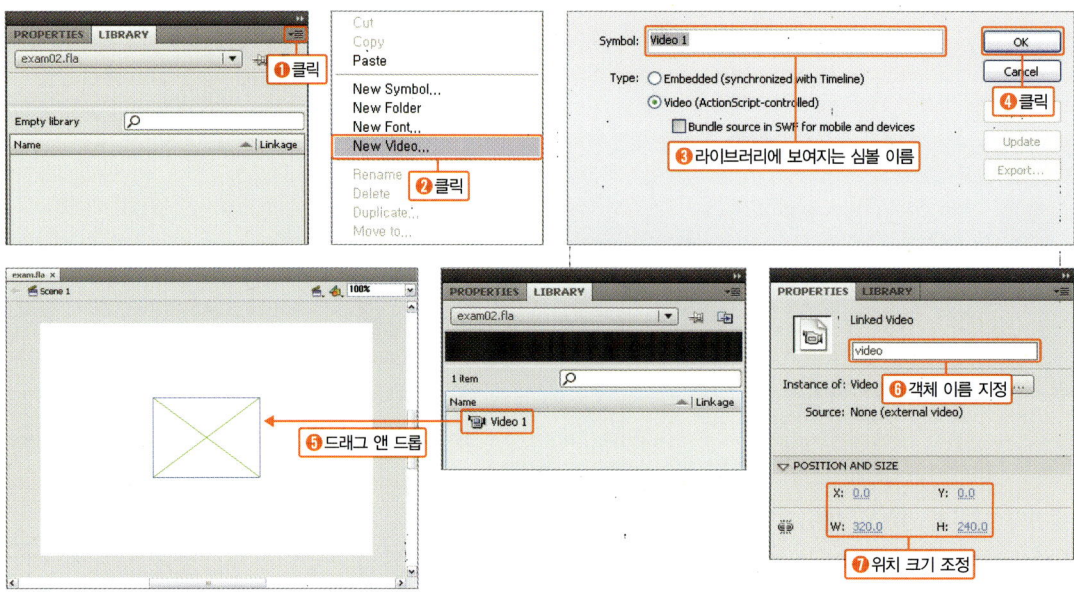

다음은 액션스크립트로 Video 객체를 생성하는 코드입니다.

```
import flash.media.Video;

var video:Video = new Video();
video.width = 320;
video.height = 240;
addChild(video);
```

예제 01 | 카메라(PC캠) 화면 보이기

완성파일미리보기 : 부록CD1/Sample/Part06/Sec10/Exam05/완성/exam01.swf
예제파일 : 부록CD1/Sample/Part06/Sec10/Exam05/예제/exam01.fla

01 예제파일을 열고, 같은 폴더에 com.CamPlayer 클래스(CamPlayer.as)를 만듭니다.

```
1    package com
2    {
3        import flash.display.Sprite;
4
5        public class CamPlayer extends Sprite
6        {
7            public function CamPlayer()
8            {
9
10           }
11       }
12   }
```

02 카메라를 연결합니다.

```
1    package com
2    {
3       import flash.display.Sprite;
4       import flash.media.Camera;
5
6       public class CamPlayer extends Sprite
7       {
8          private var camera:Camera;
9
10         public function CamPlayer()
11         {
12            createCamera();
13         }
14
15         private function createCamera():void
16         {
17            camera = Camera.getCamera();
18         }
19      }
20   }
```

line 17   카메라 정보를 받을 수 있는 Camera 객체를 camera 변수에 대입합니다.

03 비디오 객체를 만들어 카메라 영상을 보여줍니다.

```
1    package com
2    {
3       import flash.display.Sprite;
4       import flash.media.Camera;
5       import flash.media.Video;
6
7       public class CamPlayer extends Sprite
8       {
9          private var camera:Camera;
10         private var video:Video;
11
12         public function CamPlayer()
13         {
14            createCamera();
15            createVideo();
16         }
17
18         private function createCamera():void
```

```
19          {
20              camera = Camera.getCamera();
21          }
22
23          private function createVideo():void
24          {
25              video = new Video(320, 240);
26              video.attachCamera(camera);
27              video.x = (stage.stageWidth - video.width) * 0.5;
28              video.y = (stage.stageHeight - video.height) * 0.5;
29              this.addChild(video);
30          }
31      }
32  }
```

line 25	비디오 객체를 생성합니다. 비디오의 크기를 가로 320px, 세로 240px로 만듭니다.
line 26	line 25에서 만든 비디오 객체에 Camera 객체의 영상 정보를 보여주도록 등록합니다.
line 27~28	비디오 객체의 위치를 stage 중앙으로 옮깁니다.
line 29	비디오 객체가 화면에 보이도록 컨테이너에 넣습니다.

04 com.CamPlayer 클래스를 도큐먼트 클래스로 등록합니다.

05 테스트 무비(단축키: Ctrl + Enter)를 실행하여 결과를 확인합니다. 카메라 사용을 허용할 것인지에 대한 설정 창이 뜨게 됩니다. 이 때 허용을 선택해야 카메라 정보를 플래시에서 사용할 수 있습니다.

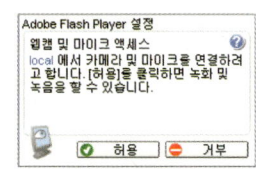

비트맵 데이터

학습 목표

비트맵 이미지는 컬러를 가지는 픽셀(Pixel)의 모음입니다. 일반적으로 이미지 파일이라고 불리는 JPG, PNG, GIF, BMP 파일들이 모두 비트맵 이미지 파일입니다. 드로잉 툴을 이용하여 그리는 이미지는 선과 점으로 이루어진 벡터 이미지입니다. 플래시에는 비트맵 이미지를 그릴 수 있는 툴은 없습니다. 비트맵 이미지를 그리거나 컨트롤하기 위해서는 액션스크립트를 이용해야 합니다. 이번 장에서는 비트맵 데이터(BitmapData) 클래스와 비트맵(Bitmap) 클래스에 대해서 알아봅니다.

01. 비트맵으로 그림 그리기

비트맵 데이터 객체를 생성하여 이미지를 그리고 비트맵 객체를 이용하여 이를 화면에 표현해봅시다.

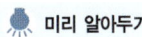 **미리 알아두기**   **DisplayObject** : Part 7. 기초 프로그래밍 > Sec 6. DisplayObject | **함수** : Part 7. 기초 프로그래밍 > Sec 5. 함수 | **이벤트** : Part 7. 기초 프로그래밍 > Sec 7. OOP 문법 > 05. 이벤트 | **패키지** : Part 7. 기초 프로그래밍 > Sec 7. OOP 문법 > 01. 패키지 | **클래스** : Part 7. 기초 프로그래밍 > Sec 7. OOP 문법 > 02. 클래스 | **라이브러리 클래스** : Part 6. 액션스크립트 3.0 즐기기 > Sec 3. DisplayObject 활용 > 01. 라이브러리 무비클립을 화면으로 가져오기

※ 예제를 따라하기 전에 '미리 알아두기' 내용을 반드시 읽어보기 바랍니다.

BitmapData Class

비트맵 데이터 클래스는 비트맵 이미지 정보를 가지는 클래스입니다. 비트맵 데이터 클래스는 비트맵 정보를 얻어내거나 변형할 수 있는 여러 가지 명령(메서드)을 제공합니다. 비트맵 데이터 객체를 생성할 때는 다음과 같이 크기와 컬러 정보를 전달합니다.

```
var bitmapData:BitmapData = new BitmapData(width:Number, height:Number,
transparent:Boolean, fillColor:uint);
```

- width : 비트맵 데이터의 가로 픽셀(Pixel) 수 입니다.
- height : 비트맵 데이터의 세로 픽셀(Pixel) 수 입니다.
- transparent : 투명도를 가지는 비트맵 데이터 객체를 만들지에 대한 여부를 결정합니다. (true를 전달하면 투명도를 가지는 비트맵 데이터 객체가 만들어집니다.)
- fillColor : 색상 값입니다. 숫자를 전달하는데 RGB 코드를 이용하는 것이 편하므로 일반적으로 16진수로 전달합니다. 투명도를 가지지 않을 경우 0xFFFFFF(흰색)와 같이 0xRRGGBB 값을 전달하고, 투명도를 가질 경우 0xFFFFFFFF(투명도 100% 흰색)와 같이 0xAARRGGBB 값을 전달합니다.

BitmapData Class의 draw( ) 메서드

비트맵 데이터 객체에 새로운 비트맵 정보를 그려 넣을 때 draw( ) 메서드를 사용합니다. DisplayObject 라면 모두 드로잉 대상이 될 수 있습니다. 데이터를 그려 넣을 때 그려지는 소스의 크기와 위치, 회전 값을 변경하려면 Matrix 객체를 사용하여 해당 정보를 전달합니다. 소스의 컬러를 변경하여 드로잉할 경우 ColorTransform 객체를 사용하여 컬러 정보를 전달합니다. 이 외에도 BlendMode를 적용하여 그려 넣는 등의 기능이 있습니다.

```
var bitmapData:BitmapData = new BitmapData(100, 100, false, 0xFFFFFF);
bitmapData.draw(DisplayObject);
```

Matrix Class

Matrix 객체는 위치 이동, 회전, 기울기, 크기 조절 등의 데이터를 가지고 있습니다. 이 객체와 Transform 객체를 이용하여 객체의 속성을 한 번에 변경할 수 있습니다. 이와 같이 디스플레이 속성을 한 번에 변경하면 화면 렌더링 수가 줄어들어 더 빠른 플래시를 만들 수 있습니다.

```
var matrix:Matrix = new Matrix();
//가로 길이(scale)를 2배로 세로 길이는 1배로 변경합니다.
matrix.scale(2, 1);
//가로 방향 100px 세로 방향 50px 만큼 이동합니다.
matrix.translate(100, 50);

//디스플레이 객체에 위에서 만든 Matrix 정보를 적용합니다.
DisplayObject.transform.matrix = matrix;
```

비트맵 데이터의 draw( ) 메서드에 이 객체를 전달하면 위치, 크기, 회전 값 등을 변경하여 비트맵을 그릴 수 있습니다.

```
//bitmapData 객체에 디스플레이 객체를 (100, 50) 좌표에 그립니다.
var bitmapData:BitmapData = new BitmapData(100, 100, false, 0xFFFFFF);
var matrix:Matrix = new Matrix();
matrix.translate(100, 50);

bitmapData.draw(DisplayObject, matrix);
```

Bitmap Class

비트맵 데이터(BitmapData) 객체를 화면에 표현하기 위해 비트맵(Bitmap) 객체를 사용합니다. 위에서 알아본 비트맵 데이터 객체는 디스플레이 객체가 아닌 비트맵 정보를 가진 객체입니다. 이 정보를 이용하여 화면에 보여지는 객체는 비트맵 객체입니다.

```
var bitmapData:BitmapData = new BitmapData(100, 100, false, 0x000000);
bitmapData.draw(DisplayObject);

var bitmap:Bitmap = new Bitmap(bitmapData);
addChild(bitmap);
```

bitmapData 속성을 이용하여 동적으로 비트맵 정보를 변경할 수 있습니다.

```
var bitmap:Bitmap = new Bitmap(bitmapData);
addChild(bitmap);

//다른 비트맵 데이터 보여주도록 데이터 변경
bitmap.bitmapData = bitmapData2;
```

예제 01   **심볼을 이용하여 마우스로 그림 그리기**

완성파일미리보기 : 부록CD1/Sample/Part06/Sec11/Exam01/완성/exam01.swf
예제파일 : 부록CD1/Sample/Part06/Sec11/Exam01/예제/exam01.fla

01 예제파일을 열고 라이브러리를 확인하면 Icon 클래스가 존재합니다. Icon 객체를 마우스 좌표에 지속적으로 그리는 코드를 완성해봅시다. 같은 폴더에 draw 패키지(package) 폴더를 만듭니다.

02 draw 패키지 안에 DrawBitmap 클래스 파일(DrawBitmap.as)을 생성하고, 도큐먼트 클래스로 등록합니다.

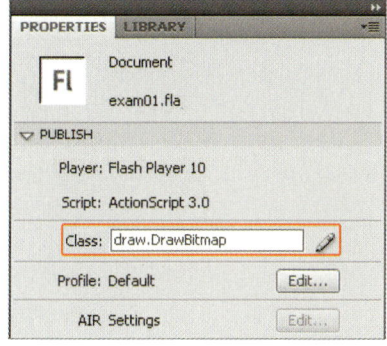

```
1    package draw
2    {
3        import flash.display.Sprite;
4
5        public class DrawBitmap extends Sprite
6        {
7            public function DrawBitmap()
8            {
9
10           }
11       }
12   }
```

03 화면 크기만한 투명 비트맵 객체를 생성하고, 컨테이너에 넣어 화면에 표시합니다.

```
1    package draw
2    {
3        import flash.display.Sprite;
4        import flash.display.BitmapData;
5        import flash.display.Bitmap;
6
7        public class DrawBitmap extends Sprite
8        {
9            private var bitmapData:BitmapData;
10
11           public function DrawBitmap()
12           {
13               createBitmap();
14           }
15
16           private function createBitmap():void
17           {
18               bitmapData = new BitmapData(stage.stageWidth, stage.stageHeight,
                     true, 0x00000000);
19               var bitmap:Bitmap = new Bitmap(bitmapData);
20               this.addChild(bitmap);
21           }
22       }
23   }
```

line 18   화면 크기만한 비트맵 데이터 객체를 생성합니다. 비트맵 데이터의 초기 색상은 투명도가 0인 검은색입니다. 다른 함수에서도 비트맵 데이터 객체를 사용할 수 있도록 line 9에서 변수를 선언했습니다.

line 19~20   line 18에서 생성한 비트맵 데이터를 화면에 표시하기 위한 비트맵 객체를 생성합니다. 초기에는 투명한 색을 가지는 비트맵 데이터를 표현하고 있으므로 눈에 보이지 않습니다.

04 비트맵 데이터 객체에 그려 넣을 심볼(Icon) 객체를 생성합니다.

```
1    package draw
2    {
3        import flash.display.Sprite;
4        import flash.display.BitmapData;
5        import flash.display.Bitmap;
6
7        public class DrawBitmap extends Sprite
8        {
9            private var bitmapData:BitmapData;
10           private var logo:Logo;
11
12           public function DrawBitmap()
13           {
14               createBitmap();
15               createSymbol();
16           }
17
18           private function createBitmap():void
19           {
20               bitmapData = new BitmapData(stage.stageWidth, stage.stageHeight,
                     true, 0x00000000);
21               var bitmap:Bitmap = new Bitmap(bitmapData);
22               this.addChild(bitmap);
23           }
24
25           private function createSymbol():void
26           {
27               logo = new Logo();
28           }
29       }
30   }
```

line 27   라이브러리에 있는 Logo 클래스의 객체를 생성합니다. 생성된 객체는 비트맵 데이터에 그리기 위해 생성한 것이
           므로 addChild 하지 않습니다.

05 마우스를 움직일 때마다 비트맵 데이터 객체의 마우스 좌표에 심볼을 그립니다.

```
1    package draw
2    {
3        import flash.display.Sprite;
4        import flash.display.BitmapData;
5        import flash.display.Bitmap;
6        import flash.events.MouseEvent;
7        import flash.geom.Matrix;
```

```
8
9    public class DrawBitmap extends Sprite
10   {
11       private var bitmapData:BitmapData;
12       private var logo:Logo;
13
14       public function DrawBitmap()
15       {
16           createBitmap();
17           createSymbol();
18           drawSymbol();
19       }
20
21       private function createBitmap():void
22       {
23           bitmapData = new BitmapData(stage.stageWidth, stage.stageHeight,
               true, 0x00000000);
24           var bitmap:Bitmap = new Bitmap(bitmapData);
25           this.addChild(bitmap);
26       }
27
28       private function createSymbol():void
29       {
30           logo = new Logo();
31       }
32
33       private function drawSymbol():void
34       {
35           stage.addEventListener(MouseEvent.MOUSE_MOVE, drawHandler);
36       }
37
38       private function drawHandler(event:MouseEvent):void
39       {
40           var matrix:Matrix = new Matrix();
41           matrix.translate(this.mouseX, this.mouseY);
42           bitmapData.draw(logo, matrix);
43       }
44   }
45 }
```

line 35   stage에서 마우스를 움직이면 drawHandler 함수를 호출하도록 이벤트핸들러를 등록합니다.

line 38~43   비트맵 데이터 객체에 그림을 그리는 함수입니다.

line 40   그려 넣을 위치를 지정하기 위해 Matrix 객체를 생성합니다.

line 41   마우스의 위치로 드로잉 위치를 지정합니다.

line 42   비트맵 데이터 객체에 로고 객체를 그려넣습니다. 비트맵 데이터(BitmapData) 객체의 정보가 변경되었으므로 화면에 보여지는 비트맵(Bitmap) 객체에 바로 적용됩니다.

06 테스트 무비(단축키: Ctrl + Enter)를 실행하여 마우스를 움직여 그림을 그려봅시다.

예제 02 📺 마우스를 눌러서 그리기

완성파일미리보기 : 부록CD1/Sample/Part06/Sec11/Exam01/완성/exam02.swf
동영상 강의 : 부록CD2/동영상 강의②/⑧ 심볼을 이용하여 마우스로 그림 그리기.avi

01 마우스를 눌렀을 때 그림이 그려지도록 다음과 같이 수정합니다.

```
33      private function drawSymbol():void
34      {
35         stage.addEventListener(MouseEvent.MOUSE_DOWN, downHandler);
36         stage.addEventListener(MouseEvent.MOUSE_UP, upHandler);
37      }
38
39      private function downHandler(event:MouseEvent):void
40      {
41         stage.addEventListener(MouseEvent.MOUSE_MOVE, drawHandler);
42      }
43
44      private function upHandler(event:MouseEvent):void
45      {
46         stage.removeEventListener(MouseEvent.MOUSE_MOVE, drawHandler);
47      }
48
49      private function drawHandler(event:MouseEvent):void
50      {
51         var matrix:Matrix = new Matrix();
52         matrix.translate(this.mouseX, this.mouseY);
53         bitmapData.draw(logo, matrix);
54      }
55   }
56 }
```

line 35   마우스를 눌렀을 때 downHandler를 호출하여 MOUSE_MOVE 이벤트를 등록(line 41)합니다.

line 36   마우스를 눌렀다 떼면, 더 이상 그림이 그려지지 않도록 line 41에서 등록한 MOUSE_MOVE 이벤트를 제거합니다.

02. 비트맵 컬러 알아내기/무비클립 컬러 변경하기

- 비트맵 데이터의 특정 픽셀의 컬러를 구해봅니다.
- 무비클립의 컬러를 변경해봅니다.

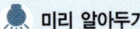 **미리 알아두기**   **BitmapData** : Part 6. 액션스크립트 3.0 즐기기 〉 Sec 11. 비트맵 데이터 〉 01. 비트맵으로 그림 그리기

※ 예제를 따라하기 전에 '미리 알아두기' 내용을 반드시 읽어보기 바랍니다.

ColorTransform Class

컬러 정보를 가지고 있는 ColorTransform 클래스는 디스플레이 객체의 컬러를 변경하거나, BitmapData 클래스의 draw() 메서드에 전달하여 드로잉 컬러를 변경할 수 있도록 도와줍니다. ColorTransform 클래스를 살펴보면 컬러, 투명도, RGB 컬러 값을 각각 변경할 수 있는 속성이 있습니다.

속성	설명
color	객체의 RGB 색상 값입니다.
alphaMultiplier	알파 투명도 채널 값에 곱하는 10진수 값입니다.
alphaOffset	alphaMultiplier 값을 곱한 뒤 알파 투명도 채널 값에 더하는 −255에서 255 사이의 숫자입니다.
blueMultiplier	블루 채널 값에 곱하는 10진수 값입니다.
blueOffset	blueMultiplier 값을 곱한 뒤 블루 채널 값에 더하는 −255에서 255 사이의 숫자입니다.
greenMultiplier	그린 채널 값에 곱하는 10진수 값입니다.
greenOffset	greenMultiplier 값을 곱한 뒤 그린 채널 값에 더하는 −255에서 255 사이의 숫자입니다.
redMultiplier	레드 채널 값에 곱하는 10진수 값입니다.
redOffset	redMultiplier 값을 곱한 후 레드 채널 값에 더하는 −255에서 255 사이의 숫자입니다.

다음 코드는 투명도 50%의 레드 컬러 정보 객체를 만듭니다.

```
var colorTransform:ColorTransform = new ColorTransform();
colorTransform.color = 0xFF0000;
colorTransform.alphaMultiplier = 0.5;
```

BitmapData Class의 getPixel() 메서드

비트맵 데이터 객체의 특정 픽셀의 컬러 값을 얻어내는 메서드입니다.

```
var color:uint = bitmapData.getPixel(픽셀의 x 좌표, 픽셀의 y 좌표);
```

Transform Class

DisplayObject의 속성을 변경하는 데이터를 가지는 클래스입니다. 컬러를 변경하기 위해 Transform 클래스의 ColorTransform 속성에 컬러 정보를 가지는 ColorTransform 객체를 전달합니다.

```
var colorTransform:ColorTransform = new ColorTransform();
colorTransform.color = 0xFF0000;

var transform:Transform = new Transform();
transform.colorTransform = colorTransform;
```

DisplayObject Class의 transform 속성

디스플레이 객체 속성 중 transform 속성은 자신의 Transform 객체가 참조되어 있습니다. 이 Transform 객체 속성은 아래 코드와 같이 바로 컨트롤이 가능합니다.

```
var colorTransform:ColorTransform = new ColorTransform();
colorTransform.color = 0xFF0000;

DisplayObject.transform.colorTransform = colorTransform;
```

예제 01 **마우스로 클릭한 부분의 컬러로 무비클립 컬러 변경하기**

완성파일미리보기 : 부록CD1/Sample/Part06/Sec11/Exam02/완성/exam01.swf
예제파일 : 부록CD1/Sample/Part06/Sec11/Exam02/예제/exam01.fla

01 예제파일을 열고, 같은 폴더에 util 패키지(package) 폴더를 만듭니다.

02 util.ColorPickerUtil 클래스를 생성하고, 도큐먼트 클래스로 등록합니다.

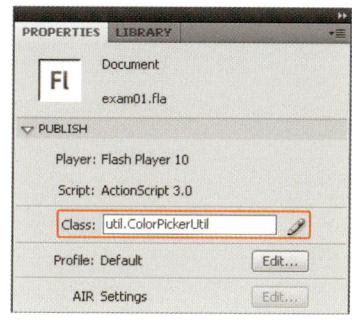

```
1    package util
2    {
3        import flash.display.Sprite
4
5        public class ColorPickerUtil extends Sprite
6        {
7            public function ColorPickerUtil()
8            {
9
10           }
11       }
12   }
```

03 img_mc 무비클립의 크기만한 비트맵 데이터 객체를 생성하고 img_mc를 그려넣습니다.

```
1    package util
2    {
3        import flash.display.Sprite;
4        import flash.display.BitmapData;
5
6        public class ColorPickerUtil extends Sprite
7        {
8            private var bitmapData:BitmapData;
9
10           public function ColorPickerUtil()
11           {
12               createBitmap();
13           }
14
15           private function createBitmap():void
16           {
17               bitmapData = new BitmapData(img_mc.width, img_mc.height, false);
18               bitmapData.draw(img_mc);
19           }
20       }
21   }
```

line 17~18   img_mc 무비클립의 크기만한 비트맵 데이터 객체를 생성하고, img_mc 무비클립을 그려넣습니다. 무비클립을
              클릭했을 때 해당 픽셀의 컬러 정보를 얻어내기 위해 비트맵 데이터를 먼저 생성해 놓았습니다.

04 img_mc를 마우스로 누르면 해당 좌표의 컬러로 color_mc 무비클립의 컬러를 변경합니다.

```
1    package util
2    {
3        import flash.display.Sprite;
4        import flash.display.BitmapData;
5        import flash.events.MouseEvent;
6        import flash.geom.ColorTransform;
7
8        public class ColorPickerUtil extends Sprite
9        {
10           private var bitmapData:BitmapData;
11
12           public function ColorPickerUtil()
13           {
14               createBitmap();
15               mouseEvent();
16           }
17
18           private function createBitmap():void
19           {
20               bitmapData = new BitmapData(img_mc.width, img_mc.height, false);
21               bitmapData.draw(img_mc);
22           }
23
24           private function mouseEvent():void
25           {
26               img_mc.addEventListener(MouseEvent.MOUSE_DOWN, downHandler);
27           }
28
29           private function downHandler(event:MouseEvent):void
30           {
31               var color:uint = bitmapData.getPixel(img_mc.mouseX, img_mc.mouseY);
32               var colorTransform:ColorTransform = new ColorTransform();
33               colorTransform.color = color;
34               color_mc.transform.colorTransform = colorTransform;
35
36               color_txt.text = color.toString(16);
37           }
38       }
39   }
```

line 31   마우스로 클릭한 좌표(img_mc.mouseX, img_mc.mouseY)를 이용하여 line 20~21에서 만들어 놓은 비트맵데 이터 객체의 해당 픽셀 컬러 정보를 얻어냅니다.

line 32~33   컬러 정보를 저장할 ColorTransform 객체를 생성하고, line 31에서 구한 컬러 값을 color 속성에 대입합니다.

line 34   color_mc 무비클립 Transform 객체의 colorTransform 속성에 line 32~33에서 만든 컬러 정보(ColorTransform 객체)를 등록합니다. 무비클립의 컬러가 변경됩니다.

line 36   10진수 값으로 구해진 컬러 값을 16진수 형태의 문자로 변경하여 화면에 있는 color_txt 텍스트 필드에 출력합니 다. toString() 메서드는 String 클래스의 메서드로, 숫자를 원하는 형태의 문자로 변경해줍니다.

05 테스트 무비(단축키: Ctrl + Enter)를 실행하여, 이미지를 클릭합니다.

03. 멀티 비전 만들기

하나의 비트맵 데이터 객체를 여러 개의 비트맵 객체에 적용해봅시다.

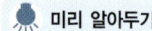 **미리 알아두기**   **반복문** : Part 7. 기초 프로그래밍 〉 Sec 4. 반복문 | **디스플레이 객체 정렬 하기** : Part 6. 액션스크립트 3.0 즐기기 〉 Sec 2. DisplayObject 기초 〉 03. 여러 줄로 정렬하기 | **"enterFrame" 이벤트** : Part 6. 액션스크립트 3.0 즐기기 〉 Sec 1. 타임라인 스크립트 〉 03. 타임라인 뒤로 돌리기 | **FLVPlayBack** : Part 6. 액션스크립트 3.0 즐기기 〉 Sec 10. 동영상 활용 〉 02. flvPlayBack 콤포넌트를 이용하여 비디오 재생하기 | **BitmapData** : Part 6. 액션스크립트 3.0 즐기기 〉 Sec 11. 비트맵 데이터 〉 01. 비트맵으로 그림 그리기

※ 예제를 따라하기 전에 '미리 알아두기' 내용을 반드시 읽어보기 바랍니다.

| 예제 01 | 멀티비전 만들기 |

완성파일미리보기 : 부록CD1/Sample/Part06/Sec11/Exam03/완성/exam01.swf
예제파일 : 부록CD1/Sample/Part06/Sec11/Exam03/예제/exam01.fla
부록CD1/Sample/Part06/Sec11/Exam03/예제/movie.flv
부록CD1/Sample/Part06/Sec11/Exam03/예제/video/Multivision.fla

01 예제파일(exam01.fla, video/MultiVision.as)을 열고, 테스트 무비(단축키: Ctrl + Enter)를 실행하여 movie.flv 파일이 이상 없이 재생되는지 확인합니다.

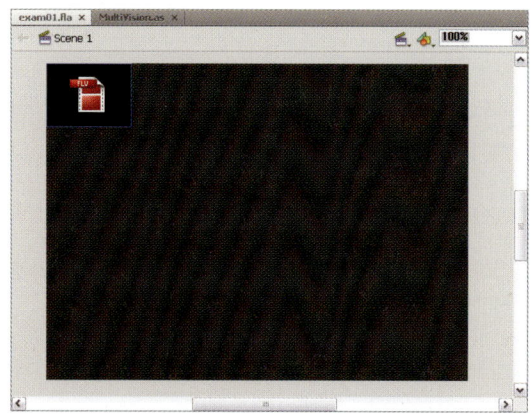 

02 player 크기와 같은 비트맵 데이터 객체를 생성하고, 비트맵 객체를 여러 개 만들어 화면에 정렬 시킵니다.

```
1    package video
2    {
3        import flash.display.Sprite;
4        import flash.display.Bitmap;
5        import flash.display.BitmapData;
6
7        public class MultiVision extends Sprite
8        {
9            private var bitmapData:BitmapData;
10           private var max:uint = 25;
11           private var lineMax:uint = 5;
12
13           public function MultiVision()
14           {
15               playVideo();
16               createBitmap();
17           }
18
19           private function playVideo():void
20           {
21               player.play("movie.flv");
22           }
23
24           private function createBitmap():void
25           {
26               bitmapData = new BitmapData(player.width, player.height, false);
27               for(var i:uint = 0; i < max; i++)
28               {
29                   var bitmap:Bitmap = new Bitmap(bitmapData);
30                   bitmap.x = i % lineMax * player.width;
31                   bitmap.y = Math.floor(i / lineMax) * player.height;
32                   this.addChild(bitmap);
33               }
34           }
35       }
36   }
```

line 10	화면에 뿌려진 비트맵 객체의 수 입니다.
line 11	한 줄에 배치한 비트맵 객체의 수 입니다. 5열로 배치합니다.
line 26	player(FLVPlayBack 객체) 크기의 비트맵 데이터 객체를 생성합니다.(투명도가 없는 객체가 만들어지며 컬러를 지정하지 않았으므로 검은색(0x000000) 비트맵 데이터가 생성됩니다.
line 27~33	반복문을 이용하여 25개의 비트맵 객체를 만들어 화면에 정렬시킵니다. 모든 비트맵은 하나의 비트맵 데이터 객체(bitmapData)를 공유하게 됩니다.

03 Event.ENTER_FRAME("enterFrame") 이벤트를 활용하여 비트맵 데이터 객체 정보를 현재 player의 재생 화면으로 변경(드로잉) 합니다.

```actionscript
1  package video
2  {
3      import flash.display.Sprite;
4      import flash.display.Bitmap;
5      import flash.display.BitmapData;
6      import flash.events.Event;
7
8      public class MultiVision extends Sprite
9      {
10         private var bitmapData:BitmapData;
11         private var max:uint = 25;
12         private var lineMax:uint = 5;
13
14         public function MultiVision()
15         {
16             playVideo();
17             createBitmap();
18             this.addEventListener(Event.ENTER_FRAME, drawBitmap);
19         }
20
21         private function playVideo():void
22         {
23             player.play("movie.flv");
24         }
25
26         private function createBitmap():void
27         {
28             bitmapData = new BitmapData(player.width, player.height, false);
29             for(var i:uint = 0; i < max; i++)
30             {
31                 var bitmap:Bitmap = new Bitmap(bitmapData);
32                 bitmap.x = i % lineMax * player.width;
33                 bitmap.y = Math.floor(i / lineMax) * player.height;
34                 this.addChild(bitmap);
35             }
36         }
37
38         private function drawBitmap(event:Event):void
39         {
40             bitmapData.draw(player);
41         }
42     }
43 }
```

line 18	player에서 재생되는 영상으로 비트맵 데이터 객체의 정보를 변경하기 위해 "enterFrame" 이벤트를 사용했습니다.
line 38~41	line 18에서 등록한 "enterFrame" 이벤트 핸들러 함수입니다. 비트맵 데이터 객체를 계속 변경해서, 모든 비트맵 객체가 player의 영상을 보여주게 됩니다.

04 테스트 무비(단축키 : Ctrl + Enter)를 실행하여 결과를 확인합니다.

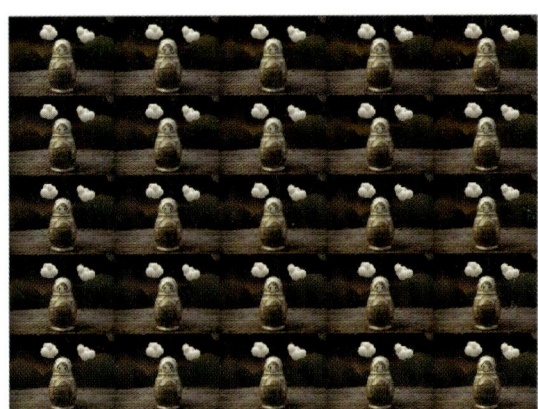

12

사운드 활용

학습 목표

플래시에서 사운드를 재생하는 방법은 타임라인에서 재생하는 것과 액션스크립트로 사운드 객체를 생성하여 재생하는 방법이 있습니다. 이번 장에서는 Sound 클래스를 이용하여 라이브러리에 있는 사운드 객체를 컨트롤하는 방법과 외부 mp3 파일을 로드하면서 재생(스트리밍)하는 방법을 알아봅니다.

01. 라이브러리 사운드 재생하기

라이브러리에 있는 사운드를 재생해봅시다.

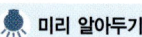 **미리 알아두기** **함수** : Part 7. 기초 프로그래밍 〉 Sec 5. 함수 | **이벤트** : Part 7. 기초 프로그래밍 〉 Sec 7. OOP 문법 〉 05. 이벤트 | **패키지** : Part 7. 기초 프로그래밍 〉 Sec 7. OOP 문법 〉 01. 패키지 | **클래스** : Part 7. 기초 프로그래밍 〉 Sec 7. OOP 문법 〉 02. 클래스

※ 예제를 따라하기 전에 '미리 알아두기' 내용을 반드시 읽어보기 바랍니다.

Sound Class

라이브러리의 사운드 클래스는 flash.media.Sound 클래스를 상속받습니다. 사운드(Sound) 클래스를 이용하면 외부 MP3 파일을 로드하여 재생할 수 있습니다. 재생(play) 시 시작 시점과 반복 횟수를 매개변수에 전달하여 재생할 수 있습니다. 기본값은 1번 재생입니다.

```
//사운드 객체를 생성합니다.
var sound:Sound = new Sound();

//0초부터 10번 반복 재생합니다.
var channel:SoundChannel = sound.play(0, 10);
```

play( ) 메서드를 실행하여 사운드를 재생하면 SoundChannel 객체가 생성됩니다. 생성된 SoundChannel 객체는 SoundTransform 클래스를 통해 볼륨 등과 같은 사운드 제어를 할 수 있습니다.

```
var soundTransform:SoundTransform = new SoundTransform();
soundTransform.volume = 0;

var channel:SoundChannel = sound.play();
channel.soundTransform = soundTransform;
```

완성파일미리보기 : 부록CD1/Sample/Part06/Sec12/Exam01/완성/exam01.swf
예제파일 : 부록CD1/Sample/Part06/Sec12/Exam01/예제/exam01.fla
부록CD1/Sample/Part06/Sec12/Exam01/예제/Click.wav

01 예제파일을 열고, Click.wav 파일을 stage에 드래그하여 넣습니다.

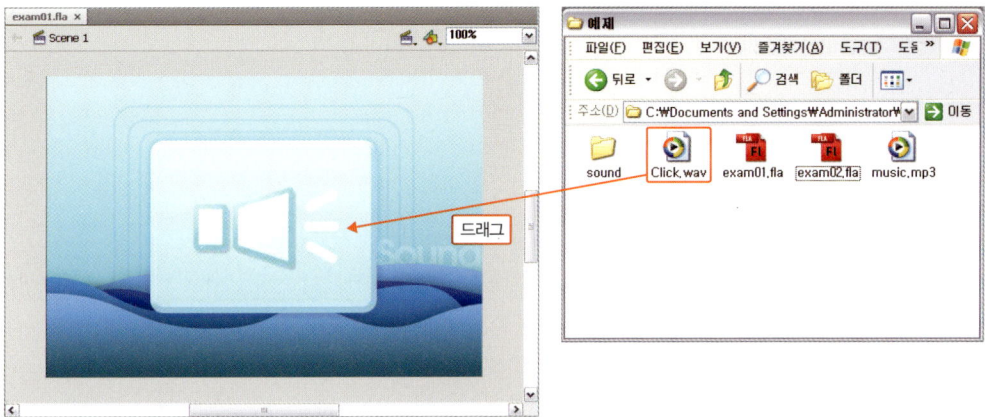

02 라이브러리에 추가된 사운드에 클래스 이름(ClickSound)을 등록합니다.

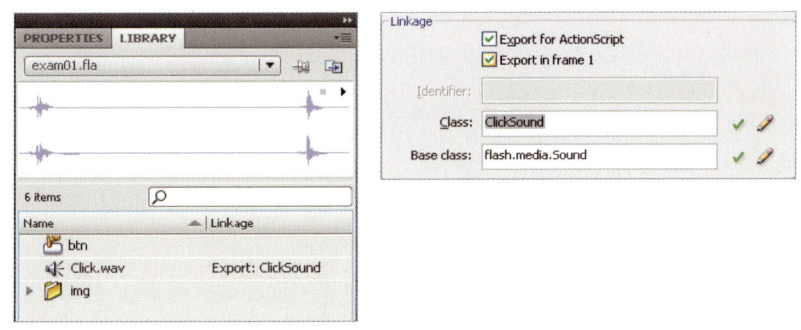

03 sound 패키지 안에 SoundSample 클래스 파일(Sound Sample.as)을 생성하고, 도큐먼트 클래스로 등록합니다.

```
1    package sound
2    {
3        import flash.display.Sprite;
4
5        public class SoundSample extends Sprite
6        {
7            public function SoundSample()
8            {
9
10           }
11       }
12   }
```

04 라이브러리에 등록한 ClickSound 클래스의 객체를 생성합니다.

```
1    package sound
2    {
3        import flash.display.Sprite;
4        import flash.media.Sound;
5
6        public class SoundSample extends Sprite
7        {
8            private var clickSound:Sound;
9
10           public function SoundSample()
11           {
12               clickSound = new ClickSound();
13           }
14       }
15   }
```

line 12   라이브러리에 클릭 소리 파일인 ClickSound 객체를 생성합니다. 다른 함수에서 이 객체를 사용하기 위해 변수
            를 함수 밖에서 선언했습니다.

05 버튼(btn)을 클릭하면 앞에서 생성한 ClickSound 객체를 재생하도록 코드를 추가합니다.

```
1    package sound
2    {
3        import flash.display.Sprite;
4        import flash.media.Sound;
5        import flash.events.MouseEvent;
```

```
 6
 7     public class SoundSample extends Sprite
 8     {
 9        private var clickSound:Sound;
10
11        public function SoundSample()
12        {
13           clickSound = new ClickSound();
14           btn.addEventListener(MouseEvent.MOUSE_DOWN, clickHandler);
15        }
16
17        private function clickHandler(event:MouseEvent):void
18        {
19           clickSound.play();
20        }
21     }
22  }
```

line 19   clickSound 변수가 참조하는 사운드 객체를 재생합니다. 매개변수에 아무 값도 전달하지 않았으므로, 처음부터 한 번 재생됩니다.

06 테스트 무비(단축키:<kbd>Ctrl</kbd>+<kbd>Enter</kbd>)를 실행한 후, 버튼을 클릭해봅시다.

완성파일미리보기 : 부록CD1/Sample/Part06/Sec12/Exam01/완성/exam02.swf
예제파일 : 부록CD1/Sample/Part06/Sec12/Exam01/예제/exam02.fla
부록CD1/Sample/Part06/Sec12/Exam01/예제/sound/VolumeControlSample.as

01 예제파일(exam02.fla, sound/VolumeControlSample.as)을 열고, 테스트 무비(단축키: Ctrl + Enter)를 실행하여 라이브러리의 음악(Music)이 재생되는지 확인합니다.

02 코드를 추가하여 볼륨을 50%로 줄여봅시다.

```
1    package sound
2    {
3        import flash.display.MovieClip;
4        import flash.media.Sound;
5        import flash.media.SoundChannel;
6        import flash.media.SoundTransform;
7
8        public class VolumeControlSample extends MovieClip
9        {
10           private var music:Sound;
11
12           public function VolumeControlSample()
13           {
14               playSound();
15           }
16
17           private function playSound():void
18           {
19               music = new Music();
20               var channel:SoundChannel = music.play();
21               var soundTrans:SoundTransform = channel.soundTransform;
22               soundTrans.volume = 0.5;
23               channel.soundTransform = soundTrans;
24           }
25       }
26   }
```

line 20	music 변수에 참조된 사운드 객체를 재생하고, 재생 시 생성되는 SoundChannel 객체를 channel 변수에 대입합니다.
line 21~22	현재 재생중인 SoundChannel 객체의 SoundTransform 객체를 다른 변수에 대입하고, volume 값을 0.5(50%)로 지정합니다.
line 23	SoundChannel 객체의 soundTransform 객체를 재등록하여 볼륨을 변경합니다.

03 테스트 무비(단축키: Ctrl + Enter)를 실행하여 결과를 확인합니다.

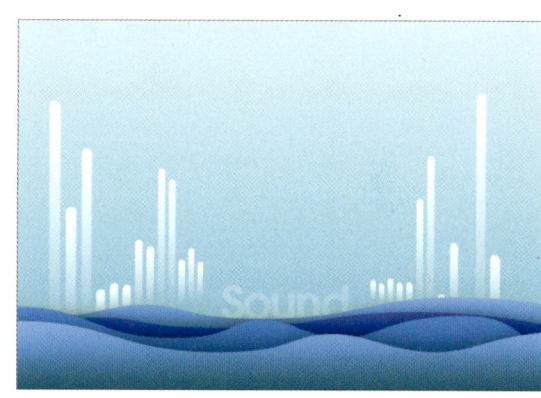

02. 외부 mp3 재생하기

mp3 파일을 로드(스트리밍)해서 사운드를 재생해봅시다.

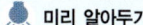 **미리 알아두기**   **Sound** : Part 6. 액션스크립트 3.0 즐기기 〉 Sec 12. 사운드 활용 〉 01. 라이브러리 사운드 재생하기 | **URLRequest** : Part 6. 액션스크립트 3.0 즐기기 〉 Sec 5. 마우스 활용 〉 01. 버튼에 링크 걸기 (손가락 커서모양 만들기)

※ 예제를 따라하기 전에 '미리 알아두기' 내용을 반드시 읽어보기 바랍니다.

Sound Class의 load( ) 메서드

외부 MP3 파일을 재생하는 메서드입니다. 재생하기에 충분한 데이터가 로드되면, 재생이 시작됩니다.
로드할 MP3 파일은 URLRequest 객체를 이용하여 전달합니다.

```
var sound:Sound = new Sound();
var request:URLRequest = new URLRequest("music.mp3");
sound.load(request);
sound.play();
```

완성파일미리보기 : 부록CD1/Sample/Part06/Sec12/Exam02/완성/exam01.swf
예제파일 : 부록CD1/Sample/Part06/Sec12/Exam02/예제/exam01.fla
부록CD1/Sample/Part06/Sec12/Exam02/예제/music.mp3

01 예제파일을 열고, sound.MP3Player 클래스를 생성하여 도 큐먼트 클래스로 등록합니다.

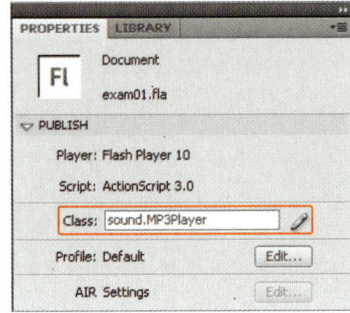

```
1    package sound
2    {
3        import flash.display.Sprite;
4
5        public class MP3Player extends Sprite
6        {
7            public function MP3Player()
8            {
9
10           }
11       }
12   }
```

02 load() 메서드를 이용하여 'music.mp3' 파일을 로드합니다.

```
1    package sound
2    {
3        import flash.display.Sprite;
4        import flash.media.Sound;
5        import flash.net.URLRequest;
6
7        public class MP3Player extends Sprite
8        {
9            private var music:Sound;
10
11           public function MP3Player()
12           {
13               loadSound();
```

```
14          }
15
16          private function loadSound():void
17          {
18              music = new Sound();
19              var request:URLRequest = new URLRequest("music.mp3");
20              music.load(request);
21          }
22      }
23  }
```

line 18   사운드 객체를 생성합니다.

line 19~20   "music.mp3" 파일을 로드합니다. 외부에 있는 파일을 로드할 경우, URLRequest 객체를 이용하여 파일 정보를 전달합니다.

03 사운드 객체를 반복 재생합니다. (반복 재생은 재생이 끝나는 시점에 이벤트를 등록하여 재생 명령을 다시 실행합니다.)

```
1   package sound
2   {
3       import flash.display.Sprite;
4       import flash.media.Sound;
5       import flash.net.URLRequest;
6       import flash.media.SoundChannel;
7       import flash.events.Event;
8
9       public class MP3Player extends Sprite
10      {
11          private var music:Sound;
12          private var channel:SoundChannel;
13
14          public function MP3Player()
15          {
16              loadSound();
17              playSound();
18          }
19
20          private function loadSound():void
21          {
22              music = new Sound();
23              var request:URLRequest = new URLRequest("music.mp3");
24              music.load(request);
25          }
26
```

```
27        private function playSound():void
28        {
29            channel = music.play();
30            channel.addEventListener(Event.SOUND_COMPLETE, completeHandler);
31        }
32
33        private function completeHandler(event:Event):void
34        {
35            playSound();
36        }
37    }
38 }
```

line 29   사운드를 재생합니다. 만약 로컬이 아닌 실제 서버에서 데이터를 받는다면 약간의 전송 시간이 지난 후 재생될
           것입니다.

line 30   사운드 재생이 완료되면 completeHandler 함수를 호출하도록 이벤트를 등록합니다.

line 33~36 line 30에서 등록한 이벤트 핸들러 함수입니다. 사운드가 끝까지 재생되면 Event.SOUND_COMPLETE 이벤트가
           발생하고, 이 함수에서 다시 재생하도록 playSound() 함수를 호출하여 무한 반복되는 사운드를 만들어 냅니다.

04 테스트 무비(단축키: Ctrl + Enter)를 실행
한 후, 음악이 반복 재생되는지 확인합니다.

외부 파일 로드하기

학습 목표

플래시 사이트를 제작할 때, 모든 컨텐츠를 하나의 swf 파일로 만들지 않습니다. 각각의 컨텐츠를 따로 제작하고, 하나의 컨텐츠도 메뉴 부분, 내용 부분 등으로 나누어 다른 파일로 제작합니다. 갤러리를 제작할 때도 모든 이미지 파일을 swf 파일에 넣으면 용량이 너무 커집니다. 따라서 외부 파일을 로드하는 형식으로 제작합니다. 이와 같이 외부 컨텐츠를 플래시에 로드하는 역할을 Loader 클래스가 담당합니다. 이번 장에서는 Loader 클래스에 대해서 자세히 알아봅시다.

01. swf 파일 로드하기

swf 파일을 로드하고 로드가 완료된 후 재생해봅시다.

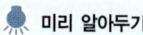 **미리 알아두기**   **반복문** : Part 7. 기초 프로그래밍 〉 Sec 4. 반복문 | **함수** : Part 7. 기초 프로그래밍 〉 Sec 5. 함수 | **이벤트** : Part 7. 기초 프로그래밍 〉 Sec 7. OOP 문법 〉 05. 이벤트 | **패키지** : Part 7. 기초 프로그래밍 〉 Sec 7. OOP 문법 〉 01. 패키지 | **클래스** : Part 7. 기초 프로그래밍 〉 Sec 7. OOP 문법 〉 02. 클래스 | **MouseEvent, URLRequest** : Part 6. 액션스크립트 3.0 즐기기 〉 Sec 5. 마우스 활용 〉 01. 버튼에 링크 걸기(손가락 커서모양 만들기)

※ 예제를 따라하기 전에 '미리 알아두기' 내용을 반드시 읽어보기 바랍니다.

Loader Class

Loader 클래스는 DisplayObject를 상속받은 클래스로, 외부 자원(swf, image)을 로드하여 보여주는 기능이 있습니다. 외부 자원의 정보를 URLRequest 객체를 이용하여 Loader 클래스의 load() 메서드에 전달합니다.

```
import flash.display.Loader;
import flash.net.URLRequest;

var loader:Loader = new Loader();
var request:URLRequest = new URLRequset("loaded.swf");
loader.load(request);
addChild(loader);
```

로드된 파일(객체)를 제거하려면 unload() 또는 unloadAndStop() 메서드를 사용합니다.

```
loader.unload();
loader.unloadAndStop();
```

unload() 메서드가 실행되면 로드된 객체는 loader에서 빠져나가지만, 객체의 동작(사운드 재생, 비디오 재생, 무비클립 타임라인 재생 등)은 유지됩니다. 이를 막기 위해 동작을 멈추는 별도의 코드를 작성해주거나 unloadAndStop() 메서드를 활용합니다. (주의! unloadAndStop() 메서드는 플래시 플레이어 10.0 이상에서만 실행됩니다.)

LoaderInfo Class

어떤 파일이든 로드될 때 LoaderInfo 객체가 만들어집니다. 지금까지 만들었던 모든 swf 파일도 LoaderInfo 객체가 존재하고, loaderInfo 속성으로 해당 객체를 참조할 수 있습니다. 이 LoaderInfo 객체는 파일의 정보를 담고 있습니다. 자주 사용하는 속성은 다음과 같습니다.

속성	설명
bytesLoaded	로드된 바이트 수
bytesTotal	파일의 크기
content	로드된 객체
frameRate	로드된 swf 파일의 프레임 속도
height	세로 길이
width	가로 길이
loader	파일을 로드하고 있는 Loader 객체
url	로드 중인 파일의 URL
parameters	로드된 swf 파일에 전달되는 매개변수들을 담은 객체(Object)

만약 플래시 파일에 데이터를 전달하고 있다면 다음과 같이 사용할 수 있습니다.

"sample.swf?data0=test&data1=123"과 같이 코딩 된 경우

```
var params:Object = loaderInfo.parameters;
var data0:String = params.data0;
var data1:String = params.data1;
```

Loader 객체에서 로드하는 미디어의 LoaderInfo 객체를 참조하려면 Loader 클래스의 contentLoaderInfo 속성을 사용합니다. 이 속성을 이용하면 LoaderInfo 클래스의 이벤트를 이용해 로드가 완료된 시점, 현재 로딩 상황을 체크할 수 있습니다.

Loader 객체와 LoaderInfo 객체의 구조는 다음 그림을 참고하세요.

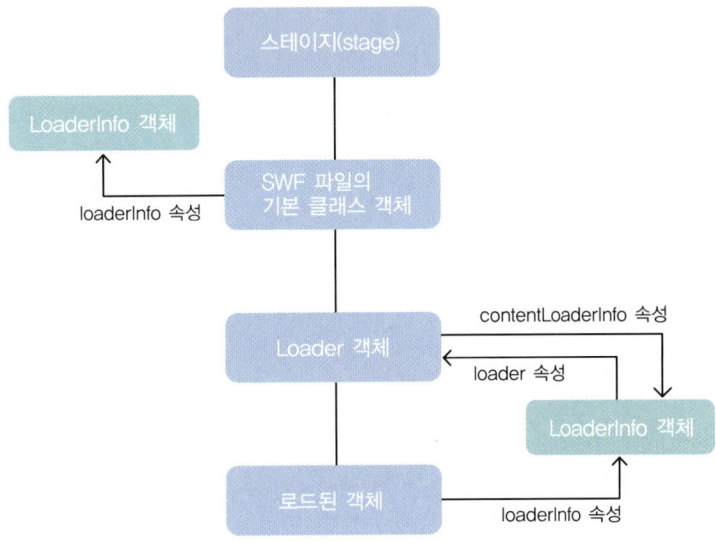

다음은 로드가 완료되는 시점(Event.COMPLETE)에 발생하는 이벤트를 등록하는 코드입니다.

```
import flash.display.Loader;
import flash.net.URLRequest;
import flash.events.Event;

var loader:Loader = new Loader();
var request:URLRequest = new URLRequset("loaded.swf");
loader.contentLoaderInfo.addEventListener(Event.COMPLETE, completeHandler);
loader.load(request);
```

예제 01 🖼 **swf 로드하기(로드가 완료되면 로드된 swf 타임라인 진행하기)**

완성파일미리보기 : 부록CD1/Sample/Part06/Sec13/Exam01/완성/exam01.swf
예제파일 : 부록CD1/Sample/Part06/Sec13/Exam01/예제/exam01.fla
　　　　　부록CD1/Sample/Part06/Sec13/Exam01/예제/swf/menu0.swf~menu4.swf
동영상 강의 : 부록CD2/동영상 강의②/⑨ 외부파일(swf) 로드하기.avi

01 예제파일을 열고, 도큐먼트 클래스를 생성합니다. (com.LoaderSample)

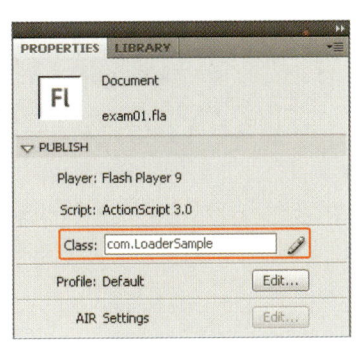

```
1    package com
2    {
3        import flash.display.Sprite;
4
5        public class LoaderSample extends Sprite
6        {
7            public function LoaderSample()
8            {
9
10           }
11       }
12   }
```

5개의 메뉴(btn0~btn4)를 클릭하면 "swf/menu0.swf~menu4.swf"를 로드하는 코드를 완성해봅시다.

02 swf 파일을 로드할 Loader 객체를 생성합니다.

```
1    package com
2    {
3        import flash.display.Sprite;
4        import flash.display.Loader;
5
6        public class LoaderSample extends Sprite
7        {
8            private var loader:Loader;
9
10           public function LoaderSample()
11           {
12               createLoader();
13           }
14
15           private function createLoader():void
16           {
17               loader = new Loader();
18               loader.y = 80;
19               this.addChild(loader);
20           }
21       }
22   }
```

line 17   swf 파일을 로드할 Loader 객체를 만듭니다. 로드가 실행된 Loader 객체에 다른 파일을 로드하면, 이전 파일은
           자동으로 제거(unload) 됩니다.

line 18   Loader 객체의 위치를 이동합니다. Loader 클래스는 DisplayObject를 상속받은 클래스입니다. 위치 이동, 크
           기 변화, 회전 등의 속성을 사용할 수 있습니다.

line 19   Loader 객체를 컨테이너에 넣어 화면에 표시합니다.

03 5개의 버튼에 클릭(MouseEvent.CLICK) 이벤트를 등록하고, 각 버튼을 클릭하면 해당 메뉴가 로드되도록 코드를 추가합니다.

```
1   package com
2   {
3       import flash.display.Sprite;
4       import flash.display.Loader;
5       import flash.display.SimpleButton;
6       import flash.events.MouseEvent;
7       import flash.net.URLRequest;
8
9       public class LoaderSample extends Sprite
10      {
11          private var loader:Loader;
12          private var menuNum:uint = 5;
13
14          public function LoaderSample()
15          {
16              createLoader();
17              btnEvent();
18          }
19
20          private function createLoader():void
21          {
22              loader = new Loader();
23              loader.y = 80;
24              this.addChild(loader);
25          }
26
27          private function btnEvent():void
28          {
29              for(var i:uint = 0; i < menuNum; i++)
30              {
31                  var btn:SimpleButton = this["btn" + i];
32                  btn.addEventListener(MouseEvent.CLICK, clickHandler);
33              }
34          }
35
36          private function clickHandler(event:MouseEvent):void
37          {
38              var tg:SimpleButton = event.currentTarget as SimpleButton;
39              var url:String = "swf/menu" + tg.name.substr(3) + ".swf";
40              var request:URLRequest = new URLRequest(url);
41              loader.load(request);
42          }
43      }
44  }
```

line 12   메뉴 개수를 변수 menuNum에 대입해 놓습니다.

line 27~34   5개 버튼의 "click" 이벤트에 clickHandler 함수를 등록합니다.

line 36~44 "click" 이벤트가 발생한 버튼의 이름(name)을 이용하여 번호를 구합니다. 이 번호를 이용하여 버튼과 같은 일련 번호로 이루어진 swf 파일이름을 만듭니다. (문자열 연산)

> ### substr( ) 메서드
> String 클래스의 메서드로서, 다음과 같이 문자열 중 일부 데이터를 얻어 낼 수 있습니다.
>
> ```
> var str:String = "btn10";
> //첫 글자에서 3개(결과 : "btn")
> var str2:String = str.substr(0, 3);
> //네 번째 글자에서 마지막 글자(결과 : "10")
> var str3:String = str.substr(3);
> ```
>
> 문자열의 Index 번호는 0번부터 시작합니다. 따라서 0번 문자(첫 문자)가 "b"입니다. 두 번째 매개변수는 얻어내고자 하는 문자 수 입니다. 생략할 경우 마지막 문자까지 리턴 해줍니다.
>
> String 클래스는 이 외에도 문자열을 다루는 다양한 메서드를 지원합니다. 프로그래밍에 편리함을 주는 클래스이므로 도움말(단축키:F1)을 열고 반드시 살펴보기 바랍니다.

line 40~41 URLRequest 객체에 swf 파일의 경로를 담아서 Loader 객체의 load( ) 메서드에 전달합니다. 이로써 swf 파일이 로드되어 화면에 보여집니다.

04 로드된 swf 파일은 1번 프레임에 정지(stop)명령을 주어 만들었습니다. 로드가 완료된 후 로드된 컨텐츠(content)의 프레임을 재생(play)하는 코드를 추가합니다.

```
1   package com
2   {
3       import flash.display.Sprite;
4       import flash.display.Loader;
5       import flash.display.SimpleButton;
6       import flash.events.MouseEvent;
7       import flash.net.URLRequest;
8       import flash.events.Event;
9       import flash.display.MovieClip;
10
11      public class LoaderSample extends Sprite
12      {
13          private var loader:Loader;
14          private var menuNum:uint = 5;
15
16          public function LoaderSample()
17          {
18              createLoader();
19              btnEvent();
20          }
21
22          private function createLoader():void
23          {
24              loader = new Loader();
25              loader.contentLoaderInfo.addEventListener(Event.COMPLETE
              completeHandler);
```

```
26          loader.y = 80;
27          this.addChild(loader);
28       }
29
30       private function completeHandler(event:Event):void
31       {
32          var tg:MovieClip = loader.content as MovieClip;
33          tg.play();
34       }
35
36       private function btnEvent():void
37       {
38          for(var i:uint = 0; i < menuNum; i++)
39          {
40             var btn:SimpleButton = this["btn" + i];
41             btn.addEventListener(MouseEvent.CLICK, clickHandler);
42          }
43       }
44
45       private function clickHandler(event:MouseEvent):void
46       {
47          var tg:SimpleButton = event.currentTarget as SimpleButton;
48          var url:String = "swf/menu" + tg.name.substr(3) + ".swf";
49          var request:URLRequest = new URLRequest(url);
50          loader.load(request);
51       }
52    }
53 }
```

line 25   로드(파일 다운로드)가 완료되면 completeHandler 함수를 호출하도록 이벤트를 등록합니다. 로드가 완료된 후
           재생하기 위해 각 swf 파일의 1번 프레임에서 모션을 멈추어 놓았습니다.

line 32   로드가 완료된 후 로드된 객체를 tg 변수에 대입합니다. swf 파일을 로드했으므로 MovieClip 데이터 유형을 가
           지게 됩니다. Loader에 로드된 객체는 Loader.content 속성으로 접근하여 컨텐츠의 좌표, 크기, 회전 등 공개
           된 속성을 컨트롤할 수 있습니다. 만약 로드한 컨텐츠의 함수, 변수를 사용하려면 로드되는 변수, 함수의 접근 제
           한자가 public(공개)으로 선언되어 있어야 합니다.

line 33   로드된 컨텐츠(객체)의 타임라인을 재생합니다.

05 테스트 무비(단축키: Ctrl + Enter)를 실행
한 후, 각 버튼을 클릭해봅시다.

02. 이미지 파일 로드하기(로딩 바 만들기)

- 이미지 파일을 로드하고, 이미지 사이즈를 변경해봅시다.
- 로딩되는 과정을 무비클립의 크기(ProgressBar)로 표현해봅시다.

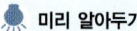 **미리 알아두기**　　Loader, LoaderInfo : Part 6. 액션스크립트 3.0 즐기기 〉 Sec 13. 외부 파일 로드하기 〉 01. swf 파일 로드하기

※ 예제를 따라하기 전에 '미리 알아두기' 내용을 반드시 읽어보기 바랍니다.

모든 파일은 로드가 시작되면 LoaderInfo 객체가 생성되고, 이 객체를 통해 파일에 대한 정보(경로, 크기, 용량 등)를 제공해줍니다. 로드 상황(얼마나 로드되었는지)을 알고 싶다면 ProgressEvent.PROGRESS 이벤트를 등록합니다.

```
import flash.display.Loader;
import flash.net.URLRequest;
import flash.events.ProgressEvent;

var loader:Loader = new Loader();
var request:URLRequest = new URLRequset("image.jpg");
loader.contentLoaderInfo.addEventListener(ProgressEvent.PROGRESS,
progressHandler);
loader.load(request);

function progressHandler(event:ProgressEvent):void
{
    trace(event.bytesLoaded, event.byteTotal);
}
```

예제 01　　이미지 로드하기(로딩 바 만들기)

완성파일미리보기 : 부록CD1/Sample/Part06/Sec13/Exam02/완성/exam01.swf
예제파일 : 부록CD1/Sample/Part06/Sec13/Exam02/예제/exam01.fla
　　　　부록CD1/Sample/Part06/Sec13/Exam02/예제/com/ImageLoader.as
　　　　부록CD1/Sample/Part06/Sec13/Exam02/예제/image/img0.jpg~img4.jpg

01 예제파일(exam01.fla, com/Image Loader.as)을 열면, Loader 객체를 이용하여 외부 이미지를 로드하는 코드가 작성되어 있습니다.(예제 코드가 이해되지 않는다면, 'Part 6. 액션스크립트 3.0 즐기기 〉 Section 13. 외부 파일 로드하기 〉 01. swf 파일 로드 하기'를 참고하세요.)

02 스테이지에 있는 loading_mc 무비클립을 로딩 바로 만들어봅시다. 로딩 바를 컨트롤하는 코드를 추가합니다.

```
1    package com
2    {
3        import flash.display.Sprite;
4        import flash.display.SimpleButton;
5        import flash.events.MouseEvent;
6        import flash.display.Loader;
7        import flash.net.URLRequest;
8        import flash.events.ProgressEvent;
9
10       public class ImageLoader extends Sprite
11       {
12           private var request:URLRequest;
13           private var loader:Loader;
14           private var menuNum:uint = 5;
15
16           public function ImageLoader()
17           {
18               createLoader();
19               btnEvent();
20           }
21
22           private function createLoader():void
23           {
24               request = new URLRequest();
25               loader = new Loader();
26               loader.contentLoaderInfo.addEventListener(ProgressEvent.
                 PROGRESS, progressHandler);
27               loader.y = 80;
28               this.addChild(loader);
29           }
30
31           private function progressHandler(event:ProgressEvent):void
32           {
33               loading_mc.scaleX = event.bytesLoaded / event.bytesTotal;
34           }
```

line 8   ProgressEvent 클래스를 사용하기 위해 위치를 선언합니다.

line 26   ProgressEvent.PROGRESS 이벤트는 로드(파일 다운로드)가 시작되면 끝나는 시점까지 발생하는 이벤트입니다. 이 이벤트를 이용하여 파일 용량과 현재 로드된 용량을 확인할 수 있습니다. 위 코드는 로드가 진행되는 동안 progressHandler 함수를 호출하도록 등록합니다.

line 31~34 line 26에서 등록한 ProgressEvent.PROGRESS 이벤트가 발생하는 동안 호출되는 함수입니다. 이벤트 객체의 bytesLoaded(로드한 byte 단위 용량), bytesTotal(파일의 전체 byte 단위 용량) 속성을 이용하여 loading_mc 의 가로 길이를 0%~100%까지 변경합니다.

03 테스트 무비(단축키: Ctrl + Enter)를 실행하고, Simulate Download로 결과를 확인합니다. 테스트 무비와 같은 단축키로 설정되어 있으므로 Ctrl + Enter를 연속 두 번 눌러도 됩니다. 로컬 환경에서는 다운로드가 완료되어 있는 상태이므로, 시뮬레이션으로 테스트해야 서버에서 다운로드하는 상황을 테스트할 수 있습니다. 가상 다운로드 속도를 변경하려면 Download Settings에서 원하는 속도를 선택합니다.

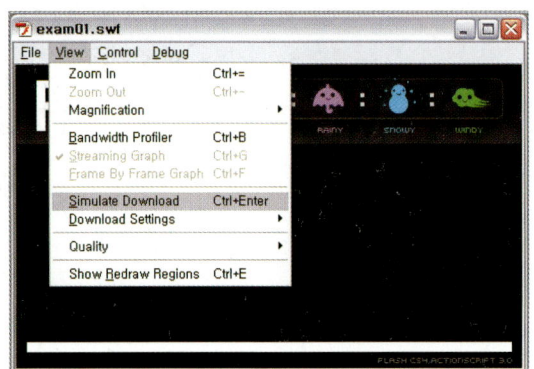 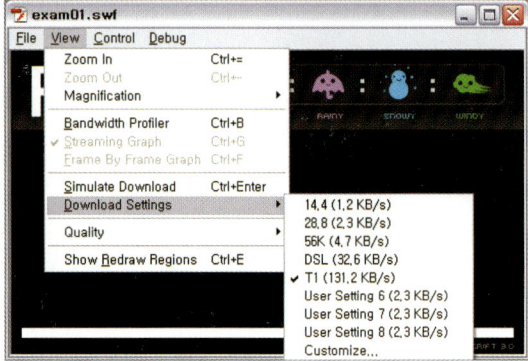

04 다운로드 완료 후 이미지 크기를 변경하는 코드를 추가해봅시다.

```
1    package com
2    {
3        import flash.display.Sprite;
4        import flash.display.SimpleButton;
5        import flash.events.MouseEvent;
6        import flash.display.Loader;
7        import flash.net.URLRequest;
8        import flash.events.ProgressEvent;
9        import flash.display.Bitmap;
10       import flash.events.Event;
11
12       public class ImageLoader extends Sprite
13       {
14           private var request:URLRequest;
15           private var loader:Loader;
16           private var menuNum:uint = 5;
17
18           public function ImageLoader()
19           {
20               createLoader();
21               btnEvent();
22           }
23
24           private function createLoader():void
25           {
26               request = new URLRequest();
27               loader = new Loader();
```

```
28          loader.contentLoaderInfo.addEventListener(ProgressEvent.
            PROGRESS, progressHandler);
29          loader.contentLoaderInfo.addEventListener(Event.COMPLETE,
            completeHandler);
30          loader.y = 80;
31          this.addChild(loader);
32      }
33
34      private function progressHandler(event:ProgressEvent):void
35      {
36          loading_mc.scaleX = event.bytesLoaded / event.bytesTotal;
37      }
38
39      private function completeHandler(event:Event):void
40      {
41          var bitmap:Bitmap = loader.content as Bitmap;
42          bitmap.smoothing = true;
43          bitmap.width = 200;
44          bitmap.height = 100;
45      }
```

line 9~10   Bitmap, Event 클래스를 사용하기 위해 위치를 선언합니다.

line 29   Event.COMPLETE 이벤트는 로드(파일 다운로드)가 완료되면 발생하는 이벤트입니다. 로드가 완료되면
            completeHandler 함수를 호출하도록 등록합니다.

line 39~45 line 29에서 등록한 Event.COMPLETE 이벤트가 호출되는 함수입니다. 이미지 로드가 완료된 후 크기를 알 수
            있으므로 Event.COMPLETE 이벤트 발생 후 위와 같이 크기를 변경합니다.

line 41   로드된 컨텐츠가 비트맵(Bitmap) 객체인지 확인합니다. 만약 비트맵 객체가 아니라면 bitmap 변수는 null 값을
            가지게 됩니다.

line 42   비트맵 객체는 원본의 크기를 변경하면 깨져 보입니다. 이를 부드럽게 처리하기 위해 비트맵 클래스의
            smoothing 속성을 true로 변경해줍니다.

line 43~44 비트맵 크기를 가로 200px, 세로 100px로 변경합니다.

05 테스트 무비(단축키: Ctrl + Enter)를 실행
한 후, 각 버튼을 클릭해봅시다.

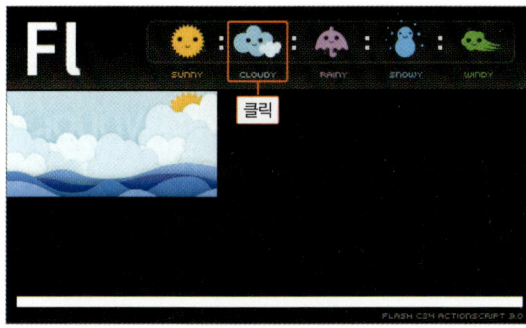

Part 7

기초
프로그래밍

프로그램을 공부하는데 있어 가장 중요하고, 가장 먼저 익혀야 하는 것은 기초 문법입니다. 하지만 중요한 만큼 프로그램을 처음 공부하는 분들에게 어렵고 넘기 힘든 과정이기도 합니다. 본 교재에서는 액션스크립트를 처음 접하시는 분을 위해 어려운 기초 문법을 먼저 공부하지 않고, 필요에 의해 부분부분 공부할 수 있도록 예제에 필요한 기초 문법이 무엇인지 예제마다 표시해 놓았습니다. 기초 문법을 처음 공부하는 분이라면 가벼운 마음(?)으로 한 번 정독해주세요. 그리고, 'PART 6. 액션스크립트 3.0 즐기기' 예제를 따라 하면서 해당 예제에 필요한 기초 문법을 다시 한 번 확인하고 예제에서 기초 문법이 어떻게 사용되었는지 알아보기 바랍니다.

변수, 상수, 데이터 유형

변수

변수란 데이터를 저장할 공간입니다. 숫자, 문자, 무비클립 등 객체를 참조하는 데 사용됩니다.

변수 선언 명령어 var

```
var 변수이름;
```

변수에 데이터 넣기(대입하기)

```
//변수 선언 후 데이터 넣기
var num;
num = 1;

//변수 선언과 동시에 데이터 넣기
var str = "flash";

//다른 변수에 데이터 복사하기
var str2 = str;
```

변수에 넣은 데이터 확인하기

```
//결과는 두 변수 값 모두 1이 출력됨
var num = 1;
var num2 = num1;
trace(num);
trace(num2);
```

변수 지우기

delete 명령에 의해 지워진 변수는 더 이상 사용할 수 없습니다.

```
delete num;
```

상수

데이터가 참조되어 있는 변수에 다른 데이터를 대입하면 기존 데이터는 사라지고 새로운 데이터를 가지게 됩니다. 하지만 상수는 선언 시 저장된 데이터를 변경할 수 없습니다. 일반적으로 상수는 대문자로 만듭니다.

상수 선언 명령어 const

```
const 상수이름;
```

상수에 다른 값을 넣으면 오류 발생

```
const MY_NAME = "피투리";
MY_NAME = "p2ri"; //오류발생
```

데이터 유형

변수나 상수를 선언할 때, 저장될 데이터 유형을 정의할 수 있습니다. 변수나 상수에 정의된 데이터 유형이 아닌 다른 데이터가 대입되면 오류가 발생합니다. 데이터 유형은 이름 뒤에 :(콜론)을 이용하여 선언합니다.

변수에 데이터 유형 선언

```
var 변수 이름:데이터 유형;
```

문자 형(String) 변수 만들기

```
var str:String = "피투리";
```

숫자 형 변수 만들기

```
var num:Number = 3.26;
var num2:int = -1;
var num3:uint = 1;
```

숫자 형 데이터 종류

종류	설명
Number	소수점이 있는 숫자를 포함한 모든 숫자 값
int	정수
uint	음수를 제외 한 정수

자주 사용되는 데이터 유형

종류	설명
Boolean	참(true), 거짓(false)을 데이터로 가지는 클래스
MovieClip	무비클립
TextField	텍스트 필드
SimpleButton	버튼 심볼
Date	날짜 정보

연산자

산술 연산자

산술 연산자는 모두가 잘 알고 있는 사칙연산 연산자를 포함해 숫자 또는 문자를 연산하는 역할을 합니다. 산술 연산자의 연산 순위는 *, /, %가 +, − 보다 빠릅니다. 연산 순서를 변경하고 싶다면 ()를 이용하여 우선 순위를 정할 수 있습니다.

종류	설명	예시
+	더하기 연산자	1 + 1 → 2
−	빼기 연산자	2 − 1 → 1
/	나누기 연산자	4 / 2 → 2
*	곱하기 연산자	2 * 2 → 4
%	나머지 연산자	5 % 3 → 2
++	증가 연산자	1++ → 2, ++1 → 2
−−	감소 연산자	2−− → 1, −−2 → 1

증가/감소 연산자는 다른 연산자와 함께 사용될 때, 연산자의 위치에 따라 연산 순서가 달라집니다. 앞에 있으면 먼저 연산되고, 뒤에 있으면 나중에 연산됩니다.

증가 연산자가 뒤에 있을 때 연산 순서

```
var num1:uint = 1;
var num2:uint = num1++ - 1;
```

위 코드의 결과는 num1 = 2, num2 = 0의 값이 저장됩니다. 증가 연산자가 뒤에 있으므로 num1 − 1 이 먼저 연산되어 num2에 0이 대입되고, num1++ 이 두 번째로 연산되어 num1에 2가 대입됩니다.

증가 연산자가 앞에 있을 때 연산 순서

```
var num1:uint = 1;
var num2:uint = ++num1 - 1;
```

위 코드의 결과는 num1 = 2, num2 = 1의 값이 저장됩니다. 증가 연산자가 앞에 있으므로 num1++ 이 먼저 연산되어 num1에 2가 대입되고, num1 - 1 이 두 번째로 연산되어(이 때, num1의 값은 2) num2 에 1이 대입됩니다.

문자형 더하기 연산

```
var str1:String = "flash ";
var str2:String = "actionscript";
var str3:String = str1 + str2;
trace(str3);
```

위 코드의 결과는 "flash actionscript"가 출력됩니다. 이와 같이 문자를 더하면 문자를 연결해줍니다. 숫자와 문자를 더하기 연산해도 문자를 더한 것과 같은 연산이 이루어집니다. ("a" + 1→ "a1")

uint 형의 빼기 연산

```
var num:uint = 0;
num--;
```

위 식에서는 0에서 1을 빼준 값이 num 변수에 다시 대입됩니다. 하지만 uint 객체가 가질 수 있는 데이 터는 양의 정수이므로 uint 객체가 가질 수 있는 가장 큰 값(4294967295)으로 변경됩니다. 따라서 위 와 같이 양수와 음수 영역의 결과값을 모두 표현할 변수는 int 데이터 유형으로 선언해야 합니다.

대입 연산자

종류	설명	예시
=	오른쪽 데이터를 왼쪽 변수에 대입	a = b
+=	왼쪽 변수 값에 오른쪽 데이터 더한 후 대입	a += b → a = a + b
-=	왼쪽 변수 값에 오른쪽 데이터 뺀 후 대입	a -= b → a = a - b
/=	왼쪽 변수 값에 오른쪽 데이터 나눈 후 대입	a /= b → a = a / b
*=	왼쪽 변수 값에 오른쪽 데이터 곱한 후 대입	a *= b → a = a * b
%=	왼쪽 변수 값을 오른쪽 데이터로 나머지 연산 후 대입	a %= b → a = a % b
⟪=	비트 왼쪽 시프트 대입	a ⟪= b → a = a ⟪ b
⟫=	비트 오른쪽 시프트 대입	a ⟫= b → a = a ⟫ b

〉〉〉=	비트 부호 없는 오른쪽 시프트 대입	a 〉〉〉= b → a = a 〉〉〉 b
&=	비트 AND 대입	a &= b → a = a & b
^=	비트 XOR 대입	a ^= b → a = a ^ b
|=	비트 OR 대입	a |= b → a = a | b

비교 연산자

비교 연산자의 결과는 true(참) 또는 false(거짓)입니다.

종류	설명	예시
〈	보다 작음	1 〈 2 → true(참)
〉	보다 큼	1 〉 2 → false(거짓)
〈=	보다 작거나 같음	1 〈= 1 → true
〉=	보다 크거나 같음	1 〉= 2 → false
as	데이터 유형 확인	var num:uint = 1 as uint → num = 1 var num:int = "flash" as int → num = 0
is	데이터 유형 확인	var b:Boolean = "flash" is String → b = true var b:Boolean = "flash" is Number → b = false

as 연산자의 연산 결과는 연산 데이터(객체) 유형과 같을 경우 데이터를 그대로 반환하며, 다를 경우 null 값을 반환합니다. (숫자형 변수에는 0을 반환합니다.)

만약 변수 box에 참조된 객체가 정확히 어떤 데이터 유형의 객체인지 알 수 없을 때, 다음과 같이 MovieClip 객체인지 확인할 수 있습니다.

```
var mc:MovieClip = box as MovieClip;
if (mc)
{
    //mc 변수에 참조된 객체가 있으면 실행되는 코드
}
```

만약 box가 무비클립이 아니라면 mc는 null이 됩니다. 따라서 무비클립인 경우에만 if 조건문 코드 블록을 실행하게 됩니다. (조건문에 대해서는 다음 'Section 3. 조건문'에서 자세히 설명합니다.)

항등 연산자

항등 연산자의 결과는 true(참) 또는 false(거짓)입니다.

종류	설명	예시(a = 1, b = "1")
==	같음	a == b → true(참)
!=	다름	a != b → false(거짓)
===	데이터 유형도 같음	a === b → false(거짓)
!==	데이터 유형도 다름	a !== b → true(참)

=== 연산자와 !== 연산자는 데이터 유형까지 비교합니다. 숫자로 만들어진 문자와 숫자를 == 연산자로 비교하면 문자가 숫자로 자동 캐스팅(변환) 되어 숫자와 숫자를 비교하는 연산이 이루어집니다.

```
var num = 1;
var str = "1";

var b1:Boolean = num == str;  //true
var b2:Boolean = num === str; //false
```

위 코드의 결과는 b1은 숫자 1과 문자 "1"이 같은 것으로 연산되어 true 값이 대입되고, b2에는 숫자 1과 문자 "1"이 다른 것으로 연산되어 false 값이 대입됩니다.

논리 연산자

논리 연산자의 결과는 true(참) 또는 false(거짓)입니다.

종류	설명	예시
&&	AND (피연산자 2개가 모두 참일 때만 참이 됩니다.)	1 〈 2 && 3 〉 2 → true
||	OR (피연산자 중 한 개만 참이어도 참이 됩니다.)	1 〈 2 || 3 〈 2 → true

프로그램에서는 a 〈 b 〈 c와 같이 복합적인 비교 연산을 한 번에 할 수 없습니다. 다음과 같이 논리 연산자를 이용하여 나누어 연산해야 합니다.

```
a < b && b < c
```

비트 논리 연산자

종류	설명
&	비트 AND (두 개의 비트가 1 일 때 1)
|	비트 OR (한 개의 비트만 1이면 1)
^	비트 XOR (비트가 다를 때 1)

비트 논리 연산자를 이해하려면 먼저 2진수에 대해 알아야 합니다. 아래 코드는 10진수를 2진수로 변경한 뒤 비트 논리 연산자에 대해 설명해 놓은 그림입니다.

10(10진수)	1 0 1 0 (2진수)	
6(10진수)	0 1 1 0 (2진수)	
2(10진수)	0 0 1 0 (2진수)	&(AND) 비트 논리 연산
15(10진수)	1 1 1 0 (2진수)	|(OR) 비트 논리 연산
14(10진수)	1 1 0 0 (2진수)	^(XOR) 비트 논리 연산

비트 시프트 연산자

종류	설명
≪	비트 왼쪽 시프트
≫	비트 오른쪽 시프트
≫≫	비트 부호 없는 오른쪽 시프트

비트 시프트 연산자는 피연산자의 비트를 두 번째 연산자에 지정한 곳까지 이동합니다. 5 ≪ 1의 결과는 0101(2진수)이 왼쪽으로 한 칸 이동해 1010(10진수로 변환하면 10)이 됩니다. 5 ≫ 1 의 결과는 0101(2진수)이 오른쪽으로 한 칸 이동하여 0010(10진수로 변환하면 2)가 됩니다.

조건 연산자

종류	설명
? :	조건에 따라 : 왼쪽 또는 오른쪽에 있는 값이 연산 결과가 됩니다.

아래 식은 비교 연산의 결과에 따라서 변수에 대입되는 값이 달라지는 것을 보여줍니다.

```
var num0:uint = 1;
var num1:uint = 2;

var str0:String = num0 > num1 ? "크다" : "작다";
var num:int = num0 < num1 ? num0 + num1 : num1 - num2;
```

str0에는 num0 > num1이 거짓이므로 :(콜론) 뒤에 있는 "작다"가 대입됩니다. num에는 num0 < num1이 참이므로 :(콜론) 앞에 있는 num0 + num1이 연산되어 대입됩니다.

도트(.) 연산자

도트 연산자는 객체의 속성 및 메서드에 접근하기 위한 방법을 제공합니다. 무비클립과 같은 객체(Object)가 가지고 있는 속성(또는 객체)이나 메서드에 접근하려면 도트 연산자를 이용합니다. 객체 이름이 box인 무비클립이 가진 속성에 접근하려면 아래와 같이 객체 이름 다음에 도트(.)를 사용합니다.

```
box.x
box.y
```

box 무비클립 안에 circle 무비클립이 있다면 circle 무비클립의 속성에 접근하기 위해 아래와 같이 도트(.)를 사용합니다.

```
box.circle.x
box.circle.y
```

속성 액세스 연산자(대괄호 연산자)

속성 액세스 연산자 [ ]를 이용하면 문자열을 이용하여 속성에 접근할 수 있습니다. 아래 2가지 코드는 같은 변수에 접근하는 코드입니다. [ ] 앞에는 속성을 가지는 대상을 적어줍니다.

```
var data:uint = num;
var data:uint = this[ "num" ];
```

문자열 연산을 이용하여 유동적으로 객체(속성)에 접근하는 코드를 만들 수 있습니다.

```
var num:uint = 1;
var mc:MovieClip = this[ "mc" + num ];
```

위 코드는 변수 num이 가지고 있는 값을 이용하여 변수 mc에 해당 무비클립을 대입하는 코드입니다. num의 값이 1일 경우 this에 있는 mc1 무비클립이 참조됩니다. num 값을 변경하면 다른 무비클립을 참조할 수 있습니다.

this는 코드가 실행되는 객체를 의미합니다. 만약 타임라인에 이 코드를 작성했다면 현재 작성한 타임라인의 위치가 this입니다. this를 생략해도 속성에 접근할 수 있으나, [ ] 연산자는 접근하고자 하는 속성의 경로를 이용해야 합니다.

```
var num:uint;

//this 생략하여 num 변수에 대입
num = 1;

//this를 이용하여 num 변수에 대입
this.num = 1;


//맞는 코드
var mc:MovieClip = this[ "mc" + num ];

//틀린 코드
var mc:MovieClip = [ "mc" + num ];
```

SECTION

03

조건문

학습 목표

상황에 따라 다른 명령을 실행해야 할 때, 비교 연산자, 논리 연산자 등을 이용해 만들어진 조건식에 따라 다른 명령을 실행을 합니다. 이 때 사용하는 명령이 조건문이며 조건문에는 if~else, switch~case가 있습니다.

if~else 조건문

if~else 조건문은 조건식을 다양하게 만들 수 있습니다. 조건식이 참이면 if {} 코드 블록을 실행하고, 거짓이면 else {} 코드 블록을 실행합니다.

```
if (조건식)
{
    //조건식이 참일 때 명령
}
else
{
    //조건식이 거짓일 때 명령
}
```

아래와 같이 조건식은 else if 명령으로 추가할 수 있습니다. 하나의 조건식에 참이 되면 이후 조건식은 실행되지 않습니다.

```
if (num > 10)
{
    //코드 1
}
else if (num1 > 20)
{
    //코드 2
}
else
{
    //코드 3
}
```

위 코드에서 (num > 10)이 참이고 (num1 > 20)도 참이라면 코드 1이 실행되고 코드 2는 실행되지 않습니다.

switch~case

하나의 공통적인 비교 대상이 있다면 switch ~ case 조건문으로 코드를 쉽게 만들 수 있습니다. 표현식이 비교 값과 동일하면 해당 코드를 실행하고 break 명령으로 switch ~ case 조건문을 종료합니다. 만약 break 명령이 없다면 바로 아래 case 코드를 비교 값과 상관 없이 실행합니다. 표현식과 동일한 비교 값이 없다면 default에 작성된 코드를 실행합니다.

```
switch(표현식)
{
    case 비교 값 :
        //코드 1
        break;
    case 비교 값 :
        //코드 2
        break;
    default :
        //코드 3
}
```

아래 코드는 num의 값에 따라 다른 코드를 실행하게 됩니다. 1~3의 값이 아니면 default 코드를 실행합니다.

```
switch(num)
{
    case 1 :
        //코드 1
        break;
    case 2 :
        //코드 2
        break;
    case 3 :
        //코드 2
        break;
    default :
        //코드 3
}
```

break 명령을 생략하여 아래와 같이 같은 코드를 실행하는 다수의 조건을 만들 수 있습니다.

```
switch(num)
{
    case 1 :
    case 2 :
        //코드 1
        break;
    case 3 :
        //코드 2
        break;
    default :
        //코드 3
}
```

위 코드는 num의 값이 1 또는 2일 때 코드 1을 실행하게 됩니다.

반복문

학습 목표

같은 코드를 여러 번 실행해야 하는 경우 반복문을 이용하면 코드를 여러 번 작성할 필요가 없습니다. 이 때 사용하는 명령이 반복문이며, 반복문에는 코드를 반복 실행하는 for 반복문, while 반복문, do - while 반복문과 객체가 가지고 있는 값을 나열해 주는 for - in, for each - in 반복문이 있습니다.

for 반복문

for 반복문은 반복 횟수에 사용되는 초기 값과 조건식, 증감식이 존재하며, 조건에 거짓이 될 때까지 { } 안쪽 코드를 반복하여 실행합니다.

다음은 for 반복문의 기본 구조입니다.

```
for (초기 값; 조건식; 증감식)
{
    //조건식이 참일 때 반복 실행되는 코드
}
```

10번의 코드 반복 실행이 필요하다면 다음과 같이 코드가 이루어집니다.

```
for (var i:uint = 0; i < 10; i++)
{
    trace(i);
}
```

반복문의 코드 진행 순서는

❶ **var i:uint = 0;** 초기 값 부분을 실행합니다. 코드부분입니다. 이로써 변수 i가 생성되고 0의 값을 가지게 됩니다.
❷ **i < 10** 조건식을 연산합니다. 연산이 실행됩니다. i의 값이 0이므로 연산 결과는 true 입니다.
❸ **trace(i);** 조건식이 true이면 { } 안쪽 코드를 실행합니다. [Output] 패널에 현재 i값(0)을 출력합니다.
❹ **i++** 증감식 코드를 처리합니다. i가 1 증가하여 1이 됩니다.
❺ ②번~④번을 반복 실행하면서 조건식의 연산 결과가 false이면 반복문을 종료합니다.

위 코드를 실행하면 [Output] 패널에 0~9까지 출력될 것입니다.

아래 코드는 역으로 9에서 0까지 출력하는 코드입니다. 위 코드와 반복 횟수는 같지만 변화되는 i의 값이 달라집니다.

```
for (var i:int = 9; i >= 0; i--)
{
    trace(i);
}
```

위 코드에서 주의할 것은 초기 값에서 선언한 변수 i의 데이터 유형이 uint 형이 아닌 int 형이라는 것입니다. 증감식을 거치면서 i의 값이 0보다 작아질 때 반복문이 종료되는데, 만약 데이터 유형을 uint로 선언했다면 음수를 가질 수 없는 데이터 유형이므로 반복문이 종료되지 않습니다. 이를 무한 루프(Loop)라고 말하며, 무한 루프가 실행되면 플래시의 실행이 멈추게 되니 주의해야 합니다.

while 반복문

for 반복문은 특정 변수 값의 변화를 이용하기 위해 초기 값 선언 코드와 증감식을 가지고 있지만, while 반복문은 단순히 조건식 만을 가지고 있기에 반복 횟수를 정해주려면 외부 변수를 사용해야 합니다. while 반복문은 반복 횟수를 정하지 않고 조건식이 거짓이 될 때까지 실행하는 코드로 활용하기도 합니다.

다음은 while 반복문의 기본 구조입니다.

```
while (조건식)
{
    //조건식이 참일 때 반복 실행되는 코드
}
```

10번의 코드 반복 실행이 필요하다면 다음과 같이 변수를 외부에 선언하여 사용합니다.

```
var cnt:int = 10;
while (cnt--)
{
    trace(cnt);
}
```

위 코드는 cnt 변수에 대입된 10의 값을 1씩 감소하면서 값을 출력하는 코드입니다. cnt값이 0이 되는 순간 while 반복문의 조건식(cnt--)의 결과가 거짓(false)가 되어 반복문이 종료됩니다.

0, undefined, NaN은 참/거짓으로 따지면 거짓(false)에 해당합니다. 0을 제외한 숫자, 모든 문자들은 참(true)에 해당합니다.

다음은 while 반복문을 이용하여 타임라인(this)에 있는 모든 객체를 제거하는 코드입니다. 이와 같이 반복 횟수를 정하지 않고 객체의 수가 0이 될 때까지 반복 실행하는 코드를 만들 수 있습니다.

```
while (this.numChildren)
{
    this.removeChildAt(0);
}
```

위 코드에서 사용한 명령들은 'Part 6. 액션스크립트 3.0 즐기기 > Section 02. DisplayObject 기초'에서 학습할 수 있습니다.

do-while 반복문

do-while 반복문과 while 반복문은 조건식의 연산 시점이 다른 것 외에 같은 방식으로 코드를 반복 실행합니다. while 반복문은 조건식을 먼저 연산, 비교하지만, do-while 반복문은 코드 실행 후 조건식을 연산하기 때문에 무조건 한 번은 {} 안의 코드가 실행됩니다.

다음은 do-while 반복문의 기본 구조입니다.

```
do
{
    //조건식이 참일 때 반복 실행되는 코드
} while (조건식);
```

아래 코드는 조건식의 연산 결과가 거짓임에도 코드가 한 번 실행됩니다.

```
do
{
    trace("코드가 한 번 실행됩니다");
} while (0);
```

for-in 반복문

for-in 반복문은 반복이 진행되면서 객체 안에 있는 속성을 반복문에 선언한 변수에 대입해줍니다. 이를 이용하여 객체 안에 어떤 속성이 있는지, 그 속성에는 어떤 값이 참조되어 있는지 확인할 수 있습니다.

다음은 for-in 반복문의 기본 구조입니다.

```
for (var str:String in 객체)
{

}
```

for-in 반복문에 선언하는 변수는 속성의 이름이 참조되므로 String 데이터 유형을 가져야 합니다.

아래 코드를 실행하면 this에 있는 속성의 이름과 속성 값을 출력해줍니다. 속성 값은 속성 엑세스 연산자(대괄호 연산자)를 이용하여 얻어냅니다.

```
var username:String = "최재필";
var age:uint = 34;

for (var str:String in this)
{
    trace(str);
    trace(this[ str ]);
}

//실행 결과
username
최재필
age
34
```

for each-in 반복문

for each-in 반복문은 for-in 반복문과 달리 속성의 이름이 아닌 데이터가 반복문 변수에 대입됩니다.

다음은 for each-in 반복문의 기본 구조입니다.

```
for each (var i:데이터유형 in 객체)
{

}
```

아래 코드를 실행하면 배열에 참조된 모든 데이터를 출력해줍니다.

```
var arr:Array = new Array(1, 2, 3, 4, 5);

for each (var num:uint in arr)
{
    trace(num);
}

//실행 결과
1
2
3
4
5
```

함수

학습 목표

함수(Function)는 특정 작업을 수행하는 코드 블록이며 함수를 만드는 것은 코드 블록 객체를 만드는 것입니다. 만들어진 함수는 재활용할 수 있습니다. 따라서 자주 사용하는 코드는 함수로 제작하여 편리하게 사용합니다.

함수의 정의

```
function 함수명 (매개변수 : 매개변수 데이터 유형) : 리턴 데이터 유형
{
    //코드 블록
}
```

매개변수는 콤마(,)로 구분하여 여러 개를 만들 수 있으며, 리턴 데이터 유형은 함수를 호출한 곳으로 돌려주는 값이 있다면 해당 데이터의 유형을 선언해줍니다. 만약 리턴 데이터가 없다면 void라고 선언합니다.

```
function hello():void
{
    trace("안녕하세요");
}
```

함수의 호출

선언된 함수를 실행하려면 함수 이름에 ()를 붙여 호출합니다. 만약 매개변수가 있다면 ()안에 데이터를 전달합니다.

```
hello();
```

액션스크립트는 위 코드에서 아래 코드로 실행되지만, 함수는 선언된 위치와 관계없이 호출이 가능합니다. 함수 호출 코드가 선언 코드보다 위에 있어도 함수 객체가 먼저 만들어지므로 이상없이 호출됩니다.

익명 함수

함수의 이름없이 변수에 함수 객체를 참조시키는 함수 선언 방법입니다. 익명 함수는 일반 함수와는 달리 코드 실행 시 함수 객체가 생성되므로 호출하기 전에 변수에 함수 객체를 넣는 코드가 먼저 있어야합니다. 함수 호출 방식은 일반 함수와 동일합니다.

```
var hello:Function = function():void
{
    trace("안녕하세요");
}

hello();
```

매개변수

함수 호출 시 함수에 데이터를 전달하기 위해 함수 선언 시 어떤 데이터를 전달받을 것인지 먼저 선언해야 합니다. 데이터를 전달받아 참조할 변수를 매개변수라고 합니다.

```
hello("피투리");
hello("최재필");

function hello(name:String):void
{
    trace("안녕하세요. " + name + "님");
}

//결과
안녕하세요. 피투리님
안녕하세요. 최재필님
```

매개변수를 이용하면 위와 같이 같은 함수를 호출하더라도 다른 결과를 만들어낼 수 있습니다. 전달되는 데이터는 선언한 변수의 데이터 유형과 같아야 합니다.

매개변수 기본값

함수 호출 시 전달하는 매개변수와 선언된 매개변수의 개수가 다를 경우 오류가 발생하게 됩니다. 하지만 매개변수의 기본값이 정의되어 있다면 매개 변수를 전달하지 않아도 오류가 발생하지 않습니다. 매개변수의 값은 기본값이 대입됩니다.

```
hello();

function hello(name:String = "홍길동"):void
{
```

```
        trace("안녕하세요. " + name + "님");
}

//결과 : 안녕하세요. 홍길동님
```

위 함수는 매개변수 데이터가 전달되지 않을 때 변수 name에 "홍길동"을 대입하도록 기본값을 정의했습니다.

반환(return) 데이터

함수 실행 후 데이터를 함수를 호출한 곳으로 전달하고 싶다면 return 명령을 사용합니다. return 데이터가 있다면 함수의 반환 데이터 유형을 선언하는 것이 좋습니다.

```
var num:Number = sum(10, 20);

function sum(num0:Number, num1:Number):Number
{
    return num0 + num1;
}
```

sum 함수를 호출할 때 넘겨진 2개의 값은 순서대로 num0, num1 변수에 대입됩니다. 그리고 num0 + num1 연산을 먼저 실행 후 함수가 호출된 곳으로 연산 결과를 반환(return)해줍니다. 위 코드의 결과는 num 변수에 30이 대입됩니다.

지역 변수

함수 안에서 변수를 선언한다면 해당 변수는 함수 내에서만 사용할 수 있는 변수입니다. 함수 실행이 종료되면 변수는 사라지게 됩니다. 이를 지역 변수라고 합니다.

```
var num:Number = sum(10, 20);

function sum(num0:Number, num1:Number):Number
{
    var num:Number = num0 + num1;
    return num;
}
```

위 코드에 num 변수는 2개가 있습니다. 함수 밖에 있는 num과 함수 내부에서 선언한 num입니다. 두 변수의 이름은 같지만 서로 다른 변수입니다. 함수 안에서 선언한 num은 함수 내에서만 사용할 수 있는 변수이며, 함수 밖에서 선언한 num은 함수 안팎에서 모두 사용할 수 있는 변수입니다.

모든 객체는 가까운 곳에 있는 변수에 접근하게 됩니다. 함수 밖에 num이 있더라도 함수 안에서는 함수에서 선언된 num에 접근하여 값을 가져오게 됩니다. 만약 함수 안에 변수가 없다면 함수 밖의 변수를 사용하게 됩니다.

```
var num:uint = 10;

test();
trace(num);

function test():void
{
    num = 20;  //함수 밖의 변수 접근
}

//결과 20
```

```
var num:uint = 10;

test();
trace(num);

function test():void
{
    var num:uint;  //함수 내에서 변수 선언, 함수 실행 후 사라집니다.
    num = 20;
}

//결과 10
```

...(rest) 매개변수

전달되는 매개변수의 개수를 정확히 알 수 없을 때 ...(rest)를 사용하여 배열(Array)로 데이터를 전달받습니다.

```
hello("베트맨", "슈퍼맨", "아이언맨");

function hello(...args):void
{
    for each(var str:String in args)
    {
        trace("안녕하세요. " + str + "님");
    }
}

//결과
```

안녕하세요. 배트맨님
안녕하세요. 슈퍼맨님
안녕하세요. 아이언맨님

배열(Array)은 'Part 6. 액션스크립트 3.0 즐기기 〉 5. 마우스 활용 〉 01. 버튼에 링크 걸기 (손가락 커서모양 만들기)'에서 학습할 수 있습니다.

06

DisplayObject

학습 목표
DisplayObject는 무비클립(MovieClip), 이미지(Bitmap), 버튼(SimpleButton), 비디오(Video)와 같이 화면에 표시되는 객체입니다.

DisplayObject 클래스 상속 관계

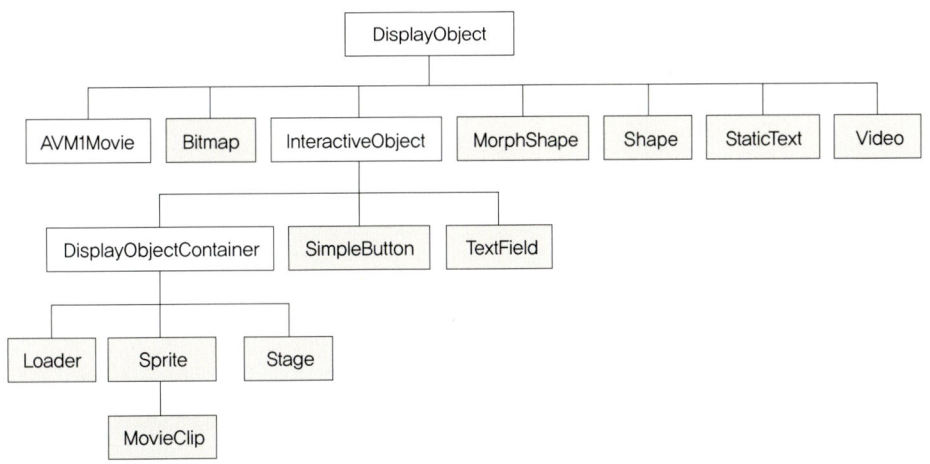

DisplayObject 클래스 중 InteractiveObject는 마우스 및 키보드와 상호 작용이 가능한 클래스입니다.

DisplayObjectContainer

DisplayObjectContainer 클래스를 상속받은 Loader, Sprite, Stage, MovieClip은 다른 DisplayObject 를 자신의 컨테이너(Container)에 넣을 수 있습니다. 무비클립 안에 다른 무비클립이나 이미지, 버튼 등을 넣을 수 있는 것은 무비클립이 DisplayObjectContainer 기능을 가진 클래스이기 때문입니다. 이미지(Bitmap), 비디오(Video)와 같은 DisplayObject 클래스들은 DisplayObjectContainer를 상속받지 않았으므로(기능이 없으므로) 자식 객체를 가질 수 없습니다.

DisplayObjectContainer에 객체가 들어가면 객체의 속성(크기, 위치, 투명도 등)은 부모 객체의 영향을 받게 되며 부모 객체가 Stage의 container에 들어가지 않으면 화면에 나타나지 않습니다. Stage는 플래시 플레이어가 제일 먼저 만들어 내는 DisplayObject입니다.

Container에 넣고 빼는 명령은 'Part 6. 액션스크립트 3.0 즐기기 〉 Section 3. DisplayObject 활용' 에서 학습할 수 있습니다.

DisplayObject 경로

객체에 접근하기 위한 경로 속성은 this, parent, root, stage가 있습니다. 자신에게 접근하는 속성은 this 입니다. 자신의 부모 객체에 접근하려면 parent 속성을 사용하고, 하나의 SWF 에서 가장 위에 존 재하는 객체는 root 속성을 이용하여 접근합니다. 아래 그림은 다양한 경로에서 box 무비클립에 접근 하기 위한 코드입니다.

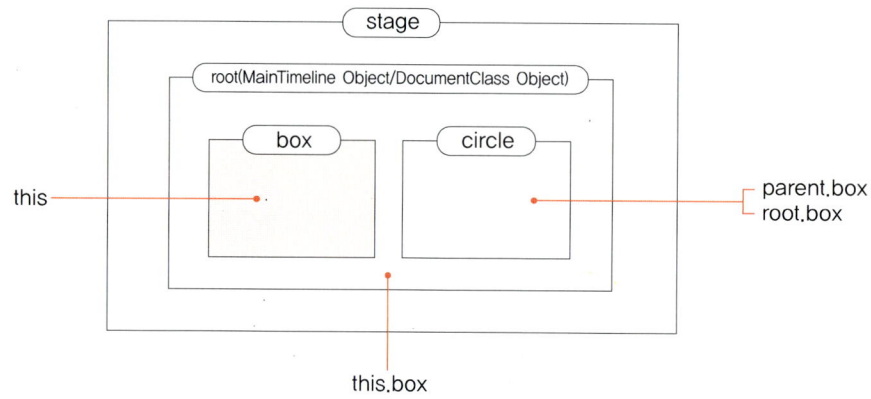

root, stage 속성은 DisplayObject 속성으로써, 화면에 보여질 때만 존재하는 속성입니다. 화면(stage) 에서 제거(remove) 되었을 때 이 두 속성은 null 값을 가지게 되므로 주의해야 합니다.

Loader 객체를 이용해 swf 파일을 로드 할 경우 각 swf 마다 다른 root가 존재합니다. 하지만 stage는 유일합니다. 플래시가 로드되면 stage 위에 하나의 객체가 생성되는데, 도큐먼트 클래스를 사용했다면 해당 객체가 생성되고, 도큐먼트 클래스를 사용하지 않는다면 MainTimeline(MovieClip) 객체가 생성 됩니다.

DisplayObject Index

스테이지에 객체를 올려 놓으면 올려놓은 순서대로 쌓이게 됩니다. 나중에 올려놓은 것이 상단에 위치 하여 아래 객체를 가리게 됩니다. 이 순서를 Index라고 하며, 액션스크립트를 이용하여 동적으로 Index를 변경할 수 있습니다.

Index는 0부터(가장 아래 있는 객체의 Index) 시작하고 양의 정수로 증가합니다. 한 객체의 Index를 변경하면(위로 올리거나 아래로 내리거나 혹은 없애면) 다른 객체들의 인덱스도 변경됩니다. Index는 벽돌을 쌓는 것과 같이 중간에 하나가 빠지면 위에 있는 것들은 아래로 내려와 Index의 변화가 일어납니다.

4
3
2
1
0

→

3
2
1
0

07

OOP 문법

학습 목표

액션스크립트는 OOP(Object Oriented Programming 객체지향 프로그래밍)를 지원합니다. 말 그대로 객체를 이용하여 프로그 래밍하는 것입니다. OOP 프로그램의 장점은 쉽게 설계할 수 있으며, 유지 보수가 편리하고 재활용이 가능해 수 많은 모듈을 만 들어, 쉽게 프로그래밍 할 수 있습니다. 여기서 재활용이란 한 번 만들어진 클래스를 다른 프로젝트에서도 사용할 수 있어서 같 은 코드를 매 프로젝트마다 반복해서 작성하는 시간을 줄일 수 있다는 뜻입니다.

플래시를 처음 접하는 분이라면 처음부터 문법에 너무 치중하지 마시고 'Part 6. 액션스크립트 3.0 즐기기' 예제를 따라하면서, 자연스럽게 기초 문법과 OOP 구조를 학습하시는 단계를 밟으시길 바랍니다.

패키지(Package)

패키지는 클래스의 모음입니다. 모든 클래스는 패키지 안에 위치하게 되며, 클래스의 사용 목적에 따라 서 클래스 그룹이 형성되고 이 그룹을 패키지라고 말합니다. 패키지는 클래스 파일을 담고 있기 때문에 폴더라고 생각하셔도 됩니다. 실제로 폴더를 만들어 클래스(.as) 파일을 담게 되는데 그 폴더가 패키지 입니다.

```
package 패키지 이름
{

}
```

모션 파트에서 공부한 무비클립 클래스의 패키지 경로를 살펴보면 flash.display.MovieClip이라고 기록 되어 있습니다. flash 패키지 안에 display패키지가 있고 그 안에 MovieClip 클래스가 위치해 있는 것입 니다. 패키지는 클래스들의 공통점을 이용하여 제작합니다. 무비클립은 화면에 보이는 DisplayObject 이므로 display 패키지 안에 위치시킨 것입니다.

클래스(Class)

클래스란 객체의 근원으로 클래스를 이용하여 사용할 수 있는 객체를 생성합니다. 예를 들어 라이브러 리에서 화면에 꺼내 놓은 무비클립은 무비클립 클래스로부터 만들어진 객체(인스턴스)입니다. 하나의 클래스에서 생성된 여러 객체는 독립적으로 활용할 수 있습니다. (무비클립의 인스턴스에 각각 크기, 위치, 컬러 변경 등과 같은 속성이 적용되는 것을 예로 들 수 있겠습니다.)

클래스의 내부 구성에는 객체에 명령할 수 있도록 공개된 함수(메서드)와 객체의 형태를 컨트롤할 수 있는 변수(속성), 그리고 객체의 상태 변화를 전달할 수 있는 이벤트가 있습니다.

클래스 선언

객체 생성의 근원이 되는 클래스는 class 명령으로 선언하며, 코드 구현 시 package 경로를 기술해야 합니다. 클래스 이름과 파일명은 같아야 하고, 확장자는 .as로 만듭니다.

```
package 패키지 이름
{
    public class 클래스 이름
    {

    }
}
```

```
package
{
    public class Sample
    {

    }
}
```

위와 같이 클래스를 만들었다면 파일 이름을 'Sample.as' 로 저장해야 합니다.

패키지 경로(폴더)가 존재한다면 다음과 같이 코드를 작성합니다.

```
package com
{
    public class Sample
    {

    }
}
```

위 Sample 클래스는 com 폴더 안에 'Sample.as' 이름으로 위치해야 합니다.

생성자 함수

객체가 생성되면서 실행되는 함수입니다. 생성자 함수는 클래스 이름과 동일한 함수이며, 반드시 public 접근 제한자로 생성해야 합니다. 생성자 함수는 리턴 데이터 유형을 선언하지 않습니다.

```
package com
{
    public class Sample
    {
        public function Sample()
        {
            //객체 생성 시 실행되는 코드
        }
    }
}
```

객체 생성

클래스의 객체는 new 명령을 이용하여 생성합니다. 생성된 객체를 제어하기 위해서는 객체를 변수에 참조시켜야 합니다.

```
var mc:MovieClip = new MovieClip();
```

객체 생성이 되면 가장 먼저 생성자 함수가 실행되는데 만약 생성자 함수에 매개변수가 있다면 객체 생성시 () 안에 데이터를 전달합니다.

```
var bitmapData:BitmapData= new BitmapData(100, 100);
```

클래스 특성

클래스 특성을 선언하면 클레스 활용 범위를 선택할 수 있습니다. 일반적으로 모든 위치에서 참조할 수 있도록 public 접근 제한자를 사용합니다.

```
package com
{
    public class Sample
    {

    }
}
```

특성	설명
dynamic	런타임에 속성을 인스턴스에 추가할 수 있게 합니다.
Final	다른 클래스에서 확장할 수 없습니다.
internal(기본값)	현재 패키지 내에서 참조할 수 있습니다.
Public	모든 위치에서 참조할 수 있습니다.

dynamic 클래스 특성을 선언하면 런타임 시 속성을 추가(생성)할 수 있습니다. dynamic 클래스 특성이 없는 클래스는 제공되는 속성이나 메서드 외에 다른 속성, 메서드를 생성하거나 호출하면 오류가 발생합니다. 도움말(단축키: F1)에서 MovieClip을 검색해보면 무비클립 클래스가 dynamic 클래스 특성을 가지고 있음을 확인할 수 있습니다.

패키지   flash.display
클래스   public dynamic class MovieClip
상속   MovieClip → Sprite → displayObjectContainer → InteractiveObject → DisplayObject → EventDispatcher → Object
하위클래스   LivePreviewParent

dynamic 클래스 특성이 있으므로 아래 코드와 같이 무비클립에 존재하지 않는 num 속성을 동적으로 추가할 수 있습니다.

```
var mc:MovieClip = new MovieClip();
mc.num = 1;
```

도큐먼트 클래스(Document Class)

플래시 파일(.fla)을 만들면 기본 타임라인이 하나 생깁니다. 이 곳에 무비클립을 넣기도 하고 이미지를 넣기도 합니다. 만약 도큐먼트 클래스를 사용하지 않는다면, 기본이 되는 무비클립은 MainTimeline 클래스의 객체가 됩니다. MainTimeline 클래스는 무비클립과 같습니다. 하지만 도큐먼트 클래스를 등록하면(문서 [Properties] 패널에서 도큐먼트 클래스를 등록할 수 있습니다.) 등록한 클래스의 객체가 기본 객체(root)가 됩니다.

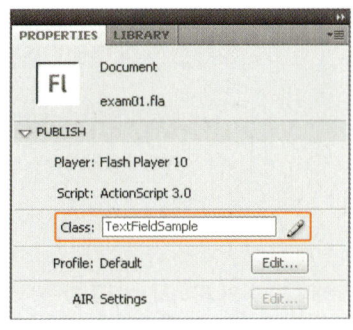

도큐먼트 객체는 화면에 보여져야 하므로, 도큐먼트 클래스는 반드시 DisplayObject 클래스를 상속받아 제작합니다. 일반적으로 타임라인 애니메이션을 사용했다면 무비클립(MovieClip) 클래스를 상속받고, 타임라인 기능이 필요없다면 그 보다 가벼운 Sprite 클래스를 상속받아 도큐먼트 클래스를 제작합니다.

변수, 함수 접근 제한자

접근 제한자

상황에 따라서 변수나 함수에 접근할 수 있는 권한을 변경할 수 있습니다. 객체(인스턴스)에서 클래스 함수에 접근할 수 있도록 하기 위해서는 public을 사용합니다. 이러한 함수를 메서드라고 부릅니다.

특성	설명
internal(기본값)	같은 패키지 내에서 참조할 수 있습니다.
private	같은 클래스에서 참조할 수 있습니다.
protected	같은 클래스 및 서브 클래스에서 참조할 수 있습니다.
public	모든 위치에서 참조할 수 있습니다.

클래스 특성

static은 객체가 아닌 클래스에 소속된 함수, 변수를 선언할 때 사용합니다. static 특성을 지닌 변수, 함수는 클래스 이름으로 접근하여 사용합니다.

```
package
{
    public class Math
    {
        public static const PI:Number = 3.1415927;
    }
}
```

내장 클래스인 Math 클래스에서 제공하는 Math.PI 속성도 위와 같이 static으로 만들어져 있습니다. 이 외에도 이벤트 이름 등의 상수로 제공되는 모든 값들은 static으로 선언되어 있습니다.

상속(Inheritance)

상속을 이용하면 다른 클래스의 기능을 이어받아 새로운 클래스를 만들 수 있습니다. 이때 새로 만들어진 클래스를 서브 클래스라고 하고, 상속받은 클래스(부모 클래스)를 슈퍼 클래스라고 말합니다.

다음은 A 클래스를 상속받아 B 클래스를 제작하는 코드입니다.

```
package
{
    public var num:uint = 10;

    public class A
    {

    }
}
```

```
package
{
    public class B extends A
    {
        public function B()
        {
            trace(num);
        }
    }
}
```

B 클래스에는 변수 num을 선언하지 않았지만 A 클래스를 상속받았으므로 변수 num을 사용할 수 있습니다. 접근제한자가 public이기 때문에 사용 가능한 것입니다. 만약 private로 외부 접근을 막았다면 사용할 수 없는 변수입니다. (서브 클래스에서 접근이 가능한 접근 제한자는 protected, public 입니다.)

액션스크립트 3.0에서 제공하는 클래스들은 대부분 상속에 의해 만들어져 있습니다. 무비클립 클래스의 상속 계보를 보면 Object 클래스를 시작으로 상속에 상속이 이어져 MovieClip 클래스가 만들어진 것을 확인할 수 있습니다.

패키지	flash.display
클래스	public dynamic class MovieClip
상속	MovieClip → Sprite → displayObjectContainer → InteractiveObject → DisplayObject → EventDispatcher → Object
하위클래스	LivePreviewParent

Object 클래스는 최상위 클래스입니다. 모든 클래스는 Object 클래스를 상속받아 만들어졌습니다. 무비클립의 기능을 상속 계보로 살펴보면 EventDispatcher 클래스를 상속받았으므로 이벤트 기능이 있고, DisplayObject를 상속받았으므로 화면에 보이는 기능이 있습니다. 또한 InteractiveObject을 상속받아 마우스, 키보드와의 상호 작용도 가능합니다. 이와 같이 상속에 의해서 기능이 점점 늘어난 것입니다.

만약 우리가 또 다른 기능을 가진 무비클립을 만든다면 MovieClip 클래스를 상속받아서 기능(함수)을 추가하면 됩니다.

```
package
{
    import flash.display.MovieClip;

    public class MyClass extends MovieClip
    {
        public function MyClass()
        {
```

```
        }

        public function 새로운기능():void
        {

        }

    }
}
```

위 MyClass 클래스는 무비클립 클래스를 상속받았으므로, 앞에서 나열한 무비클립 클래스의 모든 기능을 이어 받고 새로운 기능까지 가지게 된 클래스입니다.

다른 패키지에 있는 클래스를 사용할 때는 import 명령으로 클래스의 위치를 먼저 선언해줍니다.

이벤트

이벤트란 객체에 발생한 상황입니다. 예를 들어 마우스로 무비클립을 클릭하면 해당 객체는 마우스가 클릭되는 상황이 벌어진 것이며, 이 상황을 알고자 하는 객체에 전달해줍니다. 이 때 전달하는 방법은 이벤트 상황에 대한 정보를 담은 Event 클래스 객체를 생성하여 전달합니다.

이벤트 발생, 등록, 제거 기능은 EventDispatcher 클래스가 담당합니다. 따라서 이벤트를 발생시키려면 EventDispatcher 클래스를 상속받아야 합니다. 무비클립을 포함한 모든 DisplayObject 클래스는 EventDispatcher 클래스를 상속받았으므로 이벤트를 이용할 수 있습니다.

이벤트 핸들러 함수 등록

EventDispatcher 클래스의 addEventListener() 메서드를 이용하여 이벤트가 발생할 객체에 이벤트 함수를 등록합니다. 이 함수를 이벤트 핸들러 함수 또는 이벤트 리스너 함수라고 말합니다. 등록된 이벤트 핸들러 함수는 이벤트 발생시 호출됩니다.

```
이벤트발생객체.addEventListener(이벤트 이름, 이벤트 핸들러 함수);

function 이벤트 핸들러 함수(event:Event):void
{

}
```

이벤트 이름은 문자로 만들어져 있으며, 내장 클래스 이벤트의 경우 클래스 상수로 제공됩니다. 마우스 클릭 이벤트 이름인 "click"은 상수 MouseEvent.CLICK을 이용합니다.

이벤트 핸들러 함수 제거

EventDispatcher 클래스의 removeEventListener() 메서드를 이용하여 등록된 이벤트 핸들러 함수를 해지할 수 있습니다.

```
이벤트발생객체.removeEventListener(이벤트 이름, 이벤트 핸들러 함수);
```

이벤트 등록 확인

hasEventListener() 메서드를 이용하여 이벤트를 등록했는지 확인할 수 있습니다. 등록된 이벤트라면 true가 반환됩니다.

```
var b:Boolean = 이벤트발생객체.hasEventListener(이벤트 이름);
```

이벤트 발생

이벤트를 발생시키는 메서드는 dispatchEvent()입니다. 매개변수로 발생하는 이벤트에 대한 정보를 담은 이벤트 객체를 전달합니다.

```
이벤트발생객체.dispatchEvent(이벤트 객체);
```

dispatchEvent() 메서드를 이용하면 마우스로 클릭하지 않아도 마우스가 클릭된 것처럼 이벤트를 발생시킬 수도 있습니다.

```
이벤트발생객체.dispatchEvent(new MouseEvent(MouseEvent.CLICK));
```

이벤트 흐름

DisplayObject의 경우 하나의 이벤트에 여러 객체가 반응할 수 있습니다. 예를 들어 마우스로 무비클립을 클릭했을 때, 무비클립만 클릭된 것이 아니라 Stage도 클릭되어 이벤트가 발생하게 되며, 만약 무비클립 안에 무비클립이 있다면 부모 무비클립, 자식 무비클립 모두에서 클릭 이벤트가 발생합니다. 이러한 이벤트는 캡처 단계, 대상 단계, 버블링 단계를 거치며 발생합니다.

만약 아래 다이어그램과 같이 Stage에 무비클립 A가 있고 무비클립 안에 2개의 무비클립이 있다면, MovieClip_B를 클릭했을 때 이벤트 흐름은 오른쪽 그림과 같이 세 단계를 거칩니다.

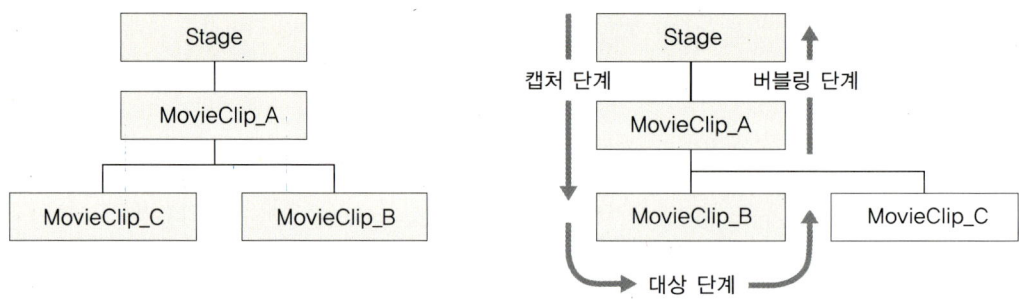

이벤트 함수 등록 시 캡처 단계 이벤트를 등록했다면 캡처 단계가 진행되면서 해당 객체에서 이벤트 함수를 호출합니다. 캡처 단계와 버블링 단계의 선택은 addEventListener( ) 메서드에 전달되는 세 번째 매개변수의 값에 따라 결정됩니다. (기본값은 false로 버블링 단계의 이벤트를 등록합니다.)

```
//캡처 단계 이벤트 등록
MovieClip_A.addEventListener(MouseEvent.CLICK, clickHandler, true);

function clickHandler(event:MouseEvent):void
{
    trace(event.target);
    trace(event.currentTarget);
}
```

위 코드에서 발생한 이벤트는 마우스 이벤트입니다. 따라서 이벤트 핸들러 함수에 마우스 이벤트 객체가 전달됩니다. 이 마우스 객체의 속성 중 target 속성은 이벤트 흐름 중 대상 단계에 해당하는 객체를 알려줍니다. currentTarget 속성은 이벤트가 등록된 객체를 알려줍니다. 버블링 단계가 MovieClip_A를 지나갈 때 이벤트 함수(clickHandler)가 호출됩니다.

이벤트 객체

이벤트가 발생(dispatchEvnet)하면, 등록된 이벤트 핸들러 함수를 호출하면서 이벤트에 대한 정보를 가진 객체를 이벤트 핸들러 함수의 매개변수에 전달합니다. 따라서 이벤트 핸들러 함수는 반드시 이벤트 객체를 전달받을 매개변수가 있어야 합니다. 이 때 생성되는 이벤트 객체는 Event 클래스 객체이거나 Event클래스를 상속받은 클래스의 객체입니다.

외부 파일을 로드 할 때, 로드가 완료되면서 발생하는 이벤트 이름은 "complete"(EVENT.COMPLETE)입니다. 그리고 생성되는 이벤트 객체는 Event 클래스의 객체입니다. 따라서 이 이벤트에 등록한 이벤트 핸들러 함수의 매개변수는 Event 데이터 유형을 가져야 합니다.

```
loader.contentLoaderInfo.addEventListener(Event.COMPLETE, completeHandler);

function completeHandler(event:Event):void
{

}
```

마우스 이벤트(MouseEvent) 클래스의 경우 Event 클래스가 가진 속성 이외에 클릭된 좌표, 특수키(컨트롤키, 시프트키, 알트키)를 함께 사용했는지 여부 등 다양한 정보(속성)을 가지고 있습니다. MouseEvent 클래스는 Event 클래스를 상속받아 필요한 속성을 추가하여 만들어진 클래스이기 때문입니다. 따라서 마우스 이벤트를 등록한 이벤트 핸들러 함수의 매개변수 데이터 유형은 MouseEvent가 됩니다.

```
mc.addEventListener(MouseEvent.CLICK, clickHandler);

function clickHandler(event:MouseEvent):void
{
    trace(event.localX, event.localY);
}
```

위와 같이 각 이벤트 클래스에서 자신이 가진 이벤트의 이름(type)을 상수로 제공하고 있으므로, 이벤트 핸들러 함수의 매개변수 데이터 유형은 이벤트 등록에 사용된 상수를 가진 클래스라고 생각하면 됩니다.

가비지 콜렉터(Garbage Collector)

객체를 생성하면 메모리의 일정 용량에 객체 데이터가 쌓이게 됩니다. 생성된 객체는 사용 후 필요 없을 때 제거해야 하는데, 쓸모 없는 객체(사용하지 않는 객체)를 수거해 메모리에서 제거하는 역할을 쓰레기 처리반이라 불리는 '가비지 콜렉터'가 합니다.

어떤 객체를 가비지 콜렉터가 수거하는지, 어느 때에 수거하는지를 알아야 메모리에 부담 주지 않는 프로그래밍을 할 수 있습니다.

먼저, 가비지 콜렉터가 작동하는 시점은 정확하지 않습니다. 메모리가 거의 다 찼을 때와 시점은 알 수 없으나 주기적으로 실행된다고 합니다. 따라서 프로그래밍할 때, 더 이상 사용하지 않는 객체라면 가비지 콜렉터가 수거할 수 있도록 가비지 대상을 만들어 주어야 합니다. 가비지 대상이 되는 조건은 다음 두 가지 조건이 있습니다.

참조 수(Reference count)에 의한 수거

객체가 addChild()로 container에 담기거나, 변수에 참조되면 참조 수가 1씩 증가하게 됩니다. 참조 수가 존재하는 객체는 가비지 대상이 아니므로 메모리에서 제거되지 않습니다. 가비지 대상으로 만들기 위해서는 참조된 변수의 값을 다른 값으로 변경 또는 제거하여 참조 수를 0으로 만들어야 합니다.

```
// 생성된 무비클립은 변수 mc에 참조되어 참조 수가 1이 됩니다.
var mc:MovieClip = new MovieClip();

// 다른 객체의 container에 넣어져(addChild) 무비클립의 참조 수는 2로 증가합니다.
this.addChild(mc);

// container에서 빼서 (removeChild) 무비클립의 참조 수는 1로 감소합니다.
this.removeChild(mc);

// 변수 mc의 데이터를 빈 값(null)로 만들어 무비클립의 참조를 끊습니다. 이로써 무비클립의 참조 수는
// 0이 되어 가비지 대상이 됩니다.
mc = null;
```

Mark sweep

객체가 root로부터 연결이 끊어져 있을 때, 자식 객체 사이에 참조가 있어도 모두가 가비지 대상이 됩니다.

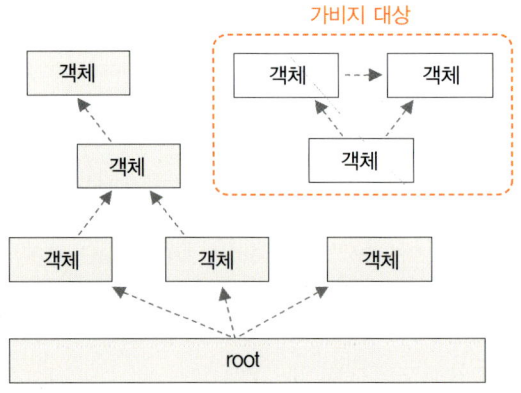